Wissenschaftliche Untersuchungen
zum Neuen Testament

Herausgegeben von
Martin Hengel und Otfried Hofius

109

Martin Hengel

Judaica, Hellenistica et Christiana

Kleine Schriften II

unter Mitarbeit von

Jörg Frey und Dorothea Betz
und mit Beiträgen
von Hanswulf Bloedhorn und Max Küchler

Mohr Siebeck

MARTIN HENGEL: geboren 1926; 1947−51 Studium der Theologie in Tübingen und Heidelberg; 1951−52 Vikar; 1953−54 Verkaufsleiter in der elterlichen Textilfirma; 1954−55 Repetent am Tübinger Stift; 1955−57 Neutestamentlicher Assistent; 1957−64 Geschäftsführer im Textilbetrieb; 1959 Promotion; 1964−67 Forschungsassistent an der Universtität Tübingen; 1967 Habilitation; 1968−72 Professor für Neues Testament in Erlangen; 1972−92 Professor für Neues Testament und antikes Judentum in Tübingen, Direktor des Instituts für antikes Judentum und hellenistische Religionsgeschichte in Tübingen; seit 1992 emeritiert.

Die Deutsche Bibliothek – CIP-Einheitsaufnahme

Hengel, Martin:
Kleine Schriften / Martin Hengel. – Tübingen : Mohr Siebeck

2. Judaica, Hellenistica et Christiana / unter Mitarb. von Jörg Frey und Dorothea Betz und mit Beitr. von Hanswulf Bloedhorn und Max Küchler. – 1999
  (Wissenschaftliche Untersuchungen zum Neuen Testament ; 109)
  ISBN 3-16-146847-3

© 1999 J.C.B. Mohr (Paul Siebeck) Tübingen.

Das Buch wurde von Gulde-Druck in Tübingen aus der Times-Antiqua gesetzt, auf alterungsbeständiges Werkdruckpapier der Papierfabrik Weissenstein in Pforzheim gedruckt und von der Großbuchbinderei Heinr. Koch in Tübingen gebunden.

ISSN 0512-1604

Petr Pokorný
dem Fachkollegen
und Freund

Vorwort

Der zweite Band meiner ‚Kleinen Schriften' erscheint mit einem gegenüber dem ersten etwas veränderten Titel, ‚Judaica, Hellenistica *et Christiana*'. Entgegen dem ursprünglichen Plan habe ich den Nachdruck zweier Untersuchungen zurückgestellt, da sie als Sitzungsbericht bzw. als Abhandlungen der Heidelberger Akademie selbständig erschienen sind: Achilleus in Jerusalem, SHAW.PH 1982, 1 und Rabbinische Legende und frühpharisäische Geschichte AHAW.PH 1984, 2. Dafür wurden vier Studien aufgenommen, die unter ganz verschiedenen Aspekten den bleibenden engen Zusammenhang zwischen dem frühen Christentum und seiner jüdischen Mutter behandeln. Weitere Schwerpunkte sind die Schriftauslegung, Jerusalem und das – jetzt erneuerte – Werk Emil Schürers. Angefügt sind ein Nachtrag zu meiner Bibliographie 1996–1998 und die Indices zu Band I und II. Band III wird Aufsätze zum Thema ‚Paulus und Jakobus' enthalten und soll Ende 1999 erscheinen; weitere Bände sind zum Thema ‚Christologie' und ‚Evangelien' geplant. Für die Fortführung meiner Bibliographie danke ich Herrn Professor Dr. Jörg Frey, für die Erstellung des Registers, Frau Dorothea Betz, für das Mitlesen der Korrektur des 2. Bandes Frau Monika Merkle und für die ausführlich kommentierten Pläne der Ausgrabungen von Bethesda Herrn Kollegen Max Küchler, Fribourg. Seine Ausführungen ergänzen und korrigieren meine eigenen Überlegungen S. 308–316. Es dokumentiert sich hier der Fortgang der – wie immer komplizierten – archäologischen und historischen Forschung. Sein bei der letzten Korrektur hinzugekommener Beitrag ist mir darum besonders wertvoll. Den Band widme ich dem Prager Kollegen und Freund Petr Pokorný zum 65. Geburtstag.

Tübingen, Dezember 1998   Martin Hengel

Inhalt

Vorwort   VII

1. „Schriftauslegung" und „Schriftwerdung" in der Zeit des Zweiten
   Tempels   1
   aus: Schriftauslegung im antiken Judentum und im Urchristentum, hg. v. M.
   Hengel / H. Löhr, WUNT 73, 1994, S. 1–71

2. Zur Wirkungsgeschichte von Jes 53 in vorchristlicher Zeit 72
   aus: Der leidende Gottesknecht. Jesaja 53 und seine Wirkungsgeschichte, hg. v.
   B. Janowski / P. Stuhlmacher, FAT 14, 1996, S. 49–91

3. Jerusalem als jüdische und hellenistische Stadt 115
   aus: Hellenismus. Beiträge zur Erforschung von Akkulturation und politischer
   Ordnung in den Staaten des hellenistischen Zeitalters. Akten des Internationalen Hellenismus-Kolloquiums 9.–14. März 1994 in Berlin, hg. v. B. Funck,
   Tübingen 1996, S. 269–307

4. Der alte und der neue „Schürer". Mit einem Anhang von Hanswulf
   Bloedhorn 157
   aus: JSS 35/1 (1990), S. 19–72

5. Das früheste Christentum als eine jüdische messianische und universalistische Bewegung 200
   aus: ThBtr 28/4 (1997), S. 197–210, überarbeitete und erweiterte Fassung

6. Zur matthäischen Bergpredigt und ihrem jüdischen Hintergrund . . 219
   aus: ThR 52/4 (1987), S. 327–400

7. Das Johannesevangelium als Quelle für die Geschichte des antiken
   Judentums 293

8. Die Septuaginta als von den Christen beanspruchte Schriftensammlung bei Justin und den Vätern vor Origenes 335
   aus: Jews and Christians. The Parting of the Ways A.D. 70 to 135, The Second
   Durham-Tübingen Research Symposium on Earliest Christianity and Judaism
   (Durham, September, 1989), hg. v. J.D.G. Dunn, WUNT 66, 1992, S. 38–84

9. Max Küchler, Zum „Probatischen Becken" und zu „Betesda mit
den fünf Stoën" 381

10. Schriftenverzeichnis Martin Hengel 1996–1998, von Jörg Frey 391

Corrigenda zu Judaica et Hellenistica, Kleine Schriften Bd. I 398

Register der Bände Kleine Schriften I und II, von Dorothea Betz 401

Stellenregister 401

Autorenregister 439

Geographisches Register 450

Sachregister 453

Griechische Begriffe und Wendungen 465

1. „Schriftauslegung" und „Schriftwerdung" in der Zeit des Zweiten Tempels[1]

Herrn Professor Dr. theol. Dr. phil. Alexander Böhlig
zum 80. Geburtstag gewidmet

1. Veteres sequi: Die hellenistische Zeit als eine Epoche der „Schriftauslegung"

Der aus Palästina stammende Philosoph Antiochus von Askalon (ca. 130–68 v. Chr.), der Überwinder der Skepsis in der Akademie und als Vertreter eines stoisierenden Platonismus zugleich ein „Vorbereiter des Neuplatonismus", erhob, wie sein Schüler und Freund Cicero berichtet, die Forderung, man müsse den Lehren der großen alten Autoritäten folgen: Veteres sequi, d. h. für ihn vor allem Platon, Aristoteles und Zenon, da sie mit anderen Worten im Grunde dasselbe sagten[2]. Diese Aufforderung ist bezeichnend für eine geistige

---

[1] Der vorliegende Text ist die ganz wesentlich erweiterte Fassung eines Vortrags „The Scriptures and their Interpretation in Second Temple Judaism", der auf der von der Royal Irish Academy veranstalteten Konferenz „The Aramaic Bible: Targums in their Historical Context" am 14. 7. 1992 in Dublin gehalten wurde.

[2] M. HENGEL, Judentum und Hellenismus, WUNT 10, ³1988, 158 f. „Die . . . Rückkehr des A. zur alten Akademie ist in Wahrheit der Übergang zu einem dogmatischen Eklectizismus" urteilt J. v. ARNIM, PRE I,2, 1894, Sp. 2493. Lit. bei T. DORANDI, in: Dictionnaire des philosophes antiques, hg. v. R. Goulet, I, 1989, 216–218; ausführliche Darstellung mit Quellentexten bei H. J. METTE, Antiochos von Askalon, Lustrum 28/29 (1986/87), 25–63. U. a. schrieb er eine Schrift κανονικά; s. Sext. Emp., adv. math. VII, 201 (= LCL Sext. Emp. II,108). Tò κανονικόν bedeutet bei den Epikureern die Logik: Diog. Laer. 10,30; Sext. Emp. adv. math. I,22 (LCL Sext. Emp. II,10). Bei Antiochus scheint der Begriff jedoch schon eine weitergehende Bedeutung etwa im Sinne von „gültige Regeln für die Erkenntnistheorie" gehabt zu haben. Zu Antiochus und der späteren Entwicklung des Platonismus s. J. GLUCKER, Antiochus and the Late Academy, Hypomnemata 56, Göttingen 1978, der 356 ff. auf die Parallele der Konstruktion von Ketten von Schulhäuptern, die aufeinander folgen, in den Philosophenschulen und bei den Pharisäern in Pirqe Abot verweist. Ansätze zu einer solchen Kette finden sich schon bei Ben Sira im Lob der Väter Sir 46,1: Josua als Nachfolger Moses im Prophetenamt (s. u. S. 18) und 48,8: Elia salbt Profeten als seine Nachfolger. Dazu Judentum

Wende in der hellenistischen Zeit. Der an der Lehre der Alten orientierte Eklektiker Antiochus verkörpert etwas von jener Haltung, die für die ganze Spätantike bestimmend wird: die Orientierung an den großen alten, göttlich erleuchteten Lehrern, an „klassischen", man könnte auch sagen „kanonischen", ja unter Umständen „heiligen" Texten, an ihrer alle Zeiten überdauernden Weisheit und ihrer vorbildlichen Sprachgestalt. Um aber diesen Autoritäten folgen zu können, muß man ihre Texte lesen, zu verstehen suchen und für die eigenen Schüler *auslegen*. D. h. zugleich: es beginnt die fortschreitende Deutung dieser Texte, die Zeit ihrer Zitierung und der Abfassung von Kommentaren, die die Weisheit dieser alten Zeugnisse für die jeweilige Zeit ans Licht bringen, nicht „historisch-kritisch", wie wir es gewohnt sind, sondern in der Regel situationsbezogen, harmonisierend und eklektisch. Der Begriff „Auslegung" kann dabei nicht eng begrenzt werden. Er umfaßt sowohl die Überlieferung dieser Texte wie die Berufung auf sie in der Form der Zitierung, Deutung, Übersetzung, Ergänzung oder auch Fortschreibung.

Die großen erleuchteten Lehrer konnten dabei sehr verschiedene Namen tragen: Für die Freunde griechischer Philosophie waren es etwa Pythagoras, Sokrates, Platon und Aristoteles und die großen Schulgründer der frühhellenistischen Zeit: Zenon und − beschränkt auf die Schule − Epikur[3]. Für andere ethnische oder auch religiöse Gruppen waren es Zoroaster[4], Mose oder auch Henoch, Hermes Trismegistos[5] und noch andere, wobei der Euhemerismus auch Götter wie Osiris und Isis zu menschlichen Autoritäten der Urzeit machen konnte[6]. Der mittelplatonische Wanderphilosoph Justin bekehrt sich zum Christentum, weil er entdeckt, daß die Schriften der Profeten die ältere und zuverlässigere „philosophische" Wahrheit enthalten; ähnlich geht es seinem

---

und Hellenismus, 249. Die lückenlose Kette der „Nachfolger" und Tradenten wird zum Garanten der von allen Autoritäten erkannten Wahrheit.

[3] Philo von Alexandrien kennt und zitiert z. B. vor allem Philosophen der „guten alten Zeit", allen voran Platon, weiter Sokrates, Aristoteles, Demokrit, Heraklit, Anaxagoras, Zenon, Chrysipp, Diogenes, je einmal negativ Epikur und Aristipp, aber nicht die neueren wie Eratosthenes, Poseidonios, Karneades und keine Zeitgenossen. Quod omnis 13 wird Plato als ἱερότατος bezeichnet (Phaedr. 247a); de aet. mundi 52 als ὁ μέγας (Tim. 37e). In dieser Schrift erscheint sein Name gegen 11mal (13.14.16.27.38.52.141).

[4] J. BIDEZ/F. CUMONT, Les mages hellénisés. Zoroastre, Ostanès et Hystaspe d'après la tradition grecque, I. Introduction, II. Textes, Paris 1938 (²1973); M. BOYCE/F. GRENET, A History of Zoroastrianism, III: Z. under Macedonian and Roman Rule, Leiden etc. 1991, ch. 11 S. 361ff. und 491ff. zu den zoroastrischen Pseudepigrapha. Schon der Aristotelesschüler Aristoxenos behauptete, daß Pythagoras bei Z. in die Lehre gegangen sei: 368ff.

[5] R. P. FESTUGIÈRE, La révélation d'Hermès Trismégiste, I–IV, Paris 1950–54; DERS., Hermétisme et mystique païenne, Paris 1967. Die früheste „hermetische" Literatur astrologischer Art geht auf das Ende des 3. bzw. den Anfang des 2. Jh.s v. Chr. zurück, s. M. HENGEL, Judentum und Hellenismus, 388f. Im 2. Jh. v. Chr. identifiziert der jüdische Autor Artapanos Hermes (-Thot) mit Mose, op. cit., 171.

[6] Vgl. etwa Diodorus Sic. I,13ff. (LCL Diod. Sic. I,44ff.); Sib 3,110ff. Zum Euhemerismus s. M. P. NILSSON, Geschichte der griechischen Religion ²II, 1961, 283ff.

Schüler Tatian und Theophilos von Antiochien. Das höhere Alter eines Autors, etwa das des Mose gegenüber Homer, wird zu einem wichtigen Argument beim Wahrheitsbeweis[7].

Die großen Autoritäten der alten Zeit galten in erster Linie als Verfasser maßgeblicher, ja unter Umständen „kanonischer" Schriften, wobei diese häufig in Wirklichkeit Pseudepigrapha waren. Erst jetzt beginnt die eigentlich große Zeit der Schriften unter falschem Namen[8]. Solche „kanonischen" Schriften wurden die Werke Homers und Hesiods auf der griechischen und das Gesetz Moses und die Bücher der Profeten auf der jüdischen Seite. In der ersten „Weltbibliothek", dem Museion Alexandriens, waren alle vereint[9]. Das Drängen auf die Reinheit der vorbildlichen, „klassischen" Sprache begegnet uns im jetzt beginnenden Attizismus, der dann in der Kaiserzeit beherrschend wird, aber auch in dem bei den Qumranessenern gepflegten reinen „biblischen Hebräisch". Das Hebräische konnte daher als die heilige Ursprache, die „Sprache der Schöpfung" erscheinen, die mit dem Fall bzw. dem Turmbau zu Babel verlorengegangen und allein Israel wiedergegeben worden war[10]. Zugleich geht es um die möglichst exakte Überlieferung des verbindlichen Wortlauts der Texte. So entsteht im hellenistischen Alexandrien eine neue Art von Gelehrten, die φιλόλογοι, auch γραμματικοί oder κριτικοί genannt. Als erster hat sich wohl Eratosthenes (ca. 284–202) die Bezeichnung φιλόλογος beigelegt[11], etwa zur gleichen Zeit, als unbekannte, aus Palästina stammende jüdische Schriftgelehrte, man könnte auch sie „Philologen" nennen, am selben Ort die Tora Moses ins Griechische übersetzten – eine für die Antike in ihrer Weise einzigartige philologische Meisterleistung[12] – und damit die erste uns erhalte-

---

[7] Justin, dial. 3,1–8,2; Tatian, or. ad Graec. 29,2; Theophilus, ad Autolyc. 1,14. Zum Problem s. P. Pilhofer, PRESBYTERON KREITTON, WUNT II/39, 1990; s. auch A. J. Droge, Homer or Moses?, HUTh 26, 1989; F. Siegert, Drei hellenistisch-jüdische Predigten II, Kommentar . . ., WUNT 61, 1992, 55 ff.: zur stoischen Homerexegese.

[8] W. Speyer, Die literarische Fälschung im heidnischen und christlichen Altertum, München 1971; ders., Bücherfunde in der Glaubenswerbung der Antike, Hypomnemata 24, Göttingen 1970; ders., Religiöse Pseudepigraphie und literarische Fälschung im Altertum, in: Frühes Christentum im antiken Strahlungsfeld. Ausgewählte Aufsätze, WUNT 50, 1989, 21–58; ders., Fälschung, pseudepigraphische freie Erfindung und ‚echte religiöse Pseudepigraphie‘, op. cit. 100–139.493–495; M. Hengel, Anonymität, Pseudepigraphie und ‚literarische Fälschung‘ in der jüdisch-hellenistischen Literatur, in: Pseudepigrapha I, hg. v. K. v. Fritz, Entretiens sur l'Antiquité Classique XVIII, 1972, 231–329 = Bd. I, 197–251.

[9] Am besten informiert P. M. Fraser, Ptolemaic Alexandria, London 1972, I, 312–335 (320 ff.). Vgl. auch die hübsche populäre Darstellung von L. Canfora, Die verschwundene Bibliothek. Aus dem Italienischen von A. u. H. Beyer, Berlin 1988. S. auch u. S. 6.

[10] L. Ginzberg, Legends of the Jews, I,181; V,94.113.205 f. Nach Jub 12,25 f. erhielt Abraham diese Sprache wieder.

[11] R. Pfeiffer, Geschichte der klassischen Philologie. Von den Anfängen bis zum Ende des Hellenismus, München ²1978, 196–200.

[12] Die Nachrichten von Übersetzungen – insbesondere religiöser Schriften – beruhen häufig auf Fälschung, s. W. Speyer, Angebliche Übersetzungen des heidnischen und christlichen Altertums, in Frühes Christentum . . . (Anm. 8), 70–85 (Lit.). Die LXX, deren Überset-

ne durchgehende „Auslegung" des Pentateuch schufen, denn Auslegen und Übersetzen kann man nicht trennen. Das griechische ἑρμηνεύειν bedeutet beides. Der jüdische sôfer, γραμματεύς oder νομικός[13], war der – religiös selbstbewußte – Kollege des griechischen φιλόλογος oder γραμματικός. Ab dem 1. Jh. v. Chr. waren es dann pharisäische Schriftgelehrte, die die teilweise zu freien Übersetzungen der LXX an Hand eines gereinigten hebräischen Textes korrigierten[14]. Der Begriff θεολόγος begegnet uns dagegen in der LXX noch nicht, wir finden ihn nur zweimal bei Philo für Mose, da er zunächst eher die etwas anrüchige Bedeutung des heidnischen Mythenerzählers besitzt. Er fehlt darum in der urchristlichen Überlieferung vor Clemens Alexandrinus[15], dagegen taucht im Matthäusevangelium wenigstens einmal der christliche γραμματεύς (13,52) als Nachfahre des jüdischen auf: Der unbekannte Autor des Evangeliums weist damit – wie bei der Signatur eines Gemäldes – in verborgener Weise auf sich selbst hin. Es ist bezeichnend, daß gerade er nachdrücklich die unverbrüchliche Fortgeltung der „heiligen Schriften", Gesetz und Profeten, mit Ausdrücken hervorhebt, die für den – ehemals jüdischen – Schriftgelehrten typisch sind[16]. Auch in der Schriftauslegung stehen die frühchristlichen Lehrer im Grunde auf den Schultern jüdischer Vorgänger.

Es scheint auch ein eigenartiger Zufall zu sein, daß die ersten fortlaufenden wirklichen „Kommentare" einer autoritativen Schrift, die uns ganz oder weitgehend *erhalten* sind[17], nicht von alexandrinischen „Philologen" stammen,

---

zung sich über ca. 300 Jahre hinzog, sowie die zahlreichen übersetzten jüdischen Apokryphen und Pseudepigraphen dürften das umfangreichste Corpus sein, das aus einer „barbarischen" Sprache ins Griechische übersetzt wurde; als solches ist es ohne Analogie. Häufiger sind dann später Übersetzungen aus dem Griechischen ins Lateinische.

[13] Sôfer machte in unserem Zeitraum wie seine häufigste Übersetzung γραμματεύς in der LXX einen Bedeutungswandel von „Schreiber", „Sekretär", „Beamter" hin zu „Schriftgelehrter" durch, s. u. S. 22. Γραμματικός erscheint dagegen in der LXX nur 2- bzw. 3mal: Jes 33,18; Dan 1,4 (LXX) und 1,17 (LXX u. Th.).

[14] Ein Beispiel ist dafür jetzt die griechische Kleine-Profeten-Rolle aus Naḥal Ḥever: E. Tov (Hg.), The Greek Minor Prophets Scroll from Naḥal Ḥever (8 Ḥev XIIgr), DJD VIII, 1990; G. Dorival in: M. Harl/G. Dorival/O. Munnich, La Bible Grecque des Septante, Paris 1988, 142ff.

[15] Philo, vit. Mos 2,115; praem. 53: ὁ θεολόγος Μωυσῆς. Josephus hat dreimal θεολογία in c. Ap. 1,78.225.237, davon zweimal für heidnische Götterlehre, Philo überhaupt nicht. Clemens Alex., strom. I,150,4 (GCS 15, Clem. Alex. II, 93,11f. Stählin): Mose; vgl. V,78,4 (ebd., 378,4). Häufiger erst im 4. und 5. Jh., vor allem bezogen auf den Evangelisten Johannes (wegen des Prologs) und auf Gregor von Nazianz.

[16] Mt 5,17–19; vgl. die Verstärkung gegenüber Lk 16,17. S. dazu M. Hengel, Zur matthäischen Bergpredigt und ihrem jüdischen Hintergrund, ThR 52 (1987), 237–400 (341–348).

[17] Die ersten philologischen Kommentare begegnen uns in Alexandrien, s. R. Pfeiffer, op. cit. (Anm. 11), 201f. (vgl. 48): Dem Grammatikos Euphronios wird erstmals ein „Hypomnema" zu dem Plutos des Aristophanes zugeschrieben, s. auch 371 Index s. v. ὑπόμνημα; 201ff. zu Euphronios, der ein etwas späterer Zeitgenosse des Eratosthenes und der LXX-Übersetzer war. Sein Kommentar wird in der Aristophanesscholie zitiert. Diese ersten Kommentare der Alexandriner konzentrierten sich vor allem auf poetische Werke: 274.

sondern von jüdischen Gelehrten. Sie haben freilich ganz anderen Charakter. In ihnen geht es nicht um sprachliche Worterklärung, sondern um religiöse Deutung des Textes. Es handelt sich im Mutterland um die essenischen Pescharim von Qumran und etwas später in der ägyptischen Metropole um das große Werk Philos mit drei durchgehenden Kommentarwerken zum Pentateuch, der etwa in *de opificio mundi* (aber nicht nur dort) die Auslegung des Schöpfungsberichts der Genesis mit der platonisch-pythagoreischen Weltentstehungslehre verbindet, wie sie im Timaios dargestellt wird. Freilich sind die Pescharim von Qumran (s. u. S. 56) und das in der Antike analogielose Werk Philos nur Vorläufer. Die große Zeit der – uns erhaltenen – Kommentare zu philosophischen und religiösen Texten beginnt erst mit dem 3. und 4. Jh. n. Chr., und dann sind es fast gleichzeitig Juden, Christen und Neuplatoniker, die jetzt ihre „heiligen Schriften", genauer das Alte und das Neue Testament, Platon und Aristoteles kommentieren[18]. Aber damit haben wir die zeitliche Grenze unseres Themas schon überschritten.

Ähnlich ist die Situation bei der Verwendung hermeneutischer Regeln. Die sieben Middot Hillels und ihre Erweiterung durch die 13 Regeln R. Jischmaels und die 32, die nach R. Eliezer ben Jose ha-G^{e}lili benannt werden, sind gewiß nicht Erfindungen dieser Gelehrten, sondern Zusammenstellungen exegetischer Beweisverfahren, die in ihrer Mehrzahl schon längst verwendet wurden, wobei die letztgenannten 32 Regeln im Talmud noch gar nicht erwähnt werden. Die Zuschreibungen an die genannten Gelehrten sind apokryph, und schon die Zusammenstellung der 7 Middot Hillels wird erst nach der Zerstörung des Zweiten Tempels erfolgt sein. Wesentlich ist jedoch, daß eine größere Zahl dieser Regeln auch bei den alexandrinischen Philologen und römischen Juristen in Gebrauch war[19]. Sie müssen freilich durchaus nicht aus Alexandrien stammen, gerade die wichtigsten, qal wachomer, der Schluß vom Leichteren zum Schwereren und seine Umkehrung, oder Gezera schawa, der Analogieschluß beim Vergleich zweier Textstellen aufgrund gleichlautender Begriffe, gehören zu den selbstverständlichen logischen Argumentationsformen und lassen sich, wie Fishbane in seiner grundlegenden Studie „Biblical Interpretation in Ancient Israel"[20] gezeigt hat, bereits in einzelnen alttestamentlichen Texten selbst nachweisen. Man kann darum auch nicht ohne weiteres aufgrund der Verwendung dieser verbreite-

---

[18] Aufgrund einer Fehldeutung von Sext. Emp., adv. math. II,93 (LCL Sext. Emp. II, 284/286) hatte man vermutet, daß schon Poseidonios einen Timaioskommentar geschrieben habe, s. R. PFEIFFER, op. cit. (Anm. 11), 272 Anm. 80.

[19] Zu den Middot s. H. L. STRACK/G. STEMBERGER, Einleitung in Talmud und Midrasch, München ⁷1982, 26–40; D. I. BREWER, Techniques and Assumptions in Jewish Exegesis before 70 CE, TSAJ 30, 1992, 17 ff. S. auch 284 Index s. v. Middot.

[20] Oxford 1985. S. 572 Index s. v. Qal waḥomer; vgl. 420. 526 und L. JACOBS, The Qal Vahomer Argument in the Old Testament, BSOAS 35 (1972), 221–227; 566 s. v. Gezērāh šāwāh; vgl. 157 Anm. 36; 249; 424. Vgl. D. I. BREWER, op. cit., 178.

ten Argumentationsformen, etwa bei Paulus, auf dessen Ausbildung im „rabbinischen Lehrhaus" zurückschließen[21].

Auch wenn einerseits die wichtigsten Regeln nicht einfach auf die alexandrinische Philologie zurückgeführt werden können, so mögen doch andererseits „Zusammenordnung und Terminologie der Regeln auf hellenistische Einflüsse zurückgehen"[22].

Wo Schriftgelehrsamkeit blüht, blühen auch die *Bibliotheken*. Die größte Bibliothek der Antike, in dem durch den ersten Ptolemäer zu Beginn des 3. Jh.s gegründeten, bereits oben erwähnten Museion, enthielt nach dem Aristeasbrief nicht allein den hebräischen Pentateuch und seine griechische, den 72 Gelehrten zugeschriebene Übersetzung, sondern nach Justin und den späteren christlichen Vätern − angeblich − alle Schriften der Profeten, die insgesamt von „den Siebzig" übersetzt worden seien[23]. Möglicherweise hat man in der alexandrinischen Bibliothek auch alle anderen später übersetzten „heiligen Schriften" der Juden gesammelt. Darüber hinaus sollen sich dort nach Hermippos (Ende 3. Jh. v. Chr.), auf den sich Plinius d. Ä. beruft, zwei Millionen Zeilen (viciens centum milia versuum) der Schriften Zoroasters[24] befunden haben.

Etwa zur gleichen Zeit hören wir zum ersten Mal von relativ großen Bibliotheken in Judäa: In dem − gefälschten − Brief des Judas Makkabäus und der Jerusalemer an die Juden in Ägypten ist davon die Rede, daß schon Nehemia in Jerusalem eine Bibliothek gründete, in der er die „Bücher über die Könige und Profeten, die Schriften Davids und die Briefe der Könige über die Weihegaben (an den Tempel)" gesammelt haben soll. Es mögen damit die wichtigsten Teile nach dem Pentateuch, die Geschichtsbücher und Psalmen bis hin zu den königlichen Briefen im Esrabuch gemeint sein. Judas Makkabäus soll diese Bibliothek erneuert und Abschriften den Gemeinden in der Diaspora angeboten haben (2 Makk 2,13−15). Hier wird wohl auf die gewiß umfangreiche

---

[21] Darauf macht F. SIEGERT, Argumentation bei Paulus, WUNT 34, 1985, 190 f. im Anschluß an Lagrange aufmerksam. Das schließt ein Studium des Paulus in Jerusalem bei Gamaliel I. nicht aus. Für die Zuverlässigkeit der Angabe des Lukas in diesem Punkt sprechen andere Gründe; s. M. HENGEL, Der vorchristliche Paulus, in: M. Hengel/U. Heckel (Hg.), Paulus und das antike Judentum, WUNT 58, 1991, 177−293.

[22] H. L. STRACK/G. STEMBERGER, op. cit. (Anm. 19), 27.

[23] S. Justin, apol. 31,1−5; M. HENGEL, Die Septuaginta als von den Christen beanspruchte Schriftensammlung bei Justin und den Vätern vor Origenes, in: J. D. G. Dunn (Hg.), Jews and Christians. The Parting of the Ways, WUNT 66, 1992, 39−84 (43 ff.) = u. S. 335−380; DERS., Die Septuaginta als „christliche Schriftensammlung" und das Problem ihres Kanons, in: W. Pannenberg/Th. Schneider (Hg.), Verbindliches Zeugnis I. Kanon − Schrift − Tradition, Freiburg/Göttingen 1992, 34−127 (39 ff.). Dieser Meinung folgen nahezu alle christlichen Autoren der Alten Kirche mit Ausnahme des Hieronymus. Zum Museion s. auch o. Anm. 9.

[24] Nat. Hist. 30, 2 (4); s. J. BIDEZ/F. CUMONT, Les mages hellénisés (Anm. 4), II,138, vgl. I,85 f.; M. BOYCE/F. GRENET, op. cit. (Anm. 4), 525 f. Die Zahl, sie entspricht ca. 800 Standard-Papyrusrollen, mag auf Zoroaster-Pseudepigrapha hinweisen.

Tempelbibliothek angespielt. Auch Josephus und die Rabbinen weisen verschiedentlich auf sie hin. Die dort aufbewahrten heiligen Texte mit ihren maßgeblichen Textformen mögen die Ausgangsbasis für den späteren masoretischen Text gebildet haben. Ein Vergleich des masoretischen Textes mit den rund 1000 Jahre älteren Bibeltexten aus Qumran zeigt, daß man trotz aller z. T. erheblichen Abweichungen von keiner generellen Textverwilderung in der Frühzeit sprechen kann. Vielmehr ist die textliche Übereinstimmung oft frappant, und die Situation ist von Buch zu Buch verschieden. In Qumran finden sich relativ variantenreiche Texte neben solchen, die dem masoretischen Text sehr ähnlich sind. Z. T. waren auch ganz verschiedene Textversionen in Umlauf, ein Zustand, der auch durch die LXX bestätigt wird. Hier könnten die als maßgeblich geltenden Texte der Tempelbibliothek eine konsolidierende Wirkung ausgeübt haben[25]. Auch im Museion legte man Wert darauf, die ursprünglichen Textformen zu besitzen, und scheute keine Anstrengung, diese zu erwerben[26].

Eine andere große Büchersammlung, von der mehr als 800 Rollen ganz überwiegend in größeren und kleineren Fragmenten erhalten sind, die aber noch wesentlich größer gewesen sein muß, begegnet uns in Qumran[27] – man darf in ihr vielleicht eine „sektiererische“ Konkurrenz zur „offiziellen“ Tempelbibliothek sehen. Eine dritte – griechische – befand sich im Palast des Herodes, aufgebaut von dem Peripatetiker und Universalgelehrten Nikolaus von Damaskus, der dort als Berater des Herodes seine Universalgeschichte von 144 Bänden schrieb, in die er auch die jüdische heilige Geschichte einarbeitete,

---

[25] Josephus über heilige Schriften im Tempel s. bell. 7,150; ant. 3,38; 4,302 ff; 5,61; vgl. 11,337 (Daniel). Weitere Belege bei R. BECKWITH, The Old Testament Canon of the New Testament Church, London 1985, 80–86, der freilich den hebräischen Kanon schon in der frühen Makkabäerzeit abschließen will. S. auch D. I. BREWER, op. cit. (Anm. 19), 170 f. Nach R. Schim‘on b. Laqisch soll es angeblich drei Torarollen mit Textvarianten im Tempel gegeben haben: Soferim 6,4. Während der Text von 1QJes^a erheblich vom masoretischen Text abweicht, kommt ihm 1 QJes^b relativ nahe, s. E. WÜRTHWEIN, Der Text des Alten Testaments, Stuttgart ^41973, 142: „Die zweite Jes-Rolle bietet . . . bedeutend weniger Abweichungen von M als die erste, und sie gehen nicht über das hinaus, was sich auch in mittelalterlichen Handschriften an Differenzen beobachten läßt“. Sollte sie eine Abschrift aus der Tempelbibliothek sein? Auch die korrigierende Arbeit an den Texten der LXX ab dem 1. Jh. v.Chr. muß ja an einer maßgeblichen Textvorlage orientiert gewesen sein. S. auch u. S. 89 ff.

[26] P. M. FRASER, op. cit. (Anm. 9), I,325 ff. Vgl. die Nachricht Galens, wie der König durch Betrug von den Athenern die offiziellen Handschriften der drei großen Tragödiendichter erwarb: op. cit. II,480 Anm. 147.

[27] F. M. CROSS, Die antike Bibliothek von Qumran, Neukirchen-Vluyn 1967; s. auch den Überblick über die biblischen Schriften von E. ULRICH, The Biblical Scrolls from Qumran Cave 4: An Overview and a Progress Report of their Publication, RQ 14/1 (1989), 207–228, und den Gesamtüberblick von E. TOV, The Unpublished Qumran Texts from Caves 4 and 11, BA 55/2 (1992), 94–103, sowie ST. REED, Dead Sea Scrolls Inventory Project: Lists of Documents, Photographs and Museum Plates. Fascicle 7: Qumran Cave 4 (4Q 1–127) Biblical. Ancient Biblical Manuscript Center, (Claremont) February 1992.

ein Werk, das seinerseits wieder von Josephus intensiv benutzt wurde[28]. Auch die frühchristliche Schriftauslegung setzt von Anfang an neben Testimoniensammlungen die Existenz kleiner „Bibliotheken" voraus. Vor allem Lk, Mt, der auctor ad Hebraeos, Clemens Romanus, der Vf. von Barnabas und Justin, müssen bereits über umfangreichere Büchersammlungen verfügt haben, dasselbe gilt von Josephus in Rom.

Gerade dann, wenn wir erkennen, daß die jüdische Schriftgelehrsamkeit und Schriftauslegung in der Zeit des Zweiten Tempels kein völlig isoliertes Phänomen darstellt, sondern teilhat an der geistigen Entwicklung im östlichen Mittelmeerraum in der „nachklassischen" hellenistischen Zeit, können wir auch ihre unbezweifelbare historische und religiöse Besonderheit, ja Einzigartigkeit, erst richtig wahrnehmen.

2. Schriftwerdung und Schriftauslegung

Der zeitliche Rahmen meines Themas „Schrift*auslegung* in der Zeit des Zweiten Tempels", d.h. von der Rückkehr aus dem Exil bis zum Katastrophenjahr 70 n. Chr., umfaßt nun freilich nicht nur eine Periode vielfältiger *Exegese* heiliger Schriften, sondern zugleich und vor allem deren *Entstehung* bzw. *Endredaktion*. Beides läßt sich nicht trennen, sondern ist aufs engste miteinander verbunden: Auslegungsgeschichte ist in diesem Zeitraum zugleich Kanonsgeschichte. Die Entstehung des Kanons der hebräischen Bibel wie auch des weiteren der LXX geschah in einem ständigen vielgestaltigen und vielschichtigen Auslegungsprozeß[29].

---

[28] M. HENGEL/CH. MARKSCHIES, The ‚Hellenization' of Judaea in the First Century after Christ, London/Philadelphia 1989, 35 f. = Bd. I, 60−62; B. Z. WACHOLDER, Nicolaus of Damascus, Berkeley/Los Angeles 1962, 52 ff.; 81−86: Greek Authors in Herod's Library.

[29] Die Literatur zu diesem Thema ist unüberschaubar. Ich nenne außer den im Text aufgeführten Titeln: M. J. MULDER/H. SYSLING (Hg.), Mikra. Text, Translation, Reading and Interpretation of the Hebrew Bible in Ancient Judaism and Early Christianity, CRINT II,1, Assen etc. 1988; J.-D. KAESTLI/O. WERMELINGER (Hg.), Le Canon de l'Ancien Testament. Sa formation et son histoire, Genève 1984; O. H. STECK, Der Abschluß der Prophetie im Alten Testament. Ein Versuch zur Frage der Vorgeschichte des Kanons, BThSt 17, Neukirchen-Vluyn 1991; DERS., Der Kanon des Alten Testaments. Materialien für eine ökumenische Perspektive, in: Vernunft des Glaubens. Festschrift zum 60. Geburtstag von W. Pannenberg, Göttingen 1988, 231−252 = in: Verbindliches Zeugnis I (Anm. 23), 11−33; J. BLENKINSOPP, Prophecy and Canon. A Contribution to the Study of Jewish Origins, Notre Dame 1977 (Paperback 1986); F. CRÜSEMANN, Das ‚partitive Vaterland'. Struktur und Genese des alttestamentlichen Kanons, in: A. u. J. Assmann (Hg.), Kanon und Zensur, München 1987, 63–79; M. KLOPFENSTEIN etc. (Hg.), Mitte der Schrift? Ein jüdisch-christliches Gespräch. Texte des Berner Symposions vom 6.–12. Januar 1985, Judaica et Christiana 11, Frankfurt a. M. etc. 1987. Ich verweise hier besonders auf den Beitrag von H. GESE, Die dreifache Gestaltwerdung des Alten Testaments, 299−328, abgedruckt in: DERS., Alttestamentliche Studien, Tübingen 1991, 1−28.

Erst am Ende dieser Epoche steht der von Josephus c. Ap. 1,37–41 beschriebene pharisäische „Kanon" von 22 Schriften, bestehend aus dem Pentateuch, 13 historisch-profetischen Büchern (den vorderen und hinteren Profeten) und 5 weiteren mit „Hymnen und Anweisungen zur Lebensführung". Derselbe wird bestätigt von dem fast gleichzeitigen Hinweis 4 Esra 14,45 auf die 24 Bücher, die Esra als der letzte Profet nach der ersten Tempelzerstörung, durch göttliche Inspiration befähigt, diktiert habe, und die im Gegensatz zu den anschließend wiederaufgeschriebenen und nur den „Weisen" vorbehaltenen 70 „apokryphen" Büchern *für alle* veröffentlicht werden sollten[30].

Einen weiteren Hinweis erhalten wir durch die in Mischna Jadajim 3,5c+d Schimeon b. Azzai zugeschriebene Tradition, daß die 72 Ältesten (von Jabne) erklärten, daß alle heiligen Schriften, auch Hoheslied und Kohelet, „die Hände unrein machen". Das bedeutet, daß die jüdischen Gelehrten in Palästina in den Jahrzehnten nach der Tempelzerstörung definitive Beschlüsse über den Umfang der autoritativen heiligen Schriften gefaßt haben, auch wenn die Diskussion in einzelnen Punkten weit ins 2. Jh. hineinreicht. Der Kanon, von dem Josephus in c. Ap. in Rom berichtet, ist kein anderer als der von Jabne. Die Kehrseite war die strikte Abweisung der sogenannten Apokryphen, d. h. aller Schriften, die nach den drei angeblich letzten Profeten Haggai, Sacharja und Maleachi bzw. Esra dem Schreiber, man könnte auch sagen: nach dem Ende der Gabe der Inspiration, geschrieben worden waren[31]. Die junge christliche Gemeinde, in der sich der umfangreichere sogenannte LXX-Kanon ausbildete, war in diesem Punkt glücklicherweise großzügiger. Sie ließ sich mit der Abgrenzung des „Kanons" mehr Zeit und hat durch die trotz dieser Abgrenzung möglichen Duldung und Weiterüberlieferung zahlreicher „alttestamentlicher Pseudepigraphen" uns einen Schatz an zusätzlichen jüdischen Schriften erhalten[32].

Das wichtigste Zwischenglied in dieser Entwicklung ist der vom Enkel Ben Siras stammende Prolog zur griechischen Übersetzung aus der Zeit gegen Ende des 2. Jh.s v. Chr. Hier spricht dieser „vom Gesetz, den Profeten und den anderen folgenden Schriften", wobei er an der letzten Stelle voraussetzt, daß diese (wenigstens z. T.) auch ins Griechische übersetzt sind. Dabei wird deutlich, daß dieser 3. Teil im Gegensatz zu Gesetz und Profeten noch nicht klar abgegrenzt ist, ein Bild, das bereits im Lob der Väter des Weisheitsbuches selbst um 180 v. Chr. angedeutet wird, wo schon vorausgesetzt ist, daß das „Profetencorpus" von Josua bis zu Maleachi reicht. In dem Brief 4QMMT, der

---

[30] J.-D. KAESTLI, Le récit de IV Esra 14 et sa valeur pour l'histoire du Canon de l'Ancien Testament, in: J.-D. Kaestli/O. Wermelinger, op. cit. (Anm. 29), 71–97. Zu Esra als dem „letzten Profeten" s. 12,42 und u. S. 21.27.

[31] D. BARTHÉLEMY, L'État de la Bible Juive depuis le début de notre ère jusqu'à la deuxième révolte contre Rome (131–135), in: J.-D. Kaestli/O. Wermelinger, op. cit. (Anm. 29), 9–45. Zum alttestamentlichen „Kanon" bei den Rabbinen und ihrer Terminologie s. BILLERBECK, IV/1, 415–434; O. H. STECK, in: FS Pannenberg (Anm. 29), 244ff.

[32] M. HENGEL, Die Septuaginta als „christliche Schriftensammlung" . . . (Anm. 23).

vermutlich vom Lehrer der Gerechtigkeit an den gottlosen Hohenpriester geschrieben wurde, erscheint einmal die Formel: „Im Buch Moses und (in den Worten der) Profeten und in David (und in den Worten der Tage) aller Geschlechter", d. h. den Psalmen Davids und den Geschichts- bzw. Chronikbüchern[33].

In Qumran sind außer Esther[34] alle alttestamentlichen Schriften zumindest durch Fragmente eines Exemplars belegt, doch läßt sich hier infolge der großen Zahl der Sekten-Schriften kein *fester* „Kanon" abgrenzen. Wenn überhaupt, war die Zahl der „inspirierten" Schriften in Qumran größer als im rabbinischen Kanon. So ist dort z. B. analog zu den anderen Profetenbüchern vom sefær dani᷾el han-nabi᷾ die Rede[35]. D. h. das Danielbuch wurde in Qumran wie im Urchristentum (Mt 24,15) und in der LXX zum Profetencorpus gerechnet, obwohl es im rabbinischen Kanon nur zu den „Ketubim" gezählt wird. Wahrscheinlich betrachtete man dort − ähnlich wie im frühen Christentum − auch verschiedene Henoch zugeschriebene Werke als „heilige Schrift"[36]. In gewisser Analogie dazu wird auch in den Schriften des Urchristentums keine eindeutige Abgrenzung eines alttestamentlichen Kanons sichtbar. Man begnügte sich in der Regel mit der Formel „Gesetz (Moses) und Profeten"[37], nur Lk 24,44 spricht einmal von „Gesetz Moses, den Profeten und den Psalmen", wobei Davids Psalter für das frühe Christentum noch vor Jesaja überhaupt die wichtigste und in der Regel auch am meisten zitierte heilige Schrift war. Es ist eigenartig, daß eine Auflistung der Schriftzitate im NT und der biblischen Rollenfragmente aus Qumran ein ganz ähnliches Zahlenverhältnis zeigt. Im

---

[33] Sir prol. Z. 1: ... διὰ τοῦ νόμου καὶ τῶν προφητῶν καὶ τῶν ἄλλων τῶν κατ' αὐτοὺς ἠκολουθηκότων; Z. 24f.: ὁ νόμος καὶ αἱ προφητεῖαι καὶ τὰ λοιπὰ τῶν βιβλίων, vgl. Z. 8–10: εἴς τε τὴν τοῦ νόμου καὶ τῶν προφητῶν καὶ τῶν ἄλλων πατρίων βιβλίων ἀνάγνωσιν. Dazu H. P. RÜGER, Le Siracide: Un livre à la frontière du Canon, in: J.-D. Kaestli/O. Wermelinger, op. cit. (Anm. 29), 47–69. Zum „Profetencorpus" s. u. S. 19f. 26ff. Zu 4Q MMT C 10 s. u. Anm. 192.

[34] Auch das gilt nur mit Vorbehalt. Zur Vermutung aramäischer Vorstufen von Texten aus dem griechischen Estherbuch s. J. T. MILIK, Les modèles araméens du livre d'Esther dans la Grotte 4 de Qumrân, RQ 15/3 (1991), 321–406. Miliks Hypothesen sind freilich wenig überzeugend.

[35] 4QFlor 174 1–3 col II,3 (DJD V, 54; Allegro): Zitat von Dan 12,10. Insgesamt finden wir Fragmente von 5 Danielrollen; s. u. S. 53, Anm. 201.

[36] In der Übersicht von E. Tov (Anm. 27) finden sich Fragmente von 12 verschiedenen aramäischen Henochtexten (4Q 201–212), dazu 4 weitere aus dem Book of Giants (Nr. 530–533). S. auch J. T. MILIK, The Books of Enoch, Oxford 1976.

[37] Lk 16,16, vgl. Mt 11,13; Lk 16,29.31;24,27; Mt 5,17; 7,12; 22,40; Joh 1,45; Apg 13,15; 24,14; 28,23; Rö 3,21; vgl. H. P. RÜGER, op. cit. (Anm. 33), 68f.; vgl. auch BILLERBECK, I,240: 4 Makk 18,10 und tBM 11,23 (2,396). Zu Qumran s. u. S. 52. Die Dreiteilung in der rabbinischen Literatur erscheint expressis verbis erst in der Baraita bSanh 90b, der Frage der Sadduzäer an Rabban Gamliel (II.). S. BILLERBECK, IV,417f.; dort weitere Belege. Die Formel „Buch Moses und Worte der Profeten" erscheint auch zweimal in 4QMMT 10+18 (ergänzt), s. u. Anm. 46. Vgl. 6Q 15,3 = CD 6,1; „durch Mose und durch die heiligen Gesalbten (= Profeten)."

Novum Testamentum Graece von Nestle-Aland (25. Auflage) ergibt eine Auszählung der wörtlichen Zitate folgende Relation: Psalmen 55, Jesaja 51, Deuteronomium 45, Exodus 23, Kleine Profeten 21, Genesis 16. In Qumran finden wir folgende Zahlen für die in der Bibliothek nachweisbaren Schriftrollen[38]: Psalmen 18, Jesaja 17, Deuteronomium 19, Exodus 12, Genesis 12, Kleine Profeten 7. Auch im frühchristlichen Schrifttum finden wir über den Rahmen des späteren Kanons hinaus vereinzelt Zitate (und Anspielungen) aus bekannten und unbekannten Apokryphen[39]. D. h. für Qumran und das frühe Christentum bis ins 4. Jh. hinein war der alttestamentliche Kanon noch offen, denn für Essener wie für die frühen Christen setzte sich trotz der Berufung auf Gesetz und Profeten die geistgewirkte Offenbarung fort, ja sie hat sich unter den Zeichen der Endzeit in ganz neuer Weise intensiviert.

Ganz anders ist es im griechischsprechenden Judentum der Diaspora, soweit wir dasselbe überschauen. Zwar kennt man auch dort, wie Philos Bericht über die Therapeuten und seine eigene Schriftverwendung zeigen, eine gewisse Dreiteilung der inspirierten Schriften, aber im Gegensatz zu Qumran und dem Urchristentum liegt der Schwerpunkt der Schriftverwendung in fast ausschließlicher Weise beim Pentateuch. Ca. 98% der Zitate Philos stammen aus den 5 Büchern Moses, und ein ähnlicher Schwerpunkt beim Pentateuch findet sich auch in der Mehrzahl der anderen jüdisch-hellenistischen Schriften – die beiden palästinischen Priester und Geschichtsschreiber Eupolemos und Josephus ausgenommen. Sie mußten sich bei ihrer Darstellung der israelitisch-jüdischen Geschichte natürlich auf die den Profeten zugeschriebenen „Geschichtsbücher" stützen. Auch für die nichtjüdische Umwelt verkörperte ausschließlich Mose das Judentum als Gesetzgeber und Magier, daneben spielt bestenfalls noch Abraham eine gewisse Rolle[40].

An diesen unterschiedlichen Wertungen zeigt sich, wie sehr die Essener von Qumran und erst recht das Urchristentum eschatologische und zugleich palästinische Bewegungen sind, bei denen jeweils die Erfüllung der profetischen Weissagung zentrale Bedeutung gewinnt. Dies mag cum grano salis auch von jenen messianisch-nationalen Gruppen und Usurpatoren gelten, über die Josephus berichtet, von denen wir aber sonst kaum literarische Zeugnisse besitzen. Vermutlich glaubten auch sie sich im Besitz der eschatologischen Gabe des

---

[38] Nach E. ULRICH, (Anm. 27), 224–227, vgl. E. Tov (Anm. 27). M. HENGEL, Die Schriftauslegung des 4. Evangeliums auf dem Hintergrund der urchristlichen Exegese, JBTh 4 (1989), 249–288 (253f.): Ca. 60% aller eindeutigen neutestamentlichen Zitate stammen aus Ps, Jes, Dtn.

[39] S. M. HENGEL, Die Septuaginta als „christliche Schriftensammlung" ... (Anm. 23), 78ff. 114ff.

[40] J. G. GAGER, Moses in Greco-Roman Paganism, SBL. MS 16, 1972. Zu Abraham s. M. STERN, Greek and Latin Authors on Jews and Judaism, III, 1984, 101 Index s. v. Abraham; zu Mose 136f.

Geistes, mit der sie sowohl die Schrift deuteten als auch neue Offenbarungen empfingen[41].

3. Zur Kontroverse um die rechte Schriftauslegung

Die schrittweise Festlegung der heiligen Schriften und ihre fortschreitende Auslegung hat so in rund einem halben Jahrtausend das Judentum als *eine in der antiken Welt einzigartige Schriftreligion* geformt und vor der Assimilation an die Völker bewahrt − aber nicht wirklich dauerhaft geeint. Im Gegenteil, je mehr das Corpus heiliger Schriften wuchs, desto mehr wuchs der innere Streit über die Geltung der einzelnen Teile und ihre Auslegung. Im folgenden kann ich nur ganz wenige Beispiele nennen.

Das „samaritanische Schisma", das den alten Gegensatz zwischen Nord- und Südreich fortsetzte und sich schon seit der Rückkehr der Exulanten in immer neuen Konflikten latent vorbereitet hatte, im Bau einer Tempelstadt auf dem Garizim nach Alexander eine erste wesentliche Verschärfung erreichte und sich mit der Zerstörung eben dieser Tempelanlagen durch Johannes Hyrkan 128 v. Chr. vollendete, stellt sich u. a. auch in einem Streit um den wahren Umgang und Inhalt der Schrift dar. Die Samaritaner übernahmen zwar noch in der 2. Hälfte des 4. Jh.s die ca. zwei Generationen zuvor in Judäa endgültig redigierte Tora, weil die im Dtn geforderte Kultzentralisation auch auf den Garizim übertragen werden konnte. Die überwiegend vom judäischen Standpunkt aus geschriebenen und auf das Heiligtum in Jerusalem bezogenen Geschichts- und Profetenbücher − mit Ausnahme des Buches Josua, von dem es auch eine freilich späte samaritanische Version gibt − waren für sie dagegen nicht mehr akzeptabel. In ihrem Pentateuch ergänzten sie lediglich im Dekalog hinter Ex 20,14 und Dtn 5,18 ein Gebot, das die Kultzentralisation auf dem Garizim sicherte, und fügten zu den zwei Nennungen des Garizim in der Tora noch drei weitere hinzu[42]. Auch änderten sie in Dtn das mehrfach wiederholte Futur „der Platz, den der Herr erwählen wird (jibḥar)" in das Präteritum bāḥar, denn Gott hatte nach ihnen diesen heiligen Berg schon für Abraham erwählt[43].

---

[41] M. Hengel, Die Zeloten, AGSU 1, Leiden ²1976, 356−379; G. Theissen, Gruppenmessianismus, JBTh 7 (1992), 101−123.

[42] E. Tov, Proto-Samaritan Texts and the Samaritan Pentateuch, in: A. D. Crown (Hg.). The Samaritans, Tübingen 1989, 397−412 (404 und 479, Anm. 35). Vgl. M. Gaster, The Samaritans, SchL 1923, London 1925, 185−189: The Samaritan Tenth Commandment. Zur samaritanischen Exegese s. R. Bóid (M. N. Saraf), Use, Authority and Exegesis of Mikra in the Samaritan Tradition, in: Mikra (Anm. 29), 595−633 (Lit.).

[43] E. Tov, op. cit. (Anm. 42), 404; vgl. Dtn 12,5.11 u.ö. S. auch M. Hengel, Juden, Griechen und Barbaren, SBS 76, 1976, 21 f.; zum Tempel auf dem Garizim s. H. G. Kippenberg, Garizim und Synagoge, RVV 30, 1971, 60−93 (90 f.); M. Mor, The Persian, Hellenistic and Hasmonean Period, in: A. D. Crown (Hg.), op. cit. (Anm. 42), 1−18. Zum Josuabuch und der damit verbundenen Kontroverse s. M. Gaster, Das Buch Josua in hebräisch-samaritani-

Umgekehrt streicht die LXX in Jos 24,1 Sichem als Ort der Versammlung der Stammeshäupter zum Zweck der Bundesverpflichtung und setzt dafür Silo ein, ein Zeichen dafür, daß zur Zeit der griechischen Übersetzung des Josuabuches (Ende 3. Jh.?) der jüdisch-samaritanische Konflikt schon voll entbrannt war[44].

Die Sadduzäer werden kaum das Danielbuch als heilige Schrift anerkannt und auch Teile des Profetenkanons mit apokalyptischem Inhalt nur mit Widerwillen akzeptiert haben. Es ist bezeichnend, daß in bSanh 90b Rabban Gamliel II. sich in der Diskussion mit den Sadduzäern auf Tora, Profeten und Schriften, aber nicht auf Daniel beruft. D. h. sie werden von sich aus vermutlich nur die Tora als wirklich autoritative heilige Schrift in vollem Sinne betrachtet haben. Erst recht mußten sie natürlich die mündliche Tradition der Pharisäer ablehnen. Ebensowenig konnten sie sich vermutlich mit den Sonderschriften und -lehren der Essener anfreunden, obwohl auch deren priesterliche Führungsgruppe sich „Söhne Zadoqs" nannte. Vermutlich beugten sie sich in kontroversen Fragen nur dem Druck der Volksmeinung. Leider sind von ihnen keine Schriften erhalten, und unser Wissen über ihre Lehren und erst recht ihr Schriftverständnis ist sehr gering[45].

Eine scharfe Kontroverse über den Kalender und rituelle Fragen, insbesondere solche, die die Reinheit des Jerusalemer Tempels betreffen, enthält der Brief 4QMiqsat Ma'ase hat-torah, der vermutlich vom Lehrer der Gerechtigkeit an den gottlosen Hohenpriester, der wahrscheinlich mit Jonathan identisch ist, gerichtet wurde. Hier wird besonders deutlich, wie Konflikte über die Gesetzesauslegung, und hier vor allem der rituellen Gebote, zur Separation einzelner Gruppen führen konnten[46].

Auch die verächtliche Bezeichnung der Pharisäer durch die Qumranessener, sie seien dôrᵉšê ḥᵃlāqôt, Lehrer, die durch erleichternde Auslegung die Forderungen der Tora glatt machen, d. h. nivellieren, um sich dadurch die Gunst des Volkes zu erwerben, gründet auf einer grundlegenden Kontroverse über die rechte Exegese[47]. Nicht anders war es bei der bekannten, durch Josephus überlieferten Differenz zwischen Pharisäern und Sadduzäern über die Geltung der mündlichen Tora, d. h. der für die konkrete Gesetzesbeobachtung wesentlichen, mündlich tradierten kasuistischen Überlieferung. Während wir bei den

---

scher Rezension, ZDMG 62 (1908), 209–279.494–549; A. D. Crown, op. cit. (Anm. 42), 830 Index s. v. Book of Joshua.

[44] S. dazu auch Sir 50,25 f. und Josephus, ant. 12,10.156. 257–264;13,74–79.

[45] Dazu J. Le Moyne, Les Sadducéens, 1972, 357–379: Dafür, daß die Sadduzäer die Psalmen anerkannten, spricht ihr Gebrauch im Tempelgottesdienst. Auch auf die vorderen und hinteren Profeten können sie kaum verzichtet haben, weil sie an der Kontinuität der Geschichte des Gottesvolkes und seines Kultus festhielten.

[46] Der vorläufige Text mit englischer Übersetzung ist veröffentlicht in: The Qumran Chronicle Appendix „A" No. 2, Cracow December 1990, 1–12. S. u. S. 52.

[47] Die Belege bei J. H. Charlesworth, Graphic Concordance to the Dead Sea Scrolls, Tübingen/Louisville 1991, 131.255 vor allem aus dem Nahumpescher, s. auch u. S. 61.

Essenern eine Tendenz zur rigorosen Verschärfung finden, hielten die Sadduzäer am buchstäblichen Wortlaut fest und zeigten eine besondere Härte in der Anwendung des Strafrechts. Dagegen bemühten sich die Pharisäer, mit Hilfe der mündlichen Auslegungstradition das Gesetz für das Volk praktikabel zu machen[48]. Aber selbst sie waren schon vor 70 n. Chr., wie der Streit zwischen dem *bêt Hillel* und dem *bêt Schammai* zeigt, gespalten: „Als die Schüler Schammais und Hillels zahlreich wurden, da wurden auch die Streitigkeiten (maḥ°lôqôt) in Israel zahlreich, und es entstanden zwei Torot"[49]. Diesen Streit um die richtige Auslegung der Tora, ja der Schrift überhaupt[50] zu beenden und − ich zitiere Schäfer − „eine einheitliche Lehre zu bewahren bzw. durchzusetzen, war das primäre Anliegen der Schule von Yabne" nach der Katastrophe der Tempelzerstörung[51]. Aber dieser Versuch der Einigung und Abgrenzung brachte − wie hätte es anders sein können − zugleich wieder eine Scheidung: Das palästinische Judentum einigte sich unter pharisäischer Führung, doch die neue aus ihm hervorgegangene messianische Bewegung der Christen ging eigene Wege − wie schon zuvor die Samaritaner. Auch alle von der pharisäischen Majorität abweichenden sonstigen „Sektierer" (mînîm) wurden allmählich aus der Synagoge hinausgedrängt[52]. Die eschatologisch-messianische Schriftauslegung der Christen mußte gegenüber der traditionellen Frömmigkeit allzu „extravagant" erscheinen. Wie heftig hier über „den Schriften" gestritten wurde, zeigt nicht nur Lukas mit seinen Hinweisen über die Diskussionen mit den christlichen Missionaren in den Synagogen oder auch die Streitgespräche in den Evangelien, sondern auch Justins *dialogus cum Tryphone,* der wie das ältere Streitgespräch des Ariston von Pella auf wirkliche Diskussionserfahrungen zurückgeht[53]. Die m. E. spätestens in der 1. Hälfte des 4. Jh.s endgültig redigierte eine Tora bildete so einerseits den Schutzzaun Israels gegenüber den Völkern − so hat schon der Aristeasbrief das Mosegesetz verstanden[54] −, auf der anderen Seite konnte sie die Aufspaltung in drei Gruppen, nämlich in Juden, Samarita-

---

[48] Josephus, bell. 2,162−166; ant. 13,171−173;18,12−18;20,199ff. S. dazu E. Schürer, The History of the Jewish People in the Age of Jesus Christ, bearbeitet von G. Vermes et alii, Edinburgh 1973−1987, II, 381−414. S. auch Bd. I, 411−476.

[49] tSota 14,9 (Z. 320f.); vgl. auch tHag 2,9 (Liebermann Mo'ed 384, Z. 58f. fehlt bei Zuckermandel). S. dazu P. Schäfer, Studien zur Geschichte und Theologie des rabbinischen Judentums, AGJU 15, 1978, 203, vgl. 195f.; s. auch E. E. Urbach, The Sages, Jerusalem 1975, I,299.

[50] Vgl. dazu tEd 1,1, s. u. S. 68f.

[51] Op. cit. (Anm. 49), 196.

[52] Zur Verfluchung der „Sektierer", der birkat ham-mînîm s. H. L. Strack/G. Stemberger, op. cit. (Anm. 19), 76f.: bBer 28b Bar.

[53] S. dazu M. Hengel, Die Septuaginta als von den Christen beanspruchte Schriftensammlung ... (Anm. 23), 39−84 (65ff.). S. o. S. 361ff.

[54] S. R. Feldmeier, Weise hinter „eisernen Mauern", in: M. Hengel/A. M. Schwemer (Hg.), Die Septuaginta zwischen Judentum und Christentum, WUNT 72, 1994, 20−37.

ner und am Ende auch Christen, die sich alle als das „wahre Israel" verstanden, nicht verhindern.

4. Der Abschluß des Pentateuchs und des Profetenkanons

Doch kehren wir nochmals zu den Anfängen zurück. Die Heimkehrer aus dem Exil wie auch die im Lande Gebliebenen waren beim Bau des Zweiten Tempels 520–515 v. Chr.[55] und in den Jahrzehnten danach nicht ohne „heilige" Schriften. Vermutlich brachten die Exulanten aus Babylonien eine Vorform des Priesterkodex mit, und im Mutterland selbst war seit der Mitte des 7. Jh.s das Deuteronomium und im Anschluß daran das theologisch mit diesem aufs engste verbundene Geschichtswerk herangewachsen[56]. Hinter beiden standen profetische Traditionen, im Mutterland etwa verkörpert durch das Buch Jeremia, im Exil durch die Werke Hesekiels und Deuterojesajas. Dieser große Komplex von Dtn 1 bis 2 Kön 25 verband sich vermutlich mit dem sog. „Jehowisten", der älteren, bereits vorhandenen Geschichtsüberlieferung eines Jahwisten und Elohisten zu dem einen „Mammutwerk", das schon die wesentlichen Teile der Tora und der Geschichtsbücher von Gen 2 bis 2 Kön 25 umfaßte. Hinzu kamen die profetischen Sammlungen, die vor allem bei Jesaja und den Kleinen Profeten die Tendenz zeigten, weiter zu wachsen[57].

---

[55] Zur Rückkehr aus dem Exil und zum Tempelbau s. H. DONNER, Geschichte des Volkes Israel und seiner Nachbarn in Grundzügen, GAT 4/2, Göttingen 1986, 405–420; P. ACKROYD in: The Cambridge History of Judaism, I, 1984, 136 ff.425 ff. (Lit.).

[56] S. dazu den Forschungsbericht von H. WEIPPERT, Das deuteronomistische Geschichtswerk. Sein Ziel und Ende in der neuen Forschung, ThR 50 (1985), 213–249; J. VAN SETERS, In Search of History. Historiography in the Ancient World and the Origins of Biblical History, New Haven/London 1983, 322–362; MARK O'BRIEN, The Deuteronomistic History Hypothesis: A Reassessment, OBO 92, 1989; R. ALBERTZ, Die Intentionen und die Träger des Deuteronomistischen Geschichtswerks, in: Schöpfung und Befreiung. Für Claus Westermann zum 80. Geburtstag, Stuttgart 1989, 37–53. Für die Literaturhinweise danke ich Herrn Kollegen Mittmann. Albertz verweist S. 37 auf eine „Trägergruppe" in „der zweiten Hälfte des 6. Jahrhunderts", „in dem engen Zeitraum von maximal vier Jahrzehnten (561–515)" (47). Auf die Frage der verschiedenen Schichten oder Redaktionsstufen, die sich in fortlaufender Auslegung der Tradition entwickelten, brauche ich hier nicht einzugehen. Die „Endredaktionen", die teilweise bis 350 oder 300 v. Chr. heruntergedatiert werden (s. H. WEIPPERT, 235), sollte man freilich zeitlich deutlich von dem in Stil und Inhalt wesentlich späteren chronistischen Werk und dem Abschluß des Profetenkanons absetzen. Diese setzen die Endredaktion des Pentateuchs schon voraus. M. E. stehen die Endredaktion des Pentateuchs und des Geschichtswerks in einem gewissen Zusammenhang. Dies zeigen vor allem der Anfang und das Ende des Josuabuches c. 1 und 24 und das einzigartige Lob Josias, 2 Kön 23,25. Danach kommt nur noch der Abfall 2 Kön 23,26 f. In 25,27–30 leuchtet ein kleines – davidisches – Hoffnungslicht auf. Der Schluß 25,22–30 mag indirekt die Juden zur Loyalität unter der persischen Oberherrschaft auffordern, s. u. S. 26.

[57] Zur stufenweisen Endredaktion der Tora (und der Geschichtsbücher) s. die sachlich zusammenhängenden Untersuchungen von E. BLUM, Die Komposition der Vätergeschichte, WMANT 57, 1984 und Studien zur Komposition des Pentateuch, BZAW 189, 1990 (s. dazu

Entgegen der seit Wellhausen verbreiteten Anschauung, daß die nachexilische Zeit mehr und mehr zu einer Epoche der allmählichen gesetzlichen
Erstarrung und des religiösen Niedergangs wurde[58], muß man betonen, daß die
Mehrzahl der großen theologischen Entwürfe im alten Israel, die durch die
assyrische und neubabylonische Bedrohung und dann wieder durch die schwere
Krise des Exils angeregt worden waren, gerade in persischer und frühhellenistischer Zeit vollends ausreiften und ihre letztgültige, die Jahrtausende überdau-
ernde schriftliche Fassung fanden. In diesem Sinne, dies wird erst in unserer
Zeit wieder entdeckt, war die für uns so dunkle Epoche der Perserherrschaft
nach dem Exil eine eminent *schöpferische* Zeit. Wir finden in ihr eine vielseitige
literarische Produktion, in deren Mittelpunkt die endgültige, abschließende
Neubearbeitung der älteren gesetzlichen, geschichtlichen und profetischen
Überlieferung steht. In dem kleinen Judäa des 5. und 4. Jh.s v. Chr. fand eine
geistige Konzentration statt, die später über das Christentum und den Islam die
Weltgeschichte in einzigartiger Weise bewegt hat und die man nur noch mit der
Wirkung Athens in derselben Zeit des 5. und 4. Jh.s v. Chr. vergleichen kann.
Nur kennen wir in Athen die Namen der Denker und Dichter als selbstbewußte
Individuen; in Judäa waren es anonyme Priester und Schreiber, die man bereits
„Schriftgelehrte" und „Weisheitslehrer" nennen muß; sie waren jedoch im
Gegensatz zu Athen nicht ihrer eigenen schöpferischen Individualität und
Originalität, sondern ganz dem vorgegebenen, Mose am Sinai mitgeteilten
göttlichen Willen und dem sich daran anschließenden profetischen Offenba-
rungswort verpflichtet. Als solche gaben sie zuerst dem „Gesetz" und dann den

die beiden Rezensionen von J. van Seters, JBL 105 [1986], 706–708 und 111 [1992], 122–124);
R. N. Whybray, The Making of the Pentateuch. A Methodological Study, JSOT.SS 53,
Sheffield 1987, der im Pentateuch ein Supplement bzw. einen ausführlichen Prolog zum
deuteronomistischen Geschichtswerk sieht; vgl. weiter A. H. J. Gunneweg, Anmerkungen
und Anfragen zur neueren Pentateuchforschung, ThR 48 (1983), 227–253; 50 (1987),
107–131; weiter die schöne Skizze von F. Crüsemann, Der Pentateuch als Tora. Prolegomena
zur Interpretation seiner Endgestalt, EvTh 49 (1989), 250–267. Zum Profetenkanon s. jetzt
die grundlegende Untersuchung von O. H. Steck, Der Abschluß der Prophetie ... (Anm. 29),
der freilich den Abschluß des Profetenkanons zu weit in die Zeit gegen Ende des 3. Jh.s oder
gar in den Anfang des 2. Jh.s hinabdatieren will; s. S. 196–198. Für Sirach und Daniel ist
jedoch das profetische Werk eine längst selbstverständlich anerkannte und festgefügte Größe.
S. dazu u. S. 40. 47 ff.

[58] Prolegomena zur Geschichte Israels, [6]1905, 409: „Erkennt man an, daß der *Kanon* das
Judentum vom alten Israel unterscheidet, so erkennt man auch an, daß die *schriftliche Tora*
das Judentum vom alten Israel unterscheidet. Das Wasser, das in der Vergangenheit gequol-
len war, faßten die Epigonen in Cisternen"; vgl. 421: „Der Kultus ist das heidnische Element
in der israelitischen Religion ... Wenn er nun im Priesterkodex zur Hauptsache gemacht wird,
so scheint das einem systematischen Rückfall in das Heidentum gleichzukommen"; Israelitische und jüdische Geschichte, Berlin/Leipzig [9]1958, 193: „Das Gesetz hat keinen plötzlichen
Einschnitt in die bisherige Entwicklung gemacht. Seine erstickende Wirkung hat es erst
allmählich entfaltet; es dauerte lange, bis der Kern hinter der Schale verholzte." Hinter
solchen Urteilen steht die romantische Vorstellung, daß das Ältere auch das Wertvollere sein
müsse und das protestantisch-rationalistische Unverständnis für den Kult.

„Profeten" ihre bleibende Form. Im Gesetz hatte dabei der *Kult* auf dem Zion grundlegende Bedeutung, weil er ständig für die Sünden des bedrohten Volkes Sühne und damit die Konstanz des göttlichen Heils bewirkte. Auch bei den letzten Zuwächsen zu den Profetenbüchern tritt der Kult in auffallender Weise in den Vordergrund. Die Bedeutung dieser schriftgelehrten *Endredaktionen* in einem langen, komplizierten Prozeß, den wir nicht mehr wirklich völlig durchschauen und zuverlässig datieren, sondern nur noch hypothetisch rekonstruierend verfolgen können, wurde bis in die jüngste Zeit unterschätzt. Erst in den letzten Jahrzehnten hat sich dies mehr und mehr geändert.

Der entscheidende Schritt war, daß man – wohl noch gegen Ende des 5. Jh.s – die endgültige Fassung des Priesterkodex in den ersten Teil des jehowistisch-deuteronomistischen Gesamtwerks einarbeitete, und diesen ersten Teil unter Voranstellung des Schöpfungsberichts von Gen 1 als selbständige Einheit von fünf Büchern vom übrigen Geschichtswerk abtrennte. Er reichte von der Schöpfung bis zum Tode Moses und bildete eine fortlaufende „biographische" Geschichtserzählung mit eingearbeiteten großen Gesetzespartien und einer ausführlichen Vorgeschichte im Buch Genesis. Die weitere Ausformung des „Pentateuch" als der „Tora Moses" mag dann noch eine gewisse Nachgeschichte gehabt haben, die bis in die Mitte des 4. Jh.s reicht. Etwa seit der Alexanderzeit war die Tora, wie sie uns vorliegt, anerkannt. Der äußere terminus ad quem ist die Übersetzung der Tora unter Ptolemaios II. Philadelphos in Alexandrien etwa im zweiten Viertel des 3. Jh.s v. Chr. Man hätte dieses Werk jedoch kaum ins Griechische übertragen, wenn seine „kanonische" Fassung nicht bereits mehrere Generationen wirksam gewesen wäre. Der entscheidende Anstoß zu dieser großzügigen Zusammenfassung, die selbst z. T. gegensätzliche Gesetzesbestimmungen in Kauf nahm, lag einerseits darin, daß man gegenüber der persischen Oberherrschaft ein einheitliches, für die jüdische Kultgemeinde gültiges Gesetz (vgl. Esra 7,25) vorweisen wollte, das vom persischen Staat legitimiert war und dessen Einhaltung man darum zumindest im syrischen Raum erzwingen konnte. Ein weiterer Grund war die Einwirkung auf die Diaspora im persischen Weltreich und die Sorge um die Einheit der Volks- und Kultgemeinschaft. „Illegitime" Kulte wie in Elephantine wurden auf diese Weise erschwert. Daß dabei das Kultgesetz die tragende Mitte bildete, zeigt das Buch Leviticus, das als das kleinste mit seinen Opfer-, Priester- und Reinheitsgeboten und dem Heiligkeitsgesetz im Zentrum der Tora steht. Exodus und Numeri bilden dazu den inneren, Genesis und Deuteronomium den äußeren Rahmen. Im Grunde steht in Leviticus schon die apologetische Formel des Josephus c. Ap. 2, 193 im Hintergrund: Εἷς ναὸς ἑνὸς θεοῦ. Im gegenwärtigen Vollzug des Kultus ereignet sich die heilvolle Gottesgemeinschaft im Zusammenhang mit dem von Gott geordneten Lauf der Zeiten, von Tagen, Wochen, Monaten und Jahren ständig auf immer neue Weise. Im Buch Leviticus selbst – und damit zugleich in der ganzen Tora – dürfte seinerseits wieder

c. 16 mit den Geboten über den Ablauf des Versöhnungstages die Klimax darstellen. Der Kult aber bedurfte, um wirksam zu sein, in besonderer Weise der exakten rechtlichen Regelung, die jede Willkür ausschloß, denn Gott ist, wie das Schöpfungskapitel Gen 1 zeigt, ein Gott der Ordnung. Die heilvolle Ordnung der von ihm erschaffenen Welt, die das menschliche Leben erhält und die heilvolle Anordnung des Kultes, die die lebenserhaltende Sühne ermöglicht, entsprechen sich[59].

Der zweite Teil des Schriftwerks, beginnend mit Josua, dem „Gehilfen Moses im Profetenamt"[60], wird bewußt diesem neu formierten „Gesetzbuch Moses" nachgeordnet und nach dem ca. 100–150 Jahre später erfolgten Abschluß der eigentlichen Profetensammlung von Jesaja bis Maleachi mit dieser verbunden. Dabei erhielt, wie Jos 1, aber auch c. 24,25–27 zeigen, das Josuabuch mit seiner Darstellung der im Pentateuch verheißenen Landnahme den Charakter einer Klammer zwischen Tora und neuem profetischen Corpus. Durch diesen Schritt wurden die von deuteronomistischer Theologie geprägten Geschichtsbücher als „vordere Profeten" dem zweiten Corpus zugerechnet. Daß auch die eigentlichen Profetenbücher auf die Tora und ihren Vermittler Moses als dem einen, in vollem Sinne des Wortes „maßgeblichen" und unüberbietbaren (Dtn 34,10) Profeten zugeordnet waren, zeigt das Ende dieses Corpus Mal 3,22: „Denket an die Tora Moses, meines Knechtes, die ich am Horeb aufgetragen habe für ganz Israel, Gebote und Satzungen". Es folgt 3,23f. der Hinweis auf das endzeitliche Kommen Elias gewissermaßen als des profetischen Mose redivivus von Dtn 18,15.18, der im gespaltenen Israel Frieden zwischen den Generationen stiften und damit das Volk wieder zu den von Mose gegebenen Geboten zurückführen wird, um es vor dem kommenden Gericht Gottes zu bewahren. Auf diesen eschatologischen Schlußstein des Profetencor-

---

[59] S. dazu O. Eissfeldt, Einleitung in das Alte Testament, Tübingen [3]1964, 318–320; G. Fohrer, Einleitung in das AT, [12]1979, 207–209; O. Kaiser, Einleitung in das AT, Gütersloh [5]1984, 57; 111ff.; H. Gese, op. cit. (Anm. 29), 13–17; „Das neu erstehende Juda-Israel und die Tora". Eine m.E. weniger überzeugende Alternative wäre die Hypothese, daß man zuerst Jehowist und P zu einem „Tetrateuch" verband und dann das Dtn vom Geschichtswerk abtrennte und einen „Pentateuch" schuf. Den Hinweis auf Lev als Zentrum verdanke ich J. Blenkinsopp. Die jüdischen Kinder begannen noch in talmudischer Zeit ihre Schullektüre mit diesem Buch, s. Judentum und Hellenismus, 151. Ich kann hier auf den alten Gegensatz, ob P eine unabhängige Quelle oder eine Redaktionsschicht darstellt, nicht weiter eingehen. S. dazu jetzt E. Blum, Pentateuch (Anm. 57), 221ff., der „eine *nicht*-selbständige Textschicht" vermutet (222), aber auf „die eigentümliche Geschlossenheit und Sperrigkeit zentraler priesterlicher Texte gegenüber der vorgegebenen Überlieferung" verweist. D.h. aber, es müssen doch vor der Einarbeitung dieser priesterlichen Kompositionsschicht als „Quelle" Sammlungen „priesterlicher Texte" vorgelegen haben! M.E. deuten Stil und theologische Tendenz doch eher auf die Existenz einer selbständigen Quelle, d.h. auf das Produkt einer priesterlichen Schule hin. Wir wissen ja nicht, was bei der redaktionellen Arbeit alles weggelassen wurde.

[60] Sir 46,1: mšrt mšh bnbw'h (LXX διάδοχος Μωυσῆ ἐν προφητείαις); vgl. Dtn 34,10: Mose als der vorbildliche Profet, und 34,9 (Nu 27,18.22; Jos 1,1ff.): die Nachfolge Josuas.

pus weist schon Ben Sira hin, wenn er im Lob der Väter über Elia schreibt und
dabei den Text Maleachis noch stärker ins Positive wendet:

> „... von dem geschrieben steht, er steht bereit für die (letzte) Zeit[61],
> um den Zorn zu besänftigen, ehe er entbrennt
> und die Herzen der Väter den Söhnen zuzuwenden
> und die Stämme Jakobs aufzurichten."

O. Steck mag recht haben, wenn er im Anschluß an W. Rudolph in Mal
3,22–24 und dem Anfang des Josuabuches mit dem mehrfachen Hinweis auf
Mose, den Knecht Jahwes, und auf sein Gesetz*buch* und den darin geforderten
Gehorsam[62] eine bewußt gesetzte redaktionelle inclusio sieht[63]. Die Brücke
zwischen Tora und Profetencorpus schlägt darüber hinaus bereits Dtn 34,10:
„Und es erhob sich in Israel *kein Profet mehr wie Mose,* mit dem Jahwe von
Angesicht zu Angesicht verkehrt hatte ..." Dieser Hinweis auf den in seiner
heilsgeschichtlichen Bedeutung einzigartigen „Profeten Mose" setzt eine Kette
von nach- und untergeordneten Profeten voraus und macht die Tora Moses
einschließlich aller kultischen Gebote auch für alle späteren Profeten verbindlich. In Hos 12,14 wird Mose ohne Namensnennung einfach als „Profet"
schlechthin bezeichnet, der Israel aus Ägypten führte und es wie ein Hirte
behütete[64]. Wahre Profetie war nur noch im Rahmen bzw. im Zusammenhang
mit der von dem „maßgeblichen Profeten" Mose empfangenen Tora möglich.
Der am Ende erwartete Elia konnte dann nur wieder „ein Profet wie Mose"
sein, der Israel zur Tora zurückführt und damit den drohenden Gerichtszorn
vom Eretz Israel abwendet.

Eine analoge Entsprechung zwischen dem ganz an der Tora Moses orientier-
ten Beginn des „Profetencorpus" in Jos 1 und dem bei der Endredaktion an den
Anfang des Psalters gesetzten Ps 1 findet sich in Jos 1,8: „Nicht weiche dieses
Buch der *Tora* von deinem Munde und *sinne darüber nach Tag und Nacht*" und
Ps 1,2: „Sondern er hat Freude an der Tora Jahwes und *sinnt über seine Tora*

---

[61] Sir 48,10: hktwb nkwn l't.

[62] 1,1–5.7.8.13–17; vgl. Mal 3,22: ziḵᵉrû tôrat mošæh ʿabdî ʾašær ṣiwwitî ʾotô; Jos 1,1:
mošæh ʾæbæd JHWH; 1,2: mošæh ʾabdî; 1,7: kᵉḵôl hat-tôrā ʾašær siwwᵉḵā mošæh ʾabdî; 1,13:
zāḵôr ʾæt had-dābār ʾašær ṣiwwah ʾætḵæm mošæh ʿæbæd JHWH; vgl. 1,15–17. Vgl. noch die
formelhaften Wendungen kᵉḵātûḇ bᵉsefær hat-tôrā ... Jos 8,31.34 und 23,6 im Anschluß an
Dtn 28,61; 29,20 u. 30,10 und dazu 2 Chr 25,4; 35,12 und zur Toraverlesung Neh 8,1.3.8.18;
9,3; 2 Chr 17,9. Neben Chronik und Nehemia erscheint bei Josua die Formel „sefær hat-tôrā"
besonders häufig. S. auch u. Anm. 77.

[63] Abschluß der Prophetie, op. cit. (Anm. 29), 127 ff.: „In Jos 1 ist betont, daß Josua
bezüglich der Tora ja von Mose instruiert worden ist, also der erste Prophet nach Mose (Dtn
18) in einer ganzen Folgereihe ist, wie sie das dtr. Geschichtswerk bzw. Nebiim (mit Maleachi
am Ende) dann bieten; in Mal 3,22 hingegen weist Jahwe durch Maleachi selbst darauf hin,
daß Mose die Tora für Israel am Horeb von ihm, Jahwe, erhalten hat – im Dienste des
Rückverweises auf Dtn und ... auf die Schriftensammlung Tora im ganzen" (135).

[64] Vgl. auch Ex 33,8 seine Bezeichnung als „Freund" Jahwes, als „Mann Gottes" Dtn 33,1,
Ps 90,1 und als „Liebling Gottes" Sir 45,1.

Tag und Nacht". Sollte der weisheitliche Endredaktor des kanonischen Psal-
menbuches den Beginn der „nᵉbî'îm" Jos 1 im Auge gehabt haben, als er dieses
Gedicht an den Anfang des Psalters stellte? War nicht der Erfolg Josuas, dieses
Dieners Moses und ersten Profeten nach ihm, der „alles" tat, „was in diesem
Buch der Tora geschrieben war", das jedem Kenner der Schriften vertraute
Paradigma für die Gültigkeit und Wahrheit des „Prologs" der Psalmensamm-
lung?[65] Auch die Einteilung der Psalmen in fünf Bücher, die späteren fünf
Megillot für die Lesungen an den fünf wichtigsten und zugleich volkstümlichen
Festen, und die Beliebtheit von fünf Büchern bei frühen christlichen Autoren
des 2. Jh.s n. Chr. wie Papias, Apollinaris von Hierapolis, Hegesipp und
Irenäus geht auf die „klassisch" gewordene 5-Zahl des Pentateuchs zurück. Die
Bezeichnung πεντάτευχος selbst erscheint erstmals um dieselbe Zeit im Brief
des Ptolemäus an die Flora[66]. Die Zahl der fünf Bücher ist jedoch schon bei den
Übersetzern der LXX um 250 v. Chr. vorauszusetzen und war wohl von Anfang
an mit der Endredaktion der Tora verknüpft. Auch bei den Samaritanern und
in Qumran besteht „die Tora" aus fünf Büchern[67].

　　Die Formierung des Pentateuchs und davon abhängig die Rahmung des
Profetencorpus, der programmatische erste Psalm wie die Einteilung der überwiegend kultischen Psaltersammlung sind zugleich Ausdruck für die neue, an
eine konkrete, auch staatsrechtlich anerkannte „Büchersammlung" gebundene
Gestalt, die der israelitisch-jüdischen Religion in der Zeit der Perserherrschaft
und der auf sie folgenden frühhellenistischen Diadochenreiche mehr und mehr
ihr Gepräge gab. Diese wird zur geschichtsträchtigen *Buchreligion,* und damit
entsteht zugleich ein neuer Stand: die *Schriftgelehrten.* Bei Ben Sira und in
Qumran erhält dann das in Jos 1 und Ps 1 geforderte „Sinnen über die Tora"
erneut grundlegende Bedeutung (s. u. S. 42 u. 53, Anm. 98).

5. Die Schriftgelehrten und das Ende der Profetie

5.1 Esra, „der Schreiber"

Das Ende der profetischen Inspiration und damit die Vollendung der Schriftwerdung wie auch der Anfang einer neuen Schriftgelehrsamkeit werden schon
im antiken Judentum exemplarisch mit dem Namen Esra verbunden[68]. Wenn

---

[65] O. H. Steck, Abschluß der Prophetie, op. cit. (Anm. 29), 161 ff.

[66] Epiphanius, Panarion 33,4,1: ὁ σύμπας ἐκεῖνος νόμος ὁ ἐμπεριεχόμενος τῇ Μωσέως
πεντατεύχῳ. Der Begriff mag aus dem jüdischen Alexandrien stammen. Die Fünfzahl mag
gegenüber der Vielzahl von Büchern bei gnostischen Autoren als ein Zeichen von Rechtgläu-
bigkeit gegolten haben.

[67] S. 1Q30 1,4 (DJD I, 132): s]prjm ḥwmšjm, vgl. u. S. 52, Anm. 193. In der rabbinischen
Literatur erscheint jMeg 74a Z. 2; bChag 14a; bSota 36b u. ö. ḥômaš/ḥômāšin als Bezeichnung des Pentateuchs. J. Levy, Wörterbuch über die Talmudim und Midraschim, II,78 f.

[68] Zur historischen Situation Esras knapp und präzise H. Donner, op. cit. (Anm. 55),

Josephus die „zuverlässige Sukzession der Profeten" vom Tode Moses bis Artaxerxes dauern läßt, so hat er dabei Esra im Auge, der nach Esra 7,1 f. im 7. Jahr des Artaxerxes, begleitet von einem neuen Rückkehrerkonvoi von Exulanten, nach Jerusalem hinaufzog[69]. Er ist nach 4 Esra 12,42 „von allen Profeten allein übriggeblieben"; darum kann nur er nach 4 Esra 14,44–47, vom Geist inspiriert, die bei der Tempelzerstörung vernichteten heiligen Schriften diktieren, aber auch die Rabbinen machen ihn zum Restaurator der nahezu vergessenen Tora (bSukka 20a); außerdem soll er sie als erster in Quadratschrift niedergeschrieben haben. Ja, er „wäre würdig gewesen, die Tora zu empfangen, wenn ihm nicht Mose zuvorgekommen wäre"[70]. Louis Ginzberg bemerkt dazu: „In a sense he was, indeed, a second Moses". Als Schüler Baruchs wird er mit Maleachi identifiziert[71], darüber hinaus machte man ihn zum Autor der Bücher Chronik, Esra und Nehemia, deren stilistisch-theologischen Zusammenhang man offenbar erkannte. D. h. er ist der letzte inspirierte Profet schlechthin. Auf der anderen Seite rechnete man ihn später zu den ersten Männern der „großen Synagoge". Daher ist er noch mehr, nämlich „the binding link between the Jewish Prophet and the Jewish Sage"[72]. So erschien er später in einzigartiger Weise als der Mann des Übergangs, der die Zeit der unmittelbaren Offenbarung abschloß und die neue Ära der Schriftgelehrsamkeit eröffnete.

Mit dem „historischen Esra", der ja nur ganz schemenhaft faßbar ist, hat dies alles gewiß nur noch wenig zu tun. Auf der anderen Seite wäre es falsch, Esra zu einer bloßen Kunstfigur zu machen[73], die als fiktiver Appendix dem chronisti-

---

418 ff.426 ff.; U. KELLERMANN, Erwägungen zum Problem der Esradatierung, ZAW 80 (1968), 55–87 kommt zu einer moderaten Frühdatierung aufgrund von Esra 4,12, doch ist es hier sehr fraglich, ob es sich um die Sendung Esras handelt. Beim Esragesetz vermutet er deuteronomische Herkunft. Dafür scheint mir der Zeitpunkt zu spät zu sein; s. weiter: DERS., Erwägungen zum Esragesetz, ZAW 80 (1968), 373–385; W. TH. IN DER SMITTEN, Esra: Quellen, Überlieferung und Geschichte, SSN 15, 1973; M. SÆBØ, Art. Esra, TRE X, 1982, 374–386 (Lit.); R. SMEND, Die Entstehung des Alten Testaments, Stuttgart etc. ³1984, 225–227; F. CRÜSEMANN, op. cit. (Anm. 57), 255–259.

[69] Josephus, c. Ap. 1,40f.: τὴν τῶν προφητῶν ἀκριβῆ διαδοχήν. In ant. 11,120–158 folgt Josephus dem 1.(3.) Esrabuch der LXX und läßt Esra unter Xerxes auftreten. Er korrigiert dadurch die Schrift, die Artaxerxes auf Darius folgen läßt. Esra wird damit immer näher an die Rückkehr aus dem Exil und den Tempelbau herangerückt. Dies entspricht einer Tendenz, die wohl schon das Esrabild des Chronisten beeinflußte. Seiner Vorlage, dem Esrabuch der LXX entsprechend, macht Josephus ihn zum „obersten Priester" (πρῶτος ἱερεύς): ant. 11,121. Die rabbinische Überlieferung nimmt dieses Motiv wieder auf. S. u. Anm. 85.

[70] tSan 4,7 (Z. 421,23f.: R. Jose ha Gᵉlili); bSan 21b; yMeg 1,21b; s. L. GINZBERG Legends, IV,355; VI,443 Anm. 41. Hinter dieser Vorstellung steht wohl Esra 7,14: bᵉdāt ᵃᵉlāhāḵ dî bîdāḵ: „(durch das) Gesetz Gottes, das in deiner Hand, d. h. das dir übergeben ist".

[71] Legends, IV, 354f.; VI,441 Anm. 33; vgl. M. SÆBØ, op. cit. (Anm. 68), 381: „Er ist sozusagen ein *zweiter Moses* geworden".

[72] L. GINZBERG, Legends, IV, 359, vgl. VI,447f. Anm. 56.

[73] Dieser Versuchung nahe kommt J. C. H. LEBRAM, Die Traditionsgeschichte der Esragestalt und die Frage nach dem historischen Esra, in: Achaemenid History, I, Sources, Structu-

schen Geschichtswerk angehängt wurde, das zu Beginn der hellenistischen Zeit die Geschichte Israels unter dem Blickwinkel der jetzt endgültigen Fassung der Tora Moses und des darin beschriebenen vorbildlichen Kultbetriebs neu darstellte. Wenn der Autor die in seiner Quelle vorgefundene Bezeichnung des Priesters Esra als königlicher „Beauftragter für das Gesetz des Himmelsgottes", *sāfar dātā' dî 'ᵆlāh šᵉmajjā*[74], vorfand und sie als *sōfer māhîr bᵉtôrat mošæh*, als „ein erfahrener Schreiber im Gesetz Moses, das JHWH, der Gott Israels gegeben hatte"[75], bzw. als „Schreiber der Worte der Gebote Jahwes" interpretierte, so hatte er bei dem Begriff *sofer* nicht mehr so sehr den persischen Beamten als vielmehr den *Gesetzesgelehrten* im Sinn, und dies historisch nicht zu Unrecht: denn der Priester Esra wäre nie königlich-persischer Kommissar „für die jüdischen Angelegenheiten" oder exakter für „das Gesetz des Himmelsgottes" geworden, wenn er nicht bereits ein souveräner und anerkannter Kenner und Interpret dieses Gesetzes (ja vermutlich sogar sein Redaktor) gewesen wäre. Die entscheidenden Verse 7,25 und 26 betonen zu Recht den politischen und für alle Juden in Syrien verbindlichen Charakter dieses neuen, einheitlichen Gesetzes.

Im Blick auf das Gesamtgefälle der jüdischen Geschichte in der Perserzeit und der Schriftwerdung durch Auslegung scheint mir dabei die Wirksamkeit Esras in Jerusalem am ehesten geraume Zeit nach Nehemia in das 7. Jahr Artaxerxes' II. Mnemon 398/7 zu fallen, und ich folge H. H. Schaeder darin, daß „sich gegen die nächstliegende, besonders von Wellhausen vertretene Annahme", daß das von Esra ausgelegte ‚Buch der Tora Moses' „mit dem Pentateuch, wie wir ihn lesen, im wesentlichen identisch war, kein gewichtiger Grund anführen (läßt)"[76]. Im Blick auf die verschiedenen Möglichkeiten dürfte

---

res and Synthesis. Proceedings of the Groeningen 1983 Achaemenid History Workshop, hg. v. H. Sancisi-Weerdenburg, Leiden 1987, 103–138. Er möchte auch zwischen dem „Apokalyptiker" und dem „Schriftgelehrten" trennen und übersieht die sich steigernde Tendenz zur Frühdatierung. Daß 4 Esra eine ganz andere Esratradition verwendet (134f.), halte ich für mehr als fraglich. Es geht um die *eine* Gestalt, mit der später der „Kanon" der 24 bekannten „heiligen Schriften" verbunden wird. Ben Sira übergeht ihn und kennt nur Nehemia, weil seine Persönlichkeit gegenüber dem sehr viel deutlicher gezeichneten Statthalter stark zurücktritt. S. dazu P. Höffken, Warum schwieg Jesus Sirach über Esra?, ZAW 87 (1975), 184–202, der freilich eine theologisch begründete Ablehnung Esras (und des Chronisten) vermutet, da diese – im Gegensatz zu dem streng aaronidisch denkenden Ben Sira (s. u. S. 41) – den Leviten zuviel Einfluß einräumen. Ben Sira hat jedoch vielfältig auf den Chronisten zurückgegriffen.

[74] Esra 7,12.21.

[75] 7,6. Der Vers inklusive des Nachsatzes 'ᵃšær nātan JHWH 'ᵆlohê jiśrā'el; vgl. 7,14: bᵉdāt 'ᵆlāhāk̠ dî bîdāk̠ ist wohl die Ursache der Legende 4 Esra 14,19 (vgl. o. Anm. 70), daß ihm die heiligen Schriften nach ihrer Zerstörung diktiert worden seien: Er erhält – wie Mose – das heilige Gotteswort zum zweiten Mal, s. LEBRAM (Anm. 65).

[76] Esra der Schreiber, BHTh 5, Tübingen 1930, 63 = S. 162–241 in: ders., Studien zur orientalischen Religionsgeschichte, hg. v. C. Colpe, Darmstadt 1968, dort 227. Zur Datierung und historischen Situation K. GALLING, Bagoas und Esra, in: ders., Studien zur Geschichte Israels im persischen Zeitalter, Tübingen 1964, 149–184. S. jetzt auch E. BLUM, Pentateuch

dies immer noch das Wahrscheinlichste sein. Das Werk des Chronisten, das ca.
100–120 Jahre später zu Beginn der ptolemäischen Herrschaft abgeschlossen
wurde, hat die Bedeutung Esras, von dem er im Gegensatz zu Nehemia nur
noch wenige verläßliche Nachrichten besaß, als einer mit der neuen, endgültigen Tora verbundenen Symbolgestalt, oder sagen wir ruhig als dem ersten
„Schriftgelehrten", durchaus richtig erfaßt, und die spätere Esraüberlieferung
hat diese Interpretation der Esragestalt mit gutem Recht konsequent weiter
verfolgt. Mit seiner Person verbindet sich das wichtigste Ereignis zwischen der
Rückkehr aus dem Exil bzw. dem Bau des Zweiten Tempels und der Religionsnot unter Antiochus IV., die Konsolidierung und Annahme der Tora in ihrer
Endgestalt. Die damit verbundene komplizierte redaktionelle Arbeit war gewiß nicht allein sein Werk, diese mag vielmehr eine ganze Generation beschäftigt haben, aber man darf seine Person von diesem einschneidenden Vorgang,
der die grundlegende „Urüberlieferung" des Gottesvolkes vereinigte und damit auch gültig fixierte, nicht einfach abtrennen.

In der Rolle des Toralehrers, der die von Gott Israel gegebene Tora dem
versammelten Volk zur Kenntnis bringt, erscheint Esra vor allem in der großen
Szene der öffentlichen Toraverlesung beim Laubhüttenfest[77]:

> „(Und Esra) las aus dem Buch der Tora Gottes vor
> und übersetzte es[78] und legte es aus, damit alle die Lesung verstanden[79]."

Bezeichnend ist, daß hier zum ersten Mal das Wort miqrā' in der Bedeutung
von Schriftlesung eingeführt wird, das später seit der Mischna zur Bezeichnung
des biblischen Textes wird[80]. Ob zur Schriftlesung, wie Schaeder vermutete,
die Ad-hoc-Übersetzung ins Aramäische hinzutrat, ist umstritten[81]. Wesent-

---

(Anm. 57), 360 Anm. 96: „Daß die Gestalt Esras etwas damit zu tun hatte, bleibt immerhin
eine Möglichkeit".

[77] Neh 8,2–8. 1 Esra 9,39.49 nennt Esra Hohepriester und ἀναγνώστης. Die Festfeier
entspricht Lev 23,39–43 und Dtn 31,10–13, d.h. sie setzt den Pentateuch voraus. Neh 8,17
betont ausdrücklich, daß seit den Tagen Josuas das Fest nicht mehr auf diese Weise begangen
worden sei; damit wird indirekt auf die neue, von Esra eingeführte Form hingewiesen und
Josuas paradigmatischer Gesetzesgehorsam als Nachfolger Moses hervorgehoben. Esra könnte damit Züge eines Josua redivivus annehmen. Das Josuabuch betont relativ häufig, im
Gegensatz zu den späteren Geschichtsbüchern, daß Josua gemäß dem Gesetz Moses gehandelt habe, vgl. 1.13; 8,31.35; 9,24; 17,4; 22,2; vgl. auch 8,34f. und o. Anm. 62.

[78] m^{e}poräš; eine andere Bedeutungsmöglichkeit ist „abschnittsweise". LXX = 2 Esra 18,8:
καὶ ἐδίδασκεν.

[79] In V. 7 sind sekundär die Leviten eingeführt und die Lesung V. 8 ihnen übertragen. Statt
des Plurals wajjiqr^e'û war sinngemäß ursprünglich der Singular zu lesen. Der Chronist bringt in
störender Weise diese Schriftauslegung durch die Leviten, weil sie ihm persönlich wichtig war.
Vgl. die harmonisierende Version der LXX 2 Esra 18,8: καὶ ἐδίδασκεν Εσδρας . . .

[80] In mSota 5,2 hat es die Bedeutung „Schriftstelle" aus der Tora, in späteren Texten
erscheint auch die Bedeutung heilige Schrift und Schriftstudium, das ja durch lautes Lesen
geschah, s. JASTROW, Dictionary, s.v. miqrā' (I,832f.); vgl. LEVY, III, 229.

[81] Op. cit. (Anm. 76), 53. Zur öffentlichen Verlesung des Gesetzes s. noch Jos 8,34f. und
am Laubhüttenfest Dtn 31,9–13.

lich bleibt jedoch die damit verbundene Auslegung. Auch nach Esra 7,25 sollen
die, die das Gesetz nicht kennen, belehrt werden. Die Jerusalemer Bibel
überschreibt Neh 8 in einer gewissen Übertreibung mit „Der Geburtstag des
Judentums"; auch hat man häufig den damit verbundenen Vorgang, bei dem
sich der (bzw. die) Vorleser auf einer erhöhten Tribüne befand(en), bei dem
ein Gebet mit Proskynese vorausging und wo auf Lesung und Übersetzung eine
Auslegung folgte, mit dem Synagogengottesdienst verglichen. Doch die frühe-
sten Synagogen begegnen uns erst in Ägypten zu Beginn des 3. Jh.s und in
Judäa sogar erst etwa ab der Mitte des 1. Jh.s[82]. Es ist auch nur von einer
Lesung an sieben Tagen von Sukkot die Rede, nicht von einem regelmäßigen
Gottesdienst am Sabbat. Dies entspricht eher der Forderung Dtn 31,9-13, wo
die Priester und Leviten den Auftrag erhalten, alle sieben Jahre an Sukkot das
Gesetz vor dem Volk öffentlich vorzulesen. Die Priester in der kleinen Provinz
Jehud werden zunächst kaum ein Interesse daran gehabt haben, sich durch
regelmäßige, selbständige Synagogengottesdienste eine Konkurrenz zu den
täglichen Opfergottesdiensten im Tempel zu verschaffen. Der regelmäßige
Synagogengottesdienst am Sabbat außerhalb des Tempels wurde in Palästina
wohl erst von den Pharisäern eingeführt. Es ist auffallend, daß wir − mit einer
Ausnahme − in der ganzen jüdischen Literatur vor der Zeitenwende für Judäa
keinen Hinweis auf einen synagogalen Gottesdienst und entsprechende Gebäude besitzen[83]. Man wird jedoch davon ausgehen können, daß seit der
Einführung der neuen Tora, die ja doch wohl analog zu dem Bericht von Neh
8-10 mit einer öffentlichen Lesung und Anerkennung durch die jüdische
Volksgemeinde verbunden war, regelmäßige Lesungen bei den großen Festen
und vielleicht auch an den Sabbaten im Areal des Tempels (bzw. in Jerusalem)
stattfanden. Daraus mag sich später die schwer verifizierbare Überlieferung
von der Existenz einer Tempelsynagoge entwickelt haben[84].

Bedeutsam ist in diesem Zusammenhang die Tatsache, daß Esra Priester und
Nachkomme Zadoks war. Im 1. Esrabuch der LXX ist er sogar Hoherpriester.
Nach der späteren rabbinischen Legende hatte er Anspruch auf das Hohepriesteramt, auf das er, da er das Schriftstudium in Babylonien vorzog, zunächst
zugunsten Josuas, Sohn des Jehosadak, verzichtet habe. Auch moderne Ver-

---

[82] M. HENGEL, Proseuche und Synagoge. Jüdische Gemeinde, Gotteshaus und Gottes-
dienst in der Diaspora und in Palästina, in: Tradition und Glaube, Festgabe für Karl Georg
Kuhn zum 65. Geburtstag, 1971, 157−184; R. DEINES, Jüdische Steingefäße und pharisäische
Frömmigkeit, WUNT II/52, 1993, 5ff.; s. auch 321 Index.

[83] Das erste Zeugnis ist essenisch: CD 11,21f.: wkl hb' 'l bjt hšthwt (s. jetzt 4QDᶜ fr. 3 col
I,15: hhšthwwt, in: B. Z. WACHOLDER/M. G. ABEGG, A Preliminary Edition of the Unpub-
lished Dead Sea Scrolls, Fasc. I, Washington 1991, 26) und bezieht sich auf die kultischen
Versammlungsstätten der Essener und nicht auf öffentliche Synagogen oder den Tempel.

[84] S. − zu unkritisch − S. KRAUSS, Synagogale Altertümer, Wien 1922 (Nachdruck Hildesheim 1966), 66ff.93ff. Vermutlich steht die Einrichtung der Synagoge im jüdischen Palästina
in Zusammenhang mit der − wohl ebenfalls pharisäischen − Institution der Standmannschaf-
ten.

mutungen gehen in diese Richtung. Daß er dem höchsten „Priesteradel" entstammte, sollte man nicht bezweifeln[85]. Entsprechend dem hierokratischen
Charakter der von einer erblichen Priesterschaft politisch wie geistig beherrschten nachexilischen Kultusgemeinde war die Toraüberlieferung und
-auslegung das Privileg der Priester. Im Mosesegen Dtn 33,10 heißt es vom
Stamm Levi: „Sie mögen Jakob lehren deine Satzungen und Israel dein Gesetz
(tôrat^{e}ḵā)", dementsprechend befragt Hag 2,11 ff. der Profet den Priester über
Reinheitsfragen. Andererseits wird Hag 1,13 der Profet als „Bote Jahwes"
bezeichnet, der „im Auftrag Jahwes zum Volke spricht"[86]. Zwei Jahre später
senden Männer aus Bethel Boten, um „die Priester am Tempel ... und die
Profeten" zu befragen. Die Antwort „für das ganze Volk des Landes" und die
Priester ergeht durch den Profeten Sacharja (7,1–14).

Im späteren *Maleachibuch,* das sich in besonderer Weise, aber zugleich auch
kritisch an die Priester wendet und damit die Einforderung ethischer und
ritueller Gebote der Tora verbindet, wird dagegen die Torauunterweisung und
die Funktion als Bote Jahwes aufgrund des Levibundes[87] ausschließlich dem
Priester zugesprochen: Ihm ist die „wahre Weisung" (tôrat '^{æ}mæt) anvertraut
(Mal 2,6),

> „denn die Lippen des Priesters bewahren Erkenntnis,
> und Weisung (tôrāh) sucht man aus seinem Munde,
> denn er ist der Bote (mal'āḵ) des Jahwe Ṣ^{e}baoth" (Mal 2,7).

Hier sollte man nicht vergessen, daß Dtn 34,10 selbst Mose, aus dem Stamme
Levi, als den größten, ja einzigartigen Profeten bezeichnet hatte und daß das
ständige Gedenken an Mose, „meinen Knecht", der am Horeb die Tora für
Israel erhielt, das abschließende Anliegen des Zwölfprofetenbuches ist, mit
dem der „Profetenkanon" endet[88]. Die Schriftauslegung soll auch weiterhin bei
seinem und seines Bruders Aarons Stamm bleiben. In einem noch späteren
Text aus ptolemäischer Zeit, in Koh 5,5, ist das absolute *mal'aḵ* Bezeichnung
für den Priester, der ein Schuldbekenntnis entgegennimmt.

Das Maleachibuch, ursprünglich ein Zuwachs zum Sacharjabuch, wurde
durch den Zusatz 1,1 verselbständigt, um die Zwölfzahl der Kleinen Profeten
vollzumachen und um den „Profetenkanon" abzuschließen. Den 12 Profeten

---

[85] Vgl. 1 Chr 5,29 ff = Esra 7,1 ff.; 1 Esra 9,39 f.49; vgl. Josephus ant. 11,121: πρῶτος
ἱερεύς. Daneben nennt er jedoch hier Jojakim, Sohn des Jesus, Hohepriester; vgl. 11,158.
Einen Wechsel in der Hohenpriesterschaft und eine Übertragung des Amtes auf Esra vermu-
tet K. KOCH, Ezra and Meremoth: Remarks on the History of the High Priesthood, in: Sha'rei
Talmon. Studies in the Bible, Qumran and the Ancient Near East. Presented to Shemaryahu
Talmon, Winona Lake 1992, 105–110. Zu den rabbinischen Nachrichten s. L. GINZBERG,
Legends, IV, 354 ff.

[86] Vgl. 2 Chr 36,15 f., s. auch Hes 30,9; Jes 42,19; 44,26; s. dazu H.-J. FABRY, ThWAT IV,
895 f.

[87] Dtn 33,8–11.

[88] Dazu o. S. 18 f.

am Ende entsprechen nicht nur die 12 Söhne Jakobs, sondern vielleicht auch die 12 Richter am Anfang der Geschichte Israels, denn Richter und Profeten sind maßgebliche Repräsentanten des 12-Stämme-Volkes. In Sir 46,12 und 49,10 weist der gleichlautende eschatologische Wunsch auf diese Entsprechung hin. Möglicherweise sah der Redaktor auch einen Zusammenhang zwischen der Sendung des Elia in Mal 3,23 und dem „Gottesboten" (mal'ak̲'i) als idealem *Priesterprofeten*[89]. In der rabbinischen Haggada wurde dann später Elia als Nachkomme Levis zum himmlischen Hohenpriester erhoben und mit Pinchas identifiziert, dem Gott einen Bund ewiger Priesterschaft verheißen hatte[90]. Der ideale Priester, Profet und Schriftausleger fallen an diesem Schlußstein des Corpus propheticum zusammen.

Der Abschluß des zweigeteilten „Profetenkanons" scheint so eine innere Konsequenz der vorausgehenden Anerkennung des Pentateuchs als der grundlegenden Gesetzessammlung (und der damit verbundenen Darstellung der „Erwählungsgeschichte" des Gottesvolks) für die jüdische Kultusgemeinde gewesen zu sein. Nachdem man einen verbindlichen Gesetzestext besaß, der von den priesterlichen Schriftgelehrten und Weisen autoritativ ausgelegt wurde, und nachdem gleichzeitig unter der religiös toleranten Perserherrschaft die politische Entscheidungsfreiheit auf ein Minimum eingeschränkt worden war, wurde das Profetentum alter Art, das ja immer auch öffentlichen und politischen Charakter besaß, mehr und mehr obsolet. Eine immer neue Ankündigung des Untergangs des Weltreichs, das die Tora als für die Juden geltendes „Reichsrecht" anerkannt hatte, war schwer erträglich, darum mußte in der Tora die eschatologische Weissagung stark zurücktreten. Sowohl das Ende der Königsbücher 2 Kön 25,22–27, mit dem Hinweis auf die frevelhafte Rebellion gegen Gedalja, den von Nebukadnezar eingesetzten jüdischen Statthalter, und die Begnadigung Jojachins, wie das Ende der Chronik 2 Chr 36,22, mit dem Verweis auf das Kyrosedikt, enthalten eine indirekte Mahnung zur Loyalität gegenüber der von Gott (als Strafe für die Sünde des Volkes) eingesetzten fremden Oberherrschaft. 2 Chr 36,21 deutet außerdem mit der Erfüllung der Profetie Jeremias[91] vielleicht auf das Ende der Profetie überhaupt hin[92]. Bei Josephus wiederholt sich in den Antiquitates dasselbe Problem. Die ihm wohlvertraute eschatologische Erwartung Israels wird bei ihm vorsichtig verhüllt

---

[89] Vgl. noch 3,1;2,7; s. auch als hervorgehobene Engelbezeichnung Ex 23,20+23; 32,34 und Jes 42,19 in bezug auf den Gottesknecht. Zu Maleachi s. W. Rudolph, Haggai – Sacharja 1–8 – Sacharja 9–14 – Maleachi, KAT XIII/4, 1976, 247–252. Das Profetentargum hat bei den Mss. bgf den Zusatz: „Dessen Name Esra der Schreiber genannt wird" (Sperber, The Bible in Aramaic, III,500). S. weiter O. H. Steck, Abschluß der Prophetie, op. cit. (Anm. 29), 127–134.

[90] M. Hengel, Die Zeloten (Anm. 41), 107–172.

[91] S. u. S. 30f.

[92] Vgl. G. Delling, Die biblische Prophetie bei Josephus, in: Josephus-Studien, Festschrift O. Michel zum 70. Geburtstag, Göttingen 1974, 109–121.

oder aus politischen Gründen unterdrückt. Darüber hinaus konnte es in der geographisch eingeengten jüdischen Kultgemeinschaft keine zwei konkurrierenden religiösen Autoritäten, eine institutionell-erbliche und eine auf freier Inspiration beruhende, mehr geben. Der Exeget und Gelehrte, in der Regel priesterlicher oder levitischer Abstammung, übernahm die Funktion des Profeten. Die Rabbinen haben diese Entwicklung innerhalb ihres Geschichtsbildes durchaus richtig gesehen, wenn sie die „Große Versammlung" (der bis auf einige Autoritäten des Übergangs anonymen Gelehrten) an die Stelle der Profeten treten ließen und Esra mit dem priesterlichen (und zugleich rätselhaften) „Profeten Maleachi" identifizierten[93].

Die Krise des Profetentums in persischer Zeit zeigt sich daran, daß nach Haggai und Sacharja die Nennung der Profetennamen aufhört, neue profetische Texte anonym bleiben und mit den großen alten Profetennamen, insbesondere dem Jesajas und Sacharjas, literarisch verbunden werden. Neue Texte konnten nur noch durch den Schutz der Pseudonymität mit Hilfe der großen alten Namen überliefert werden. Für den außenstehenden Betrachter handelte es sich so um alte, nicht neue Weissagung. Diese sich über ca. 200 Jahre hinziehende pseudonyme Fortschreibung anonymer Texte vornehmlich im ersten und (vor)letzten Profetenbuch ist zugleich Ausdruck einer allmählichen Reduktion des profetischen Einflusses, die aufs engste mit den politischen Veränderungen gegenüber der vorexilischen Zeit und der Exilszeit zusammenhängt. Ein letztes „apokalyptisches" Aufflackern der Profetie brachten die schweren politischen Erschütterungen des Alexanderzuges und die darauffolgenden Diadochenkämpfe, durch die auch Judäa nochmals hart heimgesucht wurde[94].

---

[93] J. Wellhausen, Israelitische und jüdische Geschichte (Anm. 58), 188f.: „Erst die Juden sind aus einem Volk des Wortes das Volk des Buches geworden. Die Propheten fanden innerhalb des geistlichen Gemeinwesens keinen Spielraum mehr, das Gesetz verdrängte sie, die freie Rede erlag der festen Autorität der Schrift." Beim letzten Satz müßte man präzisieren: An die Stelle der freien Rede trat jetzt endgültig die erklärende, deutende Rede über einen Schrifttext: Es beginnt die Zeit der textgebundenen Predigt, die − mit gutem Recht − bis heute den protestantischen Gottesdienst beherrscht: Nur durch die Bindung an die heilige Schrift konnte das Gottesvolk (aus Juden und Christen) über zwei Jahrtausende hinweg seine Identität bewahren.

[94] S. dazu O. H. Steck, Abschluß der Prophetie, op. cit. (Anm. 29), passim, der freilich den Abschluß des Profetenkanons zu spät ansetzt. Sach 9,1−8 dürfte sich auf den Alexanderzug beziehen; 9,13f. mag während der Diadochenkämpfe entstanden sein, als immer wieder neue Heere Palästina durchzogen; 14,1f. könnte auf die Eroberung Jerusalems durch Ptolemaios I. 302 oder 312 v. Chr. hinweisen, und die zerstörte Stadt Jes 25,1−12 deutet vielleicht auf die Zerstörung Samarias durch Alexander 331 v. Chr. hin. Möglicherweise wurde die sehr späte Apokalypse Jes 24−27 hier eingefügt, weil 23,15−17 die Zerstörung von Tyrus und 28,1ff. die von Samaria erwähnt wird, die beide von Alexander bestraft wurden. Die Wirkung Alexanders wird sowohl in 1 Makk 1,1−10 wie in Dan 8 und 10,3ff. sichtbar. S. dazu M. Hengel, Judentum und Hellenismus, 22−25 (24 Anm. 66); ders., Juden, Griechen und Barbaren, (Anm. 43), 11−35.

Jes 66, das von der Wiedergeburt des Gottesvolkes 7−9, der eschatologischen Verherrlichung Jerusalems 10−14, Gottes universalem Gericht 15−17, der Verkündigung des kabôd Jahwes

Der letzte bekannte Name ist der einer Profetin, Noadja, die zusammen mit ihren Gesinnungsgenossen Nehemia einschüchtern wollte[95]. An sich enthält schon das Profetengesetz Dtn 13,2ff.; 18,9ff. und der darin enthaltene eschatologische Verweis auf den kommenden Profeten „wie Mose" 18,15.18 einen Hinweis auf die Gefahren eines ungebundenen Profetentums, und erst recht zeichnet sich in dem Wort von der Abschaffung des Profetentums Sach 13,2–6, das dem Geist der Unreinheit verfallen ist, das Ende dieser Institution ab. Ganz gewiß ist es nicht zufällig, daß im Zwölfprofetenbuch, d.h. zugleich im ganzen Profetencorpus, dies expressis verbis die letzte Erwähnung der $n^e b\hat{i}'\hat{i}m$ ist vor dem Kommen des wahren eschatologischen Profeten Elia am Ende in Mal 3,23. Vom Priesteramt dagegen ist in Maleachi dreimal (1,6; 2,1.7) die Rede.

Die Festlegung des Corpus der profetischen *Schriften,* die spätestens in den ersten Jahrzehnten des 3. Jh.s v. Chr. erfolgte und vermutlich nicht zuletzt auch von den priesterlichen und levitischen Schriftgelehrten betrieben wurde, war so ein Vorgang, der dem lebendigen, aktuell wirksamen Profetentum vollends jede Lebensbasis entzog und der, m. E. ähnlich wie bei der Tora, einen Akt der mehr oder weniger öffentlichen Anerkennung in der jüdischen Kultusgemeinde voraussetzte. Die abschließende Festlegung der zweiten Schriftensammlung konnte nicht das Werk einer kleinen peripheren Gruppe sein und nicht im Gegensatz zu Tora, Priesterschaft und Kultus geschehen[96]. Es schließt die Hauptperiode der „Schriftwerdung durch Auslegung" ab, wobei Dtn 34,10 in Verbindung mit dem Anfang des Josuabuches wie auch das Ende des Werks in Mal 3,22f. zeigen, daß man großen Wert darauf legte, dieses Corpus aufs engste mit der Tora zu verbinden und es zugleich dieser unterzuordnen. Und doch wußten die priesterlichen (oder levitischen) Schriftgelehrten, die das Profetencorpus endgültig zum Abschluß brachten, nicht, welchen „geistigen Sprengstoff" sie damit im Blick auf die Zukunft neben Tora und Kult bereitstellten. Sie wollten die Theokratie „eschatologisch absichern" und übersahen, daß die Zukunftshoffnung die gegenwärtigen Formen der Theokratie sprengen konnte, ja mußte.

---

bei den Völkern des Westens inklusive Kleinasiens und Griechenlands, der universalen Völkerwallfahrt und der Neuschöpfung (inklusive der Totenauferstehung 14, vgl. 22) berichtet, stellt eine in sich geschlossene, abschließende Apokalypse dar; es mag – spätestens – im ersten Viertel des 3. Jh.s v. Chr. verfaßt sein und macht den Eindruck einer Reaktion auf den makedonischen Imperialismus.

[95] Neh 6,10–14, vgl. 6,7. Die LXX macht aus der Profetin einen Mann. Nach 6,7 haben die Profeten noch politische Funktionen. Sie sollen angeblich Nehemia zum König ausrufen. Diese Verbindung von Profet und (Messias-)König taucht viel später bei Aqiba wieder auf, vgl. auch 1 Makk 14,41; Justin, dial. 8,4. Zugleich zeigt Neh 6,7, wie dieses politische Profetentum gefährlich war und mißbraucht werden konnte.

[96] Hier liegt die Einseitigkeit der an sich verdienstvollen Untersuchung von O. Plöger, Theokratie und Eschatologie, WMANT 2, 1959, die zu sehr den Gegensatz zwischen priesterlicher Theokratie und profetischer Eschatologie sieht.

5.2 Das chronistische Werk als Schriftauslegung

Die erwähnte Entwicklung wird auch durch das chronistische Werk bestätigt, dessen Endredaktion ebenfalls in die frühhellenistische Zeit, genauer in die 1. Hälfte des 3. Jh.s v. Chr. fällt und die Bewegung hin zum Abschluß des Profetenkanons voraussetzt. Es ist eine eigenwillige schriftgelehrte Neubearbeitung des Stoffes der Samuel- und Königsbücher, die bereits als autoritative Quellen gelten und die der Verfasser nicht mehr verdrängen, sondern für das durch die Wirren der Zeit bedrohte Gottesvolk als das schriftgewordene profetische Gotteswort zusammenfassen und auslegen will[97]. Über die Bürgerrechtslisten und Stammbäume wird dabei die Geschichte auf Adam selbst zurückgeführt, mit dem das Werk beginnt. Wir erhalten hier die nächste Parallele zu den Stammbäumen Jesu Mt 1,1–14 und Lk 3,23–38, und es geht dabei um den Aufweis „heilsgeschichtlicher" Kontinuität; dahinter steht ein im Grunde universaler Anspruch[98]. Das Werk durchzieht ein die geschichtlichen Vorgänge systematisierendes, rationales Ordnungsdenken, das typisch ist für den Geist der frühhellenistischen Zeit. Auch die eigenartige Spannung zwischen Freude an militärischen Schilderungen bis hin zu neuen Waffensystemen und gleichzeitiger fast „pazifistischer" Distanz paßt in diese „hochmilitarisierte" Zeit[99]. Man

---

[97] Zu den Chronikbüchern s. M. Sæbø, Chronistische Theologie/Chronistisches Geschichtswerk, TRE VIII, 1981, 74–87; Th. Willi, Chronik, BKAT XXIV/1, 1992 (Lit.); ders., Die Chronik als Auslegung, FRLANT 106, 1972; P. R. Ackroyd, The Chronicler in his Age, JSOT.SS 101, 1991. S. besonders c. 13, S. 311–343: The Chronicler as Exegete (= JSOT 2 [1977], 2–32).

[98] Th. Willi, BKAT XXIV, 1,27: „Durch seinen gesamtmenschlichen Blickwinkel kommt das Eingangskapitel der Chr in eine gewisse *Nähe zur Apokalyptik* zu stehen. Gewiß liegt jene Auffassung noch nicht ausgereift vor, wonach alle künftige Entwicklung nur Enthüllung einer bereits vorhandenen, aber noch verborgenen Struktur der Welt ist. Doch die prophetisch bestimmte Konzeption Israels als Menschheitsvolk, das seinen Platz unter den Völkern und Reichen der Welt . . . erkennt, . . . ist davon nicht fern. Bereits hier zeigt sich, daß die Chr sich nicht auf einer theokratischen Position, die einer eschatologischen Sicht entgegenstünde, behaften läßt." Eben das verbindet den Chronisten mit der Situation beim Abschluß des Profetenkanons.

[99] S. M. Hengel, Juden, Griechen und Barbaren (Anm. 43), 34f. Zur Datierung s. M. Sæbø, op. cit. (Anm. 97), 79f., der jedoch einen viel zu langen Redaktionsprozeß annimmt. Dahinter werden *ein* maßgeblicher Verfasser und seine Schüler stehen. Der enge Zusammenhang mit Esr-Neh darf nicht übersehen werden. Daß das Werk in vielem der vorherrschenden „deuteronomischen Normaltheologie" verpflichtet ist, darf bei einem ältere Geschichte auslegenden Traditionswerk nicht verwundern. Das bereits − fest institutionalisierte − starke profetische Element hängt mit dem letzten Aufbrechen profetischer Weissagung in der Alexander- und Diadochenzeit zusammen. In der scharfen Ablehnung des Nordreichs spiegelt sich die durch den Tempelbau auf dem Garizim verschärfte Kontroverse mit den Samaritanern wieder. Wesentlich für die Datierung sind die Torsionsgeschütze 2 Chr 26,15: ḥiš̌bonôt (LXX: μηχανὰς . . . βάλλειν βέλεσιν καὶ λίθοις μεγάλοις); vgl. H. Weippert, Art. Belagerung, BRL², 37–42, v. a. 40f.; vgl. 1 Makk 11,20; P. Welten, Geschichte und Geschichtsdarstellung in den Chronikbüchern, WMANT 42, 1973, 199f.; ders., Art. Chronikbücher, NBL I,370f., die erst ab dem 4. Jh. zunächst bei den Griechen nachzuweisen sind. Auch die königliche Domänenwirtschaft Usias 2 Chr 26,10 paßt in die hellenistische Zeit, ebenso die

könnte es innerhalb des alttestamentlichen Kanons als ein ganz „modernes" Werk bezeichnen, darin nur noch Kohelet vergleichbar, der wenig später freilich eine fast entgegengesetzte Position vertritt. Es wird hier eine Polarisierung im Judäa des 3. Jh.s angedeutet, die spätere Katastrophen erahnen läßt[100].

Die Profeten spielen in diesem ersten interpretierenden, historisch stark schematisierenden, ausgleichenden und ergänzenden „Kommentar"[101] zu den Samuel- und Königsbüchern deshalb eine Rolle, weil sie selbst je und je zu schriftgelehrten Autoren werden, die nicht nur das davidische Königshaus beraten, sondern selbst die „Königschroniken" (d. h. in Wirklichkeit die „kanonischen" Vorlagen des Chronisten) verfaßt haben sollen, wobei der Chronist erstmalig hin und wieder auch aus den eigentlichen Profetenbüchern zitiert[102]. D. h. aber: sie sind — historisch gesehen — im Grunde schon ein abgeschlosse-

---

Fürsorge der Könige für ein stehendes Heer. Auch das aus dem Griechischen stammende Lehnwort dark^emôn(im), gebildet vom Gen. pl. δραχμῶν (2) Esra 2,69 v. 1.; Neh 7,61 gehört in diesen Zusammenhang.

[100] S. dazu M. SMITH, Palestinian Parties and Politics that Shaped the Old Testament, New York/London 1971, 148 ff.; M. HENGEL, Judentum und Hellenismus, 198–240.

[101] Die LXX sah mit ihrem Titel παραλειπόμενα mehr den Aspekt der Ergänzung; die hebräische Bibel, die das Geschichtswerk dem Schlußteil der „Schriften" und nicht mehr den „vorderen Profeten" zurechnet, eher den Aspekt der systematisierenden Auslegung in Form einer „Chronik" (dibrê haj-jāmim), s. TH. WILLI, BKAT XXIV/1, 4 f.

[102] Zu den „Quellen" s. W. RUDOLPH, Chronikbücher, HAT 21, 1955, X ff. 1 Chr 1–9 stammt aus dem Pentateuch, vor allem aus den Genealogien der Genesis, die David- und Salomogeschichte stützt sich „fast ausschließlich auf die biblischen Geschichtsbücher" (XI), in 2 Chr 10–36 nennt er eine Vielzahl von Quellen. Das „Buch der Könige von Juda und Israel" (oder ähnlich) weist auf die Königsbücher hin (vielleicht in einer erweiterten Fassung). Zweimal erscheint der Begriff midraš als Bezeichnung für eine Schrift: 2 Chr 13,22: k^et ubim b^emidraš han-nabi' 'iddo, die LXX übersetzt einfach mit „Buch": ἐπὶ βιβλίῳ; Hieronymus: „diligentissime in libro"; 24,27: k^et ubim 'al midraš sefär ham-m^elakim; LXX: ἐπὶ τὴν γραφὴν τῶν βασιλέων. Mit beidem dürfte nichts anderes als die Königsbücher gemeint sein. Dasselbe gilt von den anderen Hinweisen auf profetische Schriften. In 2 Chr 32,32 schreibt der Vf., daß die Taten Hiskias „im Gesicht des Profeten Jesaja . . . und im Buch der Könige von Juda und Israel" aufgenommen sind. Er bezieht sich dabei auf den Text von 2 Kön 18,13–20,19, scheint jedoch zu meinen, daß dieser Text auch in Jes 36–39 zu finden ist. Möglicherweise hat er von diesem Tatbestand aus auf andere „profetische Quellen" zurückgeschlossen. Offenbar sind für ihn die älteren Samuel- und Königsbücher bereits „profetische Schriften". Zur Kenntnis der eigentlichen Profetenschriften s. 2 Chr 36,12–22. Zum Hinweis auf Jeremia und die 70 Jahre s. Jer 25,11; 29,10. S. auch die Zitate Jes 7,9 in 2 Chr 20,20; Sach 4,10 in 2 Chr 16,9; 2 Chr 6,41 f. zitiert Ps 132,8 ff., vgl. auch 1 Chr 16,8–36 mit einer Konstruktion von Stücken aus Ps 105,96 und 106, ein Textstück, das eine Probe des inspirierten Psalmengesangs zur Zeit Davids wiedergeben soll und kein sekundärer Einschub sein muß. Nur ein zu früher Ansatz der Chronik zwingt zu solchen literarkritischen Postulaten. In 2 Chr 15,2–7 will Rudolph (245) „ein Beispiel für die nachexilische Synagogenpredigt" sehen. Die Verse 3–7 enthalten nach ihm zahlreiche Anspielungen aus den „vorderen" (dem Richterbuch) und „hinteren" Profeten. Anders TH. WILLI, Die Chronik als Auslegung (Anm. 97), 225 f.: „Die Farben zu diesem im AT einzigartigen Geschichtsrückblick stammen aus ‚echten' prophetischen Geschichtsdokumenten". Auch diese Beobachtung spricht für ein spätes Datum nach Abschluß des Profetenkanons. Der hier auftretende „Musivstil" begegnet von jetzt an ständig in der „nachkanonischen" jüdischen Literatur.

nes Phänomen. Die letzte Erwähnung von Profeten im chronistischen Gesamtwerk ist eine kritische, Neh 6,10–14 (s. Anm. 95). Zugleich werden sie
aufs engste mit dem liebevoll ausgemalten Kult verbunden. In der idealen
Darstellung der Vergangenheit kommen sich Priester und Profeten dementsprechend sehr nahe. Eine besondere Rolle erhalten dabei neben, ja vor den
Priestern die Leviten, u.a. auch als Lehrer des Volkes im Auftrag des Königs. Selbst wenn man diese Rolle der Leviten als Lehrer und Ausleger der
Tora einem späteren Bearbeiter zuschreiben wollte, so müßte man doch zu-
reichend erklären, wann und warum das geschehen ist. Hier liegt es nahe, zu
vermuten, daß in den Wirren nach der Alexanderzeit durch den neuen hellenistischen Einfluß die politisch führende Priesterschaft teilweise „verwelt-
lichte" und nicht mehr in ausreichender Weise in der Lage war, der Aufgabe
der schriftgelehrten Interpretation der heiligen Texte nachzukommen, und
daß mehr und mehr die Leviten in diese Funktion eintraten. Man könnte
hier auf die Nachricht von (Ps.-)Hekataios über den jüdischen „Hohenpriester" Ezekias verweisen, der zur Zeit des ersten Ptolemäers mit 66 Jahren
nach Ägypten auswanderte und andere Juden nachholte; er soll ein besonders gutes Verhältnis zu den Griechen gehabt haben[103]. Schon 2 Chr 34,13
werden sof^{e}rim und Beamte von den Leviten genommen, und in dem berühmten Erlaß Antiochus' III. zugunsten der Juden nach der Eroberung Palästinas 200 v.Chr. bilden die γραμματεῖς τοῦ ἱεροῦ nach dem Ältestenrat
(γερουσία) und den Priestern die dritte Gruppe, darauf folgt als vierte die
der Tempelsänger (ἱεροψάλται)[104], die schon im Chronikbuch für die Zeit
vor dem Exil eine so wichtige Rolle spielen, daß ihre Häupter Asaph und
Heman und Jeduthun (2 Chr 29,30; 1 Chr 25,5; 2 Chr 35,15) als „Seher"
bzw. Profeten bezeichnet werden und in 1 Chr 25,1 ihr Spiel und Gesang als
ein mit profetischem Geist inspiriertes Wirken dargestellt wird. Zugleich
wird damit die Psalmendichtung als profetisch inspiriert ausgewiesen. Diese
„Ausweitung" der Profetie im kultischen Bereich bedeutet natürlich auch
einen Bruch mit der traditionellen Profetenvorstellung. Tempelsänger und

---

[103] S. dazu W. RUDOLPH, op. cit. (Anm. 102), XVff.: In 2 Chr 29/30 werden „geflissent-
lich den saumseligen Priestern die eifrigen Leviten gegenübergestellt" (XVI); im Kult ist
der von den levitischen Tempelsängern vorgetragene Lobpreis Jahwes das Neue, das der
Chronist besonders hervorhebt. Vor allem weist er den Leviten „das Lehramt zu, das früher ganz den Priestern vorbehalten gewesen war" (XXII). Zu 2 Chr 34,13: γραμματεῖς καὶ
κριταί. Zu Ezekias s. Josephus, c. Ap. 1,186–189. Während in der späten Perserzeit Münzen mit dem Namen eines Statthalters J^{e}ḥezqijā hap-peḥāh geschlagen worden waren, erscheint auf einer vermutlich späteren Münze ein Joḥanan hak-kohen; s. L. MILDENBERG,
in: H. Weippert (Hg.), Palästina in vorhellenistischer Zeit, Handb. der Archäol. II/1,
München 1988, 724f.
[104] Jos., ant. 12,142; s. dazu M. HENGEL, Judentum und Hellenismus, 15f., vgl. 144ff.
Th. Willi, der alle Levitenstellen als sekundär bezeichnet, verkennt durch seine rein literar-
kritische Betrachtungsweise das dahinterstehende historische Problem, das sich bei ihm nur
zeitlich verschiebt.

-dichter und Profeten, an die „das Wort des Herrn erging", waren ursprünglich zweierlei. Auch David erhält als Empfänger direkter Offenbarungen Gottes wie auch als Psalmendichter damit profetische Züge[105].

Daß in dem dem chronistischen Werk nahestehenden und vielleicht vom selben Verfasser stammenden Esra/Nehemiabuch die Profeten zurücktreten, hängt damit zusammen, daß für den (bzw. die) Autor(en) nach der Rückkehr aus dem Exil diese für das alte Israel bedeutsame profetische Wirksamkeit relativ bald ein Ende gefunden hat. Die Zeit der Profeten reicht von Mose bis zur Errichtung des Zweiten Tempels. Nur Sacharja und Haggai werden noch erwähnt. Die späteren Profeten in Neh 6,10–14 (vgl. 6,7) sind Betrüger. Für die Gegenwart des Chronisten gilt, daß die Offenbarungsquelle im „Buch der Tora Moses", d. h. in dem ihm in seiner Endfassung vorliegenden Pentateuch, und in den von ihm als Geschichtswerke ausgelegten profetischen Schriften liegt. Die eschatologische Verheißung im Blick auf das „ewige" Königtum des Hauses Davids wird freilich, etwa in 1 Chr 17, doch angedeutet[106]. Auf der anderen Seite geschieht die Erfüllung der profetischen Weissagung im Edikt des Kyros 2 Chr 36,21–23. Das Ziel der „idealen Geschichte" des Chronisten ist der Zweite Tempel und eine Theokratie, die dem Gesetz Moses konform ist. In diesem Ziel treffen sich Chronik, Esra und Nehemia. Nur in den Chronikbüchern, in Esra und Nehemia erscheint in auffallender Häufung wohl gegen 15mal die sonst seltene Formel (s. noch Jos 8,31; 1 Kön 2,3 u. 14,6) $k^e\underline{k}\bar{a}t\hat{u}\underline{b}$ b^esefær môšæh (oder b^etôrat môšæh o. ä.)[107], d. h. man beruft sich auf die allseits anerkannte, in Schriftform vorliegende Tora, also auf nichts anderes als den Pentateuch. Th. Willi stellt seiner schönen Monographie „Die Chronik als Auslegung" die knappe, präzise Bemerkung von Josef Delmedigo: pêrûš lo' sippûr: „Auslegung, nicht Geschichtserzählung", voran. Dieses Urteil des jüdischen Universalgelehrten ist, wie Willi selber zeigt, doch wohl zu einseitig und schafft eine falsche Alternative: Es müßte in Wirklichkeit heißen: Auslegung *als* Geschichtserzählung. Dabei tritt das lebendige „historische Kolorit" der alten Erzählungen gegenüber einer ganz auf die Gegenwart bezogenen, sehr rationalen, schematisierenden, idealisierenden und zugleich betont *schriftgelehrten* Darstellungsweise zurück.

---

[105] 1 Chr 22,7–10: Das Nathansorakel 1 Chr 17 (vgl. 2 Sam 7) und 1 Kön 5,17 werden zu einer Direktoffenbarung Gottes an David kombiniert, vgl. 28,19 zum Tempelbau; 2 Chr 7,6 und 2 Chr 29,30: der Psalmendichter neben dem „Seher Asaph". W. RUDOLPH, op. cit. (Anm. 102), 195: „Dem Chr. liegt daran, das Sängeramt, zu dem die Tora schweigt, auf David zurückzuführen." Zu David als Profeten s. schon 2 Kön 23,1–3 und 1 Sam 16,3, wo Salbung und Geistbegabung verbunden werden; später 11 QPs^a Dav Comp (DJD IV,91–93); vgl. Sir 47,8ff., der hier von Chr abhängig ist. Vgl. auch Apg 2,30; 4,25; Mt 22,43.

[106] Vgl. noch 1 Chr 28,4f.; 29,23; 2 Chr 9,8; 13,8; David sitzt selbst auf dem Thron Jahwes. Dahinter stehen Texte wie 2 Sam 7, aber wohl auch schon Jes 11,1ff.

[107] 1 Chr 16,40; 2 Chr 23,18; 25,4; 30,5.18; 31,3; 34,21; 35,12.26; Esra 3,2.4; Neh 8,14f.; 10,35.37.

Es entsteht damit eine neue Gattung religiöser Literatur im Judentum, die heilsgeschichtliche Nacherzählung des kanonisch gewordenen heiligen Textes, die diesen erläutert, adaptiert, harmonisiert und, wenn nötig, auch zurecht-rückt, und dabei zugleich – u. U. kräftig und bunt – ergänzt und ausmalt. D. h. wir begegnen hier einer – inhaltlich sehr vielgestaltigen – Literaturform, die man später als haggadischen Midrasch bezeichnete[108]. Die gedeutete heilige Geschichte wird zum Lehrer und Spiegelbild der Gegenwart. In den Erschütte-rungen der frühen hellenistischen Zeit nach dem Alexanderzug und den Diado-chenwirren sollte das Werk dem Volk das Vertrauen in die eigene, durch Gottes Erwählung geschaffene „theokratische Verfassung" vermitteln und ihm die Gewißheit geben, daß der Gott Israels allein Herr der Geschichte ist und darum das Schicksal des Gottesvolkes allein an der Treue gegenüber seinem Gesetz und dem von ihm gestifteten Kult hängt.

Unter den vielen Beispielen solcher die alte Geschichte neu erzählenden schriftgelehrten „Haggada" nenne ich nur die bekanntesten: das Jubiläenbuch, das in Qumran fast kanonische Geltung besaß, das Genesisapokryphon und andere fragmentarisch erhaltene „heilsgeschichtliche" Überblicke bzw. Para-phrasen aus Qumran, das historische Werk des Eupolemos, das Liber Antiqui-tatum Biblicarum oder auch die Vitae Prophetarum, die bereits das Werk des Chronisten als Schlüssel zum Verständnis der Königsbücher verwendeten. Aber auch mehr novellistische Texte wie das Buch Tobit, das Testament Hiobs, Joseph und Asenath oder solche mit apokalyptischem Einschlag wie die As-sumptio Mosis, die Vita Adae et Evae, die Paralipomena Jeremiae und die Abrahamsapokalypse mit ihren vaticinia ex eventu können in diesem Zusam-menhang gesehen werden. Auffallend ist, daß diese neue Literatur eigentlich immer an der *heiligen Geschichte* orientiert ist und diese durch erweiternde Erzählung interpretiert. Sie ist zugleich die eigentliche typisch jüdische *Unter-haltungsliteratur* der hellenistischen Zeit, nicht nur im Mutterland, sondern auch in griechischer Sprache in der Diaspora, wo sie ungehemmt die Formen griechischer Literatur und Poesie – bis hin zum Epos und Drama – überneh-men kann. Diese nacherzählte „heilige Geschichte" wird so zur unerschöpf-lichen Kraftquelle im Kampf des Judentums um seine religiöse und nationale Selbstbehauptung[109].

---

[108] M. FISHBANE, op. cit. (Anm. 20), behandelt diese Transformation unter dem Stichwort Aggadic Exegesis 279–440, wobei er den Chronisten im Unterschied zum Pentateuchmaterial unter dem Stichwort der „Historiographical Literature" 380 ff. gesondert analysiert: „By means of this aggadic exegesis, in fact he was able to project his own values into his sources and so to instruct his generation concerning its past *for the sake of its present.* For his *traditio* became the new and reorienting national *traditum* . . . The transformed reactualization of the past for the sake of its didactic use in the present is thus not the least of the Chronicler's aggadic achievements" (401).

[109] M. HENGEL, Anonymität, Pseudepigraphie und ‚Literarische Fälschung' in der jüdisch-hellenistischen Literatur (Anm. 8).

Die Fixierung der Tora und der profetischen Schriften, die ja zugleich die Heils- und Unheilsgeschichte Israels im Rahmen der Weltgeschichte in sich fassen, und die daraus folgende allmähliche Verdrängung des einzelnen Profeten durch Redaktoren und schriftgelehrte Autoren bringen so keinen Abbruch der religiösen Literatur. Im Gegenteil, dadurch, daß die Juden im Mutterland und der Diaspora mit den „kanonischen" heiligen Schriften ein festes Fundament erhielten, wurde die literarische Neuproduktion in ungeahntem Maße angeregt; dies führte zu immer neuen, oft sehr phantasievollen Ausdeutungen der in den „heiligen Schriften" dargestellten Geschichte. Man hatte jetzt eine ganz feste und anerkannte Grundlage, auf der man in vielfältiger Weise weiterbauen konnte. Und da das Corpus propheticum spätestens seit Deuterojesaja den Blick in die die ganze Menschheit betreffende Zukunft und das Ziel der Geschichte – nicht nur Israels, sondern aller Geschöpfe Gottes – offenhielt, konnte auch die in den späten profetischen Texten vorbereitete Apokalyptik jetzt eigene, gegenüber den profetischen Sammlungen unabhängige literarische Formen gewinnen und in neuer Gestalt das Erbe der Profeten als deren Ausleger zur Sprache bringen. Gerade die letzten „profetischen" Texte, die vermutlich erst zu Beginn des 3. Jh.s, d. h. schon in hellenistischer Zeit, in den sich jetzt erst endgültig ausformenden Profetenkanon eingefügt wurden, die Kapitel 24–27 und 65.66 im Jesajabuch und Sach 14 im Zwölfprofetenbuch, sind bereits typisch apokalyptische Texte[110]. Mit der Henochliteratur und dem sich daran anschließenden Noah- und Adam-Schrifttum bemächtigte sich die „Apokalyptik" auch der protologischen Erzählungen und Offenbarungen. Endzeit und Urzeit mußten sich entsprechen. Der alte Streit, ob die „Apokalyptik" von der Weisheit oder der Profetie abzuleiten sei, beruht so auf einer falschen, unhistorischen Alternative. „Apokalyptische" Profetie und „inspirierte Weisheit" waren nicht mehr streng zu trennen. Beide Bereiche strebten – literarisch – auf eine Verbindung zu: „Die Weisen erhielten prophetische Züge, und die Propheten wurden zu inspirierten Weisen."[111] Die „Apokalyptik" erscheint nach der Fixierung des „Profetenkanons" und dem damit zusammenhängenden Ende der Profetie als offiziell anerkannter, politisch wirksamer Faktor innerhalb der jüdischen Kultusgemeinde, als die – notwendige – „schriftgelehrte" Fortführung derselben, wobei sie nach Abschluß des Kanons jetzt in einem pseudepigraphischen Gewand auftreten mußte. Die Einfügung dieser apokalyptischen Stücke wie Jes 24–27 und Sach 14 in die schon relativ konsolidierten Profetenbücher bereitet diese neue Art von Pseudepigraphität vor. Als literarisches, schriftgelehrtes Phänomen der hellenistischen Ära, die ja

---

[110] Zum Ursprung der Apokalyptik in der späten Profetie s. vor allem H. GESE, Anfang und Ende der Apokalyptik, dargestellt am Sacharjabuch, und: Die Deutung der Hirtenallegorie Sach 11,4f., in: DERS., Vom Sinai zum Zion, München 1974, 202–230.231–238; P. D. HANSON, The Dawn of Apocalyptic, Philadelphia 1975.

[111] M. HENGEL, Judentum und Hellenismus, 375f., vgl. 457.

im 4. Jh. schon in der spätpersischen Zeit vor Alexander beginnt, mußte sie jedoch, um dem Geist der Zeit entsprechend überzeugend wirken zu können, zugleich weisheitlich-universalen Charakter besitzen und sich auf neue Offenbarungsformen berufen[112]. Eine einfache Rückkehr zu den alten Formen der Profetie war unmöglich geworden. Doch damit haben wir unserem Thema bereits vorgegriffen.

5.3 Ben Sira als Schriftgelehrter

Die erste Persönlichkeit eines Schriftgelehrten – von Esra sehen wir ja nur noch den Schatten – begegnet uns in Ben Sira. Er ist überhaupt die erste Gestalt seit dem rund 250 Jahre früheren Nehemia, die aufgrund ihres Werks in ihrer Individualität gegen 200 v. Chr. deutlicher hervortritt und von der nicht nur der Name und einige wenige Fakten bekannt sind. Daß die Sammlung seiner weisheitlichen Dichtungen unter seinem eigenen Namen verbreitet wird, ist das Zeichen einer neuen Zeit, die von den Griechen die Vorstellung des „literarischen Eigentums" übernommen hat. Eben dies hat – leider – verhindert, daß sein Werk in den (zu engen) hebräischen Kanon aufgenommen wurde. An sich erscheint er – wie der noch halb anonyme Kohelet – als Autor von Weisheitssprüchen, aber er ist – im Gegensatz zu diesem – sehr viel mehr, er ist sôfer im Sinne des „Schriftgelehrten", d. h. zugleich Ausleger der heiligen Schrift, und nicht mehr nur ḥakām, Weiser, nach der Art der alten, „internationalen" rationalen Erfahrungsweisheit des Alten Orients[113].

Weil bei ihm beides zu einer untrennbaren Einheit verschmilzt, begegnet uns – in seinem Werk zum ersten Mal eindeutig literarisch formuliert – eine kühne, ja revolutionäre Identifikation, deren noch stärker mythisch gefärbte Vorstufe in dem ca. zwei Generationen älteren Text Prov 8,22–31 zu finden ist. Die wahre, von Gott stammende, vor aller Zeit wirksame universale Weisheit, die die ganze Schöpfung durchdringt, ist identisch mit dem allein Israel anvertrauten Gesetz. In einem für sein Werk zentralen Text läßt Ben Sira sie, dem Stil der Isis-Aretalogie vergleichbar, in erster Person sprechen. Als das Schöpfungswort aus Gottes Mund hervorgegangen, durchwaltet sie Himmel und Erde und findet doch keine Heimstatt, bis ihr der „Schöpfer des Alls" selbst auf dem Zion in Jerusalem, „der Stadt, die er liebt wie mich selbst", ihren Wohnort anweist, damit sie „in dem von ihm verherrlichten Volke" wachse und Frucht

---

[112] M. HENGEL, op. cit., 381–394: „Höhere Weisheit durch Offenbarung" als Wesensmerkmal spätantiker Religiosität.

[113] M. HENGEL, op. cit., 210–275.282–292; H. STADELMANN, Ben Sira als Schriftgelehrter, WUNT II/6, 1980; J. MARBÖCK, Weisheit im Wandel, Untersuchungen zur Weisheitstheologie bei Ben Sira, BBB 37, Bonn 1971; M. KÜCHLER, Frühjüdische Weisheitstraditionen, OBO 26, 1979; E. J. SCHNABEL, Law and Wisdom from Ben Sira to Paul, WUNT II/16, 1985.

bringe[114]. Dahinter mag eine originelle Neufassung der älteren „exilischen Schekina-Theologie" stehen[115]. Doch nicht genug damit, die Weisheit wird mit allen ihren Gaben und mit ihrer ganzen Fülle[116] ausdrücklich mit dem Mose als Heilige *Schrift* anvertrauten Gesetz, der Urkunde des Bundes zwischen Gott und Israel, gleichgesetzt[117]:

> „Dies alles ist das *Bundesbuch* des höchsten Gottes,
> das *Gesetz,* das uns Mose aufgetragen hat[118],
> das Erbe für die Versammlungen Israels,
> das wie der Pison mit Weisheit erfüllt
> und wie der Tigris in den Tagen der Erstlingsfrüchte,
> das wie der Eufrat mit Einsicht erfüllt
> und wie der Jordan in den Tagen der Ernte,
> das wie das Licht[119] Bildung aufstrahlen läßt
> und wie der Gihon in den Tagen der Weinlese.
> Nicht kam zu einem Ende der Erste, sie kamen zu lernen,
> und ebenso konnte der Letzte sie nicht ausforschen.
> Denn voller als das Meer ist ihr Sinn
> und ihr Rat tiefer als der Abgrund der Urflut."

D. h. in den *fünf Büchern der Tora Moses* ist Gottes unerschöpfliche und unergründliche Weisheit − fast möchte man sagen „leibhaftig" (Kol 2,9) − enthalten. Man muß sie mit den fünf wunderbaren Strömen, den vier Paradiesesflüssen und dem Jordan, vergleichen. Die fünf Ströme symbolisieren dabei vermutlich die fünf Bücher des Pentateuchs. Ben Sira spricht ausdrücklich vom βίβλος διαθήκης θεοῦ ὑψίστου νόμον ὃν ἐνετείλατο ἡμῖν Μωυσῆς, d. h. von einem konkreten, sichtbaren und greifbaren und vor allem in der Lesung „hörbaren" *Buch,* das durch einen Menschen vermittelt wurde (vgl. Joh 1,17). In ihm konzentriert sich die ganze Weisheit des Schöpfers und Herrn der Welt. Man könnte aber auch umgekehrt sagen: Der innere Gehalt der Bundesurkun-

---

[114] Sir 24,1−12, vgl. 1,1−10 und Prov 8,22ff. S. dazu H. GESE, Der Johannesprolog, in: ders., Zur biblischen Theologie, München 1977, 152−201, (173−181) (Nachdruck Tübingen ³1989); DERS., Die Weisheit, der Menschensohn und die Ursprünge der Christologie, in: DERS., Alttestamentliche Studien (Anm. 29), 218−248; G. SCHIMANOWSKI, Weisheit und Messias, WUNT II/17, 38−68 und die unter Anm. 113 genannte Literatur.

[115] Vgl. B. JANOWSKI, „Ich will in eurer Mitte wohnen". Struktur und Genese der exilischen *Schekina*-Theologie, JBTh 2 (1987), 165−193 (191 Anm. 126; s. die dort aufgeführte Literatur).

[116] 24,13−22: Sirach vergleicht sie mit den schönsten Bäumen, den kostbarsten Aromata, mit Weintrauben und Honig. Die, die sie genießen, hungern und dürsten nach mehr − und das ist die Klimax: „Wer ihr gehorcht, wird nicht zuschanden und bleibt frei von Sünde" (vgl. Joh 6,35; vgl. 4,13).

[117] 24,23−29.

[118] Hier wird direkt Dtn 33,4, die Schilderung der Gesetzesübergabe am Sinai, zitiert, wobei der Übersetzer den LXX-Text übernimmt. Zum βίβλος διαθήκης vgl. Ex 24,7.

[119] LXX: ὡς φῶς = כְּאוֹר. Dafür wird häufig כַּיְאוֹר (vgl. Am 9,5) = wie der Nil gelesen, vgl. Amos 8,8. Doch scheint „Licht" hier mitbedacht zu sein, zumal Gihon und Nil identifiziert werden können. Möglicherweise beabsichtigte der Autor damit ein doppeldeutiges Wortspiel.

de, die Mose am Sinai für Israel empfing und die von David und Salomo an bis zur Gegenwart des Autors allein in Jerusalem *recht* gedeutet werden kann, wird hier ins Universale ausgeweitet. In ihr ist verborgen, „was die Welt im Innersten zusammenhält", und ihre Fülle kann alle menschliche Wissenschaft nicht ausschöpfen. Man wird hier an jenen Liedvers erinnert, mit dem Paul Gerhardt den Abgrund des göttlichen Heilswerks in der Sendung des Sohnes umschreibt:

> „O du unergründter Brunnen,
> wie will doch mein schwacher Geist,
> ob er sich gleich hoch befleißt,
> Deine Tief' ergründen können" (EKG 232,3).

Die Aufgabe der Auslegung der Tora, die im Grunde alle von ihr abhängigen späteren „heiligen Schriften" miteinschließt, muß so notwendigerweise zu einer grenzenlosen, immer neu zu vollziehenden Aufgabe werden.

Der von hier ausgehende Gedanke erwies sich geistesgeschichtlich als ungemein fruchtbar: Er wurde nicht nur die Wurzel zu der rabbinischen Vorstellung, daß die Tora das „Werkzeug sei, durch das Gott die Welt erschaffen habe"[120], sondern auch zu der Aussage, daß in ihr überhaupt alle Geheimnisse des Himmels und der Erde beschlossen seien, wodurch der Rang ihres Auslegers, des Schriftgelehrten, ins Metaphysische überhöht werden konnte. Kein Wunder, daß dann in der Spätantike, wie die griechischen und jüdischen Zaubertexte zeigen, dieses Buch der Geheimnisse Gottes zum wirksamsten Zaubermittel wurden, und daß man Mose noch weitere geheime magische Bücher zuschrieb. Auch die im jüdischen Alexandrien vollzogene Identifikation der Weisheit mit dem göttlichen Schöpfungswort, dem alles durchwaltenden Weltgesetz und dem göttlichen Logos hat hier ihren Ursprung[121]. Schließlich und endlich stoßen wir an diesem Punkt auf die Wurzel der Logoschristologie mit dem Gedanken der Einwohnung, der „Inkarnation" des ewigen Gotteswortes in einem Menschen, Jesus von Nazareth[122].

Da die göttliche Weisheit in der allein gültigen Form der Mosetora den Schriftgelehrten, der sie intensiv studiert und sich von ihr leiten läßt, dem Geist Gottes vergleichbar, inspiriert[123], erhält der Weisheitslehrer als Ausleger der Tora im weitesten Sinne die Züge eines profetischen Offenbarers neuer Ordnung:

---

[120] mAb 3,14: R. 'Aqiba. Vgl. dazu G. SCHIMANOWSKI, op. cit. (Anm. 114), 216−221. S. auch F. AVEMARIE, Tora und Leben, Untersuchungen zur Heilsbedeutung der Tora ..., TSAJ 55, 1996, Index 661: Schöpfungsmittlerschaft.

[121] S. dazu M. HENGEL, Judentum und Hellenismus, 282 ff. 292 ff. 299 ff.

[122] S. H. GESE, Der Johannesprolog (Anm. 114); O. HOFIUS, Struktur und Gedankengang des Logos-Hymnus in Joh 1,1−18, ZNW 78 (1987), 1−25; DERS., Der „in des Vaters Schoß ist" Joh 1,18, ZNW 80 (1989), 163−171.

[123] Zum Verhältnis von Geist und Weisheit s. M. HENGEL, Jesus als messianischer Lehrer der Weisheit und die Anfänge der Christologie, in: Sagesse et Religion. Colloque de Strasbourg, Paris 1979, 147−188 (166−177).

„Weiterhin will ich Bildung wie das Frühlicht ausstrahlen,
und ich will solches bis in die Ferne offenbaren.
Weiterhin will ich Lehre wie (= LXX oder eher mit Syr: *in*) profetische(r)
Offenbarung ausgießen[124],
und ich werde sie hinterlassen zukünftigen Geschlechtern."

Dieses fast „profetisch inspirierte" Selbstbewußtsein des Weisen als Schriftgelehrten begegnet uns wieder in der Darstellung des *sôfer* Sir 38,24–39,12, der
sich unabhängig von Handarbeit und Broterwerb ganz dem Studium der Weisheit hingeben kann. Dieses besteht vor allem anderen in der Erforschung der
Schrift: „Er sinnt über das Gesetz des Höchsten" nach, „erforscht (ἐϰζητήσει)
die Weisheit aller Alten", „bemüht sich um die Profetensprüche" und bewahrt
die Rede berühmter Männer[125]. In der Morgenfrühe beginnt er sein Schriftstudium mit Gebet und wird – einem Profeten vergleichbar –, so es Gottes Wille
ist, „mit dem Geist der Einsicht erfüllt"[126]. Dann läßt er die Worte seiner (d. h.
Gottes) Weisheit strömen[127] und denkt über Gottes Geheimnisse nach. Er
offenbart die Zucht seiner Lehre[128] und er rühmt sich „des Bundesgesetzes des
Herrn".

Am Ende steht so als Klimax wieder das Buch der Tora, das als „Bundesge-
setz" bezeichnet wird[129]. Schon in der Makkabäerzeit und erst recht bei den
Rabbinen werden dann Tora und Bund nahezu auswechselbar, wobei die Tora
als „Schrift" zum eigentlich beherrschenden Begriff wird.

Auffallend ist weiter Ben Siras Vorliebe für profetische Begriffe und Gattun-
gen, so in der Weissagung vom drohenden Gericht 35,11–24, in dem als
Klagelied gestalteten Gebet um die eschatologische Erlösung seines Volkes
(c. 36) oder auch bei einzelnen Heilsverheißungen im Lob der Väter, die direkt
aus profetischen Vorlagen geschöpft sind[130]. Häufiger als die ältere Weisheit

---

[124] 24,33: ὡς προφητείαν Syr: bnbjwth, möglicherweise hat LXX abgeschwächt.

[125] Sir 39,1f. (38,34b–39,2a). Διήγησιν ἀνδρῶν ὀνομαστῶν könnte man u. U. auch mit
(Geschichts-)„Erzählung" übersetzen. 6,35 ist διήγησις die Übersetzung von śiḥa, vgl. 8,8a;
der Syrer hat dafür durchgehend šŭʿitā. Vgl. dazu Lk 1,1.

[126] 39,6: πνεύματι συνέσεως ἐμπλησθήσεται; vgl. Jes 11,2: πνεῦμα τοῦ θεοῦ, πνεῦμα
σοφίας καὶ συνέσεως = ruaḥ ḥŏḵmāh ûbînāh. Das Vorbild ist wohl Josua Dtn 34,9:
ἐνεπλήσθη πνεύματος συνέσεως = māle' rûᵃḥ ḥŏḵmāh. H. STADELMANN, op. cit. (Anm. 113),
232–246 (s. auch 338 Index 2. St.), möchte unserer Stelle zu Unrecht den Vergleich mit der
profetischen Inspiration absprechen.

[127] Ἀνομβρήσει, vgl. B 50,27 nbʿ hiphil; ähnlich A 10,13a für ἐξομβρήσει, vgl. 1,19. Beide
Begriffe erscheinen nur bei Ben Sira noch 18,29.

[128] 39,8 ἐϰφανεῦ ein Lieblingswort Ben Siras, dahinter könnte gālāh (vgl. Ms. A zu 8,19a)
oder nbʿ hiphil (vgl. A 16,25) stehen.

[129] Im Gegensatz zur älteren Weisheit erscheint διαθήϰη bei Sirach ausgesprochen häufig.
Auf Gottes Bund mit den Menschen bzw. Israel bezogen s. noch 16,22; 17,12; 28,7; 41,19;
42,2, vor allem im Lob der Väter c. 44 und 45. Als hebräisches Äquivalent erscheint 11mal ḥoq
bzw. ḥuqqāh und 5mal bᵉrît. In 24,23 und 39,8 fehlt eine hebräische Vorlage, doch wird man in
beiden Fällen bᵉrît annehmen dürfen.

[130] S. dazu M. HENGEL, Judentum und Hellenismus, 246f.

bezieht er sich auch direkt auf die Tora und versteht darunter in der Regel das konkrete Schriftwort[131]. In gewisser Weise kann die Weisheit dem Tun der Tora untergeordnet werden. Der traditionelle Satz:

> „Alle Weisheit ist Furcht des Herrn"

wird konkretisiert

> „und in aller Weisheit geschieht Tun des Gesetzes"[132].

Das führt letztlich zu der der alten, „internationalen", esoterisch-aristokratischen Weisheit widersprechenden Konsequenz:

> „Besser arm an Einsicht und gottesfürchtig
> als reich an Verstand und ein Übertreter des Gesetzes"[133].

Darum gilt für ihn als grundlegende Devise:

> „Begehrst du Weisheit, so halte die Gebote."[134]

Die Schriftauslegung des Weisen, die nicht mehr Selbstzweck ist, sondern dem Volke dienen soll[135], will vor allem den Unterricht in den Geboten fördern und zugleich, eng damit verbunden, zur Erkenntnis der Heilstaten Gottes an seinem Volk und zu deren Lobpreis führen[136].

Dabei konzentriert sich Ben Sira nicht allein auf die Tora. Die *Profetenbücher* sind ihm kaum weniger bedeutsam. Beide, Mosetora und profetische Schriften, bilden wie schon in der Chronik letztlich eine Einheit und sind zusammen Inbegriff der einen, unteilbaren göttlichen Weisheit. Dies kommt besonders im Lob der Väter zum Ausdruck, das man als Panegyrikos oder Enkomion auf die großen Gestalten der „Heilsgeschichte" von Adam bis zum Hohenpriester Simon dem Gerechten zur Zeit des Autors beschreiben kann, einschließlich der Autoren der biblischen Bücher, die ebenfalls gepriesen werden[137]. Dieses umfaßt deshalb nicht nur die großen Herrscher und Helden der Geschichte des Gottesvolkes, sondern auch, ja noch mehr

---

[131] In Prov ist νόμος 8mal Äquivalent für tôrāh, in Hiob und Kohelet überhaupt nicht; im Sirachbuch zähle ich 31 Belege für νόμος; in den hebräisch erhaltenen Teilen erscheint dafür 9mal tôrāh und daneben jeweils ein oder zweimal dābār, miṣwāh und mišpāt. Der Enkel hat bei seiner Übersetzung die schon vorhandene Tendenz noch wesentlich verstärkt.

[132] 19,20; vgl. 15,1.7–10.

[133] 19,20.24; vgl. 33,2.

[134] 1,26; vgl. 2,15f.; 32,23f.; 35,1–4; vgl. 29,1.

[135] 37,19–26, s. M. HENGEL, op. cit., 243; vgl. 51, 23.28f.

[136] 45,25bf.; 50,22ff.; 51,1ff.

[137] Sir 44–50. S. dazu B. L. MACK, Wisdom and the Hebrew Epic. Ben Sira's Hymn in Praise of the Fathers, Chicago 1985.

„die *Seher* aller Dinge in ihrem Profetenamt[138],
die Herrscher von Völkern in ihren Plänen,
und die Fürsten in ihren Überlegungen,
die wortgewandten *Weisen* in ihrer *Schriftgelehrsamkeit*,
die *Spruchdichter* in ihrer Traditionstreue[139],
die Lieder ersinnen nach festem Gesetz,
Sprüche in schriftlicher Form verfassen"[140].

Hier wird indirekt schon durch den Hinweis auf Profeten, Schriftausleger (d. h. in erster Linie Ausleger der Tora) und Spruch- und Liederdichter der dreigeteilte Kanon des Enkels angedeutet, der auch die Psalmen und Weisheitsbücher enthält. Daß dabei aber im Väterlob die Profeten im Mittelpunkt stehen, ergibt sich daraus, daß er – wie schon oben erwähnt – Josua als „Diener Moses im Profetenamt" bezeichnet und mit ihm die eigentliche Reihe der Profeten beginnen läßt[141]. Sie wird fortgesetzt durch Samuel, den Richter, Priester und Gottgeweihten im Profetenamt[142], Nathan und Elia, Elisa[143] und die Schriftprofeten, allen voran Jesaja[144]. Von den Königen haben dagegen – sein Urteil ist noch negativer als in der Chronik – nur drei, David, Hiskia und Josia, das „Gesetz des Höchsten nicht verlassen"[145]. Der Ungehorsam der Könige Judas wurde – hier nimmt er einen deuteronomistischen Grundgedanken auf – die Ursache der Zerstörung Jerusalems. Ihnen stellt er in traditioneller Weise Jeremia als Verkünder von Gericht und Neuanfang gegenüber[146]; auch die Zwölf Profeten, deren Vereinigung schon einige Zeit zurückliegen muß, weil sie als ganz selbstverständlich vorausgesetzt wird, verkünden „Jakobs Heilung"

---

[138] 44,3c–5b nach Ms. B: wᵉḥôzê ḵŏl binᵉbû'ātām (3d). Wie in der Chronik erscheinen hier die Profeten zugleich als Ratgeber. Der Profet wie der Weise hat auch politische Funktionen, vgl. 39,4.

[139] 44,4: ḥaḵmê śîaḥ bᵉsifrātām ûmôśᵉlîm bᵉmiśmᵉrôtam.

[140] 44,5: ḥôqᵉrê mizmôr 'al ḥoq (M: qāw) nôśᵉê māšāl biḵtāb. Spruch- und Liederdichter gehören zusammen. Ben Sira ist beides.

[141] 46,1; MACK, op. cit. (Anm. 137), 31 u. ö.

[142] 46,13.20, vgl. 46,1. Προφητεία erscheint bei Sirach 7mal, das heißt häufiger als in den übrigen LXX-Texten, vgl. Sir prol. 18; 24,33; 36,20 (Rahlfs V. 14); 39,1; 44,3; 46,1.20; nᵉbû'āh 4mal: 44,3b; 46,1b.13c.20c; sonst im AT nur noch 2 Chr 9,29; 15,8 und Neh 6,12.

[143] 47,1: Nathan, Nachfolger Samuels als Berater Davids; 48,1 Elia, ein nābi' ḵā'eš, der Elisa für sich als „Nachfolgeprofeten" salbt (48,8): môšeᵃḥ ... nābî' taḥᵃlif. Der Enkel macht daraus einen Plural: ὁ χρίων ... προφήτας διαδόχους μετ' αὐτόν, vgl. 46,1. Er setzt bereits die Vorstellung von der „Profetensukzession" voraus, die uns wieder bei Josephus begegnet (HENGEL, Septuaginta als „christliche Schriftensammlung" ..., op. cit. [Anm. 23], 104f.).

[144] 48,22: ὁ προφήτης ὁ μέγας καὶ πιστὸς ἐν ὁράσει αὐτοῦ. Das hebr. Ms. B hat hier eine Lücke. Er ist der Profet der eschatologischen Zukunftsschau: πνεύματι μεγάλῳ εἶδεν τὰ ἔσχατα ... (ḥāzāh 'aḥᵃrît, 48,24), vgl. Deuterojesaja 41,22; 46,10 und Sir 38,20: Der Begriff Eschatologie hat hier seine Wurzel.

[145] 49,4.

[146] Jerusalem wird um Jeremias willen zerstört, da sie ihn mißhandelt hatten, obwohl er „vom Mutterschoße an zum Profeten erschaffen war" (49,7). Vgl. Jer 1,5.10; 18,7; 31,28.

und „zuverlässige Hoffnung"[147], eine Verheißung, die sich – partiell – in der Erbauung des Zweiten Tempels durch Serubbabel und den Hohenpriester Josua erfüllte, denn das von ihnen wiedererrichtete Heiligtum „ist bereitet zu ewiger Ehre"[148], eine Aussage, die – wie schon in der Chronik – die Erwartung völliger, zukünftiger Erlösung zwar nicht eliminiert, jedoch zurückdrängt.

Hier und in dem abschließenden Hymnus auf den Hohenpriester Simon (den Gerechten), mit dem das Lob der Väter glanzvoll endet[149], wird eine Hochschätzung des Kultes im Zweiten Tempel und eine Verherrlichung des priesterlichen Amtes sichtbar, die auch der auffallende Lobpreis Aarons (und Pinchas') bestätigt. Daß dessen Lob dasjenige Moses an Umfang und Intensität übertrifft[150], legt nahe, daß Ben Sira ein *priesterlicher* Schriftgelehrter war, der ganz der aaronidischen Aristokratie verpflichtet blieb. Denn es fällt in seinem Werk auf, daß Levi nur einmal, in 45,6, als Stammvater Aarons erscheint und die Leviten überhaupt nicht erwähnt werden. Der Name Aarons begegnet uns dagegen mit sechs Nennungen häufiger als der Moses mit nur fünf. Dementsprechend kann er sagen, daß Gott nicht nur dem Mose „die Tora des Lebens und Einsicht" und die Gebote „in die Hand legte"[151], sondern in gleicher Weise, ja noch mehr Aaron, der zum eigentlichen Lehrer des Volkes wird:

„Er gab ihm seine Gebote
und machte ihn zum Herrn über Gesetz und Recht[152],
so lehrte er seinem Volk das Gesetz (ḥôq)
und das Recht den Söhnen Israels"[153].

Noch erscheinen bei Ben Sira so wie in der Perserzeit die Auslegung der Tora und das Richteramt als priesterliches Privileg. Die Leviten, die im chronistischen Werk eine so große Rolle spielen, existieren für ihn nicht. Vielleicht liegt hier der Grund dafür, daß er Esra, bei dem die Leviten so hervortreten, nicht erwähnt (dazu o. Anm. 73). Ein Gegensatz zwischen Priestertum und Profetenamt besteht bei Ben Sira nicht, ja ein solcher darf nicht bestehen. Er führt damit einen Gedanken, der schon im chronistischen Werk angedeutet ist, in verstärkter Form weiter. Nicht nur, daß einzelne Profeten Priester waren, die Profeten hatten für ihn nur eine zeitlich begrenzte Funktion zwischen Josua und der

---

[147] 49,10. Der Zusatz: „Ihre Gebeine mögen aufsprossen aus ihrer (Ruhe)stätte" findet sich in der LXX bei den (12) Richtern 46,12 und könnte ein versteckter Hinweis auf die Auferstehung sein. Ben Sira kannte ja Texte wie Jes 26 und Hes 37.

[148] 49,12: wajjārîmû hêkal qodæš ham^ekomān likbôd ʿolam.

[149] 50,1–21: Ben Sira führt hier mit einem zeitlichen Sprung von ca. 250 Jahren das Lob der Väter bis in die Gegenwart weiter.

[150] Mose: 45,1–5; Aaron: 45,6–22; Pinchas: 45,23.24.25b.26. Der Bund mit David wird nur mit einem Halbvers erwähnt 25a, vgl. aber 47,2–12.

[151] 45,5c: wajāśæm b^ejādô miṣwāh tôrat ḥajjim ût^ebûnāh.

[152] 45,17b: wajjamšîlehû b^eḥôq ûmišpāṭ.

[153] 45,17, vgl. 45,26; 38,33; Mal 2,7; Dtn 33,10; MACK, op. cit. (Anm. 137), 212f. Vgl. auch u. S. 60f. zu Qumran und S. 67 zu Josephus.

Errichtung des Zweiten Tempels. In der Gegenwart ist an ihre Stelle der durch Gottes Geist erleuchtete *priesterliche Ausleger* der heiligen Schriften getreten. Der eschatologische Ausblick fehlt zwar nicht ganz, denn Ben Sira kennt und schätzt die profetische Verheißung und erwartet die Befreiung seines Volkes vom fremden Joch, aber sie tritt doch im Blick auf das Gesamtwerk relativ zurück und beschränkt sich weitgehend auf die nationale Hoffnung. Selbst apokalyptische Motive sind ihm nicht völlig fremd, er anerkennt ja das ganze Profetencorpus mit seinen eschatologischen (bzw. apokalyptischen) Passagen, aber diese sind für ihn nur ein Randphänomen[154]. Bei David sind – wie im chronistischen Werk – vor allem seine Psalmendichtung und seine Ordnung der Feste für den Kultus wesentlich. Daneben werden jedoch auch die Errichtung seines Königtums über Israel und die Dauer seiner Dynastie betont[155]. Die messianische Verheißung wird in 47,22 mit dem Hinweis auf den „Wurzelstock[156] aus David" bestenfalls angedeutet. Das erweckt den Eindruck, daß er damit eher einer „exegetischen Pflicht" genügt, als daß er hier eine lebendige Erwartung ausspricht. Dem Sohn Davids und paradigmatischen „Weisheitslehrer", Salomo, widmet er trotz dessen schwerer Verfehlungen mehr Raum als dem Vater.

Er selbst vergleicht 33(36),16ff. seine Bemühung um die Weisheit, und d. h. für ihn gleichzeitig die Bemühung um das rechte Verständnis der Offenbarungsschriften Israels, mit einem Nachzügler, einem Winzer, der als letzter Nachlese hält, betont aber in einem Atemzug stolz den ihm durch Gottes Segen beschiedenen Erfolg, der zugleich allen zugute kam, die wie er „Bildung suchten". Und am Ende seines Werkes, wo sein Name als Autor erscheint, wird in deutlicher Anspielung auf Jos 1,8 und Ps 1 der selig gepriesen, der über seine (Ben Siras) Weisheit „nachsinnt". Entsprechend betont er am Ende der Schilderung des wahren *sôfer* und *ḥākām,* daß er und sein Werk auch in ferner Zukunft nicht vergessen, sondern von allen gepriesen werden wird[157]: Sollte er als Schriftgelehrter daran gedacht haben, daß sein Weisheitsbuch einmal selbst unter die verehrungswürdigen heiligen Schriften Israels aufgenommen werden könnte? Im Grunde wurde dies nur dadurch verhindert, daß dasselbe von ihm oder seinen Schülern – als Zeichen einer neuen Zeit – unter seinem eigenen Namen und nicht in verhüllender „Pseudepigraphität" wie bei Kohelet herausgegeben wurde. Nur der weitere christliche LXX-Kanon hat es erhalten.

Ben Sira bildet so einen geistigen Angelpunkt. Er ist ein Weiser der Synthe-

---

[154] Vgl. das eschatologische Gedicht im Musivstil 36,1–22. 36,11f. spielt auf Nu 24,19 an; der wichtigste Seher der Zukunft ist jedoch Jesaja: 48,22f. (Anm. 144), s. auch 49,10: die Zwölf Propheten (Anm. 147), und 16,22f. (M).

[155] 47,8–11.22; 48,22; 49,4 und die Erwähnung Serubbabels 49,11.

[156] ʽΡίζα, vgl. Jes 11,1.

[157] 50,27–29; 39,9–11. Vgl. auch das Lehrgedicht auf die Weisheit in 51,13–30, das mit dem Hinweis auf Lohn endet. Eine ausführlichere Fassung begegnet uns jetzt in 11QPsᵃ und in einem syrisch erhaltenen Psalm, s. J. A. SANDERS, DJD IV, 79ff.

se, der scheinbar Gegensätzliches in kraftvoller Weise, aber zugleich auch mit
verschiedener Akzentsetzung, verbindet: Weisheit und Tora, universales Wissen und Bindung an das Wort der Schrift, sapientiale Ratio und Offenbarungs-
glauben, priesterliches Ordnungsdenken und profetische Inspiration, oder
auch priesterliches Lehrprivileg und „Bildung" für alle, die sie suchen, Tempelkult und verantwortungsvolles ethisches Handeln, Heilsgegenwart im Gottesdienst und Erwartung der Befreiung Israels.

Zugleich steht er aber auch bereits am Rande einer bedrohlichen Krise. Die
von ihm angestrebte Synthese ließ sich so nicht halten. Seine Verfluchung
derer, die der Tora untreu werden, seine eindringliche Mahnung an die Priesterschaft und an den Leser, der Bundesverpflichtung treu zu bleiben[158], die
immer wieder sichtbar werdende kritische Auseinandersetzung mit dem Zeitgeist und dessen Verführungen, denen er sich selbst nicht völlig entziehen kann
und will[159], zeigen, daß der Versuch seiner Synthese mit dieser Bedrohung
zusammenhängt. Diese Krise, die sich bei ihm, bald nach 200 v. Chr., schon
vernehmbar ankündigt, wird dann wenig später in dem Versuch der „hellenistischen Reform" in Jerusalem, die von den führenden Priestern ausgeht, offenbar. Die dadurch ausgelöste Erschütterung führte die Jerusalemer Kultgemeinde an den Rand der Selbstzerstörung und prägte ihre zukünftige Geschichte.

D. h. aber, daß er sich, ohne es selbst klar zu sehen, an einem Scheidewege
befand[160]: Wie soll es in Zukunft gelingen, die Auslegung der heiligen Schriften
und die Rechtsprechung als Privileg der Priester zu erhalten, wenn er selbst die
Weisheit nicht mehr als das Privileg einer kleinen aristokratischen Gruppe
betrachtet, sondern alle Lernfähigen und Lernwilligen in sein Lehrhaus einlädt
(51,23 vgl. 29)? Und wenn er selbst seine Tätigkeit als Weisheitslehrer, Schriftausleger und Spruchdichter mit profetischen Termini beschreibt und dafür die
göttliche Gabe des Geistes der Einsicht reklamiert, muß dies nicht am Ende zu
einer neuen Form der „inspirierten Exegese" führen, wie sie uns in apokalyptischen Texten, in Qumran und später im Urchristentum begegnet, eine Form
der Auslegung, die nicht mehr primär vom Privilegium der Geburt, sondern
vom Charisma des Geistbesitzes abhängig sein mußte? Und wenn weiter der
seit der Rückkehr aus dem Exil dominierende Priesteradel die Gebote der Tora
verwirft und ihr untreu wird, mußten hier nicht der von ihm mit Schweigen
übergangene Clerus minor und die Laien in die Bresche treten und den Schutz
der Tora und ihre rechte Auslegung in die eigene Regie übernehmen? Die
tödliche Krise des palästinischen Judentums bald nach Abschluß des Weisheits-

---

[158] Sir 41,8f.; 45,24–26; 50,23f.; vgl. die Warnung vor Abfall und das Eintreten für das
Gesetz 2,3; 4,19.28 u. ö.; s. M. HENGEL, Judentum und Hellenismus, 270–273.

[159] Op. cit. 252–275.

[160] Er selbst hat 15,11–17 die Notwendigkeit und Möglichkeit der Entscheidung klar
betont und nennt 2,12 die „zwei Wege". S. dazu G. MAIER, Mensch und freier Wille, WUNT
12, 1971, 84ff.; freilich ist er andererseits in der Frage der Willensfreiheit nicht völlig konsequent. Er vertritt hier einen Mittelweg wie später die Pharisäer.

buches ab dem Regierungsantritt Antiochus' IV. Epiphanes 175 n. Chr., die
167 ihren Höhepunkt erreichte, zeigte sehr rasch, daß das Vertrauen in die
Heilsgegenwart im Kult und in das Funktionieren des traditionellen Tat-Folge-
Zusammenhangs, wie wir es schon im Chronikbuch und dann wieder bei Ben
Sira[161] finden, angesichts der Entweihung des Tempels, des Massenabfalls der
Schwankenden und der blutigen Verfolgung der Glaubenstreuen keinen Bestand mehr haben konnte, sondern daß aufgrund der „Schriften" neue Antworten gefunden werden mußten, wobei zugleich die profetische Predigt vom
endzeitlichen Gericht und von der alles erneuernden kommenden Gottesherrschaft zentrale Bedeutung erhielt.

6. Die Chasidim der Makkabäerzeit und das Danielbuch

Die von dem Hohenpriester Menelaos und seinen Freunden veranlaßten
königlichen Dekrete zur Abschaffung des mosaischen Gesetzes und des traditionellen Kults auf dem Zionsberg 167 v. Chr. und die sich daran anschließende
Verfolgung[162] richteten sich gegen die Grundlagen der jüdischen Religionsge-
meinschaft, und damit auch gegen den Besitz und die Verwendung der heiligen
Schriften selbst:

> „Und die Bücher des Gesetzes, die sie fanden, zerrissen sie und warfen sie ins
> Feuer. Und dort, wo bei jemandem ein Buch des Bundes gefunden wurde, oder
> wenn jemand dem Gesetz die Treue hielt, verurteilte ihn der königliche Erlaß
> zum Tode"[163].

Derartige ganz ungriechische Maßnahmen mußten letztlich auf jüdische Berater des Königs, d. h. auf Menelaos und seinen Anhang, zurückgehen, da nur
sie die einzigartige Bedeutung der heiligen Schriftrollen für die jüdische Glau-
bensgemeinde kannten und staatliche Sanktionen gegen religiöse Kulte und
Gebräuche den hellenistischen Monarchien fremd waren. Nach dem jüdischen
Gesetz wurde dagegen der „fremde Dienst" streng geahndet. Umgekehrt
forderte eben darum Mattathias, der Vater der fünf Makkabäerbrüder, das
offene – und, wenn es sein muß, gewaltsame – Eintreten für die Tora:

> „Jeder, der für das Gesetz eifert und zum Bunde steht, folge mir nach!"[164]

---

[161] 35,13; vgl. 12,2; 39,28–30.
[162] Zu den Ursachen der Religionsnot s. E. BICKERMANN, Der Gott der Makkabäer, Berlin
1937; M. HENGEL, Judentum und Hellenismus, 464–564; E. SCHÜRER, op. cit. (Anm. 48), I,
137–163; O. MØRKHOLM, Antiochus IV of Syria, København 1966; J. A. GOLDSTEIN, The
Hasmonaean Revolt and the Hasmonaean Dynasty, in: The Cambridge History of Judaism,
II. The Hellenistic Age, Cambridge etc. 1989, 292–351.677–680. S. auch u. S. 132–138.
[163] 1 Makk 1,56f., vgl. Josephus, ant. 12,256.
[164] 1 Makk 2,27; s. M. HENGEL, Die Zeloten, (Anm. 41), 156f.; DERS. Nachfolge und
Charisma,BZNW 34, 1968, 20ff. zum „charismatischen" Nachfolgeruf Jesu.

Hier werden noch mehr als bei Sirach und ähnlich wie im Danielbuch und bei den Rabbinen Bund und Gesetz identisch. Die Männer der „Versammlung der Frommen" (συναγωγὴ Ἀσιδαίων = ʿedat ḥªsîdîm), die sich Mattathias anschließen, sind „alle dem Gesetz treu ergeben"[165]. Die Aufständischen bei ihrer Versammlung in Mizpa „öffneten die Torarolle an den Stellen, wo die Heiden Analogien zu ihren Götzen suchten", um Gott selbst auf solchen Frevel hinzuweisen[166]. Wir haben hier einen der wenigen Hinweise dafür, daß auch die jüdischen Apostaten und, von ihnen instruiert, ihre heidnischen Helfershelfer mit einzelnen Texten der Tora argumentierten und sie als Zeugen für den Polytheismus verwendeten, um ihre radikalen synkretistischen „Reformen" zu rechtfertigen und die Tora als Ganze ad absurdum zu führen. Für die Makkabäer sind diese Apostaten natürlich „Heiden". Zur Rechtfertigung des von diesen geforderten „Bundes mit den Heiden um uns" (1 Makk 1,11) konnte man sich auch auf einzelne dem strengen Monotheismus scheinbar widersprechende Stellen der Tora wie etwa Gen 14,18ff. berufen.

Die Bedeutung der Schriftgelehrten bei den Chasidim als der Kerngruppe des *religiösen* Widerstandes tritt 1 Makk 7,12ff. zutage. Nach der Bestätigung des neuen aaronidischen Hohenpriesters Alkimos kommt dieser mit dem Feldherrn Bakchides nach Jerusalem, „und es versammelte sich bei (ihnen) eine Gruppe von Schriftgelehrten, um die ‚Rechtslage' zu untersuchen"[167]. Dann wird erklärend hinzugefügt:

> „Die Asidäer strebten als die ersten unter den Israeliten nach Frieden mit ihnen. Und sie sagten: Ein Priester, der von Aaron abstammt, ist . . . gekommen. Er wird uns kein Unrecht tun."

Diese größere Gruppe von Schriftgelehrten – nachher in 7,16 ist von 60 von Alkimos Hingerichteten die Rede – waren Vertreter der „Chasidim", die als

---

[165] 1 Makk 2,42: πᾶς ὁ ἑκουσιαζόμενος τῷ νόμῳ; KAHANA II, 108 übersetzt: kôl-hammitnaddeḇ lat-tôrāh.

[166] 1 Makk 3,48: καὶ ἐξεπέτασαν τὸ βιβλίον τοῦ νόμου περὶ ὧν ἐξηρεύνων τὰ ἔθνη τὰ ὁμοιώματα τῶν εἰδώλων αὐτῶν. Zur Deutung dieser schwierigen Stelle, s. J. A. GOLDSTEIN, I Maccabees, AncB 41, 1976, 261f. R. STICHEL, Gab es eine Illustration der jüdischen Heiligen Schrift in der Antike?, in: Tesserae, Festschrift für J. Engemann, JAC. E 18, 1991, 93–111, verweist auf die ältere von R. Eisler aufgenommene Hypothese, daß der Zusatz der Handschriftengruppe 9 und Mss. 55.58.311 corr nach τὰ ἔθνη τοῦ ἐπιγράφειν ἐπ' αὐτῶν ursprünglich sei und bedeute, daß die Heiden Götzenbilder auf die Schriftrollen gemalt hätten (98ff.). Es handelt sich jedoch eher, wie Stichel mit Recht betont, um eine spätere Interpolation, die den schwierigen Text erklären soll.

[167] 7,12: καὶ ἐπισυνήχθησαν πρὸς Ἄλκιμον καὶ Βακχίδην συναγωγὴ γραμματέων ἐκζητῆσαι δίκαια; KAHANA II, 131 übersetzt: lidroš ṣædæq. Vgl. 2,29: die Anhänger des Mattathias, die mit ihm und seinen Söhnen in die Wüste flüchten: πολλοὶ ζητοῦντες δικαιοσύνην καὶ κρίμα; s. auch 2 Makk 8,1ff. und 14,6 zu Judas, dem Makkabäer. Ἐκζητεῖν wird neben ζητεῖν und ἐξετάζειν schon bei Sirach im Sinne von „nachforschen, untersuchen" verwendet und kann als hebräisches Äquivalent dāraš haben, vgl. Sir 35,15: dāraš tôrāh; vgl. 51,14 (nach 11QPsª). In Qumran wird dāraš zum terminus technicus, s. u. S. 54.

erste unter den verschiedenen Fraktionen der Glaubenstreuen den Frieden suchten[168]. Sie waren – ganz am Gebot der Tora orientiert – damit zufrieden, daß der neue Hohepriester entsprechend ihrer Forderung im Gegensatz zu seinem Vorgänger ein legitimer Nachkomme Aarons war.

Den chasidäischen Schriftgelehrten jener Zeit begegnen wir wieder in den wenig früher entstandenen Partien des *Danielbuches,* insbesondere am Ende des Buches, wo Dan 11,33.35; 12,3.10 die maśkîlîm erscheinen, die als Lehrer und Ausleger von Tora und Profeten viele im Volk „verständig machen" (11,33) bzw. „zur Gerechtigkeit führen" (12,3) und eben darum verfolgt, aber nach Anbruch der Gottesherrschaft bei der Auferstehung der Toten mit himmlischer Glorie belohnt werden. Die erfolgreiche gewaltsame Erhebung wird dagegen mit einer gewissen Distanz betrachtet, sie bringt nur „eine kleine Hilfe, und viele schließen sich ihnen an aus Opportunismus" (11,34).

Den (oder die) unbekannten Autor(en) der endgültigen Fassung des Werkes, einschließlich der in hebräischer Sprache verfaßten „Apokalypsensammlung" Dan 8–12, die sich ziemlich genau auf die Jahre 165/164 datieren läßt[169], verbindet mit dem so ganz anders gearteten, eine knappe Generation älteren Ben Sira das unbedingte Festhalten am geschriebenen Wort der Tora und – für die chasidäischen Apokalyptiker noch wichtiger – der Profeten. Auffallend ist der in verschiedenen Partien, etwa im Bußgebet 9,4–19, aber auch im Schlußteil 10,1–12,4, von alttestamentlichen Anspielungen durchzogene Musivstil, wie er uns ähnlich schon im Chronikbuch und dann in gewissen Teilen des Sirachbuches begegnet, und wie er sich noch häufiger in den Sektenschriften aus Qumran und späteren Weisheitsbüchern und Apokalypsen bis hin zur Johannesapokalypse wiederfindet. Typisch für das Gebet 9,4–19 ist wie bei anderen ähnlichen Bußgebeten seine Prägung durch die deuteronomistische Theologie, die man fast als die „Basistheologie" der Zeit des Zweiten Tempels bezeichnen kann, ähnlich wie die „reformatorische Theologie" im deutschen Protestantismus. Durch das Scheitern der davidischen Monarchie in Jerusalem, die Zerstörung des Ersten Tempels und das Exil wurde ein selbstkritisches theologisches Geschichtsverständnis geschaffen, das sich gerade in Krisenzeiten immer neu bewähren konnte[170]. Wie das Werk Ben Siras möchte auch das Danielbuch der

---

[168] 1 Makk 7,13; s. dazu M. HENGEL, Judentum und Hellenismus, 148: „… die Elite der Chasidim", vgl. 325f. Am ausführlichsten befaßt sich J. KAMPEN, The Hasideans and the Origin of Pharisaism. A Study in 1 and 2 Maccabees, Septuagint and Cognate Studies 24, Atlanta 1988, 115–150, mit der Stelle, der freilich die Chasidim und die Schriftgelehrten einfach identifiziert. In Wirklichkeit waren letztere, wie schon Keil sah, die Führer der Gruppe.

[169] Zur Chronologie der Danielapokalypse s. H. GESE, Die dreieinhalb Jahre des Danielbuches, in: Ernten, was man sät. Festschrift für Klaus Koch zum 65. Geburtstag, Neukirchen 1991, 399–421; DERS., Die Bedeutung der Krise unter Antiochus IV. Epiphanes für die Apokalyptik des Danielbuches, in: DERS., Alttestamentliche Studien (Anm. 29), 1991, 201–217. Zu den chasidischen Toralehrern, Jes 53 und Dan 11/2 s. u. S. 83ff.

[170] Speziell zu dieser (un)heilsgeschichtlichen Bußgebetstradition s. O. H. STECK, Israel

„Erziehung" des Volkes dienen, freilich in einer ungleich bedrohlicheren akuten Krisensituation, um möglichst viele von den Glaubenstreuen selbst zu maśkîlîm, d.h. zu solchen zu machen, die „die Schriften" verstehen, weil sie Gottes Willen kennen und tun. Dem entspricht die Schlußverheißung 12,10: „Keiner der Frevler wird es verstehen, aber die Weisen werden es verstehen." Trotz dieser entscheidenden Gemeinsamkeit darf man aber die wesentlichen Unterschiede nicht übersehen. Zwar bemühte sich schon Ben Sira intensiv um die Weissagungen (der Profeten) und suchte „Gottes Geheimnisse zu ergründen", aber er war auf der anderen Seite ein Gegner aller „trügerischen Hoffnungen" und wandte sich gegen Träume, Wahrsagen (μαντεῖαι) und Zeichendeuterei, die die Menschen verführen. Nur „das Gesetz wird sich erfüllen, ohne zu trügen"[171]. Damit wird die im Gesetz (und den profetischen Schriften) enthaltene Verheißung gemeint sein. Dagegen soll man das, „was zu wunderbar" und „verhüllt" ist, nicht erforschen und sich über „verborgene Dinge" nicht abmühen[172]. Eine derartige Polemik konnte sich gegen die fremde, griechische „Weisheit" richten, aber ebenso gegen apokalyptische Neugier. Denkbar wäre, daß schon Ben Sira mit apokalyptischen Traditionen vertraut war, sich aber hier − zumindest literarisch − zurückhält[173]. Die endzeitliche nationale Hoffnung, die bei ihm aus dem Studium der Profeten erwächst und deren Zuverlässigkeit er sehr wohl betonen kann, hat im Blick auf das Gesamtwerk doch eher sekundäre Bedeutung. Eine Auferstehung der Toten wird bestenfalls angedeutet[174]. Die Gegenwart des Heils im Kult und im Tun des Guten steht bei ihm unangefochten im Mittelpunkt. Freilich kennt er auch noch keine tödlich drohende Krise.

Diese Situation hat sich im Danielbuch ca. eine Generation später radikal verändert. Die Gegenwart ist eine „Zeit der Not, wie sie nicht war, seit es ein Volk (Israel) gibt". D.h. das Volk hat noch nie eine solche Notzeit erlebt, nicht einmal in Ägypten oder im Exil[175]. Dieser Hinweis auf die „messianischen Wehen", der eine breite Wirkungsgeschichte entfaltete, beruht selbst wieder auf älterer profetischer Weissagung: „Die Zeit der Not" kommt aus Jer 30,7,

---

und das gewaltsame Geschick der Propheten. Untersuchungen zur Überlieferung des deuteronomistischen Geschichtsbildes im Alten Testament, Spätjudentum und Urchristentum, WMANT 23, 1967, 110ff.

[171] Sir 34,1–8; ἄνευ ψεύδους συντελεθήσεται νόμος.

[172] Sir 3,21–24; in bChag 13a im Blick auf die Merkabaspekulation zitiert.

[173] Andeutungen finden wir Sir 44,16; 49,14: Henoch; 45,3: Moses Wunder und Gottesschau; 48,10f.: Elias Wiederkunft; 49,8f.; 36,2–22: „Beschleunige das Ende, habe acht auf die Zeit" (V. 10a); Dan 8,17; 11,27.35.

[174] Sir 36,20f. (M; Rahlfs V. 15f.), vgl. 48,10f. unter Hinweis auf Mal 3,23f.; s. zu Jesaja auch Sir 48,24f. u.o. Anm. 154. Zu 46,12 u. 49,10 s.o. Anm. 147.

[175] Dan 12,1: gôj bezieht sich kaum auf alle Völker. 1 Makk 9,27: καὶ ἐγένετο θλῖψις μεγάλη ἐν τῷ Ισραηλ, ἥτις οὐκ ἐγένετο ἀφ᾽ ἧς ἡμέρας οὐκ ὤφθη προφήτης αὐτοῖς schwächt dagegen ab und bezieht sich auf die „profetenlose" Zeit seit dem Wiederaufbau des Zweiten Tempels bzw. seit Esra. Vgl. dagegen die letzte universale Steigerung Mk 13,19.

die Formel „wie sie nicht war seit . . ." aus Joel 2,2[176]. Man könnte auch auf Texte wie Hes 38,14 ff. oder Sach 13,8 f. oder 14,1 f. verweisen, wo von der endzeitlichen Bedrohung Jerusalems und des Gottesvolkes die Rede ist. Weite Teile der apokalyptischen Weissagung des Buches können so auf ältere – vornehmlich profetische Texte – zurückgeführt werden.

Wenn der Autor seinen Helden, Daniel, jetzt in neuer Weise über die bereits vor ihm mehrfach reflektierten siebzig Jahre der Weissagung Jeremias in Jer 25,11 ff. und 29,10[177] „nachdenken" und „in den Schriften" eine Antwort suchen läßt[178], so geschieht dies nicht aus „apokalyptischer Neugier", sondern unter dem Eindruck der furchtbaren Not, die über die Jerusalemer Kultgemeinde hereingebrochen ist und die den Glauben der Väter zu zerstören droht. Die neue apokalyptische Schriftdeutung erwächst aus der Anfechtung. Die profetische Frist der 70 Jahre kann noch nicht vergangen und die Verheißung noch nicht erfüllt sein, denn das Volk ist immer noch zerstreut und dient dem „König von Babel" – d. h. dem Seleukidenkönig, der auch Babylon beherrscht und in jüngster Zeit durch die Schändung des Heiligtums das Land erst recht „zur Trümmerstätte" und „zur Wüste" gemacht hat[179]. Die unheilvolle Gegenwart beweist, daß Jahwe das Geschick seines Volkes noch nicht gewendet hat[180]. Das Neue an dieser „Schriftauslegung" des Danielbuches ist, daß die spekulative Erkenntnis, es handle sich nicht um 70 Jahre, sondern um 70 Jahrwochen, d. h. 490 Jahre, nicht dem eigenen Forschen in profetischen Schriften zugeschrieben wird, sondern der *Offenbarung* des Engels Gabriel[181], der ihm auch die nur noch teilweise aus der Schrift zu erschließenden chronologischen Details mitteilt. D. h. der apokalyptische Schriftgelehrte verbirgt seine Autorität nicht nur hinter einer größeren, sagenhaften Gestalt aus der früheren „Offenbarungszeit", dem Weisen Daniel[182], sondern er nimmt für diese auch noch eine *revelatio specialissima* durch den Gottesboten in Anspruch. Vor allem kann er nur durch diese die für ihn entscheidende Gewißheit erhalten,

---

[176] Vgl. die Plage in Ägypten Ex 9,18.

[177] Vgl. Sach 1,12, vgl. 7,5; 2 Chr 36,21 (hier sind die 70 Jahre erfüllt) und Jes 23,15–17 über Tyros. Auch Lev 26,34–45 mit dem Hinweis auf die „Sabbate", die das Land „abtragen" muß (V. 34.43) und die man natürlich auch auf die 70 Jahrwochen deuten konnte, wäre zu erwähnen.

[178] Dan 9,2: bînotî bas-sᵉpārîm mispar haš-šānîm.

[179] Vgl. Jer 25,11 f. Man könnte den šiqquṣ šomem Dan 12,11, vgl. 11,31 u. 9,27, neben dem baʿal šamem durchaus auch noch mit dem lᵉšammāh (von der Wurzel šmm) von Jer 25,11 in Verbindung bringen, vgl. Dan 9,26: milḥāmāh næḥᵃræṣæt šomemôṯ.

[180] Vgl. Jer 29,10–14.

[181] Dan 8,15 f.; 9,21 ff.; 10,5 f.; vgl. 1 Hen 10,9; 20,7; Jub 2,1; 48,1; s. dazu M. MACH, Entwicklungsstadien des jüdischen Engelsglaubens in vorrabbinischer Zeit, TSAJ 34, 1992, 434 Index s. v. Namen/Gabriel.

[182] Vgl. Hes 14,14.20; 28,3 (s. auch 1 Chr 3,1; Esra 8,2; Neh 10,7); „eine Symbolgestalt der Weisheit Israels . . . die bibl.-atl. Version des in der Weisheit des AO längst bekannten (z. B. im Aqhat-Epos von Ugarit) exemplarischen Weisen und Gerechten", E. HAAG, NBL 1, 1991, 384.

daß die Entweihung des Heiligtums und die Notzeit am Ende dieser Frist nur eine halbe Jahrwoche dauern wird (9,27; 8,14; 7,25) und daß daher das „beschlossene Ende" unmittelbar bevorsteht. Daneben kann er die Erfüllung der profetischen Verheißung aber auch durch zahlreiche kleine Anspielungen aus der älteren Weissagung untermauern. Dafür einige wenige Beispiele aus dem Schluß des Werks, der auch dessen Klimax darstellt: So stammt Dan 12,2 a, „viele Schlafende des Staublandes werden aufwachen", deutlich aus Jes 26,19: „Aufwachen und jubeln werden die Bewohner des Staubs"; und außer in Dan 12,2 b, „diese (werden auferstehen) zu ewiger Schande und Abscheu", findet sich das Wort dera'ôn (bei Daniel st. const.: dîr'ôn 'ôlām) nur noch in dem apokalyptischen Profetenwort über die endzeitliche Höllenstrafe Jes 66,24. Daß die maśkîlîm zum ewigen Leben auferweckt und wie der Glanz der Himmelsfeste leuchten werden, geht doch wohl auf den Anfang des Gottesknechtliedes Jes 52,13: „Siehe, mein Knecht wird weise handeln (jaśkîl), er wird sich erheben und erhaben und sehr hoch sein" zurück. Wenn Jes 53,11 b der Knecht als „Gerechter, der viele gerecht macht (jaṣdîk ... lā-rabbîm)" bezeichnet wird, so werden die chasidischen maśkîlîm in Dan 12,3 die, die „viele gerecht machen" (maṣdîqê hā-rabbîm), genannt. Der Auferstehung aus dem Lande des Staubs Dan 12,2 entspräche Jes 53,9+10 (vgl. aber auch Gen 3,19 b.c), die Überwindung des Grabes, das „zum ewigen Leben" in Dan 12,3 hätte sein Äquivalent in dem „er wird seine Tage lang machen", während das „er wird Licht sehen lassen" (Jes 53,11) seine Entsprechung in den in himmlischen Glanz erhöhten maśkîlîm fände. Ihr Märtyrerleiden hätte dann sein Vorbild im stellvertretenden Leiden des Gottesknechts. So scheint mir der Autor von Dan 11+12 neben anderen Texten auch Jes 53 in seiner *relecture* als eine Weissagung auf das Schicksal der gesetzestreuen chasidischen Lehrer in der letzten Notzeit, auf ihre anschließende Verherrlichung und − vielleicht auch − auf eine stellvertretend-sühnende Wirkung ihres Märtyrerleidens (vgl. 2 Makk 7,37 f. und das Gebet Asarjas Dan 3,40)[183] verstanden zu haben.

Hier und in späteren Texten wie Sap 2–5 oder in den Bilderreden des äthiopischen Henoch und dann besonders im Urchristentum wird derselbe profetische Text, das rätselhafte vierte Gottesknechtslied, je und je unter einem ganz anderen Aspekt von der jeweiligen, bei Daniel und im Urchristentum eschatologisch qualifizierten Gegenwart her verstanden. Schon für das Schriftverständnis Daniels könnte so der hermeneutische Grundsatz des Apostels Paulus in 1 Kor 10,11 gelten, mit dem er eine ernste Mahnung an seine Gemeinde abschloß: „Dies ist jenen (dem Geschlecht des Exodus) auf vorbildliche Weise (τυπικῶς) widerfahren, es wurde aber zu unserer Ermahnung geschrieben, zu denen das Ende der Weltzeiten gekommen ist". Oder auch

---

[183] Zum neuen Märtyrer- und Sühnegedanken in der Makkabäerzeit s. M. HENGEL, The Atonement, London 1981, 59 ff. Zur Wirkung von Jes 53 s. u. S. 72–114.

Röm 15,4: „Denn was zuvor geschrieben wurde, wurde zu unserer Belehrung geschrieben, damit wir durch die Geduld und den Trost der Schriften Hoffnung erhielten". Es ist die eschatologische Zuspitzung in der Endzeit, die den alten, heiligen Texten eine neue, drängende und tröstende Kraft gibt.

Auf die Religionsnot unter Antiochus IV. folgte der 25jährige, trotz mehrerer schwerer Rückschläge am Ende doch erfolgreiche Freiheitskampf, der 142 v. Chr. zur Unabhängigkeit führte; an ihn schlossen sich siegreiche Eroberungs- und erbitterte Bürgerkriege an, bis das Versagen der hasmonäischen Priesterfürsten dann 63 v. Chr. das Eingreifen Roms provozierte und eine neue Fremdherrschaft brachte, die das durch fast 80 Jahre Unabhängigkeit und territoriale Expansion verwöhnte und zugleich von religiösen Leidenschaften bewegte Volk noch schwerer ertrug. Fast möchte man meinen, daß in dieser neuen Ära der jüdischen Geschichte die Schrift*auslegung* in einer Art von *geistiger Explosion* zu einem fast ubiquitären Phänomen wurde, das jetzt jeden jüdischen literarischen Text tangiert, der uns erhalten ist, während man dies von älteren Texten wie Kohelet, den Proverbien oder auch Esther und Hiob so noch nicht ohne weiteres sagen konnte. Jetzt nach der lebensbedrohenden Krise wird es vollends deutlich, daß die jüdische Religion (und damit auch das jüdische Volk, beides läßt sich in keiner Weise trennen, auch wenn heute manche Gelehrte die jüdische Geschichte jener Zeit einseitig unter politisch-sozialen Vorzeichen sehen möchten) mehr und mehr als *creatura scripturae* gesehen werden kann und nicht einseitig nur als *creatrix scripturae* bezeichnet werden darf. Das heißt aber zugleich, daß das Schriftstudium zu seiner grundlegenden Lebensaufgabe wird: Ps 1,2: „. . . und nachsinnt über seinem Gesetz Tag und Nacht"[184] wird zum richtungsweisenden Motto für die geistige Elite eines ganzen Volkes. Josephus, der Priester aus Jerusalem und Nacherzähler der jüdischen Geschichte, der im Blick auf seine bewegte Vita und seinen Charakter gewiß auch sehr menschlich-profane Seiten zeigt, legt in seiner Gesetzesapologie im 2. Buch von *contra Apionem* ein beredtes Zeugnis dafür ab. Im Gegensatz zu allen anderen Völkern ist die ständige Erziehung im Gesetz das vornehmste Merkmal der Juden, darum hören sie im synagogalen Gottesdienst die Gesetzeslesung (und -auslegung) und erwerben sich dadurch eine exakte Kenntnis desselben, das heißt, sie lernen es auswendig[185]. Weil sie es aber von frühester Kindheit auswendig lernen, haben sie es − Josephus spielt hier auf das Sch^ema' Jiśra'el Dtn 6,7 und 11,19 an − „gleichsam in ihre Herzen eingemeißelt". Diese einzigartige Bindung an Gottes Gebote erklärt auch ihre selbst von den Gegnern bewunderte Bereitschaft, für das Gesetz zu sterben[186].

---

[184] S. 42 und u. S. 52 f.

[185] S. dazu R. Riesner, Jesus als Lehrer, WUNT II/7, ³1988, Index S. 634 s. v. „Auswendiglernen", besonders 119 ff. 193 ff. 440–453.

[186] C. Ap. 2, 175–178: ἐν ταῖς ψυχαῖς ὥσπερ ἐγκεχαραγμένους (178). Zum Sterben „für das Gesetz", das erst seit der Makkabäerzeit auftaucht und auf griechischen Einfluß hinweist,

Da seit der makkabäischen Revolution, die das Judentum in Palästina tief verändert und eine bleibende religiöse Unruhe hinterlassen hat, die Quellen reichlicher zu fließen beginnen, muß ich mich im folgenden auf wenige markante Punkte beschränken und dabei noch einen Blick auf zwei wesentliche Bereiche werfen: die Essener und die Pharisäer.

7. Die Essener von Qumran

Zunächst möchte ich betonen, daß ich – trotz gelegentlicher Einwände – die jüdische Gemeinde von Qumran und die Essener eines Philo, Josephus oder Plinius d. Ä. für identisch halte. Man darf sich hier durch die *interpretatio graeca* der beiden jüdisch-hellenistischen Zeugen und des römischen Autors nicht beeindrucken lassen[187]. Die Übereinstimmungen sind zu groß.

Josephus berichtet, daß sich die Essener „in außergewöhnlicher Weise um die Schriften der Alten bemühen"[188], während sie nach Philo sich „intensiv mit ethischer Philosophie abgeben und dabei als Trainer die Gesetze der Väter gebrauchen, die von der Seele des Menschen nur auf Grund göttlicher Inspiration bedacht (oder ersonnen) werden können". Sie studieren diese zu jeder Zeit, besonders an den Sabbaten, an denen einer aus den heiligen Schriften vorliest und ein anderer, besonders Befähigter „erklärt, was schwer verständlich ist". Diese Lehre „hat nach altem Brauch die Form der Allegorie"[189].

Auch wenn Josephus und noch stärker Philo ihren Essenerbericht in ein griechisches Gewand kleiden, werden sie von der Sache her durch die Qumrantexte bestätigt, denn eine neue, eschatologische Auslegung der „heiligen Schriften" scheint die zentrale Aufgabe der Gemeinschaft der Qumran-Essener gewesen zu sein, die dieselbe als das wahre, endzeitliche Israel überhaupt erst konstituierte[190].

Die Basis dieser neuen Auslegung waren zunächst einmal „das Buch der

---

s. M. HENGEL, The Atonement (Anm. 183), 6ff.15ff.; vgl. auch Josephus, c. Ap. 1,43; 2,219;232–235; bell. 2,152f. etc.

[187] S. die Texte bei A. ADAM, Antike Berichte über die Essener, KIT 182, Berlin 1961.

[188] Bell. 2,136: σπουδάζουσι δ' ἐκτόπως περὶ τὰ τῶν παλαιῶν συντάγματα.

[189] Quod omnis 80–82: ἀλείπταις χρώμενοι τοῖς πατρίοις νόμοις, οὓς ἀμήχανον ἀνθρωπίνην ἐπινοῆσαι ψυχὴν ἄνευ κατοκωχῆς ἐνθέου (80).

[190] Im folgenden kann nur eine ganz knappe, im Grunde unzureichende Skizze gegeben werden. Zur Literatur s. O. BETZ, Offenbarung und Schriftforschung in der Qumransekte, WUNT 6, 1960; M. P. HORGAN, Pesharim: Qumran Interpretations of Biblical Books, CBQ.MS 8, Washington 1979; G. S. BROOKE, Exegesis in Qumran: 4Q Florilegium in its Jewish Context, JSOT.SS 29, 1985; M. FISHBANE, Biblical Interpretation (Anm. 20), 572f. Index s.v. Qumran und 575 s.v. Teacher of Righteousness; DERS., Use, Authority and Interpretation of Mikra at Qumran, in: Mikra (Anm. 29), 339–377; H. STEGEMANN, Die „Mitte der Schrift" aus der Sicht der Gemeinde von Qumran, in: Mitte der Schrift? Ein jüdisch-christliches Gespräch (Anm. 29), 149–184.

Tora Moses", genauer der Pentateuch, und die Schriften der Profeten, d. h. die
bereits traditionellen „kanonischen" Schriften. Die Gemeinderegel beginnt
mit der Aufforderung „Gott zu suchen [mit ganzem Herzen und mit ganzer
Seele, um] zu tun, was gut und recht ist vor ihm, wie er durch Mose und seine
Knechte, die Profeten, befohlen hat"[191]. In dem Brief, der vermutlich vom
Lehrer der Gerechtigkeit an den gottlosen Priester geschrieben wurde, erscheinen zweimal „das Buch Moses und die Worte der Profeten", das erstemal
ergänzt durch „David und die Chronik aller Geschlechter", d. h. durch die –
ebenfalls als profetische Schriften verstandenen – Psalmen und die Geschichtsbücher[192]. Die Tora Moses ist zunächst einmal identisch mit dem Pentateuch[193]; man kann sich freilich fragen, wie weit die rätselhafte Tempelrolle, in
der Gott in erster Person spricht, hier mit einzubeziehen ist. Sicherlich ist sie
nicht ein alter Text aus dem 3. oder 4. Jh. v. Chr., wie behauptet wurde,
sondern stammt aus der Sekte selbst, möglicherweise ist sie identisch mit dem
versiegelten Buch der Tora, in dem David nicht gelesen hat, weil es in der Lade
war[194]. Wenn die Glieder der Sekte als „Täter der Tora"[195], als „Haus der
Tora"[196] oder als die, „die zur Tora umkehren"[197], bezeichnet werden, geht es
um die Mose am Sinai übergebene Tora, die eins ist mit Gottes heiligem Willen,
und deren wahre Auslegung und Befolgung nur in der essenischen Gemeinschaft möglich ist.

Auf dieser Basis ergibt sich das Grundgebot des ständigen Torastudiums.
Darum wird in der Sektenregel 1QS 6,6f. gefordert, daß an jedem Ort, wo zehn
Glieder der Gemeinschaft beieinander wohnen, „einer in der Tora forscht Tag
und Nacht (dôreš hat-tôrā jômām wālaj^elā), ohne Unterbrechung, einer nach
dem andern. Und die vielen sollen den dritten Teil aller Nächte des Jahres

---

[191] 1QS 1,1–3. Z. 2 ist ergänzt nach 4QSa, vgl. das Sch^ema‘ Dtn 6,5. Zur Doppelung
„Gesetz Moses" und „Profeten" s. noch 1QS 8,15f. In der Deutung von Am 5,26 (und 9,11) in
CD 7,14–18 bedeutet sikkut = sukkāh „Hütte" „die Bücher der Tora", und kijjûn haṣ-ṣ^elāmim
die „Bücher der Profeten", deren Worte Israel verachtet hat. S. auch o. Anm. 177.

[192] S. den anonymen Abdruck des Textes in: The Qumran Chronicle Appendix „A" No. 2
(Anm. 46), S. 8, C 10f.: bspr mwśh [wbdbrj hn]bj'jm wbdwj[d wbdbrj jmj kwl] dwr wdwr; vgl.
C 18. Zur historischen Einordnung s. 4QpPs 37 col IV,8f., wo vermutlich von einem Brief des
Lehrers an den gottlosen Priester mit Bezug auf die Tora die Rede ist.

[193] Tôraṯ môšæh: 1QS 5,8; 8,22; CD 15,2.9.12; 16,2.5. Zum „Pentateuch" vgl. 1Q30,1,4
s]prjm ḥwmšjm (dazu o. Anm. 67); vgl. CD 7,15: sifrê hat-tôrāh.

[194] CD 5,2ff. Durch diese Theorie wurde erklärt, warum sich weder David noch Salomo an
das gegenüber Dtn 17 verschärfte Königsgesetz von 11QT 56–58 gehalten haben. Die hinter
11QT stehenden politischen Verhältnisse weisen in die hasmonäische Zeit, s. M. Hengel/J.
H. Charlesworth/D. Mendels, The Polemical Character of ‚On Kingship‘ in the Temple
Scroll: An Attempt at Dating 11QTemple, JJS 37 (1986), 28–38. Zur Tempelrolle s. auch u.
Anm. 219.

[195] 1QpHab 7,11; 8,1; vgl. 12,4f.; 4QpPs 37 col II,14 (Lohse 272).

[196] CD 20,10.13.

[197] 1QpPs 37 col II,2.

wachen, um im Buch zu lesen und in ihm nach dem Recht zu forschen"[198]. Mit dem Buch ist hier natürlich die Tora gemeint. Die beständige Schriftforschung erhält die Bedeutung eines immerwährenden Gottesdienstes. Von der Lesung „im Buch" ist auch sonst mehrfach die Rede[199]. Der Text verbindet das Zitat aus Jos 1,8 (vgl. o. S. 19f.) mit dem Vorbild Esras, der „sein Herz darauf richtete, die Tora Jahwes zu erforschen und zu tun und in Israel Satzung und Recht zu lehren" (Esra 7,10). Daneben erscheint in CD 10,6 das rätselhafte Buch *hœhāgô*, mit dem wohl ebenfalls die Tora gemeint ist; gerade über ihr sollte man ja nach Ps 1,2 und Jos 1,8 Tag und Nacht meditieren (hāgāh)[200]. Darüber hinaus begegnen uns je und je Hinweise auf einzelne Profetenschriften: so auf die Bücher Jesaja, Jeremia, Hesekiel und auch Daniel, das trotz seiner späten Entstehung um 165 v. Chr. als Profetenbuch anerkannt wurde und dessen Zitierung einmal mit der Einleitungsformel „(wie) geschrieben steht im Buche Daniel" eingeführt wird[201]. Trotz der unbestreitbaren Führungsrolle der priesterlichen Elite ist in Qumran die Schriftforschung nicht mehr ausschließlich Vorrecht und Aufgabe einer einzelnen Führergestalt oder der priesterlichen Geburtsaristokratie, sondern alle, die zum wahren, endzeitlichen Israel gehören, sollen daran partizipieren. Dementsprechend wird auch das bereits traditionelle *dāraš* für das Schriftstudium zu einem der wichtigsten Schlüsselbegriffe. Das Forschen in der Schrift wird identisch mit dem „Gott suchen" bzw. „seinen Willen suchen"[202], wobei die Gemeinde davon ausgeht, daß nur die, die zu ihr gehören, zu solchem Forschen in der Lage sind, da nur sie die Geheimnisse der Schrift erkennen und damit Gottes Willen erfüllen können. Da aber, obgleich alle zum „Forschen" verpflichtet sind, nicht alle dazu in gleicher Weise bevollmächtigt und begabt sind, können auch einzelne oder eine Gruppe von „Forschern" hervorgehoben werden. Hier kann in traditioneller Weise den Priestern wieder eine wesentliche Bedeutung zukommen[203]. Auch die

---

[198] Vgl. Ps 1,2; Jos 1,8 (vgl. o. S. 42); dazu Neh 1,6; 1 Chr 1,33; 2 Makk 13,10: Das Schriftstudium erhält den gleichen Rang wie der beständige Gottesdienst, vgl. Lk 2,37. Bei den Rabbinen setzt sich dieses Ideal in der Form des immerwährenden Studiums im Lehrhaus fort; s. dazu O. BETZ, op. cit. (Anm. 190), 19ff., der freilich wörtlich dem Text der Sektenregel folgt und die allgemein anerkannte Korrektur des unverständlichen 'l jpwt in ḥljpwt „abwechselnd" ablehnt. Während jpwt in Qumran ein Unikum ist, wird ḥljpwt in 4QM1 1,12 bezeugt, s. J. H. CHARLESWORTH, Graphic Concordance to the Dead Sea Scrolls (Anm. 47), 255.285.

[199] Vgl. 1QS 7,1f.; CD 5,2.

[200] CD 10,4–6 über die Richter der Gemeinde: vier sollen aus Levi und Aaron, und sechs aus Israel stammen, „die unterrichtet sind im Buche Hago und in den Grundlagen des Bundes", vgl. CD 13,2 und 1QSa I,7.

[201] S. die Belege bei J. H. CHARLESWORTH, Graphic Concordance to the Dead Sea Scrolls (Anm. 47), 83f. s. v. *bspr*. Vom kanonischen Daniel sind Fragmente von 5 Rollen erhalten, außerdem noch Daniel-Apokrypha, s. E. Tov, op. cit. (Anm. 27), 96ff.

[202] Vgl. 1QS 1,1f.; 5,9.11; 6,6f.; 8,12.24; 1QH 4,6; CD 6,6f.; 7,18.

[203] Der Vorrang der Priester wird etwa sichtbar in 1QS 5,9f.21, aber in beiden Texten

jährliche Einstufung der Mitglieder der Gemeinde nach „Verständnis" und „Taten" setzt das Schriftstudium und -verständnis jedes einzelnen Mitgliedes voraus. Da die Geheimnisse der Tora und der profetischen Schriften der ganzen Gemeinde gelten, soll keiner einen exegetischen Fund, den er bei seinem Forschen entdeckt, vor seinen Genossen geheimhalten. Man will damit wohl jedem exegetischen Subjektivismus und der Gefahr von Spaltungen wehren[204]. Unmittelbar darauf wird Jes 40,3, das „Wegbereiten in der Wüste für Gott", selbst als midraš hat-torāh definiert, d. h. das Erforschen dessen, was „Gott durch Mose zu tun befohlen hat, gemäß allem, was er geoffenbart hat zu bestimmten Zeiten". Midraš ist hier, vorbereitet durch die Chronikbücher und Ben Sira, terminus technicus für jenes Gesetzesstudium geworden, das allen geboten ist[205].

In der Damaskusschrift kann darum schließlich der Lehrer der Gerechtigkeit zweimal als dôreš hat-torāh schlechthin bezeichnet werden, der die anderen zur rechten Toraforschung und Erkenntnis des Gotteswillens anleitet, einmal im Zusammenhang einer allegorischen Auslegung von Nu 21,18 mit Hilfe von Jes 54,16[206] und zum anderen im Anschluß an Nu 24,17 (und Amos 5,26), dem wohl wichtigsten eschatologisch-messianischen Text der Tora im palästinischen (und Griechisch sprechenden) Judentum: „und der Stern, das ist der Toraforscher, der nach Damaskus hinkommt"[207]. An beiden Stellen verbindet sich der Bezug auf den Lehrer der Gerechtigkeit als Gründer der Sekte mit dem auf den erwarteten hochpriesterlichen Gesalbten. Letzterer wird der Toraforscher in der erwarteten Heilszeit sein[208]. Die Ergründung der – unendlichen – Geheimnisse der Schrift wird zur eschatologischen Aufgabe im messianischen

---

wird deutlich, daß auch die „Menge" der Nichtpriester ein Mitspracherecht hat, vgl. 6,19; 8,1f. CD 13,2–7 wird die Unfähigkeit eines Priesters bei Rechtsentscheidungen reflektiert. Bei der Aussatztora hat er auch bei mangelndem Sachverstand gemäß Dtn 21,5 das Recht, das Urteil zu fällen, aber das ist ein schriftgebundener Sonderfall; vgl. auch 1QS 9,7f.: Dort geht es nur um ein Weisungsrecht der Söhne Aarons, nicht um das Monopol der Schriftforschung.

[204] 1QS 8,11f. Diese Offenheit wird gefordert aus Furcht „vor einem abtrünnigen Geist" (s. dazu o. S. 12ff.).

[205] 1QS 8,15; vgl. 4QFlor 1,14 und CD 20,6. Vgl. o. Anm. 102. Zu Ben Sira s. 51,23b: bᵉbêt midrašî.

[206] CD 6,7f.; dazu O. Betz, op. cit. (Anm. 190), 23–25; vgl. CD 1,10f.

[207] CD 7,18f.; vgl. 6,10f. und 4QCat A 10–11,5 (= 4Q 177, DJD V,70f.), ein Text, der sich vielleicht auf den erwarteten messianischen Lehrer bezieht. Zu Nu 24,17ff. s. auch 1QM 11,6f. Vgl. dazu M. Hengel, Die Zeloten (Anm. 41), 244–246.391f. Anm. 4. Dies gilt auch für das hellenistische Judentum, s. ders., Messianische Hoffnung und politischer ‚Radikalismus' in der ‚jüdisch-hellenistischen Diaspora', in: D. Hellholm (Hg.), Apocalypticism in the Mediterranean World and the Near East, ²1989, 655–686; 675.679f. = Bd. I, 314–343.

[208] Vgl. auch 4QFlor I,11 (Lohse 256). Möglicherweise erwartete man vom Kommen des priesterlichen Messias eine neue Tora, s. M. Fishbane, Mikra, op. cit. (Anm. 190), 365f., der die Möglichkeit erwägt, daß die Tempelrolle die neue Tora Moses für die messianische Zeit darstellt. In 4QCat A 1–4,14 (= 4Q 177, DJD V,68) ist vom Buch der zweiten Tora (spr htwrh šnjt) die Rede, die „auf Tafeln geschrieben war" (?), ebd. Z. 12 (S. 67): ktwb blwḥwt.

Reich der Zukunft, ein Gedanke, der uns in veränderter Form in Ps Sal 17, in einzelnen rabbinischen Texten und in den Targumim wieder begegnet.

Aber nicht erst der priesterliche (bzw. in Ps Sal 17 und bei den Rabbinen der davidische) Messias erscheint als inspirierter Erklärer der heiligen Schrift, sondern bereits der Lehrer der Gerechtigkeit selbst macht als der Toraforscher den bisher verkannten und verfälschten Gotteswillen offenbar. D. h. er eröffnet *neue Offenbarung,* freilich auf dem Grund, den Mose und die Profeten gelegt haben. In CD 20,1.14 wird er darum als „der Lehrer der Gemeinde" bezeichnet[209].

Zugleich legt er auch die bisher nicht oder falsch verstandenen geheimnisvollen Texte der Profeten auf ihre Erfüllung in der endzeitlich bestimmten Gegenwart hin aus: Im Habakukpescher wird Hab 1,5 („Ihr glaubt nicht, wenn es verkündigt wird") auf „die Abtrünnigen und den Lügenmann" gedeutet, „die nicht auf die Worte des Lehrers der Gerechtigkeit" hörten. Dieser ist Repräsentant des neuen Bundes, der Priester, dem Gott das Charisma geschenkt hat, „zu deuten alle Worte seiner Knechte, der Profeten, durch die Gott verkündigt hat alles, was kommen wird über ein Volk (und sein Land)"[210], denn ihn allein „hat Gott wissen lassen alle Geheimnisse seiner Knechte, der Profeten"[211]. Der Lehrer wird damit selbst zur eschatologischen Person, er ist der, „der liest", der haq-qôre' von Hab 2,2; seine Interpretation von Hab 2,3 über das Verhältnis von Vision und endzeitlicher Frist macht deutlich, „daß sich die letzte Zeit in die Länge zieht, mehr als alle Profeten gesagt hatten, denn Gottes Geheimnisse sind wundersam"[212]. Das heißt, daß erst dem Lehrer als dem – man muß wohl sagen: inspirierten – Schriftausleger der „letzten Zeit" die in den profetischen Schriften niedergelegten, jedoch den Sehern selbst unverständlichen Geheimnisse offenbart wurden, er jedoch – wie einstmals die Profeten – bei der Mehrheit des Volkes auf Unglauben stößt.

Ähnlich wie später im Urchristentum erfordert schon bei ihm die Deutung der für den nicht erleuchteten Leser weithin unverständlichen, vom Geist eingegebenen Profetentexte selbst wieder die Gabe des Geistes, eine Gabe, die dann auf alle Glieder der Sekte übergeht, da ja alle zu „Schriftforschern" werden sollen. Wir stoßen hier auf einen hermeneutischen Grundsatz, der uns

---

[209] Môreh haj-jaḥad bzw. jôreh haj-jaḥad. Die Genizahandschrift hat haj-jaḥîd, was ebenfalls einen guten Sinn ergäbe; vgl. jedoch 20,32. An beiden Stellen wird sein Tod vorausgesetzt. Zum Lehrer als Offenbarungsträger s. M. Fishbane, Mikra, op. cit. (Anm. 190), 361 f.; G. Jeremias, Der Lehrer der Gerechtigkeit, StUNT 2, 1963, passim; M. N. A. Bockmuehl, Revelation and Mystery in Ancient Judaism and Pauline Christianity, WUNT II/36, 1990, 49: The Teacher of Righteousness as Mediator of Revelation.

[210] 1QpHab 2,1–10.

[211] 1QpHab 7,4f.

[212] 1QpHab 7,1–8; 1QM 11,7f.: „Und durch deine Gesalbten, die Seher der Zeugnisse, hast du uns verkündigt die Zeit(en) der Kriege deiner Hände, um dich an unseren Feinden zu verherrlichen."

dann – wieder unter eschatologischem Vorzeichen – bei Paulus begegnet und
der seine Analogien auch im griechischen Denken jener Zeit hat: Vom Geist
Geoffenbartes kann nur durch den Geist verstanden werden: „πνευματικὰ
πνευματικοῖς συγκρίνοντες, indem wir Geistesoffenbarungen durch Geistes-
gaben[213] deuten". Dies berührt sich mit der verbreiteten altgriechischen Vorstellung, daß Gleiches nur durch Gleiches erkannt wird: ἡ δὲ γνῶσις τοῦ
ὁμοίου τῷ ὁμοίῳ[214]. In der Spätantike wird dies vor allem auf das religiöse
Erkennen bezogen. In CH 11,20 heißt es: „Wenn du nicht Gott ähnlich wirst,
kannst du Gott nicht erkennen, denn Gleiches muß durch Gleiches erkannt
werden"[215]. Da für den Juden der Mensch als Geschöpf nicht direkt durch den
νοῦς an Gottes Wesen partizipiert bzw. mit ihm wesensverwandt ist, wird
solche „höhere Erkenntnis" göttlicher Dinge durch den von Gott gegebenen
heiligen Geist möglich.

Auch an diesem Punkt stoßen wir auf jene in vielen Texten zu beobachtende
Konvergenz zwischen frühjüdischen und hellenistischen Vorstellungen, ohne
daß man von einer direkten „Abhängigkeit" sprechen könnte.

Der Lehrer hat als eschatologischer, inspiriert-„kongenialer" Ausleger der
bisher un- oder mißverstandenen Profetentexte den Anstoß zu einer neuen
literarischen Gattung gegeben, zu den *Pescharim,* den ersten, Satz für Satz
kontinuierlich „auslegenden" biblischen Textkommentaren, die wir kennen.
Daneben treten die eschatologischen Testimonien bzw. Florilegien, die einzelne ausgesuchte Textstellen deuten. Die jeweils die Deutung einleitende Formel
pišrô oder seltener pešær had-dābār spielte wohl schon vorher eine gewisse
Rolle in apokalyptischen Kreisen. Wir finden das Nomen pᵉšar gegen 30mal im
aramäischen Teil des Danielbuches im Sinne von „Deutung" und darüber
hinaus nur noch einmal Koh 8,1, um die besondere Befähigung des Weisen zu
unterstreichen[216]. Pescharim begegnen uns nicht nur als Kommentare zu den

---

[213] 1 Kor 2,13. Die andere Möglichkeit: „Indem wir Geistesoffenbarungen für Geistesmen-
schen deuten" ist weniger wahrscheinlich. S. dazu W. Schrage, Der erste Brief an die
Korinther (1. Kor 1,1–6,11), EKK VII/1, 1991, 262: „Das vom Geist Empfangene verträgt nur
dem Geist entsprechendes Reden".

[214] Empedokles nach Aristot., Metaphys. B4 1000b5; vgl. C. W. Müller, Gleiches zu
Gleichem. Ein Prinzip frühgriechischen Denkens, KPS 31, Wiesbaden 1965.

[215] Nock-Festugière, Corpus Hermeticum I, 155: ἐὰν οὖν μὴ σεαυτὸν ἐξισάσῃς τῷ θεῷ,
τὸν θεὸν νοῆσαι οὐ δύνασαι. τὸ γὰρ ὅμοιον τῷ ὁμοίῳ νοητόν. Vgl. Sextus Emp. Math 7,116:
παλαία δόξα περὶ τὰ ὅμοια τῶν ὁμοιῶν εἶναι γνωριστικά: vgl. 7,92. Für die Spätantike s. A.
Schneider, Der Gedanke der Erkenntnis des Gleichen durch Gleiches in antiker und patristi-
scher Zeit, BTPhMA Suppl. 2, Münster 1923, 65. Vgl. etwa auch M. Manilius, Astronomicon,
hg. v. A. E. Housman, Nachdr. der Aufl. London 1903–1916, Hildesheim/New York 1972, II,
115: Quis caelum posset nisi caeli munere nosse, et reperire deum, nisi qui pars ipse deorum
est? Vgl. IV,886–907. S. auch A. Dihle, Vom sonnenhaften Auge, in: Platonismus und
Christentum, FS H. Dörrie, JAC.E 10, 1983, 85–91.

[216] „Wer ist wie ein Weiser und wer kennt die Deutung einer Sache (mî jodeᵃ pešær
dābār)?" Sir 38,14 begegnet uns noch das Wort in bezug auf die Diagnose des Arztes, deren
Gelingen das Gebet voraussetzt. Das stammverwandte Verb patar begegnet uns in der

eigentlichen Profetenbüchern, sondern auch zu den Psalmen, die als profetische Dichtungen verstanden wurden[217]. Im Blick auf Texte aus der Tora und den Geschichtsbüchern wird die Formel – soweit ich sehe – nicht angewendet. An einer einzigen Stelle[218] kann midraš bedeutungsgleich mit pešær werden, dagegen ist zweimal von midraš hat-torā die Rede.

Diese endzeitliche „Exegese" der profetischen Schriften ist im Grunde eine den Kontext zerstörende und den Wortlaut mißachtende eschatologisch aktualisierende Allegorese; die Texte werden auf konkrete Vorgänge in der Gegenwart der Sekte oder aber auf das in Bälde erwartete Gericht bzw. das kommende Heil bezogen, sie geben daher – ähnlich wie im Danielbuch – nicht nur Aufschluß über die Enderwartung der Sekte, sondern auch über ihre jüngste Geschichte, ihre Gegner und sie bewegende politische Ereignisse.

Daneben tritt, in den veröffentlichten Texten bisher noch nicht ganz so gut dokumentiert, ihre Auslegung der Tora, bei der der Lehrer der Gerechtigkeit als der „Toraforscher" zentrale Bedeutung als Inaugurator eines neuen, eschatologisch-radikalen Gesetzesverständnisses besaß. Durch die Tempelrolle von 11Q (deren Zuschreibung zur Sekte freilich nicht unbestritten ist[219]) und vor allem durch den – von dem allzu zögerlichen Bearbeiter Qimron mit einem „Vorveröffentlichungsverbot" belegten, doch jedem interessierten Gelehrten inzwischen bekannten – Brief 4Q Miqsat ma‘ªšeh hat-tôrā treten die Züge ihrer Toraauslegung deutlicher hervor (s. jetzt DJD X: Q. Cave 4 V, 1994).

Wir können hier nicht auf ihre Details eingehen, sondern nur eine kurze, allgemeine (und darum unzureichende) Charakterisierung geben: Die essenische Toraauslegung bemüht sich einerseits, streng und unerbittlich dem Wortlaut des Textes zu folgen, dies verbindet sie (ebenso wie ihr priesterlich-hierarchisches – man könnte auch sagen: zadoqidisches – Denken) mit den Sadduzäern, mit denen sie sonst relativ wenig Gemeinsames hat. Das heißt, sie beruft sich im Gegensatz zu den Pharisäern nicht auf eine zusätzliche, *mündliche*, in gewisser Weise nahezu gleichberechtigte Auslegungstradition, die die Tora für das Volk praktikabler macht. Das schließt nicht aus, daß die Sekte von ihrem gemeinsamen chasidischen Ursprung her in der Eschatologie den Phari-

---

Josefsgeschichte für Traumdeutung Gen 40,8.16.22 u.ö., ebenso das nomen pitrôn Gen 40,5 u.ö. S. dazu M. FISHBANE, Biblical Interpretation (Anm. 20), 454ff.; M. P. HORGAN, Pesharim (Anm. 190), 229–259; FABRY/DAHMEN, Art. pšr, ThWAT VI, 1989, 810–816.

[217] Vgl. 4QpPs 37; 4QFlor 1,14 zu Ps 1,1; 1,19 zu Ps 2,1f.; 11QMelch 2,10–12 zu Ps 82,2. Ps 82 wird als eines der „Lieder Davids" (bᵉšîrê dāwîd) zitiert und die Deutung mit pišrô eingeleitet. S. dazu P. J. KOBELSKI, Melchizedek and Melchireša‘, CBQ.MS 10, 1981, 6ff.16f.

[218] 4QFlor 1,14; midraš hat-tôrāh; s. 1QS 8,15; CD 20,6. Vgl. o. S. 54 Anm. 205.

[219] H. STEGEMANN, op. cit. (Anm. 190); DERS., The Origins of the Temple Scroll, SVT 40, 1988, 239–255 möchte den Text in die Zeit der Chronik versetzen. Die Chronik setzt jedoch den fixierten Pentateuch voraus und weist nirgendwo auf eine schriftliche Sondertora hin. Dagegen besitzen wir in Qumran eine ganze Reihe von Paraphrasen zum Pentateuchtext. Zur Datierung der Tempelrolle s. o. Anm. 194.

säern viel nähersteht. Dies zeigt für beide Gruppen die sichtbare Hochschätzung des Danielbuches und der profetischen Weissagung, ihre Vorstellungen von den Engeln und der himmlischen Welt wie auch ihre intensive messianische Erwartung. Andererseits hat auch sie zahlreiche, über den schlichten Wortlaut der Gebote des Pentateuchs hinausgehende Zusatzforderungen, doch besitzen diese die strenge schriftliche Form. D. h. die Offenbarung wird in ihr sowohl in der „Halacha" wie in der eschatologischen „Haggada" bewußt *fortgeschrieben*[220]. Dennoch berufen sich die Qumranessener darauf, allein die wahre Tora *Moses* zu besitzen und zu verstehen. Nur sie entsprechen Gottes heiligem Willen und sind damit das „wahre Israel" und „der heilige Rest".

Durch ihren Anspruch, im Besitz der einzig wahren Offenbarung des Gotteswillens zu sein, durch ihre rigorose Verschärfung der Tora, besonders auffällig etwa im Bereich der rituellen Reinheit und der Sabbatheiligung, bei gleichzeitiger Harmonisierung und Systematisierung der Gebote der Tora, schufen sie bewußt eine radikale Distanz zur realen Welt und hier wieder besonders zum realen Kult in Jerusalem, eine Distanz, die sie durch ihren heilsgeschichtlichen Dualismus und Determinismus noch weiter steigerten[221]. Damit verbindet sich eine – für die hellenistische Zeit typische – rationale, auf ein „ideales System" hin bezogene Tendenz. Die Tempelrolle wie auch schon das Jubiläenbuch zeigen deutlich diese systematisierenden und idealisierenden Züge. Der geschichtlich gewachsene Gesetzestext wird neu geordnet, Lücken werden geschlossen, Gegensätze ausgeglichen; vor allem aber wird das Bild des Tempels und Jerusalems in einer geschichtlich völlig unwirklichen Weise idealisiert und damit zugleich – wie 4QMMT und 11QT zeigen – die darin geforderte rituelle Reinheit in z. T. fast absurder Weise gesteigert.

Am stärksten zeigt sich dieser systematisierende, ideale Zug in dem solaren 364-Tage-Kalender, der es ermöglichte, vom Tag der Schöpfung an Sabbate und Festzeiten in gleichbleibender Weise zu ordnen und damit einen von Gott bestimmten Rahmen für alles Geschehen in Zeit und Ewigkeit zu schaffen. Im Gegensatz zu den griechischen philosophischen Systemen wurde hier gerade auch der Lauf der Geschichte miterfaßt und durch die exakt festgelegten Kultzeiten und Sabbate, Jahrwochen und Jobelzyklen in eine exakt berechenbare universale Weltordnung einbezogen, wobei der ständig vollzogene himmlische und der von diesem abhängige, ja mit diesem verbundene irdische Kult die tragenden Säulen dieser theozentrischen Weltordnung bildeten.

Dieser essenische Kalender und die mit ihm verbundene Regelung der Sabbate und Festzeiten, der Priesterordnungen und Jahreszyklen wurden gewiß auch je und je partiell aus der traditionellen Tora Moses und den profeti-

---

[220] S. dazu M. FISHBANE, Mikra, op. cit. (Anm. 190), 362f.: Rewriting of Tora Rules; 364ff.: Ongoing Divine Revelations.
[221] M. FISHBANE, Mikra, op. cit. (Anm. 190), 377: „Fatefully, the sectarians believed that outside their authoritative use and interpretation of Mikra there was no salvation".

schen Büchern herausgelesen[222], erforderte aber doch eine zusätzliche Begründung durch Gottes *revelatio specialissima*, d.h. man mußte in Qumran im Rahmen der „Fortschreibung" der Offenbarung die Zahl der „Offenbarungsbücher" wesentlich erweitern. Dazu mögen die − voressenischen − Henochschriften, insbesondere auch das astronomische Buch, mit ihrer „Uroffenbarung" gehört haben, weiter die „Tempelrolle" als ein systematisch geordnetes „6. Buch Moses", von Gott in erster Person gesprochen, außerdem das Jubiläenbuch[223], das sich zu Genesis und Exodus verhielt wie die Chronik zu den Königsbüchern, und wohl auch etwas spätere Texte wie die Sektenregel, die Damaskusschrift für einen weiteren Kreis von Sektenmitgliedern, die Kriegsrolle, die Lieder zum Sabbatopfer und andere mehr, die nur fragmentarisch erhalten sind und noch auf die Veröffentlichung warten. Ein Teil dieser Schriften ist in verschiedenen Rezensionen vorhanden. In vielen von ihnen spielt die im Kalender ausgedrückte Weltordnung direkt und indirekt eine wesentliche Rolle. „Wer den Kalender in der richtigen Weise befolgte, konnte im Bewußtsein einer universellen kosmischen Harmonie leben"[224]. Es begegnet uns hier der eindrucksvolle Versuch einer umfassenden religiösen Weltdeutung, die eine gewisse Analogie zu der Identifikation von Weisheit und Mosetora bei Sirach darstellt, jedoch sehr viel stärker bis ins letzte systematisch durchreflektiert ist. Das System könnte man in gewisser Weise als analoge Bildung zu den dogmatischen Systemen der hellenistischen Philosophie, insbesondere der Stoa, betrachten, die ja auch einem strengen Determinismus huldigte und darum − wie die Essener − die Astrologie hochschätzte. Freilich gründet das „essenische System" ganz in den Traditionen von Tora und Profeten. Die fremden, „synkretistischen" Einflüsse lassen sich nur schwer erfassen und finden sich vor allem im Bereich des Dualismus, wo iranische Vorstellungen − vielleicht über eine hellenistische Quelle − eingewirkt haben, und auch bei der Astrologie, die auf babylonische Ursprünge hinweist. Doch selbst wenn sich

---

[222] Der fragmentarische Brief 4QMMT beginnt mit einem Hinweis auf den essenischen Kalender und das Jahr von 364 Tagen, und zwar im Zusammenhang mit dem Sabbat am 28. Tag des 12. Monats, der wie der 3., 6. und 9. Monat 31 Tage hat. Das Jahr beginnt an einem Mittwoch, weil an diesem Tag die Gestirne erschaffen wurden. S. jetzt die Einteilung der Priesterordnungen bei B. Z. WACHOLDER/M. G. ABEGG, A Preliminary Edition ... (Anm. 83), 104ff. und die Fragmente der mišmᵉrôt S. 60ff. Zum Qumrankalender s. M. D. HERR, in: The Jewish People in the First Century, (hg. v. S. Safrai/M. Stern, CRINT I,2), Assen/Amsterdam 1976, 834−864 (839−843.862ff. Lit.); E. SCHÜRER et alii, op. cit. (Anm. 48), I, 599−601; II, 581.595; III/1,313f.460.466f.

[223] Es wird CD 16,3f. erwähnt als das „Buch der Einteilungen der Zeiten nach ihren Jubiläen und Jahrwochen", nach dem alles genau fixiert (mᵉdûqdaq) ist. Es gründet aber selbst wieder in der Tora Moses, zu der man umkehren soll, „denn darin ist alles exakt fixiert" (16,1f.).

[224] M. ALBANI, Die lunaren Zyklen im 364-Tage-Festkalender vom 4QMischmerot/4QS, in: Kirchliche Hochschule Leipzig. Forschungsstelle Judentum, Mitteilungen und Beiträge Heft 4, April 1992, 3−47 (42).

einzelne Motive aus dem Bereich des Kalenders bis ins 3. Jh. v. Chr. zurückver-
folgen ließen, so möglicherweise im astronomischen Henochbuch c. 72–82 und
damit auch bei einer Vorform des essenischen Sonnenkalenders, so kann man
m. E. kaum bezweifeln, daß hinter der Durchführung dieses universalen Ent-
wurfs in der Gemeinde von Qumran ein überragender Kopf, d. h. vermutlich
der Lehrer der Gerechtigkeit, steht und daß er seine Schau von Schöpfung,
Heilsgeschichte und Endzeit in der geistigen Auseinandersetzung mit den
zerstörenden Ideen der hellenistischen Welt, ihrer religiösen Indifferenz wie
ihrem Synkretismus entworfen hat. Es war das Zusammenspiel von synkretisti-
scher Theokrasie und „indifferent-liberaler" Verachtung des religiösen Erbes
der Väter innerhalb der jüdischen Aristokratie selbst gewesen, das die jüdische
Kultusgemeinde zwischen 175 und 164 v. Chr. an den Rand der Selbstzerstörung gebracht hatte, und dem der Lehrer mit einem geschlossenen „toragemä-
ßen" System entgegentrat, das freilich mehr am „Zeitgeist" partizipierte, als
sich sein Urheber bewußt war[225].

Einen vergleichbaren Gesamtentwurf finden wir nur noch bei Philo von
Alexandrien, freilich mit einem ganz anderen, philosophischen und rhetorischen, Bildungshintergrund, auch war er nicht mit derselben systematischen
Kraft ausgestattet wie der Lehrer in Qumran und wohl auch weniger originell.
Auch sein Entwurf beruht auf einer eigenwilligen Exegese der Tora. Während
jedoch bei ihm die mittelplatonische und stoische Prägung entscheidend ist,
sind die Wurzeln der Vorstellungswelt der Essener von Qumran viel schwieriger zu erfassen. Hier mögen sich einerseits iranisch-babylonische Traditionen
mit hellenistischen gemischt haben, vorherrschend ist jedoch die Weiterentwicklung eigener älterer Denkansätze aus der nachexilischen Zeit, des Priesterkodex, des chronistischen Werks und der apokalyptischen Profeteninterpreta-
tion, die von einem religiösen Genie, dem unbekannten Lehrer, in eine neue
Form gegossen und zu einer neuen Synthese vereinigt wurden. Es liegt in der
Natur der Sache, daß für die Essener von Qumran − gerade im Blick auf die
angebrochene Endzeit − die Offenbarung der Geheimnisse Gottes kein abge-
schlossenes Geschehen sein konnte, sondern sich − auf der Basis der älteren in
der jüdischen Volksgemeinde anerkannten Schriften und ihrer Exegese − in
immer neuen Schriftwerken fortsetzen mußte. D. h. es gab für sie noch keinen
streng „abgeschlossenen Kanon", vielmehr wurden als Frucht des in der Gemeinde gegenwärtigen Geistes Gottes immer wieder neue autoritative Schriften bzw. neue Versionen solcher Schriften produziert. Das „Gesetz Moses"

---

[225] S. dazu M. HENGEL, Judentum und Hellenismus, 414–442; DERS., Qumran und der
Hellenismus, in: Qumrân. Sa piété, sa théologie et son milieu, hg. v. M. Delcor, BEThL
XLVI, Paris/Leuven 1978, 333–372; DERS., The ‚Hellenization' of Judaea in the First Century
after Christ (Anm. 28), 47 f. Auffallend ist die Rolle der Astrologie und der physiognomischen
Mantik, magisch-exorzistischer Praktiken und ritueller Askese. S. Bd. I, 258–294.

und die „Profeten" einschließlich der Psalmen bildeten dabei gewiß die Grundlage[226] — es ist auffällig, daß im Sektenschrifttum vor allem sie zitiert werden —
aber sie waren längst nicht mehr *allein* verbindlich. Kein Wunder, daß in den
Jahrzehnten nach der Katastrophe von 70 die Weisen von Jabne nicht nur die
mînîm ausgrenzten, sondern auch den Kanon endgültig begrenzten. Das wen-
dete sich gegen die Überreste der Essener in gleicher Weise wie gegen die neue
eschatologische „Sekte" der Christen, die jetzt erst mit ihrer Produktion neuer
„heiliger Schriften" richtig begann: Das früheste Evangelium, nach Markus,
wurde wohl im Jahre 69/70 geschrieben[227] und etwa eine Generation später die
Johannesapokalypse, die, getränkt von der Sprache alttestamentlicher Profetie, als abschließender λόγος τῆς προφητείας von vornherein als heilige Schrift
konzipiert war und den Schlußstein auf die – sich jetzt erfüllende – profetische
Weissagung setzen wollte. Auch Markus ist wohl von Anfang an für die
Verlesung im Gottesdienst gedacht, ja aus diesem herausgewachsen[228].

8. Die Pharisäer

Ihre schärfsten Gegner sahen die Essener in den Pharisäern, jener Gruppe im
palästinischen Judentum, der sie wohl im Blick auf ihr Verständnis von Tora
und Profeten — trotz aller tiefgreifenden Unterschiede — am nächsten standen.
Denn beide stammen trotz der in 4QMMT sichtbar werdenden Kontroverse
über halachische Fragen aus der mehrschichtigen chasidischen „Sammlungsbe-
wegung" der Makkabäerzeit — das zeigt die Hochschätzung der profetischen
Weissagung, des Danielbuches und die in vielen Teilen verwandte Eschatologie. Die Erbitterung, mit der die Essener vor allem im Nahum-Pescher, aber
auch in anderen Texten gegen die Pharisäer als die Gottes Willen verfälschen-
den *dôr⁽e⁾šê (ha)ḥᵃlaqôt*, die als Ausleger der Tora die Gebote erleichtern,
polemisieren, spricht hier für sich[229]. Ihr Haß gegen die „Gottlosen von
Ephraim", die Pharisäer, übertrifft noch den gegen die „Großen von Manas-

---

[226] Von Esra, Chronik und Könige haben wir z. B. nur Reste je einer Handschrift, von Prov
zwei, von Ps dagegen 20, s. E. Ulrich, op. cit. (Anm. 37); vgl. E. Tov, op. cit. (Anm. 27).

[227] S. M. Hengel, Entstehungszeit und Situation des Markusevangeliums, in: H. Cancik
(Hg.), Markusphilologie, WUNT 33, 1984, 1–45.

[228] Vgl. Apk 1,3; 22,7.10; vor allem 22,18.19 mit dem Verbot des Hinzufügens und
Wegnehmens. Dazu jetzt M. Hengel/J. Frey, Die johanneische Frage, WUNT 67, 1993. Zu
Markus s. G. Lüderitz, Rhetorik, Poetik, Kompositionstechnik im Markusevangelium, in:
H. Cancik (Hg.), op. cit. (Anm. 227), 165–203; 183: „Die Ähnlichkeit in der Diktion des
Markusevangeliums mit Büchern, die im Gottesdienst in *lectio solemnis* gelesen wurden,
könnte ein Indiz dafür sein, daß das Evangelium für einen solchen Gebrauch geschrieben
wurde."

[229] 4QpNah I,2; II,2 (= Ephraim): am Ende der Tage; II,4: ihre Herrschaft, wohl zur Zeit
Königin Alexandras; III,3: am Ende der Zeit; III,6f. (Lohse 266); 4QCat A fr. 9 Z. 4 (= 4Q
177, DJD V,70); vgl. 1QH 2,15.32; 4QpIsᶜ fr. 23 I,10f. (DJD V,24); CD 1,18. Zu den
Pharisäern s. jetzt M. Hengel/R. Deines, Bd. I, 392–472.

se", die Sadduzäer[230]. Diese Decknamen illustrieren zugleich die aktualisierende Exegese der Profetentexte: Die Gegenwart wird ganz im Lichte vergangener Heils- und Unheilsgeschichte gesehen. Die alten Konstellationen in dem den Lauf der Geschichte beherrschenden Kampf von Licht und Finsternis wiederholen sich, wobei die Endzeit eine letzte Verschärfung bringt.

Die Spannung zwischen Essenern und Pharisäern war deswegen so groß, weil beide aus derselben „Familie" stammten und Familienkonflikte am schmerzhaftesten sind. Das gilt ja auch − im Grunde bis heute − für das spätere Verhältnis von Juden und Christen. Freilich haben sich Essener und Pharisäer in entgegengesetzter Weise entwickelt. Die zadoqidisch-aristokratischen Essener bildeten bewußt die esoterische Elite des reinen, wahren Israels mit strengen Geheimhaltungsbestimmungen und sahen sich durch einen Graben vom übrigen Volke als der *massa perditionis* getrennt. Die Pharisäer waren zwar auch eine schriftgelehrte, elitäre Bewegung, aber ähnlich wie die maśkîlîm des Danielbuches während der makkabäischen Erhebung dem Volke zugewandt, mit dem Ziel, dasselbe nach Möglichkeit zur Heiligung im Gesetz zu erziehen. Wie für alle wichtigen religiösen Gruppen im palästinischen Judentum zwischen 142 v. Chr. und 70 n. Chr. (außer den Christen) standen für beide das Heiligtum und das Ritualgesetz im Mittelpunkt. Während jedoch die von den zadoqidischen Priestern geführten Essener die rituellen Gebote in solchem Maße verschärften, daß sie den Tempel und das übrige Israel generell als unrein ablehnten und ihre eigene Gemeinschaft selbst als Gottes endzeitliches Heiligtum verstanden[231], suchten die Pharisäer die im Tempel erforderliche Heiligkeit in abgestufter Weise auf das ganze *Eretz Jisrael* auszudehnen und ihr Verständnis der Reinheitsgebote und Abgaben bei der Bevölkerung schrittweise durchzusetzen; dazu war es notwendig, die Gebote so zu interpretieren, daß sie im realen Leben des Alltags praktikabel waren. In 4QMMT heißt es in dem Brief des Lehrers an den gottlosen Hohenpriester: „(Und ihr wißt,) daß wir uns getrennt haben von der Menge des Volkes (und uns davor hüten), uns zu vermischen mit diesen Dingen"[232]. Eigentlich müßten so die Essener die Bezeichnung pᵉrušîm bzw. pᵉrîšajjā tragen, denn sie waren die eigentlichen „Separatisten" im strengen Sinne. Die im Vergleich zu ihnen gemäßigten Pharisäer werden dagegen ihre − ursprünglich doch wohl negativ verstandene − Bezeichnung von den regierenden Hasmonäern erhalten haben, die ihnen vorwarfen, daß sie durch ihre Opposition die politisch-religiöse Einheit des Volkes zerstörten.

Sowohl Josephus wie das Neue Testament betonen demgegenüber zu Recht

---

[230] Ephraim: 4QpNah IV,5; 4QpPsᵃ 37 II,18: Ephraim und Manasse; vgl. I,24 u. ö.; Manasse: 4QpNah 3,9; IV,1.3 u. ö.

[231] S. dazu G. KLINZING, Die Umdeutung des Kultus in der Qumrangemeinde und im NT, StUNT 7, Göttingen 1971.

[232] C 7: Pärašnû merôb hā'ām.

den großen Einfluß der Pharisäer auf das Volk und das Ansehen, das sie bei diesem genossen. Sie hatten sich unter Johannes Hyrkanos (135/4–104) von den herrschenden Hasmonäern getrennt und unter dessen Sohn Alexander Jannai (103–76) einen Bürgerkrieg entfacht. Doch seit der Regierung von dessen Witwe, der pharisäerfreundlichen Königin Alexandra Salome (76–67 v. Chr.), waren sie die vorherrschende religiöse Partei im jüdischen Palästina. Josephus und zu gleicher Zeit Lukas nennen zusätzlich die ἀκρίβεια[233], d. h. die Gründlichkeit und Exaktheit ihrer Auslegung und ihrer Einhaltung der Gesetze als typisches Merkmal. Offenbar war hier der Punkt, an dem Essener und Pharisäer konkurrierten, letztere jedoch durch ihre größere Offenheit gegenüber dem Volk die Erfolgreicheren waren. A. I. Baumgarten versucht daher in einem gelehrten Artikel den Nachweis zu führen, daß die Bezeichnung der Pharisäer nicht vom Pt. pass. der Wurzel prš „trennen" abzuleiten ist, sondern von der Nebenbedeutung „specify" im Sinne von „genaue Angaben machen", „alle Einzelheiten darlegen". Er postuliert daher die Form pārôšîm als nomen agentis[234]. Dieser Ableitungsversuch ist philologisch fragwürdig, historisch würde er die Haltung dieser Gruppe besser charakterisieren als die negative Bezeichnung im Sinne von „Separatisten". Das waren die Männer von Qumran.

Freilich erhebt sich hier sofort die Frage nach der Besonderheit ihres „akribischen" Gesetzesstudiums und Toragehorsams. Leider beginnen die schriftlichen Quellen, wenn wir von den wenigen Nachrichten bei Josephus und im Neuen Testament absehen, über ihr Gesetzesverständnis und ihre Schriftinterpretation erst ab 200 n. Chr. zu fließen, dann freilich sehr kräftig[235]. Eben deshalb gehört die Frage, was von den späteren Überlieferungen der Mischna, der Tosefta, der tannaitischen Midraschim und der Baraitot in den Talmudim und jüngeren Midraschim auf die Zeit vor 70 zurückgeht, zu den umstrittensten Problemen der Forschung[236]. Wir können uns über die pharisäische Exegese vor 70 kein detailliertes Bild machen. Eindeutig scheint mir zu sein, daß die geistigen Führer dieser Partei Schriftgelehrte und daß ihre Mitglieder überwiegend Laien waren; das priesterliche Element tritt hier in der Auslegung erst-

---

[233] Oder andere Worte, die von derselben Wurzel abgeleitet sind wie ἀκριβής, ἀκριβοῦν etc., bell 1,110, vgl. 1,108 von Alexandra; 2,162: οἱ μετὰ ἀκριβείας δοκοῦντες ἐξηγεῖσθαι τὰ νόμιμα; vita 191. Auch ant. 20, 200 f. und 264 f. sind die Pharisäer gemeint. Zu Lukas s. Apg 26,5, vgl. 22,3. Dazu A. I. Baumgarten, The Name of the Pharisees, JBL 102/3 (1983), 411–428 (413).

[234] Op. cit. (Anm. 233), 420 ff., vgl. Muret-Sanders, Langenscheidt's Encyclopaedic Dictionary English-German I,2, 1346.

[235] S. Rimon Kasher, The Interpretation of Scripture in Rabbinic Literature, in: Mikra (Anm. 29), 547–594 (Lit.); D. I. Brewer, op. cit. (Anm. 19); H. L. Strack/G. Stemberger, op. cit. (Anm. 19).

[236] J. Neusner, The Rabbinic Traditions about the Pharisees before 70, I–III, Leiden 1971. Vgl. auch M. Hengel, Rabbinische Legende und frühpharisäische Geschichte. Schimeon b. Schetach und die achtzig Hexen von Askalon, AHAW.PH 1984, 2.

mals relativ zurück. Das schließt nicht aus, daß sich unter ihren Mitgliedern Priester, vor allem aus der niederen Priesterschaft, befanden. Josephus, der selbst aus der Priesteraristokratie stammte und eine beachtliche schriftgelehrte Ausbildung besaß, will sich selbst als junger Mensch nach Prüfung aller drei jüdischen „Parteien" für die pharisäische Richtung entschieden haben[237].

Der einzige Text aus der Zeit vor 70, bei dem wir mit einer gewissen Wahrscheinlichkeit annehmen können, daß er pharisäischen Ursprungs ist, sind die Psalmen Salomos aus herodianischer Zeit. Hier zeigt der poetische Musivstil, der ständig Kurzzitate bzw. Anspielungen und Begriffe aus den kanonischen Psalmen, den Profeten, den Geschichtsbüchern und der Tora aufnimmt, eine ähnliche Struktur wie etwa die essenische Hymnendichtung. 19mal erscheint in den 18 Psalmen der Plural „die Frommen" (ὅσιοι), d.h. häufiger als in allen anderen griechisch überlieferten Pseudepigraphen. Das erinnert an die Chasidim der Makkabäerzeit[238], aber auch an einzelne späte Psalmen wie 145 und 149 oder an zwei apokryphe Psalmen aus Höhle 11 von Qumran[239].

Das Problem ist, wie weit wir von den rabbinischen Texten ab dem Beginn des 3. Jh.s auf die pharisäische Exegese vor der Tempelzerstörung zurückschließen können. Es verbindet sich damit die Frage nach der Rolle der Schriftgelehrten innerhalb der pharisäischen Bewegung während jener Epoche. David Instone Brewer hat in einer scharfsinnigen und sehr informativen Dissertation[240] versucht, an Hand von rund 100 tannaitischen Texten, die entweder Autoritäten vor 70 zugeschrieben werden oder aus Diskussionen von Pharisäern, Sadduzäern, ihren Hauptkontrahenten, und den beiden feindlichen Schulen Schammais und Hillels stammen, die exegetische Methode der pharisäischen Schriftgelehrten vor der Zerstörung des Tempels darzustellen. Er kommt zu dem Ergebnis, daß ihre „schriftgelehrte Exegese" (scribal exegesis) grundsätzlich von der „inspirierten Exegese" in Qumran, in der apokalyptischen Literatur und bei Philo von Alexandrien zu unterscheiden sei. Die Schriftgelehrten betrachteten die ganze Schrift wie einen von Gott verfaßten Gesetzestext, bei dem es jedoch allein auf die exakte Erhebung seines Wortlau-

---

[237] Vita 11f.; vgl. die Gesandtschaft 197ff. Unter den frühesten tannaitischen Lehrern finden sich eine ganze Reihe von Priestern, so Chanina, der Vorsteher der Priesterschaft, R. Zadok und sein Sohn Eleazar, Eliezer b. Hyrkanos u.a. S. J. JEREMIAS, Jerusalem zur Zeit Jesu, ³1962, 119f. Vgl. auch W. BACHER, Die Aggada der Tannaiten, I, ²1903, 43–56.62–69.

[238] Sonst steht das Adjektiv in der Regel im Singular. Es erscheint nur Ps Sal 10,5 auf Gott bezogen und in 3,8 in der Bedeutung „jeder fromme Mann". Die Eschatologie mit Auferstehung der Toten, ewigem Leben und Erwartung der Gottesherrschaft unter dem Messiaskönig, wie auch die erbitterte Feindschaft gegenüber den Hasmonäern und die Betonung der strafenden und lohnenden Gerechtigkeit Gottes weisen auf einen pharisäischen Hintergrund hin. S. dazu G. VERMES in: E. Schürer et alii, op. cit. (Anm. 48), III/1,192–197; der Autor ist „probably a Pharisee" (193).

[239] 11QPsᵃ Plea 19,7; vgl. 19,9.13 (DJD IV,76ff.) und 11QPsᵃ Zion 22,3.6 (DJD IV,85ff.).

[240] Op. cit. (Anm. 19).

tes (p^{e}šaṭ = P) ankomme, wobei jede Nuance und jedes Detail wesentlich seien. Brewer unterscheidet in diesem Zusammenhang noch zwischen der einfachen (P) und einer im strengen Sinne „gesetzeskonformen Exegese" (nomological exegesis = N), die jeden Text, unabhängig von seinem Inhalt, genau so wie einen juristischen Vertragstext betrachtet, wobei in der Regel auch der Kontext wesentliche Bedeutung hat. Jede Suche nach einem tieferen, über die klare wörtliche Bedeutung hinausgehenden Textsinn (d^{e}raš = D), der durch eine allegorische oder auch atomisierende, den Textzusammenhang zerstörende Deutung erhoben werden müsse, werde dagegen abgelehnt. Die Geschichts- und Profetenbücher erhielten dabei die Funktion von erläuternden Präzedenz-fällen bzw. von Beispielen. Beide Arten der Exegese, P und N auf der einen und D auf der anderen Seite, gingen dabei von zwei identischen Grundvoraus-setzungen aus: 1. Die heilige Schrift ist folgerichtig und widerspruchsfrei (con-sistent). 2. Jedes Detail in ihr ist bedeutsam. Die „schriftgelehrte Exegese" lehne jedoch jeden „tieferen", über die einfache Textaussage hinausgehenden Schriftsinn ab und achte auch stärker auf *eine* gültige Textform und deren Reinerhaltung[241].

Die Beobachtungen von Brewer sind sehr eindrucksvoll, doch hat er sein Material zu einseitig ausgewertet. Einmal sind die ausgesuchten Texte fast durchweg kurze Aussprüche oder Diskussionen in Verbindung mit einem begründenden Schriftwort. Hier kommt es schon von der Form her auf die *eine* rationale und dem Hörer einsichtige *Pointe* an. Fast 80% der Texte stammen zudem aus der Tora und behandeln zumeist halachische Probleme; beim Rest halten sich Profetentexte und solche aus den „Schriften" die Waage, wobei hier wieder der relativ hohe Anteil an Weisheitstexten, insbesondere Kohelet, auffällt. Außerdem ist es − der Vf. gibt es selber zu − sehr fraglich, ob die Mehrzahl dieser Texte wirklich aus der Zeit vor 70 stammt, darüber hinaus muß man für das ganze 2. Jh. bis hin zum Patriarchen Jehuda han-naśi', dem Redaktor der Mischna, der ein entschiedener Gegner aller apokalyptischen Spekulation war, mit einer fortlaufenden, zensierenden Ausscheidung alter Traditionen aus der Zeit vor 70 rechnen, vor allem, soweit sie die nationale Eschatologie, die in den drei großen Aufständen dem jüdischen Volk so viel Unheil brachte, betraf[242]. Auch alle mystischen Traditionen, die den Verdacht der mînût, d.h. der „Häresie", erweckten, wurden weitgehend verdrängt, lebten aber doch im Verborgenen weiter. Die „Mischung" der p^{e}šaṭ- und d^{e}raš-Exegese in der Auslegung, die Brewer dann bei den späteren Rabbinen wieder-findet, gab es vermutlich auch schon vor 70. Er selbst bringt unter seinen Texten immerhin 7 Beispiele von d^{e}raš und 5 einer „symbolischen" Deutung, die mit ihren feststehenden Metaphern der allegorischen Deutung nahe-

---

[241] S. vor allem 163–174: Assumptions in Scribal Exegesis, und die Conclusion S. 222ff.
[242] In der Mischna wird der Messias ja nur zweimal erwähnt, s. mSota 9,15q und mBer 1,5.

kommt, und eine allegorische Deutung aus dem Hohenlied, das ja überhaupt nur auf Grund von Allegorese, d. h. einer tieferen geistlichen Auslegung, als heilige Schrift verstanden werden konnte[243]. Besonders R. Aqiba hat eine derartige Interpretation des Hohenliedes geschätzt und dasselbe verteidigt[244]. Aber bereits die Fragmente von 4 Handschriften aus Qumran zeigen, daß man es schon dort so verstanden hat. Der Hauptgrund dafür, daß die wörtliche, „gesetzeskonforme" Auslegung bei den Schriftgelehrten — vor und nach 70 — überwiegt, war, daß sie vor allem anderen „Torajuristen" waren und die wörtliche Interpretation von Gesetzestexten zu ihrer alltäglichen Praxis als Richter, Berater und Lehrer gehörte. Die Tora war seit der Endredaktion des Pentateuchs die „Basis" aller „Schriftauslegung", und schon Esra hatte Gesetzeskundige als Richter eingesetzt[245]. Das schließt nicht aus, daß ein solcher gesetzeskundiger Schriftgelehrter Apokalyptiker oder Mystiker war, mit den Essenern sympathisierte oder — wie später Paulus und vermutlich der Vf. des Matthäusevangeliums — Christ wurde; daß auch die Essener auf dieser Basis argumentieren konnten, zeigen 4QMMT, Passagen der Damaskusschrift und die z. T. noch unveröffentlichten halachischen Texte über Reinheitsfragen. Bei der Auslegungsform, die Brewer „nomological" nennt und bei der der heilige Text wie ein rechtsverbindlicher Vertrag oder ein Gesetz interpretiert wird, frage ich mich, ob dahinter nicht letztlich die ursprüngliche priesterliche Gesetzesauslegung, insbesondere bei den rituellen Geboten, steht, wo alles auf die wörtliche Erfüllung ankam, und die dann auf die ganze Schrift als „die Tora" übertragen wurde, und ob nicht die Betonung der ἀϰϱίβεια der Pharisäer vor allem auf diese Form der Schriftauslegung hinweist.

Auf der anderen Seite haben die pharisäischen Schriftgelehrten nicht nur das Hohelied, sondern auch Daniel als heilige Schrift akzeptiert, und wir besitzen bei Josephus eine ganze Reihe von Hinweisen, daß messianische Weissagung, Profetie und Traumdeutung bei ihnen eine Rolle spielten, ja Josephus selbst erhebt den Anspruch, gegenüber den Zeloten im belagerten Jerusalem als ein *Jeremias redivivus* aufgetreten zu sein und als Priester über die Gabe der

---

[243] S. seine Übersicht S. 232–241: dᵉraš: Nr. 2,29 A7 bII: Jes 2,2; Nr. 2,37 allegorische Auslegung von Cant 1,6; Nr. 2,43: Nu 29,19.31.33; Nr. 4,10: Dtn 18,4; Nr. 4,14: Ex 23,14; Nr. 4,24 2b: Dtn 23,19; Nr. 4,26: Nu 28,3 etc. Zur rabbinischen Deutung s. W. RIEDEL, Die Auslegung des Hohenliedes in der jüdischen Gemeinde und der griechischen Kirche, Leipzig 1898; H. P. RÜGER, Das Werden des christlichen Alten Testaments, JBTh 3 (1988), 175–189 (180). M. E. liegt in 2 Joh 1 in der Anrede ἐϰλεϰτῇ ϰυϱίᾳ und mit ἀδελφή (2 Joh 13; vgl. Hld 4,9–12; 5,1; 6,9f.) für die Gemeinde eine Anspielung auf das Hohelied vor, s. M. HENGEL, The Johannine Question, London 1989, 170 Anm. 61. Auch die Johannesapokalypse setzt m. E. die allegorische Deutung des Hohenliedes voraus, vgl. z. B. Apk 3,20 und Hld 5,2; Apk 21,2.9; 22,17: νύμφη; im Hohenlied passim.

[244] S. BILLERBECK, IV, 432f.: mJad 3,5; vgl. auch tJad 2,14 (Zuckermandel II,683): „Das Hohelied verunreinigt die Hände, weil es durch den heiligen Geist gesprochen wurde".

[245] Esra 7,25, vgl. Dtn 16,18; Jos 8,33; 23,2; 24,1; 1Chr 23,4; 26,29; 2 Chr 19,5, s. auch Sir 38,33; CD 10,4f.

Weissagung und inspirierter Schriftdeutung zu verfügen, was ihn nicht hindert, den pharisäischen Kanon von 22 Schriften und das Ende der Profetie zur Zeit des Artaxerxes anzuerkennen[246]. Auch das bekannte Wort Hillels wäre hier zu erwähnen: „Laßt sie! Der heilige Geist ist auf ihnen. Wenn sie auch keine Profeten sind, sind sie doch Söhne von Profeten." Es handelt sich äußerlich gesehen um eine Weissagung auf das kluge Verhalten des Volkes an einem Rüsttage zum Passafest, der mit einem Sabbat zusammenfiel. Das Volk löste durch einen „geistreichen" Trick das umstrittene Problem der Opferung der Passalämmer an einem Sabbat in praxi, das Hillel durch halachische Argumentation theoretisch entschieden hatte. Die Klugheit des Volkes, das die Messer zur Schlachtung der Passalämmer durch die Opfertiere selbst in den Tempel befördern ließ, interpretiert die Legende als eine Eingebung des heiligen Geistes. Bei den Essenern wurde der Konflikt durch den Kalender von 364 Tagen gelöst, der vermied, daß ein Fest auf den Sabbat fiel. Das Wort Hillels, das in der rabbinischen Literatur — soweit ich sehe — ohne Analogie ist, legt nahe, daß man vor 70 mit Aussagen über Wirkungen des heiligen Geistes weniger zurückhaltend war als im 2. Jh. Die spätere Version in Jeruschalmi läßt bezeichnenderweise den Hinweis auf den Geistbesitz des Volkes weg[247]. Die späteren Amoräer konnten damit nichts mehr anfangen. M. E. stammen auch die Apokalypsen des syrischen Baruch und 4 Esra von pharisäischen Schriftgelehrten. Der Schluß des Werks syr Bar 84 mit der Aufforderung zum treuen Festhalten am Gesetz entspricht durchaus dem Neuanfang in Jabne: „Gedenket Zions, des Gesetzes und des heiligen Landes ... vergeßt nicht die Feste und Sabbate ... Und gebt ... des Gesetzes Überlieferungen an eure Kinder nach euch weiter ...[248]. Nichts haben wir jetzt mehr, nur den (All)mächtigen noch und sein Gesetz"[249]. Von diesem Grundsatz sind auch die Rabbinen ausgegangen.

Die eschatologische Naherwartung und die damit verbundene „inspirierte" Schriftauslegung gingen unterschwellig weiter; zu ihren „Früchten" gehörten auch die selbstmörderischen Aufstände 115–117 in Ägypten[250] und der Bar-Kochba-Aufstand 132–135: Die berühmte Deutung von Nu 24,17 auf Bar

---

[246] S. O. Betz, Das Problem des Wunders bei Flavius Josephus ..., in: Josephus-Studien, (Anm. 92), 23–44 (32ff.; = O. Betz, Jesus der Messias Israels, WUNT 42, 1987, 398–419 [407ff.]); R. Mayer/Ch. Möller, Josephus – Politiker und Prophet, in: op. cit., 273–284. Zum Kanon des Josephus Hengel, loc. cit. o. S. 40 Anm. 143.

[247] tPes 4,2 (Zuckermandel 162f.; Lieberman 4,14 S. 165f.), jPes 6,1 33a, s. Billerbeck, II,819f. Anm. 2; P. Schäfer, Die Vorstellungen vom Heiligen Geist in der rabbinischen Literatur, SANT 28, 1972, 124f.; vgl. Brewer, op. cit. (Anm. 19), 218f.

[248] 84,8f.

[249] 85,3, Übersetzung nach A. F. J. Klijn, JSHRZ V/2,181f. Vgl. dazu syr Bar 77,13ff.; SLev 26,44, bSchabb 138b (bei Billerbeck III, 117) und mSota 9,15p der aramäische Ausspruch R. Eliezers b. Hyrkanos über den Zerfall nach der Tempelzerstörung.

[250] S. dazu M. Hengel, Messianische Hoffnung und politischer „Radikalismus" in der „jüdisch-hellenistischen Diaspora" (Anm. 207).

Kochba durch Rabbi Aqiba: „R. Shimon b. Jochai lehrte: Mein Lehrer Aqiba
legte (den Bibelvers): ‚Ein Stern (kôkāb) tritt hervor aus Jakob' (wie folgt aus):
‚Kosiba tritt hervor aus Jakob'"[251], beruht auf einem typischen Wortspiel
(ræmæz) und kann nur als „inspirierte Exegese" verstanden werden. Es ist ein
Wunder, daß dieser Fehltritt des größten rabbinischen Halachalehrers im 2. Jh.
in der Überlieferung erhalten blieb und nicht unterdrückt wurde.

Fazit: Die Auslegung der pharisäischen Schriftgelehrten bis zur Zerstörung
des Zweiten Tempels war sicher nicht so einseitig, wie es die an sich wertvolle
Untersuchung von Brewer darstellt, vielmehr partizipierten diese an der noch
nicht (oder nur wenig) reglementierten Vielfalt der Auslegungsformen in Jerusalem vor 70 n. Chr. Brewer selbst weist in diesem Zusammenhang auf die
rätselhaften dôr\ešê r\ešûmôt bzw. h\amûrôt hin, die die allegorischen Deutungen
liebten, wie wir sie aber auch bei Johanan b. Zakkai finden. Ob sie irgendwie
mit den Essenern zusammenhängen und ob mit der Bezeichnung dôr\eše h\amû-
rôt die Pharisäer den Essenern die Polemik, sie seien dôr\eše h\alāqôt, zurück-
zahlten[252], bleibt völlig ungewiß. Dafür, daß bei den pharisäischen Schriftgelehrten vor 70 das „charismatisch-eschatologische Ferment" eher stärker war
als später und daß zwischen 70 und der Redaktion der Mischna durch Jehuda
han-naśî' die Vielfalt der exegetischen Möglichkeiten eher eingeschränkt wurde, spricht auch die Auslegung von Amos 8,1ff. durch „die Weisen im Weinberg von Jabne"[253]: „Als die Weisen im Weinberg von Jabne zusammengekom-
men waren, sagten sie: Eine Zeit steht bevor (\atîdāh šā'āh), da wird ein Mensch
suchen nach einem Wort aus den Worten der Tora und er wird es nicht finden,
(nach einem Wort) aus den Worten der Schriftgelehrten (sôf\erîm) und er wird
es nicht finden, denn es wird gesagt: ‚Siehe, Tage kommen, Spruch des Herrn,
da werde ich einen Hunger ins Land senden; nicht einen Hunger nach Brot,
nicht einen Durst nach Wasser, sondern nach dem Hören der Worte des Herrn.
Sie werden wandern von Meer zu Meer . . ., das Wort des Herrn zu suchen und
nicht finden.' Wort des Herrn bedeutet Profetie, Wort des Herrn bedeutet
(Voraussage des) Endes (haq-qeṣ), Wort des Herrn bedeutet, daß keines der
Worte der Tora mit einem anderen Wort der Tora identisch ist. Sie sagten: Laßt
uns bei Hillel und bei Schammai beginnen". „Das Wort des Herrn", das im

[251] yTaan 4,8 68d; s. P. Schäfer, Der Bar Kochba Aufstand, TSAJ 1, 1981, 55ff.; M.
Hengel, Rezension: Leo Mildenberg, The Coinage of the Bar Kokhba War, Gnomon 58
(1986), 326–331 = Bd. I, 344–350. Man glaubte wohl um 130 n. Chr., die 70 Jahre Jeremias
nach der Tempelzerstörung 70 n. Chr. (vgl. o. S. 48 Anm. 177) näherten sich ihrem Ende.
[252] S. Brewer, op. cit., 181ff.; 196 mit Hinweis auf C. Roth.
[253] tEd 1,1 (Zuckermandel II, 454), vgl. auch die polemische Antwort des großen Haggadi-
sten R. Johanan (gest. 279) an R. Abdimi, der meinte, daß nach der Tempelzerstörung die
Profetie den Profeten genommen und den Weisen gegeben worden sei: „Seit dem Tage, da der
Tempel zerstört wurde, wurde die Profetie den Profeten genommen und den Narren und den
kleinen Kindern gegeben" (bBB 12a/b). S. dazu M. Hengel, Der vorchristliche Paulus (Anm.
21), 254–256.

Lande gesucht und nicht gefunden wird, umschreibt der selbstkritische Text
mit „Profetie", dem Wissen um das Ende, d. h. den Anbruch der Gottesherrschaft, und dem Wissen darum, „daß kein Wort der Tora mit einem anderen
aus der Tora identisch ist", d. h. man hatte in der unmittelbar vorhergehenden
Zeit der eschatologischen Hochspannung, als sich falsche profetische „Weissagungen" und Offenbarungen über das Ende häuften, jeden Maßstab für die
rechte Auslegung der Tora verloren, zumal – so die Einleitung des Textes –
auch die Worte der Schriftgelehrten (während und nach der Katastrophe) nicht
mehr verfügbar waren. Darum beschlossen die Weisen, zu den elementaren
halachischen Fragen zurückzukehren und mit den Kontroversen von Hillel und
Schammai den Grund zu einem Neuanfang zu legen. M. a. W. die Zeit der
endzeitlichen Offenbarungen und der Erkenntnis des tieferen Sinnes hinter
dem bloßen Wortsinn in der Tora sollte jetzt vorüber sein. Daß viele pharisäische Schriftgelehrte jedoch früher dieser vielseitigen, profetisch-eschatologisch
„inspirierten" Auslegung vor 70 ihren Tribut gezollt hatten, kann man schwerlich bezweifeln. Schließlich waren gerade sie in der Frage der nationalen
Erhebung – und d. h. auch in der aktualisierenden Auslegung der Profetie
– gespalten, und Zaddok, der Mitbegründer der zelotischen „4. Philosophen-
sekte" zusammen mit Judas Galiläus, war selber Pharisäer[254].

9. Schluß

Tosefta Edujot 1,1 setzt einen Schlußstein und markiert einen Neuanfang.
Zugleich endet mit diesem tiefen Einschnitt in die jüdische Geschichte der für
meinen tour d'horizon vorgesehene Zeitraum. Das Ganze muß ein sehr frag-
mentarischer, im Grunde unbefriedigender Versuch bleiben. Zu vieles wurde
nur kurz angedeutet und ganz wesentliche Bereiche einfach übergangen. Dazu
gehören die Übersetzungen, allen voran die Septuaginta[255], deren Werden sich
wohl über mehr als 300 Jahre von der Übersetzung des Pentateuchs in der Mitte
des 3. Jh.s v. Chr. bis zu der des Buches Kohelet gegen Ende des 1. Jh.s n. Chr.
erstreckt und deren Entstehung, da man einen Text nicht ordentlich übersetzen
kann, wenn man ihn nicht versteht, zugleich eine Kette von „Interpreta-
tionsversuchen" war. Dasselbe gilt von den Targumim, deren Wurzeln bis weit
in die Zeit vor 70 zurückgehen. Wenn Jesus nach Mk 15,34 den Beginn von Ps
22 auf aramäisch zitiert, so muß das doch auf ein mündliches oder schriftliches
Targum zurückgehen. In Qumran hat man ja ein Targum zu Hiob und Fragmente zu einem Leviticustargum gefunden, das sehr alt zu sein scheint[256].

---

[254] Josephus ant. 18,4; s. M. Hengel, Die Zeloten (Anm. 41), 79–93.
[255] S. dazu M. Hengel, Die Septuaginta als „christliche Schriftensammlung" ... (Anm.
23), 34–127.
[256] K. Beyer, Die aramäischen Texte vom Toten Meer, Göttingen 1984, 278–298.

Auch die aramäische Übersetzung des m. E. ursprünglich hebräischen Tobit-
buches aus Höhle 4Q könnte man als Targum bezeichnen[257].

Übergehen mußte ich auch die vielseitige „exegetische" Literatur des griechischsprechenden Judentums, die durchaus nicht ausschließlich in Alexandrien entstanden sein muß, sondern z. T. von palästinischen Juden stammt,
insbesondere die großen historischen Werke eines Eupolemos, Josephus und
Justus von Tiberias[258]. Auffallend ist hier, daß in der Diaspora seit Demetrios
dem Chronographen gegen Ende des 3. Jh.s v. Chr. und bis hin zu Philo von
Alexandrien fast ausschließlich der Pentateuch im Mittelpunkt steht. Die heiligen Rollen des jüdischen „Gesetzes" und der Gesetzgeber Mose waren für die
heidnische Umwelt die eigentlichen Repräsentanten des Judentums. Diese
Literatur, die mit der Übersetzung des Pentateuchs durch die 72 beginnt, die
mit Philo und Josephus ihre Klimax erreicht und dann plötzlich abbricht, stellt
einen in der Antike einzigartigen geistigen Brückenschlag zur kulturell domi-
nierenden griechischen Welt dar. Ein religionsphilosophisch-exegetisches
Werk wie das Philos ist dort im Grunde ohne Analogie. Die LXX und die
jüdisch-hellenistische Schriftauslegung machten die heidenchristliche Mission
überhaupt erst möglich; sie bildeten so die Voraussetzung für die Ausbreitung
des Christentums, und der Ausleger Philo legte die sprachlichen Fundamente
zur Ausbildung der späteren christlichen Theologie seit den großen gnostischen
Systembauern und den Apologeten.

Wir kommen zum Schluß: Der damalige Kirchenhistoriker und spätere
systematische Theologe Gerhard Ebeling hielt 1947 in Tübingen seine Antritts-
vorlesung mit dem programmatischen Titel: „Kirchengeschichte als Geschichte
der Auslegung der Heiligen Schrift"[259]. Er wollte, daß man die Geschichte der
Kirche unter dem Blickwinkel der in ihr betriebenen Exegese sehen sollte und
daß diese gewissermaßen einen Prüfstein darstellte. Nicht umsonst sieht die
lutherische Theologie in der Kirche eine *creatura verbi divini*. Mit einem
gewissen Recht könnte man dies auch im Blick auf die Entwicklung des Judentums in der Zeit des Zweiten Tempels sagen. Es ist Träger, aber auch zugleich
Produkt des in ihm schriftgewordenen Gotteswortes. Das jüdische Volk ging
seinen Weg in jener Zeit in ständigem Ringen um die rechte Ausformung und

---

[257] Op. cit., 298–300.

[258] M. HENGEL/CH. MARKSCHIES, The ‚Hellenization' of Judaea in the First Century after
Christ (Anm. 28), 23 ff. Alle drei „Historiker" stammen aus Palästina!

[259] GERHARD EBELING, SGV 189, Tübingen 1947; abgedruckt in: ders., Gottes Wort und
Tradition, Studien zur Hermeneutik der Konfessionen, Göttingen 1964, 9–27. S. 27: „Die
kirchengeschichtliche Arbeit dient der radikalen kritischen Destruktion alles dessen, was sich
im Laufe der Geschichte zwischen uns und Christus gestellt hat, ohne auf ihn hinweisende
Auslegung der Heiligen Schrift zu sein. Sie dient ferner dem Aufweis des unendlichen
Reichtums des Wortes Gottes in seiner Auslegung in die Welt hinein bei seinem Gang durch
die Geschichte. Und insofern dient sie einer Selbsterkenntnis und Bezeugung der Kirche, wie
wir sie so aus der Schrift allein nicht gewinnen können, wie wir sie allein durch die Schrift in der
Geschichte erkennen."

Auslegung der ihm für seinen Weg durch die Geschichte anvertrauten göttlichen Offenbarung. Wenn Gen 32 der Kampf Jakobs mit Gott geschildert wird, durch den er seinen neuen Namen Israel erhält – „denn du hast mit Gott und Menschen gekämpft" –, so möchte man dies auf den geistigen Kampf jener rund fünf Jahrhunderte von Esra bis zum Abschluß des alttestamentlichen Kanons übertragen. In einer ständigen religiösen Auseinandersetzung innerhalb der jüdischen Kultgemeinde selbst und mit seiner Umwelt, die in der Antike kaum Parallelen findet, hat Israel bzw. das Judentum die heilige Schrift „geschaffen", aber man könnte auch – mit noch besserem Recht – sagen, daß Gottes erwählendes Wort Israel und das als heilige Schrift Gestalt gewinnende Gotteswort nach dem Exil das Judentum geschaffen habe.

Die beiden Formen der Schriftauslegung, die „gesetzeskonforme" und die „inspirierte", die in einem gewissen Gegensatz zueinander stehen, sind dabei von Anfang an von der Sache her vorgegeben, nämlich in der spannungsvollen Verbindung von Tora und Profetencorpus, d.h. im Gegensatz zwischen der Betonung der heilvollen Gegenwart Gottes in Kult und Gesetzesgehorsam und der Erwartung von Gottes kommender Herrschaft, in der erst der Gottesdienst gereinigt und der widergöttliche Ungehorsam überwunden wird. Beide Auslegungstypen sind weltgeschichtlich in einzigartiger Weise fruchtbar gewesen. Das Urchristentum ist eine Frucht der „inspirierten" eschatologischen Exegese, die die Auslegung der Schrift auf ihre Erfüllung in der Person des Messias und Erlösers Jesus von Nazareth bezog, das von den Rabbinen geprägte Judentum zog die „gesetzeskonforme" Auslegung vor, freilich ist dieser Widerstreit auch innerhalb der beiden Religionen bis heute wirksam geblieben: In der Kirche durch die Spannung zwischen einem paulinisch-johanneisch und einem matthäisch geprägten Christentum, man könnte auch sagen: in der dialektischen Spannung zwischen Evangelium und Gesetz bzw. zwischen „Geist" und „Buchstaben" (2 Kor 3), im Judentum in der Spannung zwischen Rabbinat und mystisch-chasidischen Strömungen. Diese Spannung wird bestehenbleiben, solange es eine Geschichte beider Religionen gibt; m.a.W.: Ihre Aufhebung kann nur als eschatologisches Ziel angestrebt werden, denn diese Spannung liegt in der Schrift selbst begründet.

2. Zur Wirkungsgeschichte von Jes 53 in vorchristlicher Zeit

Frieder Mildenberger zum 65. Geburtstag
in herzlicher Dankbarkeit gewidmet

I. Vorüberlegungen

Nach zwei so in sich geschlossenen, formvollendeten und kenntnisreichen Referaten, wie wir sie in den ersten beiden Sitzungen unserer Sozietät gehört haben, kann ich Ihnen heute – um in der Sprache des Evangelisten Markus zu sprechen – nur κλάσματα, Brocken, oder gar nur ψιχία, Brosamen, liefern. Dies liegt in der Natur der Sache. Denn es ist umstritten, ob der Text, der uns in diesem Semester beschäftigt, das sogenannte 4. Gottesknechtslied Deuterojesajas, überhaupt eine vorchristliche Wirkungsgeschichte besitzt, die diesen Namen verdient, d. h. ob dieselbe für die vorchristliche Zeit nicht weitgehend auf den Wünschen einiger konservativer Exegeten beruht. Dies gilt vor allem dann, wenn man bei der Spurensuche sich auf das Problem einer möglichen „messianischen" und gar stellvertretend für andere leidenden oder sterbenden Heilsgestalt konzentriert, auf deren Bild dieser Text eingewirkt haben soll; ich könnte auch sagen, wenn man versucht, Spuren eines „leidenden Messias", der von Jes 53 her geprägt ist, bereits in vorchristlicher Zeit nachzuweisen. Es könnte auch sagen: wenn man versucht, Spuren eines „leidenden Messias", der solche Überlieferung a limine vor Prüfung des diffizilen Sachverhalts abzulehnen, nicht weniger fragwürdig ist. Die geschichtliche Wirklichkeit folgt ja nie unseren Wünschen. Auch wäre es eigenartig, wenn dieser einzigartige Text, Jes 53, in einem Zeitraum von über 500 Jahren, in dem das jüdische Volk von schweren Leiden heimgesucht wurde, keine greifbare Wirkungsgeschichte hervorgebracht hätte.[1]

---

[1] Das Problem wurde bisher in der Forschung offenbar nie wirklich gründlich behandelt, s. den allzu knappen Überblick bei H. HAAG, Der Gottesknecht bei Deuterojesaja (EdF 23), 1985, 34–36 und J. W. VAN HENTEN (Hg.), Die Entstehung der jüdischen Martyrologie (StPB 38), 1989 und die Diskussionsäußerung von L. RUPPERT: „Das Diptychon (in Sap Sal 2 und 5) und die Danielstellen 11,33 ff und 12,2 f habe ich bisher als die ältesten Nachwirkungen von Jes

In nachchristlicher Zeit ist das ganz anders. Seit dem 2.Jh. n.Chr. besitzen wir nicht nur vereinzelte Hinweise auf eine vorübergehend leidende Messiasgestalt im Judentum, zu deren Beschreibung u.a. auch Texte aus Jes 53 verwendet werden konnten, sondern sogar einen am Ende sterbenden Messias ben Joseph bzw. aus Ephraim, für den freilich kaum Jes 53, sondern eher Sach 12,10−14 (neben Dtn 33,16f) Pate gestanden haben mag; so nach einer Baraita bSuk 52a.[2] Die Herkunft dieses „Kriegsgesalbten", der nach späteren Überlieferungen im Kampf gegen Gog und Magog oder den „Antichristen" Armilos fällt, bleibt nach wie vor dunkel. Zwar glaube ich nicht, daß man ihn, wie Billerbeck vermutet, „lediglich als ein Gebilde jüdischer Schriftgelehrsamkeit"[3] ansehen muß, aber da eine vorchristliche Entstehung der Vorstellung zwar durchaus möglich, aber auch nicht nachweisbar ist, können wir sie zunächst beiseite lassen, wobei wir uns jedoch bewußt sein müssen, daß bei der fragmentarischen, sehr zufälligen Quellenlage das argumentum e silentio das fragwürdigste aller Argumente ist. So könnte z. B. eine alte Verbindung zwischen Jes 53, Sach 12,10−14 und 13,7 bestehen. Das Aufkommen der Idee vom Messias ben Joseph mag mit den drei großen nationalen Katastrophen zwischen 66 und 135 n.Chr. zusammenhängen, es könnte vielleicht aber auch wesentlich älter sein. Mit der Wirkungsgeschichte von Jes 53 hat sie jedoch bestenfalls nur indirekt über Sach 12,10ff bzw TBenj 3,8 armenische Fassung zu tun; es handelt sich bei letzterem um einen besonders umstrittenen Text, auf den J. Jeremias großen Wert legte und auf den wir später noch einmal kurz zurückkommen müssen.[4] Auszuscheiden sind auch der Hinweis auf den Tod des Messias nach 400-jähriger Dauer des messianischen Reiches 4 Esra 7,29, da hier zwar vielleicht vom Gottesknecht (filius meus Christus = παῖς θεοῦ/Χριστός), aber von keinem sühnenden Leiden die Rede ist, und – schon aus zeitlichen Gründen – die bereits erwähnten späteren rabbinischen Nachrichten vom Leiden – nicht Sterben – des davidischen Messias.[5] Über die besonderen Probleme des Jesajatargums zu unserem Text wird auf dem Hintergrund der rabbinischen Parallelen Herr Ådna referieren (s.u. S. 129ff), zur späteren mittelalterlichen rabbinischen Auslegung von Jes 53 verweise ich auf die Studie von Herrn Kollegen Schreiner (s. u. S. 159ff).

---

53 angesehen, aber bei der (sic!) Daniel-Stellen bin ich mir nicht mehr so sicher" (251). Man wird jedoch mit mehr „Nachinterpretationen" zu rechnen haben. Völlig unbefriedigend ist die teilweise recht konfuse Arbeit von E. RUPRECHT, Die Auslegungsgeschichte zu den sogenannten Gottesknechtliedern im Buche Deuterojesaja unter methodischen Gesichtspunkten bis zu Bernhard Duhm, masch. Diss. Heidelberg, 1972.

[2] R. Dosa um 180 s. Bill. 2,293.299, vgl. auch O. SKARSAUNE. The Proof from Prophecy (NT.S 56), 1987, 395ff zu Justinus Martyr unmittelbar nach dem Bar Kochba-Aufstand.

[3] Op. cit. 2,294. Zu Armilos s. 3,638ff (639).

[4] S. dazu M. DE JONGE, Test. Benjamin 3, 8 and the picture of Joseph as „a good and holy man", in: VAN HENTEN (Hg.), (s. Anm. 1) 204−214. Zu TBenj 3,8 s. u. S. 85ff.

[5] S. dazu G. DALMAN, Der leidende und sterbende Messias der Synagoge im ersten christlichen Jahrtausend, 1888; Bill. 2, 274−292; J. J. BRIÈRE-NARBONNE, Le Messie souffrant dans la littérature rabbinique, 1940.

Auch die Frage der Deutung des Textes in den nachchristlichen jüdischen Versionen der griechischen Übersetzung des Alten Testaments, Theodotion, Aquila – in dieser Reihenfolge nennt sie zuerst Irenäus[6] und deutet damit wohl das richtige zeitliche Nacheinander der Entstehung an – und der des Judenchristen Symmachus, dessen Herkunft freilich umstritten ist[7], sowie der syrischen Version der Peschitto, die alle von Harald Hegermann[8] eingehend, jedoch mit unsicherem Ergebnis untersucht wurden, möchte ich wegen ihrer relativen Unergiebigkeit beiseite lassen, zumal bei dem Christen Symmachus (falls er wirklich ein solcher war) eine Deutung auf den Gottesknecht Jesus selbstverständlich vorauszusetzen ist, und dasselbe auch von der Peschitto gilt, bei der nach neueren Untersuchungen die Herkunft aus einem vorchristlichen jüdischen Targum, wie es P. Kahle und im Anschluß an ihn J. Jeremias und Hegermann vermuten, der angeblich aus der jüdischen Adiabene kommen soll, nicht sicher zu beweisen ist. Nach der neuesten Untersuchung von A. van der Kooij, Die alten Textzeugen des Jesajabuches, 1981, ist die Peschitto zu Jesaja etwa in der zweiten Hälfte des 2. Jh.s durch einen syrischen Judenchristen unter Heranziehung des hebräischen Textes und der LXX im östlichen Syrien, doch ohne Beeinflussung durch ein älteres palästinisches Targum, entstanden.[9] Die Existenz einer jüdischen, vorchristlichen Vetus Syra läßt sich nach van der Kooij nicht aufrechterhalten. Auf jeden Fall befinden wir uns hier auf so unsicherem Boden, daß wir gut daran tun, dieses Problem zurückzustellen. Bei der Peschitto ist die Gefahr zu groß, daß wir ein älteres jüdisches Targum voraussetzen, unsere Ergebnisse in Wirklichkeit jedoch aus der Interpretation eines syrischen (Juden-)Christen beziehen. D. h. wir werden uns auf *eindeutig* vorchristliche jüdische Texte beschränken.

Wie kein anderer deutscher Forscher der letzten 60 Jahre hat J. Jeremias, im Anschluß an die in diesem Punkt wesentlich zurückhaltenderen Gelehrten wie G. Dalman und P. Billerbeck, die Spurensuche nach einer vorchristlichen messianischen Deutung von Jes 53 betrieben und dabei heftigen und teilweise auch unsachlichen Widerspruch erfahren. Seine Überlegungen sind nach wie vor grundlegend und sollen uns als Ausgangspunkt dienen. Er nennt im Zusammenhang der „spätjüdischen Deutung" der 19 Gottesknechtstellen bei Deuterojesaja vier „weithin eingebürgerte Fehlerquellen", die „vermieden werden" sollen:

---

[6] 3,21,1. S. dazu M. HENGEL/R. DEINES, Die Septuaginta als ‚christliche Schriftensammlung‘, ihre Vorgeschichte und das Problem ihres Kanons (in: DERS./A. M. SCHWEMER, Die Septuaginta zwischen Judentum und Christentum [WUNT 72], 1994, 182–284); M. HARL/ G. DORIVAL/O. MUNNICH, La Bible Grecque des Septante, 1988, 142 ff. 150 ff.

[7] Op. cit. 148 ff. Er wird erst von Euseb h. e. 6,17 im Zusammenhang mit Origenes erwähnt. D. BARTHÉLEMY vermutete auf Grund rabbinischer Nachrichten in ihm einen zum Judentum konvertierten Samaritaner: Qui est Symmaque [1974], in: DERS., Études d'histoire du texte de l'Ancien Testament, OBO 21, 1982, 307–321.

[8] H. HEGERMANN, Jesaja 53 in Hexapla, Targum und Peschitta (BFChTh.M 56), 1954.

[9] Die alten Textzeugen des Jesajabuches (OBO 35), 1981, 258–298. Der Übersetzer könnte jedoch jüdische (bzw. judenchristliche) Auslegungstraditionen eingetragen haben.

1. „Daß – wie die Unterscheidung zwischen Proto-, Deutero- und Trito-J(e)s(aja) – so auch die moderne Abgrenzung der Gottesknechtslieder der alten Zeit völlig unbekannt ist. Diese Untersuchung darf sich also *nicht* auf diese oder gar auf Jes 53 beschränken".[10] Daher sollten wir, auch wenn wir ganz bewußt die Deutung von Jes 52,13–53,12 im Auge haben wollen, immer zugleich das ganze Jesajabuch mit beachten und dabei bedenken, daß die alten Ausleger in unserem Abschnitt durchaus keine Einheit sehen mußten. Der Text war ja zunächst nicht mehr als ein kleiner Ausschnitt aus den vielfältigen, im Judentum wie im Christentum gedeuteten „Weissagungen" des wichtigsten Schriftprofeten. Damit hängt der nächste Punkt zusammen:

2. Man muß sich nach Jeremias „vergegenwärtigen, daß bei der atomistischen Art der damaligen Exegese eine einheitliche Deutung der Ebed-Gestalt nicht vorausgesetzt werden darf". Für uns scheinbar konkurrierende Interpretationen, etwa die kollektive und die auf eine eschatologische Erlösergestalt bezogene, können als verschiedene wesentliche „Aspekte" desselben Textes und derselben Sache nebeneinanderstehen;[11] auch ist es möglich, Einzelaussagen, etwa über Erhöhung, Erschrecken der Mächtigen oder stellvertretendes Leiden aus dem Zusammenhang zu reißen und auf verschiedene Situationen und Personen zu beziehen. Wir dürfen daher keine einheitliche, auf dem 4. Gottesknechtslied gründende Gesamtdeutung eines Kollektivs oder einer Einzelgestalt erwarten. Diese für uns atomistische Art der Deutung findet sich – wenigstens scheinbar – selbst noch im NT, obwohl im Urchristentum die παῖς θεοῦ-Gestalt im leidenden und erhöhten Christus einen einheitlichen Bezugspunkt besaß.

3. Man sollte „sorgsam zwischen bloßen Anspielungen sowie Anwendungen einzelner Textworte auf beliebige Zusammenhänge einerseits und bewußten Deutungen andererseits unterscheiden", denn „ausschließlich die letzteren haben wirkliches Gewicht". Jeremias beruft sich dabei auf Kenner der rabbinischen Literatur wie Moore, Schlatter, K. G. Kuhn und Sjöberg. Hier wäre freilich zu bemerken, daß wir – wenn wir von den Pescharim oder der Damaskusschrift aus Qumran absehen – im Gegensatz zur rabbinischen Literatur aus vorchristlicher Zeit nur relativ wenig eindeutige *Schriftzitate*, aber umso mehr *Anspielungen* besitzen, so daß zwischen diesen und „bewußten Deutungen" in der Regel schwer zu unterscheiden ist. Der „Schriftkenner" war gerade nicht auf das „banale" Zitat angewiesen, um einen Zusammenhang zu erkennen;

---

[10] ThWNT 5,681,6ff.

[11] Zu diesem Wesenszug altorientalischen Denkens, der in der modernen Textinterpretation allzuleicht übersehen wird, die durch die Voraussetzung moderner Logik Wesenszusammenhänge in den alten Texten zerstört, s. schon H. u. H. A. FRANKFORT, Die Logik des mythischen Denkens (in: DIES./J. A. WILSON/TH. JACOBSEN, Frühlicht des Geistes, 1954, 17–36): „Wieder sehen wir, wie die Auffassung der Alten jedesmal wechselt, wenn ein Phänomen von einer neuen Seite her angegangen wird" (28), „ihm dient die Vielfalt dieser Bildformen dazu, der Komplexität der Erscheinungen gerecht zu werden" (29). S. jetzt auch E. BRUNNER-TRAUT, Frühformen des Erkennens am Beispiel Ägyptens, 1990.

ihm genügte die kleine Anspielung, und er liebte das teppichartige bunte „Gewebe" von andeutenden Verweisen aus verschiedenen Texten; man könnte auch von einem „Textmosaik" reden. Dies gilt auch noch z. T. für die neutestamentlichen Schriften selbst. Man wird daher aus einer gewissen Häufung von Anspielungen auch auf eine bewußte Auslegung eines Textes zurückschließen dürfen, wobei gerne Texte kombiniert werden, in der Regel ganz anders, als es unserer „historisch-kritischen" Betrachtungsweise entspricht. Daß, wenn man die bewußten Andeutungen miteinbezieht, plötzlich eine wesentlich reichere Wirkungsgeschichte sichtbar werden kann, zeigt das Register von G. W. E. Nickelsburg, Resurrection, Immortality and Eternal Life in Intertestamental Judaism, 1972, 193, der insgesamt neunmal z. T. ausführlich auf unseren Text als Ganzes eingeht und darüber hinaus noch 38mal auf Einzelpassagen hinweist; freilich mehr unter dem Gesichtspunkt der Erhöhung und weniger unter dem des Messias und des stellvertretenden Leidens. LXX und Jesajarolle von 1Q werden dabei von ihm so wenig berücksichtigt wie die Arbeiten von Euler und Hegermann. Ich möchte mich daher bei den Texten, die er erwähnt, kürzer fassen.

4. Dem 4. Punkt bei Jeremias müßte ich dagegen nach unserer heutigen Kenntnis der Dinge eher widersprechen. Danach habe „die Diaspora, z. T. infolge abweichender Lesarten der LXX, eigene Deutungstraditionen entwickelt", daher dürften „hellenistisch-jüdische und palästinische Aussagen ... keinesfalls auf eine Ebene gestellt werden."[12] Hier haben die alttestamentlichen Texte aus Qumran gezeigt, daß die abweichenden LXX-Versionen zu einem guten Teil auf palästinische Vorlagen zurückgehen, ja man muß damit rechnen, daß eine ganze Reihe von Büchern im Mutterland selbst ins Griechische übersetzt wurden,[13] während man andererseits, wie sich jetzt aus der 12-Profeten-Rolle von Nahal-Hever ergibt,[14] mit einem ständigen Einfluß korrigierender palästinischer Rezensionen auf die ursprüngliche Übersetzung rechnen muß. Schon Paulus verwendete teilweise einen nach dem hebräischen Urtext revidierten Jesajatext, so in Röm 10,15 mit einem Zitat aus Jes 52,7, das unmittelbar folgende Zitat in 10,16 aus Jes 53,1 hat jedoch die LXX-Version.[15] Palästinische und jüdisch-hellenistische Text- und Auslegungstraditionen lassen sich nicht so fein säuberlich trennen. Man wird so kaum mit Jeremias sagen können, daß das „hellenistische Judentum" die Gottesknechttexte bei Deute-

---

[12] Op. cit. 5,681,20ff.

[13] Vgl. HENGEL (s. Anm. 6), 442f. Das Jesajabuch selbst wurde jedoch im ptolemäischen Ägypten übertragen von einem Übersetzer, der mit dem Mutterland eng verbunden war, s. I. L. SEELIGMANN, The Septuagint Version of Isaiah, 1948. S. auch Kleine Schriften I, 43f.

[14] D. BARTHÉLEMY, Les devanciers d'Aquila (VT.S 10), 1963, E. Tov u. a., The Greek Minor Prophets Scroll from Nahal Hever (8 Hev XIIgr) (DJD VIII), 1990.

[15] S. dazu D. A. KOCH, Die Schrift als Zeuge des Evangeliums (BHTh 69), 66f.81f.243. In Jes 53,1 LXX = Joh 12,38 handelt es sich wohl um eine vorpaulinische „christliche Standardformulierung", vgl. Justin, dial. 42,2; 114,2. Nach SKARSAUNE (s. Anm. 2) 94.116 ist Justin hier direkt von Röm abhängig.

rojesaja, einschließlich des leidenden Knechts „im Anschluß an die LXX auf das Volk Israel", d. h. „kollektiv" deutet, im Unterschied zum palästinischen Judentum, das „sie durchgängig messianisch (versteht)".[16] Individuell-messianische und kollektive Deutung scheinen von Anfang an als Möglichkeiten nebeneinander gestanden zu haben, wobei das Schwergewicht jeweils entsprechend dem Wandel der Situation eher auf der einen oder der anderen Seite liegen konnte, ja man muß u.U. damit rechnen, daß beide Möglichkeiten gleichzeitig als verschiedene Aspekte des Textes betrachtet werden konnten, da ja eine messianische Gestalt immer zugleich auch Repräsentant des ganzen Volkes war. Das gilt selbst noch im Urchristentum, wo die Ekklesiologie ganz in der Christologie gründet. Die messianisch-eschatologische Erwartung war zudem, wie etwa ein Vergleich des Bileamorakels (Nu 24,7ff.17ff) in der LXX-Version mit dem MT zeigt, auch in der ägyptischen Diaspora zuhause.[17] Die alte LXX-Fassung des 3. Jh.s v. Chr. zeigt hier enge Berührungen mit dem späteren Targum und palästinischer Tradition, dasselbe gilt auch für ihre Auslegungsgeschichte bis hin zu Philo und den Sibyllinen. Der verheerende Aufstand der Juden in Ägypten und der Cyrenaika 115–117 war, ebenso wie der wenig spätere Bar-Kochbas in Judäa, messianisch geprägt. Theodotion, der nach Jeremias und Hegermann in seiner Rezension der LXX messianisch interpretiert, war kein Palästinajude, sondern ein Proselyt aus Ephesus, Aquila stammte aus dem Pontus, und die jüdischen Gelehrten, die Origenes über die kollektive Deutung unseres Textes auf Israel informierten (c.Cels 1,55), taten dies vermutlich im palästinischen Caesarea. Contra Celsum ist gegen Ende seines Lebens, kurz vor der decianischen Verfolgung, entstanden. Richtig ist, daß das griechische παῖς eher eine Interpretation im Sinne von Kind bzw. Sohn Gottes zuläßt als das hebräische עֶבֶד.[18] Aber schon im palästinischen Judentum kann die Bezeichnung „Sohn Gottes" kollektiv auf Israel, auf den Messias und den einzelnen Gottesmann, Frommen und Weisen bezogen werden.[19] Das wird beim „Knecht Gottes" kaum anders gewesen sein.

II. Die eschatologische Interpretation des ganzen Jesajabuches

Das Jesajabuch als Einheit begegnet uns wahrscheinlich schon 2Chron 32,32, d. h. in frühhellenistischer Zeit, da dort 2Kge 18–20 (= Jes 36–39) bereits als Teil „der Schauung Jesajas" (חֲזוֹן יְשַׁעְיָהוּ, Jes 1,1) vorausgesetzt wird. 2Chron 20,20 zitiert bereits das Wortspiel Jes 7,9b und 2Chron 20,7 vermutlich Jes

[16] Op.cit. 5,682,14–23.
[17] M. HENGEL, Messianische Hoffnung und politischer ‚Radikalismus' in der jüdisch-hellenistischen Diaspora (in: D. HELLHOLM (Ed.), Apocalypticism in the Mediterranean World and the Near East, 1980, 655–686), 679f. S. Kleine Schriften I, 314–343.
[18] J. JEREMIAS, Abba, 1966, 193f.196ff.
[19] M. HENGEL, Der Sohn Gottes, 1977².

41,8.[20]. Eindeutig bezeugt ist seine Einheit durch Ben Sira um 200 im Lob der Väter 48,20−25, wo Jesaja, der bedeutendste Schriftprofet, als „der Große und Zuverlässige in seinem Gesicht" genannt wird.[21] „Mit von göttlicher Kraft erfülltem Geist schaute er die Endzeit (אחרית= ἔσχατα) und tröstete die Trauernden Zions. Für alle Zeit (עד עולם) verkündigte er die zukünftigen (נהיות) und verborgenen Dinge (נסתרות), bevor sie eintreten." Die letzten Sätze beziehen sich eindeutig auf die Weissagung Deutero- und Tritojesajas, das παρεκάλεσεν τοὺς πενθοῦντας ἐν Σιων auf Texte wie Jes 40,1. In dem Gebet Sirach 36, in dem es um die eschatologische Rettung des Gottesvolkes geht, wird u. a. angespielt auf Jes 60,22b;[22] 47,8b.10c;[23] 41,26; 48,16.[24] Der Schlußsatz „alle Bewohner der Erde sollen erkennen, daß du unser Gott bist,"[25] ist eine typische deuterojesajanische Formulierung, und in Sir 48,10 wird wohl die in Jes 49,6 dem Gottesknecht zugeschriebene Aufgabe, „die Stämme Jakobs aufzurichten und die Bewahrten Israels zurückzubringen", in etwas veränderter Form und mit Mal 3,23f kombiniert auf den zur festgelegten Zeit kommenden Elia redivivus übertragen.[26]

Spätestens seit Beginn der frühhellenistischen Zeit wurde das Jesajabuch als Ganzes (und eschatologisch) ausgelegt und hat auch als solches gewirkt, und wir können daher unsere modernen Aufteilungen des Textes keineswegs für die Frühzeit voraussetzen. Die Unterscheidung von Sinnabschnitten konnte zunächst von Handschrift zu Handschrift variieren. Während in der Rolle 1QJesA mit Jes 52,13 eine neue Kolumne beginnt und auch nach 52,12 der Rest der Zeile freigelassen wird, besteht in der Rolle B zwischen 52,12 und 13 nur der übliche Wortabstand, dagegen findet sich eine größere Distanz, die einen Sinnabschnitt andeutet, zwischen 52,10 und 11. Umgekehrt läßt der Schreiber

---

[20] זֶרַע אַבְרָהָם אֹהֲבִי bzw. אֹהֲבִי; A. VAN DER KOOIJ, Die alten Textzeugen des Jesajabuches (OBO 35), 1981, 15−19. Die von H. GRESSMANN, Der Messias, 1929, 333f und anderen auf Grund von 2Chr 36,22 und Esra 1,1 geäußerte Vermutung, daß Jes 40−55 ursprünglich Jeremia zugeschrieben worden sei, die RUPRECHT (s. Anm. 1), 6f wieder aufnimmt, ist grundlos. Die dort angesprochene Erfüllung der Weissagung Jeremias bezieht sich auf die 70 Jahre des Exils Jer 25,11; 29,10; vgl. Sach 1,12.

[21] ὁ μέγας καὶ πιστὸς ἐν ὁράσει αὐτοῦ. Der Vers fehlt vermutlich wegen Textausfall in der einzigen hebräischen Handschrift B, ist aber auch dort sinngemäß vorauszusetzen, da εἶδεν τὰ ἔσχατα (חזה אחרית) V. 24f nur für Jesaja und nicht für Hiskia gilt. Zu ὅρασις s. Jes 1,1 und 2Chron 32,32 = חָזוֹן.

[22] vgl. Jes 5,19 = Sir 36,10a.

[23] Sir 36,12b. Der ganze Vers mit einer Anspielung auf Nu 24,17 ist gegen den hellenistischen Herrscherkult gerichtet.

[24] Sir 36,21: Erinnerung an die Taten der Vorzeit und Bitte um Erfüllung der Weissagung.

[25] Sir 36,22 vgl. Jes 40,28; 41,5.9; 43,6; 45,22; 48,20; 49,6; 52,10; 62,11.

[26] Sir 48,10: להשיב ... ולהכין ש[בטי ישרא]ל, LXX: καταστῆσαι φυλὰς Ἰακωβ; Jes 49,6: לְהָקִים אֶת־שִׁבְטֵי ... יִשְׂרָאֵל לְהָשִׁיב. Die Gottesknechtstelle wird hier individuell eschatologisch interpretiert und mit Elia verbunden, s. dazu HAAG (s. Anm. 1), 35 unter Hinweis auf RUPRECHT (s. Anm. 1), 10ff, der freilich viel zu weit gehende Schlüsse zieht. Ob Ben Sira den Gottesknecht direkt mit dem Elia redivivus identifizieren will, ist fraglich, und erst recht die Vermutungen zum Markusevangelium. S. o. in diesem Bd. S. 18f.

von Rolle A Jes 40,1 mit der letzten Zeile der Kolumne beginnen, d. h. er sieht hier keinen wesentlichen Neuansatz. Bei den nachchristlichen jüdischen Hand-schriften war bei 54,1 ein deutlicher Sinnabschnitt, denn damit begann die profetische Haftara zur Toralesung von Gen 16,1. Die nächste vorhergehende Jesajahaftara war dagegen Jes 52,3, und zwar nach tMeg 3,18 nur ein Vers (vgl. bMeg 24a), später wurde die Lesung bis 52,5 bzw. 52,10 ausgedehnt und schließlich als messianische Ergänzung 53,4 und 5 hinzugefügt.[27] Unsere Biblia Hebraica, die hier wohl dem Codex Leningradensis folgt, macht diese Entwick-lung noch z. T. sichtbar, freilich sieht sie in 52,13−53,12 eine eigene Einheit.

Deutlich wird jedoch schon bei Ben Sira, daß man bereits zu Beginn des 2. Jh.s, d. h. noch in vormakkabäischer Zeit, das *ganze* Werk auf die eschatolo-gische Zukunft hin deutete. Der Enkel übersetzt אחרית mit ἔσχατα, ein Begriff, der erstmalig bei Deuterojesaja erscheint (41,22; 46,10; 47,7). Auch aufgrund der Fragmente der Jesajapescharim aus 4Q (A-D) kann man annehmen, daß dieses wichtige profetische Werk nahezu ganz auf die „Endzeit"[28], d. h. in Qumran auch auf die Gegenwart „am Ende der Tage" ausgelegt wurde. Dies wird auch für Jes 53 mit seinen zahlreichen futurischen Aussagen gelten, die Frage ist nur, wo und wie dies geschah.

III. Das Weiterwirken von Jes 53 in Sach 13,7 und 12,9−13,1

Zunächst müssen wir jedoch von Sirach einen Blick zurück auf zwei ältere Texte werfen, die wohl die kriegerischen Katastrophen der frühen Diadochen-zeit widerspiegeln und vielleicht mit der Eroberung Jerusalems nach der Schlacht von Gaza 312 v. Chr. (oder nach Ipsos 301) durch Ptolemaios I. Soter zusammenhängen. Sie gehören mit zu den spätesten kanonischen Profeten-texten: Sach 12,8−13,1 (12,10−14) und 13,7−9[29].

In beiden Fällen ist vom gewaltsamen Tod einer – messianischen? – Führer-gestalt die Rede, im ersten Falle scheint es sich um einen Davididen zu handeln, im zweiten liegt dies nahe, denn der „Hirte" gehörte zu den wichtigsten Herrschermetaphern. Bei der anonymen Fortschreibung der Profetenbücher muß man voraussetzen, daß die unbekannten Autoren dieser bereits apokalyp-tisch eingefärbten profetischen Orakel die ältere profetische Literatur und hier

---

[27] J. MANN, The Bible read and preached in the Old Synagogue I, LV.298f.566, Anm. 71.

[28] באחרית הימים (oder ל־) s. zu 4QpJes Index Allegro DJDJ 5,92, vgl. auch 1QpHab 2,6; 9,6 u. a. Belege aus der „Prophetenexegese", s. J. H. CHARLESWORTH, Graphic Concordance to the Dead Sea Scrolls, 1991, 143f. Zur Auslegung in Qumran s. o. S. 51−61.

[29] S. dazu M. HENGEL, Juden, Griechen und Barbaren (SBS 76), 1976, 33−35; O. H. STECK, Der Abschluß der Prophetie im Alten Testament (BthSt 17), 1991, 37−55.99-105, dessen zeitlicher Ansatz zwischen 240 und 226 mir zu spät erscheint. Bei Ben Sira um 200 ist der Prophetenkanon fest gefügt, s. M. HENGEL, ‚Schriftauslegung' und ‚Schriftwerdung' in der Zeit des Zweiten Tempels, (in: DERS./H. LÖHR (Hg.), Schriftauslegung im antiken Judentum und im Urchristentum [WUNT 73], 1994, 1−71), 24ff.34f.38ff. = o. dieselben Seiten.

wieder vor allem das Jesajabuch genau kannten. Zahlreiche Ausleger haben daher – m.E. mit Recht – einen Einfluß des Gottesknechtsliedes von Jes 53 vermutet. W. Rudolph sieht in dem Hirtenkapitel 11,4ff und dem daran anschließenden Textstück 13,7–9 vom Tod des Hirten und der Läuterung des Restes einen Hinweis auf den Messias: Im „göttlichen Auftrag ... vergegenwärtigt (der Prophet) die Aufgabe des Messias".[30] Dieser anstößige „Pessimismus des Propheten, daß selbst der Messias ... ein so schlimmes Fiasko erleiden werde", und zwar unter „Zustimmung Jahwes in 13,7", erkläre sich am besten daraus, daß „dem Propheten dabei die Gestalt des Gottesknechts in Deuterojesaja vorschwebte".[31] „Wie jenem Propheten kund wurde, daß das Ende des Messias von Menschenhand an Jahwes Heilsplan nichts ändern könne (Jes 53,10), so empfängt unser Prophet die göttliche Kundmachung, daß Jahwe diese menschliche Schuld in seinen Heilsplan hineinnehme. Zugleich aber schaltet er frei mit dem vierten Ebed-Jahwe-Lied: Dort steht das Schicksal des Ebed im Mittelpunkt: Sein Tod ist nicht Strafe für eigene Sünde, sondern stellvertretendes Leiden ... In Sach 13,7–9 dagegen geht es in erster Linie um das Schicksal des Volkes. Der Schwere der Schuld ... entspricht die Schwere der Strafe ...; diese aber dient zugleich der Läuterung, so daß am Ende das ideale Verhältnis zwischen Gott und Volk hergestellt wird."[32]

Enge sprachliche Berührungen ergeben sich aus der Verwendung des Verbs נכה hi. in 13,7bα, entweder als Befehl Jahwes[33] oder aber als Ausdruck seiner festen Absicht.[34] So oder so geht es um Gottes Gerichtshandeln an „meinem Hirten, dem Mann, der in Gemeinschaft mit mir steht"[35], eine Bezeichnung, die dem Gottesknecht relativ nahe kommt. In Jes 53,4c wird dieser als von Gott geschlagen[36] bezeichnet. Dem „Zerstreuen der Schafe" würde 53,6 entsprechen: „Wir gingen alle in die Irre wie Schafe, jeder wandte sich seinem eigenen Weg zu". Dabei wird in Jes 53,5 und 6 die zurückschauende Sicht der Gemeinde, in Sach 13,7 dagegen Gottes unmittelbares Handeln dargestellt. Das Heil wird auch nicht durch stellvertretendes Leiden, das Sühne wirkt, geschenkt, sondern durch die Läuterung des Gerichtsfeuers hindurch wird ein Rest erret-

---

[30] Haggai – Sacharja 1–8 – Sacharja 9–14 – Maleachi (KAT XIII,4), 1976, 206. Zu 13,7: „Es kann sich nur um den ersten Hirten handeln, in dem wir den Messias erkennen" (213). Der Anschluß von 13,7 an 11,17 wurde seit Ewald von vielen Auslegern vertreten, s. auch Th.H. Robinson/F. Horst, Die zwölf kleinen Propheten (HAT I/14), 1964, 253f.

[31] Op.cit. 213; vgl. K. Elliger, Das Buch der zwölf kleinen Propheten II (ATD 25), 1980, 166: „Es kann kein Zweifel sein, daß dem Verfasser eine Messiasgestalt vorschwebt".

[32] Op.cit. 213f. Rudolph verweist in diesem Zusammenhang auf P. Lamarche, Zacharie IX–XIV, Structure littéraire et messianisme, 1961, 139–147, s. vor allem S. 144f, dort Hinweis auf ältere Literatur.

[33] So MT: הַךְ אֶת־הָרֹעֶה, zitiert in CD Text B 19,8.

[34] LXX: πατάξω = הַכֵּה אַכֶּה, so der Textvorschlag von K. Elliger, vgl. Robinson/Horst, Rudolph u.a., vgl. die 1. Pers. in 13,7bβ. Möglicherweise hat die hebräische Textüberlieferung die anstößige 1. Person abgeschwächt.

[35] רֵעִי und עֲמִיתִי גֶּבֶר, vgl. Baumgartner/Stamm: „der Mann, der mir nahe steht" (799).

[36] מֻכֵּה אֱלֹהִים; LXX: ἐν πληγῇ, A und Θ ergänzen ὑπὸ θεοῦ, Σ πεπληγότα ὑπὸ θεοῦ.

tet, der Gott die Ehre gibt (13,8.9). Das Gericht an dem Gott nahestehenden Hirten erscheint als Anfang des Läuterungsgerichts.

In Sach 12,10ff wird ein vergleichbares Geschehen unter einem ganz anderen Aspekt dargestellt. Die zahlreichen Satzeinleitungen mit der „apokalyptischen" Formel „an jenem Tage" bringen dabei in ständigem Wechsel die tödliche Bedrohung Judäas und Jerusalems durch die Weltvölker, aber auch die rettende Zuwendung seines Gottes zur Sprache.[37] 12,9 faßt als Übergang das Geschehen der drohenden Vernichtung und der Rettung zusammen. Ab 12,10 „wird dargestellt, wie nach heroischem Kampf ... eine große kultische Trauerfeier veranstaltet wird".[38]

Als Zeichen des Anbruchs der Heilszeit gießt Gott selbst den „Geist der Ergriffenheit und des Flehens" aus, der eine dem Geschehen angemessene einsichtige Klage erst möglich macht. Zu dieser grundlegenden Einsicht gehört, daß die Bewohner Jerusalems „auf den schauen, den man (?) durchbohrt hat"[39], wobei der „Geist der Ergriffenheit und des Flehens" wohl auch die Erkenntnis eigener Schuld gegenüber dem Durchbohrten zur Folge hat. Die bei der Klage genannten Sippen lassen das ideale Bild Jerusalems zur Zeit Davids lebendig werden, zugleich erinnert die Klage an die von Jeremia gedichtete zeitlose Totenklage gegenüber dem Gesetzeserneuerer Josia, der bei Megiddo fiel.[40] Weiter kann man sich fragen, ob der Vergleich mit der Klage um den sterbenden und auferstehenden Hadad-Rimmon nicht schon einen verborgenen Hinweis auf die apokalyptische Möglichkeit einer Auferstehung der Toten enthält, die uns in Jes 26,16, einem ungefähr zeitgleichen Text, begegnet.[41] Karl Elliger stellte gegenüber diesem rätselhaften Text die Frage: „ist diese Gestalt hier schon zusammengeflossen mit der des deuterojesajanischen Gottesknechts, also die Gestalt eines Märtyrer-Messias bzw. eines die Sünden des Volkes büssenden Messiasvorläufers geschaut?", um sie unter Verweis auf das Hirtenwort Sach 13,7 und die abschließende Heilszusage Vers 13,1 über den Quell, „der sich eröffnet für das Haus Davids und für die

---

[37] 12,4.6.8.9;13,1−4, vgl. 14,1.6.

[38] H. GESE, Anfang und Ende der Apokalyptik dargestellt am Sacharjabuch (1973; in DERS., Vom Sinai zum Zion. Alttestamentliche Beiträge zur Biblischen Theologie [BevTh 64], 1974, 202−230), 225f.

[39] Zu Text und Übersetzung s. ROBINSON/HORST (s. Anm. 30), 254, ELLIGER (s. Anm. 30), 158.160f: „da der Text eben so gut an einen Tod durch die zum Endkampf versammelten Belagerer wie durch die Mitkämpfer denken kann" (161).

[40] Jer 22,10; 2Chr 35,24f: „Und alle Sängerinnen und Sänger reden in ihren Klageliedern von Josia bis auf den heutigen Tag. Man machte sie zu einer Regel in Israel ...". Das Chronikbuch und Sach 12−14 liegen zeitlich nahe beieinander.

[41] ELLIGER (s. Anm. 31): „obwohl mit der Erwähnung des Hadad-Rimmon merkwürdig auch an das Geheimnis der Auferstehung gerührt, aber eben nur gerührt wird – der Gedanke an Auferstehung des Märtyrers scheint dem Verfasser fernzuliegen"(162). Einen positiven Hinweis sieht dagegen – m. E. mit Recht – H. GESE, Der Tod im Alten Testament (in: DERS., Zur biblischen Theologie, 1977), 52.

Bewohner Jerusalems gegen Sünde und Unreinheit"[42], zu bejahen. Entschieden wird ein messianischer Bezug auch von W. Rudolph vertreten, der den Durchbohrten mit dem Messias von 11,4ff und 13,7 identifiziert, wobei „der Prophet unter dem Einfluß von Jes 53 [steht], wo in V. 5 die Verba חלל und דכא mit dem hier gebrauchten דקר synonym sind".[43] Die Vermutung eines Zusammenhangs mit dem 4. Gottesknechtslied wird unterstützt durch die Tatsachen, daß der Kontext von Sach 12,9–13,1 den wunderbaren Sieg über die Weltvölker schildert, den man aus Jes 52,13–15[44] herauslesen konnte, weiter dadurch, daß auch 53,1–9 eine „geistgewirkte" kollektive Klage darstellt, die nicht zuletzt das eigene Versagen schildert, das die Klagenden erst nach dem Tode des Gottesknechtes richtig „sehen", d. h. in seiner wahren Tiefe erkennen, und daß am Ende 53,10–13 die Überwindung von Schuld und Sünde für die Betroffenen steht. Ich frage mich auch, ob in der späteren – uns unbekannten – Auslegungstradition dieses rätselhaften Textes von Sach 12 der unmittelbare Vergleich des „Hauses Davids" mit „Gott" bzw. dem „Engel Jahwes" in 12,8 nicht auf den „einzigartigen" und „erstgeborenen" „Durchbohrten" bezogen werden konnte. Freilich taucht eine „messianische" Interpretation des Textes erst wieder im frühesten Christentum und beim Messias ben Joseph auf, wobei die entstellte Übersetzung der LXX wie auch TgJon zeigen, daß man ihn später nicht mehr auf eine leidende Erlösergestalt gedeutet hat, beim Targum wird man ähnlich wie in Jes 53 sagen dürfen: nicht mehr deuten wollte.[45] Im Blick auf die ganz seltenen Spuren einer vorchristlichen leidenden messianischen Gestalt sollten wir nicht vergessen, daß wir überhaupt – von Qumran abgesehen – nur wenige eindeutig vorchristliche „messianische Texte" besitzen und daß schon in den messianisch gedeuteten alttestamentlichen Texten das Motiv des endzeitlichen Siegers und Richters überwiegt. Die eschatologische Hoffnung richtete sich ja auf die Wiederherstellung und Befreiung des Gottesvolkes, das Leiden eines endzeitlichen Repräsentanten konnte daher nur im Zusammenhang mit konkreten historischen Erfahrungen und als Vorbereitung

---

[42] Op.cit 171f. GESE (s. Anm. 38), 227f, deutet den Text dagegen auf das „Kollektiv der gefallenen Juden", welches „das Martyrion der Endzeit erlitten hat", doch zeigte schon 13,7 die Möglichkeit einer messianischen Interpretation auf den „davidische(n) König der Endzeit", der „zusammen mit seinem Volk durch ein Martyrium (geht), das von Jahwe selbst veranlaßt ist", vgl. DERS. (s. Anm. 41), 137.

[43] Op.cit. 223f. Mit Recht schließen er und Gese einen direkten Bezug auf eine historische Person aus: Es handelt sich ja um eine „apokalyptische Zukunftsvision."

[44] S. dazu die LXX- und Targuminterpretation u. S. 75ff.

[45] A. SPERBER, The Bible in Aramaic III. The latter Prophets according to Targum Jonathan, Leiden 1962, 495, wo Sach 12,10b völlig umgebogen wird: „und sie werden bitten von mir wegen der in Gefangenschaft Geführten". S. dazu K.J. CATHCART/R.P. GORDON, The Aramaic Bible Vol. 14. The Targum of the Minor Prophets, 1989, 218, Anm. 28. Die Umdeutung ist wohl als antichristliche Interpretation zu verstehen. Der Codex Reuchlinianus (f6) hat hier eine längere Passage über den Tod des Messias bar Ephraim vor den Toren Jerusalems im Kampf gegen Gog. Über ihn wird die Totenklage gehalten (s. dazu o. S. 50 Anm. 2).

der Erlösung auftreten, d. h. messianische Leidenstraditionen mußten innerhalb der Endzeiterwartung notwendigerweise eine marginale Rolle spielen.
Viel näher lag hier eine kollektive Deutung, sei es für das verfolgte wahre Israel
während der Zeit der messianischen Wehen unmittelbar vor dem Anbruch der
Heilszeit, sei es paradigmatisch für den leidenden Gerechten.

IV. Spuren im Danielbuch

Rund 150 Jahre nach Tritosacharja und zwischen Ben Sira und den Pescharim
von Qumran liegt das *Danielbuch*. Es entstand 165/164 zur Zeit der Entweihung des Tempels und auf dem Höhepunkt der damit verbundenen Verfolgung
unter Antiochus IV. Epiphanes, ein Ereignis, das, im Bewußtsein der Zeitgenossen, als Katastrophe selbst noch die Tempelzerstörung 587 übertraf, und als
die „endzeitlichen Wehen" schlechthin verstanden wurde, auf die nur noch der
baldige Anbruch der Gottesherrschaft folgen konnte.[46] Schon in den älteren
Kommentaren war auf vielfältige Berührungen zwischen dem Schluß des Danielbuches und dem Jesajabuch hingewiesen worden,[47] wobei der unbekannte
Autor, ebenso wie wenig später der Übersetzer der LXX von Jes oder der
Lehrer der Gerechtigkeit in Qumran samt seinen Nachfolgern, in der Gewißheit lebten, daß sich die profetische Weissagung in ihrer Gegenwart erfülle.
Auch die Beziehungen zu Sacharja 11 – 14 sollten dabei nicht übersehen werden.
In Dan 12,2a stammt die Formulierung „viele der Schlafenden des Staublan-
des werden aufwachen" (... וְרַבִּים מִיְּשֵׁנֵי אַדְמַת־עָפָר יָקִיצוּ), aus Jes 26,19, „aufwachen und jubeln werden die Bewohner des Staubs" (יָקִיצוּ שֹׁכְנֵי עָפָר [st. הָקִיצוּ, so
1Q Jes A, LXX A, Θ, Σ]), und in 12,2b „diese (werden auferstehen) zu ewiger
Schande und Abscheu" findet sich das Wort „דְּרָאוֹן", bei Daniel st. constr.
„דְּרְאוֹן עוֹלָם", nur noch Jes 66,24c, „und werden sein zum Abscheu für alles
Fleisch", das letzte Wort des Buches. Allgemein anerkannt ist auch die Beziehung zwischen den zum ewigen Leben auferweckten מַשְׂכִּלִים, denen der Glanz
der Himmelsfeste verliehen wird, die dann als מַצְדִּיקֵי הָרַבִּים bezeichnet werden
und wie Sterne immer und ewig leuchten sollen, mit Jes 53,11b: יַצְדִּיק

---

[46] Dan 12,1: „Eine Zeit der Bedrängnis, wie sie niemals war, seit es ein Volk gibt": der
Singular גּוֹי bezieht sich m. E. nicht auf die Völker, d. h. die Weltgeschichte, sondern im
ganzen Zusammenhang doch wohl auf das eine von Gott erwählte Volk Israel. Dies würde
bedeuten: seit der Unterdrückung in Ägypten vor dem Exodus bis jetzt, vgl. Ex 9,18; Dtn
4,32 ff und die Überbietung dieser Aussage in Mk 13,18, dazu Joel 2,2.

[47] R.H. CHARLES u. a.; zum Einfluß Jesajas (und anderer Profetentexte) auf Daniel 9 – 12 s.
M. FISHBANE, Biblical Interpretation in Ancient Israel, 1985, 482 – 499, zu den מַשְׂכִּלִים s. 493;
HAAG (s. Anm. 1), 35; U. KELLERMANN, Das Danielbuch und die Märtyrertheologie der
Auferstehung (in: VAN HENTEN [s. Anm. 1], 51 – 75), 52 ff, s. auch u. S. 64 Anm. 64 zu Dan 7.

צַדִּיק עַבְדִּי לָרַבִּים. Montgomery[48] weist darauf hin, daß das Hi. von √צדק an beiden Stellen nicht den üblichen Sinn von ‚declaring innocent' besitzt, sondern „to make the many righteous". Ja, er geht noch weiter und erklärt auf die Frage von P. Volz, „ob hier von einem stellvertretenden Leiden oder einem thesaurus meritorum die Rede sei"[49], „the ref(erence) ... to the propitiatory value of the sufferings of martyrs is not impossible". Diese Vermutung könnte sich auf den Parallelismus 53,11 MT berufen: „Gerechtmachen wird der Gerechte, mein Knecht, die Vielen, und ihre Sünden wird er tragen." In Jes 53 ist ja nicht so sehr von gerechtmachender Belehrung als von stellvertretendem Leiden die Rede. H.L. Ginsberg[50] verweist auf den ganzen Komplex der מַשְׂכִּלִים und ihr Verhältnis zu den „רַבִּים", der schon in 11,33 beginnt: וּמַשְׂכִּילֵי עָם יָבִינוּ לָרַבִּים, „und die Weisen des Volks machen die Vielen verständig und sie werden zu Fall gebracht (נִכְשְׁלוּ) durch Schwert und durch Feuer, durch Gefangenschaft und durch Plünderung eine Zeit lang ...". Der Autor von Dan kann den Gottesknecht mit den מַשְׂכִּלִים identifizieren, weil das 4. Lied mit einem הִנֵּה יַשְׂכִּיל עַבְדִּי beginnt. Ginsberg will darum in den Versen Dan 11,33–12,10 „the oldest interpretation of the suffering servant"[51] sehen, eine Ansicht, der sich Lacocque in seinem Kommentar anschließt.[52] Freilich wird ein stellvertretendes Leiden der מַשְׂכִּלִים nicht klar angesprochen, sondern bestenfalls angedeutet, da die Deutung von 11,35 umstritten ist: „Und einige von den מַשְׂכִּלִים werden zu Fall kommen (יִכָּשְׁלוּ), um zu läutern[53] unter ihnen (oder durch sie, בָּהֶם), zu richten und zu reinigen bis zur Zeit des Endes." Hier ist die Frage, ob das „בָּהֶם" auf die Vielen zu beziehen ist[54] und dann das stellvertretende Märtyrerleiden der מַשְׂכִּלִים für die Vielen beschrieben ist, oder aber auf sie selbst, so daß sie durch ihr Leiden sich selbst reinigen[55].

Hier muß ich einige Bemerkungen zum *Märtyrertod* und *stellvertretenden Leiden* und Sterben einfügen.[56] Das Alte Testament kennt noch keine Verherrlichung des Märtyrers bzw. des Helden, der sein Leben für sein Volk oder Gott

---

[48] J.A. Montgomery, A Critical and Exegetical Commentary of the Book of Daniel (ICC), 1927, 47f.

[49] Jüdische Eschatologie von Daniel bis Akiba, 1903,12 = Eschatologie der jüdischen Gemeinde im neutestamentlichen Zeitalter, 1934, 14.

[50] H.L. Ginsberg, The Oldest Interpretation of the Suffering Servant (VT 3, 1953, 400–404).

[51] Op.cit. 402: „Undoubtedly our author has identified the Many of Isa LII 13-LIII 12 with the masses in the time of the Antiochian religious prosecution, and the Servant with the minority of steadfast antihellenizers".

[52] Le Livre de Daniel (CAT XVb), 1976, 170.

[53] לִצְרוֹף, vgl. Sach 13,9 כְּצָרֹף.

[54] So Montgomery/Lacocque.

[55] So Bentzen, Plöger.

[56] S. dazu den Sammelband J.W. van Henten (Hg.), Die Entstehung der jüdischen Martyrologie (SPB 38), 1989. Einleitung von B. Dehandschutter/van Henten, 1–19. Zum Danielbuch s. U. Kellermann, 51–75, weiter H.S. Versnel, Quid Athenis et Hierosolymis. Bemerkungen über die Herkunft von Aspekten des „Effective Death", 162–196. Vgl. M. Hengel, The Atonement, 1981 = The Cross of the Son of God, 1986, 189–284.

und sein Gesetz opfert.[57] Auch stellvertretende Sühne außerhalb des gesetzlich geregelten Opferkults im Heiligtum – etwa durch die Hingabe eines Menschenlebens – ist ihm fremd. Eben darum ist die einzige wirkliche Ausnahme, Jes 53, gemäß der vielzitierten Formulierung von K. Koch „ein erratischer Block".[58] Dagegen haben wir zahlreiche Beispiele dazu in Griechenland seit der archaischen Zeit, etwa das verbreitete Pharmakosmotiv oder das Jungfrauenopfer (Iphigenie). Später, vor allem im Zusammenhang mit den Perserkriegen, finden wir die Heroisierung der Helden, die für die Polis und ihre heiligen Gesetze sterben. Alttestamentliche Analogien finden wir dazu noch am ehesten in der Frühzeit, bei Jephtas Tochter, Simson oder im Deboralied.[59] Das Kinderopfer war ja gerade bei den Westsemiten, Kanaanäern und Phöniziern sehr verbreitet und wurde darum in Israel so erbittert abgelehnt. Im Alten Israel, so weit es in alttestamentlichen Texten faßbar ist, stirbt jeder dem Tat-Folge-Zusammenhang entsprechend aufgrund seiner eigenen Sünde. Darum kann man auch den gewaltsamen Tod des Profeten nicht hagiographisch verklären. Er wird knapp berichtet, aber nicht verherrlicht und ausgemalt.[60] Das ändert sich plötzlich mit der Religionsnot unter Antiochus IV. und dem Makkabäeraufstand. In Dan 3 begegnen wir mit den drei Männern im Feuerofen erstmals jüdischen Märtyrern, „die das Gebot des Königs übertraten und ihre Leiber dahingaben, um nur keinen Gott verehren und anbeten zu müssen, außer ihrem Gott" (3,28)[61]. Im dazugehörigen Gebet Azarjas heißt es nach der älteren LXX-Fassung 3,40:

„So soll unser Opfer (θυσία) vor dir heute geschehen und dir gegenüber Sühne wirken" (καὶ ἐξιλάσαι ὄπισθέν σου).

Im ersten Makkabäerbuch spielt dann das heldenhafte Sterben für Gottes Gebot und Volk und zum eigenen Ruhm oft in fast griechisch klingenden

---

[57] Das ist eines der Argumente für die jüdische Herkunft und das Alter der Vitae Prophetarum, wo das Märtyrer- und Sühnemotiv trotz des gewaltsamen Todes zahlreicher Profeten noch ganz zurücktritt, s. A. M. SCHWEMER, Studien zu den frühjüdischen Prophetenlegenden. Vitae Prophetarum, Bd. I (TSAJ 49), 1995; Bd. II (TSAJ 50), 1996.

[58] K. KOCH, Sühne und Sündenvergebung um die Wende von der exilischen zur nachexilischen Zeit (EvTh 26, 1966, 217–239) 237.

[59] Ri 5,18;9,17;12,3;16,28f; vgl. auch 1 Sam 28,21 und Gen 22,1–19.

[60] Typisch dafür ist die schon aus frühhellenistischer Zeit stammende Darstellung der Ermordung des Profeten Sacharja S. d. Jojada, 2Chron 24,17–22, dazu SCHWEMER (s. Anm. 57) II, 288ff. Die Erzählung ist noch ganz von dem deuteronomistischen Schema vom gewaltsamen Geschick der Profeten geprägt, s. dazu O. H. STECK, Israel und das gewaltsame Geschick der Propheten (WMANT 23), 1967, 16, Anm. 4.162–64.252-54. Beim gewaltsamen Geschick der Profeten geht es zudem immer um die Sünde Israels, die Gottes Heimsuchung und Strafe herbeiführt.

[61] S. dazu E. HAAG, Die drei Männer im Feuer nach Dan 3,1–30 (in: VAN HENTEN (Hg.) [s. Anm. 1], 20–50). Auffallend ist, daß die drei nicht sterben, sondern wunderbar gerettet werden.

Formeln eine wesentliche Rolle,[62] auch wenn es, der sadduzäischen Tendenz des Werkes entsprechend, keine stellvertretende Sühne oder Auferstehung von den Toten kennt, eine Hoffnung, die die Verherrlichung des Märtyrers erst richtig begründet. Beides begegnet uns dagegen in 2 Makk 7 und noch deutlicher im späteren 4. Makkabäerbuch:

> „Ich aber gebe Leib und Seele für die väterlichen Gesetze hin und rufe dabei zu Gott, daß er dem Volke rasch wieder gnädig werde … Bei mir und meinen Brüdern soll der Grimm des Allherrschers zum Stehen kommen, der zu Recht über unser ganzes Volk hereingebrochen ist" (2Makk 7,37f).

Da es sich um neue Vorstellungen handelt, sind sie zunächst nur vorsichtig angedeutet.[63] Jes 53 als ein einzigartiger Text im AT mag bei dieser Entwicklung eine gewisse Hilfestellung gegeben haben, wobei das kollektive Verständnis zunächst im Vordergrund stand und der ganze Text nur punktuell wirksam war. Es bleibt, wie schon gesagt, auch zu beachten, daß wir in den vorchristlichen Apokryphen und Pseudepigraphen kaum wörtliche Schriftzitate finden. Wir können daher nur eine sehr behutsame Spurensuche betreiben.

Kehren wir unter diesen Voraussetzungen noch einmal zum Schluß des Danielbuches zurück. Die Verherrlichung der מַשְׂכִּלִים, der Einsichtigen, durch ihre Erhöhung nach der Auferstehung und ihre Ausstattung mit himmlischem Glanz (יַזְהִרוּ כְּזֹהַר הָרָקִיעַ) könnte auf Jes 52,13 zurückweisen: „Siehe mein Knecht wird Erfolg (bzw. Einsicht) haben und wird erhaben, erhöht und sehr hoch sein." Das יַשְׂכִּיל konnte dabei in beiden Bedeutungen, Einsicht haben und Erfolg haben, interpretiert werden. Die LXX zu Jesaja übersetzt wenig später συνήσει, Aquila mit ἐπιστήμων ἱστήσεται. Die מַשְׂכִּלִים sind die Einsichtigen, die am Ende auch Erfolg haben. Das מְאֹד יָרוּם וְנִשָּׂא וְגָבַהּ erinnert schon bei Deuterojesaja an den Gottesthron רָם וְנִשָּׂא in Jes 6,1 und bildet zugleich die Umkehrung der himmelstürmenden Vermessenheit des Königs von Babel, der, in die Unterwelt hinabgeschleudert, dort von den Königen der Völker mit Genugtuung betrachtet wird (Jes 14,9ff). Beim Gottesknecht führt dagegen die Erniedrigung bis zum Tode zu unvergleichlicher Erhöhung. Der König von Babel wird in Daniel dann das Vorbild für die Selbstapotheose Antiochus IV. und dessen Sturz (Dan 8,25). Umgekehrt werden die מַשְׂכִּלִים durch das Martyrium zu Auferstehung und Himmelfahrt, d.h. zur Gottesgemeinschaft, geführt. Damit wird zugleich die Szene Dan 7,9–15 gegenwärtig, wo das wahre Israel (d.h. die Märtyrer und Gesetzestreuen) כְּבַר אֱנָשׁ vor Gott als dem Richter samt dem himmlischen Gerichtshof erscheint. Jes 52,15, das Verwundern (LXX θαυμάσονται יִרְגְּזוּ statt יַזֶּה?) vieler Völker und die Könige, die

---

[62] 1Makk 2,50f.64; 6,44; 9,10; vgl. 11,23; 13,27–30; 14,29; 2Makk 2,21, 13,14; 14,18. S. dazu HENGEL (s. Anm. 56), 145ff.151.155f.

[63] VAN HENTEN, Das jüdische Selbstverständnis in den ältesten Martyrien (in: DERS. [s. Anm. 1], 127–161), 141ff u.ö.

ihren Mund schließen müssen, wären dann als Manifestationen des Gerichts (vgl. Dan 7,10ff) zu verstehen.[64]

Der Auferstehung aus dem „Land des Staubs", Dan 12,2, entspräche 53,9 und 10 die Überwindung des Grabes; das „zum ewigen Leben" in Dan 12,2 hätte sein Äquivalent in יַאֲרִיךְ יָמִים, während das יִרְאֶה אוֹר, das – gegen MT – durch LXX und 1Q Jes A und B bezeugt ist, die Schau der zu Gott erhöhten מַשְׂכִּלִים wiedergibt. Das Gelingen des göttlichen Plans (53,10d וְחֵפֶץ יְהוָה בְּיָדוֹ יִצְלָח) wie das „die Starken als Beute erhalten" ließe sich wieder auf das Gericht über die Könige und ihre zahlreichen Völker bzw. auf die Aufrichtung der Gottesherrschaft nach Dan 7,9–28 beziehen. So *könnte* vielleicht der Autor von Dan 11 und 12 (und 7) in seiner Relecture unseren Text *in kollektivem Sinne* als sich jetzt in der Endzeit erfüllende Verheißung verstanden haben. Selbst für die stellvertretende Sühne wäre hier – vorsichtig angedeutet – durch den Hinweis auf das Leiden der מַשְׂכִּלִים und ihre Funktion als מַצְדִּיקֵי הָרַבִּים eine Möglichkeit eingeräumt. Die außerordentliche Zurückhaltung der Texte gerade an diesem Punkt muß jedoch beachtet werden.

Einzelmotive, die auf Jes 52,13ff und Dan 12,3 anspielen, wirkten auch separat in anderen Texten weiter, so die himmlische Erhöhung Israels AssMos 10,9: *Et altavit te deus et faciet te h(a)erere caelo stellarum ... et conspiges a summo et vides inimicos tuos in terram.* Bezeichnend ist, daß hier im Gegensatz zu Dan 11 und 12 entsprechend der Tendenz des späteren Targums nur noch vom Leiden der Feinde als Teil der kollektiven Erhöhung (des Gottesknechts) Israels gesprochen wird.

V. Der Einfluß auf die Bilderreden des äthiopischen Henoch

Auch in den *Bilderreden des äthiopischen Henoch* ist – wie man längst erkannt hat – die Verbindung zwischen der rätselhaften Gestalt „des Menschensohnes" und Zügen des deuterojesajanischen Gottesknechts eindeutig.[65] Aus dem kollektiv gedeuteten „wie ein Mensch" (כְּבַר אֱנָשׁ), Dan 7,13, ist dort eine bei Gott verborgene „messianisch-himmlische" Erlösergestalt geworden. Freilich muß man sofort hinzufügen, daß auch hier von einem „leidenden Menschensohn" nirgendwo die Rede ist. Der rätselhafte und umstrittene Text der Bilderreden besitzt zwar die interessantesten Parallelen zur neutestamentlichèn Christolo-

---

[64] Die Berührung von Dan 7 mit Jes 53 hat vor allem U. KELLERMANN, Das Danielbuch und die Märtyrertheologie der Auferstehung. Erwägungen (in: VAN HENTEN (Hg.) [s. Anm. 1], 50–75), 59ff, hervorzuheben versucht. Er spricht von „starke(n) szenische(n) Berührungen mit dem vierten Gottesknechtslied". „Das Lied betont die Erhöhung dieses gemarterten und hingerichteten Menschen" (67f).

[65] S. dazu M. BLACK, The Messianism of the Parables of Enoch: Their Date and Contributions to Christological Origins (in: J. CHARLESWORTH (Ed.), The Messiah. Developments in Earliest Judaism and Christianity, 1984, 145–168), zu Jes 53 s. 160.167f.

gie, ist aber ganz sicher nicht christlich. Zeitlich dürfte er ca. 130–220 Jahre nach dem Danielbuch anzusetzen sein, zwischen dem Parthersturm 40 v. Chr. und dem jüdischen Krieg 66 n. Chr. Von der Katastrophe der Zerstörung Jerusalems ist nirgendwo die Rede, und die Identifikation des Menschensohns mit Henoch läßt die Vermutung einer christlichen Herkunft als Absurdität erscheinen. Mit dem christlichen Kerygma hat dieser Text *noch* nichts zu tun. Das Matthäusevangelium und später Tertullian scheinen dabei die Bilderreden schon zu kennen.[66] Ihre Ursprache, griechisch oder aramäisch, bleibt ungewiß. Selbst ein palästinischer Ursprung ist nicht völlig sicher.

Die Beziehungen zum Gottesknechtmotiv konzentrieren sich auf die ersten beiden Lieder von Jes 42,1–3 und 49,1–7. Dagegen spielen das 3. Gottesknechtslied gar keine und das 4. nur eine ganz marginale Rolle. Die Verbindung zum 4. Lied beschränkt sich einmal darauf, daß „der Gerechte" relativ häufig neben dem auf Jes 42,1 zurückweisenden „Auserwählten" als Bezeichnung des Menschensohnes erscheint, was man neben anderen Stellen (so z.B. Sach 9,9), vor allem vom „Gerechten ... mein Knecht", Jes 53,11, herleiten könnte.[67] Eine weitere mögliche Berührung ist das in mehreren Versionen erzählte Gericht über die Könige und Mächtigen. Freilich ist dabei nie von ihrem Verstummen vor dem Menschensohn die Rede. Am ehesten könnte man in äth Henoch 62,5 eine Anspielung auf Jes 52,13 und 15 vermuten:

> „... sie werden sich gegenseitig anschauen und sie werden erschrecken und ihren Blick senken ..., wenn sie jenen Menschensohn auf dem Throne seiner Herrlichkeit sitzen sehen."[68]

Wenn man sich erschreckt gegenseitig ansieht und dann beschämt den Blick senkt, pflegt man auch zu verstummen.

Nickelsburg sieht in Hen 62,1–9 und 63,1–11 freilich noch sehr viel mehr Entsprechungen zu Jes 53: Sie beginnen mit der Gottesrede und der Erhöhung des Menschensohnes als Richter, wobei auf Jes 11,4 angespielt werde. Es folge das Erkennen durch die Feinde, die den Erhöhten sehen müssen und mit Schrecken reagieren. Tiefer Schmerz ergreift sie (Jes 13,8; 21,3; 26,17). Sie müssen – wie in Jes 53,1–6 – ihre Sünden bekennen und ihm akklamieren. Die Parallelen zu Sapientia 5, die Gegenüberstellung des Gerechten und der Gottlosen im Gericht, werden dabei besonders deutlich, doch ist das 4. Gottesknechtslied so sehr verfremdet, daß man sich fragen kann, wie weit der Verfas-

---

[66] Tertullian, de cultu fem. 3,1–3. Zu Mt s. 25,31 f.; Hen 61,8; 62,2 f; 69,27. Vgl. u. S. 179 f.

[67] M. BLACK, The Book of Enoch or I Enoch. A New English Edition (SVTP 7), 1985, 195. Dieser Hinweis geht auf P. BILLERBECK, Hat die alte Synagoge einen präexistenten Messias gekannt (Nathanael 19, 1903, 97–105; 21, 1905, 89–150), zurück, der auf eine größere Zahl von „Gemeinsamkeiten zwischen den BR und den Ebed-Jahwe-Liedern" hinweist. Eine Auswahl der wichtigsten gibt J. THEISOHN, Der auserwählte Richter (SUNT 12), 1975, 115: äHen 39,6 vgl. Jes 50, 6–10: 53,9.11; äHen 39,7; 62,7 vgl. Jes 49,2 (Verborgenheit); äHen 46,6 vgl. Jes 50,15; äHen 48,3 vgl. Jes 49,1 (Nennung des Namens); äHen 48,4 vgl. Jes 42,6; 49,6 (Licht der Völker); äHen 62,5 vgl. Jes 52,15 (Gegenüberstellung der Könige).

[68] Voraus geht eine Anspielung auf Jes 13,8.

ser der Bilderreden Jes 53 noch im Sinn hatte, denn das Leiden des Gerechten wird von ihm völlig unterschlagen, es sei denn, man findet es kollektiv in den wenigen Hinweisen auf die Verfolgung der Gerechten und Auserwählten[69]. Im äth Henoch 47,1 und 4 ist „das Blut des Gerechten", das „vor dem Herrn der Geister gerächt wird", trotz der Überlegungen von M. Black[70] mit Sjöberg und Theisohn[71] doch eher kollektiv zu deuten. Man könnte hier bestenfalls auf die Tatsache verweisen, daß *dem* Gerechten und Auserwählten *die* Gerechten und Auserwählten zur Seite treten und sich am Ende mit ihm vereinigen. Kollektive und individuelle Deutung könnten wie oft sonst auch hier zusammenhängen. Für den Schriftgebrauch der Bilderreden ist weiter wesentlich, daß sich mit der endzeitlichen Richter- und Erlösergestalt eine ganze Reihe alttestamentlicher messianischer Motive und Texte verbinden. Neben Dan 7,9−15 sind es vor allem Jes 11,1ff, 42,1ff, 49,1ff, Ps 110,1, Prov 8,23ff und Ps 90,2; weiter wäre auf die Tatsache zu verweisen, daß aus der kollektiven Gestalt in Dan 7,13 ein − in die traditionelle Messianologie freilich schwer einzuordnendes − Individuum geworden ist. Für ein stellvertretendes Leiden dieser himmlischen Richterfigur selbst besteht freilich kaum ein Spielraum. Der Menschensohn der Bilderreden trägt zwar Züge des Gottesknechts, doch nur so, daß er als gerechter Richter der Gottlosen fungiert, aber nie und nimmer in stellvertretendem Leiden die Schuld der Menschen beseitigt. Auch dieses völlige Fehlen seines stellvertretenden Leidens spricht *entschieden* gegen eine christliche Herkunft, es entspricht viel mehr der jüdischen Tendenz in der Deutung des Gottesknechts.

VI. Die beiden Jesajarollen von Qumran

Bevor wir uns den Spuren einer Interpretation von Jes 53 in griechischen Texten zuwenden, müssen wir uns noch ausführlicher mit den beiden Jesajarollen aus 1Q[72] und einem neuveröffentlichten aramäischen Text aus 4Q befassen. Hier enthält vor allem die erste Rolle, die noch aus der Mitte bzw. 2. Hälfte des 2. Jh.s stammt, nicht wenige z. T. eigenwillige Veränderungen, die nicht mehr

---

[69] G. W. E. NICKELSBURG JR., Resurrection, Immortality and Eternal Life in Intertestamental Judaism (HThSt 26), 1972, 71ff: Daneben stellt Nickelsburg die Parallelen aus Sap 5,1−8, vgl. auch H. C. C. CAVALLIN, Life After Death (CB.NT.S 7,1), 1974, 206f, 209 Anm. 20 eine Literaturübersicht zur Erhöhung bzw. Auferstehung des leidenden Gottesknechtes, 210f zu Jes 53.

[70] (s. Anm. 67), 209: „Isa 53,11 lies as certainly behind this passage as it does Wis 2,12−18"; „a deliberate allusion to ‚the Righteous One' par exellence of 38.2 53.6" sei nicht auszuschließen.

[71] (s. Anm. 67), 33f.217 Anm. 9: Er verweist dabei auf E. SJÖBERG, Der Menschensohn im äthiopischen Henochbuch (SHVL 41), 1946, 129, der sich gegen einen unveröffentlichten Vortrag von J. Jeremias in Uppsala 1938 wendet.

[72] 1QJes A: M. BURROWS (Ed.) The Dead Sea Scrolls of St. Mark's Monastery, Vol. I: The Isaiah Manuscript and the Habakkuk Commentary, 1950: 1Q Jes B: E. L. SUKENIK (Ed.), The Dead Sea Scrolls of the Hebrew University, 1955.

nur durch Schreiberversehen begründet werden können, sondern auf bewußte Interpretation hinweisen und die gerade bei Deuterojesaja teilweise wohl messianisch zu verstehen sind. Doch diese Deutungen bleiben im einzelnen sehr unsicher. In 51,5 heißt es z.B. im masoretischen Text:

> „Nah ist meine Gerechtigkeit, mein Heil ergeht, *meine* Arme werden die Völker richten, auf *mich* werden die Inseln hoffen, und auf *meinen* Arm werden sie warten."

1Q Jes A liest nach der gleichlautenden Einleitung:

> „... *seine* Arme werden die Völker richten, auf *ihn* werden die Inseln hoffen, und auf *seinen* Arm werden sie warten."

Die Suffixe der 3. Person, die plötzlich die erste Person ablösen, könnten sich auf den Gottesknecht beziehen, der 50,10 in 3. Person in einem Parallelismus membrorum zusammen mit Jahwe genannt ist: „Wer unter euch sind die, die JHWH fürchten[73], hörend[74] auf die Stimme seines Knechtes (עַבְדּוֹ)." Man hat vermutet, daß es sich in Jes 51,5 1Q Jes A um einen weiteren messianisch zu deutenden Gottesknechtspruch handelt, van der Kooij[75] möchte jedoch das Suffix der 3. Person auf Kyros deuten.

Im 4. Gottesknechtslied fällt auf, daß der Text der Rolle A sich erheblich von dem der Rolle B unterscheidet, die sehr viel stärker dem masoretischen Text entspricht und sich weniger interpretatorische Freiheiten herausnimmt. Die wichtigste gemeinsame Variante ist das אור יראה in V. 11, das auch die LXX hat[76]. Neunmal[77] gibt die Rolle A durch Hinzufügung der Kopula Interpretationshilfen und verstärkt den Eindruck von Zusammenhängen oder Aufeinanderfolgen. Weggelassen ist sie gegenüber MT nur einmal[78]. In der Rolle A überhaupt wird die Kopula über 200mal ergänzt, die Rolle B hat nur 70 Ergänzungen. Ca. 70mal ist dagegen das Waw copulativum gegenüber MT weggelassen. In unserem Textabschnitt scheint diese Diskrepanz besonders groß zu sein. Die Vermeidung des Asyndetons ist typisch für ein spätes Hebräisch. Andererseits wurde das Waw consecutivum im späten Hebräisch nicht mehr verwendet. Besonders deutlich ist das in V. 11: „Nach der Mühsal seiner Seele wird er Licht sehen und (= Zusatz) sich sättigen." Darauf folgt ein Neuansatz (gegen LXX und MT): „Und (= Zusatz) durch seine Erkenntnis wird der Gerechte, *sein* Knecht (Suffix der 3. statt der 1. Person), die vielen rechtfertigen." D.h. die Erhöhung (= Licht sehen, Sättigung, Erkenntnisge-

---

[73] 1Q Jes A יִרָא – MT sing. יְרָא

[74] שֹׁמֵעַ MT, 1 Q Jes A; LXX Syr יִשְׁמַע.

[75] Op.cit. (Anm. 20).

[76] δεῖξαι αὐτῷ φῶς, d. h. sie liest hier und bei dem folgenden Verb (πλάσαι τῇ συνέσει) das kausative Hiphil, wobei der κύριος das handelnde Subjekt ist.

[77] S. E. Y. KUTSCHER, The Language and Linguistic Background of the Isaiah Scroll, 1974, 420.

[78] op.cit. 426.

winn) des Knechts geht der Rechtfertigung der Vielen voraus. Der Gottesspruch in 1. Person beginnt dann erst mit dem אֲחַלֶּק־לוֹ בָרַבִּים in V. 12.[79]

Wesentlich sind zwei Änderungen, die mit einer gewissen Wahrscheinlichkeit messianisch in weitestem Sinne zu deuten sind, wobei zu beachten ist, daß
wir im 2. Jh. v. Chr. noch keinerlei feste jüdische „Messiasdogmatik" (die gab
es im Grunde überhaupt nie) besitzen, sondern mit verschiedenen Vorstellungen von Salbung und Gesalbten rechnen müssen. In Qumran sind ja nicht nur
der davidische Messias, sondern auch der endzeitliche Hohepriester und die
Profeten „Gesalbte". Auffallend ist vor allem der schwierige Gottesspruch
52,14b:

כאשר שממו עליכה רבים, „gleichwie viele sich über dich entsetzten" –
כן משחתי מאיש מראהו ותוארו מבני האדם.

Anstelle des unklaren *Hapax legomenons* מִשְׁחַת oder מַשְׁחֵת, „Verwüstung",
liest Rolle A durch Hinzufügung eines Jod das 1. Sing. Perfekt מָשַׁחְתִּי (das
Substantiv מִשְׁחָתִי, meine Salbung, ergibt keinen Sinn). Auch der Artikel vor אָדָם
wird ergänzt. Man könnte dann übersetzen:

> „Entsprechend dem, daß viele über dich entsetzt waren (damit wird wie in dem תָּשִׁים
> 53,10 das wahre Israel angesprochen sein), *so habe ich sein Antlitz gesalbt*, im Gegensatz
> zu irgendeinem (anderen) Menschen und seine Gestalt im Gegensatz zu den Menschen-
> kindern."

Die einzigartige Erhöhung des Knechts und seine Salbung durch Gott entsprechen sich. Barthélemy, der schon 1950[80] eine ähnliche Übersetzung vor-
schlug, findet diese Textform besser und weniger gewaltsam als die des MT. Er
verweist auf Lev 21,10: „Der Priester aber, der unter seinen Brüdern der größte
ist, über dessen Haupte das Salböl ausgegossen wurde ..." und Ex 30,31 f: Das
heilige Salböl, „das Jahwe allein zukommt, darf nicht auf den Körper eines
(gewöhnlichen) Menschen (עַל־בְּשַׂר אָדָם) ausgegossen werden." Die (priesterliche) Salbung würde so das ebenfalls rätselhafte כֵּן יַזֶּה גוֹיִם רַבִּים, V. 15, das Aquila
und Theodotion mit ῥαντίσει übersetzen, verständlicher machen. Wie ein
Priester wird er „viele Völker" besprengen, um sie von Sünde zu reinigen.[81]

Die Einleitung mit כֵּן im Nachsatz und die Verbindung von מָשַׁח mit einem
exklusiv-komparativischen מִן finden wir in Ps 45,8:

עַל־כֵּן מְשָׁחֲךָ אֱלֹהִים אֱלֹהֶיךָ שֶׁמֶן שָׂשׂוֹן מֵחֲבֵרֶיךָ, „darum hat dich, oh Gott, dein Gott gesalbt mit Freudenöl, im Gegensatz zu deinen Genossen."

In Ps 45 wird in den Versen zuvor die Inthronisation einer königlichen
Gestalt in mythischen Farben geschildert. Schließlich sei auch auf die Salbung

---

[79] A, Σ, Θ, ὄψεται, ἐμπλησθήσεται (Σ; χορτασθήσεται = Θ) ἐν τῇ γνώσει αὐτοῦ gegen
LXX, die völlig umdisponiert.

[80] RB 57 [1950], 546 ff = Études d'histoire du texte de l'Ancien Testament (OBO 21), 1978,
17 ff.

[81] LXX: οὕτως θαυμάσονται ἔθνη πολλά von יְרְגּזוּ? Σ ἀποβαλεῖ.

des eschatologischen Profeten (oder Priesters)[82] in Jes 61,1 verwiesen: רוּחַ
יְהוָה עָלָי (das אֲדֹנָי fehlt in Rolle A), יַעַן מָשַׁח יְהוָה אֹתִי.

Ich möchte gewiß nicht so weit gehen wie Barthélemy, der מְשַׁחְתִּי als die
ursprüngliche Lesart verteidigte, das *hapax legomenon* מִשְׁחַת aus den hebräischen Wörterbüchern tilgen wollte und dabei auch auf energischen Widerspruch stieß. Doch glaube ich, daß diese interessante Variante von Rolle A auf
der Interpretation des Textes in Qumran beruhen könnte. Barthélemy weist
noch auf Lev 16,32 hin, wo es heißt: „*Der* Priester soll die Sühne vollziehen,
den man salben und einsetzen wird."

Eine zweite wesentliche Veränderung in 1Q Jes A betrifft den textlich
verdorbenen Vers 53,10: „Und Jahwe gefiel es, ihn zu zerschlagen." Daran
anschließend liest Rolle A (in B ist hier eine Lücke): ויחללהו, und er durch-
bohrte ihn (Imperfekt consecutivum); „durchbohrt" erscheint auch in 53,5: . . .
מפשעינו והואה מחולל. Ich frage mich, ob mit diesem zweifachen Hinweis auf
das „durchbohrt werden"[83] nicht doch eine Beziehung zu dem Durchbohrten,
Sach 12,10 „sie schauten auf mich, welchen sie durchbohrten", möglich wird,
obwohl dort und 13,3 das gleichbedeutende Verb דָּקְרוּ steht. Wie dem auch sei,
die z. T. auffallenden Abweichungen der Jesajarolle 1Q Jes A gerade auch im
Zusammenhang von Jes 52,13–53,12 legen die Vermutung nahe, daß diesem
Text in Qumran größere Beachtung geschenkt wurde, als gemeinhin angenommen wird.

VII. Das aramäische Testament Levi 4Q 540/41

É. Puech veröffentlichte 1992 Fragmente eines eigenartigen aramäischen Tex-
tes aus 4Q, die vermutlich zu einem Testament Levi gehören.[84] Schon Abbé
Starcky, zu dessen Los er gehörte, hatte 1963 auf ihn hingewiesen, seine
Angaben wurden jedoch wenig beachtet.[85] Eine in manchem abweichende
Interpretation des z. T. schwierigen Textes hat auch K. Beyer vorgelegt.[86]

---

[82] Eine priesterliche Interpretation vertritt A. GRELOT, Sur Isaïe LXI: La première consé-
cration du grand-prêtre (RB 97, 1990, 414–431), s. auch É. PUECH, Fragments d'un apocryphe
de Lévi et le personnage eschatologique. 4QTest Lévi^c-d (?) et 4QAJa (in: J. TREBOLLE
BARRERA/L. VEGAS MONTANER (Ed.), The Madrid Qumran Congress Vol. II [StDJ 11,2],
1992, 449–501), 496.

[83] חלל Polel: durchbohren, ist dem Piel/Pual: entweihen, vorzuziehen.

[84] PUECH (s. Anm. 82), 454–479: 4QAhA=4QTestLevi^b(?). Ein vorläufiger Text findet
sich auch bei R. H. EISENMAN/M. WISE, The Dead Sea Scrolls Uncovered, 1992, 142–145.

[85] J. STARCKY, Les quatre étapes du messianisme à Qumrân (RB 70, 1963, 481–505), 492.
Abbé Starcky überließ mir 1977 eine Abschrift des Textes mit der Erlaubnis, daraus zu
zitieren, und ich habe mehrfach auf ihn hingewiesen: M. HENGEL, Der stellvertretende
Sühnetod Jesu II (IKZ 9, 1980, 135–147), 136f; The Atonement, 1981, 58f; La Crucifixion
dans l'Antiquité et la Folie du Message de la Croix, 1981, 184f; Christological Titles in Early
Christianity (in: J.H. CHARLESWORTH (ed.), The Messiah, 1992, 425–448), 445 Anm. 69, s.
auch P. STUHLMACHER, Biblische Theologie des Neuen Testaments I. Grundlegung: Von Jesus

Nach É. Puech handelt es sich um 24 Fragmente, von denen freilich nur elf größere Textteile enthalten. Er fügt noch ein weiteres verwandtes, vermutlich ebenfalls aus einem TLevi stammendes Stück aus drei Fragmenten hinzu[87], außerdem ein verwandtes Stück aus einem Testament Jakobs.[88] Der Versuch einer Rekonstruktion ergibt Reste von wenigstens 7 Kolumnen bei einem Gesamtumfang von wenigstens 8 oder 9 Kolumnen. Auf Grund der Schrift kommt er zu einer Datierung gegen Ende des 2. Jh.s v. Chr. bzw. gegen 100.[89] Während Puech wenigstens teilweise versucht, eine gewisse hypothetische Ordnung der Fragmente herzustellen, ordnet Beyer einfach 14 Fragmente nach ihrem Textumfang.

Ich wähle die für unser Thema interessantesten aus und folge in der Regel der Übersetzung Beyers unter Hinweis auf die wesentlichen Abweichungen von Puech. Das größte Stück – es handelt sich um einen poetischen Text, der Parallelismus ist deutlich zu erkennen –, das mir Starcky schon vor 16 Jahren mitgeteilt hatte, ist auch das interessanteste, es wird jedoch durch die anderen Fragmente z. T. beleuchtet:

Beyer Fragment 1/Puech Fr. 9

Col I | [1] ...] die Söhne seiner Generation [...
| [2]...]seine Weisheit.
Und er wird alle Söhne seiner Generation entsühnen[90]
und er wird gesandt werden zu allen Söhnen | [3] seines (Volkes?)[91]
Seine Rede entspricht der Rede des Himmels,
und seine Lehre entspricht dem Willen Gottes.
Seine ewige Sonne[92] wird scheinen
| [4] und ihr Feuer wird an allen Enden der Erde entbrennen(?)[93]
und über der Finsternis wird sie aufleuchten.[94]
Dann wird die Finsternis | [5] von der Erde verschwinden
und das Wolkendunkel vom Festland.
Viele Worte werden sie gegen ihn sagen,
und eine Menge | [6] (Lügen)

---

zu Paulus, 1992, 129. Herr Kollege H. Gese hat seinerzeit eine Übersetzung angefertigt und dabei auf die durchgehende poetische Struktur hingewiesen.

[86] Die aramäischen Texte vom Toten Meer. Ergänzungsband, 1994, 78–82. Ich danke Herrn Kollegen Beyer herzlich für die Überlassung der Umbruchfahnen seiner Ausgabe.

[87] Op.cit. (Anm. 82), 479 ff: 4QAhA bis=4QTestLevi^c(?).

[88] Op.cit. 489 ff: 4QAJa=4QTestuz.

[89] Op.cit. 452.480, übereinstimmend BEYER (s. Anm. 86), 78.

[90] ויכפר.

[91] Puech: מ[ע]ה; Beyer: נצ[ב]ה, wörtlich נִצְבָה Pflanzung.

[92] שמש עלמה, andere Möglichkeit: Die Sonne seines Äons.

[93] ויתזה. Puech leitet es von der Wurzel אזה (erhitzen) ab: Dan 3,19.22. Erwägenswert ist auch das itaff'al von נזה: וְיִתַּזֶּה (Vorschlag von H. Gese, s. auch PUECH [s. Anm. 84], 468), ein Hebraismus, der mit Jes 52,15 zusammenhängen könnte: „(hinaus)gesprengt werden" als Reinigungsfeuer.

[94] Vgl. 1Q27,5–7; TLevi 4,3; 18,3 ff und Joh 1,5; 8,12; 9,5; 1Joh 2,8.

und Erdichtetes werden sie über ihn erdichten,
und alle Schmähungen werden sie gegen ihn sprechen.
Seine Generation wird böse und verkehrt | [7] [und ...] sein[95],
und ihre (oder seine) Situation von Lüge bestimmt sein.[96]
(Und?) in die Irre gehen in seinen Tagen und verwirrt werden sein ..."[97]

Ein Hinweis auf das Leiden dieser Gestalt findet sich wohl in *Fragment 6* bei Puech[98]:

| [1]"Und Schmerzen wegen ...[99]
| [2] und dein Recht. Und du wirst nicht schuldig sein ... | [3] ... die Geißelhiebe deiner Schmerzen, die ..."[100]

Bei anderen Fragmenten gehen die Lesungen von Puech und Beyer noch weiter auseinander. Am größten sind die Unterschiede wohl in *Fragment 24* (Puech)[101]. Hier ergibt sich teilweise ein völlig anderer Sinn:

| [4] „Forsche nach und suche und erkenne, was unser strahlendes Aussehen (ליונא) benötigt (Puech liest יונא „Taube" und bezieht dies auf eine Vision und möglicherweise auf ein Symbol für Israel)
und schwäche es nicht durch Schwindsucht ...(Puech übersetzt dagegen: „et ne châtie pas un affaibli au moyen d'épuisement et de pendoir/pendaison[?][102] t[out *le jour*?])
Und ... | [5] und das Stirndiadem (des Hohenpriesters). Berühre es nicht, so wirst du für deinen Vater einen Freudennamen aufrichten und für alle deine Brüder ein erprobtes Fundament | [6] hervorgehen lassen und wirst schauen und dich freuen über das ewige Licht und wirst nicht zum Feinde gehören." (Dagegen Puech: „et de clou(?) n'approche pas de lui").[103]

Im Folgenden besteht dann wieder Übereinstimmung.

---

[95] להוה [...ו] ואפיך באיש דרה. Puech liest [...די] יאפיך באיש דרה und schlägt vor: „Sa génération, le mal détournera/transformera [parce que frappé/épuisé(?)] il sera" – sicher die kompliziertere Vermutung.

[96] מקמה וחמס שקר ודי. PUECH (s. Anm. 84), 469f: „et parce que mensonge et violence (sera) sa situation". Das Suffix von מקמה kann sich auf דרה, aber vielleicht doch eher auf die geschilderte Gestalt beziehen, da in der nächsten Zeile (ביומוהי) von ihr die Rede ist.

[97] PUECH, aaO 470 vermutet eine Ergänzung, die auf das Volk hinweist: „les justes ..., les fils de lumière, ... les doctes".

[98] AaO 462f; er möchte es mit fr. 4 als eine Kolumne zusammen nehmen, s. jedoch BEYER Nr. 8 (s. Anm. 86), 81.

[99] (...מ על ומכאבין. Puech übersetzt: „et ceux qui sont frappés à cause de/par"

[100] ...[י]ד מכאוביכה נגדי. Puech möchte hier am Anfang derselben Zeile noch דמכה „dein Blut" lesen.

[101] PUECH (s. Anm. 84), 475f = BEYER Fr. 5, S. 80.

[102] כ[ול]ותליא שחפא ביד להי תמחי ואל, Puech. Beyer kann das taw nicht erkennen und läßt das letzte Wort unübersetzt.

[103] בה [ת]קרוב אל וצצא. Beyer sieht darin die aramaisierte Form von hebr. צִיץ, dem Stirnblatt des Hohenpriesters, Puech möchte eher auf das syrische Wort ṣṣ „clou, pointe" zurückgreifen (PAYNE/SMITH, Thesaurus Syriacus 3436: clavus, vgl. S. 486 seine Erwägungen zu πέταλον) und erwägt die Möglichkeit eines Hinweises auf eine Kreuzigung oder Folter,

Auch andere Fragmente enthalten Leidensaussagen. So ein relativ umfangreicher, jedoch besonders rätselhafter Text:[104]

> | [1]"wieder wird Not (עקא) über ihn kommen und der Geringe (Kleine) (זעירא) wird Mangel haben an Besitz und wird ... | [2].. .(Nach?) 52 (Wochen?) wird wieder Mangel für ihn kommen, und (der Geringe) wird Mangel haben an Besitz ... | [3]... nicht wird er gleichen irgend jemandem, der Mangel hat an Besitz, sondern wie das große Meer ... | [4]... aus dem Haus, in dem er geboren werden wird, wird er ausziehen und einen anderen Wohnort ..."

In der letzten Zeile versucht Puech die Rekonstruktion „und er wird erbauen wie) ein Diener Go(ttes) durch sein (Vermögen) ein an(deres) Heiligtum (wel)ches er (ihm) weihen wird ...[105]"

Schon Starcky hatte 1963[106] vermutet, daß diese Fragmente „nous paraissent évoquer un messie souffrant, dans la perspective ouverte par les poèmes du Serviteur".

Im größten Fragment rede vermutlich Jakob seinen Sohn Levi an und offenbare ihm „une figure eschatologique qui est certainement le grand-prêtre de l'ère messianique." Eine Beziehung auf den Lehrer der Gerechtigkeit sei dagegen nicht überzeugend. „Le Serviteur de Yahweh, dont la sagesse sera connue de toute la terre et qui offrira sa vie en expiation pour le peuple, lui aura paru identique au Messie d'Aaron". Einschränkend fügt Starcky hinzu: „Mais aucune des expressions employées en 4QAhA n'indique que les souffrances de ce messie ont une valeur rédemptrice", eine Zurückhaltung, die uns auch bei anderen jüdischen Texten, die auf Jes 53 anspielen, begegnet.

Puech schließt sich in Grundsätzlichem Starcky an, vermutet jedoch ein Testament Levi[107] mit messianischem Ausblick. Eine wesentliche Parallele ist das griechische TLevi c.18 mit seiner Schilderung des endzeitlichen messianischen Hohenpriesters, der wie die Sonne aufleuchtet und die Finsternis vertreibt, das Licht der Erkenntnis ausbreitet und Frieden schafft.[108] Am Ende

---

wozu das Verb מחי passen könnte: „Le sens de „clou" se conçoit mieux après les mentions de ותליא ביד שחפא et pourrait faire allusion à la crucifixion." Das Wort תלה erscheint noch in Fragment 53.1 (PUECH S. 461), [ין]מכאב ebenda Z.3. Freilich bleibt der Gesamtzusammenhang etwas unklar, und auch die Interpretation von Beyer gibt keinen schlechten Sinn.

[104] 4QAhA bis = 4QTestLevi[c] PUECH S. 479 ff = BEYER Nr. 3 S. 79 f.

[105] ויבנה כ]שמש א]ל בנכ]סוהי מקדש א[חר ד]י יחרם [ל-], für Beyer ergibt sich eine sinnvolle Lesung nur für מקדש, Heiligtum.

[106] STARCKY (s. Anm. 85), 492.

[107] PUECH (s. Anm. 82) 487. S. 489–91 zitiert die ergänzte Fassung eines Textes, den J. T. MILIK schon 1978 als Testament Jacob veröffentlicht hatte (Écrits préesseniens de Qumrân [in: M. Delcor (éd.), Qumrân. Sa piété, sa théologie et son milieu (BEThL 46), 1978, 91–106], 103–105, den K. BEYER, Die aramäischen Texte vom Toten Meer, 1984, 186f als 4QGen(esis)Ap(okryphon) eingeordnet hatte. Nach der Ergänzung von Puech soll Jakob auf von einem Engel überbrachten Tafeln gelesen haben: „(alle meine Entbehrung) und alle meine Nöte" (וכל עקתי). Auch beim Patriarchen selbst spielt das Leidensmotiv eine wesentliche Rolle.

[108] PUECH, aaO 493: „Il est frappant que TestLévi XVIII 2–6 et 9 présente de façon tout à

seiner eindringlichen Textedition wagt Puech „une hypothèse de recherche …
apparemment la plus prometteuse" zu formulieren. Es geht um die Offenbarung eines Engels an Levi (oder Jakob), die in den ersten Fragmenten apokalyptischen, kultischen und weisheitlichen Inhalt besitzt und in Fr. 9 einen
universalen Weisheitslehrer, den endzeitlichen Priester, vorstellt, einen Boten,
der mit göttlichem Glanz begabt gemäß Gottes Willen handelt, aber zugleich
aufs Schärfste von den Menschen angegriffen wird, die von Bosheit und Unrecht beherrscht sind. Puech beleuchtet diese Gestalt unter drei Aspekten: „un
sage, un prêtre, un serviteur méprisé".[109] Uns interessiert vor allem der letzte
Aspekt. Puech verweist auf das Prophetenwort „ich werde dich … zum Licht
der Heiden machen" (Jes 42,6; vgl. 49,6), weiter auf 51,4.5; auch Jes 53,11,
mein Knecht „wird Licht sehen"[110], klingt an. Die Sendung des Lichts geschieht in die Finsternis (51,10) mit dem Appell, diese zu verlassen. Der Knecht
ist Träger des Gotteswortes (42,1–4 vgl. Targum zu Jes 42,1; 49,2; 50,4f;
53,5b). Puech versucht zu zeigen, daß dieses Verständnis von Motiven des
Gottesknechtsliedes schon auf dem Wege zu dessen Verständnis im Targum ist,
vgl. auch 53,11b. Der eschatologische Priester wird wie der Knecht „gesandt zu
allen Söhnen seines Volkes". Sowohl der Knecht wie er „seront méprisés,
raillés, rejetés, objets de toute sorte d'infamie": Jes 50,6–8; 53,2–12. Weiter ist
das zweimalige Auftauchen des auch im Alten Testament seltenen Hebraismus
מכאוביכה/מכאובין in dem dunklen Fragment 6 und einmal in Fragment 5 kaum
ein Zufall. Von den insgesamt zwölf Belegen im AT stammen zwei aus Jes 53,3
und 4: Der Gottesknecht ist der אִישׁ מַכְאֹבוֹת schlechthin.

Die Sühne des endzeitlichen Priesters sei kultisch zu verstehen, sie geschehe
im wiederaufgebauten Heiligtum, auf das 4QAhA (bis) und Targum Jes 53,5
hinweisen; nach dem Targum Jes 53,11b und 12b wird der Knecht für die
Sünder bitten. Während im Targum und der rabbinischen Auslegung das
Leiden und die stellvertretende Sühne des Knechts für die Sünden des Volkes
ganz zurücktreten, erscheinen in Fragment 9 die kultische Sühne und die
Zurückweisung der Schmähung des endzeitlichen Priesters. In den Fragmenten
wird jedoch keine stellvertretende Hingabe des Lebens sichtbar; immerhin
könnte man das יכפר mit dem אָשָׁם von Jes 53,10 in Verbindung bringen.
Fragment 10 *könnte* vielleicht auf eine Szene wie Dan 3,28 (3,40.95 LXX)
hinweisen.

---

fait similaire la venue du Prêtre nouveau", 497: „On ne peut pas ne pas rapprocher TestLévi
XVIII 7–8". Der neue Text macht es unwahrscheinlich, daß TLevi als Ganzes christlichen
Ursprungs ist. Man kann bestenfalls mit einer frühen christlichen punktuellen Überarbeitung
rechnen.
   [109] AaO 491f.
   [110] 1QIs A u. B. u. LXX, s. o. S. 66ff und u. S. 75ff.

Selbst „une mise à mort violente du ‚Prêtre-Serviteur'" erschien Puech nicht völlig undenkbar; er verweist dabei auf das – freilich besonders unsichere – Fragment 24 und die dort auftauchenden Begriffe des Leidens, der Folter bzw. der Hinrichtung und wieder auf analoge Ausdrücke im Jesajatargum, denn ein Zusammenhang zwischen den Fragmenten 9 und 24 sei nicht auszuschließen. Sogar eine Kreuzigung, die schon in hellenistischer Zeit in Palästina wohlbekannt gewesen sei, könne erwogen werden.[111] Hier gelangen wir jedoch auf ganz unsicheren Boden. Puech gibt das abschließend selbst zu: „l'intérêt de ces fragments est grand même si, sur plusieurs points essentiels, ils ne nous permettent guère que de poser des questions et d'entrevoir des éléments de réponses"[112]. Gleichwohl glaubt er, daß der leidende Knecht des Jesajabuches „comme toile de fond de la présentation du prêtre futur" für den Autor des Textes deutlich im Blickfeld war: „Ce Serviteur messie remplira la fonction de prêtre et non de roi. Il sera réjeté et méprisé par les siens qui erreront et seront perplexes". Da das wichtigste Fragment abbricht, bleibt das Ende seiner Sendung oder die Möglichkeit eines Sühneleidens für das Volk offen und ungewiß, dafür tritt seine priesterliche Funktion deutlich hervor. Wir bleiben dieser Gestalt gegenüber in einer ähnlichen Ungewißheit wie gegenüber dem Engelfürsten Melchisedek in 11QMelk, mit dem vielleicht darin ein Zusammenhang besteht, daß der Priester dessen irdische Entsprechung darstellt.

Für Puech – und man wird ihm darin bei aller verbleibenden Unsicherheit kaum grundsätzlich widersprechen können – enthält unser Text „la première et la plus ancienne exploitation midrashique des poèmes du Serviteur d'Isaïe comme interprétation individuelle, dans un courant du judaïsme palestinien, qui plus est, au plus tard du deuxième siècle avant J. C."[113] Er wirft zugleich ein neues Licht auf bislang umstrittene Texte wie TestLevi 4 und 18, TestBen 3,8 und die Bilderreden des Henoch, aber auch auf das Jesajatargum, das vielleicht doch eine – uns unbekannte – vorchristliche Vorgeschichte hat. Darauf weist die „coloration sapientielle de la figure du Serviteur" in 4QAhA und TgJes hin, die sich aber auch in den synoptischen Evangelien, vor allem in Q[114] findet. M.E. wäre zu bedenken, ob nicht die an der pharisäisch-rabbinischen Messiaserwartung des Königs aus dem Hause Davids orientierte Deutung von Jes 53 im Targum eine ältere, an einem priesterlichen Messias orientierte Deutung

---

[111] AaO 499 u. Anm. 59.

[112] Ebd.

[113] AaO 500.

[114] Mk 6,2;1,22.27; Mt 11,19 = Lk 7,35; Mt 11,25–36 = Lk 10,21f; Mt 12,42 = Lk 11,31f; Mt 23,34–36 = Lk 11,49–51 etc, und die johanneische Sendungschristologie. Das Fragment zeigt auch – wie viele andere aus Qumran –, daß „Weisheit" und „Apokalyptik" nicht auseinandergerissen werden können. Der ganzen vor allem in Amerika blühenden „Apokalyptik-feindlichen" Q-Spekulation, die die ursprüngliche Form von Q in die Nähe kynischer Chriensammlungen rücken will, wird durch solche und ähnliche Texte der Boden entzogen. Gerade beim weisheitlichen Material aus Qumran dürfen wir noch einige Überraschungen erwarten. S. dazu M. HENGEL, Studies in Early Christology,1995, 73–117. Ausführlich zu 4QAhA (541) s. jetzt J. ZIMMERMANN, Messianische Texte aus Qumran, WUNT II/104, 1998, 247–276.

verdrängt hat, deren weisheitlich-lehrhafte Züge und das Motiv der Fürbitte für die Sünder beibehalten werden.

In den Jahren des ersten Qumranfrühlings haben Dupont-Sommer, M. Black und andere den leidenden Gottesknecht mit dem Lehrer der Gerechtigkeit verbinden und Anspielungen auf den Jesajatext in den Hodajot finden wollen. Dieser Versuch wurde jedoch durch J. Carmignac und G. Jeremias so eindeutig widerlegt, daß wir hier nicht weiter darauf eingehen müssen. Die Hodajot zeigen nicht mehr Anspielungen bzw. Berührungen mit den Gottesknechtstexten als mit anderen Profeten- oder Psalmenstellen. Das Leiden des Lehrers geschieht nicht stellvertretend, sondern zu seiner eigenen Läuterung und Erziehung.[115]

VIII. *Die Septuagintaübersetzung und die passio iusti*

Ein Blick auf die Übersetzung der LXX verstärkt diese Annahme. Die griechische Fassung des Jesajabuches ist – das zeigen ihre auffallenden zeitgeschichtlichen Anspielungen – in einer Zeit entstanden, als die Bedrohung durch Antiochus IV. abgewehrt und der makkabäische Freiheitskampf sich als erfolgreich erwiesen hatte. Aus Jes 19,16–26 und anderen Texten läßt sich erschließen, daß das Werk in Ägypten entstand, als dort Onias IV. den Tempel in Leontopolis verbunden mit seinen umfangreichen jüdischen Militärsiedlungen gegründet hatte. Nach Seeligmann erfolgte die Übersetzung aufgrund von 23,10 in der Zeit kurz nach 146, d. h. der Zerstörung Karthagos, und nach van der Kooij noch etwas später, bald nach 141, der Eroberung des seleukidischen Babylons durch den Partherkönig Mithridates I.[116] Auf jeden Fall ist es erst nach dem 12-Profeten-Buch[117] zu einer Zeit ins Griechische übertragen worden, als die Vorstellung der endzeitlichen Erfüllung der profetischen Weissagung in der Gegenwart weit verbreitet war. Der Verfasser, ein Schriftgelehrter, besaß eine

---

[115] J. CARMIGNAC, Les Citations de l'Ancien Testament et spécialement des Poèmes du Serviteur dans les Hymnes de Qumrân (RQ 2, 1960, 357–394); G. JEREMIAS, Der Lehrer der Gerechtigkeit (WUNT 2), 1963, 299–307. Die einzige Berührung sieht Jeremias in Jes 50,4 mit 1QH 7,10 und 8,35 f (S. 306 f).

[116] I. L. SEELIGMANN, The Septuagint Version of Isaiah (MEOL 9), 1948, 70 ff.90 ff; A. VAN DER KOOIJ, Die alten Textzeugen des Jesajabuches (OBO 35), 1981, 70 ff. Zur starken ägyptischen Einfärbung von Sprache und Milieu s. J. ZIEGLER, Untersuchungen zur Septuaginta des Buches Isaias (ATA XII,3), 1934, 175–212. Der Übersetzer, der wohl besser aramäisch und griechisch als hebräisch konnte, mag dennoch – wie fast zur gleichen Zeit der Enkel Ben Siras – aus dem palästinischen Mutterland stammen. Eine ausführliche Diskussion des Problems s. HARL/DORIVAL/MUNNICH (s. Anm. 6), 94 f.102 f.111.

[117] In Cod B, A, V, bei Athanasius, Cyrill v. Jerusalem, Epiphanius u. a. steht das Dodekapropheton vor Jesaja. Die Umkehrung bei Sin, Melito u. Origenes beruht auf dem Einfluß des hebräischen „Kanons", s. die Übersicht bei H.B. SWETE, An Introduction to the Old Testament in Greek, 1902, Nachdr. 1968, 201 ff. Zur Abhängigkeit der Jes.-LXX s. auch J. ZIEGLER, aaO 104 f.

gute Kenntnis der älteren Übersetzungen.[118] Wie schon Sirach im Lob der
Väter, der Verfasser von Daniel und der Schreiber von 1Q Jes A, bezog der
Übersetzer die jesajanische Weissagung in vielfacher Weise auf die Ereignisse
seiner Zeit als Zeichen der (nahenden) endzeitlichen Erfüllung. Beim Text
gehe ich von Ziegler aus. Die LXX-Überlieferung des 4. Gottesknechtsliedes
scheint – im Gegensatz zu Euler[119], der ständig mit christlichen Eintragungen
rechnet – relativ zuverlässig zu sein. Euler bedenkt auch in keiner Weise die
Zeit und Situation des Übersetzers, sondern geht von der vagen Fiktion einer
allgemeinen LXX-Frömmigkeit aus, die es in dieser Weise nie gegeben hat,
denn auch „die Septuaginta" ist alles andere als ein einheitliches Werk, vielmehr eine Schriftsammlung, deren Entstehung sich über 300 Jahre hinzog.[120]
Die Jesajaübersetzung wurde vermutlich von einer Person angefertigt, die
gegenüber dem häufig schwierigen Text zuweilen unsicher war und darum
manchmal eher interpretierend und aktualisierend paraphrasierte als exakt
übersetzte. Insgesamt handelt es sich jedoch um keine schlechte Übertragung;
man kann sie philologisch und theologisch als eine beachtliche „hermeneutische" Leistung bezeichnen. Gleichwohl ist es bei den zahlreichen Abweichungen von MT oft schwierig zu sagen, ob der Übersetzer eine abweichende hebräische Textvorlage besaß oder sich selbst Freiheiten erlaubte.

Die Gegenwart als Zeit der Erfüllung zeigt sich an einem relativ klaren
Tempusgebrauch, der eindeutiger ist als im masoretischen Text, wo zuweilen
nicht klar ist, wo Waw copulativum oder consecutivum vorliegt. Schon die
Jesajarolle A deutet darauf hin, daß man hier nicht mehr konsequent war und
auch das profetische Perfekt nicht mehr verstand. Der Gottesspruch 52,13−15
verweist auf die – in den Augen des Übersetzers bereits anbrechende oder sich
bald erfüllende – Zukunft, in der die wunderbare Erhöhung des Gottesknechts
zu Gott offenbar wird. Voraussetzung der Erhöhung ist die Begabung mit
göttlicher Erkenntnis. Die in den Texten jener Zeit schon mehrfach beobachtete weisheitlich-apokalyptische „Einfärbung" der Interpretation zeigt sich auch
hier. Der Übersetzer setzt dabei die Erwartung der Auferstehung der Toten
voraus, s. 26,19: ἀναστήσονται οἱ νεκροί, καὶ ἐγερθήσονται οἱ ἐν τοῖς μνημεί-
οις, καὶ εὐφρανθήσονται οἱ ἐν τῇ γῇ·. Die drei Verben יָרוּם‎, נִשָּׂא‎ und גָבַהּ‎ in
52,13 zieht er zusammen zu der Doppelformel: ὑψωθήσεται καὶ δοξασθήσεται. Genauer, er übersetzt יָרוּם‎ mit ὑψωθήσεται, läßt נִשָּׂא‎ aus und verwendet
δοξασθήσεται für גָבַהּ‎. In beiden Fällen handelt es sich um ein Passivum
divinum. Der Übersetzer liebt diese Formel, wobei er eine besondere Vorliebe

---

[118] Vgl. VAN DER KOOIJ (s. Anm. 116), 62 f zu 33,18.

[119] K. F. EULER, Die Verkündigung vom leidenden Gottesknecht aus Jes 53 in der griechischen Bibel (BWANT 66), 1934. Zur älteren Literatur s. A. ZILLESSEN, Jes 52,13−53,12
hebräisch nach Septuaginta (ZAW 25, 1905, 261−284). Im selben Jahr wie Euler erschien
auch die grundlegende Untersuchung von ZIEGLER (s. Anm. 116); V. DE LEEUW, De Ebed
Jahweh-Profetien, 1956, 9−17; RUPRECHT (s. Anm. 1).

[120] HARL/DORIVAL/MUNNICH (s. Anm. 116), 83 ff u.ö.; HENGEL/DEINES (s. Anm. 6).

für δόξα und stammverwandte Begriffe hat.[121] Wir finden sie schon in 4,2, wo er sehr frei formuliert: Τῇ δὲ ἡμέρᾳ ἐκείνῃ ἐπιλάμψει ὁ θεὸς ἐν βουλῇ μετὰ δόξης ἐπὶ τῆς γῆς τοῦ ὑψῶσαι καὶ δοξάσαι τὸ καταλειφθὲν τοῦ Ισραηλ. Beide Texte interpretieren sich gegenseitig. Der Gottesknecht ist wohl entweder der Rest Israels selbst (Dan 12) oder dessen Repräsentant. Kollektive und individuelle Interpretation müssen sich nicht ausschließen. Es geht um zwei Aspekte derselben Sache. Das Nebeneinander beider Verben begegnet uns noch 10,15 und 33,10. Auf Jahwe selbst bezogen in Verbindung mit einer eschatologischen Gerichtsaussage finden wir es in 33,10ff: νῦν ἀναστήσομαι, λέγει κύριος, νῦν δοξασθήσομαι, νῦν ὑψωθήσομαι · (11) νῦν ὄψεσθε, νῦν αἰσθηθήσεσθε. Der Text fährt fort: „Die Heiden werden verbrannt wie Dornen auf dem Felde. Die Fernen werden hören, was ich getan habe, erkennen werden die, die sich meiner Macht nähern." Vergleicht man mit 52,13ff, könnte man sagen: Gottes eigenes endzeitliches Handeln und das durch seinen erhöhten Knecht werden fast austauschbar. Auch bei diesem nach einem ähnlichen Schema aufgebauten Gottesorakel 33,10ff ist die Übersetzung sehr frei. Den hebräischen Text kann man nur noch fragmentarisch wiedererkennen. Bei Deuterojesaja erscheint das δοξασθῆναι als Passivum divinum noch in 43,4 für das von Gott geliebte Israel, ebenso 44,23 als Ausdruck der Erlösung Israels. 49,3 wird Gott selbst von Israel „verherrlicht", in 49,5 dagegen Israel von Gott „verherrlicht" und „gesammelt".

In Jes 52,14.15 bedeutet das ἐκστήσονται der vielen und das θαυμάσονται vieler Völker zusammen mit dem „den Mund Verschließen der Könige" eine Gerichtsaussage. Ἐξιστάναι ist ebenfalls ein Lieblingswort des Übersetzers. Er verwendete es zwölfmal für acht verschiedene hebräische Äquivalente. Zu θαυμάζειν wäre unmittelbar zuvor 52,5 zu nennen: θαυμάζετε καὶ ὀλολύζετε (wieder gegen den hebräischen Text). Am Endgericht werden die heidnischen Völker und ihre Könige den, den sie für völlig entehrt und nichtswürdig hielten, in seiner von Gott verliehenen δόξα sehen. Das ἀδοξήσει in V. 14 und die fragwürdige Übersetzung von רֹאַת mit δόξα nach δοξασθήσεται σφόδρα in 52,13 erscheint wie ein bewußtes Wortspiel.

Das *zweite Gottesorakel* im letzten Drittel des Liedes beginnt nicht erst wie im hebräischen Text ganz am Schluß ab 53,11f, sondern schiebt sich in V. 8 und 9 dazwischen. Auf das erste Gottesorakel 52,13−15 folgt das Bekenntnis der Gemeinde in der 1. Person Plural 53,1−7, in dem das stellvertretende Leiden des Knechts geschildert und das eigene Unverständnis und damit die eigene Schuld beklagt wird. Für den Übersetzer begann die 2. Gottesrede mit der

---

[121] L. H. BROCKINGTON, The Greek Translator of Isaiah and his Interest in DOXA (VT 1, 1951, 23−32), 26ff. Er verweist u. a. auf Jes 52,14; 53,2. In 60,1 sind „light and glory ... symbols of salvation" (28 Anm. 1). Dieser Sprachgebrauch ist eine theologische Besonderheit des Übersetzers und hat m. E. einen apokalyptischen Hintergrund. Zu δόξα in der LXX s. C. C. NEWMAN, Paul's Glory-Theology (NT.S 69), 1992, 134−153 (Lit).

Darstellung der Wende in V. 8[122], vermutlich las er mit MT und 1Q Jes B doch gegen A und die Vermutung der heutigen Ausleger in seiner Vorlage bereits das Suffix der 1. Person עַמִּי[123]. Nur Gott selbst konnte durch sein Wort die Wende einleiten. Konsequenterweise hat er V. 9 statt des beschreibenden וַיִּתֵּן das Futur δώσω (וְאֶתֵּן) als Verheißung: Aus dem Grab bei Gottlosen und Reichen wird eine göttliche Gerichtsverheißung. Anstelle von Grab und Todesleiden werden Gottlose und Reiche dem Gericht ausgeliefert, das bedeutet vielleicht, daß der Knecht zu ihrem Richter eingesetzt wird. Die Könige und Völker wären dann sprachlos und verwirrt, weil sie dem getöteten, aber zu Gott erhöhten Gottesknecht zum Gericht übergeben werden, d. h. man müßte sachlich zu dem δώσω ein αὐτῷ ergänzen.[124] Die LXX-Version erklärt so die Entwicklung hin zu äth Henoch 62/63 oder Sap 5.[125] Daß sich in der jüdischen Deutung diese Tendenz zur Gerichtsaussage am Ende verschärft und den Stellvertretungsgedanken verdrängen kann, zeigt Theodotion beim letzten Satz in 53,12 ganz gegen die LXX: *et impios torquebit*.[126] Von einer solchen Verkehrung ist die LXX noch weit entfernt. Der Knecht erhält seine (Gerichts-)Vollmacht, weil (ὅτι) er als Schuldloser getötet wurde. Die passio iusti-Vorstellung wird damit noch deutlicher als in MT.

Der Gottesverheißung δώσω (V. 9a) entspricht in der ab V. 10 folgenden *abschließenden, auf Gottes Offenbarung beruhenden Profetenrede* die Zusage V. 12: κληρονομήσει πολλοὺς καὶ τῶν ἰσχυρῶν μεριεῖ σκῦλα, was man am besten als Herrschaftsversprechen versteht, vgl. Dan 7,14 ff. Der Sieger nimmt in Besitz und verteilt die Beute. Als Begründung wird sein stellvertretender Tod für die Sünde der Vielen und sein gottgewollter (passivum divinum) „sühnewirkender Tod" genannt, am Ende von V. 12 wieder sehr frei übersetzt: διὰ τὰς ἁμαρτίας αὐτῶν παρεδόθη (vgl. 53,5). Das Heil wirkende stellvertretende Sühneleiden ist zwar an einigen Punkten abgeschwächt, aber immer noch eindeutig. Schon in der Klage V. 4 wird klar gesagt: οὗτος τὰς ἁμαρτίας ἡμῶν φέρει (vgl. 11d ἀνοίσει נָשָׂא) καὶ περὶ ἡμῶν ὀδυνᾶται, dieser Gedanke wird V. 5 durch das διὰ τὰς ἀνομίας ἡμῶν, ... καὶ διὰ τὰς ἁμαρτίας ἡμῶν weitergeführt und durch das τῷ μώλωπι αὐτοῦ ἰάθημεν besiegelt. Das stellvertretende Leiden des Knechts beseitigt Sündenschuld und bringt dem seine Sünde bekennenden Volk Heil. V. 7 ὡς πρόβατον ἐπὶ σφαγὴν ἤχθη assoziiert die Schlachtung des Opfertiers am Altar. Am Ende in V. 11c und 12b wird dieses entscheidende

---

[122] P. GRELOT, Les Poèmes du Serviteur (LeDiv 103), 1981, 106 f: „le plus vraisemblable est que le discours de Dieu reprend en 8a".

[123] τοῦ λαοῦ μου s. auch TgJes, Peschitto, A, Θ, Σ.

[124] P. GRELOT, aaO 107: „l'annonce prophétique du Jugement complète ici celle du Salut".

[125] Vgl. analog die Umdeutung des וַיִּתֵּן in TgJes: „und er wird die Gottlosen der Gehinnom übergeben ..." und Peschitto jhb rš‘ lqbrh ..., ebenso durchgehend A, Θ, Σ δώσει ... ἀσεβεῖς.

[126] S. dazu HEGERMANN (s. Anm. 8), 52, vgl. Σ καὶ τοῖς ἀθετοῦσιν ἀνέστη (op.cit. 65 f) und Peschitto: b‘wl' pg‘ (op.cit. 108 f), wobei pg‘ in feindlichem Sinne zu verstehen ist, vielleicht auf Grund einer jüdischen Auslegungstradition.

Motiv noch einmal bekräftigt. Am Anfang dieser abschließenden Profetenrede V. 10–12 steht die Deutung des Gottesknechtschicksals in V. 10 und 11, die ebenso wie V. 12 an die Gottesworte V. 8 anschließt und die noch dunklen, die Wende beschreibenden Sätze von 8a erklärt: Beherrschend ist das zweimalige vom Subjekt κύριος abhängige βούλεται in V. 10 a und d, das dem Verb חָפֵץ und dem Nomen חֵפֶץ des hebräischen Textes entspricht[127]. Gott will den Gottesknecht von dem tödlichen Schlag reinigen. πληγή und καθαρίζειν könnten auf Aussatz hindeuten[128], sind aber wohl nur metaphorisch gemeint. Den hebräischen Text des Übersetzers kann man nur erahnen. Vielleicht las er זַכּוֹ (√זכה mit Suffix) statt דַּכְּאוֹ und מֵחוֹלִי „von der Krankheit" statt הֶחֱלִי.[129] Darauf läßt er 10b eine Paränese folgen: Wenn ihr, damit sind die „wir" des bekenntnishaften Berichts von 1–7 angesprochen, für eure Schuld ein Sündopfer (περὶ ἁμαρτίας)[130] gebt, werdet auch ihr am ewigen Leben des Knechts teilhaben. Die von MT stark abweichende Stelle ist im Kontext schwer zu verstehen. In V.5 und 6 und dann wieder in V.11f wird ja durchaus im Anschluß an den hebräischen Text betont, daß das stellvertretende Leiden des Knechts für die Sünde des Volkes sühnt und diese beseitigt. Im MT gibt daher der Knecht „sein Leben als אָשָׁם", d. h. als sühnendes Opfer hin. Der Bedingungssatz ἐὰν δῶτε περὶ ἁμαρτίας fordert dagegen ein „Sündopfer" von der bisher irrenden, am Knecht schuldig gewordenen Gemeinde, damit sie an dem dem Gottesknecht verheißenen Heil Anteil erhält. Soll hier die Anerkennung von Gottes Handeln durch den Knecht und die damit verbundene Erkenntnis der eigenen Schuld als „geistiges Sündopfer" gedeutet werden?[131] Die γενεά des Knechts (V. 8b), die so groß ist, daß sie niemand darstellen kann, und V. 10b die Verheißung an das Volk ἡ ψυχὴ ὑμῶν ὄψεται σπέρμα μακρόβιον entsprechen sich. Hier wird doch wohl die Restitution des wahren Israels durch die Auferstehung der Toten vorausgesetzt. Daß der Knecht selbst an Gottes ewigem Leben Anteil erhalten hat, mag schon durch V. 8bα ὅτι αἴρεται ἀπὸ τῆς γῆς ἡ ζωὴ αὐτοῦ angedeutet sein. Gott selbst hat damit das Gerichtsurteil über ihn (κρίσις) außer Kraft gesetzt (8a). Daran schließt sich in der Profetenrede V. 10c eine ausführliche Schilderung des heilvollen zukünftigen bzw. sich jetzt schon erfüllenden Schicksals des Knechts an, die den syntaktischen Zusammenhang des hebräischen

---

[127] A exakter: ἐβουλήθη (10a) und βούλημα (10d); Σ ἠθέλεσεν und θέλημα, s. dazu HEGERMANN, aaO 42f.62.

[128] Vgl. 53,3: ἄνθρωπος ἐν πληγῇ ὤν und V. 4. Nur in 53,3 ist in der LXX πληγή Übersetzung für מַכְאֹב, in 53,4 für מֻכֶּה (ho. נכה). Das dreifache πληγή ist auffallend.

[129] S. EULER (s. Anm. 115), 79.

[130] Als Übersetzung von אָשָׁם ist περὶ (τῆς) ἁμαρτίας sehr selten, s. 4Reg 12,16(17) ἀργύριον περὶ ἁμαρτίας = כֶּסֶף אָשָׁם vgl. Lev 5,7. Sonst ist vor allem in Lev 4; 5; 16, aber auch anderswo περὶ (τῆς) ἁμαρτίας Übersetzung für חַטָּאת Sündopfer. Vgl. auch Rö 8,3!

[131] Vgl. EULER, aaO 120f, der auf Jes 5,5f und bei der Verheißung auf die nach der Opferung Isaaks folgenden Verheißungen (Gen 22,17 LXX) verweist. GRELOT (s. Anm. 122) vermutet, der Übersetzer hätte vielleicht תָּשִׂימוּ anstelle von תָּשִׂים gelesen. Es ist mir unverständlich, wie RUPRECHT (s. Anm. 1), 34f den Sühnopfergedanken grundsätzlich leugnen will. Hier tritt eine in Deutschland verbreitete Aversion gegen den Opfergedanken zutage.

Textes völlig verändert. Subjekt für alle Verben bis יַצְדִּיק ist der Kyrios. Analog zu V. 10a καὶ κύριος βούλεται (וַיהוָה חָפֵץ) καθαρίσαι αὐτὸν liest der Übersetzer in V.10d das Nomen (יְהוָה) וְחֵפֶץ als finites Verb und gibt es abermals entsprechend mit dem Präsens (καὶ) βούλεται (κύριος) wieder. Von diesem zweiten βούλεται sind alle folgenden vier Verben im Infinitiv ἀφελεῖν, δεῖξαι, πλάσαι, δικαιῶσαι abhängig. Statt יִצְלָח las er wohl יַצִּיל (√נצל hi) herausreißen, retten, und zog das Verb zu מֵעֲמַל נַפְשׁוֹ (ἀφελεῖν ἀπὸ τοῦ πόνου τῆς ψυχῆς αὐτοῦ); statt des Qal יִרְאֶה setzte er ein kausatives Hiphil יַרְאֶה voraus; wie 1QJesA und B las er noch ein אוֹר: δεῖξαι αὐτῷ φῶς, „er will ihn Licht sehen lassen". Was die Grundlage für das καὶ πλάσαι (τῇ συνέσει) bildet, bleibt unklar. Vielleicht fand er das „satt werden" unangemessen und setzte seine Lieblingsvokabel πλάσσειν ein, die er 12mal in Dtjes zwischen Jes 43,1 und unserer Stelle verwendet, 10mal für יצר, und hier wieder besonders für Gottes schöpferisches (und erwählendes) Wirken, das auch auf den Gottesknecht bezogen wird.[132] Am kühnsten ist der Schluß dieser Reihe in V. 11b, wo der Übersetzer für עַבְדִּי wohl das Partizip עֹבֵד ohne Suffix las und dann zu seiner Übersetzung kam: δικαιῶσαι δίκαιον εὖ δουλεύοντα πολλοῖς. Das abschließende auffallende Polyptoton δικαιῶσαι δίκαιον ist vielleicht von der Übersetzung des Tempelweihegebets 3Reg 8,32 (= 1Chr 6,23) abhängig: καὶ τοῦ δικαιῶσαι δίκαιον δοῦναι αὐτῷ κατὰ τὴν δικαιοσύνην αὐτοῦ. Hier liegt die Wurzel für die Vorstellung der Auferstehung als Rechtfertigung des Gekreuzigten (1Tim 3,16, Joh 16,10, vgl. auch Röm 4,25) im NT. Es entsteht so eine überaus eindrucksvolle Schilderung des Handelns Gottes an und durch seinen Knecht. Gottes Wille ist es, ihn aus der Mühsal und Pein des Todes zu retten, ihm Licht, d. h. ewiges Leben in der Gottesgemeinschaft, zu zeigen, ihn mit übermenschlicher Erkenntnis zu begaben, ja „neu zu schaffen". Das πλάσαι τῇ συνέσει bezieht sich dabei zurück auf den Anfang 52,13, das συνήσει des zu Gott Erhöhten. Ihm, der den Vielen durch seinen Tod „wohl gedient" hat, wird Gott als dem wahrhaft Gerechten Recht verschaffen. Hier geht es um die Rechtfertigung dessen, der in den Augen der Sünder der Gottlose, in Wirklichkeit jedoch allein der wahre Gerechte war – d. h. gerade um die Vorbedingung der Rechtfertigung der wirklichen Sünder, die der Gottesknecht durch seinen stellvertretenden Tod wirkt. Erst nach dieser vierstufigen Beschreibung von Gottes Handeln findet wieder ein Subjektwechsel von Gott zu seinem Knecht statt, der das εὖ δουλεύοντα πολλοῖς im Bezug auf den Gerechten erläutert. Sein „Sklavendienst" (δουλεύειν) gegenüber den „Vielen" besteht darin, daß er selbst ihre Sünden getragen, d. h. beseitigt hat.

Doch wer ist dieser „Gerechte" in den Augen des Übersetzers? Eine einseitig kollektive Deutung auf Israel erscheint mir schwer möglich.[133] Dagegen spricht

---

[132] 44,2.20.24 (vgl.43,1); 49,5.8(vl). Eine mögliche Alternative wäre eine Verlesung aus πλῆσαι τ. σ., vgl. A Θ ἐπιπλησθήσεται. Freilich hat Jesaja häufiger das Kompositum ἐμπιμπλάναι, vgl. Jes 11,3.9.

[133] Darauf weist auch GRELOT (s. Anm. 122), 109ff, der an sich eine kollektive Deutung der

das Bekenntnis der „wir", das man kaum auf die Heiden beziehen kann, denn die haben keine Botschaft wie 53,1 (ἀκοὴ ἡμῶν) zu verkünden, auch werden sie nicht durch seine „Strieme (μώλωψ) geheilt". Das kann sich doch nur auf das Gottesvolk beziehen (53,5f). Über die Könige, die Völker, die Gottlosen und Reichen wird der Gottesknecht vielmehr richten[134]. Die Vielen in V. 11 und 12, die mit den Bekennern von V. 1–7 in der 1. Person Plural gleichzusetzen sind, sind das zweifelnde, irrende Israel, für das der Knecht sich opfert, und das, wenn es umkehrt und seine Sünde erkennt und bekennt (δῶτε περὶ ἁμαρτίας) auf Grund von dessen stellvertretendem Sühneleiden am Schicksal des Verherrlichten Teil hat.

Besonders beliebt ist hier heute der Hinweis auf den *leidenden Gerechten*[135], *der sicherlich an einzelnen Punkten (besonders in 53,10d* δικαιῶσαι δίκαιον) deutlicher hervortritt als im hebräischen Text und der für den Übersetzer im ganzen Buch eine wichtige Rolle spielt. L. Ruppert vermutet, daß er schon den rätselhaften Satz Jes 3, 10 (LXX) Δήσωμεν τὸν δίκαιον ὅτι δύσχρηστος ἡμῖν ἐστιν auf Jes 53,11 bezogen habe.[136] Man kann sich dabei weiter auf die intensive Verarbeitung unseres LXX-Textes zusammen mit anderen Motiven des Jesajabuches in der Sapientia, besonders in *Sap 2,10–5,23* (vor allem 2,12–20 und 5,1–6) berufen[137], wo die passio iusti, sein Todesleiden und seine Verherrlichung gegenüber den Gottlosen im Gericht im Mittelpunkt stehen. Zahlreiche Autoren haben hier schon seit langem die auffallenden Bezüge zu den Gottesknechtsliedern, in erster Linie zu dem vierten, gesehen.[138] Sie können sich dazu auf Sap 2,13 berufen, wo der Gerechte sich παῖς θεοῦ nennt, weiter auf seine Verurteilung zu einem schändlichen Tod 2,19, und dann vor allem auf 5,2, wo es von den Gottlosen heißt: ἐκστήσονται, sie werden „außer sich sein" wegen der gänzlich unerwarteten Rettung und Erhöhung des Ge-

---

Gottesknechtstexte in der LXX vertritt: „L'identification du Serviteur avec la communauté d'Israël est beaucoup moins évidente" als in den ersten beiden Liedern (109). „La personification de ce groupe (d. h. „le groupe des justes souffrants qui subissent leur peine à la place des coupables") aboutit à une description fortement individualisée" (110). „Le dernier Poème du Serviteur ... avait ouvert sur ce point une voie nouvelle" (111).

[134] 52,15; 53,9.12.

[135] L. Ruppert, Der leidende Gerechte. Eine motivgeschichtliche Untersuchung zum Alten Testament und zwischentestamentlichen Judentum (fzb 5), 1972, zu Jes 53 LXX s. 59–62; ders., Der leidende Gerechte (in: J. W. van Henten (Hg.), [s. Anm. 1], 76–87), 78–82.

[136] AaO 62, vgl. 59. Vgl. Sap 2,10 u. Justin, dial. 17,2; 136,2; 137,3 s. auch u. S. 360.

[137] AaO 70–105; ders., Jesus als der leidende Gottesknecht (SBS 59), 1972, 23f; K.Th. Kleinknecht, Der leidende Gerechtfertigte (WUNT II/13), 1988², 104–110, s. schon M.J. Suggs, Wisdom 2,10–5: A Homily based on the fourth Servant Song (JBL 76, 1957, 26–53).

[138] Die ältere Literatur bei C. Larcher, Études sur le livre de la Sagesse, EB, 1969, 91f, der jedoch – m. E. zu Recht – vor einer Übertreibung warnt: „les *chants du Serviteur* ne sont donc pas détachés de leur contexte et ils ne semblent pas avoir pris un relief particulier." Er versteht Jesaja als Einheit, wobei freilich c. 40–56 besonders hervortreten, vgl. Haag (s. Anm. 61), 44 ff.

rechten (Jes 52,14), und wo von ihrer zu späten Schuldeinsicht (Sap 5,4) gesagt wird: τὸν βίον αὐτοῦ ἐλογισάμεθα μανίαν καὶ τὴν τελευτὴν αὐτοῦ ἄτιμον (vgl. 53,3–5 vgl. 12). Ihnen wird in 5,5 seine Erhöhung „unter die Söhne Gottes" und zu den „Heiligen", d. h. den Engeln, gegenübergestellt. Das Bekenntnis ihres Irrtums 5,6, ἐπλανήθημεν ἀπὸ ὁδοῦ ἀληθείας, könnte an das doppelte ἐπλανήθημεν /ἐπλανήθη von 53,6 erinnern und das φῶς δικαιοσύνης an 53,11. Dennoch ist dem Einwand recht zu geben, daß auch in Sap die Gottesknechtlieder nicht vom übrigen Jesajakontext abgehoben sind. Der Verfasser sieht – wie schon 4QAhA oder Dan 11/12 – das Werk des Profeten als Ganzes, auch spielen andere Texte wie Jeremia, Daniel und vor allem die Psalmen eine fast ebenso bedeutsame Rolle im Kontext des Themas der leidenden Gerechten und der Gottlosen. Die *passio iusti* ist ja fast zu einem Allerweltsmotiv zwischen der Makkabäerzeit und dem 2. Jh. n. Chr. geworden. Die Sapientia trägt entsprechend eine allgemeingültige religiöse Erfahrung vor, die sie durch vielerlei Anspielungen aus der Schrift, nicht zuletzt auch aus (Deutero-)Jesaja, untermauert. Jes 53 verliert hier seine eigentümlichen Züge fast ganz. Weiter muß man betonen, daß in ihr das Motiv des *stellvertretenden* Leidens zur Überwindung fremder Schuld völlig fehlt: Es geht ihr lediglich um die – im Grunde konventionelle – Rechtfertigung des Gerechten und die Bestrafung der Frevler, wobei selbst die für Daniel, Qumran und die LXX von Jes noch wesentliche eschatologische Naherwartung weggefallen ist. Die Sapientia – die ja doch schon ein relativ später Text ist und aus der ägyptischen Diaspora etwa um die Zeitenwende stammt – wird m. E. darum in ihrer Bedeutung für die Ausbildung der *frühesten* Christologie, die palästinischen Ursprungs ist, überschätzt; hier geht es eher um einzelne terminologische Analogien als um die gemeinsame Sache. Auch den frühesten Passionsbericht bei Mk sollte man nicht zu sehr von der einfachen *passio iusti* ableiten. Hier geht es vielmehr um das – einzigartige, analogielose – Sühneleiden des Messias und Gottessohnes Jesus von Nazareth.[139] Die passio iusti tritt erst bei dem gottesfürchtigen Griechen – Lukas – zusammen mit Motiven des Todes des frommen Märtyrers deutlicher hervor.

Kehren wir darum noch einmal zur LXX zurück. Der Übersetzer in Ägypten um die Mitte des 2. Jh.s hatte wohl kaum schon eine allgemein religiöse „weisheitliche Wahrheit" im Sinn wie der Vf. der Sapientia wieder rund 100 bis 150 Jahre später. Man wird ihm daher nicht einfach eine allgemeine kollektive Deutung auf die *passio iusti* zuschreiben dürfen.

Euler vermutet daher einen Hinweis auf das Schicksal des Profeten und verweist auf das Martyrium Jesajas[140], nach dem Jesaja zersägt worden sei, bei

---

[139] S. dazu M. HENGEL, Probleme des Markusevangeliums, (in: P. STUHLMACHER (Hg.), Das Evangelium und die Evangelien [WUNT 28], 221–265), 270f.239f; DERS., The Atonement, 1981, 35ff.39ff: „The Messiah alone is the righteous and sinless one par excellence" (41).

[140] EULER (s. Anm. 119), 128ff. erwähnt freilich nur die frühchristliche Ascensio Jesajae. Zur in ihrer Grundform älteren und jüdischen Jesaja-Vita in den Vitae Prophetarum s.

dem aber in den uns überlieferten Quellen aus späterer Zeit (Vitae Prophetarum, Ascensio Jes[141], Justin[142], rabbinische Legende[143]) jeder Hinweis auf den Stellvertretungsgedanken gerade fehlt. Nichts deutet darauf hin, daß der Übersetzer diese Legende schon gekannt hat.

So wäre zu prüfen, ob er nicht vielleicht doch das konkrete Leiden einer Einzelperson und deren Verherrlichung im Auge hat, wobei das Leiden zurückliegt, während die eschatologische Verherrlichung noch aussteht, aber sich in den Augen des Übersetzers vorbereitet. Diese Zweiteilung ergibt sich aus dem sehr klaren Tempusgebrauch. Während in 52,13 die Erhöhung und Verherrlichung des Knechts wie auch das als Gericht verstandene Erstaunen bzw. Erschrecken der Völker und Könige in V. 14f (dort gegen den hebräischen Text) im Futur erzählt wird, ist das Bekenntnis der Gemeinde mit der Schilderung ihres Versagens und des stellvertretenden Leidens des Knechts in 53,1−7 fast ausschließlich im Aorist berichtet. D.h. die Gemeinde scheint auf den Tod eines exemplarischen Frommen zurückzuschauen.

Ab V. 8/9 begegnen dann wieder mit der Schilderung der Wende die futurischen Aussagen. So in der Gottesrede die Frage nach der Fortdauer seines Wirkens und seiner Person, τὴν γενεὰν αὐτοῦ τίς διηγήσεται, weiter die göttliche Verheißung δώσω V. 9, die wie das κληρονομήσει πολλούς καὶ τῶν ἰσχυρῶν μεριεῖ σκῦλα V. 12 auf Sieg und Gericht hinweist, während das τὰς ἁμαρτίας αὐτῶν αὐτὸς ἀνοίσει die Frucht seines Todes für die Vielen aufzeigt, die mit seiner Erhöhung für alle offenbar werden wird.

Daß es sich um eine Person mit eschatologischer Heilsfunktion handeln *könnte*, läßt sich am ehesten aus 53,2 erschließen, wo Ziegler statt des unverständlichen ἀνηγγείλαμεν ein ἀνέτειλε μέν konjiziert. Er begründet diese ungewöhnliche Entscheidung gegen die gesamte handschriftliche Überlieferung mit der „häufig gerade in Is(aias) bezeugte(n) Verwechslung von ἀναγγέλλειν und ἀνατέλλειν"[144]. Ἀνατέλλειν erscheint bei Jesaja 14mal für acht

---

SCHWEMER (s. Anm. 57), 92 zum Martyrium, 98f zu Jes 53. Ein klarer Zusammenhang ist nicht zu erkennen. Auch RUPPERT (s. Anm. 135), 62f neigt der Deutung von EULER zu, der auch noch auf Jes 57,1 verweist. Ihm folgt HAAG (s. Anm. 1), 46.

[141] Asc. Jes. c.5, Dt. Üs. von C. DETLEF/G. MÜLLER in NT Apo[5] II, 553f. Daß Jesaja beim Martyrium nicht klagt, sondern „mit dem Heiligen Geist redet", widerspricht eindeutig Jes 53,7.

[142] Dialogus cum Tryphone 120,5 u. M. HENGEL, Die Septuaginta als von den Christen beanspruchte Schriftsammlung bei Justin und den Vätern vor Origenes (in: J.D.G. DUNN (ed.), Jews and Christians. The Parting of the Ways A.D. 70 to 135 [WUNT 66], 1992, 39−84), 49 Anm. 39 u. 62, Anm. 89 = u. S. 345.358, vgl. Hebr. 11,37 ἐπρίσθησαν.

[143] jSan 10,2 28c Z0.44−48, bYev 49b; ohne Details bSan 103b.

[144] Isaias, Gött. Sept. [2]1967, 99, vgl. EULER (s. Anm. 119), 53−56 (53): Da „eine Verlesung eines hebräischen Textes ausgeschlossen" ist, „muß es sich um eine innergriechische Verwechslung handeln. Man wird am besten an eine Form von ἀνάγειν oder ἀνατέλλειν denken", unter Verweis auf J. FISCHER, In welcher Gestalt lag das Buch Isaias der LXX vor? (BZAW 56), 1930, 13 zu 42,9; 45,8 und 53,2, wo ein ἀναγγέλλειν ein ἀνατέλλειν verdrängt hat. Auch W. ZIMMERLI, Art. παῖς θεοῦ, ThWNT V, 1954, 675f stellt die Frage, „ob sich in der Übers(et-

verschiedene hebräische Worte. Der hebräische Text hat וַיַּעַל, Aquila und Theodotion καὶ ἀναβήσεται, Symmachus καὶ ἀνέβη, Targum Jon ויתרבא, Peschitto – gegen LXX – mit MT *s^elaq*. Die hebräische Vorlage der LXX-Texte ἀνηγγείλαμεν ist dagegen nicht erkennbar. Vermutlich handelt es sich um ein ganz frühes Abschreiberversehen. Zwischen der Übersetzung und dem frühesten christlichen Zeugen, Clemens von Rom, liegen immerhin 250 Jahre. Die Möglichkeit einer ein Textkorruptel korrigierenden Konjektur darf nicht grundsätzlich ausgeschlossen werden. In den uns überlieferten klassischen Texten sind Konjekturen ungleich häufiger. Der Vers 53,2 ἀνέτειλε μὲν ἐναντίον αὐτοῦ ὡς παιδίον, ὡς ῥίζα ἐν γῇ διψώσῃ würde dann an Jes 11,1 καὶ ἐξελεύσεται ῥάβδος ἐκ τῆς ῥίζης Ιεσσαι, καὶ ἄνθος ἐκ τῆς ῥίζης ἀναβήσεται[145] erinnern, wo der Sproß aus Jes 11,2 mit dem Geist der Weisheit καὶ σύνεσις begabt wird[146], das ὡς παιδίον für יוֹנֵק, Sprößling, könnte dagegen auf das messianische Kind 9,5 und 7,6 hinweisen. Auch Aquila und Theodotion übersetzen mit „Säugling". ᾿Ανατολή ist als Übersetzung von צֶמַח Jer 23,5; Sach 3,8 und 6,12 auf den zukünftigen Messias bezogen. Dieser wird in Sach 3,8 „mein Knecht" genannt und 6,12 mit dem Verb יִצְמָח = ἀνατελεῖ verbunden. In Jes 60,1 begegnet uns das Verb im Zusammenhang mit dem eschatologischen Aufgehen der δόξα des Kyrios[147]. F. Hahn bemerkt gleichwohl zu unserem Text lapidar: „Auch die LXX-Fassung von Jes 53 läßt keine messianische Deutung erkennen."[148] So sicher könnte ich nach der Analyse des Textes nicht mehr urteilen. Zumindest die Möglichkeit sollte offen bleiben, wobei, wie jetzt die Qumrantexte zeigen, im 2. Jh. der Begriff „messianisch" noch nicht so eindeutig auf den eschatologischen Heilskönig aus dem Hause David fixiert ist wie in der nachchristlichen rabbinischen Überlieferung. Man darf die vielfältigen vorchristlichen messianischen Vorstellungen nicht vom eingeengten Messiasbegriff der nachchristlichen Rabbinen her reglementieren!

Wenn man einen Bezug zu einer konkreten historischen Gestalt herstellen will, so *könnte* man – durchaus hypothetisch – an Onias III., den letzten legitimen sadokidischen Hohenpriester denken, der 2Makk 4,2 als „Wohltäter der (heiligen) Stadt, Beschützer (seiner) Landsleute und Eiferer für das Gesetz" gepriesen wird und der durch seine Fürbitte das Leben des Frevlers Heliodor rettete (3,33). Durch Antiochus IV. bei seinem Amtsantritt vom Priesteramt enthoben, wird er auf Betreiben des jüdischen Usurpators und falschen Hohenpriesters Menelaos in seinem Asylort Daphne bei Antiochien ermordet (4,7ff.32ff), eine Untat, die nicht nur Juden, sondern viele Heiden erbittert

---

zung) der LXX nicht eine messianische Sinndeutung verrate" und bejaht sie als ernstzunehmende Möglichkeit.

[145] Darauf spielt auch die Übersetzung von A, Θ, Σ an.

[146] 52,13: ἰδοὺ συνήσει... und 53,11: πλάσαι τῇ συνέσει.

[147] ἡ δόξα κυρίου ἐπὶ σὲ ἀνατέταλκεν (זָרַח).

[148] F. Hahn, Christologische Hoheitstitel (FRLANT 83), 1964², 154 Anm. 1 unter Berufung auf Euler.

haben soll (4,35). Dan 9,26 erwähnt seine Ermordung als endzeitliches Ereignis: „Am Ende dieser Zeiten, nach der 62. Woche, wird ein Gesalbter (מָשִׁיחַ) getötet." Das nachfolgende וְאֵין לוֹ ist eine crux interpretum. Möglicherweise ist zu ergänzen: „und er war ohne Schuld, Rechtsbeistand oder Nachfolger", auch eine Deutung seines Todes als Stellvertretung „aber nicht für sich selbst" wurde vorgeschlagen.[149] Dan 11,22 spielt noch einmal auf seinen Tod an: „und auch der Bundesfürst wird zerschmettert." Wahrscheinlich wird auch äthHen 90,8 auf seinen gewaltsamen Tod Bezug genommen. In 2Makk 15,12 und 16 erscheint der Ermordete dem Judas Makkabäus in einer Traumvision. Wieder wird er in hagiographischer Weise geschildert: vortrefflich, bescheiden, milde, von Jugend an ganz der Tugend hingegeben, der mit erhobenen Händen für das Volk gebetet habe. Begleitet wird er von einer zweiten Gestalt, die er Judas als den Märtyrerprofeten Jeremias vorstellt. Offenbar stand Onias III. in frommen jüdischen Kreisen in höchstem Ansehen, nicht zuletzt in den von seinem Sohn Onias IV. begründeten jüdischen Militärkolonien in Ägypten, d.h. in jenem Milieu, in dem der Übersetzer des Jesajabuches anzusiedeln ist, der auf die Gründung des neuen Heiligtums in Leontopolis anspielt[150].

Wenn aber bereits der LXX-Text auf eine endzeitliche Gestalt zu beziehen ist, die man „messianisch" im weiteren Sinne nennen könnte, dann gilt dies erst recht für Aquila und Theodotion, deren Revision in einer Zeit – dem 2. Jh. n.Chr. – entstand, in der sich die Vorstellung eines leidenden Messias im Judentum deutlich nachweisen läßt.

IX. Testament Benjamin 3,8 und 4Q491

Auch der so umstrittene Text TestBenj 3,8 in der armenischen Fassung: „Erfüllen wird sich bei dir die himmlische Weissagung, die sagt:

> „Der Untadelige wird für Gesetzlose befleckt werden
> und der Sündlose wird für Gottlose sterben",

dem die Bitte Josefs vorausgeht, daß sein Vater für seine Brüder bete, „damit der Herr ihnen (ihre) Sünden nicht anrechne"[151], könnte doch wohl jüdischen

---

[149] MONTGOMERY (s. Anm. 48), 381; LACOCQUE (s. Anm. 52), 145.

[150] I. L. SEELIGMANN (s. Anm. 13), 91ff betont – m. E. mit Recht – den Zusammenhang der Übersetzung mit dem Onias-Tempel. A. VAN DER KOOIJ (s. Anm. 116), 50ff bezieht im Anschluß an SEELIGMANN, aaO 84 Jes 8,7f auf die Absetzung Onias III. Könnte man diesen Text nicht mit Aussagen wie 3,10; Jes 52,13−53,12 und 57,1 verbinden? S. auch aaO 52ff zu Jes 19,18 und Leontopolis.

[151] Den Text in griechischer Retroversion s. bei R. H. CHARLES, The Greek Versions of the Testaments of the Twelve Patriarchs, 1908 (Nachdruck 1960), 218f. V. A. Zum armenischen Text s. XIIff (XVI): „the Christian interpolations are present in a much less degree in A ... specially ... in the last two Testaments". Speziell zum TBenj 3,8 s. jetzt A. HULTGÅRD, L'eschatologie des Testaments des Douze Patriarches I u. II (AUU.HR 6/7), 1977/82 II, 39f:

Ursprungs sein, denn ein christlicher Überarbeiter hätte kaum von sich aus diese Verheißung auf Josef, sondern auf Juda, den Stammvater Davids und Jesu von Nazareth, bezogen. Die christliche Ergänzung des griechischen Textes zeigt, was – für Christen – an der jüdischen Urfassung noch fehlte.[152] Im Gegensatz zu de Jonge bin ich fest davon überzeugt, daß TestXII nicht frühchristlichen Ursprungs ist, sondern lediglich im 2. Jh. n. Chr. christlich überarbeitet wurde. Die Qumranparallelen bestätigen diese Vermutung; ähnlich ist die Lage bei den Vitae Prophetarum, den jüdischen Sibyllen und vergleichbaren Schriften.[153] Der synonyme Zweizeiler über das Sterben des Sündlosen für die Sünder hat seine nächste Sachparallele wirklich in Jes 53 (vgl. V. 5b.9b.12b). Fraglich bleibt jedoch, auf wen sich diese Weissagung bezieht. Daß der sterbende Messias ben Josef (bzw. Ephraim) gemeint ist, bleibt eine Möglichkeit und hängt mit der Frage zusammen, wann die Endredaktion der Testamente stattfand und wie alt diese Überlieferung ist. In der Kairo-Geniza und später in Qumran haben wir Fragmente von Einzeltestamenten wie Levi, Naphtali, Juda und vielleicht von Josef gefunden, das Gesamtwerk wird jedoch erst durch Origenes und Hieronymus bezeugt, und seine handschriftliche Überlieferung setzt noch später ein.[154] Da die christlich überarbeitete Fassung das 4. Evangelium voraussetzt, wird man sie am besten in der 2. Hälfte des 2. Jh.s ansetzen dürfen.[155] Sehr wahrscheinlich waren außerdem immer verschiedene Versionen im Umlauf. Die Redaktion der Zwölfertestamente als Gesamtwerk wird heute gerne in die spätere Hasmonäerzeit vor Eingreifen der

---

„La version arménienne est plus courte, mais elle n'est pas secondaire. Car on comprend mal pourquoi précisément les affirmations christologiques auraient été supprimées par les textes arméniens." Ausführlich schon J. BECKER, Untersuchungen zur Textgeschichte der Testamente der zwölf Patriarchen (AGSU 8), 1970, 51–56.

[152] Zur Diskussion zu TBen 3,8 seit CHARLES, J. JEREMIAS u. E. LOHSE s. jetzt M. DE JONGE, Test. Benjamin 3:8 and the Picture of Joseph as „a good and holy man" (in: J. W. VAN HENTEN (ed.), [s. Anm. 1], 204–219), dort Anm. 3 auch eine Übersicht über die verschiedenen Meinungen.

[153] Vgl. selbst DE JONGE, aaO 206: „The Testaments as a whole have to be approached as a witness to the continuity in thought and ideas between Judaism (in particular Hellenistic Judaism) and early Christianity". Diese Möglichkeit der „continuity" muß auch für die „christologischen" Texte gelten. S. jetzt die Einwände gegen die Hypothese einer christlichen Herkunft bei D. MENDELS, The Land of Israel as a political Concept in Hasmonaean Literature (TSAJ 15), 1987, 89, der den hasmonäischen politischen Hintergrund erhellt, während MAREN NIEHOFF, The Figure of Joseph in Post-Biblical Literature (AGAJU 16), 1992, auf die zahlreichen Beziehungen zur Jüdischen Haggada von Josephus bis zum Tg Pseudo-Jonathan hinweist, s. Index S. 176 s. v. Testaments of the Twelve Patriarchs. Ein Christ des 2. Jahrhunderts hätte ein solches Werk nie schreiben können.

[154] E. SCHÜRER, The History of the Jewish People in the Age of Jesus Christ. A New English Version, revised and edited by G. VERMES and F. MILLAR, 1973–1987, III,2, S. 775f.

[155] Zur Bezeugung des 4. Evangeliums im 2. Jh. s. M. HENGEL, Die johanneische Frage (WUNT 67), 1993, 13–75 u. E. SCHÜRER, ebd. Dafür spricht auch, daß Hippolyt sie wahrscheinlich schon voraussetzt. S. M. DE JONGE, Hippolytus' „Benedictions of Isaac, Jacob and Moses, Testaments of the Twelve Patriarchs (Bijdr. 46, 1985, 245–260).

Römer 63 v. Chr. datiert, doch können Teile auch später zugewachsen sein. *Vielleicht* hängt das Aufkommen der Vorstellung eines sterbenden Messias ben Josef mit der Tatsache zusammen, daß der Verkauf Josefs durch seine Brüder im Judentum als die Ursünde neben der späteren Anfertigung des Goldenen Kalbs betrachtet wurde.[156] Dem Patriarchen Josef wäre darum eine zukünftige Heilsgestalt aus seinem Stamm geweissagt, der für die Sünde seiner Brüder bzw. seines Volkes sühnt. Aber das alles bleiben bloße Vermutungen.

Durch Josephus kennen wir schließlich eine ganze Reihe als „Märtyrer" sterbender politischer oder profetisch-endzeitlicher „Heils- (oder besser Unheils-) Gestalten", wissen aber kaum etwas über ihre Botschaft, die religiösen Hoffnungen ihrer Anhänger, ihre Herkunft und die Reaktionen auf ihren gewaltsamen Tod.[157] Der rätselhafte, für uns versprengt wirkende Text Test-Benj 3,8 ist so ein Indiz unter anderen für die Vielfalt jüdischer Zukunftserwartung und Leidensinterpretation in den Jahrhunderten um die Zeitenwende, eine Vielfalt, von der wir nur die Spitze des Eisbergs kennen und die uns in der neutestamentlichen Forschung das primitive, ständig mißbrauchte argumentum e silentio als exklusiv negatives Argument verbietet. Indem man TBenj 3,8 einfach mit dem Etikett „Josef als leidender Gerechter" beklebt, ist freilich die Eigenart dieses Textes als „himmlische Weissagung" und Zeugnis für stellvertretende Sühne gerade nicht erklärt. Auch ist Josef weder sündlos noch stirbt er für seine Brüder.

So kann zwar im vorchristlichen Judentum die Erwartung einer eschatologischen leidenden Heilsgestalt, die mit Jes 53 zusammenhängt, nicht mit völliger Sicherheit und in klar umrissener Form nachgewiesen werden, aber eine ganze Anzahl von ernstzunehmenden Indizien in Texten ganz unterschiedlicher Provenienz sprechen dafür, daß es am Rande *u. a. auch* derartige Erwartungen (neben vielen anderen) gegeben haben könnte. Dies würde erklären, daß dann bei den Tannaiten des 2. Jh.s n. Chr. die Vorstellung eines leidenden bzw. sterbenden Messias in verschiedenen Formen auftaucht und Jes 53 im Targum und rabbinischen Texten eindeutig messianisch gedeutet wurde.[158]

---

[156] Die Sünde des Verkaufs Josefs durch seine Brüder ist das negative Gegenstück der עקדת יצחק. Schon in Jub 34,18f wird das Opfer des Ziegenbocks am Versöhnungstag am 10. Tishri wegen der Sünde der Brüder Josefs angeordnet, s. dazu K. Berger, Das Buch der Jubiläen (JSHRZ II,3), 1981, 494f; E. Urbach, The Sages, 1975 I, 521f; II, 920f Anm. 43–47. In der späteren Legende wird dieses Vergehen durch den Tod der zehn Märtyrer aus der Zeit Hadrians gesühnt, s. jetzt die Ausgabe von G. Reeg, Die Geschichte von den zehn Märtyrern (TSAJ 10), 1985, c. 10 S. 61 ff. 10*ff (Gen 37,23f u. Anm. 2,6).

[157] M. Hengel, Die Zeloten (AGSU 1), 1976², 261–277. Nach Apg 5,36f war ihr Tod ein Zeichen für ihr Scheitern. S. jedoch die Spekulationen über die Ermordung des Messiasprätendenten Menahem Jos, bell. 2,442–448, dazu A. M. Schwemer, Elia als Araber (in: R. Feldmeier/U. Heckel (Hg.), Die Heiden [WUNT 70], 1994, 108–157).

[158] J. Ådna in: Der leidende Gottesknecht (s. o. Inhaltsverzeichnis S. IX).

Als Beispiel für diese – viel zu wenig ernstgenommene – *Vielfalt* will ich zum Schluß nach dem schon behandelten aramäischen Fragment aus 4Q noch einen zweiten wenig bekannten Text vorstellen, den Baillet 1982 in DJD 7 als fr. 11 u. 12 Col I von 4Q491 = Milchama A veröffentlicht hat. Der Herausgeber überschrieb ihn „Cantique de Michel et Cantique des Justes".[159] Inzwischen wird freilich die Zugehörigkeit zu 4QM infragegestellt und der hymnische Text mit den Hodajotfragmenten aus 4Q in Verbindung gebracht.[160] Das Auffallende ist, daß in diesem poetischen Text eine unbekannte Gestalt in der ersten Person, fast in der Form einer Aretalogie ihre eigene Erhöhung zu Gott und den Engeln schildert. Morton Smith hat nun in einer neuen Rekonstruktion den poetischen Charakter des Hymnus herausgearbeitet und vermutet, daß es sich nicht um Michael handelt, sondern daß hier eine in der himmlischen Welt bei Gott und seinen Engeln inthronisierte menschliche Gestalt sprechen müsse. Die Frage ist jedoch, *wer* hier spricht. Leider sind die Lesungen des fragmentarischen Textes an vielen Stellen unsicher. Die Sprache ist nicht mehr einfach klassisches Hebräisch, sondern enthält einige Aramaismen und späte Worte.

4Q491:

11   Gesetzt hat mich der Höchste unter] die Vollkommenen der [E]wigen,
     ein Thron der Stärke in der Versammlung der Göttlichen.
     Nicht sollen sitzen auf ihm alle Könige des Ostens
     und ihre Fürsten [sollen sich ihm] nich[t nähern.]
15   kein Edomiter (? s. u. Anm. 161) soll meiner Herrlichkeit gleichen,
     und keiner soll erhoben werden außer mir, und keiner soll kommen (bis) zu mir.
     Denn ich, ich sitze in der [Versamml]ung im Himmel,
     und niemand weist mir eine Schuld zu.
     Ich, unter die Göttlichen rechne ich mich,
20   und meine Stätte ist in der heiligen Versammlung.
     Nicht wie Fleisch (ist) [mein] Wun[sch nach Gold?],
     alles Kostbare wird mir in der Herrlichkeit [meines Gottes].

---

[159] Qumrân Grotte 4 III (4Q482–4Q520), DJD 7, 1982, S. 12–44 (26ff) pl. VI. S. dazu die Neuinterpretation von M. Smith, Ascent to Heaven and Deification in 4QMa (in: L. H. Schiffman (ed.), Archaeology and History in the Dead Sea Scrolls. The New York Conference in Memory of Yigael Yadin [JSPE.S 8], 1990, 181–188); ders., Two Ascended to Heaven – Jesus and the Author of 4Q491 (in: J. H. Charlesworth (ed.), Jesus and the Dead Sea Scrolls, 1992, 291–301): Die Konsequenzen, die M. Smith einem Lieblingsthema folgend aus diesem Text zieht, sind freilich absurd; s. auch E. Schuller, A Hymn from a Cave Four Hodayot Manuscript 4Q427 7i+11 (JBL 112, 1993, 605–628): Eine gute Übersicht gibt J. J. Collins, A Throne in the Heavens (in: M. Fishbane/J. J. Collins (ed.), Death, Ecstasy and Otherworldly Journeys. Essays in Memory of I. P. Culianu, Albany [noch nicht erschienen]). Herr Kollege Collins war so freundlich, mir das Manuskript seines Aufsatzes zur Verfügung zu stellen.

[160] S. E. Schuller, aaO; C. C. Collins, aaO: Es besteht ein Zusammenhang zwischen 4Q491 und 4Q427 7 und 4Q 471b. Collins vermutet, daß diese Texte wegen ihrer teilweise wörtlichen Übereinstimmungen zusammengehören. Das uns interessierende Fragment 11 hat freilich dort keine Parallele. Zu 4Q491 jetzt J. Zimmermann, op. cit. (Anm. 114), 285–311.

Heilige Wohnung nicht zu plündern, wurde mir zugerechnet (?).
Und wer gleicht mir in meiner Herrlichkeit?
25 Wer ist der, der wie ein Seefahrer zurückkehrt
und erzählt [von einem, der] mir gl[eichwertig ist?]
Wer la[cht über] Bedrängnisse wie ich,
und wer ist [im Ertrage]n von Bösem, der mir gleicht?
Und wenn ich lehre in der Unterweisung,
30 dann ist [meine Unterweisung] nicht gleich [den Worten eines Menschen].
Und wer greift mich an mit dem Öff[nen des Mundes],
und den Fluß meiner Lippen, wer faßt ihn?
Und wer fordert von mir Rechenschaft und kommt [mir] gleich?
In meinen Rechtsentscheidungen [- keiner steht gegen] mich.
35 Ich, unter die Göttlichen werde ich gerechnet,
und meine Herrlichkeit ist bei den Söhnen des Königs.
Nicht [Feing]old und nicht Gold von Ophir [gleicht meiner Weisheit].

Im folgenden einige Bemerkungen zur Interpretation und zu Berührungen mit dem 3. und 4. Gottesknechtslied: a) Das Motiv der Erhöhung und der Gegensatz zu den Königen und Fürsten (Z. 13f). Die Könige des Ostens könnten dabei auf die ab der 2. Hälfte des 2. Jh.s im Osten siegreichen Parther verweisen[161]. Z. 23f: „Heilige Wohnung ni[cht] zu plündern, wurde mir zugerechnet" könnte gegen die Seleukiden wie die Hasmonäer gerichtet sein. b) An die Übersetzung der LXX von Jes 53 erinnert die dreimalige Hervorhebung seines כבוד (Z. 15.24.36). Z. 16 wird wie in Jes 52,13 die Einzigartigkeit seiner Erhöhung betont: „und keiner soll erhoben werden außer mir"; hier wäre das ירומם mit dem יָרוּם zu vergleichen. c) Das Leiden des Erhöhten wird kurz in Z. 27 und 28 angedeutet: „wer er[trägt die Menge] der Leiden wie ich und wer ist [im Ertrage]n von Bösem mir gleich?". Statt מיא ישחק לצערים (so M. Smith) würde ich מיא ישא רב צערים (oder ähnlich) vorschlagen, da ein Aufstrich des Lamed auf dem Foto nicht sichtbar ist. Dadurch ergäbe sich ein besserer Parallelismus zu Z. 28: ומיא לסבול רע הדמה ביא. Zu נשא und סבל wäre an Jes 53,4 und 12 zu erinnern. d) Die besondere Weisheit erinnert an das יַשְׂכִּיל 52,13 und Jes 11,2ff. In Z. 29f würde ich gegen Baillet und Smith vorschlagen: ואין נשניתי והוריה לוא תדמה חכמתי (oder ähnlich): „nicht wurde ich belehrt, (menschliche) Lehre kam meiner Weisheit nicht gleich", oder „wenn ich belehrt wurde, kam auch (menschliche) Lehre meiner Weisheit ...". e) Die Sündlosigkeit könnte, wenn Smith mit seiner Ergänzung מחייבים recht hat, in Z. 18 angedeutet sein: „und es gibt keine, die beschuldigen können" („mich" wäre sachlich zu ergänzen). f) Die Situation des Rechtsstreits erinnert an das 3. Gottesknechtslied. Beim מזל שפתי, Z. 32, wäre an Jes 50,4 die לְשׁוֹן לִמּוּדִים zu denken. Die dreifache Frage Jes 50,8f מִי־יָרִיב אִתִּי,

---

[161] Die Lesung אדומי in der Z. 15 und der Verweis auf den „Edomiter Herodes" bei M. Smith ist fraglich, da auf dem Foto deutlich ein Zwischenraum zwischen dem Aleph und dem Dalet besteht. BAILLET liest א דומִי und übersetzt das letzte Wort mit silence.

„wer will mit mir den Rechtsstreit führen ..."
„wer ist mein Prozessgegner ..."
„wer ist der, der mich verurteilt ...",

hat dagegen in den analogen Fragen Z. 31 und 33 ihre Entsprechung:

„wer wird mich angreifen ..."
„wer wird mich vorladen ..."
„in meiner Rechtssache[162], keiner steht gegen mich" (oder ähnlich).

g) Die Rechtfertigung durch Gott Jes 50,8 vgl. 53,11 LXX geschieht durch die Erhöhung auf den himmlischen „Thron der Stärke" in der Engelversammlung, der zugleich als Stuhl im himmlischen Richterkollegium verstanden werden kann, vgl. Dan 7,9ff. Der eschatologisch-dualistische Kontext setzt ja eine Gerichtssituation voraus. Vor allem in den Bilderreden des äthHen, aber auch in Mt 25,31 und 19,28 werden Inthronisation und Gericht miteinander verbunden.[163]

Wer diese Gestalt ist – das wahre Israel verkörpert durch die essenische Heilsgemeinde oder der messianische Hohepriester, der zu Gott erhöhte Lehrer der Gerechtigkeit –, bleibt unklar. Oder – nach vielfacher Lektüre beginne ich selbst wieder an der Vermutung von Morton Smith zu zweifeln – ist hier vielleicht doch Michael gemeint, der als Repräsentant Israels aus der Schar der wie Satrapen streitenden Völkerengel heraus erhöht wird? Aber warum vergleicht er sich dann mit irdischen Herrschern? Vielleicht liegt möglicherweise auch die kollektive Deutung nahe – eventuell auch vertreten durch eine Erzvätergestalt –, wir können hier im Grunde nur raten, noch mehr als bei dem anderen Text 4QAhA, der eine Reihe verwandter Züge trägt. Auch hier bestätigt sich wieder eine oft gemachte Beobachtung: Die Grenze zwischen Individuum und Kollektiv scheint fließend zu sein, der vorbildliche Einzelne verkörpert die Gemeinschaft, wie umgekehrt die Gemeinschaft in einer idealen Einzelgestalt dargestellt werden kann.

X. Fazit

Die nicht ganz einfache Spurensuche hat uns – durch ihre Vielseitigkeit und Vieldeutigkeit – so doch zu einigen interessanten Fundstellen geführt. Fassen wir das – durchaus vorläufige – Ergebnis noch einmal als Überblick zusammen:

Das heute als 4. Gottesknechtslied bezeichnete Textstück Jes 52,13–53,12 ist im Rahmen der jüdischen Jesajadeutung in vorchristlicher Zeit so nicht ganz ohne Einfluß geblieben, freilich ist derselbe alles andere als einheitlich.

---

[162] משפטי vgl. 50,8b מִי־בַעַל מִשְׁפָּטִי, Singular gegen SMITH. Vgl. auch Rö 8,33f.
[162] Zum Inthronisationsmotiv und 4Q491 s. M. HENGEL, „Setze dich zu meiner Rechten!". Die Inthronisation Christi zur Rechten Gottes und Psalm 110,1 (in: M. PHILONENKO [éd.], Le Trône de Dieu [WUNT 69], 1993, 108–194), 175ff.

Am stärksten wirkte das Erhöhungsmotiv in 53,12 ff (und in Verbindung damit in 53,11) nach, und zwar im kollektiven Sinne auf das wahre Israel oder die Gerechten bezogen, so in Dan 11 und 12, angedeutet in AssMos 10,9, deutlich in Sap 2 und 5 und – vielleicht – in 4Q491. Die Erhöhung kann sich dabei mit dem Gericht über die Könige und Heidenvölker verbinden. Dies gilt vor allem für die Bilderreden des äth Henoch, wo der auserwählte und gerechte Gottesknecht mit dem Menschensohn von Dan 7,13 und dem Messias von Jes 11 identifiziert wird und er darum nicht mehr als Kollektiv, sondern als im Himmel verborgene Erlöser- und Richtergestalt auftritt, wobei die „Gerechten" und „Auserwählten" auf das Engste mit ihm zusammengeschlossen werden. Während bei der kollektiven Deutung in Dan 11/12 und Sap 2 das Leidensmotiv deutlich hervortritt, ist es in den Bilderreden fast völlig verdrängt. Es betrifft nur noch *die* „Auserwählten" und „Gerechten".

Die Jesajarolle 1QJes A zeigt m. E. eine messianische Deutung, wahrscheinlich – wie 4QAhA (TLevi II) nahelegt – bezogen auf den endzeitlichen Hohenpriester. Dies könnte u. U. auch für 4Q491 gelten, wo freilich das Leiden nur angedeutet wird. Eine individuell-eschatologische Interpretation liegt m. E. auch in der LXX von Jes vor, die wohl ebenfalls auf eine leidende Einzelgestalt der angebrochenen Endzeit, vielleicht Onias III., hinweist. Auch TestBenj 3,8 könnte sehr wohl vorchristlich sein und von Jes 53 abhängen.

Das Motiv des stellvertretenden Sühnetods tritt in den vorchristlichen Texten durchweg mehr oder weniger zurück. Es ist *vielleicht* angedeutet in Dan 11/12, fehlt in den Bilderreden und Sapientia ganz, erscheint dagegen in der LXX trotz des dort verstärkten *passio iusti*-Motivs noch deutlich, spielt auch in dem aramäischen Fragment von 4QAhA vielleicht eine Rolle, wird aber in dem Hymnus aus 4Q491 überhaupt nicht sichtbar. Interessant ist schließlich, daß schon in LXX und 4QAhA sich eine Tendenz in den Vordergrund schiebt, die sich in der – ebenfalls individuell-messianischen – Deutung von TgJes voll entfaltet.

Grundsätzlich wird man sagen dürfen, daß dort, wo das Motiv des Richters hervortritt, das der Stellvertretung verschwindet. Insgesamt wird diese nur in Spuren sichtbar, am stärksten, durch die Nötigung, den Text einigermassen wortgetreu zu übersetzen, in der LXX. Dennoch halte ich die Vermutung für nicht völlig unbegründet, daß es schon in vorchristlicher Zeit Traditionen über leidende und sühnende eschatologisch-messianische Gestalten im palästinischen Judentum (und wohl auch in der Diaspora, beides kann man nicht streng trennen) gegeben hat und daß Jesus und die Urgemeinde u. U. solche Traditionen kennen und daran anknüpfen *konnten*. Dies würde erklären, daß wohl schon Jesus selbst und dann seine Jünger nach Ostern voraussetzen konnten, daß die Botschaft vom stellvertretenden Sühnetod des Messias (1Kor 15,3 f) unter ihren jüdischen Volksgenossen verstanden würde.

3. Jerusalem als jüdische und hellenistische Stadt

Ernst Käsemann, nonagenario

1. Jerusalem als angebliche Gegnerin der griechisch-römischen Zivilisation, als Mittelpunkt der Welt und „Heilige Stadt"

1.1 Die Stadt im Widerspruch

In seiner Schrift *de praescriptione haereticorum* stellt Tertullian die berühmte rhetorische Frage: *Quid ergo Athenis et Hierosolymis?* „Was hat also Athen mit Jerusalem zu schaffen?"[1] Der karthagische Advokat erhebt diese, für ihn mit einem klaren „Nichts" zu beantwortende Frage im Blick auf den Zusammenhang zwischen christlicher Lehre und platonischer Philosophie, wie sie von den gnostischen Häretikern rezipiert wurde, und fährt fort: *quid accademiae et ecclesiae? quid haereticis et Christianis?* Beides steht bei ihm zueinander in schroffstem Gegensatz. Für den hochgebildeten christlichen Eiferer und brillanten Rhetor ist die Entscheidung darum von vornherein eindeutig: *Nostra institutio de portico Solomonis est*[2] *qui et ipse tradiderat Dominum in simplicitate cordis esse quaerundum.* Der „Akademie" und der „Stoa poikile" als dem Lehrort der berühmtesten Philosophenschulen stellt er den Ort der Lehre Jesu an heiliger Stätte gegenüber. Beide Orte schließen sich gegenseitig aus, denn Athen ist die geistige Heimat der gnostischen Häretiker.

Daß die heilige Geschichte der Juden, ihre Gesetze und ihr Tempel in

---

[1] 7,9f. Für Tertullian stehen hinter beiden Städtenamen entgegengesetzte „Weltanschauungen". S. jetzt etwa auch LEO SCHESTROW, Athen und Jerusalem. Versuch einer religiösen Philosophie, München 1994. Die rhetorische Frage Tertullians hat in verschiedenen Buch- und Aufsatztiteln ihren Niederschlag gefunden. S. die schöne Studie von J. J. COLLINS, Between Athens and Jerusalem. Jewish Identity in the Hellenistic Diaspora, New York 1983. Auf das hermeneutische Problem rabbinischer Schriftauslegung überträgt sie P. S. ALEXANDER, Quid Athenis et Hierosolymis. Rabbinic Midrash and Hermeneutics in the Graeco-Roman World, in: A Tribute to Geza Vermes, ed. P. R. DAVIES/R. T. WHITE, JSOT. S 100, 1990, 101–124. Beide Untersuchungen betonen im Gegensatz zu Tertullian besonders den positiven Zusammenhang. D.h. die Frage kann – historisch gesehen – nur mit *sic* et *non* beantwortet werden. Zur Frage Tertullians s. ALEXANDER 120f. Anm. 1.

[2] Vgl. Joh 10,23; Apg 3,11; 5,12. Die „Halle Salomos" war der Ort der Lehre Jesu und der Apostel.

Jerusalem viel älter, besser und verehrungswürdiger als diejenigen der Griechen und hier wieder besonders der Athener seien, kann man aber auch bei dem griechisch gebildeten Jerusalemer Priester Josephus nachlesen, der als flavischer Pensionär im | Rom Domitians in seiner Apologie *c. Apionem* eine himmelweite Überlegenheit der jüdischen Metropole und ihrer geistigen Traditionen postuliert[3], obwohl der Tempel und die Heilige Stadt längst zerstört sind, und selbst im rabbinischen Midrasch werden in einer ganzen Serie von Spotterzählungen die Klugheit der Jerusalemer und die Torheit der berühmten Athener einander gegenübergestellt.[4] Für den Juden der hellenistisch-römischen Welt galt selbstverständlich Jerusalem und nicht etwa Delphi oder Eleusis bei Athen als Mittelpunkt bzw. *„Nabel der Welt"*, d. h. als die „religiöse Welthauptstadt", mochten auch andere Städte politisch viel mächtiger und volkreicher sein.[5] Philo kann sie im Zusammenhang mit dem Besuch M. Agrippas in Jerusalem als auf doppeldeutige Weise ἡ μητρόπολις ἐν μεσογείῳ κειμένη bezeichnen.[6] Selbst für Paulus bleibt es Mittelpunkt der Welt.

Das Pendant zu dieser Haltung grundsätzlicher Überlegenheit der Heiligen Stadt und ihrer Bewohner, die hier stellvertretend für Juden (und Christen) stehen, ist der Vorwurf der menschenverachtenden *Fremdenfeindlichkeit,* den schon einer der frühesten antiken Berichterstatter über die Juden, Hekataios von Abdera, um 300 v. Chr. gegen die Bewohner von Jerusalem bzw. die Juden – beides fällt hier zusammen – erhebt[7], und der die ganze griechisch-römische Überlieferung bis in das 3., ja 4. Jh. n. Chr. wie ein roter Faden durchzieht. Am Ende seiner Apologie für das jüdische Gesetz weist Josephus diesen Vorwurf zurück: Ihre Gesetze lehren nicht ἀσέβεια und μισανθρωπία, sondern mit-

---

[3] Jos., c. Ap. 2,193: Εἷς ναὸς ἑνὸς θεοῦ, vgl. 102–109 und 165 über die jüdische, von Mose gegebene einzigartige Staatsverfassung: θεοκρατίαν ἀπέδειξε τὸ πολίτευμα, θεῷ τὴν ἀρχὴν καὶ τὸ κράτος ἀναθείς, vgl.184f. Zum Vergleich mit bzw. zur Kritik an den Athenern (und Lakedaimoniern) s. 1,21.221; 2,130f.1720.262–268. Selbst Griechen müssen den Glanz Jerusalems anerkennen, s. 1,196–199 über (Ps.-)Hekataios.

[4] Echa R. 1,1 § 4–13, eine andere Version in der Edition v. S. Buber 1,1 § 60ff. (p. 46ff.); vgl. auch bBekh 8b zum Wettkampf R. Jehoschua b. Chananjas mit dem weisen Alten in Athen vor dem Kaiser.

[5] Als Mittelpunkt der Welt erscheint vor allem der Zionsberg; vgl. schon Hes 38,12; 5,5; Jub 8,19: 1. Hen 26,1; 2. Hen 71,35f., vgl. bQidd 69a, Tanch. B Qedoshim 10: Salomo erbaut den Tempel auf dem Grundstein der Welt. „Vom Zion her wird die ganze Welt vollendet." S. dazu S. Talmon, ThWAT II, 1977, Sp. 471–478, Arie Goldberg EJ 9, 1558f.; S. Krauss, Synagogale Altertümer, Wien 1922, 294.

[6] Leg. ad C. 295: in dem Brief Agrippas I. an Caligula. Das kann einfach im „Binnenland" bedeuten, könnte aber im Kontext eine weitergehende Bedeutung haben. S. schon ep. Arist. 83. Zu Delphi (und Eleusis) s. W. Fauth, Artk. Omphalos, KP 4, 299; Strabo 9,3,6 C 419 Ende; Plin. maior, nat. hist. 4,8; Delphi liegt nach Strabo in der Mitte Griechenlands und der ganzen Oikumene. Zu Eleusis s. Ael. Arist. Or. 19 Dindorf p. 415; vgl. Cicero, nat. deor. 1,119. Zu Paulus s. Rö 11,26; 15,19; vgl. u. Anm. 49/50.

[7] Diodor 40,3,2f. = M. Stern, Greek and Latin Authors about Jews and Judaism (= GLAJ) I. 26 § 11. P. Schäfer, Judeophobia, 1997, 15–17.

menschliches Verhalten.[8] Eng verbunden mit dem Vorwurf dieser als typisch barbarisch geltenden zivilisationsfeindlichen Haltung[9] ist die Verleumdung der Heiligen Stadt und ihres Kultes, etwa durch den Vorwurf des Ritualmordes oder des Eselskultes, alles Vorwürfe, die dann später fast nahtlos auf die Christen übertragen wurden.[10] |

Dabei spielt eine Rolle, daß Jerusalem und die Juden erst relativ spät, um 300 v. Chr. bei Theophrast und Hekataios, in das Blickfeld der Griechen kamen. Josephus hat Mühe, die Tatsache zu erklären, daß Hieronymos von Kardia in seiner Diadochengeschichte die Juden und ihre Metropole überhaupt nicht erwähnt, obwohl er von Antigonos Monophthalmos als Statthalter Syriens eingesetzt worden war und das Land kannte. Im Gegensatz zu Hekataios sei er eben gegenüber der Wahrheit völlig blind gewesen.[11] Im Unterschied zu Samaria, das Alexander zerstört und Perdikkas als makedonische Militärkolonie neubegründet hatte[12], und erst recht zu den Küstenstädten von Tyrus bis Gaza scheint Jerusalem noch im 3. Jh. keine übermäßige politisch-ökonomische Bedeutung besessen zu haben. Agatharchides erwähnt es nur als warnendes Beispiel für einen unsinnigen Aberglauben, ein Vorwurf, der Juden (und Christen), ähnlich wie der des Fremdenhasses, im weiteren Verlauf der antiken Geschichte ständig begleiten sollte.[13] Sein Zeitgenosse Polybios übergeht es bei seiner Darstellung des 5. syrischen Krieges 218 und erwähnt nur Samaria; im Zusammenhang des 6. Krieges spricht er lediglich davon, daß im Jahr 200 nach dem Sieg bei Paneas „auch die Juden, die um das Hierosolyma genannte Heiligtum herumwohnten", zu Antiochos III. übertraten.[14] D.h.: noch nicht die Stadt selbst, sondern das Heiligtum steht im Mittelpunkt seines Interesses, sie erscheint nur als Appendix des letzteren, und über dasselbe hat er dann im Zusammenhang der Geschichte Antiochos' IV. ausführlicher berichtet, da er – noch als junger Staatsmann der achäischen Liga – ein Gegner des Epiphanes

---

[8] C. Ap. 2,291, vgl. 2,148 die Anklage der Juden als ἄθεοι und μισάνθρωποι bei Apollonios Molon, s. auch 2,213 und 259 den Vorwurf des Fremdenhasses gegen die Lakedaimonier.

[9] S. M. STERN, GLAJ, Index III, 136: misanthropy. Vgl. das *odium humani generis* Tac., Ann. 15,44,4; P. SCHÄFER, (Anm. 7) Index 306: Xenophobia.

[10] S. dazu die klassische Untersuchung von E. BICKERMAN, Ritualmord und Eselskult, MGWJ 71 (1927), 171–187.255–264, erweitert in: Studies in Jewish and Christian History. AGJU 9, Leiden 1980, II, 225–255; s. auch u. Anm. 61. Eine Übersicht über den neueren Forschungsstand gibt L. H. FELDMAN, Antisemitism in the Ancient World, in: History and Hate: The Dimensions of Anti-Semitism, ed. D. BERGNER, Philadelphia 1986, 15–42 u. P. SCHÄFER (Anm. 7), passim; zu den Vorwürfen gegen die Christen s. W. SCHÄFKE, Frühchristlicher Widerstand, in: ANRW II 23,1, 1979, 460–723 (574 ff.579 ff.596 ff.).

[11] C. Ap. 1,213.

[12] S. M. HENGEL, Juden, Griechen und Barbaren, SBS 76, Stuttgart 1976, 19–22.

[13] Jos., c. Ap. 1,205–211, vgl. ant. 12,5 f., s. M. STERN, GLAJ I, 104 ff. § 30 a + b. S. auch den Index III, 149 s. v. superstition; P. SCHÄFER (Anm. 7), Index 305.

[14] Polybios, hist. 5,71,1 f. = M. STERN, GLAJ I, 112 ff. § 31 und § 32 das Zitat aus Buch 16,39,1.3.4 bei Jos., ant. 12,136, vgl. Sib 3,702 f. und Livius, periochae CII = GLAJ I, 329 § 131: *fanum eorum (= Iudaei) Hierosolyma.*

gewesen war.[15] Deswegen hat er auch die Plünderung des Tempels durch Antiochos IV. verurteilt.[16] Möglicherweise kannte der Autor von 2. Makk 2,22, der von dem „in der ganzen Welt berühmten Heiligtum" spricht[17], das Urteil des griechischen Historikers.

1.2 Die Interpretatio Graeca des Namens der Stadt

Auf der anderen Seite lag den Juden schon früh daran, das Ansehen der Heiligen Stadt in den Augen der griechischsprechenden Welt zu steigern. So deutet die Verwandlung des hebräischen Namens Jᵉrûšalajîm in Hierosolyma auf eine frühe bewußte Interpretatio Graeca der jüdischen Tempelstadt hin. Sie geschah vermut|lich schon gegen Ende des 4. Jh.s in jüdisch-hellenistischen Kreisen und sollte das Alter und die Heiligkeit des Ortes beweisen, begegnen wir ihr doch bereits in dem Exzerpt Diodors aus Hekataios und bei Manetho um 300 v. Chr.,[18] es bleibt freilich noch ungewiß, ob sie schon in den Originalwerken zu finden war. Dies gilt zumindest für Manetho, da die Auszüge des Josephus möglicherweise nicht aus dem ursprünglichen Werk des ägyptisch-hellenistischen Autors stammen, sondern zum Teil auf einer späteren Fälschung beruhen.

Das früheste datierbare eindeutige Zeugnis ist die Ortsliste bei der Reise Zenons durch Palästina im Jahr 259 v. Chr., wo ἐν Ἱεροσολύ[μοι]ς Station gemacht wurde, und wo man sechs Artaben Weizenmehl unter die Reisenden verteilte.[19] Der Aristotelesschüler Klearch von Soli hat dagegen noch die Umschrift Ἱερουσαλήμη[20], jedoch erscheint (Hiero)solyma durchgehend in allen späteren griechischen und römischen Berichten, aber auch schon bei dem ersten jüdischen Historiker Demetrios, der am Ende des 3. Jh.s v. Chr. in Ägypten schrieb.[21] In der LXX taucht diese gräzisierte Form des Namens der Heiligen Stadt demgegenüber erst im griechischen 1. Esrabuch, bei Tobit und in den Makkabäerbüchern, d. h. in „nichtkanonischen" Propaganda- und Erbauungsschriften auf, die für hellenistische Juden und heidnische Sympathisanten ins Griechische übersetzt wurden. Apologetischen Charakter hat auch der

---

[15] 29,23,3, vgl. 31,11–15.

[16] Jos., c Ap. 2,83 f = GLAJ I, 115 § 33.

[17] τὸ περιβόητον καθ᾽ ὅλην τὴν οἰκουμένην ἱερόν.

[18] Hekataios: Diodor 40,3 = GLAJ I, 26 § 11; Manetho: Jos., c. Ap. 1,90, vgl. 241 = GLAJ I, 68 § 19. Zum ganzen Problem s. die vorzügliche Darstellung von B. Z. WACHOLDER, Eupolemus. A Study of Judaeo-Greek Literature, Cincinnati etc., 1974, 203–213.

[19] CPJ I, 121 f. Nr. 2a Col I.3, vgl. 2b 2.7: Diese Ortsangabe war damals schon allgemeiner Brauch.

[20] Jos., c. Ap. 1,179: πάνυ σκόλιον. Euseb, pr.ev. 9,5,7: Ἱερουσαλήμ.

[21] Clem. Alex., strom. 1,121,1 + 2, Text mit Kommentar bei C. R. HOLLADAY, Fragments from Hellenistic Jewish Authors, Vol I, Historians, Chico/Calif., 1983, 78.

Aristeasbrief um ca. 140 v. Chr., der ein Wortspiel verwendet.[22] In den übrigen Schriften der LXX wird in der Regel als einfache Umsetzung des hebräischen Namens die Form Ἱερουσαλήμ beibehalten. Durch die Vorsilbe ἱερό wurde die Heilige Stadt, ähnlich wie das phrygische Hiera- bzw. Hieropolis oder das syrische Hierapolis-Bambyke, als *Tempelstadt* ausgewiesen.[23] Auch der jüdische Historiker und Priester in Jerusalem, Eupolemos, verwendet um 160 v. Chr. die neue Namensform stereotyp sechsmal, mehrfach in weiterem Zusammenhang mit τὸ ἱερὸν, d. h. „dem Tempel", wobei, wie bei Polybios, der Tempel wichtiger zu sein scheint als die Stadt. Dabei ist ihm der hebräische Name natürlich bekannt, er beruhe jedoch auf einer Verfälschung. Dazu entwickelt er eine eigene Etymologie: Der Tempel wurde zuerst ἱερὸν Σολομῶνος genannt, die Stadt aber später auf verfälschte Weise auf Grund des Heiligtums „Jerusalem" (ἀπὸ τοῦ ἱεροῦ Ἱερουσαλήμ); von den Griechen jedoch wird sie mit ihrem wahren Namen (φερωνύμως) als *Hierosolyma* bezeichnet.[24] Die Ableitung vom „Heiligtum Salomos" ist ein | Sonderfall, der sich aber eigenartig mit der Bemerkung von Cassius Dio 69,14,2 über „Solomons Grab" berührt.

Eine andere Deutung war gegenüber den Griechen viel interessanter: Die Nachsilbe *Solyma* verbindet die Bewohner der Stadt, die hier für die Juden überhaupt stehen, mit dem bei Homer, Ilias 6,184.204 zweimal erwähnten „ruhmvollen Volk der Solymer"[25], das nach Eratosthenes nicht mehr existierte.[26] Da jedoch Homer in der Odyssee 5,283 auch von den „Solymer Bergen" in der Nähe Äthiopiens spricht und Choïrilos von Samos (5. Jh. v. Chr.) im Heere des Xerxes gegen Griechenland Bewohner der „Solymer Berge, die bei einem großen See gelegen sind, und die die Sprache der Phönizier sprechen", mitziehen läßt, konnte Josephus, wohl auf Grund einer älteren Identifizierung, diese als Bewohner Judäas bezeichnen.[27] Auch (Pseudo?-)Manetho nennt die späteren Bewohner von „Hierosolyma" Σολυμῖται.[28]

Durch diese *Interpretatio Graeca* sollte die Bedeutung Jerusalems in den Augen der Griechen erhöht und ihre Begegnung mit dem führenden Kulturvolk bis in die Zeit Homers bzw. der Perserkriege zurückgeführt werden. Noch

---

[22] 32.35.52: τὸ ἱερὸν ἐν Ἱεροσολύμοις.

[23] Hierapolis gab es mehrere, s. RE 16, Sp. 404ff., darüber hinaus eine ganze Reihe anderer Orte mit der Vorsilbe Hiera-. Zu Hieropolis s. RE 16, Sp. 1588.

[24] Euseb, pr. ev. 9,34,13. S. auch 4,30,5; 34,4.12.14; 39,5. Text bei C. R. HOLLADAY, op. cit. (Anm. 21), 128; vgl. 116.124. S. dazu B. Z. WACHOLDER, op. cit. (Anm. 18), 207f., der vermutet, daß sich Eupolemos vielleicht gegen hellenistische Juden wendet, die den Namen der damaligen Mode entsprechend aus Homer ableiten wollten.

[25] Σολύμοισι ... κυδαλίμοισι.

[26] Plin. maior, nat. hist. 5,127.

[27] C. Ap. 1,172–174.

[28] C. Ap. 1,248 vgl. 241. Zum Volksstamm der „Solymer" s. W. RUGE, RE 2. R. 3,1 Sp. 989. Sie waren ursprünglich im südlichen Kleinasien zu Hause. S. auch W. PAPE/G. BENSELER, Wörterbuch der griechischen Eigennamen, Braunschweig 1911, II, 1423f.

Tacitus nennt als vorletzte der sechs verschiedenen, überwiegend absurden Theorien über die Herkunft der Juden die Meinung jener, die einen „berühmten Ursprung" des Volkes *(clara initia)* behaupten: „Sie seien die Solymer, ein Volk, das in den Gesängen Homers gefeiert wird. Sie hätten die von ihnen gegründete Hauptstadt nach ihrem Namen *Hierosolyma* genannt".[29]

Diese Umformung des Namens[30] liegt etwa auf derselben Linie wie die ebenfalls weit ins 3. Jh. zurückgehende Behauptung von der angeblichen Verwandtschaft der Juden mit den Spartanern auf Grund ihrer gemeinsamen Abstammung von Abraham.[31] Josephus spricht ant. 1,180 davon, daß Melchisedek, der König von *Solyma,* den Abraham empfangen habe, und daß die Stadt erst später *Hierosolyma* genannt worden sei; in ant. 7,67f. erfahren wir, daß die Stadt zur Zeit Abrahams noch den Namen *Solyma* getragen habe, Homer sie jedoch später *Hierosolyma* genannt habe, denn das Heiligtum (ἱερόν) heiße auf hebräisch *Solyma,* d.h. Sicherheit (ἀσφάλεια). Die Zuordnung der Stadt zu den Hebräern sei schon durch Josua erfolgt (Jos | 10,5ff.), doch habe erst David die Kanaanäer vertreiben können. Im früheren *bellum* 6,438 hat dagegen bereits der kanaanäische Herrscher (δυνάστης) Melchisedek als erster Bauherr des Tempels und erster Priesterkönig die bisher *Solyma* genannte Stadt als *Hierosolyma* bezeichnet. Vielleicht geht die letzte Nachricht auf Nikolaos von Damaskus zurück. Der Freund des Herodes hätte dann durch den Hinweis auf den vorjüdischen Tempelerbauer und Priester mit dem Namen „gerechter König" den letzten König und Erneuerer des Tempels ins rechte Licht gestellt. Josephus scheint dann selbst seine Theorien über die Entstehung des Namens der Stadt später geändert und im „nationaljüdischen" Sinne erklärt zu haben.

Der Hinweis auf Homer ist jedoch gewiß viel älter und hängt wohl mit jener frühen *Interpretatio Graeca* des Namens zusammen. Wenn schon der Bruder des Tobiaden Joseph den sehr seltenen Namen *Solymios* trägt, so setzt auch das wohl bereits im 3. Jh. v. Chr. diese *Interpretatio Graeca* voraus.[32] Bei späteren Autoren, Plutarch und Tacitus, erscheint gar ein *„Hierosolymos"* als Stammva-

---

[29] Hist. 5,2,3. S. dazu den ausführlichen Kommentar von H. HEUBNER/W. FAUTH, Tacitus, Die Historien, Bd. V, Fünftes Buch, Heidelberg 1982, 28ff. Die Mehrzahl leite sie dagegen von den aus Ägypten vertriebenen Aussätzigen ab.

[30] S. dazu M. HENGEL, Juden, Griechen und Barbaren, SBS 76, Stuttgart 1976, 165f.; J. JEREMIAS, ZNW 65 (1974), 273–276 zum Sprachgebrauch im Neuen Testament.

[31] S. M. HENGEL, Judentum und Hellenismus (= JuH), WUNT 10, Tübingen ³1988, s. Index 680 s. v. Spartaner und 134, Anm. 121. Vgl. auch die Freundschaft zwischen den Vorfahren der Pergamener und der Juden zu Abrahams Zeiten im Dekret der Pergamener nach Jos., ant. 14,255. Dazu u. Anm. 76.

[32] Jos., ant. 12,186. Zum Namen *Solymos* s. G. TÜRK, RE, 2. R, 3,1 Sp. 990f. Nach Ovid, fasti 4,79 und Silius Italicus, Punica 9,72ff.113 gab es einen Trojaner (bzw. Phryger/Pergamener) dieses Namens, der mit Aeneas nach Italien kam und die Stadt *Sulmo* gründete: vielleicht auch eine Gräzisierung des Stadtnamens.

ter der Juden neben *Judaios*.[33] Daß in der Literatur der römischen Kaiserzeit
etwa ab 70 n. Chr. relativ häufig die Kurzform *Solyma* begegnet, mag u. a. mit
der polemischen Ansicht zusammenhängen, daß die Vorsilbe ἱερό- der Stadt
der ἀνόσιοι Ἰουδαῖοι nicht mehr zukomme.[34] Schon der alexandrinische
Judengegner Lysimachos hatte im 2. oder 1. Jh. v. Chr. den Namen *„Hierosolyma"* zu *„Hierosyla"* verballhornt: das heilige Solyma wurde für ihn zur Stadt
der „Tempelschänder"[35]. Er spielt damit wohl auf die Vernichtung nichtjüdi-
scher Heiligtümer während der hasmonäischen Expansionskriege an.

1.3. Die Ambivalenz der Beurteilung Jerusalems

Schon diese Überlegungen wegen des Namens der Stadt deuten auf eine
ambivalente Haltung der nichtjüdischen Autoren ihr gegenüber hin, die bis in
die Kaiserzeit die ganze antike Literatur durchzieht. Erst unter christlichem
Einfluß hat sich diese geändert. Man empfand die Stadt zunächst als fremd,
unheimlich, aggressiv und bedrohlich, und doch ging eine besondere *Faszina-
tion* von ihr aus. Nach Diodor sollen die Freunde und Ratgeber *Antiochos' VII.
Sidetes* bei der erfolgreichen | Belagerung Jerusalems geraten haben, die Stadt
zu zerstören, weil ihre Bewohner den „Menschenhaß zu einer festen Tradition
gemacht hätten", zumindest aber solle er die „menschenfeindlichen" Gesetze
dieses Volkes abschaffen und es zwingen, seine Lebensweise zu ändern. Der
König habe jedoch in seinem Großmut diesem Rat nicht nachgegeben. Tacitus
vermischt diese Episode mit dem früheren mißglückten Versuch Antiochos'
IV.: *„rex Antiochus demere superstitionem et mores Graecorum dare adnisus,
quo minus taeterrimam gentem in melius mutaret, Parthorum bello prohibitus
est."*[36] Die Szene bei Antiochos VII. wiederholt sich mit ähnlicher Konstella-
tion in zwei gegensätzlichen Schilderungen des Kriegsrates, den Titus über die
Frage abhielt, ob er den Tempel zerstören solle oder nicht. Josephus betont die
clementia des Feldherrn, der den Tempel schonen möchte:

---

[33] Plut., Is. et Osir. 31,363 C/D = GLAJ I, 563 § 259; Tac., hist. 5,2,2 = GLAJ II, 17f.
§ 281.

[34] Valerius Flaccus 1,13; Statius, silvae 5,2,138; Martial 11,94,5; Iuvenal 6,544; Philostrat,
vita Apoll. 5,27; Pausanias 8,16,5. Vgl. auch Sib 4,115.126 nach 80 n. Chr., dort ist die
Kürzung durch das Metrum bedingt, d. h. es handelt sich um einen echten „Homerismus". Zu
der Polemik gegen die ἀνόσιοι Ἰουδαῖοι beim Aufstand in Ägypten 115–117 s. M. HENGEL,
Messianische Hoffnung und politischer „Radikalismus" in der jüdisch-hellenistischen Diaspora, in: Apocalypticism in the Mediterranean World and the Near East, ed. D. HELLHOLM,
1983, 655–686 (662, Anm. 24) = Bd. I, 321.

[35] Jos., c. Ap. 1,311, vgl. schon Manetho bei Jos., c. Ap. 1, 248f.

[36] Diodor 34–35,1,1–5 = GLAJ I, 183f. § 63, vgl. dagegen Jos., ant.13,236–244. Bei
Diodor ist die wohl auf Poseidonios zurückgehende antijüdische Darstellung enthalten, bei
Josephus die von Nikolaos von Damaskus abhängige projüdische. Tac. hist. 5,8,2 = GLAJ II,
21 § 281. Vgl. P. SCHÄFER (Anm. 7), 22f. 189.

Es sei, selbst wenn die Juden den Tempel verteidigten, unverantwortlich, „ein solch wunderbares Bauwerk niederzubrennen. Denn seine Zerstörung würde den Römern angelastet, während dagegen seine Erhaltung ein Schmuckstück für das Reich bedeute".[37]

Sulpicius Severus, der hier sehr wahrscheinlich auf Tacitus gründet, behauptet gerade das Gegenteil: Gegen die Meinung einiger Ratgeber habe Titus vertreten, „vor allem den Tempel zu zerstören, wodurch die Religion der Juden und Christen möglichst ganz ausgerottet würde"[38]. Dieselbe Haltung begegnet uns noch bei Appian, wenn er – historisch nicht ganz korrekt – berichtet, daß im syrischen Osten von Kilikien bis Ägypten allein die Juden dem Pompeius Widerstand geleistet hätten, darum habe er „ihre größte und heiligste Stadt" zerstört, wie schon vor ihm der erste Ptolemäer und nach ihm Vespasian und zu seiner Zeit Hadrian. Diese Nachricht steht in eigenartigem Gegensatz zu der Inschrift auf dem Bogen im Circus Maximus um 80 n. Chr., wonach Titus im Auftrage seines Vaters Vespasian die Stadt *Hierosolyma,* die von allen früheren „Fürsten, Königen und Völkern" erfolglos angegriffen oder bedroht worden sei, zerstört habe.[39] Diese Legende von der bisherigen Unbesiegbarkeit Jerusalems mag auf Livius zurückgehen, der denselben Ruhm Pompeius zuschreibt: *„Cn. Pompeius Iudaeos subegit, fanum eorum Hierosolyma, inviolatum ante id tempus".*[40]

Diese sich z. T. *widersprechenden Berichte* beleuchten die Ambivalenz der Griechen und Römer in der Haltung gegenüber Jerusalem ebensosehr wie die Nachricht Suetons, daß der von Philo und Josephus als Beschützer der Juden hochgepriesene | *Augustus* seinen Enkel *Gaius Caesar* lobte, daß er auf seiner Reise im Osten im Jahre 1 n. Chr. das jüdische Gebiet vermied und Jerusalem und sein Heiligtum nicht besuchte.[41] Gaius Caesars Vater, *Marcus Agrippa,* Schwiegersohn, Freund und Bevollmächtigter des Kaisers, kam dagegen 15 v. Chr. auf Einladung des Herodes nach Jerusalem, ließ sich vom Volk empfangen und feiern „und opferte Gott (τῷ θεῷ) eine Hekatombe, speiste das Volk und hätte sich gerne länger in der Stadt aufgehalten."[42] Philo berichtet in dem Brief König Agrippas I. an Caligula von jenem Besuch, daß Agrippa, „als er den Tempel, die Pracht (κόσμος) der Priester und die Verehrung der Landesbewohner erblickte, fasziniert war (ἠγάσθη), denn er glaubte, etwas über

---

[37] Bell. 6,237–243 (241). Zum Menschenhaß s. o. Anm. 9–11.

[38] Chron. 2,30,6f. = GLAJ II, 64f. § 282. Der Hinweis auf die Christen könnte von Sulpicius Severus hinzugefügt worden sein; vgl. P. SCHÄFER (Anm. 7), 191.

[39] Appian, Syriaca 50, 252 = GLAJ II, 179f. § 343. E. SCHÜRER, The History of the Jewish People, bearb. v. G. VERMES/F. MILLAR (= NS), 1, 509f., Anm. 128 = ILS 264 = M. McCRUM/ A. G. WOODHEAD, Selected Documents of the Flavian Emperors, 1966, Nr. 53.

[40] Periochae CII = GLAJ I, 329 § 131. Josephus (= Nikolaos von Damaskus), ant. 14,71 hat eine ähnliche Nachricht, die wohl auf eine gemeinsame Quelle mit Livius zurückgeht.

[41] Suet., Aug. 93 = GLAJ II, 110f. § 304.

[42] Jos., ant. 16,12–15.55f.; s. dazu A. SCHALIT, König Herodes, SJ 4, Berlin 1969, 424.

alle Maßen Ehrwürdiges (χρῆμα ... ὑπέρσεμνόν τι), das alles Reden übersteigt (καὶ παντὸς λόγου μεῖζον ἑωρακέναι), zu sehen, und er hatte damals gegenüber seinen Begleitern keinen anderen Gesprächsgegenstand mehr als das Lob des Tempels und alles dessen, das mit ihm zusammenhängt".[43] Augustus mag seinen Enkel deshalb gelobt haben, weil er sich – im Gegensatz zu seinem Vater – einer möglichen Begeisterung durch den gewiß eindrucksvollen Tempelgottesdienst von vornherein gar nicht aussetzte. In schroffem Gegensatz zum Verhalten beider steht der wahnwitzige Versuch Caligulas, einem Enkel Markus Agrippas und über dessen Frau Julia ein Urenkel des Augustus, im Tempel in Jerusalem sein dem olympischen Zeus nachgebildetes Standbild als des Διὸς Ἐπιφανοῦς Νέου Γαΐου aufzustellen, der fast einen Krieg ausgelöst hätte und der das Verhältnis der Judenschaft in Palästina zu Rom aufs schwerste belastete (Philo, leg. ad C. 346 und passim). Caligula selbst beschimpfte die Mitglieder der jüdischen Gesandtschaft aus Alexandrien, die in Rom bei ihm vorsprachen, als „Gotteshasser (θεομισεῖς), die nicht glauben wollen, daß ich ein Gott bin" (leg. ad C. 353). Hier verbindet sich der fixierte Blick auf den jüdischen Tempel mit Menschenverachtung und Größenwahn.

D. h. wir begegnen gleichzeitig der Ablehnung wie der *Faszination* gegenüber dieser ungewöhnlichen Stadt im fernen Osten und ihrem eigenartigen Heiligtum. Plinius maior nennt sie darum die *„bei weitem berühmteste Stadt des Orients und nicht nur Judäas"* (*longe clarissima urbs Orientis non Iudaeae modo*)[44]. Diese auffallende Hervorhebung Jerusalems unter den Städten des „Orients" bedeutet für Plinius mehr als eine bloße rhetorische Hyperbole; sie zeigt, wie sehr das Ansehen Jerusalems, trotz aller Ablehnung des jüdischen Ethnos und seiner Religion von seiten griechischer und römischer Literaten und Politiker, während des frühen Prinzipats im Vergleich zur frühhellenistischen Zeit gewachsen war, ein Ansehen, das nicht allein mit dem Selbstruhm der Flavier als Eroberer zu begründen ist.[45] | Dieses Urteil gewinnt besonderes Gewicht dadurch, daß der ältere Plinius im Jüdischen Krieg 66–70 eine hohe militärische Stellung beim Heer in Judäa innehatte.[46] Selbst der notorische Judenfeind Tacitus kann nicht umhin, zu Beginn des kurzen Abrisses ihrer Geschichte (hist. 5,2,1) von einer *famosa urbs* zu sprechen und den „ungeheuren Reichtum" ihres Tempels zu betonen (5,8,1: *immensae opulentiae templum*). Gerade ihre mühevolle Eroberung durch Titus und der Hinweis auf die ungeheure Kriegsbeute aus den Schätzen des Tempels, die Anlaß zu Pracht-

---

[43] Leg. ad C. 295. Vgl. ep. Arist. 96–98: Wahrscheinlich sah er den Gottesdienst von Joma oder Sukkot.

[44] Nat. hist. 5,70 = GLAJ I, 469 § 204, vgl. Kommentar 477 f.

[45] S. dazu M. STERN, Jerusalem. The most famous of the Cities of the East, in: A. Oppenheimer u. a. (ed.), Jerusalem in the Second Temple Period. Abraham Schalit Memorial Volume, Jerusalem 1980, 257–270 (hebr.).

[46] K. ZIEGLER, RE 41, Sp. 276–282; K. SALLMANN, Plinius. KP 4, Sp. 929.

bauten wie des Theaters in Daphne bei Antiochien und des Kolosseums in Rom gab, unterstreicht die Aufmerksamkeit, die man dieser aus dem Rahmen fallenden Stadt schenkte. In Daphne soll die Bauinschrift *ex praeda Iudaea* gelautet haben. Auch die Inschrift des Kolosseums mit dem Hinweis *ex manubiis* wurde jüngst entdeckt.[47] Die vielfältigen *Iudaea capta-* (bzw. *Iudaea devicta-*)Münzen, deren letzte unter Titus im Jahre 80/81 geprägt wurden, unterstreichen ihre Bedeutung – selbst nach der Zerstörung.[48]

Ihr besonderes, ja einzigartiges Gewicht im frühen Prinzipat erhielt die Stadt als das *religiöse Zentrum der über die ganze Oikumene verstreuten Juden*. Für *Philo* ist sie die *„Heilige Stadt"* schlechthin – er spricht vor allem in der Legatio ad Gaium mehrfach anstatt von Hierosolyma von der ἱερόπολις mit ihrem heiligen Tempel des höchsten Gottes – und der μητρόπολις der ganzen Diaspora.[49] Es ist so nur konsequent, wenn der berühmte Haggadist R. Jochanan im 3. Jh. n. Chr. den Anspruch erhebt, daß Gott im messianischen Reich der Zukunft „Jerusalem zur ‚Metropolis' der ganzen Welt machen" werde, wobei er das griechische Lehnwort *metrôpôlja* verwendet.[50] Schon in verborgener Weise bei Philo[51] und mit aller Deutlichkeit bei R. Jochanan kommt der Gegensatz zu Rom als der die Welt bisher beherrschenden „Metropole" zum Ausdruck.[52]

Daß Jerusalem so als die Metropole des weltweit „zerstreuten" jüdischen Ethnos mit seinem bilderlosen und für Nichtjuden unzugänglichen uralten Heiligtum des „höchsten Gottes" – wie dessen offizielle Bezeichnung gegenüber Nichtjuden lautete[53] – auf diese auch anziehend wirken konnte, zeigt die eigenartige Notiz bei Sueton (*Nero* 40,2): „Einige (der Astrologen) hatten ihm jedoch nach seiner Absetzung die | Herrschaft über den Orient verheißen, andere genauer die *Herrschaft von Jerusalem,* mehrere sogar die Wiedereinsetzung in seine frühere Machtstellung." Das verheißene *regnum Hierosolymorum* ist eine exotisch-säkulare Variante des von Juden und Christen erwarteten messianischen Reiches. Daß derartige Hoffnungen in Rom wohlbekannt waren, zeigt nicht nur die 4. Ekloge Vergils, sondern auch jener von Josephus,

---

[47] S. G. DOWNEY, A History of Antioch in Syria, Princeton 1961, 206 nach Malalas. Den Hinweis auf Rom verdanke ich Herrn Kollegen G. ALFÖLDY, Heidelberg. DERS., Eine Bauinschrift aus dem Colosseum, ZPE 109, 1995, 195–226.

[48] H. MATTINGLY, Coins of the Roman Empire in the British Museum, Vol. II: Vespasian to Domitian ²1976, Index 473.445 und die Münze Nr. 308 S. 294.

[49] C. Flacc. 46, vgl. leg. ad C. 225.281.299.346; vit. Mos. 2,72: Das Heiligtum erhält den Namen Hieropolis; spec. leg. 3,53.

[50] Tanchuma B Debarim p. 415 § 3. Vgl. o. Anm. 5 zum „Nabel" oder „Mittelpunkt der Welt".

[51] Dies gilt vor allem, wenn man seinen Traktat *de praemiis et poenis* liest.

[52] Vgl. auch die Parallelen ExR 22,10 auf Grund von HL 1,5: „Oh ihr Töchter von Jerusalem" und CantR 1,5; zu Jerusalem als künftiger „Welthauptstadt" s. BILLERBECK 3,148.853, vgl. schon Ps Sal 17,30f.

[53] S. M. HENGEL, JuH, 544ff., s. auch Index 687. S. auch C. COLPE, Artk. Hypsistos (Theos), RAC 16, 1994, Sp. 1035–1056.

Tacitus und Sueton bezeugte zweideutige messianische Orakelspruch aus den
prophetischen Schriften der Juden, der den jüdischen Krieg ausgelöst und sich
dann durch die Machtübernahme Vespasians erfüllt haben soll.[54]

Schon Poppäa scheint schwärmerische Sympathien für die jüdische Religion
besessen zu haben, später wiederholt sich dies in wesentlich deutlicherem
Maße bei Titus Flavius Clemens und seiner Frau Domitilla, dem Neffen und
der Enkelin Vespasians, die wohl beide der messianisch-jüdischen „Sekte" der
Christen zuneigten.[55] Selbst Titus hatte sich ja aufs engste mit der durchaus
religiösen jüdischen Prinzessin Berenike, der Tochter Agrippas I., die wesentlich älter war als er, liiert und sie nur unwillig aus politischen Gründen entlas-
sen. Die sonderbare Münze nach dem Amtsantritt Nervas, *fisci Iudaici calum-
nia sublata, s. c.,* zeigt indirekt auch das Interesse am jüdischen Volk und
seinem Glauben – trotz, ja vielleicht gerade wegen der Tempelzerstörung.[56]
Wie in den Iudaea capta-Münzen erscheint auch hier die Palme als Symbol der
Provinz und des Volkes.

Das schillernde Verhältnis Neros (und seiner Frau Poppäa) zum Judentum
mag zu der rabbinischen Legende geführt haben, daß er Proselyt geworden sei
und R. Meir von ihm abstamme.[57] Auch die rasch entstehende Erwartung des
Nero redivivus aus dem Osten als Antichrist weist in diese Richtung.[58]

Doch nicht nur die in den jüdischen Schriften vorausgesagte künftige „Herrschaft Jerusalems" konnte anziehend wirken, sondern auch *der dort verehrte
Gott,* mit dem Nero gewiß weniger im Sinn hatte, der aber für die „jüdischen"
(oder christlichen?) | Neigungen eines Titus Flavius Clemens und der Domitilla
bestimmend war. Hatten schon die ersten griechischen Autoren, die über die

---

[54] Zum *regnum Hierosolymitorum* s. J. GAGÉ, „Basileía". Les Césars. Les rois d'orient et
les ‚mages', Paris 1968, 136ff. Er verweist auf die Erwartung Neros als *redivivus* aus dem
Orient und seine Interpretation als Antichrist. Zum messianischen Orakel s. M. HENGEL, Die
Zeloten, AGJU 1, Leiden [2]1976, 243–246. Sueton, Nero 40,2 = GLAJ II, 118 § 309; vgl. Jos.,
bell. 6,312; Tac., hist. 5,13,2; Sueton, Vespasian 4,5: *ut eo tempore Iudaea profecti rerum
potirentur.*

[55] Poppäa: Jos., ant. 20,195 (θεοσεβὴς γὰρ ἦν); vita 16; ihr Begräbnis: Tac., ann. 16,5, vgl.
auch M. STERN, GLAJ II, 5, Anm. 12. Titus Flavius Clemens und Domitilla: s. M. HENGEL,
Der alte und der neue Schürer, JSS 35 (1990), 39f. = u. S. 173f.

[56] Sueton, Titus 7,1.4: *ab urbe dimisit inuito inuitam.* Zu ihrer jüdischen Frömmigkeit s. die
Szene in Jerusalem, Jos., bell. 2.310–314.405. Die Christen als jüdische αἵρεσις: Apg
24,5–14; 28,22. Zur Nervamünze s. MATTINGLY, op. cit. (Anm. 48), III: Nerva to Hadrian, p.
XXVIII.XLVIIf (Nr. 88.98.105f.).

[57] bGittin 56a: Nero weigert sich auf Grund von Hes 25,14, Jerusalem zu zerstören. Er
flieht und wird Proselyt: vermutlich eine Anspielung auf die Sage von Neros Flucht in den
Osten. S. dazu S. J. BASTOMSKY, Nero in Talmudic Legend, JQR 59 (1968/69), 321–325, und
M. BODINGE, Le Mythe de Néron, RHR 206 (1989), 21–40.

[58] Zum Nero redivivus s. M. HENGEL, Entstehungszeit und Situation des Markusevange-
liums, in: H. CANCIK (Hg.), Markusphilologie, WUNT 33, Tübingen 1984, 1–46 (38–43); L.
KREITZER, Hadrian and the Nero Redivivus Myths, ZNW 79 (1988), 92–115; H. D. RAUH, Das
Bild des Antichrist im Mittelalter: Von Tyconius zum Deutschen Symbolismus, BGPhMA 9,
Münster [2]1979.

Juden berichteten, Theophrast und Megasthenes, diese mit barbarischen Philosophen verglichen,[59] so bescheinigen ihnen auch Hekataios und Strabo, letzterer vermutlich im Anschluß an Poseidonios, daß sie in Jerusalem Gott auf philosophische Weise bilderlos als den „Himmel" verehren, „der die Erde umfaßt".[60] Varro bestätigt, daß diese reine Form der Gottesverehrung mit der der ältesten Römer übereinstimme, möglicherweise sah er – auf gut stoische Weise – einen etymologischen Zusammenhang zwischen dem geheimen Gottesnamen Iao – den er als erster antiker Autor erwähnt – und dem römischen Iovis. Caligula gebraucht dagegen eben diesen geheimen Namen, um, wie Philo als Augenzeuge berichtet, die jüdische Gesandtschaft in Rom, die um ihr Leben zittert, zu verhöhnen.[61]

Wenn Livius den Tempel der Juden in Jerusalem, den Pompeius eroberte, als ein Heiligtum beschreibt, dessen Gottheit *ungenannt* bleibe,[62] und Lucanus diese deshalb später als *deus incertus* bezeichnet,[63] so mußte das noch nicht negativ verstanden werden, sondern konnte jenen geheimnisvollen Charakter

---

[59] Theophrast bei Porphyrios, de abstinentia 2,26 = GLAJ I, 10ff. § 4; Megasthenes bei Clem. Alex., strom. 1,72,5 = GLAJ I, 46 § 14. S. dazu M. Hengel, JuH, 464ff.

[60] Diodor 40,3,4, = GLAJ I, 26 § 11; Strabo 16,2,35 = GLAJ I, 294.305f. 115. S. dazu M. Hengel, JuH, 469ff. Die Abhängigkeit Strabos von Poseidonios bezweifelt J.-D. Gauger, Eine mißverstandene Strabostelle, Historia 28 (1979), 211–224 (213f.). Die scheinbar zwiespältige Haltung des Poseidonios gegenüber den Juden beruht jedoch auf seiner Lehre vom Verfall der alten guten Gesetzgebung. Die hasmonäische Herrschaft ist ein Paradigma für diesen Verfall in der Gegenwart. Dies schließt ein positives Urteil über die Gottesvorstellung des Gesetzgebers Mose nicht aus. S. auch A. D. Nock, Essays on Religion and the Ancient World, Oxford 1972, 2, 860ff., und H. Strasburger, Poseidonios über die Römerherrschaft, in: Studien zur Alten Geschichte, Hildesheim 1982, 2, 920–945 (927f., vgl. 933ff.); J. Malitz, Die Historien des Poseidonios, Zetemata 79, München 1983, 302–323: „mit Sicherheit von Poseidonios abhängig" (316). S. auch u. S. 189 Anm. 82.

[61] Varro bei Augustin, de civ. Dei 4,31 und de consensu evangelistarum 1,22,30; 1,23,31 und 1,27,42; dazu Lydus, de mensibus IV,53 = GLAJ I, 209–212 § 72a–d/75. Dies könnte u. a. die Gleichsetzung des Iao Sabaoth mit Iovis Sabazius bei Valerius Maximus I,3,3 = GLAJ I, 358f. § 147a/b erklären. S. auch A. D. Nock, op. cit. (Anm. 60), 2, 861f. In der griechischen Literatur erscheint Iao erstmals bei Diod. Sic. 1,94,2 = GLAJ I, 171 § 58; s. dazu den Kommentar Sterns, S. 172. Die Quelle Diodors könnte Poseidonios, vielleicht aber auch schon Hekataios sein. Im Ägyptischen bzw. Koptischen kommt das Wort im Klang der Bedeutung „Esel", dem Tier des Typhon-Seth, nahe (io/iao/iou/ia etc.), s. W. E. Crum, A Coptic Dictionary, 75/76, daher die Verleumdung des Eselskultes im Tempel, s. o. Anm. 10. Zu Caligula s. Philo, leg. ad C. 353 u. o. S. 276. S. jetzt D. E. Aune, Artk. Iao, RAC 17, Sp. 1–12.

[62] *Hierosolimis fanum cuius deorum sit non nominant,* Scholia in Lucanum II,593, ed. Usener, und J. Lydus, de mensibus 4,53, ed. Wünsch: ἄγνωστον τὸν ἐκεῖ τιμώμενον, s. GLAJ I, 330f § 133/34. Zum Problem E. Bickerman, Anonymous Gods, in: Studies, op. cit. (Anm. 10), III, 270–281; P. W. van der Horst, The Altar of the „Unknown God" in Athens (Acts 17, 23) and the cult of „Unknown Gods" in the Graeco-Roman World, in: ANRW II, 18,2, 1989 = ders., Hellenism – Judaism – Christianity. Essays on their Interaction, Kampen 1994, 165–202 (188), s. auch die Literatur 201f.

[63] Pharsalia 2,593: *incerti Iudaea dei,* GLAJ I, 439 § 191; vgl. auch Cassius Dio 37,17,2: ἄρρητον (sc. θεὸν) ... καὶ ἀειδῆ αὐτὸν νομίζοντες εἶναι. GLAJ II, 349f. § 406.

des Gottes in Jerusalem zum Ausdruck bringen, der diesen gerade für Römer anziehend machte. Daß die jüdische religiöse Propaganda in Rom erfolgreich war, bezeugen uns die Klagen | zahlreicher Schriftsteller von Horaz bis Juvenal.[64] Auf der anderen Seite wurde die von Jerusalem ausgehende *superstitio* seit dem 2. Jh. v. Chr. von Griechen und Römern mit beißendem Spott überschüttet und in erbitterter Polemik bekämpft.[65] Die andere Möglichkeit war der Vorwurf des *„Atheismus"*, der sich an die „Ungewißheit" des jüdischen Gottes anschließen konnte.[66] Die Angriffe gegen die Christen führen hier nur die alten antijüdischen Vorurteile weiter.

Auch hier stoßen wir wieder auf jene Ambivalenz, die das Urteil über die Heilige Stadt und ihren Kult zumindest seit dem Makkabäeraufstand bestimmt und die einerseits zeigt, wie man die jüdische Metropole und die von ihr ausgehende Religion als einen störenden, ja bedrohlichen Fremdkörper empfand und doch zugleich wieder von ihr und ihrem „unbekannten Gott" angezogen wurde. Daß Lukas auf der anderen Seite gerade in Athen Paulus den Altar des unbekannten Gottes finden läßt, ist kein Zufall (Apg 17,23.28; vgl. 14,17), aber der wahre Gott ist für ihn trotz seiner Hochschätzung des Tempels überall anzutreffen, auch in Athen und in Rom, wo der Weg des Paulus endet. Er ist ja der Schöpfer und Herr der ganzen Welt. Fast möchte man zumindest seit der frühen Kaiserzeit von einer *„Haßliebe"* sprechen, die die griechisch-römische Umwelt mit der Heiligen Stadt verband.

Tertullian betont den Gegensatz zwischen Hierosolyma und Athen völlig zu recht – und doch ruht die weitere Entwicklung der spätantiken Kultur – trotz, ja vielleicht wegen der Zerstörung Jerusalems im Jahre 70 – auf diesen beiden Säulen, denn die Zerstörung der Metropole brachte nicht, wie Titus nach Sulpicius Severus (und vielleicht schon nach Tacitus) erhoffte, die Zerstörung der von dort ausgehenden beiden Religionen, sondern nötigte diese erst recht zur universalen Ausbreitung, denn auch die jüdische Religion blieb bis zu den Zwangsmaßnahmen der christlichen Herrscher seit Theodosius ab dem Ende des 4. Jh.s eine attraktive, Nichtjuden anziehende Form der Gottesverehrung,

---

[64] GLAJ III, 144 Index s. v. proselytism; zu einseitig negativ E. WILL/C. ORRIEUX, „Le Prosélytisme juif"? Histoire d'une erreur, Paris 1992; M. GOODMAN, Mission and conversion, Oxford 1994. Am schärfsten äußert sich wohl der Philosoph Seneca nach Augustin, de civ. Dei 6,11 = GLAJ I, 431f. § 186: *Cum interim usque eo sceleratissimae gentis consuetudo convaluit, ut per omnes iam terras recepta sit; victi victoribus leges dederunt.* S. jetzt P. SCHÄFER, Judeophobia, 1997, 106ff. 180ff.

[65] GLAJ I, 546f.; III, 149: Index s. v. superstition; typisch etwa der Sprachgebrauch des Tacitus, hist. 2,4,3; 5,8,2; 5,13,1; s. dazu den Kommentar STERNS GLAJ II, 60. Es ist die verachtenswerte barbarische Religion. S. auch L. F. JANSSEN, Die Bedeutungsentwicklung von *superstitio/superstes,* Mnemosyne 27 (1974), 135–188; ders., „Superstitio" and the Persecution of the Christians, VigChrist 33 (1979), 131–159; FERGUS MILLAR, The World of the Golden Ass, JThS 71 (1981), 63–75.

[66] GLAJ I, 155 § 49 (Apollonios Molon u. Jos., c. Ap. 2,148); II, 513 (Julian, c. Galil. 43B), dazu 545 (Lit.).

da sie – zumindest in der Diaspora – als die „philosophische" Religion eines ethischen Monotheismus auftreten konnte, in dem nicht mehr blutiges Opfer, sondern das göttliche Wort im Mittelpunkt stand.[67] Fast | möchte man sagen, daß nach der Zerstörung der Heiligen Stadt ihr universales geistig-geistliches Erbe, das das Christentum mit einschließt, sich im römischen Reich erst richtig durchzusetzen begann – ab dem 2. Jh. nahmen allmählich auch einzelne Philosophen und Gebildete die LXX zur Kenntnis[68] – und an die Stelle der zerstörten Stadt trat das Himmlische Jerusalem, das sich am Ende als stärker erwies als die alten Götter Griechenlands und Roms: „Denn wir haben hier keine bleibende Stadt (μένουσαν πόλιν), sondern die zukünftige suchen wir."[69]

2. Das Ringen um die hellenistische Zivilisation in Jerusalem selbst

2.1. Die erste Zeit der Begegnung von Zenon bis zur hellenistischen Reform

Bisher hatten wir vornehmlich die Beurteilung Jerusalems in hellenistischer Zeit von Alexander bis zu den Flaviern von außen betrachtet und ein äußerlich widersprüchliches, von schroffer Ablehnung wie von geheimer Attraktivität bestimmtes, d. h. durchaus zwiespältiges Verhältnis festgestellt. Dies gilt nun umgekehrt auch von der Wirksamkeit der hellenistischen Zivilisation in der Stadt Jerusalem selbst zwischen der Alexanderzeit und der Zerstörung der Stadt im Jahre 70. Auch diese, bzw. die Haltung der Bewohner zu ihr, war einem mehrfachen Wechsel unterworfen und geprägt von einem im Grunde immer spannungsvollen Verhältnis von Rezeption und Abstoßung. Wenn Griechen oder Römer während dieses Zeitraumes die Heilige Stadt besuchten, bot sich diesen in jedem Jahrhundert wieder ein verschiedenes Bild.

Zenon mag bei seinem Besuch im Jahre 259 den Eindruck einer recht provinziellen Tempelstadt mit einem relativ kleinen, politisch und ökonomisch

---

[67] M. HENGEL, Proseuche und Synagoge, in: Tradition und Glaube, Festgabe für Karl Georg Kuhn, Göttingen 1971, 157–184 = I, 171–195. Zwei Beispiele „philosophisch-rhetorischer" Predigten der Synagoge behandelt ausführlich F. SIEGERT, Drei hellenistisch-jüdische Predigten II, WUNT 61, Tübingen 1992; zum Wortgottesdienst s. J. C. SALZMANN, Lehren und Ermahnen, WUNT II/59, Tübingen 1993; zum Synagogengottesdienst 450ff.

[68] So Numenios, Kelsos und Galen (= GLAJ II, 206ff.224ff.306ff.). Vgl. schon im 1. Jh. den anonymen Autor von *de sublimitate,* s. GLAJ I. 131f., bei dem die Kenntnis des Schöpfungsberichts vorauszusetzen ist. Auch Varro und vor allem Alexander Polyhistor werden die LXX gekannt haben. Erst recht wird der jüdische Einfluß in den Hermetica sichtbar, s. G. ZUNTZ, On the hymns in Corpus Hermeticum XIII, Hermes 83 (1955) 68–92 = Opuscula Selecta, Manchester 1972. 150–180: B. A. PEARSON, Jewish elements in CH I (Poimandres), in: Gnosticism, Judaism, and Egyptian Christianity, Minneapolis 1990, 136–147; jüdischer *und* christlicher Einfluß wird von J. BÜCHLI, Der Poimandres. Ein paganisiertes Evangelium, WUNT II/27, Tübingen 1987, nachgewiesen.

[69] Hebr 13,14; vgl. 11,14–16; 12,22; Gal 4,26; Phil 3,20; Apok 21 u. 22.

wenig bedeutenden Territorium erhalten haben; der einflußreichste Jude, der Magnat Tobias, der Schwager des Hohenpriesters Onias II., residierte wohl noch in seiner Militärkolonie im Ostjordanland und nicht wie sein Sohn Joseph, der erste uns bekannte jüdische Großbankier, in der Heiligen Stadt. Immerhin ist Jerusalem Verpflegungsstation zwischen Stratonsturm an der Küste und Jericho.[70] Die Kenntnis der griechi|schen Sprache wird noch ebensowenig verbreitet gewesen sein wie die griechische Bildung, doch darf man wohl schon bei führenden Köpfen gewisse Grundkenntnisse voraussetzen, auf jeden Fall waren die Aristokraten etwa vom Schlage eines Kohelet, eines Tobias oder gar dessen erfolgreichen Sohnes Joseph keineswegs fremdenfeindlich, sondern neugierig, weltoffen und gegenüber der neuen Zivilisation aufgeschlossen.[71] Man kannte auch noch nicht das schroffe *Bilderverbot* wie 150 oder 250 Jahre später. Vielleicht sah Zenon noch jene kleinen Silbermünzen mit dem Bild des ersten Ptolemäers und seiner Gemahlin Berenike mit der hebräischen Aufschrift der Toparchie *„Jehud"*, obwohl der 2. Ptolemäer inzwischen längst das große Kupfergeld seiner Reichsprägung eingeführt hatte.[72] Auch einen besonderen Gesetzeseifer wird man weder bei Kohelet noch bei Tobias oder Joseph voraussetzen dürfen, wohl aber ein beträchtliches aristokratisches Selbstbewußtsein.[73]

In rund 80 Jahren hatte sich dieses Bild grundlegend verändert. Ein wesentlicher Teil der priesterlichen wie der Laienaristokratie, der Oniaden wie der

---

[70] CPJ I,116–130 Nr. 1–6; Jos., ant. 12,154ff.; dazu M. Hengel, JuH, 76–79.92.487ff.; R. S. Bagnall, The Administration of the Ptolemaic Possessions outside Egypt, CSCT 4, Leiden 1976, 16–21; C. Orrieux, Zénon de Caunos, parépidémos, et la préhistoire du mouvement Maccabéen, in: Hellenica et Judaica. Hommage à V. Nikiprowetzky, ed. A. Caquot etc., Leuven/Paris 1986, 321–333; E. Bickerman, The Jews in the Greek Age, Cambridge (Mass.) 1988, 70–77.

[71] S. M. Hengel, JuH, 92f.488f.; zu Kohelet 210–240: E. Bickerman, Four Strange Books of the Bible, New York 1967, 139–167; s. auch Ders., The Jews in the Greek Age, op. cit. (Anm. 70), Index s. v. Joseph the Tobiad und Kohelet; R. Braun, Kohelet und die frühhellenistische Popularphilosophie, BZNW 130, 1973.

[72] S. L. Mildenberg, Yᵉhud – Münzen, in: Helga Weippert, Handbuch der Archäologie, Vorderasien, II,1: Palästina in vorhellenistischer Zeit, München 1988, 721–728, T. 22.23; Y. Meshorer, Ancient Jewish Coinage, New York 1982, 13–34.115–117.184; plate 1–3; Ders., Ancient Jewish Coinage Addendum I, Israel Numismatic Journal 11 (1990/91), 104ff.; zu Samaria s. Y. Meshorer/Sh. Qedar, The coinage of Samaria in the fourth Century, 1991. Zum späteren Bilderverbot s. M. Hengel, Die Zeloten, AGSU 1, Leiden ²1976, 195–201.

[73] Daß der alte (und überall bestehende) soziale Gegensatz in Judäa mehr als anderswo eine *religiöse* Komponente besaß und schon im 3. Jh. v. Chr. eine „antitheokratische" relative Laxheit gegenüber der Gesetzesfrömmigkeit vorhanden war, wird von E. Will/C. Orrieux, Ioudaïsmos – Héllenismos. Essai sur le judaïsme judéen à l'époque hellénistique, Nancy 1986, 67–69, entschieden unterschätzt. S. dagegen Morton Smith, Palestinian Parties and Politics that shaped the Old Testament, New York/London 1971, 57–81, 177–192 u. ö. Die jüdische Gesetzgebung hatte, etwa im Dtn, eine starke soziale Komponente. Daß es hier zu sozial *und* religiös motivierten Konflikten kommen mußte (beides kann man im Judentum nicht trennen), zeigt schon das Nehemiabuch. Dies gilt erst recht für die Ptolemäerzeit.

Tobiaden, wollte jetzt mit dem Fortschritt gehen; strittig waren nur das Ausmaß und die Geschwindigkeit der gewünschten Veränderungen. Es ging hier doch um mehr als um äußerliche Machtkämpfe verschiedener Clans und ihrer ehrgeizigen Führer. Da manchem modernen Historiker im Zug der Zeit das Verständnis für die Bedeutung der Religion in der Antike – und hier wieder in einzigartiger Weise in Jerusalem – abhandengekommen ist, muß er zu einer falschen Beurteilung des Sachverhalts kommen. Eine betont „säkulare" Schau der Geschichte braucht nicht immer zu einem besseren Verständnis zu führen.[74] Manchmal ist auch das Gegenteil der Fall. | Gerade das Judentum läßt sich auf diese Weise nicht verstehen. Die turbulenten Vorgänge der sogenannten *„hellenistischen Reform"* ab 175, dem Jahr der Machtergreifung Antiochos' IV. und der Absetzung des konservativen Hohenpriesters Onias III., hatten zugleich massive ideologisch-religiöse Gründe.

Die interessanteste Gestalt ist dessen Bruder Jason, der Onias verdrängte und sich außer dem Hohenpriesteramt für eine zusätzliche Summe von 150 Talenten das Recht erkaufte, in Jerusalem ein Gymnasium und ein Ephebeion einzurichten und die Verwandlung der Stadt in eine griechische Polis mit dem Namen Antiocheia vorzubereiten. Daß hinter dieser „revolutionären" Tat eines Sohnes des von Sirach gepriesenen Hohenpriesters Simon des Gerechten auch eine geistige Haltung stand, die er mit dem Großteil der Jerusalemer Aristokratie teilte, zeigt der knappe, aber recht konkrete Bericht 2. Makk 4, wo betont wird: „Sofort nach Herrschaftsantritt führte er bei seinen Volksgenossen griechische Lebensart ein" (4,10). Das Motiv zu diesem Schritt, der sich wohl schon seit Jahrzehnten langsam vorbereitet hatte, findet sich in der Einleitung zum 1. Makkabäerbuch 1,11: Danach hätten „Gesetzesfeinde (παϱάνομοι) aus Israel *viele* mit dem Vorschlag überredet: „Wir wollen uns ... mit den Völkern um uns verbinden (διαθώμεθα διαθήκην μετὰ τῶν κύκλῳ ἡμῶν),

---

[74] Dies gilt neben den schon erwähnten Untersuchungen von (E. Will und) C. Orrieux vor allem für die Studie von K. Bringmann, Hellenistische Reform und Religionsverfolgung in Judäa. Eine Untersuchung zur jüdisch-hellenistischen Geschichte (175–163 v. Chr.), AAWG PH 3. Folge. 132, 1983, der bei Jason und Menelaos nur reines Machtkalkül am Werke sehen will. S. dazu die berechtigte Kritik von Sh. Applebaum, Gnomon 57 (1985), 191–193: „B.s enquiry displays little desire to understand the Jewish Case". Noch schärfer Th. Fischer, Zu einer Untersuchung der jüdisch-hellenistischen Geschichte, Klio 67 (1985), 350–355: „B. unterschätzt jedoch das ideologisch-religiöse Element im Judentum ... Daher verkennt B. m.E. eine wesentliche geschichtliche Voraussetzung"; „Ohne die entscheidende religiöse oder, wenn man so will, ideologische Erschütterung und Mobilisierung der Makkabäerzeit bleibt die sogar von B. gesehene Bedeutung des Geschehens, die über den engeren geschichtlichen Rahmen hinausgreift, unverständlich" (352f.). S. auch Ders., Seleukiden und Makkabäer, Bochum 1980, und Artk. Maccabees, Books of; Anchor Bible Dictionary Vol VI, 1992, Sp. 439–450 (Lit.). Dieses Unverständnis gegenüber religiösen Motiven und ihrer historischen Mächtigkeit findet man heute auch bei der Beurteilung der Pharisäer, der „Sikarier" und „Zeloten" oder des Bar Kochba-Aufstandes. Es ist eine typische, (selbst)kritiklose Modeerscheinung bei manchen Historikern, daß sie sich in besonderer Weise für kritisch halten, *weil* sie für religiöse Phänomene kein Verständnis mehr haben.

denn seitdem wir uns von ihnen abgesondert haben, hat uns viel Unglück getroffen". Der Vorschlag fand Beifall, und „einige aus dem Volk" erlangten vom König „die Vollmacht, Rechtssatzungen der Heiden einzuführen" (1,13). Offenbar begrüßte die Mehrheit der führenden Kreise diese Aktion.

Seit Elias Bickermans genialer Untersuchung[75] kann man schwerlich mehr bezweifeln, daß hinter dieser Initiative die maßgeblichen Glieder der jüdischen Aristokratie standen, und man darf annehmen, daß dieser Schritt eine gewisse Vorgeschichte besaß und – das war innerhalb einer jüdischen Gemeinschaft gar nicht anders möglich – u.a. religiös-ideologisch begründet wurde, auf dem Höhepunkt der Krise dann im Sinne einer *„aufgeklärten Theokrasie":* Der θεὸς ὕψιστος auf dem Zion ist mit dem der Griechen, Zeus, und dem der Semiten, Baal Schamem, identisch, er ist die wahre Gottheit, die alle zivilisierten Menschen unter verschiedenen Namen und in verschiedener Gestalt verehren. Diese „aufgeklärte" Haltung bestimmte vermutlich schon die von Jason geschickte Gesandtschaft der „Antiochener" aus Jerusalem mit 300 Silberdrachmen zum Opfer für den tyrischen Stadtgott Melkart-Herakles anläßlich der von Alexander d. Gr. eingerichteten Kampfspiele in Tyrus (2. Makk 4,18 ff). Daß die Gesandten am Ende dann doch Gewissensbisse | bekommen, zeigt nur, daß man sich vom Erbe der Väter doch nicht so ganz ohne Mühe lösen konnte. Welchen Eindruck mag der König bei seinem etwa 2–3 Jahre später erfolgten Besuch erhalten haben? Er wurde „von Jason und den Stadtbewohnern auf prächtige Weise empfangen und zog mit einem Fackelzug und unter Jubelrufen in die Stadt ein" (2. Makk 4,22). Die Epheben werden bei dieser Gelegenheit gezeigt haben, was sie an sportlichen und musischen Wettkämpfen inzwischen gelernt hatten, und daß man mit dem König und seinem Gefolge griechisch sprach, ist selbstverständlich. Sicher wird es der König, auf die Einheit seines großen, auseinanderstrebenden Vielvölkerstaats bedacht, begrüßt haben, daß die Elite eines bisher eher als fremdenfeindlich geltenden barbarischen Ethnos bereit war, griechische Sitte anzunehmen, ihre Stadt mit ihrem berühmten Heiligtum in eine Polis umzuwandeln und auch in religiösen Fragen den bisherigen Sonderweg aufzugeben. Das zeigt schon die Rückgängigmachung der Beschneidung bei übereifrigen jüdischen Epheben (1. Makk 1,15; vgl. 2. Makk 4,14 f). Daß ein Menelaos wußte, auf welchen homerischen Helden sein Name zurückging, dürfte in der jüdischen Aristokratie angesichts des Stolzes auf die urzeitliche Verwandtschaft mit den Spartanern selbstverständlich gewesen sein. Ähnliches wird auch von Jason gelten, der später nach seinem Putschversuch vor Menelaos und dem König ausgerechnet nach Sparta floh, wo er sich wegen der Stammesverwandtschaft Schutz erhoffte, und der dort starb. Es muß vermutlich schon ältere Beziehungen zwischen Jerusalem und Sparta gegeben haben, die ins 3. Jh. zurück-

---

[75] Der Gott der Makkabäer, Berlin 1937; s. auch M. HENGEL, JuH, 486–564.

gehen mögen, und auf die sich später selbst die neuen hasmonäischen Machthaber berufen konnten.[76]

2.2. Der Sieg der Makkabäer und die hasmonäische Herrschaft

Daß dann durch den ungeduldigen Ehrgeiz des von den Tobiaden gestützten Menelaos, der die weitere Entwicklung nicht abwarten konnte und den Bogen überspannte, und durch das Ungeschick und die Geldgier des Königs dieser zunächst so „verheißungsvoll" begonnene radikale „hellenistische Reformversuch" scheiterte und die alte griechenfreundliche Aristokratie in einem sich über Jahre hinziehenden Volksaufstand (der zunächst vor allem ein Bürgerkrieg war) entweder aufgerieben bzw. vertrieben oder aber gezwungen wurde, ihre bisherige „aufgeklärte" Haltung zu verändern, steht auf einem anderen Blatt. Zunächst scheinen die national-religiösen und griechenfeindlichen gesetzestreuen Kräfte gesiegt zu haben. Im Juni 141 wurde die Akra in Jerusalem, der seleukidische „Pfahl im Fleisch", mit seiner Besatzung (bestehend aus dem letzten Rest jüdischer „Radikalreformer", d.h. Apostaten, und den seleukidischen Militärsiedlern) zur Übergabe gezwungen und| damit erstmals seit ca. 450 Jahren wieder die politische Selbständigkeit erkämpft. Die Heilige Stadt schien von allen fremden Greueln gereinigt zu sein.[77] Jetzt erhielten Jerusalem und sein sich ab der Mitte des 2. Jh.s durch die militärischen Erfolge der Hasmonäer ausdehnendes Territorium jene politisch-religiöse Grundstruktur – Religion und Politik lassen sich im Judentum niemals trennen –, die es bis zu seiner Zerstörung beibehalten sollte.

Doch der griechische Einfluß ließ sich – trotz radikaler Veränderungen und trotz allen frommen Eifers für das Gesetz – nicht mehr völlig verdrängen. Dafür war die antiseleukidische Aufstandsbewegung selbst von Anfang an viel zu uneinheitlich gewesen. Auf der Seite eines Judas Makkabäus kämpften u. a. auch die hellenisierten Reiter des Tobiaden Hyrkan im Ostjordanland, dem seine Unterstützung Jasons zum Verhängnis geworden war[78], und wohl auch im Land gebliebene Parteigänger des Hohenpriestersohnes Onias IV., der – völlig hellenisiert wie er war – sein Leben als ptolemäischer General beschloß

---

[76] 2. Makk 5,9; vgl. 1. Makk 12,6–23; Jos., ant. 12,226f.; 13,166f. S. dazu M. Hengel, JuH, 133f.; s. auch S. Schuller, JSS 1 (1956), 257–268; B. Cardauns, Hermes 95 (1967), 317–324; R. Katzoff, AJPh 106 (1985), 485–489 (Lit.). Josephus vergleicht c. Ap. 2,225 die Gesetze der Juden u. a. mit denen der Spartaner. S. auch o. Anm. 31.

[77] 1. Makk 13,31–52 (49ff.); vgl. Jos., ant. 13,215–217; dazu den ‚Neuen Schürer' (NS) 1, 192 Anm. 10, der noch auf Meg. Taan. 5 verweist: „Am 23. Ijjar (Mai/Juni) verließen die Söhne (d. h. die Besatzung) der Akra Jerusalem".

[78] 2. Makk 12,19.24, vgl. 35 vl, dazu M. Hengel, JuH, 119.502; B. Bar-Kochva, Judas Maccabaeus, Cambridge 1989, 82–84. Zu Hyrkan s. Jos., ant. 12,236.

und in Ägypten den Konkurrenztempel in Leontopolis gründete.[79] Wie seine hasmonäischen Konkurrenten in Jerusalem hatten er und seine Söhne keine Hemmungen, das Hohepriesteramt mit einer militärischen Führerrolle zu verbinden.

Schon der erste hasmonäische Hohepriester Jonathan ließ sich als Realpolitiker von den wechselnden seleukidischen Herrschern umwerben und ehren, was den Protest der essenischen Eiferer erweckte, und die Erringung der Unabhängigkeit durch seinen Bruder Simon machte erst recht offenbar, daß der neue, rasch wachsende jüdische Staat mit seiner wieder aufblühenden Hauptstadt Jerusalem durch den Zwang der Realitäten zumindest äußerlich mehr und mehr die Züge einer „hellenistisch-orientalischen Monarchie" annahm, auch wenn er eigentlich eine allein durch Gottes Gesetz bestimmte „Theokratie" sein wollte.

Da war zunächst die weiterhin notwendige, ja immer wichtiger werdende *Pflege der griechischen Weltsprache.* Schon die Hasmonäer erkannten, daß ihre politische „Weltgeltung" nicht zuletzt von ihrem Einfluß auf die griechischsprechende Diaspora abhing. War die früheste jüdisch-hellenistische Literatur seit der Übersetzung des Pentateuch vor allem in Alexandria entstanden, so wurde jetzt Jerusalem selbst zu einem *literarischen Zentrum,* von dem aus jüdische Erbauungs- und Propagandaliteratur *in griechischer Sprache* versandt wurde. Hier wäre an erster Stelle der Priester und Diplomat *Eupolemos* zu nennen, der vermutlich eine Gesandtschaft nach Rom leitete und ein romanhaftes griechisches Geschichtswerk „Über die Könige in Judäa" schrieb, von dem Fragmente durch Alexander Polyhistor erhalten sind.[80] Man | könnte ihn als einen national denkenden aristokratischen „Hellenisten" ohne allzuviel religiöse Scheuklappen bezeichnen, das zeigt sein fiktiver Briefwechsel Salomos mit den Königen von Phönizien und Ägypten, die er – über das AT hinaus – zu Vasallen des in Jerusalem residierenden Königs von Israel macht. Eupolemos stammt wohl aus jenem aristokratischen Milieu, aus dem die Sadduzäer hervorwuchsen, und in dem eine Generation später auch das 1. Makkabäerbuch verfaßt wurde.

Auch das *Estherbuch* wurde in Jerusalem aus dem Hebräischen übersetzt (und mit griechischen Stücken erweitert), weiter wohl 1. Esra, das 1. Makkabäerbuch, die Chronikbücher, vielleicht die Psalmen und andere Werke. Der gefälschte Brief der Jerusalemer an die Juden in Ägypten 2. Makk 2,10ff. weist auf einen solchen Schriftenexport hin.[81] Auch das fünfbändige Werk des Jason

---

[79] Jos., ant. 12,387f.;13,62–73.285; 20,236. Josephus bringt die verschiedenen Hohepriesternamen z.T. durcheinander. S. dazu NS 3, 47ff.145–147.

[80] Zu seiner Person s. 1. Makk 8,17; 2. Makk 4,11. Vgl. a. Jos., ant. 12,415.419 und c. Ap. 1,218. Grundlegend dazu B. Z. WACHOLDER, Eupolemus, op. cit. (Anm. 18); s. auch M. HENGEL, JuH, 169–175 und Index s. v.; R. DORAN, Jewish Hellenistic Historians before Josephus, ANRW II 20,1, 1987, 253–270. Text bei C. R. HOLLADAY, op. cit. (Anm. 21). S. auch o. Anm. 24 seine Bemerkungen zum Stadtnamen Jerusalem.

[81] M. HENGEL, JuH, 186–190; DERS., The „Hellenization" of Judaea in the First Century

von Kyrene, ganz im Stil der dramatischen griechischen Geschichtsschreibung geschrieben, jedoch tief von palästinisch-chasidischer Frömmigkeit geprägt, könnte in der 2. H. des 2. Jh.s in Jerusalem verfaßt worden sein. Ein unbekannter Epitomator hat es wohl zu Beginn des 1. Jh.s. v. Chr. zu unserem 2. Makkabäerbuch zusammengefaßt und novellistisch bearbeitet (2. Makk 2,19–32; 15,37–39). In einer polemischen Umkehrung sind für Jason die Seleukiden und ihre Helfershelfer Barbaren, die frommen Juden unter Judas Makkabäus die tapferen Bürger, die ihre Polis und ihre Gesetze verteidigen. Zwar übermittelt nach 2. Makk 6,1 die rätselhafte Gestalt eines „alten Atheners" oder – was doch wohl wahrscheinlicher ist – „des Atheners Geron" – den königlichen Befehl zum Abfall von den väterlichen Gesetzen, daß sie nicht mehr nach Gottes Gesetzen „als Bürger leben" sollten (πολιτεύεσθαι), dafür muß der König von Gottes Strafe getroffen vor seinem Tode versprechen, „die Juden, die er eines Grabes unwürdig erachtet hatte …, *alle den Athenern gleichzustellen"* (9,15), d. h. ihnen volle „demokratische" Freiheiten gewähren, wozu vor allem die Freiheit gehörte, nach ihren „väterlichen Gesetzen" zu leben und den „Gott der Väter" auf traditionelle Weise zu verehren.

Der Verfasser wußte offenbar, daß Antiochos IV. sich mit Athen in besonderer Weise verbunden fühlte. Vermutlich hat er auch die spätere Hasmonäerherrschaft abgelehnt. Darum bricht das Werk mit dem Sieg über Nikanor noch vor dem Tode des Judas Makkabäus ab; der Autor will nur die eigentliche Heldenzeit zu Beginn der Erhebung erzählen. Diese Tendenz hatte nicht erst 2. Makk, sondern schon das Werk Jasons. Auch beim *Judithbuch,* dieser dramatischen Novelle, in der bei aller Hochschätzung der ehrbaren Witwenschaft auch die erotischen Züge nicht fehlen, | bleibt umstritten, ob sie ursprünglich auf hebräisch bzw. aramäisch oder auf griechisch abgefaßt worden ist; sicher darf man jedoch eine Entstehung im Mutterland, doch wohl in Jerusalem, annehmen. Der Autor scheint sowohl mit griechischer dramatischer Literatur wie auch mit orientalischen Erzählformen vertraut gewesen zu sein.

Da die Erlangung der Unabhängigkeit in Jerusalem auch das Selbstbewußtsein der Juden in der *Diaspora* stärkte und die neuen hochpriesterlichen Herrscher versuchten, ihren Einfluß auf die griechischsprechende Diaspora, etwa durch die Einführung der jährlichen Didrachmensteuer und die Förderung der Wallfahrten nach Jerusalem zu den großen Festen, zu stärken, wurde der Kontakt zu den sich im Westen ausbreitenden Diasporagemeinden enger, und die Zahl der griechischsprechenden jüdischen Besucher in der Heiligen Stadt wuchs. Der erste Hinweis für die *Tempelsteuer* findet sich bei Josephus für die Zeit des Mithridates IV. ca. 88 v. Chr. Als ein fester, für manche

---

after Christ, London/Philadelphia 1989, 24 ff. Zu den Psalmen s. J. SCHAPER, Der Septuaginta-Psalter als Dokument jüdischer Eschatologie, in: Die Septuaginta zwischen Judentum und Christentum, hg. v. M. HENGEL/A. M. SCHWEMER, WUNT 72, Tübingen 1994, 38–61. S. auch Bd. I, 34–51.

römischen Statthalter anstößiger Brauch erscheint das *aurum Judaicum* in der Rede Ciceros pro Flacco (ca. 59–56 v. Chr.), die zugleich zeigt, wie schon damals die bereits zahlreiche römische Judenschaft für die Interessen des Jerusalemer Tempels energisch und erfolgreich Partei ergriffen hat.[82] Herodes hat diese Politik sehr geschickt und mit großem Erfolg fortgesetzt. Alle Welt wurde sich dadurch bewußt, daß „*Hierosolyma*" mit seinem geheimnisumwitterten, uralten und von Herodes prächtig erneuerten Tempel die Mutterstadt der über die ganze Welt zerstreuten Juden war.

Durch die ständig wachsende Zahl der *griechischsprechenden Festpilger* wurde es auch für die einfache Bevölkerung in Jerusalem – trotz aller frommen Ablehnung heidnischer Gebräuche und „griechischer Weisheit" – interessant, ja notwendig, wenigstens etwas Griechisch zu lernen: Man wollte ja mit den „religiösen Touristen", die in der heidnischen Umgebung der Diaspora ihre Muttersprache nach zwei oder drei Generationen verlernt hatten – in Ägypten schon im 3. Jahrhundert –, möglichst intensiv Geschäfte machen und sie zugleich religiös beeinflussen. Das ging aber nur über das Medium der Weltsprache. Es waren nicht zuletzt die Juden aus der griechischsprechenden Diaspora, die, nach dem Debakel der hellenistischen Reform, wieder in kleinen Schritten die griechische Zivilisation in das „nachrevolutionäre" Jerusalem hineintrugen.

Die war jedoch nicht das einzige „Einfallstor". Von nicht geringerem Gewicht waren die Eigengesetzlichkeit der politischen Zwänge und der Repräsentations- und Lebensstil der sich erneuernden Führungsschicht, die teilweise im Grunde doch die alte geblieben war.[83] |

Hierzu gehört, daß man die relativ intensive und effiziente Form der hellenistischen Verwaltung, zu der vor allem der *Steuereinzug* durch Steuerpächter gehörte, der unter ptolemäischer Herrschaft eingeführt worden war, beibehielt;[84] die hasmonäischen Herrscher mußten ja enorme Summen für die ständige Kriegsführung aufbringen. Ohne eine effektive Finanzverwaltung

---

[82] Ant. 18,312; Cicero, pro Flacco 28,66–69 = GLAJ I, 196ff. § 68, vgl. 198 zur Didrachmensteuer. Vgl. E. P. SANDERS, Jewish Law from Jesus to the Mishna, London/Philadelphia 1990, 49–51.292–94.

[83] Zum Problem s. T. RAJAK, The Hasmonaeans and the Uses of Hellenism, in: A Tribute to Geza Vermes, ed. P. R. DAVIES/R. T. WHITE, JSOT. S 100, 1990, 261–280, die auf den zwiespältigen Charakter der „Hellenisierung" hinweist: „This could become a contentious matter and be seen as an assault on the Law, but often enough it was acceptable: there was no automatic contradiction between what was Jewish and what was Greek. Such a policy ... brought in its wake an undercurrent of diffused cultural change, of Hellenization in my sense of that term. In this, the Jews developed along lines similar to the peoples around them in spite of the modifications wrought by the complexity of their inherited religious culture" (277f.). S. schon A. SCHALIT, op. cit. (Anm. 42), 11.106.167f.196–206.530f.

[84] Zur Entwicklung der Steuererhebung in Palästina s. F. HERRENBRÜCK, Jesus und die Zöllner, WUNT II/41, Tübingen 1990. Zur hellenistischen Zeit bis zur Hasmonäerherrschaft s. 163–184 unter Berufung auf ROSTOVTZEFF (184). Zur erfolgreichen Finanzpolitik Johannes Hyrkans s. Jos., ant. 13,273: Der Bruderkrieg unter den Seleukiden: σχολὴν Ὑρκάνῳ καρποῦσθαι τὴν Ἰουδαίαν ἐπ' ἀδείας παρέσχεν, ὡς ἄπειρόν τι πλῆθος χρημάτων συναγαγεῖν.

konnte man weder seine Unabhängigkeit verteidigen, noch sein Territorium ausdehnen. Unter Herodes und den Präfekten bzw. Prokuratoren wurde diese Form – mit geringen Veränderungen – einfach weitergeführt. Auch der ständige *diplomatische Verkehr* mit den Nachbarstaaten und Städten ringsum und erst recht mit den Großmächten, zunächst noch mit dem zerfallenden Seleukidenreich und seinen hellenistischen Städten von Damaskus bis Tarsus, dem eher judenfreundlichen ptolemäischen Ägypten und in wachsendem Maße mit Rom, mit dem man – als die Römer noch weiter entfernt waren – zunächst gute Beziehungen pflog,[85] dann aber auch mit dem Partherreich und eine kurze Zeit mit Armenien, dazu natürlich auch mit den sich ausbreitenden jüdischen Gemeinden bis hin nach Italien, dem westlichen Afrika und Spanien, erforderte ein sprachlich versiertes, leistungsfähiges Sekretariat. Wenn die Söhne der Priester- und Militäraristokratie politisch Karriere machen wollten, mußten sie ordentlich Griechisch lernen.

Die *griechischen Namen* waren zumindest in der Oberschicht und nicht zuletzt in der Hasmonäerfamilie selbst wieder im Vormarsch: Der Makkabäer Simon und der größte Teil seiner Familie werden von seinem Schwiegersohn Ptolemaios S. d. Abub ermordet. Sein Sohn Johannes Hyrkanos hatte schon einen Doppelnamen, von den Enkeln Aristobul I., Alexander und Antigonos I. überliefert Josephus die hebräischen Namen nur noch bei den beiden ersten: Ἰούδας/Jehuda (ant. 20,240) und Ἰανναῖος/Jehonathan; bei den Urenkeln Hyrkan II., Aristobul II. und Antigonos II. dagegen erfahren wir die hebräischen Namen allein durch ihre Münzen, bei anderen Nachkommen kennen wir sie überhaupt nicht mehr. Die Verbreitung griechischer Namen findet sich bald wieder in gleicher Weise in der jüdischen Führungsschicht nach der makkabäischen Erhebung wie zuvor bei ihren ehemaligen jüdischen Gegnern, den Parteigängern der Seleukiden. So kämpfen auf der Seite des | Judas zwei jüdische Reiteroffiziere aus der ehemaligen Militärkolonie des Tobias im Ostjordanland, Dositheos und Sosipatros, seine Gesandten nach Rom heißen Eupolemos (vermutlich identisch mit dem schon erwähnten jüdischen Historiker)[86] und Jason,[87] zur Zeit Jonathans sind die Namen der Gesandten Noumenios S. d. Antiochos und Antipatros S. d. Jason.[88]

Ganz von griechischer Technik und Taktik abhängig blieb man in *militäri-*

---

[85] Zu den Beziehungen zu Rom seit Judas Makkabäus s. TH. FISCHER, Rom und die Hasmonäer. Ein Überblick zu den politischen Beziehungen 164–137 v. Chr., Gymnasium 88 (1981), 139–150; J.-D. GAUGER, Zur Rekonstruktion der römisch-jüdischen Beziehungen im 2. Jh. v. Chr., in: Studien zur Alten Geschichte. S. Lauffer zum 70. Geburtstag ..., ed. H. KALCYK u. a., Bd. I, Roma 1986, 263–291, der zwischen 164 und 104 v. Chr. fünf verschiedene Kontaktaufnahmen annimmt. S. jetzt auch die grundlegende Untersuchung von M. HADAS-LEBEL, Jérusalem contre Rome, Paris 1990, 19–31: Rome amie et alliée.

[86] S. o. Anm. 80. Jason könnte vielleicht mit Jason von Kyrene identisch sein.

[87] 2. Makk 12,19.24.33; 1. Makk 8,17.

[88] 1. Makk 12,16.

scher Hinsicht. Hier war man besonders gelehrig und bis zum Tode Alexander Jannais erstaunlich erfolgreich. Das kleine Territorium der alten Kleinsatrapie Jehud ca. 30–50 km um Jerusalem – wäre Jerusalem eine Polis gewesen, würde man sagen, deren Stadtgebiet – hat sich innerhalb der rund 75 Jahre zwischen der Übernahme der Hohepriesterwürde durch Jonathan und dem Tode Jannais ca. 152–76 v.Chr. durch ständige Eroberungskriege auf unglaubliche Weise ausgebreitet. Vermutlich strebte man nach der Wiederherstellung des alten Ideals des davidischen Reiches. Vor allem die Zahl der griechischsprechenden Untertanen nahm kräftig zu. Eine Folge war, daß Alexander Jannai auch *zweisprachige Münzen* schlagen mußte. Der griechischsprechende Bevölkerungsanteil war zu groß und wohl auch zu einflußreich geworden. Das war vermutlich einer der Gründe, warum Alexander neben dem für Nichtjuden wenig aussagekräftigen Hohepriestertitel den Königstitel annahm: Die griechische Legende lautete entsprechend: βασιλέως ᾽Αλεξάνδρου.[89] Schon sein Vorgänger und Bruder Aristobul-Jehuda, der wenig mehr als ein Jahr regierte (104–103 v.Chr.), soll sich nach Josephus bzw. dessen Quelle Nikolaos von Damaskus (neben dem Königstitel) auch den Beinamen φιλέλλην zugelegt haben, eine Bezeichnung, die wir vor ihm bei dem Nabatäerkönig Aretas III. (ab ca. 85 v.Chr.) und bei einigen Partherkönigen finden.[90] So ist es wohl kein Zufall, daß ihn der griechische Historiker Timagenes nach Strabo positiv beurteilte.[91]

Zur „Hellenisierung" des Kriegswesens gehörte, daß das jüdische Bauernheer, das die Freiheit der Stadt und des Landes erkämpft hatte, bei den ständigen Expansionskriegen nicht mehr ausreichte und seit Johannes Hyrkan *heidnische Söldner* in größerer Zahl angeworben werden mußten; vermutlich auch deswegen, damit die allmählich aufbegehrende Opposition der Frommen, die jetzt unter der Führung der Pharisäer standen, im Inneren besser niedergehalten werden konnte. Durch Alexander Jannai wurden pisidische, kilikische, griechische und wohl auch | thrakische Söldner angeworben.[92] Letzteren und seiner Grausamkeit verdankt Jannai offenbar den Spottnamen Thrakidas.[93]

Der von der pharisäischen Opposition gegen Alexander Jannai ins Land gerufene Demetrios III. Eukairos versuchte ohne Erfolg, vor der Schlacht die

---

[89] Y. MESHORER, Ancient Jewish coinage, New York 1982, I, 35–86.118–134. Möglicherweise geschah dies schon unter seinem Bruder Jehuda-Aristobul I., Jos., ant. 13,301 = bell. 1,70, s. jedoch Strabo 16,2,40, der den Königstitel erst Alexander Jannai zuschreibt (= GLAJ I, 296 § 115).

[90] Ant. 13,318, vgl. NS 1, 217 Anm. 6. S. dazu Bd. I, 14f.

[91] Zitiert bei Jos., ant. 13,219. Zu Aretas III. s. NS I, 578.

[92] Jos., ant. 13,374 und 378, vgl. bell. 1,88. S. dazu I. SHATZMAN, The Armies of the Hasmonaeans and Herod, TSAJ 25, Tübingen 1991, 31f.34f.131.134f.

[93] Ant. 13,383, vgl. M. STERN, Thracidas – Surname of Alexander Jannaeus in Josephus and Syncellus, Tarbiz 29 (1958/59), 207–209 (Hebr.); I. SHATZMAN, op. cit. (Anm. 92), 32, Anm. 94.

6200 Söldner des Hohenpriesterkönigs auf seine Seite zu ziehen, „da sie Griechen" seien; in der Schlacht selbst sollen jedoch „alle Söldner Alexanders
gefallen sein und [sie] hätten damit ihre Treue und Tapferkeit bewiesen".[94] Der
aus einer vornehmen Damaszener Familie stammende „Grieche" Nikolaos, die
Hauptquelle des Josephus für jene Zeit bis Herodes, versäumt nicht, „die
Griechen" im Dienste des jüdischen Herrschers zu loben. Wahrscheinlich war
dabei „Griechen" ein Sammelbegriff für alle ausländischen Söldner, da deren
Sprache das Griechische war. Auch aus der Regierungszeit seiner Gemahlin
Alexandra-Salome (76–67) und seines den Sadduzäern zuneigenden Sohnes
Aristobul II. wird die Verwendung von Söldnern überliefert. Daß diese nicht
nur an den Landesgrenzen postiert wurden, ja daß sie, wie einst Davids ‚Krethi
und Plethi' und dann wieder unter Herodes, einen Teil der *Leibwache* bildeten,
liegt nahe.[95] Ihre Anführer spielten möglicherweise als Berater des Königs
oder als höhere Befehlshaber auch eine politische Rolle, so u. U. der von den
Pharisäern hingerichtete Diogenes und der Festungsbefehlshaber Galaistes (vl
Palaistes).[96] Mancher dieser Söldnerführer wird um seiner Karriere willen zum
Judentum übergetreten und mit Gütern bedacht im Lande geblieben sein.

Zu diesen ursprünglich fremden Offizieren und Beratern könnte man auch
den Idumäer *Antipater,* den Vater des Herodes rechnen, den Ratgeber Hyrkans II., der aus dem alten idumäischen Adel aus Marisa stammte, aber auch
Beziehungen nach Askalon besaß, mit einer vornehmen Nabatäerin verheiratet und schon ganz hellenisiert war. Unter Johannes Hyrkan waren die Idumäer
unterworfen und zwangsweise zum Judentum bekehrt worden. Es ist erstaunlich, daß der Sohn eines „Neubekehrten", der etwa um 110 geboren wurde und
mit einer Nichtjüdin verheiratet war, so rasch solche Bedeutung gewinnen
konnte. A. Schalit kam zu dem Urteil, „daß das Hasmonäerheer in seinem
Aufbau und in seiner Kampfesweise hellenistisch war".[97] In diesem stark
militärisch bestimmten jungen Staat war das Stadtbild der Haupt|stadt gewiß
auch von den fremden griechischsprechenden Soldaten geprägt, was dazu
führte, daß die essenische und pharisäische streng religiöse Opposition die
„Reinigung" der Stadt von den heidnischen Fremden auch weiterhin als escha-
tologisch-utopisches Ziel betrachtete.

Der Einfluß der überlegenen Zivilisation zeigt sich auch im Stil der *Bautätig-*

---

[94] Ant. 13,378, vgl. bell. 1,93–95: Hier spricht Josephus von 9000 Söldnern, 8000 Fußsolda-
ten und 1000 Reitern, auch hier betont er (bzw. Nikolaos von Damaskus) die Tapferkeit der
griechischen Söldner: Vielleicht wollte Nikolaos durch diesen Hinweis indirekt die noch
stärkere Verwendung von Söldnern durch Herodes rechtfertigen: Es war dann keine Neue-
rung, sondern nur die Fortführung eines hasmonäischen Brauches.
[95] Gegen B. BAR-KOCHVA, Manpower, Economics, and Internal Strife in the Hasmonaean
State, in: H. VAN EFFENTERRE (Hg.), Armées et fiscalité dans le monde antique, 1977, 167–196
(181), vgl. I. SHATZMAN, op. cit. (Anm. 92), 35.
[96] Ant. 13,410, vgl. 1,113; 13,424.
[97] A. SCHALIT, op. cit. (Anm. 42), 168.

keit, so im verbreiteten Festungsbau, nicht zuletzt in der Hauptstadt selbst, aber auch in den Verbesserungsbauten am Tempel, den Palästen der Hasmonäer – besonders eindrücklich in Jericho mit drei immer luxuriöser werdenden Bauphasen und mehreren Schwimmbecken – und in den Grabbauten der Aristokratie rings um die Stadt. Die einschiffige „Halle Salomos" auf der zum Kidrontal abfallenden Ostmauer des Tempels, die von Herodes als einzige nicht erneuert wurde, dürfte ein hasmonäischer Prachtbau gewesen sein, der dann freilich durch die herodianischen Hallen in den Schatten gestellt wurde. Immerhin muß diese ältere Säulenhalle so eindrucksvoll gewesen sein, daß Agrippa II. gegen 60 n. Chr. den Vorschlag ihrer Erneuerung als Verschwendung ablehnte, als nach Fertigstellung des Tempelausbaus kurz vor Ausbruch des jüdischen Krieges Arbeitslosigkeit drohte.[98]

Auch die großen Grabbauten der Priesterfamilien im Kidrontal, etwa der B^ene Ḥezir und das prachtvolle *Grab Jasons,* oder auch das 1. Makk 13,25–30 geschilderte Makkabäergrabmal in Modein entsprechen der vornehmen Mode der späthellenistischen Zeit. Sowohl für Jerusalem wie für das nabatäische Petra waren diese „Prunkgräber" mit ihren „in griechisch-römischem Stil gestaltete(n) Fassaden" „ein einheimischen Traditionen fremdes Phänomen, welches durch den Kontakt der . . . Oberschichten mit der hellenistischen Hochkultur entstanden ist".[99] Das Jasongrab aus der Zeit Alexander Jannais war vermutlich die Grabstätte eines vornehmen Priesters, der den Sadduzäern nahestand. Weitergehende Äußerungen von E. Puech, daß es sich um einen Enkel des oniadischen, nach Sparta geflüchteten Hohenpriesters Jason gehandelt habe, der ptolemäischer General gewesen sei und erst nach seinem Tode nach Jerusalem gebracht wurde, bleiben bloße Vermutungen. Die Schiffsdarstellungen dürften m. E. wohl eher auf einen erfolgreichen hasmonäischen Schiffskapitän hinweisen, nachdem Joppe zu einem berüchtigten Seeräuberhafen geworden war. Die Erbauung des Grabes könnte auf Grund der korinthischen und dorischen Kapitelle vielleicht sogar schon auf die 1. H. des 2. Jh.s v. Chr. zurückgehen. Es wäre dann in der Zeit Jannais erneuert worden.[100] Für das kultu|relle Milieu am interessantesten ist jedoch eine griechische Inschrift:

---

[98] S. dazu Th. A. Busink, Der Tempel in Jerusalem von Salomo bis Herodes, 2. Bd., Von Ezechiel bis Middot, Leiden 1980, 1198–1200, vgl. Jos., ant. 20,221f. Zu den Palästen in Jericho s. die von dem Ausgräber E. Netzer vorbereitete Edition der Grabungsergebnisse. S. dazu Bd. I, 57ff.

[99] Hans-Peter Kuhnen, Palästina in griechisch-römischer Zeit, Handbuch der Archäologie, Vorderasien II,2, München 1990, 80f. Vgl. E. Bickerman, The Jews in the Greek Age, Cambridge (Mass.)/London 1988, 272f.

[100] L. Y. Rahmani, Jason's Tomb, IEJ 17 (1967), 61–100; N. Avigad, Aramaic Inscriptions in the Tomb of Jason, IEJ 17 (1967), 101–111; P. Benoit, L'inscription grecque du tombeau de Jason, IEJ 17 (1967), 112f.; G. Foerster, Architectural Fragments from ‚Jason's' Tomb Reconsidered, IEJ 28 (1978), 152–156; E. Puech, Inscriptions funéraires palestiniennes: Tombeau de Jason et ossuaires, RB 90 (1983), 481–499. S. auch die Bemerkungen von E. Bickerman, Jews, op. cit. (Anm. 99), 272–274.

„Freut euch, Brüder, die ihr (noch) lebt und trinkt zur selben Zeit. Keiner ist unsterblich". Sie deutet auf Symposien zu Ehren des Toten (marzeaḥ) hin, wie wir sie vor allem in Palmyra, aber auch bei den Nabatäern finden. Puech verweist auf Sirach 31,25–31; 37,16–23 (22) und Tobit 4,17. Man könnte aber auch an Kohelet und zahlreiche antike Grabinschriften erinnern.[101]

2.3. Die Veränderungen der Stadt durch Herodes

Die größte *Veränderung* erfuhr Jerusalem jedoch erst durch *Herodes*. Er gab der Stadt einen glanzvoll erneuerten *Tempel* und zugleich ein neues Gesicht. Den tiefen Eindruck, den sie auch auf griechische und römische Besucher in den knapp 100 Jahren vor ihrer Zerstörung machte, und die sich in der Bemerkung Plinius d. Ä. von der *longe clarissima urbs Orientis* (s. o. S. 276) widerspiegelt, geht auf sein Wirken zurück.

Dieses ist eng mit dem langjährigen Aufenthalt des vielleicht bedeutendsten Universalgelehrten der augusteischen Zeit in Jerusalem verbunden, *Nikolaos von Damaskus,* der als Berater des Königs nach Jerusalem kam und dessen vertrauter Freund wurde. Er wurde etwa um 64 v. Chr. in Damaskus als Sohn eines reichen Rhetors und Stadtpolitikers geboren, erhielt selbst eine vorzügliche rhetorische Ausbildung und erwarb darüber hinaus ein für seine Zeit einzigartiges enzyklopädisches Wissen[102], ein Zeichen dafür, in welch selbstverständlicher Weise die *griechische Bildung* in den hellenisierten Städten des südlichen Syriens und Palästinas zu Hause war. Er verstand sich selbst nicht als Orientale, sondern als „Grieche". Im Umkreis des jüdischen Siedlungsgebietes waren solche Zentren neben Damaskus vor allem Gadara, von geringerer kultureller Bedeutung waren Gerasa, Hippos, Pella und Philadelphia im Ostjordanland, während Skythopolis und dann wieder die philistäisch-phönizischen Küstenstädte von Gaza und Askalon bis Tyrus und Sidon eine beträchtliche Ausstrahlung besaßen.[103] Auch Jerusalem konnte sich dem Einfluß der griechischen Bildung auf die Dauer nicht entziehen. Sie wurde von zwei Seiten her in die Stadt hineingetragen: Zunächst durch das Interesse des neuen Herrschers, *Herodes,* zum anderen durch den ständig wachsenden Einfluß der *Diasporajuden* in der Stadt, der durch die Bewegungsfreiheit, die die *Pax Romana* gewährte, erheblich gefördert wurde. |

[101] E. Puech, op. cit. (Anm. 100), 493, vgl. auch M. Hengel, JuH, 227f. Zur Formel „Keiner ist unsterblich" s. M. Simon, in: Le Christianisme antique et son contexte religieux. Scripta Varia, WUNT 23, Tübingen 1981, 1, 63–81; P. W. van der Horst, Ancient Jewish Epitaphs, Kampen 1991, 121f.
[102] R. Laqueur, Nikolaos v. Damaskus (Nr. 20), RE 17,1, 1936, Sp. 362–424; B. Z. Wacholder, Nicolaus of Damascus, UCPH 75, Berkeley/Los Angeles 1962; s. auch M. Hengel, Hellenization, op. cit. (Anm. 81), 33–36. S. dazu Bd. I, 60ff.
[103] S. den Überblick über die hellenistischen Städte Palästinas in NS 2, 7–183; zu Gadara s. M. Hengel, JuH, 153–156.190.548, zu Askalon 158.190, zu Tyrus und Sidon 157f.

Der *König* selbst hatte eine ordentliche griechische Schulbildung erhalten, sonst hätte er auf die neuen römischen Machthaber bis hin zu Mark Anton und Augustus nicht einen solch positiven Eindruck machen können. Ant. 15,373 berichtet Josephus (d. h. in Wirklichkeit Nikolaos) von einer Episode, die dem jungen Herodes auf dem Wege zu seinem „Lehrer" widerfuhr. Damit mag der „Grammatistes" gemeint sein. Eine noch gründlichere Bildung ist bei den späteren Gliedern seiner Familie vorauszusetzen. Er, der selbst auch nach außen bewußt als Jude erscheinen wollte, freilich als ein hellenistisch gebildeter Jude, hatte das Ziel, das jüdische Ethnos im Mutterland und in der Diaspora in das Römische Reich mit seiner *Pax Augusta* politisch und kulturell zu integrieren, ohne daß dabei die Juden ihre besondere religiöse Identität verlieren sollten, denn eben auf der Besonderheit dieses Volkes gründete auch seine besondere Macht und sein Einfluß, nicht nur als Klientelkönig im Osten, sondern im ganzen Reich.[104] Die griechisch-römischen Quellen bezeichnen den Juden idumäischer Herkunft, dessen Großvater nach der Eroberung Idumäas vermutlich zwangsweise zum Judentum bekehrt worden war, und dessen Vater Antipater schon den Eindruck eines hellenistisch gebildeten „liberalen Juden" machte und als solcher der engste Berater des Hohenpriesters Hyrkan II. wurde (s. o. S. 290), einmütig als *Juden,* der jüdische Gebräuche beachtete, den Sabbat einhielt, kein Schweinefleisch aß und für die Interessen der Juden im Reich eintrat.[105]

Auch *Nikolaos,* der in seiner Geschichte, anders als die meisten zeitgenössischen griechisch-römischen Historiker und Literaten, bei aller Begeisterung für die griechische Bildung und Kultur eher ein neutrales bis positives Bild von den Juden entwirft und 14 v. Chr. im Auftrage des Königs die Interessen der

[104] Zum politischen Programm und zur Persönlichkeit des Herodes s. A. SCHALIT, op. cit. (Anm. 42), 426–479.650–655.664–672. S. weiter H. MERKEL, Artk. Herodes A–D, RAC 14, 1988, Sp. 815–830 (824f) und D. M. JACOBSEN, King Herod's ,Heroic' Public Image, RB 95 (1988), 396–403. Zur Bedeutung der Judenschaft für das *Imperium Romanum* s. vor allem Philos Darstellung in dem Brief Agrippas I. an Caligula in seiner leg. ad Caium. S. jetzt auch P. RICHARDSON, Herod, King of the Jews and Friend of the Romans, 1996 und die gründliche Untersuchung von N. KOKKINOS, The Herodian Dynasty JSPE 30, 1998.

[105] Zur Beurteilung des Herodes als Juden s. Persius, sat. 5,179f.: der Sabbat als Tag des Herodes (= GLAJ I, 436 § 190). STRABO ist sogar der Meinung, Pompeius hätte Herodes zum jüdischen Hohenpriester gemacht, Geogr. 16,2,46 = GLAJ I, 299.310 § 115. Er nennt ihn auch einen ἀνὴρ ἐπιχώριος. Nikolaos von Damaskus bemühte sich, die Herkunft des Herodes aus einer der führenden Familien der jüdischen Rückkehrer aus Babylonien nachzuweisen (Jos., ant. 14,9). Vermutlich beanspruchte er davidische Abstammung. S. auch Julius Africanus, ep. ad Aristidem bei Euseb, h.e. 1,7,11–13. Auch Augustus scheint selbstverständlich vorausgesetzt zu haben, daß Herodes als Jude das Schweinefleisch meidet, s. seinen Ausspruch bei Macrobius, saturn. 2,4,11: *melium est Herodes porcum esse quam filium.* Dahinter steht das griechische Wortspiel zwischen ὗς und υἱός: Das Schwein schont er, seine Söhne bringt er um. Zu seinem Einsatz für das Diasporajudentum s. Jos., ant. 16,27–62.160–178. S. auch M. HADAS-LEBEL, op. cit. (Anm. 85), 51–54: „Rome puissante protectrice" und die besondere Rolle des Herodes bzw. des Nikolaos v. Damaskus 51f.57f.

kleinasiatischen Juden vor Markus Agrippa verteidigte, hat den König als *jüdischen König und Römerfreund* dargestellt. Dieses doppelte Prädikat, Jude und Römerfreund, gilt | auch für die Nachkommen des Königs bis zu seinem Urenkel Agrippa II. Die Kaiser haben zwischen Augustus und Nero den Herodianern erhebliche politische Macht in Syrien eingeräumt. Keine Herrscherfamilie besaß im 1. Jh. n. Chr. so weitgestreute Territorien im palästinisch-syrischen Osten bis nach Kleinasien wie die jüdische des Herodes.[106]

Wann Nikolaos nach Jerusalem gekommen ist, wissen wir nicht genau. Bis Actium (31) war er Erzieher der Zwillinge von Kleopatra und M. Antonius. Laqueur vermutet, Herodes habe den Nikolaos auf seiner Flucht nach Rom über Alexandria schon in Rhodos kennengelernt. Wahrscheinlich ist er zwischen 30 und 20 in den Dienst des Königs getreten und stand diesem bis zu dessen Tode 4 v. Chr. zur Seite, wobei er auch auf mehreren Reisen für die Sache des Herodes vor dem Kaiser eintrat. Ein nicht unbeträchtlicher Teil seines wissenschaftlichen Werkes ist in Jerusalem entstanden. Seine „Sammlung ungewöhnlicher Gebräuche" (παραδόξων ἐθῶν συναγωγή)[107] schrieb er für Herodes, auch seine Weltgeschichte in 144 Bänden ist wohl zum größten Teil in Jerusalem in der Zeit zwischen 14 und 4 v. Chr. entstanden.[108]

Was mag diesen in seiner Zeit führenden Gelehrten bewogen haben, in das auch für einen syrischen „Griechen" äußerlich gesehen nicht gerade attraktive Jerusalem zu gehen und Berater des jüdischen Königs zu werden, da er auch in Rom oder in einer der anderen Weltstädte eine glänzende Karriere erwarten konnte? Selbst seinen Bruder Ptolemaios hat er an den Hof des Königs gezogen.

M. E. hängt diese Entscheidung des an der aristotelischen Ethik orientierten Gelehrten u. a. damit zusammen, daß ihn die Aufgabe lockte, Einfluß auf den im Reich angesehenen jüdischen Monarchen[109] zu nehmen und mit seiner Hilfe das kosmopolitische Ideal griechischer Zivilisation gerade dort einzuführen, wo die judenfeindliche Umwelt eine Hochburg der Fremdenfeindschaft vermutete: in Jerusalem selbst. Es könnte sogar sein, daß ihm die bereits von den

---

[106] R. Laqueur, RE 17,1, Sp. 394. In seiner Rede zugunsten des Archelaos und des herodianischen Testaments vor Augustus 4 v. Chr. bezeichnet Nikolaos den König als φίλος καὶ σύμμαχος Roms, Jos., ant. 17,246. Zum Einfluß der herodianischen Klientelkönige im römischen Osten s. M. Hengel/A. S. Schwemer, Paulus zwischen Damaskus und Antiochien, WUNT 108, 1998, 93 ff. 346 f.

[107] B. Z. Wacholder, Nicolaus of Damascus, op. cit. (Anm. 102), 31.106 Anm. 158.

[108] Loc. cit.

[109] Ant. 15,316. Zum Aristotelismus des Nikolaos s. P. Moraux, Aristotelismus bei den Griechen, Bd. I, Die Renaissance des Aristotelismus im 1. Jh. v. Chr., Peripatoi 5, Berlin/New York 1973, 448 ff. 465–487; H. B. Gottschalk, Aristotelian Philosophy in the Roman World from the time of Cicero to the end of the second Century AD, ANRW II, 36,2, 1987, 1079–1174 (1122–1125). In seiner Autobiographie FGrHist 90 F 132,2 berichtet Nikolaos, daß er von Aristoteles durch die Breite seiner Gelehrsamkeit angezogen wurde. Das Schwergewicht seines Interesses lag dabei auf der Ethik und bei der Betrachtung von Natur und Geschichte. U. a. verfaßte er eine Epitome der Lehren des Meisters.

Aristotelesschülern Theophrast und Klearch von Soli gepriesene „barbarische Philosophie" der Juden ein Stück weit imponierte.[110] Daß seine Einwirkung auf den Herrscher, und d. h. zugleich auf dessen Umgebung, nicht gering war, zeigt ein bekanntes Fragment aus seiner später in Rom verfaßten Autobiographie, in dem er seine Einflußnahme auf die „wissenschaftliche" Lernbegierde des Königs schildert. Das Interesse an der Philosophie habe der König rasch verloren. Beide wandten sich dann der Rhetorik zu, noch größeren Eifer habe jedoch beim König die Geschichte erweckt, und er habe Nikolaos ermuntert, sich der Historiographie zuzuwenden, aber auch selbst | autobiographische Aufzeichnungen gemacht. Aus der vom König angeregten historischen Arbeit erwuchs dann das mühevolle Werk der „Weltgeschichte". Auf einer Seereise hätten sie auch „gemeinsam philosophiert".[111]

A. Schalit vermutet, daß Nikolaos dem König „unter anderen anerkannten Lehren der Popularphilosophie" auch einen „Fürstenspiegel" vorgetragen habe, d. h. den „anerkannte(n) Codex der Vorschriften, die der aufgeklärte hellenistische Monarch im Verkehr mit seinen Untertanen zu befolgen hat".[112] Ein solcher „Fürstenspiegel" wird schon in einem Frage- und Antwortspiel im romanhaften Aristeasbrief dem zweiten Ptolemäer von den jüdischen Weisen aus Jerusalem vorgeführt. Gedanken dieser Art läßt Josephus (bzw. Nikolaos als seine Quelle) in der Rede des Königs zum Tempelbau neu zu Wort kommen.[113]

Natürlich gab es *am Hofe* des Herodes eine größere Zahl *gebildeter Griechen.* Außer dem schon erwähnten Ptolemaios, dem Bruder des Nikolaos, noch die Prinzenerzieher Andromachos und Gemellos, den Rhetor Eireneios, Euaratos von Kos, Eurykles aus Lakedaimon u. a.[114] Weiter befand sich im königlichen Palast eine umfangreiche *Bibliothek,* ohne die die weitgespannte literarische Tätigkeit des Nikolaos in Jerusalem undenkbar gewesen wäre, gewissermaßen das griechische Pendant zur jüdischen Tempelbibliothek und den Bücherschätzen der Essener in Khirbet Qumran. Die Söhne des Königs erhielten eine ausgezeichnete enzyklopädische Bildung, die später in Rom fortgesetzt wurde. Dieses Bildungsstreben in der herodianischen Familie wurde zur festen Tradition. Es findet sich wieder bei den Enkeln, allen voran bei Agrippa I., seinem Bruder Herodes v. Chalkis und dem Urenkel Agrippa II. Im Heer des Herodes spielten fremde Söldner, Thraker, Gallier und Germanen sowie deren gräzisierte und romanisierte Offiziere eine noch größere Rolle als unter den Hasmonäern. Hinzu kommen griechische und römische Baumeister, Künstler, Archi-

---

[110] B. Z. WACHOLDER, Nicolaus of Damascus, op. cit. (Anm. 102), S. 27, s. auch Index s. v. philanthropia S. 149.
[111] FGrHist 90 F 135, s. WACHOLDER 29f.
[112] Op. cit. (Anm. 42), 469f.
[113] Ant. 15,381–384.387.
[114] A. SCHALIT, op. cit. 412.

tekten, Kaufleute, aber auch Abenteurer und Parasiten, die in der Umgebung des Königs und seines Hofes ihr Glück zu machen suchten.[115]

Dieses Streben nach griechischer Bildung und Lebensform blieb nicht auf den königlichen Hof beschränkt, es wirkte auch in vielfältiger und abgestufter Weise in die *jüdische Oberschicht Jerusalems* hinein. Griechisch wurde mehr und mehr zur Sprache der führenden Familien, und die griechische Schule erhielt neben der an der Tora orientierten traditionellen Schreiberschule in der Hauptstadt eine eigenständige Bedeutung. Wer politische und wirtschaftliche Bedeutung (beides hing zusammen) erlangen wollte, mußte über eine gewisse Grundbildung verfügen und die griechische Sprache mehr oder weniger fließend sprechen. Es handelte sich jedoch | nicht nur um eine durch den despotischen Herrscher erzwungene königliche „Reform von oben", sondern um eine Entwicklung, die zumindest in der Stadt selbst auch breitere Volksschichten betraf. Die *Pax Romana* und die Politik des Königs als Schutzherr des Diasporajudentums auch außerhalb seines Reiches öffnete die Stadt noch mehr als unter den Hasmonäern für griechischsprechende *Rückwanderer aus der Diaspora;*[116] die Überwindung der Seeräuberplage seit Pompeius, der Bau des Hafens von Cäsarea und die Förderung von Handel und Wandel schufen sicherere Reisemöglichkeiten für die Pilger von außerhalb Palästinas, vor allem aus dem römischen Reich, denn die Seereise über das Mittelmeer war von Frühjahr bis Herbst sicherer und schneller als die beschwerliche Landreise durch die Wüste aus Babylonien. Die jüdischen Militärsiedler in der Trachonitis und Batanäa, die sich z. T. aus jüdischen Reitern aus Babylonien rekrutierten, sicherten die Pilgerwege aus dem Partherreich im Osten.

Zugleich war aber auch durch die die ganze antike Welt in Staunen versetzende *Erneuerung des Tempels* und anderer Bauten die Heilige Stadt für die Pilger selbst noch anziehender geworden. Der herodianische Tempel mit seinen riesigen Säulenhallen mit korinthischen und ionischen Kapitellen, seinen prächtigen Toren und Treppenanlagen und den mit Gold belegten Gebäuden des inneren Heiligtums sucht unter den hellenistisch-römischen Prunkbauten der beiden Jahrhunderte vor und nach der Zeitenwende seinesgleichen. Das eigentliche Heiligtum stand auf einem riesigen, künstlich aufgeschütteten Podium von ca. 140 000 m², das an der Nordseite ca. 315, an der Südseite 280 m breit, im Westen 485 und im Osten 470 m lang war. Es war umgeben vom sogenannten „Vorhof der Heiden" mit der dreischiffigen königlichen Halle an der Südseite und der schon von den Hasmonäern errichteten Halle Salomos im Osten (s. o. S. 291). Er bildete zugleich die Agora der Stadt. Die Bauarbeiten

---

[115] S. dazu M. Hengel, Hellenization (Anm. 81), 36f = Bd. I, 61ff. Zur Bibliothek s. Wacholder, Nicolaus of Damascus, op. cit. (Anm. 102), 81–86.

[116] S. M. Hengel, Zwischen Jesus und Paulus, ZThK 72 (1975), 152–206 (165ff.173ff.177ff.189ff.); ders., Der vorchristliche Paulus, in: Paulus und das antike Judentum, hg. v. M. Hengel/U. Heckel, WUNT 58, Tübingen 1991, 177–293 (257–265).

an den Hallen dieses äußeren Vorhofs kamen erst gegen 60 n. Chr. zum
Abschluß.

Der Bau des Herodes konnte sich mit den größten Tempelbauten in Syrien
messen, dem Bel-Schamen-Tempel in Palmyra und dem Zeus(-Hadad)-Tem-
pel in Damaskus. Sie entstanden etwa um dieselbe Zeit und können als Kon-
kurrenzbauten aufgefaßt werden.[117] Hinzu kamen städtische Paläste, die Burg
Antonia an der Nordwestecke des Tempels und der luxuriöse, als Festung
ausgebaute Herodespalast im Westen der Stadt, die Renovierung des Davids-
grabes als Heroon für den *ktistes* der Stadt, weiter das für eine hellenistische
Residenz unabdingbare Theater, Amphitheater und Hippodrom, jedoch kein
Gymnasium. Der König hatte von den Fehlern der hellenistischen Reformer
vor 150 Jahren gelernt. Leider wissen wir nichts von den Theateraufführungen.
Es könnten | hier sehr wohl auch Stücke wie die Exagoge des Tragikers Ezechiel
aufgeführt und Verse wie das Testament des Orpheus rezitiert worden sein.
Was fehlte, waren Statuen und bildliche Darstellungen von Menschen und
Tieren; möglicherweise enthielt der Herodespalast solche, doch waren sie vor
den Augen der Öffentlichkeit verborgen. Die Kunst in der Stadt bei Mosaiken,
Stuckdecken, Wandbemalungen und Ossuarien war streng ornamental oder
floral. Ein kleines Vögelchen auf einem Zweig bei einer bemalten Wand
erscheint als Ausnahme.[118] Auch der Luxus in der Ausstattung der *Wohnpalä-
ste der führenden Priesterfamilien* am Ostabhang der Oberstadt zum Tyropöon-
tal hin konnte sich mit dem anderer hellenistischer Metropolen messen. Nicht
umsonst hatte der König die besten Kunsthandwerker ins Land geholt. Der
sparsame Augustus in Rom baute nicht so luxuriös wie Herodes in Judäa.

Auf der anderen Seite achtete er darauf, *die gesetzlichen Bestimmungen nicht
zu verletzen.* Seine Kupfermünzen hatten zwar nur noch eine griechische
Münzlegende, brachten aber keine Abbildungen von Menschen oder Tieren,
auch nicht des Kaisers,[119] den er nur in überwiegend nichtjüdischen Städten
seines Reiches wie Cäsarea und Sebaste-Samaria durch Tempelbauten ehrte.
Gerade beim Tempelbau in Jerusalem achtete er sorgfältig darauf, daß innerhalb des allein den Priestern vorbehaltenen innersten heiligen Bezirks nur als
Bauleute ausgebildete Priester arbeiteten. Auch die hervorragende Wasserver-

---

[117] Zum Tempel s. das große Werk von TH. BUSINK, Der Tempel in Jerusalem, 2. Bd.,
Leiden, 1980, 951 ff., vgl. auch die Rekonstruktionsvorschläge Bd. 1, 1970, 62 ff.; s. weiter H.-
P. KUHNEN, Palästina, op. cit. (Anm. 99), 172–177; A. SCHALIT, op. cit. (Anm. 42); E. P.
SANDERS, Judaism: practice and belief, London 1992, 54–69.

[118] Vgl. die χαλκουργήματα im Herodespalast bei den Wasseranlagen: Jos., bell.
5,176–182 (181) und zur Antonia 5,241, dazu M. HENGEL, Die Zeloten, AGSU 1, Leiden
²1976, 196f. Zur Wandmalerei s. die Beispiele in: N. AVIGAD, Jerusalem Revealed. Archaeology in the Holy City 1968–1974, Jerusalem 1975, T. III zwischen S. 56 und 57.

[119] Y. MESHORER, Coinage, op. cit. (Anm. 72), 2, 5–30.201–203. Freilich halte ich es für
wenig wahrscheinlich, daß Herodes ab 19 v. Chr. tyrische Silberschekel, die für die Tempelsteuer allein zugelassene Münze mit dem Alexanderkopf und dem Zeusadler, in Jerusalem
prägen ließ. Man kann dafür keinen eindeutigen Beleg beibringen.

sorgung Jerusalems und des Tempels durch ein Leitungssystem von Süden her wird er ausgebaut haben. Sie konnte sich mit der jeder antiken Großstadt messen und war wegen der strengen rituellen Reinheitsvorschriften für die Besucher des Tempels auch von großer religiöser Bedeutung.

2.4. Das Diasporajudentum und die „Hellenisten" in Jerusalem

Die *Rückwanderung aus der griechischsprechenden Diaspora,* etwa aus Rom, wohin Pompeius im Jahr 63 viele jüdische Kriegsgefangene verschleppt hatte, die später freigelassen wurden und z. T. zurückkehrten, wurde auch durch eine religiöse Gegenbewegung begünstigt. Die pharisäische Form jüdischer Frömmigkeit setzte sich gerade in herodianischer Zeit in weiten Volkskreisen durch.[120] Dies zeigt sich ab der | Mitte des 1. Jh.s in der Ausbreitung des Synagogeninstituts, das zuvor nur in der Diaspora nachzuweisen ist. Die einzige Synagogeninschrift aus Jerusalem und die älteste in Judäa, die sogenannte Theodotosinschrift, ist auf griechisch abgefaßt und stammt wohl von einem jüdischen Rückwanderer aus Rom; die Inschrift weist auch auf ein Gästehaus für Festpilger hin. Diese Inschrift bestätigt Apg 6,8f., wo von griechischsprechenden Synagogengemeinden in Jerusalem die Rede ist, in denen Stephanus diskutierte, darunter eine der „Libertiner", d.h. der Freigelassenen aus Rom.[121]

Ein weiteres Indiz für diese Entwicklung sind die *Ossuarieninschriften.* Seit jener Zeit bis 70 n. Chr. (bzw. in kleinerem Maße bis ins 2. Jh. n. Chr.), wurden die Gebeine Toter in Gebeinkästen gesammelt, damit sie die Auferstehung der Toten erwarteten; ein Hinweis darauf, wie sehr diese für die Pharisäer typische Erwartung volkstümlich geworden war. Von 872 katalogisierten Ossuarien in israelischem Staatsbesitz sind 228 beschriftet, 138 in hebräischer bzw. aramäischer Schrift, 71 in griechischer, 15 oder 16 in beiden. D.h. rund 39% tragen eine griechische bzw. zweisprachige Beschriftung. Gerade die griechischen besitzen zuweilen eine Herkunftsangabe, Italien, Alexandria, aus den phönizischen Städten, aber auch aus Eretz Israel selbst. Ein Ossuar aus Jericho trägt die griechische Aufschrift „Theodotos, Freigelassener der Kaiserin Agrippina", d. h. der Frau Neros, und daneben den hebräischen Namen Nathanael.[122] Eine kürzlich veröffentlichte Studie bringt drei neue Inschriften: eine zweispra-

---

[120] S. dazu jetzt M. HENGEL/R. DEINES, E. P. Sanders' ‚Common Judaism', Jesus, and the Pharisees, JTS 46 (1995), 1–70; vgl. schon R. DEINES, Jüdische Steingefäße und pharisäische Frömmigkeit, WUNT II/52, Tübingen 1993, 1–230. S. dazu Kleine Schriften Bd. I, 392–479.

[121] CIJ II Nr. 1404, dazu M. HENGEL, Zwischen Jesus und Paulus, (Anm. 116), 184ff.

[122] L. Y. RAHMANI, A Catalogue of Jewish Ossuaries in the Collection of the State of Israel, Jerusalem 1994. Herrn Kollegen Rahmani danke ich herzlich für eine Reihe von Informationen. Die griechische Beschriftung ist meist sorgfältiger als die hebräische.

chige nennt einen Ariston-Juda, Proselyt aus dem syrischen Apamea. Möglicherweise ist er mit dem Mischna Ḥallah 4,11 genannten Ariston aus Apamea identisch, der von dort seine Erstlingsfrüchte zum Tempel brachte, die von den Priestern angenommen wurden. Auch von seiner Tochter Selampsia Aristionos existiert ein wunderbar bemaltes Ossuar in Rosa mit zweisprachiger Inschrift. Ein weiteres nennt eine Priesterin Megiste (ΜΕΓΙΣΤΗΣ ΙΕΡΙΣΗΣ), d. h. eine Priestergattin oder -tochter.[123] Der Proselyt Ariston aus Apamea erinnert wieder an den Proselyten Nikolaos aus Antiochien, der als letzter in der Liste der sieben „Diakone" der „Hellenisten"[124] genannt wird. Die Urgemeinde in Jerusalem muß schon ganz früh in diesem griechischsprechenden Milieu in Jerusalem eine eigene Gemeindegruppe gebildet haben, die sogenannten „Hellenisten". Auch der Pharisäer Saul, mit dem römischen Zweitnamen Paulus, aus Tarsus war als Toraschüler in Jerusalem in diesem griechischsprechenden Milieu zu Hause und wurde dort zum Verfolger der christlichen Hellenisten.

Wenn wir von einer Einwohnerzahl Jerusalems einschließlich seiner näheren Umgebung (ca. 10–15 km) von ca. 100000 ausgehen, schätze ich, daß vor 70 mindestens 10–20% dort Grie|chisch als Muttersprache sprachen, die Zahl der Zweisprachigen wird sicher noch wesentlich größer gewesen sein. Im Neuen Testament finden wir eine ganze Reihe von zweisprachigen Judenchristen aus Jerusalem, neben Schaʾûl-Paulus noch Joseph Barnabas und seinen Neffen Johannes Markus, weiter Silas (Scheʾîla)-Silvanus und Joseph Barsabbas genannt Justus. Daß die Ausbildung in der griechischen Sprache nicht nur ein Bedürfnis des Königshauses und einiger weniger Priesterfamilien war, zeigt auch das wohl von pharisäischen Kreisen ausgehende Bestreben, die z.T. relativ frei übersetzten Schriften der LXX an Hand des hebräischen Urtextes nach den Regeln alexandrinischer Philologie zu verbessern. Auch dieses Bemühen hat etwa in herodianischer Zeit begonnen.[125]

Der Hohepriester Ananias, der nach Apg 24,1 zu dem Prokurator Felix nach Cäsarea kommt, um die Anklage gegen Paulus zu führen, ist u. a. begleitet von einem Rhetor Tertullus. Man darf annehmen, daß dieser durch rhetorischen Unterricht in Jerusalem seinen Lebensunterhalt verdient hat. Auch Josephus muß seine Grundausbildung in der griechischen Sprache in Jerusalem erhalten haben, sonst hätte er nie als junger Mann eine Gesandtschaft nach Rom leiten können.[126]

---

[123] TAL ILAN, New Ossuary Inscriptions from Jerusalem, Scripta Classica Israelica 9 (1991/2), 149–159.

[124] Apg 6,1–5 (V. 5). S. dazu M. HENGEL, Zwischen Jesus und Paulus, op. cit. (Anm. 116); DERS., Der vorchristliche Paulus (Anm. 116); DERS./A. M. SCHWEMER (Anm. 106), s. Index.

[125] S. M. HENGEL, Hellenization, op. cit. (Anm. 81), 7–18.21; s. auch M. HENGEL/A.M. SCHWEMER (Hg.), Die Septuaginta zwischen Judentum und Christentum, WUNT 72, Tübingen 1994, 182–284 (243f.).

[126] Vita 13–16.

Zwischen der Herrschaft des Herodes und dem Ausbruch des jüdischen Krieges bildete sich so in Jerusalem eine *eigenständige jüdisch-hellenistische Kultur* heraus, die sich wesentlich von dem unterschied, was wir in den jüdischen Gemeinden in Alexandrien, Antiochien, Ephesus oder Rom finden. So wage ich die Behauptung, *daß Jerusalem als die wohl bedeutendste religiöse Pilgerstadt der frühen Kaiserzeit bis zu seiner Zerstörung das eigentliche geistig-geistliche Zentrum gerade auch des griechischsprechenden Judentums war.* Die Judenschaft in Alexandrien bildete dazu eine gewisse Konkurrenz, aber eine mit geringerer Autorität. Sie konnte und wollte nicht der eine *religiöse* Mittelpunkt sein. Nicht die heidnischen Übergriffe gegen Synagogen in Alexandrien, sondern erst die tödliche Bedrohung des einzigartigen Heiligtums in Jerusalem machen Philo zum polemischen Geschichtsschreiber und Apologeten seines Glaubens gegenüber dem kaiserlichen Größenwahn.

Freilich bildeten die von griechischer Sprache und Zivilisation beeinflußten Juden Jerusalems durchaus keine Einheit, sondern waren – wie das palästinische Judentum und das der Diaspora überhaupt – in mehrere Gruppen aufgespalten, die verschiedene Interessen verfolgten. Da waren Herodes, seine Familienangehörigen und Nachkommen samt ihrer Klientele, den sogenannten Herodianern, weiter die miteinander konkurrierenden, führenden hochpriesterlichen Familien, an erster Stelle die des von Herodes aus Alexandrien nach Jerusalem gerufenen Simon S. des Boethos, die freilich nach der Absetzung des Archelaos und der Verwandlung Judäas in eine römische Provinz 6 n. Chr. rasch ihre Vormachtstellung verlor und erst nach der Einsetzung Agrippas I. 41 n. Chr. für kurze Zeit wieder zu Ehren kam.| Auch die mehr oder weniger „hellenisierte" Oberschicht bildete so alles andere als eine wirkliche Einheit.

Eine weitere große und wieder nicht sehr homogene Gruppe stellten die Rückwanderer aus der Diaspora dar. Auch hier werden je nach Herkunft erhebliche Unterschiede bestanden haben. Zwischen den Juden aus Alexandrien, aus Rom, Kleinasien oder aus Phönizien und Syrien gab es beträchtliche Differenzen durch Tradition und Sitten. Dabei hatte die syrisch-phönizische Judenschaft durch ihre geographische Nähe und ihre große Zahl auch für Jerusalem ganz besondere Bedeutung. Von Syrien war wohl auch die größte Zahl der „ausländischen" Festpilger zu erwarten. Wegen der regionalen Unterschiede organisierte man sich darum in landsmannschaftlichen Synagogen. Auch die religiöse Motivation der Rückkehr mag recht verschieden gewesen sein. Für die einen war diese durch das Heiligtum und den Kultus begründet, für andere durch Jerusalem als Ort der Ankunft des Messias und die Erwartung der Auferstehung. Die einen mögen mehr durch das priesterliche Ideal, die andern stärker durch die eschatologische Hoffnung bestimmt gewesen sein. Eine dritte Möglichkeit war die Anziehungskraft der Heiligen Stadt als Zentrum des Torastudiums, geht doch nach Jes 2,3 „vom Zion die Tora aus".

Hillel aus Babylonien und Scha'ûl-Paulus aus Tarsus werden aus diesem

Grunde nach Jerusalem gekommen sein. In den Hillel-Legenden ist der griechische Einfluß mit Händen zu greifen. B. Z. Wacholder wagte sogar eine
Gegenüberstellung von Hillel und dem Peripatetiker Nikolaos von Damaskus
auf Grund einer verwandten Hierarchie von Tugenden: Beide sehen in Hab-
gier, Lust und Zuchtlosigkeit die größten Laster, in Selbstbeherrschung,
Selbstgenügsamkeit und Enthaltsamkeit entscheidende Tugenden, dem Studium der Philosophie entsprach das der Tora, der Fairness bei Nikolaos die
Friedfertigkeit bei Hillel, und beide strebten nach Gerechtigkeit.[127] Hillel war
daher auch offen für Nichtjuden und zog Proselyten an, im Gegensatz zu
seinem Kontrahenten Schammai, der mehr die nationalkonservative Haltung
des autochthonen Judäers vertrat. Die Differenzen zwischen beiden Schulen,
die eine mehr konservativ-national, die andere mehr weltoffen und „liberal“,
brachen dann besonders in der Krise unmittelbar vor Ausbruch des jüdischen
Krieges hervor, wobei die Schule Schammais zunächst die Oberhand behielt,
um dann nach der Katastrophe ihren Einfluß mehr und mehr zu verlieren.

2.5. Die Zeit der Präfekten (bzw. Prokuratoren)

Nach der Verbannung des Archelaos und der Verwandlung Judäas in eine
Provinz 6 n. Chr. verlor Jerusalem etwas von seiner Bedeutung als Hauptstadt
der Provinz Judäa, da der Präfekt (später der Prokurator) in Cäsarea residierte.
Auch wenn die Herodessöhne ihre Paläste in Jerusalem behielten, so war doch
der Glanz der königlichen Hofhaltung verschwunden. Das führte zu einer
Stärkung der| „nationalen“ Kräfte. Die Familie des Hannas war nationalbe-
wußter als die des Boethos (s. u. S. 322−334). Weder das Grab seines Schwie-
gersohnes Kaiphas noch das der Priestertochter Johanna, einer Urenkelin des
Hannas, enthalten griechische Inschriften. Der Sohn, Hannas II., ein maßgeb-
liches Haupt der sadduzäischen Partei, wurde sogar der − gemäßigte − Führer
des aufständischen Jerusalems nach dem Sieg über Cestius Gallus im Oktober
66. Gleichwohl war in Jerusalem bis zur Machtübernahme der Zeloten im Jahr
68 das friedenswillige Element stärker als im übrigen Judäa, und die dem
Frieden zugeneigten Jerusalemer wehrten sich lange gegen eine Machtübernahme der in die Stadt strömenden radikalen Gruppen. Auch in dieser letzten
Auseinandersetzung vor dem Weg in die Katastrophe zeigt sich noch einmal
der im Vergleich zur „Provinz“ weltoffenere, stärker international geprägte
Charakter der Stadt. Vermutlich gehörten die „hellenisierten“ Rückwanderer
aus der Diaspora und die ortsansässigen „Graeco-Palästiner“ zu den wohlha-
benden Kreisen.[128] Hätte nach dem raschen Tod des beim Volk beliebten

---

[127] Op. cit. (Anm. 107), 46f. S. dazu Bd. I, 84f.
[128] M. Hengel, Die Zeloten, op. cit. (Anm. 118), 355–383 (373.379–381.406); M. Goodman, The Origins of the Great Revolt: A Conflict of Status Criteria, in: Greece and Rome in

Agrippa I. (41–44 n. Chr.) sein Sohn Agrippa II. die seit der Hasmonäerzeit schrittweise begonnene und durch Herodes gewiß allzusehr forcierte Öffnung der Stadt für die griechisch-römische Kultur fortsetzen können, die Geschichte hätte einen ganz anderen Gang genommen.

Im Gegensatz zum Versuch der hellenistischen Reform unter Antiochos IV. nach 175 v. Chr. war in dieser zweiten Phase der „Hellenisierung" Jerusalems die religiöse und nationale *Identität* des jüdischen Volkes – beides kann man nicht trennen – nicht mehr bedroht. Es bestand – wenn man von einzelnen säkularisierten Mitgliedern der späteren herodianischen Familie absieht – keine Gefahr der Assimilation und Apostasie mehr, im Gegenteil, Jerusalem zog einzelne berühmte Proselyten an, die bekanntesten sind die Mitglieder des Königshauses von Adiabene im Partherreich, die in Jerusalem Tora studierten und auf der Seite der Juden die Stadt verteidigten. Auch diese Familie war, wie andere orientalische Herrscherhäuser, durchaus „hellenisiert" gewesen.[129] Die Königinmutter Helena ließ sich in Jerusalem ein Prunkgrab bauen, das Pausanias neben das Mausoleum von Halikarnassos stellt.[130]

Der *Glaube an den einen Gott, sein Gesetz und sein Heiligtum* wurde durch die Hellenisierungsbestrebung eines Herodes und seiner Nachfolger in keiner Weise mehr erschüttert, auch er selbst wollte die Grundlagen der jüdischen Religion nicht| mehr in Frage stellen. Vielmehr haben er, seine Enkel und seine Urenkel dadurch, daß sie diese Stadt für Diasporajuden und Fremde anziehender machten, die Weltgeltung des Judentums eher gestärkt. Das Bekenntnis des Josephus „Ein Tempel des einen Gottes ... gemeinsam für alle (als Tempel) des für alle gemeinsamen Gottes"[131] klingt ja auch einladend für die Nichtjuden. Herodes hätte diesem Satz sehr wohl zustimmen können. Seine Tempelbauten in griechischen Städten verstand er nicht als Infragestellung des Judentums, sondern als politische Maßnahmen, um seine Macht zu erhalten und sein „internationales" Ansehen, und d. h. zugleich das seiner Herrschaft, zu vergrößern. Man könnte von Aktionen der politischen public relations sprechen. Die Erneuerung des Tempels war demgegenüber *auch* ein persönliches religiöses Bekenntnis. Seine Rede dazu, wie sie Josephus ant 15, 382–87

Eretz Israel, ed. A. KASHER et alii, Jerusalem 1990, 39–53; DERS., The Ruling Class of Judaea. The Origins of the Jewish Revolt against Rome A.D. 66–70, Cambridge 1987. Dies schließt nicht aus, daß Diasporajuden z. T. auch auf der Seite der Aufständischen kämpften, so die Mitglieder des Herrscherhauses von Adiabene. Aber die erhoffte tatkräftige Unterstützung durch das Diasporajudentum blieb aus.

[129] Jos., ant. 20,34–53.101; bell. 2,388.520; 4,567; 5,147.252.474; 6,356f. S. dazu NS 3, 163–165; L. H. SCHIFFMAN, The Conversion of the Royal House of Adiabene in Josephus and Rabbinic Sources, in: L. H. FELDMAN/G. HATA (ed.), Josephus, Judaism, and Christianity, Leiden 1987, 193–313: Der Bericht des Josephus „was part of his polemic against Hellenistic Anti-Semitism. Josephus took pride in the conversion of the family of righteous proselytes who had been accepted by the Jews" (313); M. HENGEL/A. M. SCHWEMER (ANM. 106), 108 F.

[130] 8,16,4f = GLAJ II, 196f. § 358. Vgl. Jos., bell. 5,147.

[131] C. Ap. 2,193, s. o. Anm. 3.

darstellt, hat einen historischen Hintergrund in der Überzeugung des Königs. Es gehört zur Ambivalenz der Geschichte, daß der in den strengreligiösen Kreisen verhaßte König mit diesem Bau die Bedeutung des Judentums in der antiken Welt wesentlich erhöht hat, cincr Welt, die für äußere Repräsentation sehr empfänglich war, während die fremdenfeindlichen Radikalen, die die Ehre des einen Gottes und seines Heiligtums über alles zu stellen glaubten, mit ihrem nationalreligiösen Fanatismus dessen Untergang bewirkten. Den Reden des Josephus im *bellum,* etwa Agrippas II., des Titus, vor allem aber seinen eigenen, ist die Verzweiflung über diese Entwicklung deutlich anzumerken. Der Beginn des Aufstandes im Jahre 66 markiert zum zweiten Mal das Scheitern der Bemühungen, die Heilige Stadt und das Judentum in Eretz Israel in die „hellenistische" Kultur, diesmal der frühen Kaiserzeit, zu integrieren. Das Judentum vor der Tempelzerstörung hätte durchaus die Chance gehabt, „Weltreligion" zu werden. Die Visionen Philos in *de praemiis et poenis* und wohl auch die des Josephus in seinen versteckten Zukunftsaussagen gehen in diese Richtung. Die Katastrophe des Bar-Kochba-Aufstandes bildet den tragischen Schlußstein dieser Entwicklung. Sowohl im palästinischen Judentum wie in der hellenistischen Welt scheinen innerhalb der geschilderten Ambivalenz die negativen Kräfte gesiegt zu haben.

Und dennoch überwand der eine Gott Israels, der Gott vom Zion, die Welt des „hellenistischen" Polytheismus und Synkretismus, freilich nicht durch die Anziehungskraft des wohl prächtigsten Tempels, den die frühe Kaiserzeit kannte, und der durch ihn ausgezeichneten jüdischen Metropole, sondern – paradoxerweise – durch einen jüdischen Gekreuzigten, der im Jahre 30 n. Chr. angesichts dieses Tempels auf der Schädelstätte vor der Heiligen Stadt starb. Eben darum würde ich trotz der Katastrophe des Jahres 70 den Satz wagen: In seiner – freilich ganz anderen – geistigen Ausstrahlung und seinen welthistorischen Wirkungen kann man Jerusalem zwischen der Makkabäerzeit und 70 n. Chr. *nur noch* mit Athen zwischen den Perserkriegen und Chaironeia vergleichen. Der Gegensatz, den Tertullian aussprach, und von dem wir ausgingen, bestand auch historisch zu Recht, und doch | verbindet beide Städte ihre einzigartige Wirkung auf die europäische Kultur- und Geistesgeschichte. Beide Städte markieren die Säulen, auf denen die Kultur unserer abendländischen Welt steht, und selbst die geschichtliche Bedeutung Roms als der dritten antiken Metropole hängt seit Konstantin und bis heute mit dem Namen und Wirken eines *Juden*christen zusammen: Simon Petrus, dem galiläischen Fischer und Jünger Jesu, der *in Jerusalem* am Wochenfest des Jahres 30 die neue Botschaft erstmals allen, palästinischen Juden und Festpilgern aus der ganzen Oikumene, verkündet haben soll, und der in Rom 64 n. Chr. im Zusammenhang mit der neronischen Verfolgung den Märtyrertod starb. Trotz der Zerstörung Jerusalems hielten Lukas, der erste christliche Historiker, und andere frühchristliche Autoren seit Paulus[132] daran fest, daß die neue Botschaft des universalen Heils, das εὐαγγέλιον, nur von Jerusalem ausgehen konnte. In dieser Hinsicht ist die Heilige Stadt der „Mittelpunkt der Welt" bis heute geblieben.

Literatur

ALEXANDER, P. S., Quid Athenis et Hierosolymis. Rabbinic Midrash and Hermeneutics in the Graeco-Roman World, in: A Tribute to Geza Vermes, ed. P. R. DAVIES/R. T. WHITE, JSOT. S 100, 1990, 101–124.

APPLEBAUM, SH., Gnomon 57 (1985), 191–193.

AUNE, D. E., Artk. Iao, RAC 17, Sp. 1–12.

AVIGAD, N., Aramaic Inscriptions in the Tomb of Jason, IEJ 17 (1967), 101–111.

–, Jerusalem Revealed. Archaeology in the Holy City 1968–1974, Jerusalem 1975.

BAGDALL, R. S., The Administration of the Ptolemaic Possessions outside Egypt, CSCT 4, Leiden 1976.

BAR-KOCHVA, B., Manpower, Economics, and Internal Strife in the Hasmonaean State, in: H. VAN EFFENTERRE (Hg.), Armées et fiscalité dans le monde antique, 1977, 167–196.

–, Judas Maccabaeus, Cambridge 1989.

BASTOMSKY, S. J., Nero in Talmudic Legend, JQR 59 (1968/69), 321–325.

BENOIT, P., L'inscription grecque du tombeau de Jason, IEJ 17 (1967), 112f.

BICKERMAN, E., Ritualmord und Eselskult, MGWJ 71 (1927), 171–187. 255–264; erweitert in: Studies in Jewish and Christian History, AGJU 9, Leiden 1980, II, 225–255.

–, Der Gott der Makkabäer, Berlin 1937.

–, Four Strange Books of the Bible, New York 1967.

–, Anonymous Gods, in: Studies in Jewish and Christian History, AGJU 9, Leiden 1986, III, 270–281.

–, The Jews in the Greek Age, Cambridge (Mass.)/London 1988.

BILLERBECK, P., Kommentar zum Neuen Testament. München 1961.

BODINGE, M., Le Mythe de Néron, RHR 206 (1989), 21–40.

BRAUN, R., Kohelet und die frühhellenistische Popularphilosophie, BZNW 130, 1973.

BRINGMANN, K., Hellenistische Reform und Religionsverfolgung in Judäa. Eine Untersuchung zur jüdisch-hellenistischen Geschichte (175–163 v. Chr.), AAWG PH 3. Folge, 132, 1983.

BÜCHLI, J., Der Poimandres. Ein paganisiertes Evangelium, WUNT II/27, Tübingen 1987.

BUSINK, TH. A., Der Tempel in Jerusalem von Salomo bis Herodes, 2 Bde., Leiden 1970/ 1980.

CARDAUNS, B., Hermes 95 (1967), 317–324.

COLLINS, J. J., Between Athens and Jerusalem. Jewish Identity in the Hellenistic Diaspora, New York 1983.

---

[132] Rö 15,19; vgl. Apg 1,18. Zu Petrus und Paulus in Rom und dem universalen Anspruch der römischen Gemeinde s. H. CHADWICK, Pope Damascus and the Peculiar Claim of Rome to St Peter and St Paul, Neotestamentica et Patristica, Freundesgabe O. Cullmann, Leiden 1962, 313–318; DERS., St Peter and St Paul in Rome, JThS N.S. 8 (1957), 31–52.

COLPE, C., Artk. Hypsistos (Theos), RAC 16, 1994, Sp. 1035–1056.

DEINES, R., Jüdische Steingefäße und pharisäische Frömmigkeit, WUNT II/52, Tübingen 1993.

DORAN, R., Jewish Hellenistic Historians before Josephus, ANRW II 20,1, 1987, 253–270.

DOWNEY, G., A History of Antioch in Syria, Princeton 1961.

FAUTH, W., Omphalos, KP 4, Sp. 299–300.

FELDMAN, L. H., Antisemitism in the Ancient World, in: History and Hate: The Dimensions of Anti-Semitism, ed. D. BERGNER, Philadelphia 1986, 15–42.

FISCHER, TH., Seleukiden und Makkabäer, Bochum 1980.

–, Rom und die Hasmonäer. Ein Überblick zu den politischen Beziehungen 164–137 v. Chr., Gymnasium 88 (1981), 139–150.

–, Zu einer Untersuchung der jüdisch-hellenistischen Geschichte. Klio 67 (1985), 350–355.

–, Artk. Maccabees, Books of; Anchor Bible Dictionary Vol VI, New York u. a. 1992.

FOERSTER, G., Architectural Fragments from ‚Jason's‘ Tomb Reconsidered, IEJ 28 (1978), 152–156.

GAGÉ, J., „Basileía". Les Césars. Les rois d'orient et les ‚mages', Paris 1968.

GAUGER, J.-D., Eine mißverstandene Strabostelle, Historia 28 (1979), 211–224.

–, Zur Rekonstruktion der römisch-jüdischen Beziehungen im 2. Jh. v. Chr., in: Studien zur Alten Geschichte. S. Lauffer zum 70. Geburtstag ..., ed. H. Kalcyk u. a., Bd. I, Roma 1986, 263–291.

GLAJ: STERN, M., Greek and Latin Authors on Jews and Judaism, Vol. I–III, Jerusalem 1974/1984.

GOLDBERG, ARIE, Encyclopaedia Judaica 9, 1558f.

GOODMAN, M., The Ruling Class of Judaea. The Origins of the Jewish Revolt against Rome A.D. 66–70, Cambridge 1987.

–, The Origins of the Great Revolt: A Conflict of Status Criteria, in: Greece and Rome in Eretz Israel, ed. A. Kasher et alii, Jerusalem 1990, 39–53.

–, Mission and conversion, Oxford 1994.

GOTTSCHALK, H. B., Aristotelian Philosophy in the Roman World from the time of Cicero to the end of the second Century AD, ANRW II, 36,2, 1987, 1079–1174.

HADAS-LEBEL, M., Jérusalem contre Rome, Paris 1990.

HENGEL, M., Proseuche und Synagoge, in: Tradition und Glaube, Festgabe für Karl Georg Kuhn, Göttingen 1971, 157–184 = Bd. I, 171–195.

–, Zwischen Jesus und Paulus, ZThK 72 (1975), 152–206.

–, Die Zeloten, AGSU 1, Leiden ²1976.

–, Juden, Griechen und Barbaren, SBS 76, Stuttgart 1976.

–, Messianische Hoffnung und politischer „Radikalismus" in der jüdisch-hellenistischen Diaspora, in: Apocalypticism in the Mediterranean World and the Near East, ed. D. HELLHOLM, Tübingen 1983, 655–686 = Bd. I, 314–343.

–, Entstehungszeit und Situation des Markusevangeliums, in: H. Cancik (Hg.), Markusphilologie, WUNT 33, Tübingen 1984.

–, Judentum und Hellenismus (= JuH), WUNT 10, Tübingen ³1988.

–, The „Hellenization" of Judaea in the First Century after Christ, London/Philadelphia 1989 = Deutsche Fassung Bd. I, 1–90.

–, Der vorchristliche Paulus, in: Paulus und das antike Judentum, hg. v. M. Hengel/U. Heckel, WUNT 58, Tübingen 1991, 177–293.

HENGEL, M./A. M. SCHWEMER (Hg.), Die Septuaginta zwischen Judentum und Christentum, WUNT 72, Tübingen 1994.
–, Paulus zwischen Damaskus und Antiochien, WUNT 108, 1998.
HENGEL, M./R. DEINES, E. P. Sanders' ‚Common Judaism‘, Jesus, and the Pharisees, JTS 46 (1995), 1–70 = Erweiterte deutsche Fassung Bd. I, 392–479.
HERRENBRÜCK, F., Jesus und die Zöllner, WUNT II/41, Tübingen 1990.
HEUBNER, H./FAUTH, W., Tacitus, Die Historien, Bd. V, Fünftes Buch, Heidelberg 1982 (Kommentar).
HORST, P. W. VAN DER, Ancient Jewish Epitaphs, Kampen 1991.
–, The Altar of the „Unknown God" in Athens (Acts 17, 23) and the cult of „Unknown Gods" in the Graeco-Roman World, in: ANRW II, 18,2, 1989 = DERS., Hellenism – Judaism – Christianity. Essays on their Interaction, Kampen 1994, 165–202.
ILAN, T., New Ossuary Inscriptions from Jerusalem, Scripta Classica Israelica 9 (1991/2), 149–159.
JACOBSEN, D. M., King Herod's ‚Heroic‘ Public Image, RB 95 (1988), 396–403.
JANSSEN, L. F., „Superstitio" and the Persecution of the Christians, VigChrist 33 (1979), 131–159.
–, Die Bedeutungsentwicklung von *superstitio/superstes,* Mnemosyne 27 (1974), 135–188.
JEREMIAS, J., ZNW 65 (1974), 273–276.
KATZOFF, R., AJPh 106 (1985) 85–89.
KRAUSS, S., Synagogale Altertümer, Wien 1922.
KREITZER, L., Hadrian and the Nero Redivivus Myths, ZNW 79 (1988), 92–115.
KUHNEN, H.-P., Palästina in griechisch-römischer Zeit, Handbuch der Archäologie, Vorderasien II,2, München 1990.
LAQUEUR, R., Nikolaos v. Damaskus (Nr. 20), RE 17,1, 1936, Sp. 362–424.
MALITZ, J., Die Historien des Poseidonios, Zetemata 79, München 1983, 302–323.
MATTINGLY, H., Coins of the Roman Empire in the British Museum, Vol. II: Vespasian to Domitian Oxford ²1976.
MERKEL, H., Artk. Herodes A–D, RAC 14, 1988, Sp. 815–830.
MESHORER, Y., Ancient Jewish Coinage, New York 1982.
–, Ancient Jewish Coinage Addendum I, Israel Numismatic Journal 11 (1990/91) 104 ff.
MESHORER, Y./QEDAR, SH., The coinage of Samaria in the fourth Century, 1991.
MILDENBERG, S. L., Yᵉhud-Münzen, in: HELGA WEIPPERT, Handbuch der Archäologie, Vorderasien, II,1: Palästina in vorhellenistischer Zeit, München 1988, 721–728.
MILLAR, F., The World of the Golden Ass, JThS 71 (1981), 63–75.
MORAUX, P., Aristotelismus bei den Griechen, Bd. I, Die Renaissance des Aristotelismus im 1. Jh. v. Chr., Peripatoi 5, Berlin/New York 1973.
NOCK, A. D., Essays on Religion and the Ancient World, Oxford 1972.
NS: s. SCHÜRER
ORRIEUX, C., Zénon de Caunos, parépidémos, et la préhistoire du mouvement Maccabéen, in: Hellenica et Judaica. Hommage à V. Nikiprowetzky, ed. A. Caquot etc., Leuven/Paris 1986, 321–333.
PAPE, W./BENSELER, G., Wörterbuch der griechischen Eigennamen, Braunschweig 1911.
PEARSON, B. A., Jewish elements in CH I (Poimandres), in: Gnosticism, Judaism, and Egyptian Christianity, Minneapolis 1990, 136–147.
PUECH, E., Inscriptions funéraires palestiniennes: Tombeau de Jason et ossuaires, RB 90 (1983), 481–499.

RAHMANI, L. Y., Jason's Tomb, IEJ 17 (1967), 61–100.

–, A Catalogue of Jewish Ossuaries in the Collection of the State of Israel, Jerusalem 1994.

RAJAK, T., The Hasmonaeans and the Uses of Hellenism, in: A Tribute to Geza Vermes, ed. P. R. Davies/R. T. White, JSOT. S 100, 1990, 261–280.

RAUH, H. D., Das Bild des Antichrist im Mittelalter: Von Tyconius zum Deutschen Symbolismus, BGPhMA 9, Münster ²1979.

RICHARDSON, P., Herod. King of the Jews and Friend of the Romans, Columbia South Carolina, 1996.

RUGE, W., Solymer, RE, 2. R 3,1, Sp. 989f.

SALLMANN, K., Plinius, KP 4, Sp. 929–936.

SALZMANN, J. C., Lehren und Ermahnen, WUNT II/59, Tübingen 1993.

SANDERS, E. P., Jewish Law from Jesus to the Mishna, London/Philadelphia 1990.

–, Judaism: Practice and Belief. 63 BCE – 66 CE, London 1992.

SCHÄFER, P., Judeophobia. Attitudes toward the Jews in the Ancient World, Cambridge Mass./London 1997.

SCHÄFKE, W.. Frühchristlicher Widerstand, in: ANRW II 23,1, 1979, 460–723.

SCHALIT, A., König Herodes, SJ 4, Berlin 1969.

SCHAPER, J., Der Septuaginta-Psalter als Dokument jüdischer Eschatologie, in: Die Septuaginta zwischen Judentum und Christentum, hg. v. M. Hengel/A. M. Schwemer, WUNT 72, 1994, 38–61.

SCHESTROW, L., Athen und Jerusalem. Versuch einer religiösen Philosophie, München 1994.

SCHIFFMAN, L. H., The Conversion of the Royal House of Adiabene in Josephus and Rabbinic Sources, in: L. H. Feldman/G. Hata (ed.), Josephus, Judaism, and Christianity, Leiden 1987, 193–313.

SCHULLER, S., Some Problems connected with the supposed Common Ancestry of Jews and Spartans, JSS 1 (1956), 257–268.

SCHÜRER, E., The History of the Jewish People in the Age of Jesus Christ. A new English Version, revised and edited by GEZA VERMES and FERGUS MILLAR (Vol. III also with MARTIN GOODMAN), Vol. I–III, 2, Edinburgh 1973–1987 (The New Schürer = NS).

SHATZMAN, I., The Armies of the Hasmonaeans and Herod, TSAJ 25, Tübingen 1991.

SIEGERT, F., Drei hellenistisch-jüdische Predigten II, WUNT 61, Tübingen 1992.

SIMON, M., in: Le Christianisme antique et son contexte religieux. Scripta Varia, WUNT 23, Tübingen 1981, 1, 63–81.

SMITH, M., Palestinian Parties and Politics that shaped the Old Testament, New York/London 1971.

STERN, M., Thracidas – Surname of Alexander Jannaeus in Josephus and Syncellus, Tarbiz 29 (1958/59), 207–209.

–, Jerusalem. The most famous of the Cities of the East, in: A. Oppenheimer u. a. (ed.), Jerusalem in the Second Temple Period. Abraham Schalit Memorial Volume. Jerusalem 1980, 257–270.

–, Greek and Latin Authors on Jews and Judaism, Vol. I–III, Jerusalem 1974/1984 (= GLAJ).

STRASBURGER, H., Poseidonios über die Römerherrschaft, in: Studien zur Alten Geschichte, Hildesheim 1982, 2, 920–945.

TALMON, S., ThWAT II, 1977, Sp. 471–478.

TÜRK, G., Solymos, RE, 1, 2. R. 3,1 Sp. 990.

WACHOLDER, B. Z., Eupolemus. A Study of Judaeo-Greek Literature, Cincinnati etc., 1974.

–, Nicolaus of Damascus, UCPH 75, Berkeley/Los Angeles 1962.

WILL, E./ORRIEUX, C., „Le Prosélytisme juif"? Histoire dune erreur, Paris 1992.

–, Ioudaïsmos – Héllenismos. Essai sur le judaïsme judéen à l'époque hellénistique, Nancy 1986.

ZIEGLER, K. (u. a.), Plinius, RE 21,1 Sp. 276–280.

ZUNTZ, G., On the hymns in Corpus Hermeticum XIII, Hermes 83 (1955) 68–92 = Opuscula Selecta, Manchester 1972, 150–180.

4. Der alte und der neue „Schürer"

Für Hartmut Gese

Als mir Geza Vermes beim Treffen der Britischen Akademie im Sommer 1986 voller Freude mitteilte, daß der erste Teil des 3. Bandes der englischen Neubearbeitung des ‚Schürers' erschienen und der zweite im Druck sei, antwortete ich spontan mit dem Anfang des Chors zum Abschluß des Sechstagewerkes in Haydns Schöpfung: ‚Vollendet ist das große Werk ...!', denn ein opus magnum darf man diese vierbändige Neubearbeitung (im folgenden: NS) in insgesamt 2297 Seiten[1] mit Fug und Recht nennen. Die 3./4. Auflage der alten deutschen Ausgabe[2] (im folgenden: AS) war mit 2217 Seiten nur unwesentlich kürzer als die jetzige englische Fassung, obwohl eine Überfülle von neuem Quellenmaterial, darunter nicht zuletzt die Qumrantexte, in das Gesamtwerk integriert werden mußte. Schon die Tatsache, daß dies ohne wesentliche Ausweitung gelungen ist, stellt eine staunenswerte Leistung dar.

Nachdem der alte ‚Schürer' über 100 Jahre der Forschung den Weg gewiesen hat, leitet die englische Neufassung ein zweites Jahrhundert seiner Wirkungsgeschichte ein. Grund | genug, zunächst einen Blick zurück auf das ursprüngliche Werk und seinen fast vergessenen Autor zu werfen.

---

[1] *The History of the Jewish People in the Age of Jesus Christ (175 B.C. – A.D. 135) by Emil Schürer*. A new English Version revised and edited by Geza Vermes and Fergus Millar. Literary Editor Pamela Vermes. Organizing Editor Matthew Black FBA Vol. I, Edinburgh, T & T Clark, 1973; Vol. II, 1970; in Vol. III, 1 u. 2 1986 u. 1987 tritt Martin Goodman als dritter Herausgeber hinzu. Vol. I: xvi + 614 S.; Vol. II: xvi + 606 S.; Vol. III, 1 u. III,2: xxi + xix + 1015 S.

[2] *Geschichte des jüdischen Volkes im Zeitalter Jesu Christi* von D. Emil Schürer, ordentl. Professor der Theologie zu Göttingen. Dritte und vierte Auflage. *Erster Band:* Einleitung und politische Geschichte. Leipzig J. C. Hinrichs'sche Buchhandlung, 1901. Ab Band II in 4. Aufl.: *Zweiter Band:* Die inneren Zustände, 1907. *Dritter Band:* Das Judentum in der Zerstreuung und die jüdische Literatur, 1909; *Register zu den drei Bänden,* 1911. Bd. I: vii + 781 S.; Bd. II: vi + 680 S.; Bd. III: vii + 719 S.; Reg.: 117 S.

I. Der alte ‚Schürer' und sein Autor

Emil Schürer (geb. am 2. 5. 1844 in Augsburg, gest. am 30. 4. 1910 in Göttingen)[3] entstammte dem bayerischen Luthertum[4], dem er jedoch nach einem anfänglichen Studium in Erlangen (1862/4) entwuchs. Richtungsweisend wurde für ihn der genial-eigenwillige, spekulativ-enzyklopädische Heidelberger Theologe Richard Rothe, der ihn zu Schleiermacher[5] und F. Chr. Baur hinführte, doch blieb er gegenüber diesen einflußreichsten deutschen Theologen des 19. Jh.s selbständig

und fand seinen eigenen Weg, der die Probleme der Theologie der Romantik vermied und den strengen Konzeptionen Kant's näher kam. Eben deshalb begrüßte er auch das Hauptwerk von Albrecht Ritschl freudig; denn so wenig er sich mit den exegetischen Arbeiten dieses großen Theologen zu befreunden vermochte, so dankbar erkannte er die Förderung an, die der Protestantismus in dieser Theologie durch die kraftvolle Reduktion auf seine einfachsten Elemente erfahren hat. Sie war ... seiner schlichten Frömmigkeit kongenial[6].

Ritschl und dem Tübinger Carl von Weizsäcker[7] widmete er 1886 | die zweite Auflage seiner Geschichte. Noch ein weiterer Heidelberger Lehrer und späterer Kampfgenosse wurde für ihn wegweisend: Heinrich Julius Holtzmann (1832–1910), den man wohl als den eigentlichen Begründer der im strengen Sinne historisch-kritischen neutestamentlichen Wissenschaft in Deutschland bezeichnen darf.[8] Von entscheidender Bedeutung wurde für ihn jedoch die enge Freundschaft mit dem größten theologischen Historiker seiner Zeit, dem sieben Jahre jüngeren Adolf von Harnack, die zu Beginn ihrer wissenschaftli-

---

[3] Die ausführlichste Würdigung: A. Titius, Artk. Emil Schürer, *RE*[3] 24, 1913, 460–6 (mit ausgewählter Bibliographie). S. auch die Nachrufe: A. v. Harnack, *ThLZ* 35 (1910), 289–92; P. Althaus (d. Ä.), *Chronik der Georg-August-Universität zu Göttingen,* Jg. 1910, 4–7; F. Kattenbusch, *Biographisches Jahrbuch und deutscher Nekrolog,* 1910, 107–110; C. Clemen, *The Biblical World* (Chicago 1910), 223–6. E. Bammel, Emil Schürer, der Begründer der Wissenschaft vom Spätjudentum. Zu seinem 50. Todestag, *Deutsches Pfarrerblatt* 6 (1960), 225 ff; ders. *RGG*[3] V, 1550.

[4] F. Kattenbusch 107: ‚der Sohn eines angesehenen Fabrikanten.' ‚Ich habe Sch. erst in späteren Jahren kennengelernt ..., mich aber nie gewundert, daß er keine Neigung gehabt hat, etwa in das Geschäft seines Vaters einzutreten ... Denn er war eine ausgesprochene Gelehrtennatur. Daß er das Studium der Theologie ergriff, entsprach dem Geiste des Hauses.' Der Verfasser kann hier auf Grund seiner eigenen vita sehr mitfühlen.

[5] Den philosophischen Doktorgrad erwarb er sich 1868 in Leipzig durch eine Arbeit über die philosophischen Voraussetzungen von Schleiermachers Religionsbegriff, A. Titius 460; C. Clemen 224.

[6] A. v. Harnack 289f; vgl. Kattenbusch 108: ‚Sch.s gut lutherischer Sinn, sein in aller inneren Freiheit lebendiges kirchliches Interesse war letztlich doch mehr noch als für Rothes Theologie für diejenige Ritschls disponiert.'

[7] Die Tübinger Theologische Fakultät hatte 1877 Schürer zum Dr. h. c. promoviert.

[8] Kattenbusch loc. cit.: ‚(der) speziell sein exegetisches Interesse weckte und steigerte. Holtzmann entwickelte sich jedoch selbst mit der Zeit stärker nach der liberalen Seite in der Theologie hin als Sch. mitmachen konnte.'

chen Laufbahn in Leipzig begann und lebenslang andauerte.[9] Beide gaben zusammen seit 1876 als Zeichen eines neuen Aufbruchs die Theologische Literaturzeitung heraus, wobei Schürer die Redaktion in Händen hatte, eine Arbeit, der er sich mit ganzer Hingabe widmete. Ca. 600 Rezensionen zeugen von seinem immensen Fleiß, von kritisch-nüchterner Urteilskraft und von persönlicher Fairness. 1878 wurde er als Professor nach Gießen berufen, Harnack folgte ein Jahr später nach. Sechs Jahre wirkten sie dort zusammen an einer Fakultät mit vier Professoren und – zunächst – 15 Studenten, die dann bis 1884 auf fast 100 anwuchs. Kein Wunder, die Professoren waren nicht viel älter: Schürer als Senior 34, der Alttestamentler Stade 30, Harnack und Kattenbusch 27. Wo gibt es heute noch eine solche Fakultät?[10] Harnack hat dem toten Freund einen ergreifenden Nachruf gewidmet.

Aufschlußreich ist darin seine Charakterisierung Schürers als Wissenschaftler, die gerade heute Sympathie erwecken kann:

Schürer gehörte zu den Unveränderlichen; den Standpunkt, den er, etwa 27 Jahre alt, als Theologe und Historiker gewonnen hat, hat er niemals verlassen oder auch nur erheblich modifiziert. Er hat ihn durch den hingebendsten, niemals unterbrochenen Fleiß Jahr um Jahr außerordentlich erweitert und vertieft; er hat auch im Einzelnen, wenn auch nach hartnäckigem Widerstand, frühere Positionen geräumt; denn stärker als die Treue gegenüber dem einmal Erarbeite|ten war sein Wahrheitssinn; aber er hat sich in großen kritischen und theologischen Hauptfragen niemals veranlaßt gesehen, zu Gunsten eines anderen Standpunkts zu kapitulieren. Und gewiß, er hat viel häufiger dabei Recht als Unrecht gehabt! Kühne Kombinationen, die dann doch wieder zerflatterten, ... hoffnungsvolle Hypothesen, die sich bald als Seifenblasen erwiesen, haben ihn niemals bestochen. Weder die Sonne noch Regen und Wind vermochten ihm etwas abzuringen, und er stand wirklich wie ein Fels in der Flucht der theologischen Erscheinungen.[11]

Harnack deutet damit auch einen Konflikt an. Schürer, seit 1895 bis zu seinem Tod Professor in Göttingen, stand der sich dort konstituierenden religionsgeschichtlichen Schule relativ distanziert gegenüber, obwohl er sich diese Distanz in den Rezensionen der Bücher einzelner Vertreter nicht anmerken ließ. Seine Kritik an den ‚Konservativen' Th. Zahn, A. Schlatter, H. Cremer, J. Haussleiter, aber auch A. Edersheim war sehr viel schroffer.[12]

---

[9] Agnes v. Zahn-Harnack, *Adolf von Harnack,* [2]1951, 41f ‚Emil Schürer, eine Art *anima candida,* „zuverlässig bis zum Übermaß," war ein Mann der sorgfältigsten methodischen Arbeit ... „Sein ... Katechismus fängt schon bei der Gotteslehre an, stark von dem kirchlichen abzuweichen; aber was für ein reines, herrliches Gemüt."

[10] *Op. cit.,* 80–83; A. Titius 460.

[11] *Op. cit.,* 289ff. 1893 bewirkte Harnack seine Zuwahl als korrespondierendes Mitglied der Berliner Akademie der Wissenschaften. Lt. brieflicher Mitteilung E. Bammels blieb ihm auf Grund der negativen Haltung Wellhausens die Aufnahme in die Göttinger Akademie verwehrt.

[12] Im folgenden einige wenige Beispiele seiner Kritik:
Th. Zahn, *Einleitung in das Neue Testament,* 2 Bde. 1897–99, in *ThLZ* 24 (1899), 137–143:

Sein ‚Biograph' A. Titius hat diese | Zurückhaltung kritisch angesprochen,[13] und man fragt sich, ob das völlige Übergehen dieses großen Gelehrten in den Veröffentlichungen der theologischen Fakultät zum 250jährigen Universitäts-

‚... der bon sens wird bei Zahn nur zu oft von der im Dienste vorgefaßter Meinungen stehenden scharfsinnigen Dialektik in den Hintergrund gedrängt' (137), ein Urteil, das sich freilich auch gegen zahlreiche ‚radikal-kritische' Autoren richten könnte. H. Cremer, *Die Paulinische Rechtfertigungslehre im Zusammenhang ihrer geschichtlichen Voraussetzungen*, op. cit., 680–4: ‚es ist oft nicht der wissenschaftliche Forscher, sondern der gewandte Redner, der das Wort führt' (684). J. Haussleiter: *ThLZ* 28 (1903), 566; 29 (1904), 106f; 31 (1906), 350f u. ö. Vernichtend ist das Urteil über A. Schlatter, *Zur Topographie und Geschichte Palästinas* (1893) in *ThLZ* 18 (1893), 322–8: ‚... seine Methode entbehrt völlig der Zucht. Sie erinnert an das Schlimmste, was je von Seite der radicalen Kritik gegenüber den Schriften des Neuen Testaments geleistet worden ist' (327). Vgl. auch *ThLZ* 24 (1899), 235: ‚Ihm selbst ist aber diese Methode so zur anderen Natur geworden, daß keine Kritik ihn davon abbringen wird. So wollen wir uns denn darein ergeben, auch künftig von seiner dichterischen Muse Gaben zu empfangen, die er für geschichtliche Darstellungen hält und mit prophetischer Sicherheit als solche verkündigt' (235). Dieses in seiner verletzenden Schärfe ungerechte Urteil führte dazu, daß sich Schlatter aus dem üblichen Wissenschaftsbetrieb zurückgezogen hat und grundsätzlich nur noch Quellen und nicht mehr moderne Autoren zitierte. A. Edersheim, *The Life and Times of Jesus the Messiah* (^{2}1884), in: *ThLZ* 11 (1886), 73–6: von ‚den Skrupeln der Kritik völlig unberührt' (75).

[13] *RE³* 24, 462: ‚Allerdings wird sich nicht leugnen lassen, daß in gewissem Maße die *Form der Schrift* (Hervorhebung durch M. H.) durch ihren Inhalt, wie er der stetig fortschreitenden Forschung getreu entspricht, überholt ist ... Auch ist die Ausbreitung des religiösen Synkretismus, so sorgfältig sie im einzelnen gebracht wird, doch für das Gesamtbild der Zeit nicht in Anschlag gebracht. Der Zusammenhang des Judentums mit dem Hellenismus und den orientalischen Religionen hat sich aber doch als stärker erwiesen, als Schürer ursprünglich annahm. Soll dem großen Werke die führende Stellung, die es sich erworben hat für die Zukunft erhalten bleiben, so bedarf es einer Umgestaltung mit leiser Hand.' 1903 war W. Boussets *Die Religion des Judentums im neutestamentlichen Zeitalter* erschienen (2. A. 1906). Trotz seiner Überarbeitung durch H. Gressmann 3. A. 1926 unter dem Titel: *Die Religion des Judentums im späthellenistischen Zeitalter* hat es Schürers opus magnum nicht verdrängen können. Beide ergänzten sich vielmehr gegenseitig. Zum Verhältnis beider Werke aus der Sicht der religionsgeschichtlichen Schule s. A. F. Verheule, *Wilhelm Bousset. Leben und Werk* (Amsterdam 1973), 91.98.125ff und Index s. v. Schürer 433. Bousset hat mit großer Hochachtung von Schürers Werk gesprochen: *ThR* 13 (1910), 382–6. Schürer selbst rezensierte nur wenige Arbeiten der neuen Richtung. Wohlwollend aber zugleich kritisch besprach er Boussets Habilitationsschrift über die Evangelienzitate bei Justin, *ThLZ* 16 (1981), 62–8, und in ähnlicher Weise ‚Die Predigt Jesu in ihrem Gegensatz zum Judentum,' in *ThLZ* 17 (1892) 444–7, mit größerer Distanz W. Baldensperger, *Das spätere Judentum als Vorstufe des Christentums* (Giessen 1900). *ThLZ* 26 (1901), 73f. Wesentlich schärfer beurteilt wurden zwei frühe Untersuchungen von G. Hölscher, seit 1905 Privat-Dozent in Halle: ‚Palästina in der persischen und hellenistischen Zeit (1903), in: *ThLZ* 28 (1903), 260–2: ‚Neben der nicht. reichlich geübten literarischen ἀνδρεία wäre also etwas mehr σωφροσύνη am Platze' (262). ‚Kanonisch und Apokryph' (1905), in *ThLZ* 31 (1906), 98–101 mit dem geheimrätlichen Schlußwort: ‚möchte es dem Verf. doch gefallen, seine Kräfte der Lösung befriedigenderer Aufgaben zu widmen,' und ‚Der Sadduzäismus', (1906), in *ThLZ* 32 (1907), 200–3. Mit welcher unbestechlichen Sachlichkeit Schürer der neuen Richtung – bei aller Distanz – gegenüberstand, zeigt seine positive Rezension der programmatischen Schrift von H. Gunkel, ‚Die Wirkung des heiligen Geistes ...', (1888), in *ThLZ* 16 (1891), 123–6: ‚da ich in allen Hauptpunkten zustimmen kann.' Nur: ‚Die Begeisterung Gunkel's für den Realismus der sinnlichen Vorstellung vom Geist ... vermag ich nicht zu theilen' (126).

jubiläum in Göttingen 1986 eine – unbewußte – späte damnatio memoriae darstellen soll.[14] Dennoch, ja | vielleicht gerade wegen dieser – relativen – Distanz zu den so selbstbewußt auftretenden, entdeckungsfreudigen, aber zugleich auch der Gefahr spekulativer Assoziationen ausgesetzten jungen Gelehrten der neuen Schule konnte er seinem Lebenswerk in der letzten 3. und 4. Auflage jene klare, umfassende und zuverlässige Gestalt geben, die es fast ein Jahrhundert lang zum maßgeblichen Handbuch werden ließ. Noch einmal Harnack:

> Wer sich mit dem Neuen Testament beschäftigt, der weiß, daß er eine ganze Disziplin in dieser Wissenschaft begründet und in seinem großen Werke, das in Aller Händen ist, ein Lehrbuch geschaffen hat, das noch Jahrzehnte hindurch unentbehrlich und unersetzlich sein wird. Wer wird wieder die Fähigkeit und Kraft haben, an diesen Gegenstand die Arbeit eines ganzen Lebens zu setzen, wie Schürer es getan hat? Ich kenne keinen anderen Ausschnitt aus dem gesamten Gebiet der Geschichte, für den es ein ähnlich erschöpfendes Handbuch gibt wie sein Werk ...[15]

In dem – m. W. einzigen – Gedenkartikel zu seinem 50. Todestag fügt E. Bammel hinzu:

> Das gilt mutatis mutandis auch heute noch. Der ‚Schürer' ist eines der wenigen Werke der Vorweltkriegszeit, die überdauerten. Gerade im Ausland hat der Vierbänder ein fast kanonisches Ansehen. Weder von jüdischer noch von christlicher Seite konnte ihm bis auf diesen Tag etwas Ebenbürtiges an die Seite gestellt werden.[16]

Nun hat sein Werk – in gründlich verwandelter Form – eine dem heutigen fortgeschrittenen Stand der Wissenschaft vom antiken Judentum entsprechende ‚kongeniale' Neubearbeitung gefunden, freilich – das ist nach dem Verlust an theologisch-historischem Interesse im Deutschland der zwanziger Jahre und erst recht nach dem furchtbaren Geschehen von 1933–45, das zugleich die Zerstörung der Wissenschaft vom Judentum in ihrem Ursprungsland in sich schloß, kein Zufall – ‚im Aus|land': Die Neubearbeitung ist eine Meisterleistung historisch-philologischer Wissenschaft in England, für die man den Organisatoren und Mitwirkenden herzlich zu danken hat, denn der *neue,* englische ‚Schürer' ist durch die Geschlossenheit seiner Darstellung, den umfassenden Reichtum seiner Information und die wissenschaftliche Zuverlässigkeit, in der

---

[14] In der Vorlesungsreihe ‚Theologie in Göttingen', hg. v. B. Moeller 1987, erscheint er nur in einer belanglosen Anmerkung S. 344; ähnliches gilt von der Dokumentation von G. Lüdemann/M. Schröder, *Die Religionsgeschichtliche Schule* (1987), wo ich ihn nur S. 63 bei der Aufzählung der Lehrer von A. Eichhorn entdecken konnte. Es ist keine Frage, daß Schürer für die religionsgeschichtliche Schule wesentliche Vorarbeiten geleistet hat, nicht nur durch sein opus magnum, sondern auch durch seine unbestechliche Rezensionsarbeit auf religionsgeschichtlichem Gebiet. Gleichzeitig war seine nüchterne Zurückhaltung gegenüber dem Enthusiasmus dieser neuen Richtung, die er mit Harnack, Holl und Lietzmann teilte, nur zu berechtigt.

[15] *Op. cit.*, 292. Zu Harnack und Schürer s. auch das Postscriptum u. S. 192.

[16] *Op. cit.*, 226.

der objektive Tatbestand referiert wird, vergleichbaren neueren Sammelwer-
ken auch heute noch überlegen.[17]

Die 1. Auflage des alten Schürer (AS) erschien 1874 noch unter dem damals
üblichen Titel ,Lehrbuch der neutestamentlichen Zeitgeschichte', wobei dieselbe mit einem Umfang von VII/698 Seiten von der Gründlichkeit des Autors
zeugte und damit von Anfang an das Maß eines bloßen Lehrbuches überschritt.
Im Gegensatz zu älteren Autoren ,neutestamentlicher Zeitgeschichten' wie
Schneckenburger und Hausrath, die neben dem Judentum auch die hellenistisch-heidnische Welt in ihre Untersuchung einbezogen, ,lehnte Schürer eine
solche Aufgabe als uferlos, nur durch willkürliche Auswahl zu leisten ab und
beschränkte sich darauf, „den heimatlichen Boden der hl. Geschichte", d. h.
die „Volksgeschichte Israels als Basis und Hintergrund der hl. Geschichte"
darzustellen'.[18] Das ,Heidenthum im Zeitalter Jesu Christi' konnte ja ,nicht in
der Weise wie das Judenthum als geschichtliche Bedingung und Voraussetzung
des Christentums gelten', auch wollte Schürer gerade nicht eine ,allgemeine
Universalgeschichte jener Zeit schreiben'.[19]

Im selben Jahr, 1874, legte Julius Wellhausen seine grundlegende Studie
,Die Pharisäer und die Sadducäer' vor (Eine Untersuchung zu ihrer Geschichte, Greifswald 1874), 1878 folgten dessen erster Band der Geschichte Israels,
die späteren *Prolegomena* (1893), und 1894 als eigentliche fortlaufende Dar-
stellung die ,Israelitische und jüdische Geschichte', in der er | der ,jüdischen
Frömmigkeit' und der hellenistisch-römischen Zeit nur 9 von 24 Kapiteln
widmet und dazu in einem Brief bekennt:

,Ich habe die jüd. Geschichte eigentlich ohne rechte Lust geschrieben: um so weniger
hatte ich erwartet, daß andere daran Freude haben würden. Freilich habe ich nicht bloß
Regenwürmer gesucht, wie der gute *Schürer,* der groß in allem Kleinen und klein in
allem Großen ist'.[20]

Hier spricht der Hochmut des Genies, der die grundlegende Bedeutung der
minutiösen Kleinarbeit des Kollegen, der wenige Monate nach diesem Brief
nach Göttingen berufen wurde, verkannte. Zugleich wird bei Wellhausen jenes
romantische Ideal des 19. Jh.s sichtbar, das nur die schöpferische ,Frühzeit'
wirklich interessant fand und das sogenannte ,Spätjudentum' geringschätzte.
Für die überragende geistige Leistung des sich formierenden Judentums in der

---

[17] Außer den Bearbeitern ist auch dem Verlag T & T Clark in Edinburgh zu danken für
seinen Mut, das Werk in neuer Form herauszubringen. Bei dem Druck, den die ,Humanities'
an den englischen Universitäten durch die rigorosen Sparmaßnahmen der Regierung von
Margaret Thatcher ausgesetzt sind, ist der Hinweis angebracht, daß dieses opus magnum nicht
nur die alte Tradition englischer Altertumswissenschaft und Judaistik weiterführt, sondern
auch – ökonomisch gesehen – ein dauerhafter ,Exportartikel' werden wird.

[18] Titius, *op. cit.*, 461.

[19] E. Schürer, *Lehrbuch der neutestamentlichen Zeitgeschichte* (1874), Vorwort S. iiif vgl.
2f.

[20] Brief an Konrad Füsser vom 21. 10. 1884 s. W. Zimmerli, *GGA* 207 (1953) 13.

nachexilischen Zeit des 2. Tempels hatte Wellhausen allzu wenig Verständnis. In Wirklichkeit haben beide, Wellhausen und Schürer,[21] voneinander gelernt, und es wäre interessant, dem nachzugehen; wobei Wellhausen gewiß der begabtere war und den im selben Jahr wie er geborenen Kollegen von der ‚höheren Warte' des Orientalisten aus, schon wegen des ihm fremden Sammlerfleißes und dessen allzu nüchterner Akribie, mit reservierter Überlegenheit betrachtete. Das Verhältnis wird sich ab 1895, als Schürer nach Göttingen kam, kaum verbessert haben, zumal Wellhausens Interesse in seiner späteren Zeit, als auch Schürer in Göttingen wirkte, sich dem Neuen Testament zuneigte, wobei er vor radikaler Kritik und kühnen Hypothesen – etwa in der Menschensohnfrage – nicht zurückscheute. Schürer scheint das eher mit Mißfallen betrachtet zu haben.[22] Gleichwohl muß man sie zusammen sehen als Vertreter jener einzig|artigen, großen deutschen theologischen Gelehrtentradition zwischen 1870 und 1914.

Eine weitere Selbstbeschränkung Schürers – in der er mit Wellhausen konform ging – lag darin, daß er seine Geschichte mit dem Bar Kochba-Aufstand abschloß und ihre ‚Darstellung von den griechischen Quellen her aufbaut(e)'.[23] Die zeitlich spätere rabbinische Literatur wurde – z. T. ausführlich – zur ‚Ergänzung' herangezogen. Aus gründlichen eigenen Quellenstudien kannte er nur die Mischna,[24] die bei der Darstellung der Institutionen, Gebräuche und Lehren im 2. Band eine wesentliche Rolle spielt. Die späteren rabbinischen Hinweise entnahm er zumeist jüdischen Autoren wie Jost, Derenbourg, Graetz, Bacher u. a. Seine zahlreichen Rezensionen aus dem Bereich des rabbinischen Judentums zeigen jedoch auch hier sein sicheres und in der Regel sachliches Urteil.[25] Diese Selbst|beschränkung ist gewiß verständlich. Die Einbeziehung

---

21 Siehe seine Besprechung von Wellhausens *Skizzen und Vorarbeiten*, Sechstes Heft 1899, in *ThLZ* (1899), 364–6 zur grundsätzlichen Bestreitung der Authentizität der Menschensohnworte bei Jesus: ‚Ref. bekennt, zu diesem *Saltomortale* nicht den Muth zu haben und glaubt, daß viele in der gleichen Lage sein werden. Gerade die eingehende Behandlung des Details bei Wellhausen zeigt, mit welchen Schwierigkeiten diese radikale Lösung zu kämpfen hat.'

22 Zu Wellhausen als Neutestamentler s. meine Einleitung zu J. Wellhausen, *Evangelienkommentare*, 1987, S. v–xii.

23 E. Bammel, *op. cit.* 226 vgl. AS I[3.4], 31: Hauptquellen sind 1. und 2. Makk. und Josephus. ‚Zu ihrer Ergänzung dienen einerseits die griechischen und römischen Schriftsteller, andererseits die rabbinische Literatur' als ‚indirecter Zeuge für unsre Zeit.' NS I,16 behielt diese Grundlage bei, fügt aber noch die Funde aus der judäischen Wüste hinzu.

24 In seinem Nachlaß befand sich ein *Verzeichnis der Personennamen der Mischna*, hg. v. seinem Schwiegersohn H. Duensing, Leipzig 1913.

25 Vgl. etwa J. Hamburger, *Realencyklopädie für Bibel und Talmud* II, 1–3, *ThLZ* 1 (1876), 634–6; 2 (1877), 140; L. Löw, *Gesammelte Schriften*, *ThLZ* 16 (1892), 273–5; 18 (1893), 251–3; 24 (1899), 42f; 25 (1900), 385f; Joseph Klausner, *Die messianischen Vorstellungen des jüdischen Volkes im Zeitalter der Tannaiten*, *ThLZ* 29 (1904), 685f; L. Blau, *Das altjüdische Zauberwesen*, *ThLZ* 15 (1890), 106–8. Sehr positiv bewertet wurde W. Bacher, *Die Agada der Tannaiten*, 1. Bd., 2. Aufl., *ThLZ* 29 (1904) 206f; *Die exegetische Terminologie der jüdischen Traditionsliteratur* 2. Teil, *ThLZ* 30 (1905), 538f.
Interessant sind die Besprechungen der zahlreichen Arbeiten von M. Friedländer: *ThLZ* 22

der gesamten rabbinischen Literatur hätte nicht nur die Arbeitskraft eines einzelnen überstiegen, auch ihre historische Bewertung war schon damals umstritten und ist heute aufgrund der kritischen Arbeiten J. Neusners[26] noch schwieriger geworden. Man wird auch kaum bezweifeln dürfen, daß die beiden Aufstände 66–73 und 132–5 einen ganz tiefen geschichtlichen Einschnitt bilden: für das Judentum wie auch für das früheste Christentum. Nach dieser Zeit des Umbruchs beginnt eine neue Ära.

Dennoch hat G. F. Moore in seinem berühmten Aufsatz ‚Christian Writers on Judaism'[27] dem Autor diese Einschränkung vorgeworfen, und zwar wegen ihrer einseitigen Tendenz: Schürer konzentrierte die Inhalte jüdischer Frömmigkeit auf zwei Kapitel: ‚Das Leben unter dem Gesetz' (AS § 28 II[4], 545–579) und ‚Die messianische Hoffnung' (§ 29, 579–651), und stellte das erstgenannte Kapitel unter das polemische Stichwort der ‚Gesetzlichkeit', wobei er sich auf – einen falsch interpretierten – Paulus berief: ‚Sie haben Eifer für Gott, aber in Unverstand' (Rö 10,2). Eine solche Darstellung konnte nur zu einem Zerrbild der zeitgenössischen jüdischen Gesetzesfrömmigkeit führen: „‚Life under the Law' was conceived not as a chapter of the history of Judaism but as a topic of Christian apologetic."[27] An diesem Punkt haben die Bearbeiter ziel|sicher und

---

(1897), 326f; 24 (1899), 167–70; 31 (1906) 163–6; 35 (1910), 98–100; S. rügt ihre spekulative Hypothesenfreudigkeit, hebt jedoch zugleich auch ihre positiven Seiten hervor, die seinem modernistisch-liberalen Christentum nahekamen s. z. B. 31 (1906), 164–6 oder 29 (1904), 132 und 134. Polemischer ist die Rezension von J. Elbogen, *Die Religionsanschauungen der Pharisäer* (1904), *ThLZ* 29 (1904) 628, in der Schürer sich und Harnack gegen Angriffe verteidigt, die freilich durch den damals verbreiteten Anspruch der christlichen Überlegenheit provoziert worden waren. Eindeutig antisemitische Tendenzen wies er zurück, so etwa gegen H. Willrich, *Judaica* (1900), *ThLZ* 25 (1900), 585–9 (vgl. schon 21 [1896], 33–6): ‚die Hypothesen des Verfassers … schöpfen ihre Kraft … aus einer in verhängnisvoller Weise regsamen Phantasie verbunden mit einer stark antisemitischen Stimmung. Das sind gefährliche Eigenschaften für den Historiker' (589).

Schürers Haltung gegenüber dem Judentum entsprach der des liberalen, historisch informierten deutschen Theologen seiner Zeit, für den das Christentum ‚die schlechthin vollkommene Religion ist, über welche hinaus es ein Fortschreiten nicht mehr gibt' (*Die ältesten Christengemeinden im römischen Reiche*, 1894) und der den Juden von dieser – überheblichen – höheren ‚sittlich-religiösen Warte' aus betrachtete. Darum konnte er antisemitische Pamphlete zurückweisen und doch ein gewisses – distanziertes – Verständnis dafür zeigen, s. die Rezension der anonymen Hetzschrift *Die Sittenlehre des Talmud*, *ThLZ* 2 (1876) 637f, die zugleich zeigt, wie er in den Vorurteilen seiner Zeit befangen war: ‚Für alle Gebrechen, an welchen unsere moderne Gesellschaft leidet, wird einfach der jüdische Prügelknabe verantwortlich gemacht in einem keineswegs sehr würdigen Tone. Referent ist zwar auch der Ansicht, daß der Einfluß des Judentums auf unsere geistige und materielle Entwicklung kein segensreicher war und ist. Aber durch wüstes Hepp-Hepp-Schreien wird die Sache nicht gebessert'. Zum ganzen Komplex s. jetzt Ch. Hoffmann, *Juden und Judentum im Werk deutscher Althistoriker des 19. und 20. Jahrhunderts* (Studies in Judaism in Modern Times 9; Leiden 1988), der leider auf Schürer nur am Rande eingeht.

[26] Vgl. besonders das grundlegende Werk: *The Rabbinic Traditions about the Pharisees before 70*, I–III, 1971.

[27] *HThR* 14 (1921), 197–254, bes. 237–41.

energisch eingegriffen: ‚in the domain of value judgements, the editors have endeavoured to clear the notorious chapter 28 ... of the dogmatic prejudices of nineteenth-century theology' (NS II, S.V preface, vgl. 464 Anm. 1).

Die zweite Auflage des großen Werkes erschien in einer weitgehend erneuerten, stark erweiterten Gestalt in zwei Bänden, wobei der zweite zuerst erschien (II 1886, I 1890). Es zeigte sich, daß das ursprüngliche Lehrbuch zum Lebenswerk des Gelehrten werden sollte: ‚So intensiv hatte sich Schürer mit dem Gegenstand weiter beschäftigt, daß er für 7 Jahre (1881–7) sogar die geschäftliche Leitung seiner Literaturzeitung an Harnack abgegeben hatte.'[28] Zugleich gab er dem Werk, dessen Umfang sich mehr als verdoppelte, jenen Titel, den auch der neue ‚Schürer' übernommen hat: *Geschichte des jüdischen Volkes im Zeitalter Jesu Christi.* Diese 2. Auflage wurde rasch ins Englische übersetzt und von T & T Clark herausgegeben. Sie erschien bis 1924 in mehreren Nachdrucken, eine verkürzte Paperback-Edition folgte noch 1961 in New York, ein Teil des Werkes wurde auch ins Holländische übertragen. Bei der 3. Auflage erhielt es seine dreibändige Gestalt, d.h. der 2. Band wurde geteilt (Bd. II 1898, 584 S., Bd. III 562 S.). Der 1. Band kam dann 1901 als 3. und 4. Auflage in der uns vertrauten Form heraus, eine 5. Auflage wurde 1920 nachgedruckt; Bd. II folgte in 4. Auflage 1907 (680 S.) und der durch zahlreiche neue Funde besonders angereicherte Bd. III 1909 (719 S.) ein knappes Jahr vor dem Tode des Autors am 30. 4. 1910. Das Registerbändchen erschien posthum 1911. Der Verlag Olms, Hildesheim, hat 1964 noch einmal einen Nachdruck aller Bände veranstaltet. Die *Geschichte des jüdischen Volkes* umfaßt so Schürers ganzes Leben als Wissenschaftler und Forscher, und er hat auf alle anderen Pläne, etwa den einer Neutestamentlichen Theologie, die ihm sehr am Herzen lag, bewußt verzichtet. Seine sonstigen Veröffentlichungen waren entweder kleinere Vorarbeiten oder aber kurze, allgemeinverständliche neutestamentliche Studien von programmatischem Charakter. Auch sie bringen die Klarheit, Geradlinigkeit, Ausgewogenheit und unbestechliche Nüchternheit seiner historischen und theologischen Gedanken zum Ausdruck.

Eben diese Züge haben sich auch – trotz einzelner, durch den Geist der Zeit bedingten Mängel – seinem opus magnum | eingeprägt, und sie sind es, die die Neubearbeitung desselben in englischer Sprache rechtfertigen. Eine Reihe von Rezensenten des ersten Bandes haben – m.E. zu Unrecht – den Sinn des Unternehmens bezweifelt.[29] Gewiß, ein völlig neues Werk von gleicher Gründ-

---

[28] A. Titius, *op. cit.* (Anm. 3), 461.
[29] Die meisten Rezensenten haben das Werk insgesamt positiv aufgenommen. Grundlegend für den ersten Band ist die Besprechung von G. W. Bowersock, *JRS* 65 (1975), 180–5 mit vielen wertvollen Korrekturen und Hinweisen, der die Leistung der Bearbeiter hervorhebt, aber doch ‚such piety towards' Schürer kritisiert, die dazu führte, daß historische Geographie und Archäologie etwas vernachlässigt wurde – aber war im Rahmen des Werkes mehr möglich? Ich glaube, nur der Anschluß an Schürer machte es möglich, daß das $3^{1}/_{2}$bändige monumentale Werk innerhalb von 14 Jahren erscheinen konnte. Es ist doch erstaunlich, wie

lichkeit, Übersichtlichkeit und Vollständigkeit wie der AS wäre vorzuziehen, aber selbst in einer Bearbeitergemeinschaft sind wir heute dazu schwerlich mehr in der Lage – parallel laufende Beispiele, wie etwa die verunglückte *Cambridge History of Judaism* – bei der ich nun schon 16 Jahre auf das Erscheinen meiner Beiträge warte – zeigen es. Moore nannte das Werk – trotz seiner Kritik – ‚an immeasurably useful handbook‘,[30] und das ist es auch heute wieder in neuer Gestalt (trotz mancher Mängel, auf die ich noch einzugehen habe). Die von Moore gemachte Einschränkung für den AS: ‚The work has an external unity in serviceability for a practical purpose, but it lacks the historical bond, which alone could give it an inner unity‘, würde ich eher als positiv betrachten, denn das Judentum vor 70 bzw. 132−135 war keine festgeschlossene Einheit. Manche Gelehrte sprechen heute daher – m. E. zu Unrecht – im Plural von ‚Judaismus‘. Mit der Mischna verändert sich diese Situation. Das etwa gleichzeitig mit der 4. Auflage erschienene, ungleich ‚einheit|lichere‘ ‚Standardwerk‘ der religionsgeschichtlichen Schule, W. Boussets *Die Religion des Judentums im späthellenistischen Zeitalter,* 1903, 3. revidierte Auflage von H. Gressmann, 1926, ergänzt Schürers Werk in gewisser Hinsicht, ist aber zugleich sehr viel ‚subjektiver‘ und eben darum im Grunde jetzt eher veraltet. Der Rezensent des 1. Bandes des NS in dieser Zeitschrift sagte im Blick auf die Mühe, die der 1. Band bereitete, den Bearbeitern der Bände II und III, deren Wert er als ‚certainly ... more dubious‘ betrachtete, für die noch vor ihnen stehende Aufgabe Schlimmes voraus. Rückblickend darf man – dankbar – sagen: ‚the editor's task in revising these volumes ..., an even more daunting one than they have just completed‘,[31] hat sich wirklich gelohnt. Um frei nach Schiller zu sprechen: Das Werk kann seine Meister[32] loben.

---

viel von dem alten Werk erhalten blieb, dazu in einer vorzüglichen Übersetzung: ‚The whole can be read as an English book.‘ Zum 2. Band verweise ich auf T. Rajaks Urteil (Rez. von Vol. II *JRS* 72 [1982], 170–4): ‚In practice, the editors' skill and flexibility, coupled with the remarkable soundness of many of Schürer's instincts, have proved that old bones can live‘ (170). Mit gutem Recht betont sie die Vorzüge des NS gegenüber dem auf 4 Bände angewachsenen *Compendia Rerum Iudaicarum ad Novum Testamentum* (CRINT), hg. von S. Safrai und M. Stern in Verbindung mit D. Flusser und W. C. van Unnik, 1974ff: ‚while Compendia is not unimportant, the New Schürer towers over it‘.

Auf einzelne Differenzen zwischen Schürers Originalwerk und der Neubearbeitung macht A. H. Gunneweg, *Gnomon* 59 (1987), 361f und 60 (1988), 167f aufmerksam; s. auch A. D. Hayman, *SJTH* 29 (1976), 191–3; 34 (1981), 276–8 und R. North, *Biblica* 55 (1974), 569–71. J. Maier (*JbAC* 17 [1974], 165–7 und 23 [1980], 164f] spricht von einer ‚geglückten Neubearbeitung‘. Auch ein Gelehrter vom Range E. Ullendorffs (*JRAS* [1988], 168–70) kommt zu dem Urteil: ‚it is a massive and deeply learned achievement‘.

[30] *Op. cit.* (Anm. 27) 238.

[31] S. C. Reif, *JSS* 19 (1974), 296–300 (299). Der Vf. weist auf einige Fehlübersetzungen hin. Es sind in Wirklichkeit erstaunlich wenige.

[32] Die Anregung ging von H. H. Rowley aus (Vol. I, S. v), die eigentliche Initiative ergriff dann Matthew Black, der 1964 ein Übersetzerteam beauftragte und Geza Vermes und Fergus Millar, die die Hauptlast der Arbeit trugen, heranzog. Beim 3. Band trat noch Martin Goodman neu hinzu. Den Index verdanken wir Dr. Léonie Archer. Pamela Vermes bemühte sich mit vorzüglichem Erfolg um die sprachliche Einheitlichkeit.

II. Zum 3. Band des neuen ‚Schürer'

Am stärksten ist aus dem ‚alten' ein wirklich ‚neuer Schürer' in Band III
geworden: ‚Modernization reaches a climax in Volume III' (S. V). So wie schon
die 4 Auflagen des alten von 1874 bis 1909 von einer stetigen, kräftigen
Ausdehnung des Quellenmaterials, seien es nun Inschriften oder literarische
Werke, begleitet waren, mußte auch die Neubearbeitung eine Überfülle neuer
Texte und Daten berücksichtigen, sowohl in der Darstellung des Diasporajudentums einschließlich des Verhältnisses von Juden und Heiden (§ 31, S.
1–176; AS^4: 1–188, AS^3: 1–135), für die Fergus Millar verantwortlich zeichnet,
wie auch bei der Beschreibung der Reste der antiken jüdischen Literatur, die
von Geza Vermes, Martin Goodman und in kleinerem Maße von Philip Alexander und Jenny Morris geleistet wurde. Dabei ist es erstaunlich, wie selbst in
diesem Band das Profil des alten Werkes immer wieder kräftig durchschim-
mert, wobei die Übersetzer den alten Text mit den Zusätzen und Änderungen
in der Regel fast nahtlos miteinander ver|schmolzen. Ein Literarkritiker hätte
große Mühe, hier Quelle und Redaktion zu scheiden (eine Mahnung für
neutestamentliche Kollegen, die meinen, derartige Scheidungen seien relativ
einfach).
    Im Bereich des Diasporajudentums waren in der Zwischenzeit so grundle-
gende – und dabei schon längst wieder selbst ergänzungsbedürftige – Werke
wie J. Juster, *Les Juifs dans l'Empire Romain,* I. u. II. 1914, *CIJ* und *CPJ*
erschienen, von kleineren Sammlungen und Darstellungen ganz zu schweigen.
Dennoch gelang es Millar durch äußerste Knappheit und Präzision, den Umfang der Gesamtdarstellung zu kürzen und uns auf der Basis des alten Werkes
den besten Überblick über das Diasporajudentum zu geben, den wir zur Zeit
besitzen. Die folgenden Bemerkungen und die S. 193 [64] ff angefügten Notizen von Dr. H. Bloedhorn sollen diese musterhafte Darstellung nicht kritisie-
ren, sondern ergänzen. Bei einem Handbuch dieser Art ist es ja die ständige
crux der Bearbeiter, darüber entscheiden zu müssen, was weggelassen und was
aufgenommen werden soll. Hier hat nun gerade der 3. Band mit dem Kompri-
mieren zuweilen etwas zu viel getan, zumal man dann auf den Band III, 2 doch
nicht verzichten konnte. Man hätte vielleicht den Mut zu einem 4. Band haben
sollen. Die Zahl der neu hinzugekommenen Quellen und Einsichten war hier
einfach zu groß.

1. Zur jüdischen Diaspora

S. 3–86 umfaßt die geographische Übersicht, darauf werden *S. 87–125* die innere Organisa-
tion, die Rechtsstellung der Synagogengemeinden behandelt, ein weiterer Abschnitt *S.
126–137* erörtert die Frage des Bürgerrechts in den fremden Städten inklusive des römischen,
es folgen *S. 138–149* das ‚religiöse Leben' – hier hätte man sich doch eine ausführlichere

Darstellung gewünscht – und *S. 150–176* das Verhältnis von Juden und Heiden einschließlich der Gewinnung von Proselyten und die Frage der Gottesfürchtigen.

S. 5–10: Auf knapp 5 Seiten wird die umfangreiche jüdische Diaspora in Mesopotamien, Medien und Babylonien abgehandelt, deren Bedeutung sehr viel größer ist, als es die spärlichen Nachrichten in hellenistisch-frührömischer Zeit vermuten lassen. Die Juden spielten schon vor dem aufsehenerregenden Übertritt des Königshauses von Adiabene eine gewichtige – auch politisch-militärische – Rolle im parthischen Vielvölker|staat, die man cum grano salis durchaus mit der der Diaspora im spätptolemäischen Ägypten vergleichen könnte. Eben darum waren beide Länder besonders häufig Ziel der Emigration, ja des Exils aus und zugleich wichtige Basis der Immigration nach Judäa.[33] Wenn die von Herodes d. G. in der Trachonitis angesiedelten ‚Reiter' aus Babylonien, die ja offensichtlich ursprünglich eine auf römisches Gebiet übergetretene Reitereinheit in parthischen Diensten darstellten (vgl. *Ant.* 17,23–31), ihren Hauptort nach der medischen Metropole *Ekbatana* benannten (*Vita* 54 ff) und einem anderen Wohnort vielleicht den Namen Ninive (NS 2,15 Anm. 46) gaben, so deutet das wohl auf alte, ehemalige Wohnorte hin. Man nannte sie einfach die ‚Babylonier', und sie hatten offenbar weiterhin enge Beziehungen zu ihren Verwandten im Osten. Nach Jos. *Ant.* 10,264 (vgl. 1 Esra 6:22 = 2 Esra 6:2 *'aḥm'tā*) soll Daniel in Ekbatana eine besonders prächtige Festung (bzw. Palast, βάϱιν = *bîrāh*) errichtet haben, die unverändert erhalten sei, in der die Könige der Meder, Perser und Parther begraben liegen und die bis zur Zeit des Josephus der Obhut eines jüdischen Priesters anvertraut gewesen sei. Daß es in Ekbatana, der Hauptstadt Mediens, schon früh eine starke jüdische Diasporagemeinde gegeben hat, legt nicht nur das Tobitbuch nahe, sondern auch die spätere rabbinische Literatur (NS III S. 7 Anm. I3 spricht nur allgemein von ‚Jews ... in Media').

S. 13: Die jüdische Gemeinde in *Antiochien* war wohl neben der in Alexandrien und Rom die größte und einflußreichste im ganzen Reich. Gleichwohl besitzen wir nur ganz wenige und zufällige Nachrichten. Eben darum wäre ein kurzer Hinweis auf die gewiß z. T. fragwürdigen Informationen, die uns der byzantinische Stadtchronograph Ioannes Malalas (2. H. 6. Jh.) aufgrund älterer Quellen über die jüdische Gemeinde gibt, etwa auf die ca. 380 von den Christen niedergebrannte ‚Makkabäersynagoge' beim Cerateum oder das Pogrom zur Zeit Caligulas, interessant gewesen: Wo wir so wenig wissen, gilt es jede Spur zu sichern.[34] |

---

[33] Emigration und Immigration waren häufig politisch motiviert: Jos *Ant.* 13,383; mAb 1,11. Ein schönes Beispiel für Auswanderung und Rückkehr bietet die Abbainschrift s. *Inscriptions Reveal* (²1973), p. 260 Nr. 263.

[34] Siehe A. Schenk v. Stauffenberg, *Die römische Kaisergeschichte bei Malalas* (1931), 188–93; *Chronicle of John Malalas,* Books 8–18, translated from the Church Slavonic by M. Spinka ... in collaboration with G. Downey, 1940, 53 ff; G. Downey, *A History of Antioch in*

S. 17ff: Die aufgrund ihres stärkeren ‚Hellenisierungsgrades' im Vergleich zu der Syriens sehr viel ‚inschriftenfreudigere' Diaspora in den kleinasiatischen Städten geht ebenfalls in ihren Anfängen auf die persische Zeit zurück. Außer Obadjah 20: בספרד, das sehr wahrscheinlich mit Sardes identisch ist,[35] spricht dafür die Nachricht des Aristotelesschülers Klearchos von Soli, daß Aristoteles während seines Aufenthaltes im kleinasiatischen Assos einem griechisch gebildeten Juden begegnete (NS III,1, I7 = *c. Ap.* 1,176ff)[36], d.h. noch vor Alexander (ca. 348–45). Auch auf die griechischen Inseln und das Mutterland werden die ersten Juden bereits in dieser frühen Zeit gekommen sein.[37] Überhaupt wird man die Bedeutung des persischen Großreiches für eine erste breite – und relativ friedliche – Ausdehnung der Diaspora nicht unterschätzen dürfen. Diese muß dabei nicht allein auf Ägypten und Babylo|nien beschränkt werden.[38] Das kleine Mutterland Judäa konnte seine wachsende Bevölkerung nicht ernähren, sie mußte – schon in persischer Zeit – zu einem guten Teil auswandern. Für die ‚kosmopolitische' Mentalität jener Zeit ist das Jonabuch[39]

Syria (1961), 192ff: Unruhen im 3. Jahr des Gaius (Caligula), die zu einem schweren Pogrom gegen die Juden führten, bei der Synagogen und Teile der Stadt zerstört wurden. Der jüdische Hohepriester Phineas (Pinḥas) aus Jerusalem (!) soll mit 30000 Mann eingegriffen und viele getötet haben. Er sei zur Strafe enthauptet worden. So phantastisch die Einzelheiten sind, die zeitliche Übereinstimmung mit den Vorgängen in Alexandrien ist auffallend. Zur ‚Makkabäersynagoge's. E. Bickerman, ‚Les Maccabées de Malalas' in *Studies in Jewish and Christian History*, AGAJU 9,2 (1980), 192–209.

[35] Zur Sache s. W. Kornfeld in *Mélanges bibliques ... André Robert* (1957), 180–6. NS III,1, 20 verweist zwar auf die bekannte aramäisch-lydische Bilingue *bsfrd byrt'* des 4./5. Jh.s v. Chr. aus Sardes, bleibt aber doch skeptisch; s. dagegen W. Rudolph, *Joel – Amos – Obadjah – Jonah* (KAT XIII,2; 1971), 315: ‚Heute gibt man mit guten Gründen ... Sardes den Vorzug.' Hieronymus (und Cyrill v. Alex.) will von einem Juden die Deutung auf den Bosporus erfahren haben, der sich seinerseits auf eine Deportation von Juden unter Hadrian berief, und übersetzt entsprechend in der Vulgata: *quae in Bosforo est,* s. F. Field, *Origenis Hexapla* II (1875), 982f. Diese Deutung könnte darauf beruhen, daß ‚das ב zum Namen gezogen und das ד vernachlässigt wurde' (Rudolph *loc. cit.*). Es könnte sich dabei jedoch auch um eine kleinasiatische Lokaltradition handeln. Das Profetentargum interpretiert mit *spanja* oder *'ispanja: Spanien.

[36] Nach F. Wehrli, *Die Schule des Aristoteles H. III Klearchos* (1969), 45.48 ist K. noch in den 40er Jahren des 4. Jh.s geboren. Seine Schrift, aus der Josephus zitiert, ist nach 290 v. Chr. entstanden. S. auch M. Stern, *GLAJJ* I 49ff Nr. 15. Auch der Aristotelesschüler Theophrast berichtet über die Juden *op. cit.* I, 8ff Nr. 4 als ‚barbarische Philosophen.'

[37] S. Joel 4,6 u. Hes. 27:13,19 dazu H. W. Wolff, *Dodekapropheton 2. Joel und Amos* (BKAT XIV,2; 1969), 93–5; vgl. auch Sach. 9:13 (aus der Alexanderzeit), Jes. 66:19 und 11:11.

[38] Es ist eigenartig, daß dieses Problem in der Darstellung der Diaspora im ersten Band der *Cambridge History of Judaism.* Introduction. The Persian Period (1984), 326–400 überhaupt nicht erscheint. Griechenland und Kleinasien kommen im Index nicht vor. S. jetzt auch H. Weippert, *Palästina in vorhellenistischer Zeit, Handbuch der Archäologie* II,1 (1988), 696.709.714 zu den Handelsbeziehungen mit Griechenland in persischer Zeit.

[39] Siehe E. Bickerman, *Four Strange Books of the Bible* (1967), 3–49; ders., ‚Les deux erreurs du prophète Jonas,' in *Studies in Jewish and Christian History*, AGAJU 9,1 (1976), 33–71.

ein gutes Beispiel, für Umfang und Bedeutung der Diaspora Esther 3:8[40], ja das ganze Estherbuch, das zwar erst im 3. Jh. entstand, jedoch z. T. ältere Zustände widerspiegelt. Das Problem ist freilich, ab wann jüdische Auswanderer in der Lage waren, stabile Gemeinden zu bilden, innerhalb derer sie den Glauben der Väter bewahren konnten. Die früheste sichere Nennung eines jüdischen Sklaven (mit dem Gentilizium Ἰουδαῖος) in Oropos an der Grenze zwischen Attika und Böotien während des 1. Drittels des 3. Jh.s v. Chr. und im Zusammenhang mit einem Inkubationstraum im Heiligtum des Amphiaraos und der Hygieia (NS III, 1, 65) ist ein deutliches Beispiel der in solchen Fällen sicher häufig erfolgten Assimilation: es handelt sich hier um ein ‚example frappant de dénationalisation'.[41]

Die Darstellung der – vor allem epigraphischen – Zeugnisse über Juden in *Kleinasien S. 17–36* ist vorbildlich, auch wenn H. Bloedhorn noch vieles ergänzen konnte (s. u. S. 64 ff). Ein Vergleich mit AS zeigt, wie sehr hier unsere Kenntnisse gewachsen sind. Von größter Bedeutung ist dabei die umfangreiche Doppelinschrift von *Aphrodisias,* auf die S. 25 f kurz hingewiesen und deren Veröffentlichung angekündigt wird. Sie | ist inzwischen erschienen: M. Reynolds/R. Tannenbaum, *Jews and God-Fearers at Aphrodisias. Greek Inscriptions with Commentary,* Cambridge Philological Society Supplementary Vol. 12, 1987 und dazu SEG 36 (1986), Nr. 970. Diese größte aller bisher bekannten Inschriften aus der jüdischen Diaspora, die vermutlich dem frühen 3. Jh. n. Chr. zuzurechnen ist, gibt einen interessanten Einblick in die soziale Struktur einer jüdischen Synagogengemeinde im griechischsprachigen Raum.

Beide Inschriften zählen zusammen ca. 130 Namen auf, die auf ca. 125 Personen (bei Nichtberücksichtigung der Patronyme) zu beziehen sind, 67 Namen entfallen auf Juden, 63 auf Gottesfürchtige. Oftmals steht an Stelle des Patronyms die Berufsbezeichnung mit insgesamt 22 verschiedenen Berufen, vor allem Handwerker und Händler, d. h. aus der Mittelschicht, eine größere Zahl der Genannten sind untereinander verwandt. Am auffallendsten ist die deutliche Zweiteilung der Gemeinde, ja man könnte gar von einer Dreiteilung sprechen. Der erste Teil der Inschrift spricht von einer δεκανία τῶν φιλομαθῶν, vermutlich einem ‚Zehnmännerverein' zum Zwecke des freiwilligen Gesetzesstudiums und Gebets (Reynolds u. a. S. 34), die eine gemeinnützige Stiftung veranstalteten, von dem jedoch 18 Personen aufgeführt werden, darunter ein Proselyt und zwei ‚Gottesfürchtige'. Von ihnen haben 11 hebräische Namen und 5 Gemeindeämter. Es mag sich um eine Art frommer ‚ecclesiola in ecclesia' gehandelt haben, zu der auch der Gemeindevorsteher (προστάτης) Jael (op. cit. 41.101, gegen NS III,1, 25 keine Frau)

---

[40] Der Text setzt voraus, daß die Juden ‚zerstreut und abgesondert in allen Provinzen deines Königreiches leben.' 1,1 spricht von 127 Provinzen von Äthiopien bis Indien. Zur Abfassung des Werkes zu ‚Beginn der hellenistischen Ära' s. H. Bardtke, *Der Prediger. Das Buch Esther* (KAT XVII,4–5, 1963), 252f. Später als gegen Ende des 3. Jh.s sollte man es nicht datieren. Für eine spätere Entstehung während oder nach dem Makkabäeraufstand ist es – wie die griechischen Zusätze zeigen – zu profan.

[41] L. Robert, *BE* (1956), 121 vgl. 1959, 178; M. Hengel, *Juden, Griechen und Barbaren,* SBS 76 (1976), 121.144.147; E. Bickerman, *The Jews in the Greek Age* (1988), 64.253.

und sein Sohn, der Archon Josua gehörten. Möglicherweise hatte diese Gruppe zugleich eine Führungsfunktion in der Gemeinde. Die zweite Inschrift von verschiedener Hand enthält eine Namensliste, deren erster Teil aufgrund der zahlreichen biblischen Namen auf jüdische Gemeindeglieder hinweist, während die darauf folgende, nur wenig kleinere Liste der ‚Gottesfürchtigen' (θεοσεβῖς sic!) nur griechisch-heidnische Namen enthält, darunter 9 Ratsherren der Stadt (58 ff). Die große Zahl der Gottesfürchtigen wie auch die Proselyten weisen auf eine immer noch recht aktive und erfolgreiche „Mission" der jüdischen Gemeinden hin. Die hebräischen Namen vor allem in dem führenden Zehnmännerbund zeigen zugleich einen gewissen Einfluß der ‚Hebraitas', d. h. des palästinischen Judentums. Hervorgehoben erscheint am Rand ein gewisser Σαμουὴλ πρεσβευτὴς Πεϱγεούς, der unten als ἱεϱεύς bezeichnet wird. Die Inschrift zeigt eine lebendige und vielseitige jüdische Gemeinde, sie gibt jedoch noch viele Rätsel auf und zwingt uns, das verbreitete Bild eines nach außen abgeschlossenen Judentums in der späteren Kaiserzeit zu revidieren. Die Polemik der Kirchenväter von Ignatius bis Johannes Chrysostomus gegen jüdische ‚Missionserfolge' hatte, wie diese Inschrift zeigt, eine sehr reale Grundlage. |

Schon AS (III, 22) hatte auf die geringe Zahl von jüdischen Zeugnissen in *Galatien* hingewiesen, ein Tatbestand, der sich seither nur wenig geändert hat (NS III,1, 34 f). Dies ist ein wesentliches, freilich gerne übersehenes Argument in dem alten Streit um die Adressaten des Galaterbriefes. Schon W. M. Ramsay, der beste Sachkenner zu seiner Zeit, hatte hier mit besseren Gründen die christlichen Gemeinden im Südteil der römischen Provinz, d. h. in Lycaonien und Pisidien bzw. dem östlichen Phrygien, vermutet, wo schon Antiochus III. jüdische Kleruchen aus Babylonien angesiedelt haben soll und von wo wir wesentlich mehr jüdische Zeugnisse besitzen. Unter den wenigen neuen und z. T. durchaus unsicheren jüdischen Zeugnissen aus dem nördlichen Galatien findet sich eine Inschrift, die auffällt: τῷ μεγάλῳ θεῷ Ὑψίστῳ καὶ Ἐπουρανίῳ καὶ τοῖς ἁγίοις αὐτοῦ Ἀγγέλοις καὶ τῇ προσκυνητῇ αὐτοῦ προσευχῇ.[42]

Die Erwähnung des ‚großen höchsten und himmlischen Gottes und seiner Engel' muß gerade in Kleinasien mit relativ zahlreichen heidnischen Erwähnungen des ‚Hypsistos' und seines bzw. seiner Engel noch nicht unbedingt jüdisch sein, man könnte bei dieser dem 3. Jh. n. Chr. zugeschriebenen Inschrift an die durch Gregor von Nazianz für Kleinasien bezeugte judaisierende Sekte der Hypsistarier denken. Für eine jüdische Herkunft spricht jedoch das Adjektiv ἅγιος bei den Engeln und noch mehr die ‚verehrungswürdige Proseuche', d. h. die jüdische Gebetsstätte, ein praktisch ausschließlich in jüdischen Quellen bezeugtes Wort, das im Zusammenhang mit Weihungen an den Hypsistos auch auf Delos und im Bosporanischen Reich ein klarer Hinweis auf die jüdische Herkunft einer Inschrift ist.[43] Die Inschrift ist zugleich ein deutlicher

---

[42] NS III,1, 35: ‚probably Jewish.' Zur gemeinsamen Anrufung Gottes und der Engel s. die Fluchinschriften von Rheneia *CIJ* Nr. 725.

[43] Gegen NS III,1, 107: ‚In pagan cult associations there occurs from time to time the designation *proseuche* applied to a building for divine worship.' Siehe M. Hengel, ‚Proseuche und Synagoge. Jüdische Gemeinde, Gotteshaus und Gottesdienst in der Diaspora und in

Hinweis | auf einen jüdischen Engelskult, wie er uns durch christliche Quellen, rabbinische Polemik, aber auch durch die Hekhalottexte und magische Texte bezeugt wird. Zugleich beleuchtet der Text im kleinasiatischen Milieu Partien aus den Paulusbriefen wie Kol. 2:18,8 und Gal. 4:9 in Verbindung mit 3:19.[44]

S. 69: ‚From *Rhodes* there is virtually no significant evidence'. Sicherlich gab es in diesem in hellenistischer Zeit mächtigen Stadtstaat und bedeutenden Handelsplatz auch eine größere jüdische Gemeinde ähnlich wie auf Delos. Ein Hinweis, der der Erwähnung wert gewesen wäre, ist die Stifterinschrift für eine Fußbodenpflasterung im herodianischen Tempel, vermutlich aus dem Jahr 18/17 v. Chr., durch einen Rhodier Paris (oder Sparis) S. d. Askeson, doch wohl einem Juden oder einem judaisierenden Sympathisanten. Nach 1 Makk. 15:23 hatten die Juden schon früh Verbindung mit Rhodos aufgenommen. Herodes, der besonders enge Beziehungen zu Rhodos hatte, mag auch bei der dortigen jüdischen Gemeinde geschätzt worden sein. Eine Inschrift von Rhodos erwähnt eine Euphro(s)yna θεοσεβής.[45]

S. 75: Daß bei den ja immer zufälligen und zerstreuten Hinweisen auf das Judentum in der Diaspora auch die palästinischen Quellen und hier vor allem Inschriften eine Rolle spielen, zeigt die im Grab der ‚Goliath-Familie' bei Jericho gefundene Ossuarinschrift: Θεοδότου ἀπελευθέρου βασιλίσσης Ἀγριπείνης σόρος. Bei der ‚Kaiserin Agrippina' kann es sich nur um die letzte Frau des Kaisers Claudius und die Mutter Neros handeln, d. h. der besagte Θεόδοτος gehörte als libertinus Augustae zur weiteren familia Caesaris. Die Ausgräberin Rachel Hachlili vermutet, daß er als Gefangener nach Rom kam, dort Sklave Agrippinas wurde, seinen Namen Nathanel (S. 46) änderte, dann freigelassen wurde und möglicherweise mit dem Vermögen der Kaiserin in Jericho zu tun hatte, etwa | im Zusammenhang mit den Balsamplantagen, die zum kaiserlichen Fiskus gehörten.[46] Wir besitzen ja auch sonst noch weitere Hinweise auf jüdische Sklaven am römischen Kaiserhof. Dieser Theodotos

---

Palästina,' in *Tradition und Glaube, Fs. K. G. Kuhn* (1971), 157−84 = Bd. I, 171−195. Das Wort erscheint erstmals in der LXX. Nur einmal Falle begegnet es uns in einem paganjudaisierenden Kontext: S. 179 Anm. 96. Dagegen halte ich die Inschrift aus Olbia *CIG* 2079 = Latyshev I² Nr. 176 = *CIJ* I Nr. 682 mit Frey und Lifshitz, *Donateurs et fondateurs dans les Synagogues Juives* (1967), Nr. 11 S. 19 f für jüdisch, gegen NS III, 440 Anm. 61, s. M. Hengel, *op. cit.* 173 (184 f).

In den einschlägigen Wörterbüchern findet sich paganer Gebrauch nur in einem späten Papyrus des 3. Jh.s n. Chr. (*BGU* 1080,4 = Mitteis/Wilcken, *Chrestomathie* I, 562 Nr. 478, Z. 5), der sicherlich christlich beeinflußt ist. Artemidor 3,53 meint sicher eine jüdische Synagoge (gegen W. Bauer/K. u. B. Aland, *WbzNT*⁶1988, 1429). Es bleibt als Unikum das dorische τᾶς ποτευχᾶς καὶ τοῦ βωμοῦ aus Epidauros aus dem 4. Jh. v. Chr. (*IG*²IV,1, 106,1,27).

[44] Vgl. etwa die Polemik *Kerygma Petri 3* = Clem. Alex., *strom.* 6,41,2f: Die Juden verehren Engel und Erzengel, dazu M. Simon, ‚Remarques sur l'Angélolatrie Juive au début de l'ère Chrétienne,' in *Scripta Varia*, WUNT 1.R.23 (1981), 450−64.

[45] B. Isaac, *IEJ* 33 (1983), 86−92 (91 f).

[46] R. Hachlili, ‚The Goliath Family in Jericho: Funerary Inscriptions from a First Century A.D. Jewish Monumental Tomb,' *BASOR* 235 (1979), 31−70.

erinnert auch an den Theodotos der berühmten Synagogeninschrift, bei der das
Patronym Οὐεττήνος doch wohl auf römische Herkunft zurückgeht. Die von
ihm erbaute Synagoge für Pilger aus der Diaspora könnte mit der Synagoge der
‚Libertiner‘ in Apg. 6:2 identisch sein,[47] eine Bezeichnung, die sich am besten
aus der bekannten Nachricht Philos *leg. ad C.* 155 über die Entstehung der
jüdischen Diaspora in Rom durch Kriegsgefangene unter Pompeius, die später
freigelassen wurden, erklärt. Die von nach Jerusalem zurückgekehrten Freige-
lassenen aus Rom begründete Synagoge behielt – vergleichbar den Namen der
römischen Synagogengemeinden – diese Bezeichnung auch später bei.

Im Gegensatz zu AS (III, 64 Anm. 97; 168f Anm. 57), der darin den
verbreiteten Consensus des 19. Jh.s wiedergab, vertritt NS (III,1, 79 Anm. 97;
163 Anm. 58) definitiv die Meinung, die Nachricht bei Cassius Dio 67,14,2, der
Neffe Domitians, Flavius Clemens, und seine Frau Domitilla, eine Nichte des
Kaisers, seien wegen ἀθεότης angeklagt worden, wie auch viele andere, ‚die
sich zur jüdischen Lebensweise hin verirrten‘ (ἐς τὰ τῶν Ἰουδαίων ἤθη ἐξοκέλ-
λοντες), ‚is not to be taken as a reference to Christianity‘ (III,1, 79 Anm. 97).
Diese Feststellung geschieht unter Berufung auf M. Sterns ausführliche Behandlung dieser umstrittenen Stelle. Aber das Argument Sterns in diesem
Zusammenhang: ‚there is no reason to assume that either Cassius Dio or his
epitomator confused Christianity with Judaism‘,[48] ist nicht stichhaltig, *denn da
Dio die| Christen grundsätzlich und ganz bewußt nie erwähnt,* obwohl er
zwischen 190 und 230 n. Chr. in höchsten Staatsämtern stand *und sie nur zu gut
kannte,* ja indirekt zu einem schärferen Vorgehen gegen sie aufforderte, darf
man gerade bei diesem heiklen Vorgang, der erstmals vom Eindringen einer
gefährlichen *superstitio externa* in die kaiserliche Familie berichtete, keine
Ausnahme erwarten.[49] Auch wenn das hohe Ehepaar Sympathien für die
Christen hatte, durfte Dio – seinen Grundsätzen getreu – diese nicht nennen.
Zudem konnten in der Flavierzeit die Christen durchaus noch als ‚jüdische

---

[47] Vgl. dazu NS III,1, 133 Anm. 26 und M. Hengel, ‚Zwischen Jesus und Paulus,‘ *ZThK* 72
(1975), 151–206 (182ff).

[48] *GLAJJ* II 379ff Nr. 435 (381ff). Dort auch die weiteren wesentlichen Texte zur Sache. Es
wird auch übersehen, daß wir vor den örtlichen Verfolgungen unter Mark Aurel nur ganz
wenige Namen christlicher Märtyrer kennen. Auf Sympathisanten für das Christentum in der
höheren Gesellschaft gegen Ende des 1. Jh.s weisen Apg. 13:12; 19:31; Lk 1:1 und Plinius d. J.
ep. 10,96, 9: *multi … omnis ordinis … vocantur in periculum* hin. Daß das Christentum in
Rom keine rein oder überwiegend ‚proletarische Bewegung‘ war, zeigt der 1. Clemensbrief;
Ign. *Rö.* 4 fürchtet der Märtyrerbischof, die röm. Gemeinde könnte auf Grund ihres Einflusses sein Martyrium verhindern. Die ausführlichste Darstellung des Problems von P. Keresztes, ‚The Imperial Roman Government and the Christian Church I. From Nero to the Severi,‘
ANRW II 23,1 (1979), 247–315 (257–69) ist teilweise irreführend.

[49] Cassius Dio 52,36,1ff. Die große Rede, die Cassius Dio dem Maecenas in den Mund legt,
gibt teilweise seine eigenen, schroff antichristlichen Ansichten wieder: Augustus soll die
anderen zwingen, die Götter in traditioneller Weise zu verehren und die, die sie durch fremde
Lehren verderben, bestrafen. Neue Götter bedrohen die Sicherheit des Staates. Vgl. Tac.
ann. 11,15,1; 13,32,2; 15,44,3 und die antichristliche Polemik des Celsus.

Sekte' betrachtet werden. Auch die Nachricht Eusebs (*h.e.* 3,18,4) über die Christin Flavia Domitilla, eine Nichte des Titus Flavius Clemens, die auf einen älteren, kaum bekannten Historiker Bruttius (Hieron. *Chron.,* s. H. Peters, *Historicorum Reliquiae,* 1896, 2, 160) zurückgehen soll, läßt sich nicht einfach völlig beiseiteschieben. Die Frage ‚Judentum' oder ‚Christentum' muß in diesem sonderbaren Fall weiterhin offen bleiben.

S. 92f: Bei dem vieldiskutierten Widerspruch zwischen dem Edikt des Claudius bei Jos. *Ant.* 19,283 und Philo, *in Flacc.* 74 scheint mir die Lösung von Box, *Philonis Alexandrini in Flaccum,* 1939 (repr. 1979), 102f, die jetzt wieder von A. Kasher, *The Jews in Hellenistic and Roman Egypt,* TSAJ 7, 1985, 254f, aufgenommen und bekräftigt wurde, die plausibelste zu sein, daß Augustus auf Wunsch der Juden die Macht des ‚monarchischen' Ethnarchen einschränkte, indem er die schon vom Aristeasbrief bezeugte γερουσία wieder einführte, in der der Ethnarch nur noch primus inter pares war: ‚he in fact lost any despotic powers he had before and became, perhaps, little more than a chairman' (Box 103). Auch das zeitgenössische palästinische Judentum zog aufgrund seiner Erfahrungen mit despotischen Herrschern die priesterlich-aristokratische Verfassung der monarchischen vor (*Ant.* 14,41; 17,303–314). Umgekehrt | wird Herodes eine Nivellierung des Ethnarchenamtes in Alexandria begrüßt haben, denn auch in der Diaspora wollte er allein der einflußreichste Jude sein.

S. 131: Die eigenartige Formulierung in der Inschrift des Ti. Claudius Polycharmus, Stifter der Synagoge in Stobi: ὃς πολειτευσάμενος πᾶσαν πολειτείαν κατὰ τὸν Ἰουδαϊσμόν bezieht sich nicht auf ‚his political functions', sondern bedeutet, daß er ‚sein ganzes Leben entsprechend jüdischer Sitte gelebt hat'. Die Bedeutung von πολιτεύεσθαι und πολιτεία hat sich in dieser späten Zeit gegen Ende des 3. bzw. zu Beginn des 4. Jh.s längst auf die allgemeine Lebensführung ausgeweitet.[50] Im Blick auf Angehörige der Synagoge, die städtische Ämter innehatten, wäre jetzt auf die zahlreichen βουλευταί unter den Gottesfürchtigen in Aphrodisias zu verweisen oder auch auf die Inschriften in Sardes. בוליוטיס (oder ähnlich) ist übrigens ein häufiges rabbinisches Lehnwort.[51]

S. 145: Die Angabe des Josephus über die riesige Zahl von Passafestpilgern in *Bell.* 6, 422–425 ist nicht nur maßlos übertrieben, sondern stellt auch einen einzigartigen Sonderfall dar. Kurz vor Ausbruch des jüdischen Krieges hatte Cestius Gallus, der Statthalter Syriens, die führenden Priester in Jerusalem veranlaßt, die Zahl der Juden in der Stadt zu erfassen, um gegenüber Nero

---

[50] M. Hengel, ‚Die Synagogeninschrift von Stobi, *ZNW* 57 (1966), 178–81 = Bd. I, 121–123; G. W. H. Lampe, *A Patristic Greek Lexicon* (1961), 1113 s. v. Zum Verb πολιτεύεσθαι ‚leben' s. schon 2 Makk. 6:1; 11:25; 3 Makk. 3:3. Für Josephus s. K. H. Rengstorf, *A Complete Concordance to Josephus,* III (1979), 474f s. v. πολιτεία und πολιτεύω.

[51] L. Robert, *Nouvelles inscriptions de Sardes,* 44–55 Nr. 14 und 15; S. Krauß, *Griechische und lateinische Lehnwörter in Talmud, Midrasch und Targum* (1899) (repr. 1964), II, 140f.

deren gefährliche Stärke zu demonstrieren. Dies geschah durch Zählung der Passalämmer. Aus 255600 Lämmern erschloß man 2700000 Festpilger. Abgesehen von der völlig unglaubwürdigen Zahl handelt es sich hier wahrscheinlich um eine geplante Machtdemonstration der Priesterschaft, die durch eine derartige Hochrechnung die römische Administration beeindrucken wollte. H. Graetz und S. Lieberman sehen in diesem Fest das *t.Pes.* 4,3 erwähnte ‚Pesach der Erdrückung',[52] bei dem ‚König Agrippa', d.h. wohl Agrippa| II., als Oberherr des Tempels eine Zählung veranlaßt haben soll. Die Masse der Festpilger kam bei den Festen sicher nicht aus der Diaspora, sondern aus dem Mutterland, denn nur für den palästinischen Juden war die Festfeier in Jerusalem Pflicht. Der Anteil der Diasporajuden sollte trotz der zitierten Nachricht Philos *spec.leg.* 1,12 (69) nicht überschätzt werden. Er betrug sicher nur einen Bruchteil der Einheimischen. Philo selbst hat ja in seinem Leben den Tempel in Jerusalem nur einmal besucht. Gleichwohl war Jerusalem wohl der größte ‚Wallfahrtsort' der antiken Welt.

Bei der Darstellung des Diasporajudentums hätten vielleicht doch – im Gegensatz zum alten ‚Schürer', wo dies etwas zu sehr vernachlässigt wurde – die *rabbinischen Nachrichten über die Diaspora in Rom* (und anderswo) berücksichtigt werden sollen. Gerade sie zeigen einen lebendigen Austausch zwischen dem Mutterland und der Diaspora. Erwähnenswert wären hier etwa die Nachricht von Theudas *(tôdôs)*, dem Römer *('îš rômî)*, der die römischen Juden anleitete, in der Passanacht ein besonders zubereitetes Böckchen zu essen, und nach einer späteren Nachricht die Gelehrten in Israel unterstützte, oder Mattja b. Hereš, der in der Mitte des 2. Jh.s (?) ein Lehrhaus in Rom gegründet haben soll.[53]

Auch die Reisen berühmter Rabbinen nach Rom und in andere Diasporagebiete wären wenigstens einer kurzen Erwähnung mit bibliographischen Angaben wert gewesen. Nach der Tempelzerstörung kamen die Diasporajuden und heidnischen Sympathisanten nicht mehr in großer Zahl nach Eretz Israel, die rabbinischen Lehrer mußten jetzt die verschiedenen Gebiete der Diaspora aufsuchen, aber auch u. U. in Rom mit den römischen Behörden verhandeln.

S. 150–176: Zu dieser bedauerlichen Einschränkung gehört auch das Fehlen eines Hinweises auf die *„Gottesfürchtigen" in den rabbinischen Quellen*, obwohl die rabbinischen Erwähnungen der Proselyten in der Mischna sorgfältig aufgeführt werden. Auch hier hat man sich zu sehr an Schürers Vorlage (und

---

[52] Vgl. *bPes* 64b; *Lam.R.* 1,1 (p. 45 Buber). H. Graetz, *Geschichte der Juden III*, 2, 5. Aufl. bearbeitet von M. Braun, (1906), 815–820; S. Lieberman; *Tosefta Ki-Fshuṭah, A Comprehensive Commentary on the Toseftah*, Part IV (1962), 568f. S. auch J. Jeremias, *Jerusalem zur Zeit Jesu* ([3]1962), 89ff und M. Hengel, *Die Zeloten*, AGSU 1, ([2]1976), 362: Vermutlich fand dieses Passafest 66 v. Chr. statt.

[53] Die Nachrichten sind gesammelt bei Billerbeck III,23f zu Rö 1,7; s. auch H. Leon, *The Jews in Ancient Rome* (1960), 35–38 und S. Safrai in *CRINT op. cit.* (Anm. 29) I, 210.

Vorurteil) | gehalten. Die mit unsachlicher Polemik verbundene Behauptung
der Nichtexistenz der Gottesfürchtigen von Kraabel wird dagegen unter Berufung auf den neuen Fund von Aphrodisias mit Recht zurückgewiesen.[54]

2. Zur jüdischen Literatur

Die größten Änderungen ergaben sich im Bereich der *Darstellung der jüdischen
Literatur*. Hier wurde – mit guten Gründen – die alte Trennung zwischen
‚palästinisch-jüdischer Literatur' und ‚hellenistisch-jüdischer Literatur' aufgehoben. Sie läßt sich in dieser Form nicht mehr aufrecht erhalten, da jüdische
Werke in griechischer Sprache in Palästina und hebräisch/aramäische Schriften
in der Diaspora (z. B. in Babylonien, aber nicht nur dort) entstanden sein
können. An ihre Stelle tritt die sprachliche Unterscheidung:

§ 32 behandelt die durch die Qumrantexte und andere Funde stark angewachsene
‚Jewish literature composed in Hebrew or Aramaic' (S. 177–469) und *§ 33A* ‚Jewish
literature composed in Greek' (S. 470–704). Freilich wurde dadurch ein weiterer Para-
graph notwendig: *§ 33B:* ‚Jewish literature of which the original language is uncertain'
(S. 705–808), der die Problematik auch dieser Aufteilung demonstriert. Den krönenden
Abschluß bildet *§ 34:* ‚The Jewish philosopher Philo' (S. 809–889).

Ein besonderes Problem ergibt sich daraus, daß ein Teil der Autoren (z. B.
Josephus, Makkabäerbücher und Jason v. Kyrene) bereits in der Darstellung
der Quellen im 1. Band ausführlich behandelt werden, so daß sie im 3. Band zu
kurz kommen bzw. doppelt referiert werden müssen. Auch die jüdischen
Inschriften in Palästina und die Numismatik werden durch diese Trennung – im
Gegensatz zu den Inschriften aus der Diaspora – allzu stiefmütterlich behan-
delt.[55] Eigentlich müßte man | einer Darstellung des Judentums in der Antike
eine ausführliche ‚Literaturgeschichte' bzw. eine ‚Quellenkunde' vorausschik-

---

[54] Siehe B. J. Bamberger, *Proselytism in the Talmudic Period* (NY 1939 (repr. 1968)),
135 ff; F. Siegert, ‚Gottesfürchtige und Sympathisanten,' *JSJ* 4 (1973), 109–64 (S. schrieb
diesen grundlegenden Artikel noch als junger Erlanger Theologiestudent); K. G. Kuhn/H.
Stegemann, Art. ‚Proselyten,' *PRE* Suppl. IX, 1962, 1278f; s. auch *CRINT* (Anm. 29) Index
s. v. Godfearer. Zu Th. Kraabel s. u. a. ‚The Disappearance of the „God-Fearers"', *Numen* 28
(1981), 113–26; ders. ‚Greeks, Jews and Gentiles,' *HThR* 79 (1986), 147–57.

[55] Josephus: NS I, 43–63; III,1; 545f. Hier ist in der Bibliographie u. a. nachzutragen: L. H.
Feldman und G. Hata (Hg.), *Josephus, Judaism and Christianity* (1987), mit interessanten
Beiträgen zur Wirkungsgeschichte; Makkabäerbücher: NS I, 17–20; III, 1,180–5; 531–7;
Qumranschriften I, 118–22: Bibliographie der ‚Manuscripts from the Judaean Desert'; III,1,
213f.318ff.333ff.364ff; 380–469: The Writings of the Qumran Community. Die *Numismatik*
wird I,9–11 und Appendix IV, 1, 602–6 etwas allzu knapp abgehandelt. Hier wären die
grundlegenden Untersuchungen von L. Mildenberg zu ergänzen: *The Coinage of the Bar
Kokhba War,* Typos Monographien zur antiken Numismatik Bd. VI, 1984, dazu Th. Fischer,
WdO 17 (1986), 179–84; M. Hengel, *Gnomon* 58 (1986), 326–31 = Bd. I, 344ff.; weiter seine
vorzügliche Übersicht ‚Über das Kleingeld in der persischen Provinz Judäa' in H. Weippert,
op. cit. (Anm. 38) 719–8 T. 22–3; s. schon ders., ‚Yehud, A Preliminary Study of the

ken. Aber die Herausgeber waren an den von Schürer eingeschlagenen Weg gebunden. Die altjüdische Literatur ist zu vielschichtig, als daß sie sich *einem* festen Ordnungsschema unterwerfen ließe – ein Zeichen für die ganz besondere, um nicht zu sagen einzigartige Vielseitigkeit und Schöpferkraft des relativ kleinen Volkes der Juden in der antiken Welt.

Obwohl die rabbinischen Texte in die Darstellung nicht miteinbezogen sind – eine allzu kurze Einführung wird Bd. I, 68–118 im Zusammenhang der Quellen gegeben –, wird als letztes Beispiel der Weisheitsliteratur der Traktat *Pirqe Aboth* – wann erhalten wir endlich dazu einen ausführlichen Kommentar! – aufgeführt, jedoch nur auf einer knappen Seite behandelt. Hier hätte man sich – wenn schon, denn schon – *mehr* gewünscht, etwa ein Eingehen auf Alter und Zweck dieser einzigartigen Sammlung und ihre Auslegung in den beiden Rezensionen der Aboth d. R. Nathan; auch ein kürzerer Hinweis auf spätere Sammlungen dieser Art, z. B. *Derekh 'Eretz* oder *Päräq haššalôm*, wäre sinnvoll gewesen. Diese ‚Zweigleisigkeit' in der Behandlung der Rabbinica ist im Grunde das Hauptproblem des alten und des neuen ‚Schürers'.

Erhebliche Schwierigkeiten bereitet auch die Unterteilung nach ‚*Gattungen*'. Heute erfreut sich die Beschäftigung mit dem ‚literary genre' besonderer Beliebtheit, obwohl es durchaus die Frage ist, ob unsere Schubkästen und Etiketten den Beifall der antiken Literaten gefunden hätten: So wird in § 32 folgende Einteilung vorgelegt: I. *Historiography* S. 180–6: 1. Makk, die nur einmal erwähnte ‚Geschichte des Johannes Hyrkan' und | die aramäische Fassung des *bellum* des Josephus, – hier wäre ein Hinweis auf die NS I S. 114–18 behandelten rabbinischen Geschichtswerke hilfreich gewesen. II. *Religious Poetry* S. 187–97: Maccabaean Psalms, Apocryphal Psalms – 11QPs[a] und SyrPs I–IV – und PsSal; dagegen werden liturgische Texte aus Qumran S. 452–64 abgehandelt, die Oden Salomos wegen ihres vermutlich christlichen Ursprungs S. 787f mit Recht kurz abgefertigt und die jüdischen Gebete eingeschränkt auf das Sh[e]ma' und das Achtzehngebet Bd II S. 454–63 (vgl. 448ff und 481ff). Hier hätten die anderen z. T. sehr alten Gebete (*Qaddiš, 'alenu, 'abinu malkenu* etc), auch wenn sie z. T. erst später bezeugt sind, wenigstens in der Bibliographie aufgeführt werden sollen; dasselbe gilt von den von Bousset herausgearbeiteten ursprünglich jüdischen Gebeten im 7. und 8. Buch der Apostolischen Konstitutionen. Eine monographische Bearbeitung der jüdischen Psalmen- und Gebetsliteratur seit Ben Sira und Qumran bis in die gaonäische Zeit, aus der die ersten Gebetssammlungen vorliegen, mit Textedition und Kommentar wäre ein *ganz* dringendes Erfordernis. Überhaupt liegt die moderne Kommentierung rabbinischer Texte im argen.

Es folgen III. *Wisdom Literature* S. 198–215: Jesus Sirach, Wisdom Literatu-

---

Provincial Coinage of Judaea,' in *Essays in Honor of Margaret Thompson* (1979), 183–96. Eine gute Übersicht gibt auch Y. Meshorer, *Ancient Jewish Coinage* (1982).

re from Qumran (!) und Pirqe Aboth (s. o.) und IV. *Didactic and Paraenetical Stories* S. 216–39: Judith, Tobit, Achikar. Hier müßte auch Esther genannt werden, es fehlt, weil es kanonisch ist, obwohl es in der hellenistischen Zeit (s. o. S. 35) entstand. Seine griechischen Ergänzungen erscheinen § 33 B (III,2 S. 718ff), obwohl ihre griechische Originalsprache sicher ist. Das ahistorische Diktat des Kanons zerstört den geschichtlichen Zusammenhang. Achikar ist dagegen sehr viel älter (237: der Text aus Elephantine stammt aus dem späten 5. Jh. v. Chr. Die Erzählung selbst mag auf das 7. Jh. zurückgehen). Auch die Susannaerzählung gehört von der Gattung her in diesen Abschnitt; daß sie auf einen hebräisch/aramäischen Urtext zurückgeht, ist so umstritten wie bei Judith. Ich selbst halte es für fraglich.[56] Das kanonische (!) Buch| Daniel folgt darauf als erstes unter V. *Prophetic-Apocalyptic Pseudepigrapha* S. 240–307, die Zusätze freilich erst § 33 B unter den Schriften mit unsicherer Ursprache. Hätte man nicht besser ohne Rücksicht auf die Sprachen die verwandten Gattungen insgesamt zusammenstellen sollen? Der in § 32 sich anschließende (VI.) *Biblical Midrash* S. 308–34 enthält einige Qumrantexte, die m. E. besser in das große Qumranreferat (S. 380–469) passen, so das Testament of Kahath, Testament of Amram, Samuel Apocryphon u. a. (S. 333–5.341), denn dort finden sich vereinzelte Texte, die eher noch weniger qumranspezifisch sind, wie 4QprNab oder 4QpsDan ar^{a-c} (S. 440–3). In § 33 A, der *Literatur in griechischer Sprache,* werden sehr verschiedene Autoren und Schriften (Geschichtsschreibung, Chronographie, Biographie und romanhaft-novellistischer Midrasch) unter dem Stichwort *Prose Literature about the Past* zusammengefaßt (S. 505–58). Weitere Schwierigkeiten bestehen bei der Zuweisung von Schriften zur Qumrangemeinde (selbst die Tempelrolle ist heute umstritten)[57] und in der Frage eines jüdischen oder christlichen Ursprungs bzw. des Umfangs einer christlichen Bearbeitung. Die Herausgeber waren sich dieser Probleme wohl bewußt. Man muß ihnen m. E. dankbar sein, daß sie die Grenzen nicht zu eng gezogen haben. Eben darum sollen diese Bemerkungen nicht als Kritik dessen verstanden werden, der eine bessere Lösung weiß, sie zeigen nur die Aporien, in die wir unumgänglich geraten, wenn wir mit unseren zumeist modernen Gattungsbegriffen und Einteilungsschablonen antike jüdische Texte klassifi-

---

[56] Eine semitische Vorlage hat – mit guten Gründen – schon Julius Africanus in seinem berühmten Brief an Origenes bestritten, ed. N. de Lange zusammen mit der Antwort des Origenes: *SC* 302, 1983, 469–578. Ob das von J. T. Milik, ‚Daniel et Suzanne à Qumran?' in FS H. Cazelles, *De la Tôrah au Messie* (1981), 337–57 veröffentlichte aramäische Fragment aus 4 Q mit der Susannaerzählung zu tun hat, ist, wie der Vf. selbst zugibt, völlig unsicher. Soweit ich sehe, ist es der letzte Text, den Milik aus seinem großen Thesaurus von unveröffentlichten Texten ans Licht gebracht hat. Man möchte ihm wünschen, daß er, anstatt unsicheren Hypothesen nachzujagen, sich endlich wieder der von ihm erwarteten Aufgabe der Veröffentlichung der Fragmente von 4Q zuwendet.

[57] Leidenschaftlich wird heute ein hohes Alter der Tempelrolle (4. Jh.?) von H. Stegemann vertreten: ‚The Origins of the Temple Scroll,' *VT.* S 40 (1988), 235–56. Seine Argumente haben mich freilich nicht überzeugt.

zieren wollen. Dabei widerstreben die hebräisch/aramäischen Schriften unseren Einteilungsversuchen noch mehr als die griechischen.

Im Folgenden einige Einzelfragen:

S. 241: Bei der *Pseudonymität* der ‚Prophetic-Apocalyptic-Pseudepigrapha' handelt es sich vor allem anderen um eine *Autoritätsfrage.* Die von I. Gruenwald geäußerte Vermutung, in diesen oftmals politisch subversiven Schriften: ‚pseudonymous | clandestiny serves as a practical political aim by concealing the identity of the writer from hostile Jewish or Gentile authorities', trifft nicht zu, denn *alle* derartigen Schriften wurden *inspirierten Autoritäten der verklärten Vergangenheit* zugeschrieben, zur Geheimhaltung hätten dagegen schon bloße Anonymität oder ein verschlüsselter Verfassername genügt. Man kann auch nicht sagen, daß es sich hier einfach um ‚the literary fashion of the age both among Jews and the Hellenistic World' gehandelt hätte: im hebräisch bzw. aramäisch sprechenden Judentum war bis um die Zeitenwende das Bewußtsein des ‚literarischen Eigentums' noch völlig unterentwickelt.[58] Der erste, vorchristliche Autor aus Palästina, dessen Namen wir kennen, ist – vom Geist der Zeit beeinflußt – Ben-Sira, nach ihm der griechisch schreibende Eupolemos. Bei den jüdischen Autoren in dieser Sprache tritt das Individuum des Autors überhaupt stärker hervor. Dagegen schreiben nichtjüdische griechische Autoren von politischen ‚Apokalypsen', Traumbüchern oder ‚Paradoxa' häufig unter ihrem eigenen Namen. Und wo man, etwa in der astronomischen Literatur, Namen der Vergangenheit einsetzte, z.B. Nechepso-Petosiris oder Hermes Trismegistos, handelte es sich wieder um sagenhafte Autoritäten aus uralter Zeit. Die hebräisch-aramäische Literatur ist demgegenüber nur sehr bedingt zu einer ‚Autorenliteratur' geworden. Die Verfasserangabe spielte bei ihr bei weitem nicht die Rolle wie in der griechischen Welt. Neben die Pseudonymität trat die nicht weniger verbreitete Anonymität. Was bei den jüdischen Autoren Palästinas die Ausnahme war, war bei den griechischen eher die Regel.

S. 259: Was das umstrittene Datum der Bilderreden anbetrifft, so scheint mir ‚the last quarter of the first Christian century' zu spät zu sein, denn erstens müßte man dann doch einen klaren Hinweis auf die Katastrophe des Jahres 70 erwar|ten, zum anderen kann ich mir kaum vorstellen, daß eine *jüdische* Schrift, die sich in so vielen Punkten mit der christlichen Messiaslehre berührt,

---

[58] Zum Begriff des literarischen Eigentums s. W. Speyer, *Die literarische Fälschung im heidnischen und christlichen Altertum,* HAW I,2 (1971), 15f; s. ders. ‚Fälschung, pseudepigraphische freie Erfindung und echte religiöse Pseudepigraphie,' in *Pseudepigrapha I, Entretiens sur l'Antiquité Classique XVIII* (1971/2), 333–72; M. Hengel, ‚Anonymität, Pseudepigraphie und "literarische Fälschung" in der jüdisch-hellenistischen Literatur,' *op. cit.* 229–329 = Bd. I,196–251. S. auch D. G. Meade, *Pseudonymity and Canon,* WUNT 1.R. 39 (1986); wesentlich ist auch die Rezension von Speyer durch E. Bickerman, ‚Faux littéraires dans l'antiquité classique,' *RFIC* 101 (1973), 22–41 = *Studies in Jewish and Christian History,* AGAJU 9,3 (1986), 196–212; ders., *op. cit.* (Anm. 41), 201 ff.

damals noch auf diese Weise vom ‚Menschensohn' hätte schreiben können. Der traditionelle Ansatz zwischen Herodes und 70 n. Chr. ist nach wie vor der wahrscheinlichste. 1 Hen. 56:5–7, das die Existenz Jerusalems noch voraussetzt, deutet auf eine Entstehung etwa zwischen dem großen Parthereinfall 40 v. Chr. und dem jüdischen Krieg 66–70 n. Chr. hin. Einzelne Teile könnten schon älter sein.[59] Ein radikaler Spätansatz ist apologetisch begründet.

S. 269–77: In einem Anhang behandelt Dr. P. S. Alexander knapp und instruktiv das sogenannte 3. Henochbuch. Da dieses Werk keine literarische Einheit darstellt, sondern ein Konglomerat, das seine jetzige – variable – Form sicher erst in nachtalmudischer Zeit erhalten hat, ist ein einigermaßen exakter zeitlicher Ansatz der Entstehung der uns vorliegenden literarischen Stücke außerordentlich schwierig. Die von Alexander im Anschluß an Scholem vorgeschlagene Datierung der bekannten Texte auf das 5.–6. Jh., d.h. noch vor der Endredaktion des Babli, scheint mir etwas zu früh zu sein. Man sollte in die nachtalmudische, frühgaonäische Zeit (7.–8. Jh.) hinabgehen.[60] Wahrscheinlich wird der Ansatz dieser Texte immer eine Streitfrage bleiben – es sei denn, neue Textfunde bringen uns weiter. Auf der anderen Seite muß man nach der Veröffentlichung der essenischen Songs of the Sabbath Sacrifice durch C. Newsom davon ausgehen, daß es vom 3. oder 2. Jh. v. Chr. an eine kontinuierliche jüdisch-apokalyptische Thronwagenspekulation – mit bedeutsamen christlichen Ausläufern – gegeben hat, die hier und dort andeutungsweise auftaucht und ihren späten Höhepunkt in der sogenannten Hekhalotliteratur erreicht, die jetzt insgesamt durch die meisterhafte Edition von P. Schäfer, die sukzessive folgenden Übersetzungsbände und die Konkordanz für die wissenschaftliche Arbeit voll zugänglich geworden ist. Eine Neuedition von 3. Henoch mit wesentlich verbesserter Textgrundlage und Übersetzung ist in Vorbe|reitung.[61] Wegen dieses durchgehenden Traditionszusammenhangs ist die Behandlung des 3. Henochbuches in NS trotz der Kritik von Johann Maier gerechtfertigt.[62]

---

[59] G. Bampfylde, ‚The Similitudes of Enoch. Historical Allusions,' *JSJ* 15 (1984), 9–31 kommt auf einen terminus ad quem um 50 v. Chr. S. auch o. S. 87f.

[60] S. jetzt P. S. Alexander, ‚3 Enoch and the Talmud,' *JSJ* 18 (1987), 40–68: Die talmudischen Traditionen werden im 3 Enoch (und anderen Hekhalottexten) aufgenommen, ‚because they are perceived to have some sort of authority,' d.h. ‚because they have already been included in the Talmud,' m.a.W.: ‚the conviction grows strong that the final redaction of 3 Enoch is post-Talmudic' (66).

[61] Inzwischen ist aus dem Hekhalotprojekt weiter erschienen: P. Schäfer, *Konkordanz zur Hekhalot-Literatur* I א-כ TSAJ 12 (1986); II ל-ת TSAJ 13 (1988); ders., *Übersetzung der Hekhalot-Literatur* II §§ 81–334; TSAJ 17 (1987): Der Band enthält die Übersetzung des Hekhalot Rabbati; zwei weitere Übersetzungsbände sind in Vorbereitung; ders., *Hekhalot-Studien,* TSAJ 19 (1988); s. auch G. Reeg, *Die Geschichte von den Zehn Märtyrern. Synoptische Edition mit Übersetzung und Einleitung,* TSAJ 10, (1985).

[62] *JbAC* 30 (1987), 189–91 (190). Der Rezensent hat offenbar eine Vorliebe für das Wort Modetrend: Er gebraucht es in 3 Spalten viermal. Ob er nicht selbst in der Gefahr ist, einem solchen zu erliegen? Ob der von M. Stone herausgegebene Band III,2 der Compendia: *Jewish Writings of the Second Temple Period* (1984), ‚vom literaturgeschichtlichen Standpunkt her

Zahlreiche jüdisch-apokalyptische oder auch frühchristliche Texte wie Apk. 4 und 5, 2 Kor 12:1ff, der Hebräerbrief, die *Ascensio Jesaiae* oder die erst 1984 veröffentlichte *Visio Dorothei* aus dem 3./4. Jh.[63] erscheinen von den Hekhalottexten her in einem neuen Licht. |

Ganz neu ist die für den weiteren Fortgang der Forschung grundlegende, große Monographie von D. J. Halperin, ‚The Faces of the Chariot. Early Jewish Responses to Ezekiel's Vision‘, *TSAJ* 16, 1988, die in umfassender Weise die Entwicklung der Thronwagenspekulation ausgehend von Hesekiel und bis zu den Hekhalottexten zur Darstellung bringt, wobei sie auch die frühchristliche Überlieferung und die Deutung von Hes 1 bei den Kirchenvätern miteinbezieht.

S. 289 Anm. 2: Zur grundlegenden Bedeutung von Ex 23,20f für die jüdische Mittler- und Engelspekulation s. jetzt die überaus reichhaltige und anregende Arbeit von Jarl Fossum, *The Name of God and the Angel of the Lord,* WUNT 1.R. 36, 1985, die sich insbesondere auch auf *samaritanische Texte* stützt, die leider im alten wie im neuen ‚Schürer‘ viel zu wenig berücksichtigt wurden. Auch im Blick auf diese wäre – wie beim 3. Henochbuch oder dem vorzüglichen Abschnitt über die insgesamt relativ späten jüdischen Zaubertexte (S. 342–79) – eine knappe Zusammenfassung wünschenswert gewesen.[64] Die Querverbindungen zwischen samaritanischer und jüdischer Tradition sind sehr viel stärker, als gemeinhin angenommen wird; beide gehören im Grunde zusammen. Eine

---

den Vorzug (verdient)‘ (190), möchte ich bezweifeln (vom Reichtum und der Exaktheit der Information einmal ganz abgesehen). Auch dort werden sehr verschiedene Texte bunt durcheinandergemischt. Kapitel II: ‚Jewish Sources in Gnostic Literature‘ (443–81) halte ich z. B. für weitgehend spekulativ. Die angeblich vorchristliche sethianische Gnosis als früheste Form der Gnosis ist ein reines Konstrukt ohne irgendwelchen ernstzunehmenden *historischen* Anhalt. Wenn in einer protologisch orientierten Bewegung alttestamentliche Gestalten der Frühzeit eine große Rolle spielen, kann dies durchgehend christlich vermittelt sein. Die ganzen jüdischen Apokryphen und Pseudepigraphen wurden der Nachwelt ja ausschließlich durch das Christentum überliefert. Folgerichtig müßte dieser Abschnitt im größeren Zusammenhang eines Kapitels ‚Jewish Sources in Early Christian Literature‘ stehen. Wenn gar die ‚Gnostic Literature‘ zwischen den Kapiteln ‚Apocalyptic‘ und ‚Qumran Sectarian Literature‘ steht, wird der unkundige Leser erst recht irregeführt. Es bleibt dabei: Eine jüdische Literaturgeschichte der Zeit zwischen 3. Jh. v. und 3. Jh. n. Chr. erfordert die Quadratur des Zirkels. Eine vollkommene Lösung gibt es nicht. Von Wirkungsgeschichte, Gattung und Inhalt her müßte dabei die christliche Literatur dieser Zeit mit einbezogen werden.

[63] *Papyrus Bodmer XXIX, Vision de Dorothéos,* ed. A. Hurst, O. Reverdin, J. Rudhardt (1984). Zum Autor s. S. 47f und Euseb *h.e.* 7, 32, 2–4 und 8,1 und 6. Der Priester Dorotheus in Antiochien soll die hebräische Sprache beherrscht und hebräische Schriften gelesen haben. Kommentar von A. H. M. Kenels und P. W. van der Horst, ‚The Vision of Dorotheus (P. Bodmer 29)‘ *VC* 41 (1987), 313–89. Eine Vielzahl von Verbindungen laufen auch von der am himmlischen Gottesdienst orientierten jüdischen Liturgie (Jes 6:3) zur christlichen Liturgie- und Hymnendichtung. Darstellungen des himmlischen Thronwagens finden sich auf byzantinischen Riphidia s. K. Weizmann, *Age of Spirituality* (1979), 617f Nr. 553.

[64] Diese Lücke füllt jetzt das umfassende Sammelwerk A. D. Crown (Hg.), *The Samaritans* (1988).

umfassende Monographie über die Engel im Judentum hat Michael Mach, ein Schüler von Ithamar Gruenwald, verfaßt; sie ist 1992 auf deutsch in TSAJ (Nr. 34) erschienen. Die wichtige Rolle der überraschend vielfältigen jüdischen Angelologie, die die Vorstellung eines ‚himmlischen Wesirs' wie auch von ‚Schöpfungs- und Offenbarungsmittlern' einschließen kann, für die Vorbereitung der christologischen Anschauungen des frühen Christentums hat jetzt L. W. Hurtado in einer knappen, aber inhaltsreichen Untersuchung herausgearbeitet.[65]

S. 315f: Die zahlreichen, so völlig *verschiedenen Titel des Jubiläenbuches* in der griechischen Überlieferung erklären sich am besten daraus, daß der Übersetzer ins Griechische das Werk anonym in Umlauf brachte, so daß es erst von späteren Schreibern oder Bibliothekaren mit ganz verschiedenen Titeln versehen wurde, die dann in der Vorlage des Synkellos und anderer byzantinischer Autoren z. T. wieder kombiniert wur|den, ein Phänomen, das uns gerade in der apokryphen Literatur häufiger begegnet. Dem Problem der Titelgebung und -überlieferung in der jüdischen und frühchristlichen Literatur ist bisher viel zu wenig Beachtung geschenkt worden, eine umfassende Monographie wäre dringend notwendig.[66]

S. 342–79: Der Überblick von P. S. Alexander *Incantations and Books of Magic* ist in besonderer Weise verdienstvoll, da eine auch nur annähernd zusammenfassende Studie über die jüdische Magie in der Spätantike fehlt. Ihre Bedeutung kann schwerlich überschätzt werden, und ihre Wirksamkeit erstreckt sich über das Mittelalter bis in die Neuzeit hinein. Die Monographie von L. Blau, *Das altjüdische Zauberwesen,* 2. Aufl. 1914, ist nach wie vor unersetzbar, aber dennoch veraltet. Der Überblick von J. Trachtenberg, *Jewish Magic and Superstition. A Study in Folk Religion,* 1939 (Nachdruck 1961), ist zu allgemein und in seinem Schwerpunkt auf das Mittelalter konzentriert. Leider wurde die Textgrundlage des von M. Margalioth herausgegebenen *Sepher ha-Razim,* 1966, vermutlich vernichtet, im Blick auf die eigenwillige, um nicht zu sagen fragwürdige Textgestaltung dieses Werkes, dessen Einheitlichkeit wie bei den Hekhalottexten problematisch ist, ein unersetzbarer Verlust. Um so mehr sollten die zahlreichen unveröffentlichten magischen, physiognomischen und astrologischen Texte aus der Cairo-Geniza sukzessive veröffentlicht werden. Einen Anfang hat P. Schäfer mit Fragmenten gemacht, die den Zusammenhang zwischen der Hekhalotliteratur und magischen Beschwörungen zeigen. P. S. Alexander ist darauf in dankenswerter Weise ausführlich eingegangen (361–3).

S. 380–469: Das Problem der immer noch ausstehenden Veröffentlichung wichtiger Texte, deren Existenz zwar seit über 30 Jahren bekannt ist, die aber

---

[65] *One God, One Lord: Early Christian Devotion and Ancient Jewish Monotheism* (1988).

[66] M. Hengel, ‚Die Evangelienüberschriften,' *SHAW.PH* 3 (1984), 29f. 48 Anm. 111.

von den verantwortlichen – aber unverantwortlich handelnden – Gelehrten bis heute zurückgehalten werden, überschattet das von G. Vermes verfaßte, überaus instruktive Kapitel *The Writings of the Qumran Community.* Ständig, z. T. mehrfach auf einer Seite, muß der Autor auf bisher noch gar nicht oder nur teilweise veröffentlichte Fragmente hinweisen. Dabei geht es nicht nur um die nichtbiblischen und ‚apokryphen' Texte, würde man die biblischen miteinschließen, wären die Fehlanzeigen noch viel zahl|reicher. Um es ganz offen zu sagen: es handelt sich um *den größten Skandal im Bereich der biblischen Wissenschaft und der Judaistik in diesem Jahrhundert.* Vermes hat bei seinen Einführungsworten zum Symposium on the Manuscripts from the Judaean Desert im Warburg Institute, London, während des 11. und 12. Juni 1987 ausdrücklich darauf hingewiesen: ‚Volume III of the New English Schürer ... dealing with intertestamental Jewish literature, would have been ... certainly a much more complete book, if its editors had been able to obtain access to all the relevant unpublished writings.'[67]

Es mag hier genügen, eine Auswahl von solchen unveröffentlichten Texten und säumigen Herausgebern anzuführen.[68] Die ganz überwiegende Mehrzahl der Fragmente aus Höhle| 4Q, die J. T. Milik, *Dix ans de découvertes dans le désert de Juda,* 1957, vor 32 Jahren erwähnte, ist bis heute der wissenschaftlichen Welt unzugänglich! Hinzukommen noch zahlreiche völlig unbekannte

---

[67] *JJS* 39 (1988), 2 f (3). [Ab 1994 hat es hier einen Durchbruch gegeben.]

[68] *NS III, 186 Anm. 1:* Fragmente eines liturgischen Kalenders von 4Q, s. Milik, *Ten Years ...* (1959), 73; vgl. *III, 413.466f:* unveröffentlichte Kalenderfragmente aus 4Q mit historischen Namen: Salome, Hyrcanus und Aemilius (Scaurus); *III, 225 vgl. 230:* Tobitfragmente s. Milik, *op. cit.* 31f.60.109; *III, 246a.248.442f:* kanonische und apokryphe Danielfragmente s. Cross, *The Ancient Library,* 33 und Milik, z. T. veröffentlicht; *III, 307* ‚Book of Mysteries': Fragmente von 2 oder 4 Manuskripten aus 4Q, Milik, *RB* 63 (1956), 61; *III, 332:* Aramäische Noahschrift, Fragmente von 2 oder 3 Rollen, Starcky, *RB* 63 (1956), 66; Milik, *The Book of Enoch, Aramaic Fragments of Qumran Cave 4* (1976), 56; *III, 333:* 4QTQahat, Milik *RB* 79 (1972), 96f; *III, 334:* 4QAmram^{a-e}: Fragmente von 5 Handschriften. Teilveröffentlichung Milik, *RB* 79 (1972), 77ff; *III, 365:* 4QBrontologion, Milik, *Ten Years ...* 42; *III, 381:* Fragmente der Sektenregel 4QS^{a-f}, Milik, *RB* 67 (1960), 412; *III, 389f.395:* 4QCD Bruchstücke von 7 Rollen, Milik, *RB* 63 (1956), 61 und *Ten Years ... 38.58.151f; III, 407 Anm. 3:* 4Q Fragmente, die fälschlicherweise der Tempelrolle zugeschrieben wurden, doch einem ‚Pentateuchapokryphon' und wohl zu einer Quelle von 11QT gehören (Strugnell) vgl. III, 412 Anm. 9 und 415.417; *III, 422:* Die noch ausstehende endgültige Veröffentlichung von 4QBless (Milik); *III, 427f:* 2 große Fragmente der aramäischen Beschreibung des endzeitlichen Jerusalems, s. Milik, *DJD* III, 184–93: 5Q15; *III, 451: Die zahlreichen Hodayot-Fragmente aus 4Q,* J. Strugnell, *RB* 63 (1956) 64. Texte, auf die nicht in irgendeiner Weise einmal hingewiesen wurde, fehlen in dieser eher zufälligen Übersicht ebenso wie die biblischen, deren Herausgabe vornehmlich F. M. Cross übertragen wurde. In *RdQ* 13 (1988) sind in dem fast 700 S. umfassenden Band immerhin 63 S. der Veröffentlichung von neuen und der Ergänzung bisher veröffentlichter Texte gewidmet. Darunter sind für das Verständnis der matthäischen Bergpredigt so wichtige Texte wie 1QH XXIII 13–16 und 4QBeat: E. Puech, *Un Hymne Essénien et les Béatitudes,* 59–88. 4QBéat enthält eine *Reihe* von fünf Seligpreisungen; vgl. M. Hengel, ‚Zur matthäischen Bergpredigt und ihrem jüdischen Hintergrund,' *ThR* 52 (1987), 327–400 (332–41) = u. S. 219–292 (224–233).

Texte. Es sind hier noch einige Überraschungen zu erwarten. Hier drängt sich
die Frage auf, ob den Betroffenen nicht das Gefühl für das wissenschaftliche
Ethos abhanden gekommen ist. Das Ganze ist letzten Endes eine moralische
Frage an die Verantwortlichen, die ein ihnen anvertrautes Editionsmonopol
mißbrauchen und die Texte als ihren geistigen Privatbesitz betrachten!

§ *33A*. Jewish Literature Composed in Greek, 470–704.

S. 472: Hier wird in der Einleitung die Vermutung geäußert, es habe über die
uns erhaltenen Reste der jüdisch-hellenistischen Literatur hinaus kein größeres
Corpus derartiger Schriften gegeben. In Anmerkung 4 erfolgt unter dem Verweis auf eine ältere Veröffentlichung der Verfasser die Begründung: ‚The main
reason for scepticism is the fact that such Jewish writings in Greek were likely to
have been of great use to the apologists in the early Church and would have
been easily accessible to early Jewish writers.' Ich bin demgegenüber sicher,
daß das allermeiste verloren gegangen ist (wie übrigens auch von der christlichen Literatur des 2. und 3. Jh.s. n. Chr.). Philo übersieht sie ganz, Josephus
macht nur einen zufälligen Gebrauch von ihr, auch die christlich-apologetische
Verwendung beschränkt sich auf wenige Autoren, in erster Linie Eusebs
Praeparatio evangelica, dann Clemens Alexandrinus und Pseudo-Justin, *de
monarchia* und *cohortatio ad gentiles.* Von einigen Autoren wissen wir nur noch
den Namen, etwa von Sosates, dem jüdischen Homer, III, 559 Anm. 74. In
jüngster Zeit hat B. Bischoff einen angeblichen, lateinischen Brief des Hohenpriesters Annas an den Philosophen Seneca aus frühkarolingischer Überlieferung ans Licht gebracht, der vermutlich aus jüdischer Apologetik stammt, und
– nach Meinung des Herausgebers – noch vor dem christlichen Schriftwechsel
Paulus–Seneca anzusetzen und daher etwa auf das 4. Jh. zu datieren ist.[69] M. E.
könnte er noch älter sein und ein griechisches| Original voraussetzen. Die
antiken heidnischen Kulte erscheinen hier noch als ernstzunehmender Gegner.
Da die Anrede: *videtis ... fratres* c.4 nicht zu Seneca paßt, wurde der Titel wohl
sekundär zugefügt. Vielleicht steht dahinter eine ‚philosophische Synagogenpredigt'. Nicht weniger rätselhaft ist der Brief Mardochais an Alexander, der
sich in eine frühmittelalterliche Rezension des Alexanderromans, die Historia
de proeliis, verirrt hat und sich gegen die Gestirnverehrung wendet. Auch die
beiden pseudophilonischen, nur armenisch erhaltenen Schriften *de Sampsone*
und *de Iona* sind zu erwähnen, zwei außerordentlich interessante jüdische

---

[69] B. Bischoff, *Anecdota novissima* (Stuttgart 1984), 1–9: I. Der Brief des Hohenpriesters
Annas an den Philosophen Seneca – eine jüdisch-apologetische Missionsschrift (4. Jahrhundert?). S. dazu auch A. Momigliano, ‚The New Letter by „Anna" to „Seneca"' (Ms. 17
Erzbischöfliche Bibliothek in Köln), *Athenaeum* N.S. 63 (1985), 217–19. Rätselhaft ist auch
der in einer frühmittelalterlichen Version des Alexanderromans enthaltene Brief des „„Mar-
doch(a)eus Iud(a)eus" an „Alexander"', in *Historia de Proeliis* (Rezension J3), ed. K. Steffen,
1975, 208–15, dazu A. C. Dionisotti, ‚The Letter of Mardochaeus the Jew to Alexander the
Great.' A lecture in Memory of Arnaldo Momigliano, *Journal of the Warburg Inst.,* 51 (1988),
1–13.

Predigten mit Enkomiencharakter, III,1, 869 wird nur ihr Name genannt. Von der Fülle jüdischer Predigten in den zahllosen Synagogen von Jerusalem und Tiberias bis nach Spanien, die ja doch bei feierlichen Anlässen und, wenn sie von angesehenen Predigern vorgetragen wurden, auch schriftlich verbreitet wurden, sind nur minimale Reste erhalten. Wie viel verlorengegangen ist, zeigen ja auch die christlichen Kanonsverzeichnisse mit den Listen verworfener apokrypher Bücher. Was mag alles an jüdischer Literatur in griechischer Sprache durch den selbstmörderischen Aufstand unter Trajan 115–117 zerstört worden sein, was durch die Pogrome des Jahres 66 in den griechischen Städten Palästinas und Syriens und dann durch die beiden jüdischen Kriege selbst? Das rabbinische Judentum war nicht mehr daran interessiert, diese Literatur zu erhalten. Wir können uns ja kaum vorstellen, was in der Antike überhaupt an Literaturen verlorenging: so z. B. die ganze punische und bis auf wenige Splitter die phönizische;[70] und wie wenig ist von den jüdischen und paganen Schriften zum Thema περὶ ᾿Ιουδαίων erhalten? Doch fast nur, was Josephus in *c. Apionem* erwähnt und was 150 | Jahre früher Alexander Polyhistor zufälligerweise gesammelt und Euseb abgeschrieben hat.

Der Paragraph beginnt mit einer sehr nützlichen Übersicht über die griechischen Übersetzungen der kanonischen Bibel (S. 474–504). Leider wird das Problem des samaritanischen Pentateuch, des sog. ‚Samaritikon' überhaupt nicht erwähnt. Nach E. Tov handelt es sich dabei um eine samaritanische Revision der LXX. Wir besitzen einige wenige Spuren von ihm, u. a. die griechische Fassung des Priestersegens in der samaritanischen Synagogeninschrift in Thessalonike.[71]

S. 517 (cf. 529): Daß das von Alexander Polyhistor dem jüdischen Geschichtsschreiber Eupolemus zugeschriebene Fragment bei Euseb *Praep. ev.* 9,17,2–9 nicht von diesem ‚nationalbewußten', den Tempel Salomos und dessen ‚Großreich' verherrlichenden Autor stammen kann, sollte man nicht mehr bezweifeln. Für jüdische Ohren mußte es wie ein Affront klingen, wenn Šalem, die Stadt des Priesterkönigs Malkiṣädäq (Gen. 14:18), in eine Stadt ἱερὸν ᾿Αργαριζίν, ὃ εἶναι μεθερμηνευόμενον ὄρος ὑψίστου verwandelt wird. Aus Gen. 33:18 konnte man zwar erschließen, daß dieses Šalem mit Sichem identisch war (M; LXX; Jub. 30:1), doch schon das Genesis-Apokryphon

---

[70] S. dazu W. Huß, *Geschichte der Karthager*, HAW, III, 8, 1985, 504 ff: Das einzige Werk, das ins Lateinische übertragen wurde, waren die 28 Bücher des Agrarschriftstellers Mago (586). Unser Wissen über die phönizische Literatur verdanken wir fast ausschließlich den Fragmenten des Philon von Byblos bei Euseb und einigen Hinweisen bei Josephus, s. Jacoby, *FGrHist* Nr. 790, vgl. 784–9.

[71] Zum ‚Samaritikon' s. E. Tov, ‚Pap. Giessen 13,19,22,26: A Revision of the LXX', *RB* 78 (1971), 355–83; ders., ‚Die griechischen Bibelübersetzungen,' *ANRW* II, 20.1 (1986), 121–89 (185). Zum Priestersegen s. NS III, 66f: B. Lifshitz/J. Schiby, ‚Une Synagogue samaritaine à Thessalonique,' *RB* 75 (1968), 369. Die Inschrift zeigt, daß die Samaritaner wie die Juden in der Diaspora den Gottesdienst in griechischer Sprache feierten.

präzisiert: ‚und er kam nach Šalem, das ist Jerusalem' (22,13 vgl. den Parallelismus membrorum Ps. 76:3). Für die spätere *jüdische* Überlieferung *mußte* dieses Šalem mit Jerusalem identisch sein, so bei Josephus Ant. 1,180 und *Bell.* 6,438, wo Melchisedek sogar zum Gründer Jerusalems gemacht wird, oder in den Targumim (Onqelos: *malkā dīrûšlem*) und in der rabbinischen Überlieferung. Wenn F. Millar in seiner Besprechung meines Judentum und Hellenismus schrieb: ‚I am unable to discern why the mention of Mt Gerizim should lead to the presumption that the author was a Samaritan' (*JSS* 19, 1978, 6 Anm. 12), so beachtet er zu wenig diesen Kontext. Hinzu kommt die in samaritanischen Schriften beliebte, aber in der LXX in der Regel ungewöhnliche Schreibweise Ἀργαριζιν, die jetzt durch die zwei samaritanischen Inschriften aus Delos bestätigt wird, die etwa in dieselbe Zeit gehören wie der | ‚samaritanische Anonymus', dem wir den diskutierten Text verdanken. Der erreichte Consensus kann hier nicht mehr ernsthaft in Frage gestellt werden.[72]

S. 561: Aus diesem Grunde möchte ich auch das epische Gedicht des Theodotos (Euseb, *Praep. ev.* 9,22,1) einem Samaritaner zuschreiben. Ein Jude hätte wohl kaum Sichem-Sikima als ἱερὸν ἄστυ bezeichnet. Die grausame Eroberung der Stadt durch die Söhne Jakobs schildert ja den Sieg der Vorfahren der Samaritaner, die sich als die wahren Israeliten betrachteten.[73]

S. 537: Das 3. Makkabäerbuch ist gewiß aufs Ganze gesehen ‚romantic fiction', aber es kann neben ‚most vague reminiscences of historical events' doch auch einzelne wenige interessante Details enthalten, die geschichtlich ernst zu nehmen sind. Dazu gehört der Mordanschlag gegen Ptolemaios IV. durch einen zu Antiochos III. übergelaufenen ehemals ptolemäischen Strategen, dem Aitoler Theodotos, und seine Rettung durch den jüdischen Apostaten Dositheos S. d. Drimylos, der eine glänzende Karriere im königlichen Dienst machte,[74] die

---

[72] S. dazu D. Mendels, *The Land of Israel as a Political Concept in Hasmonaean Literature*, TSAJ 15 (1987), 116ff: ‚PsEupolemus speaks of a temple, which I would suggest may be an allusion to the Hellenistic name of the Samaritan temple at Mt. Garizim, the temple of Zeus Xenios (2 Macc 6,2). Thus, according to PsEupolemus, the first Jewish ancestor, perhaps the most important of all, grants legitimacy to the temple on Garizim.' Zu den Inschriften auf Delos s. NS III, 71, wo F. Millar ausdrücklich als Parallele auf die Eupolemusstelle verweist. Möglicherweise ist sogar die Synagoge auf Delos (S. 70) eine samaritanische. Zum sprachlichen Problem s. R. Pummer, Ἀργαριζιν; A Criterion of Samaritan Provenance,' *JSJ* 18 (1987), 18–25.

[73] D. Mendels, *op. cit.* (Anm. 70), 110ff.

[74] 3 Makk. 1:3; s. dazu A. Fuks, *JJP* 7/8 (1953/4), 205–9; V. A. Tcherikover/A. Fuks, *CPJ* I, 17.37.230ff (Nr. 127). Hier hätte NS III, 539 über die Angaben des AS hinaus die neuere Literatur genannt werden sollen, vgl. V. Tcherikover, *Hellenistic Civilization and the Jews* (1961) 353; M. Hengel, *Judentum und Hellenismus*, WUNT 1. R. 10 (³1988), 60 Anm. 216.132; E. Bickerman, *op. cit.* (Anm. 56) 87.255. B. möchte 3 Makk. schon sehr früh um 145 v. Chr. datieren, 88f vgl. 254f (Terminus ad quem sind das Danielbuch samt seinen Zusätzen: 3 Makk. 6:6f). Vgl. auch P. M. Fraser, *Ptolemaic Alexandria* (1972), 1,222; 2,327 Anm. 267; 787 Anm. 444.

Rolle der Schwestergattin Arsinoe bei der Schlacht;[75] die anschließende Reise des Königs durch die zurückeroberte Provinz[76]| sowie sein Interesse an den Dionysos-Mysterien.[77] Der Verfasser, der wahrscheinlich erst relativ spät nach Einführung der Kopfsteuer (λαογραφία 2:28) durch die Römer schreibt, muß z. T. ältere historische Quellen verwendet haben, die besser sind, als seine eigene novellistisch-erbauliche Produktion es vermuten läßt.[78]

S. 559–93: Auffallend ist, daß innerhalb der an sich reichhaltigen jüdisch-hellenistischen Literatur die Zahl der uns erhaltenen Schriften, die typisch griechische Gattungen nachahmen, wie poetisches Epos und Drama, außerordentlich gering ist. Im Grunde beschränkt sich das Ganze auf die durch den Raritätensammler Alexander Polyhistor überlieferten Fragmente, die durchweg relativ früh sind und noch aus hellenistischer Zeit stammen. Einen Sonderfall bilden die pseudepigraphischen Sibyllinen und die gefälschten apologetischen Dichterfragmente, einschließlich Pseudo-Phokylides. Die jüdisch-philosophische Literatur beschränkt sich – wenn wir von dem Unicum Philo absehen – auf den ebenfalls frühen Aristobul und 4. Makk. In der römischen Zeit scheint das Bedürfnis nach derartiger Literatur in den jüdischen Diasporagemeinden eher zurückgegangen zu sein: Man wurde – nicht zuletzt unter dem Eindruck politischer Katastrophen in Judäa und später auch in Ägypten – ,nationalbewußter' und orientierte sich stärker am palästinischen Mutterland. Auch die Zahl der metrischen Grabgedichte für verstorbene Juden – eine Gattung, die in einer Darstellung jüdisch-hellenistischer Literatur nicht fehlen sollte – ist abgesehen von Ägypten, und hier wieder besonders von dem großen jüdischen Gräberfeld bei Leontopolis,[79] auffallend| gering. Bezeichnenderweise finden sich zwei Grabepigramme auch in der großen Grabanlage von Beth

---

[75] 3 Makk. 1:4 vgl. dazu Polybios 5,83,3; 84,1: 3 Makk. stellt eine dramatische Steigerung dar.

[76] 3 Makk. 1:6ff; s. dazu M. Hengel, *Juden, Griechen und Barbaren,* SBS 76 (1976), 56f. Nach dem Raphia-Dekret dauerte dieser Besuch 4 Monate; H. Volkmann, Art. ‚Ptolemaios IV Philopator,' *PW* 23.2 (1959), Sp. 1682f.

[77] H. Volkmann, *op. cit.* (Anm. 74), Sp. 1689. Dionysos war Stammvater der Ptolemäer. Zum Edikt des Philopator (?) über die Dionysos-Mysterien s. auch G. Zuntz, *Opuscula Selecta* (1972), 88–101.

[78] NS III, 540; s. jetzt auch A. Paul, ‚Le troisième livre des Macchabées,' *ANRW* II, 20.1 (1986), 298–336: Ende des 1. Jh.s v. Chr. (333).

[79] *CIJ* II Nr. 1451.1489.1490.1508–13.1522.1530; vgl. auch *CPJ* I S. 145.152.156ff.160ff zusätzlich Nr. 1530A S. 162 (L. Robert, *Hellenica I* (1940), 18–24 und XI–XII (1960), 384f): ein Abramos als Haupt zweier jüdischer Gemeinden. Die Gedichte sind sehr konventionell; es fehlen zwar die typischen paganen Züge (vgl. jedoch 1510,5 μοῖρα), aber auch ein klares Bekenntnis zum jüdischen Glauben. Unter den rund 550 Inschriften Roms finden sich nur zwei lateinische Grabgedichte (*CIJ* I, Nr. 476 und 527, s. dazu auch das Vorwort von B. Lifshitz zur 2. A. von *CIJ* I (1975), 37f.39f. Bei beiden wurde die jüdische Herkunft mit unzureichenden Gründen bestritten. Ein griechisches Distichon begegnet uns noch in Larissa in Thessalien *CIJ* I, Nr. 701; S. B. Lifshitz *op. cit.* 80.

Shearim in Galiläa,[80] in der über zwei Drittel der Inschriften Griechisch sind, und die durch ihre bisher in der theologischen Forschung wenig beobachtete religiöse Vielfalt außerordentlich interessant sind.

Das Urteil über ‚Hellenistic Jewish philosophy' im Vergleich zur griechischen scheint mir doch etwas einseitig zu sein: ‚... like Jewish history and poetry, the use of Greek had only a marginal effect on the content of what was written. Jewish Greek philosophy pursued essentially practical goals in the same way as the Palestinian *ḥkmh*. Its main content was not logic or physics, but ethics' (567). Eben dies gilt doch in der Grundtendenz auch für die seit der hellenistischen Zeit vorherrschende griechische Philosophie der Stoa und der Epikuräer. Die Stoiker der Kaiserzeit wie Musonius, Epiktet, Mark Aurel verfaßten nur noch ethische Werke, auch bei Seneca überwiegt die paränetische Schriftstellerei bei weitem. Der starke ethisch-religiöse Impuls dieses Philosophierens, der sich z. T. durchaus mit jüdischer oder frühchristlicher Paränese berührt, wird etwa in den Satiren des Persius sichtbar. Die stoische Philosophie wollte zu einem ‚philosophischen Leben' erziehen, das harte asketische Anforderungen an die Lebensgestaltung richtete, die u. U. bis zu strengen Speisegeboten gingen.[81] Josephus hat nicht *völlig* zu Unrecht die Pharisäer mit den Stoikern verglichen. Die ‚Physik', die sich bei den Stoikern | mit der ‚Theologie' verband, bildete auch für sie nur die Grundlage der Ethik, und der gebildete Jude mußte um der Lehre von der Erschaffung der Welt und dem Schicksal der Seele nach dem Tode willen in gleicher Weise an ihr interessiert sein. Die ersten Griechen, Theophrast, Hekataios, Megasthenes und Klearch, verstanden die Juden als barbarische Philosophen. Der gebildete Diasporajude konnte sich entsprechend als Vertreter der ältesten und wahren Philosophie betrachten. Es besteht in hellenistisch-frührömischer Zeit eine deutliche *Konvergenz* zwischen jüdischer Weisheit und griechischer *Popular*philosophie. Die jüdischen Diasporasynagogen mit ihrem reinen Wortgottesdienst von Gebet, Lesung und Lehrvortrag konnten apologetisch als Pflanzstätten der ursprünglichen, wahren Philosophie betrachtet werden. Man darf bei der Beurteilung ihrer doch recht erfolgreichen ‚philosophischen' Werbung nicht von den anti-

---

[80] M. Schwabe/B. Lifshitz, *Beth She'arim, Vol. II: The Greek Inscriptions* (1967), 45ff, Nr. 127: Auch hier erscheint die μοῖρα κραταιή; s. 76ff, Nr. 183.

[81] Vgl. Seneca, *ep.* 108,22f: Der junge Seneca gibt den pythagoreisch motivierten Vegetarismus auf Bitten seines Vaters auf, der die Philosophie haßte. Zugleich war zur Zeit des Tiberius eine solche Lebenshaltung als *alienigena ... sacra* und *superstitio* verpönt; s. M. Rozelaar, *Seneca* (1976), 46f. Der Wortlaut: ... *inter argumenta superstitionis ponebatur quorundam animalium abstinentia,* läßt vermuten, daß man durch solche Askese in den Verdacht jüdischer Lebensweise kommen konnte. Gleichzeitig benutzte Seneca eine ganz harte Matratze. Marc Aurel verbindet im Rückblick auf seine Jugend die erste Bekanntschaft mit der Philosophie mit dem ‚Verlangen nach einer harten Lagerstätte, die nur ein Tierfell deckt' (1,6 vgl. *Hist. Aug.,* Marcus 2,6: *nam duodecimum annum ingressus habitum philosophi sumpsit et deinceps tolerantiam, cum studeret in pallio et humi cubaret, vix autem matre agente instrato pellibus lectulo accubaret).*

ken ‚Koryphäen' Platon, Aristoteles oder Plotin ausgehen. Wahrscheinlich war
der Einfluß der synagogalen Predigt auf die Verbreitung popularphilosophi-
scher ethischer Anschauungen unter der einfachen Bevölkerung größer, als wir
gemeinhin annehmen. Die frühchristliche Ethik mit ihren Haustafeln ist weitgehend davon geprägt. Ein typisches Exempel dafür ist der 1. Clemensbrief.
Leider besitzen wir nur ganz wenige Beispiele von derartigen synagogalen
Lehrvorträgen aus der Diaspora, etwa die oben erwähnten pseudophilonischen
Traktate *de Sampsone* und *de Iona,* oder die Festrede zu Ehren der makkabäischen Märtyrer, die uns in 4. Makk. *(S. 588–93)* erhalten ist. Auffallend ist in
ihr, daß sich eine philosophisch aufgeputzte Form durchaus mit einem stark
palästinisch gefärbten ‚Nationalismus' verbinden konnte.

S. 594–616: In Zusammenhang mit der jüdischen Apologetik wird auch eine
Anzahl antijüdischer heidnischer Autoren von Manetho bis Apion behandelt.
Hier wäre bei Poseidonios (S. 608) noch die neue grundlegende Untersuchung
von Jürgen Malitz[82] zu nennen. Leider sind uns aus der Gattung jüdischer |
Apologien im strengen Sinne nur Josephus *c. Apionem* und einige Fragmente
Philos (S. 609f) erhalten. In einem weiteren Sinne könnte man auch noch
Philos Schriften *c. Flaccum, legatio ad C.,* Aristobul, Aristeas und einzelne
gefälschte poetische und sibyllinische Texte nennen, doch darf man nicht die
ganze jüdisch-hellenistische Literatur als ‚apologetisch' bezeichnen. Dieser
Begriff ist so wenig zutreffend wie das Etikett ‚Missionsliteratur'. Sie diente
vielmehr in erster Linie den eigenen literarischen Bedürfnissen.[83]

S. 661. 667–9: Die beste Ausgabe der gefälschten, Aischylos, Sophokles und
Euripides, aber auch Philemon und Diphilos zugeschriebenen Verse findet sich
jetzt bei R. Kannicht/B. Snell, *Tragicorum Graecorum Fragmenta, Vol. 2,
Fragmenta adespota,* 1981, F 617–624 mit reichen Literaturangaben und aus-

---

[82] *Die Historien des Poseidonios,* Zetemata 79 (1983), 302–23: Die Juden. ‚Es ist sehr
wahrscheinlich, daß sich das Lob von Moses' Staatsgründung mit herber Kritik an den Juden
der Gegenwart vertrug' (323). Der heftig umstrittene Judenbericht Strabos *Geogr.*
16,2,35–37 (vgl. NS I, 64f; III, 154), der bei E. Norden, K. Reinhardt, I. Heinemann, F.
Jacoby und F. Wehrli auf Poseidonios zurückgeführt wird, ist auch für Malitz ‚mit Sicherheit
von Poseidonios abhängig' (316); mit guten Gründen plädiert dafür auch W. Theiler, *Poseidonios. Die Fragmente* (1982), II, Erläuterungen zu Fr. 133, S. 96ff; s. auch Fr. 134, S. 98f =
Diodor 1,94,1f; vgl. auch H. Strasburger, *Studien zur Alten Geschichte,* II (1982), 1012. Die
Einwände von W. Aly, *Strabonis Geographica* Bd. 4, Antiquitas I 5 (1957), 191ff und I.-D.
Gauger, ‚Eine mißverstandene Strabostelle (Zum Judenbericht XVI 2,37),' *Historia* 28
(1979), 211–224 (‚eine uns unbekannt bleibende hellenistische Quelle' 220), schließen m. E.
eine zumindest indirekte Herleitung von P. nicht aus. Vorsichtig M. Stern, *GLAJJ* I, Nr. 115,
S. 304ff, vgl. 265, und ders. in S. Safrai/M. Stern (Hg.), *The Jewish People in the First Century,*
II (1976), 1132–7: ‚At most it can be assumed that the Chapters on Moses owe something to
Posidonios' general views of religion, but it is not certain that Posidonios himself stated these
views when speaking of the Jewish religion' (1135). S. auch o. S. 126.

[83] Nach wie vor grundlegend V. Tcherikover, ‚Jewish Apologetic Literature Reconsidered,' *Eos,* 48 (1956), = *Symbolae Raphaeli Taubenschlag dedicatae* (1957), 169–93; M.
Hengel, *op. cit.* (Anm. 58).

führlichem kritischem Apparat. Diese Texte werden zusammen mit echten Versen und teilweise verschiedenen Verfassernamen bei Clemens Alexandrinus und Pseudo-Justin, *de monarchia* überliefert. Die verschiedenen Zuschreibungen bei einzelnen Versen mögen auf zwei Rezensionen derselben Textsammlung zurückgehen, die die Einzigkeit und Schöpfermacht Gottes hervorhob und ethische Forderungen mit einer Verurteilung der Torheit des Götzendienstes verband. Ich frage mich, ob es sich dabei ursprünglich durchweg um bewußte Fälschungen handelte, und ob am Anfang dieser Dichtung nicht rhetorisch-poetische ‚Stilübungen' in der jüdisch-hellenistischen Schule standen. Der Terminus ad quem für diese Texte ist der jüdische Aufstand in Ägypten 115 n. Chr. Als Herkunftsort ist wohl immer noch Alexandrien am wahrscheinlichsten: Eine derar|tige apologetische Dichtung setzt ein Milieu intensiver griechischer Bildung voraus. Im Blick auf die geistige Entwicklung der Juden unter römischer Herrschaft glaube ich eher an eine Entstehung in vorchristlicher Zeit (S. 659). Dies gilt m. E. auch für die Verse des Pseudo-Phokylides (S. 690).

In Band III,2 schließt sich mit § *33 B* eine Übersicht über jene Literatur an, bei der die Ursprache ungewiß ist *(S. 705–86);* ein Appendix enthält Texte, deren jüdische oder christliche Herkunft kontrovers beurteilt wird *(S. 787–807)*. Hier würde ich bei den Zusätzen zu Daniel und Esther, dem Slavischen Henoch, dem Testament Abraham, dem Testament der 12 Patriarchen und Jannes und Jambres die griechische Originalsprache voraussetzen, was nicht ausschließt, daß einzelne Teile oder ältere Legenden aramäisch waren. Die *Oden Salomos (S. 787ff)* sind sicher christlich, auch wenn sie, wie die poetischen Stücke in Lk 1 und 2, die Formen semitischer Poesie voraussetzen, ihre Ursprache war sehr wahrscheinlich Syrisch. Zeitlich sind sie frühestens in den letzten Jahrzehnten des 2. Jh.s anzusetzen. Mit ihnen, dem Diatessaron und den Schriften des Bardesanes begann die christliche syrische Literatur.[84] Umgekehrt enthält das *Gebet Josephs (S. 798f)* nichts Christliches, es widerspricht durch die Präexistenz und Verherrlichung Jakob-Israels der kirchlichen Christologie. Bei den zahlreichen Zitaten christlicher Autoren aus apokryphen jüdischen Schriften folgen die Vf. der reduzierten Auswahl von Denis, mir scheint, daß demgegenüber die weiteren Sammlungen von Resch und James durchaus ernst zu nehmen sind. Man muß damit rechnen, daß eine sehr große Zahl von ‚Pseudepigrapha' verlorengegangen ist, auch daß im 1. und 2. Jh. der alttestamentliche Kanon noch nicht eindeutig klar abgegrenzt war. Zu den *jüdischen Gebeten im 7. Buch der Apostolischen Konstitutionen (S. 807)* erschien 1985 die Dissertation von D. A. Fiensy, mit einer Rekonstruktion der

---

[84] Ein Vergleich mit der auch griechisch erhaltenen 11. Ode legt die syrische Ursprache nahe. S. L. Abramowski, ‚Sprache und Abfassungszeit der Oden Salomos,' *OrChr* 68 (1984), 80–90.

dahinter stehenden jüdischen Quellen.[85] Die frühchristliche | Literatur des 1. und 2. Jahrhunderts schließt sich nahtlos an die jüdische an.

Der Abschluß des opus magnum ist § 34 mit einer Einführung in das Werk *Philos* von Jenny Morris *III,2, S. 809–89.* Sie ist recht instruktiv, insbesondere der erste Abschnitt ‚Life and Works', der zweite ‚Philo's Philosophical Thought' ist dagegen mit 18 Seiten (S. 871–89) etwas gar zu knapp ausgefallen. Nun war schon der Schwerpunkt des AS in der Darstellung der Geschichte und Literatur des Judentums zwischen 175 v. und 135 n. Chr. gelegen. An dieser etwas einseitigen Tendenz hat sich im NS nichts geändert. Es hängt mit dem ‚neutralen' Handbuchcharakter des Werkes zusammen und kann auch als seine Stärke betrachtet werden. Die bündige und präzise Darstellung ist überaus informativ; sie gehört zu den besten kurzen Einführungen, die mir bekannt sind. Darum am Ende nur einige wenige Fragen: So sehr ich der Autorin in dem Satz zustimme ‚Philo was probably more deeply steeped in Greek wisdom than any other known Jewish author writing in Greek, – das probably sollte dabei durch surely ersetzt werden – so sehr habe ich Bedenken gegen den Nachsatz ‚certainly he made more impact on history than any of the others' (S. 813 f): Josephus war – bis zum heutigen Tage – nicht weniger einflußreich. Man darf die historische Wirkung ja nicht nur auf den Einfluß auf die altkirchliche Dogmenentwicklung beschränken (S. 888 f). Von seiner philosóphischen Sprache und den damit verbundenen ontologischen Vorstellungen her war Philo eindeutig ein Mittelplatoniker, der erste, den wir aufgrund seines Werkes wirklich genau kennen, den transzendenzfeindlichen stoischen Monismus mußte er ablehnen, auch wenn sein Denken zahlreiche Züge der zu seiner Zeit herrschenden Stoa, etwa in der Ethik, übernommen hat. Man kann ihn nicht einfach in gleicher Weise als Platoniker *und* Stoiker bezeichnen (S. 872). Der sich erneuernde Platonismus seit dem 1. Jh. v. Chr. war zunächst stark von der Stoa geprägt, ein gewisser Eklektizismus lag im Zuge der Zeit, und der gemeinsame | Gegner waren Epikur und die Skepsis.[86] Ich würde Philo auch nicht als

---

[85] *Prayers alleged to the Jewish. An Examination of the Constitutiones Apostolorum,* Brown Judaic Studies 65 (1985). Die Zahl christlicher Gebete, die sich an jüdische Vorlagen anlehnen, ließe sich noch leicht vermehren – so durch das große Schlußgebet 1 Clem. 59–61 oder die drei Mahlgebete der Didache (*Did.* 9 und 10), die die christlichen Agapefeiern einleiteten und beschlossen und die auf den jüdischen Wein-Qīdduš und den Brotsegen zurückweisen; s. O. Hofius, ‚Herrenmahl und Herrenmahlsparadosis,' *ZThK* 85 (1988), 371–408 (390 f Anm. 149). Zur jüdischen und christlichen Psalmendichtung s. M. Hengel, ‚Das Christuslied im frühesten Gottesdienst,' in *Weisheit Gottes – Weisheit der Welt, Festschrift Joseph Kardinal Ratzinger* Bd. I (1987), 357–404 (357 ff.366.402 ff); s. auch K. E. Grözinger, *Musik und Gesang in der Theologie der frühen jüdischen Literatur,* TSAJ 3 (1982). Eine ganz besondere Rolle spielt hier die Qedusha.

[86] S. dazu H. Dörrie, *Platonica Minora* (1976), 154–228; speziell zu Philo 160 Anm. 19.163: ‚Schon der Platonismus, wie er sich bei Philon … abzeichnet, ist von einer geradezu monumentalen Geschlossenheit'; 179f: ‚Philon von Alexandria und der Symbolismus der platonischen Fachsprache': ‚Durch meisterliche Beherrschung dieser Sprache zeichnete sich Philon

‚an exegete rather than as a philosopher' (S. 880) bezeichnen. Er treibt Exegese von einem philosophischen Vorverständnis her und argumentiert darum als Exeget philosophisch und als Philosoph exegetisch, beides kann man nicht trennen. Die ganz überwiegend exegetische Entfaltung seiner nicht streng systematisch aufgebauten philosophischen Vorstellungen ist freilich das Neue in seinem Denken. Er begründet im Grunde die spätere Exegese der Kirchenväter.

Der NS bietet dem, der ihn zu lesen versteht, – wie schon der alte – eine überaus anregende Lektüre mit reicher Belehrung. Er ist zu schade, um an Hand des *Indexes* (III,2, S. 893–1015) – den man sich noch etwas ausführlicher gewünscht hätte, der alte hatte mit 117 S. schon fast denselben Umfang – als bloßer Steinbruch von Fakten benutzt zu werden. Er kann und soll auch zum ‚Lesebuch' für den an der Sache Interessierten werden. Die kritischen Bemerkungen und Ergänzungen sind der dankbare Ausdruck der Anregungen, die ich von diesem umfassenden Werk, das auch in der Neubearbeitung seines Begründers würdig ist, empfangen habe. Man möchte sich bald eine Neuauflage wünschen, bei der die zahlreichen Druckfehler, vor allem in den griechischen Zitaten, beseitigt würden.

Zum Schluß noch zwei Fragen an Herausgeber und Verleger. Die Forschung schreitet rasch voran, Jahr für Jahr kommen neue Textfunde hinzu und müssen frühere Meinungen revidiert werden. Vor allem im lange Zeit notleidenden Bereich der Qumrantexte sind wichtige Neueditionen zu erwarten – | wenn man den Versprechungen der neuen Verantwortlichen Glauben schenken darf. Ich selbst bin hier nach jahrzehntelangem enttäuschendem Warten etwas skeptisch. Statt einer baldigen völligen Neubearbeitung wäre hier in einigen Jahren ein Ergänzungsband wünschenswert, der nicht zu schmal ausfallen sollte. Schließlich und endlich ruft das Werk nach einer Fortsetzung, nach einer Geschichte des jüdischen Volkes von Bar Kochba bis zum Sieg des Islam. Erst wenn dieser zweite Schritt getan werden könnte, wäre – um noch einmal auf Haydn zurückzukommen, ‚das große Werk' wirklich vollendet.

Postscriptum zu S. 161: Die enge Freunschaft zwischen den jungen Privatdozenten Schürer und Harnack wird aus dem köstlichen Augenzeugenbericht von C. R. Gregory in einem Brief an J. B. Lightfoot vom 13. 5. 1877 sichtbar s. G. R. Treloar, Lightfoot the Historian, WUNT II/103, 392 f.

---

von Alexandrien aus. ... Alles, was Philon an Prägungen der Sprache des zeitgenössischen Platonismus entnimmt, wird umgemünzt, so daß es zur Stütze wird für Philons Monotheismus ...'. Vgl. auch H. J. Krämer, *Der Ursprung der Geistmetaphysik* (1967) 264 ff: neben Platon treten noch neupythagoräische Elemente. S. auch F. Siegert, *Philon von Alexandrien. Über die Gottesbezeichnung ‚wohltätig verzehrendes Feuer' (de Deo)*, WUNT 1. R. 46 (1988), 56.58.100. Siegert bringt hier den armenischen Text, die deutsche Übersetzung, eine griechische Rückübersetzung und einen ausführlichen Kommentar zu diesem wenig beachteten nur armenisch erhaltenen Fragment über Gen. 18:2, das vermutlich aus dem allegorischen Genesiskommentar stammt.

Appendix: Inschriften

Hanswulf Bloedhorn, Tübingen

Ergänzungen und Korrekturen zu Emil SCHÜRER, The History of the Jewish People in the Age of Jesus Christ (175 B.C. – A.D. 135) vol. III.1 Edinburgh 1986 S. 1–86: § 31. Judaism in the Diaspora: Gentiles and Judaism (inscriptions) (bearbeitet von G. Vermes, F. Millar und M. Goodman).

Der Rezensent dieses Abschnittes hat im Rahmen des *Tübinger Atlas des Vorderen Orients* die Jüdische Diaspora in den Teilgebieten Griechenland, Kleinasien und Syrien bearbeitet, die Materialsammlung wird als *Corpus jüdischer Zeugnisse in Griechenland, Kleinasien und Syrien* (TAVO-Beih. B 92) erscheinen wie auch das dazugehörige Kartenblatt B VI 18 *Die Jüdische Diaspora.*[1] Daher werden hier nur offensichtliche Fehler berichtigt und die wichtigsten Neuerscheinungen nachgetragen; die ausführliche Diskussion ist im genannten *Corpus* zu finden.

Emil Schürers Sammlung des Materials zur jüdischen Diaspora gibt getreulich den wachsenden Wissensstand vor und nach der Jahrhundertwende wieder. Begonnen hat er in seiner ersten Auflage *(Lehrbuch der neutestamentlichen Zeitgeschichte [1874])* mit 7 (!) Seiten: *§ 31 Das Judenthum in der Zerstreuung (S. 619–626); weitere 22 Seiten (S. 626–647)* behandeln die inneren Strukturen der Gemeinden und die Proselyten. Schon in der folgenden Auflage (nun unter dem Titel *Geschichte des jüdischen Volkes im Zeitalter Jesu Christi*) ist der Umfang auf 21 Seiten angeschwollen: II (²1886) S. 493–513 und steigt stetig weiter: III (³1898) S. 1–38 und III (⁴1909) S. 1–70.

In der neu erarbeiteten englischen Ausgabe (s. o.) werden in allzu gedrängter Form *(S. 1–86)* die zahlreichen Neufunde der letzten 77 Jahre hinzugefügt; hier hätte man vielleicht doch stärker in die Vorlage eingreifen sollen und ältere Literatur herausnehmen (ein Verweis auf CIJ trotz seiner vielen Fehler hätte genügt) und die neuesten Corpora konsequent zitieren müssen. Dabei hätten auch die Angaben zu den einzelnen Landschaften und Orten übersichtlicher gegliedert werden können. |

1. Syrien (S. 13–15):

Edessa: 1) Nachzutragen ist H. J. W. Drijvers, „Jews and Christians at Edessa', *JJS* 36 (1985), 88–102.
2) Der jüdische „Schrotthändler", der das Erz des Koloss von Rhodos gekauft hat, ist vergessen; dazu jetzt: M. Demus-Quatember in: *Studien zur spätant. und byz. Kunst F. W. Deichmann gewidmet* III (1986) 143–8.
Antinopolis (Konstanteia): Eine Sturzinschrift nennt einen Arzt Isaak (*CIJ* II 1419), nach F. Kudlien, *MedizinhistJ* 20 (1985), 39–40 nicht jüdisch; kann aber auch christlich sein.
Antiocheia/Orontes: 1) Es fehlt die Marmorplatte mit Menora: Gl. Downey in: R. Stillwell (Hg), *Antioch on-the-Orontes II. The Excavations 1933–1936* (1938) 150–1 Nr. 24 (mit Abb.); unter der Menora sind vier Buchstaben ΓΟΛΒ, deren Sinn nicht klar ist.
2) Anzufügen wäre: R. R. Hann, „Judaism and Jewish Christianity in Antioch: Charisma and Conflict in the First Century', *JRH* 14 (1987), 341–60.
Apameia/Orontes: Da die Grabungsunterlagen während und nach dem Krieg vernichtet wurden, fehlen leider genaue Angaben zur Größe der Synagoge. *Besara (Bet Šǝ'arim):* In dieser Nekropole sind zahlreiche Juden aus Syrien bestattet. Die Aufzählung ist nicht vollständig: es fehlen aus *Iamour* (Yaḥmur [al-Beqa'], 28 km osö von Sidon) drei Inschriften, die einen Ἰήσους Ἰαμουρίτης nennen (Beth She'arim II Nr. 138–40). Der Archisynagogos aus Sidon ist auch in Beth She'arim II Nr. 221 publiziert (richtig: *ZDPV 82* [1966], 57). Bei Tyros muß es Beth She'arim II Nr. 147 und Nr. *199* heißen; hinzuzufügen wäre noch ein Δανιήλ aus Tyros,

den N. Avigad, *Beth She'arim III* (1976) 82 Taf. 29,5 publiziert hat. Ein Ossuar aus Jerusalem nennt einen Ἰούδαν aus Tyros (*SEG* 33, 1983 [1986] 1279).

Palmyra: 1) Die Inschriften an der Tür zitieren Deut. 6:4–9 (auf dem Sturz) und Deut. 7:14–15 (auf den Leibungen) (= *CIJ* II 821.823.822); E. Mittwoch, *BeitrAss* 4 (1902), 203–6 spricht sich gegen eine Synagogentür aus, so jetzt auch J. Naveh, der an einen samaritanischen Hauseingang denkt (Synagogen-Kongreß Haifa 1987).[2]

2) Beim Allat-Tempel ist eine fünfschnauzige Lampe mit zwei Menorot (4. Jh.) gefunden: M. Krogulska, *EtTr* 13 (1983), 209–214.

3) Vielleicht ist das sog. Drei-Brüder-Grab mit Juden belegt gewesen (C. H. Kraeling, *AAS* 11–12 [1961–62], 13–18; *CIS* II 4171–4186); *CIS* II 4174 nennt einen שמעון בר אבא בר חנינא.

CIJ II 846–868 werden nicht weiter diskutiert, obgleich die meisten in die syrische Diaspora gehören:

Nr. 846 aus *Ser'a:* es gibt keinen Anhalt für jüdische Provenienz; Nr. 847 aus *Frikiya* (nicht Ma'arra): falsch zusammengesetzte Grabinschrift, Teil B der Inschrift ist den ersten vier Zeilen von Teil A voranzustellen (vgl. *IGLS* IV 1410), nicht jüdisch; Nr. 848 aus *Dumer;* Nr. 849 ist ein magischer Text aus dem *Kunsthandel,* ist im Azem-Palast, Damascus aufbewahrt wird: nicht jüdisch; Nr. 850–851: zwei Amulette aus dem *Kunsthandel:* nicht jüdisch; Nr. 852 aus *Niha:* Altar vom Kleinen Tempel: nicht jüdisch (J. T. Milik, *Recherches d'épigraphie proche-orientale I. Dédicaces faites par des dieux* [Palmyre, Hatra, Tyr] *et des thiases sémitiques à l'époque romaine* [BAH 92, 1972] 97–8); Nr. 853 aus *Nawa:* aram. Inschrift, wohl aus Synagoge | (F. Hüttenmeister – G. Reeg, *Die antiken Synagogen in Israel* [1977] 336–9 Nr. 112); ferner ein Basalt-Sarkophag mit Inschrift Ἀρβιάδης ὁ Ῥάββι (M. Schwabe, *BJPES* 14 [1947–49], 109–11 [S. iii] Taf. 1); Nr. 861 aus *Tafas:* Synagogen-Inschrift (Hüttenmeister/ Reeg a.O. 433–4 Nr. 150; Z. Ma'oz, *PEQ* 117 [1985], 63 hält συναγωγή für Bezeichnung einer Kirche!); Nr. 862 aus *Der'a:* fragmentierte hebr. Inschrift mit Menora; Nr. 863 aus *Šahba (Philippopolis):* Ἰουδέων μνῆμα; Nr. 864 aus *Damat al-'Alya:* εἷς θεός-Inschrift, muß nicht jüdisch sein; Nr. 865 aus *'En Musa:* Ἰσάκιος χρυσοχόος.

Nicht mehr im Bereich der Diaspora liegen: Nr. 854 aus der Synagoge in *Mazra'at Kanaf* (Hüttenmeister/Reeg a.O. 308–10 Nr. 102); Nr. 855 aus *Afeq* (Hüttenmeister/Reeg a.O. 2–4 Nr. 2); Nr. 856–860 aus der Synagoge in *Hammat-Gader* (Hüttenmeister/Reeg a.O. 152–9 Nr. 64); Nr. 866–867 aus der Synagoge in *Gerasa* (Hüttenmeister/Reeg a.O. 126–30 Nr. 54); Nr. 868 aus *Araq al-'Amir:* Tobia-Inschrift.

Tyros: s.o. s.v. Besara (Bet Šə'arim); *CIJ* II 881 gibt Tyros als Fundort an, obgleich die Herkunft nicht bekannt ist.

Sarephtha: ist nicht aufgeführt: *CIJ* II 879 nennt einen Theodoros, genannt Iakob aus Sarephtha.

Berytos: CIJ II 874 verschweigt, daß es sich um ein Amulett handelt, auf dessen Vorderseite ΠΙΝΩ steht; jüdisch?

Sidon: 1) Die Marmorplatte mit Menora ist ausgelassen (R. Dussaud, *Les monuments palestiniens et judaiques* [1912] 96 Nr. 127 [mit Abb.]).

2) Die Inschrift Ἰοσὴφ ῥάπτου kann jüdisch, aber auch christlich sein (Dussaud a.O. 96 Nr. 126).

3) Ein hebr. Inschrift-Frgt. erwähnt G. Contenau, *Syria* 1 (1920), 289: שלום ע]ל ישראל.

4) G. Contenau ebd. 225–6 nennt eine Mosaikinschrift in einer Grabanlage, in der der Name Ἀλάφθα vorkommt, vgl. *CIJ* II 904 in Jaffa.

5) G. Contenau ebd. 288 Nr. 8 nennt eine Σωσάννη; jüdisch?

6) *BE* 1983, 455: Säulenbasis mit Inschrift-Frgt., jüdisch?

7) In Alexandreia wird eine Σιμοτέρα aus Sidon genannt (*CIJ* II 1430).

8) Eventuell (je nach Lesart) nennt eine Inschrift in Sepphoris einen Archisynagogos aus Sidon (Hüttenmeister/Reeg a.O. 404–7 mit Diskussion).

9) *CIJ* II 877 ist wohl eher christlich.

10) *CIJ* II 876 ist eine Gemme (?), nicht jüdisch.

11) *CIJ* II 875 ist ebenfalls eine Gemme, auf der Vorderseite eine Orantin, wohl kaum jüdisch.

2. Kleinasien (S. 17–36):

Unberücksichtigt ist die Arbeit von Lea Roth-Gerson, *The Civil and the Religious Status of the Jews in Asia Minor from Alexander the Great to Constantine BC 336 – AD 337* (Ph. D. Hebrew University Jerusalem 1972).

Parion: Die Conjectur von Schürer, Josephus, Ant. XIV 213 Παριῶν – also die Einwohner von Paros – zu lesen, ist nicht überzeugend, zumal keine Varianten vorliegen (vgl. Niese).

Sardeis: 1) Eine kurze Beschreibung dieser größten und am prächtigsten ausgestatteten antiken Synagoge hätte hinzugefügt werden sollen. |

2) Zur städtischen Wasserverteilungsinschrift (*CIJ* II 751) fehlt der Hinweis, daß die genannte συναγωγῆς κρήνη im Atrium der Synagoge gefunden und rekonstruiert worden ist.

Ephesos: 1) Es fehlt *IEphesos* VII 2, 4130, der bisher einzige archäologische Nachweis einer Synagoge: ein Schranken-Frgt. mit Menora, daneben θυσιαστήριον.

2) *ÖJh* 55, 1984, 107 vermerkt als wohl jüdisch ein Platten-Frgt. mit dem Namen Μ(άρκος) Αὐρ(ήλιος) Σαμβάθιος.

3) Zu dem Oberarzt Ἰούλιος (*CIJ* II 746) ist noch F. Kudlien, *MedizinhistJ* 20 (1985), 42–3. 46–7. 55–6 hinzuzufügen.

Tralleis: Eine Bauinschrift nennt einen oder mehrere Synagogenvorsteher: *ITralleis* I 241.

Mastaura: die Inschrift (nicht im *CIJ* II) erscheint stets unter:

Nysa: offenbar hat niemand die Fundmeldung beachtet: *AM* 22 (1897), 484 Nr. 2 nennt Nazili, antik Mastaura.

Milet: Bei diesem Gebäude in der Hafengegend liegt kein Hinweis vor, daß dieses als Synagoge gedient hätte.

Aphrodisias: Die große Inschrift – sowie einige kleinere – ist jetzt ausführlich von J. Reynolds – R. Tannenbaum, *Jews and Godfearers at Aphrodisias* (Cambridge PhilSoc-Suppl. 12 [1987]) diskutiert; es handelt sich wohl um die Türleibung der Synagoge, ohne daß deren genaue Lage bekannt ist.

Apameia: Bei diesem Ort mit umfangreichem Material ist es kaum möglich, sich in den Literaturangaben zurecht zu finden.

1) Wenn z. B. die Synagogen-Inschrift *CIJ* II 766 in bester Lesung mit *MAMA* VI 264 (Taf. 47 als Hinweis fehlt) vorliegt, kann man doch auf die ältere und überholte Literatur verzichten (jeder Interessierte kann im *CIJ* die Literatur konsultieren), die neueste Literatur ist mit L. Robert, *JSav* (1975) und A.R.R. Sheppard, *AnatSt* 29 (1979) ja genannt!

2) Eine einheitliche Angabe von *CIJ* II und *MAMA* VI wäre sehr wünschenswert, denn ohne Konkordanz ist ein Nachprüfen oder Nachschlagen unmöglich! Daher kommt es letztlich zu Unklarheiten: z. B. nennt S. 31 Z. 8 v. u. *MAMA* VI 335–335 a (= *CIJ* II 760). Ist nun *CIJ* II 760 gleich Nr. 335–335 a oder eine von beiden? S. 31 Z. 4 v. u. nennt zu den beiden Nr. 335–335 a als Vergleich ‚an inscription of A.D. 233 . . . (see L. Robert, *Hell.* X, pp. 249–53)'; dieses wäre aber *CIJ* II 760 = *MAMA* VI 335 a, wenn man ‚A.D. 233' für einen Druckfehler hält: es müßte dann heißen: *Hellenica* 10 (1955), 249–251 und *333* n. Chr., *richtig* ist aber: *Hellenica* 10 (1955), *253*. Folgende Konkordanz möge das Suchen erleichtern: *CIJ* II 760 = *MAMA* VI 335 a; *CIJ* II 761 (s. v. Eumeneia); *CIJ* II 762: = *MAMA* VI 176* (fehlt, sicher jüdisch); *CIJ* II 763 = *MAMA* VI 287; *CIJ* II 764 (s. v. Diokleia); *CIJ* II 765 = *MAMA* VI 277; *CIJ* II 766 = *MAMA* VI 264; *CIJ* II 767 = *MAMA* VI 227* (fehlt, sicher jüdisch); *CIJ* II 768 = *MAMA* VI 316; *CIJ* II 769 = *MAMA* VI 209*; *CIJ* II 770 = *MAMA* VI 174*; *CIJ* II 771 = *MAMA* VI 150*.

3) Hinzuzufügen sind die Neufunde *MAMA* VI 325 und 335.

4) Sicher jüdisch ist auch *MAMA* VI 180* (= *Hellenica* 10 [1955], 252 Anm. 11).

5) Es fehlen *MAMA* VI 144*, 187 und 227.

6) Das bilinguale Frgt. *MAMA* VI 334 Taf. 58 mit seiner Profilleiste | stammt wohl aus der Synagoge, zu der sicherlich das ionische Kämpferkapitell mit Menora (*MAMA* VI 347 Taf. 60) gehört.

Akroenos: Es fehlt *ÖJh* 32, 1940 Beibl. 132 Nr. 12 (*BE* 1941, 138b); Inschrift-Frgt. mit Verfluchung bei Grabschändung.

Apollonia: CIJ II 772 = *MAMA* VI 202 ist hier vergessen: eine Δεββῶρα.

Diokleia: CIJ II 764 (nicht in *MAMA* VI) erscheint s. v. Apameia *(S. 31)*.

Dokimeion: Ramsay, *Cities I 2*, 746 Nr. 691 verzeichnet einen ‚wortlosen' Grabstein mit Menora (= C.H.E. Haspels, *The Highland of Phrygia* [1971] 176 Anm. 67); s. auch im folgenden:

Dokimeion oder *Dorylaion:* In Jerusalem ist im Museum des Griech.-Orth. Patriarchates eine Stele (Marmor, H 26,5 cm, B 26 cm) ohne Fundortangabe aufbewahrt: Ῥαββὶ Σαμου[ὴλ | ἀρχησ[υνάγωγος Φ|ρύγιος Δο|κιμαῖος/Δοκιμενὸς oder Δο[ρυλαῖος/Δορυλαεὺς |δόξα σοι α[ἰώνιος | ὠρκου[μένη | למישכבן [שלום (*CIJ* II 1414; Sh. J. D. Cohen, *JQR* 72 (1981/82), 6 Nr. 53; 7–15).

Pessinous: CIJ II 797 muß nicht jüdisch sein, hätte aber genannt werden sollen.

Yapıldak: (in der Nähe von –) existiert eine Grabanlage, in der drei Menorot an den Felswänden erhalten sind (Haspels a.O. 176.183 Abb. 325).

Antiocheia: Von hier stammt jene Debbora, deren Grabinschrift in Apollonia gefunden wurde.

Side: 1) Es muß heißen: *CIJ* II *781*.

1) Zu ergänzen ist ein frgt. Giebelfeld aus Marmor, das eine Menora zeigt, wohl aus der Nekropole stammend (A. M. Mansel, *Die Ruinen von Side* [1963] 12 Abb. 7).

3) *CPJ* III 490 gibt als Fundort ‚Side in Pamphylia' an, obwohl der Papyrus aus dem Fayum stammt (*BGU* III 887). Zwar findet der geschilderte Sklavenverkauf in Side statt, doch gibt es keinen schlüssigen Anhalt, daß die genannte Sambathis eine Jüdin sein muß.

Tarsos: 1) Hier müßte die Grabinschrift aus Jaffa erscheinen (*CIJ* II 931), die einen Ἰσάκις aus Tarsos in Kappadokien nennt; die Inschrift erscheint nur s. v. Kappadokien.

2) Eine samaritanische und eine jüdische Synagoge erwähnt Palladius, *Dialogus de vita S. Chrysostomi* 20 (*PG* XLVII 73).

3) *PesR* 15,24 nennt R. Nahum ben R. Simai, der in Tarsos gelehrt hat.

Seleukeia: Aus der Nähe von Haifa stammt eine Grabinschrift, die einen Θεόδοτος πόλεως Σελευκίας τῆς Ἰσαυρίας nennt (*CIJ* II 882).

Olba: die Inschrift stammt nicht von hier, sondern aus:

Diokaisareia, das mit dem heutigen Uzunca Burc identisch ist (vgl. *MAMA* III S. 44–45); zum Fundort s. E. L. Hicks, *JHS* 12 (1891), 269 Nr. 70 (*CIJ* II 795).

Anemourion: Von hier stammt ein Alexander, der in Korykos mit seiner Frau begraben ist (*CIJ* II 786 = *MAMA* III 222).

Korykos: 1) Hier fehlt der Hinweis auf Alexander aus Anemourion (*CIJ* II 786).

2) Es fehlt *MAMA* III 684, in der ein Samuel genannt ist.

Kalecik: Weder diese Inschrift (Mitchell Nr. 209b) noch die aus

Taouion: (Mitchell Nr. 418) müssen jüdisch sein; dagegen sind die Grabinschriften aus |

Evci: sicherlich jüdisch, zeigen sie doch alle eine Menora (Mitchell Nr. 509–12).

Amastris: Sicher nicht jüdisch und somit auch keine Synagogen-Inschrift, zuletzt dazu N. Hyldahl, *NTS* 25 (1979), 396–8.

3. Krim (S. 36–38):

Auch hier vermißt man eine übersichtliche Ordnung in der Zitation; maßgeblich ist heute das *Corpus Inscriptionum Regni Bosporani,* alle älteren Verweise sind überflüssig, oft fehlerhaft und unvollständig: z. B. S. 37 Z. 13 muß lauten *CIRB* 746. 777. 735; S. 37 Z. 6 v. u. ist richtig *CIJ* I² *690 b;* S. 37 letzte Z.: *CIRB* 985 ist aus Phanagoreia, nicht aus Gorgippeia, wie der Absatzbeginn suggeriert; S. 38 Z. 2/3 ist dagegen wieder aus Gorgippeia (*CIRB* 1128). Es fehlt in der Literatur der neueste Artikel zu den Freilassungsinschriften: B. Nadel, ‚Actes d'affranchissement des esclaves du Royaume du Bosphore et les origines de la manumissio in ecclesia', in H. J. Wolff (Hg), *Symposion 1971. Vorträge zur griechischen und hellenistischen Rechtsgeschichte* (1975), 265–91.

Pantikapaion: CIJ I 65* (= *IPE* II 54 = *CIRB* 74) ist nicht mehr aufgenommen; sie ist auch sicher nicht jüdisch.

Gorgippeia: 1) Der Ort liegt nicht mehr auf der Taman-Halbinsel, sondern südöstlich an der Küste.

2) Es fehlt die Inschrift *CIRB* 1127, die eine προσευχή nennt.

3) *CIJ* I 78* (= *IPE* II 401 = *CIRB* 1125) kann jüdisch sein.

Hermonassa: *CIRB* 1076 = *CIJ* I² 691 b nennt einen Ὤνιας.

Taman-Halbinsel: *CIRB* 1225 = *CIJ* I² 691 a nennt einen Μέμνων; der Stein ist arg zerstört, die Menora aber noch deutlich sichtbar.

4. Griechenland (S. 64–72):

Oropos: zu *CIJ* I² 711 b ist nachzutragen F. Bömer, *Untersuchungen über die Religion der Sklaven in Griechenland und Rom II. Die sogenannte sakrale Freilassung in Griechenland und die* (δοῦλοι) ἱεροί (AbhMainz 1960, Nr. 1) 24–6.

Delphoi: Bömer a.O. 25 Anm. 2 geht nur kurz auf die drei Inschriften ein.

Athenai: 1) Es fehlt die Marmorplatte mit Menora und Lulav (8,5 x 8,0 cm), die auf der Agora beim Metroon gefunden wurde: A. Th. Kraabel in *ANRW* II 19,1 (1979) 505–7 mit Taf. 1.

2) Es fehlen die Zitate nach *CIJ* I² und die Diskussion darüber: *CIJ* I² 715 a = *IG* II/III² 9834; *CIJ* I² 715 b = *IG* II/III² 10494; *CIJ* I² 715 c = *IG* II/III² 12609; *CIJ* I² 715 d = *IG* II/III² 8231; *CIJ* I² 715 e = *IG* II/III² 8232; *CIJ* I² 715 f = *IG* II/III² 8358; *CIJ* I² 715 g = *IG* II/III² 9756; *CIJ* I² 715 h = *IG* III 3496.

3) Es fehlt *IG* III 3450: Σαμουὴλ τοῦ υἱοῦ Πυθαγόρου, kann jüdisch sein.

4) Es fehlt *IG* II/III² 10221: Θρασ[---| Ἑκατ[---| Σαμαρ[ίτης od. – ῖτις.

Peiraieus: 1) Es fehlen *IG* II/III² 8109: ᾽Αμμία Θεοφίλου ᾽Αν{ι}τιόχισσα und

2) *IG* II/III² 2943: ᾽Ε[ρ]γασίων Σαμαρίτης.

Korinthos: 1) Bei der Synagogen-Inschrift fehlt die Nennung von N. A. Bees, *Die griechisch-christlichen Inschriften des Peloponnes I. Isthmos – Korinthos* (Corpus der gr.-chr. Inschriften von Hellas I 1941) 16–19 Nr. 6 mit ausführlicher Diskussion. |

2) Die hebr. Inschrift-Frgte. (*Corinth* VIII 3 S. 214) sind sicher nach-antik, vgl. J. Starr, *ByzJb* 12 (1935/36), 42–9.

Tainaron: Hier wurde *CIJ* I² 721 b gefunden (nicht in Lakonia).

Larisa: 1) *CIJ* I² 708b ist nicht jüdisch; die letzte Zeile lautet: Λεύκιος τέ[κν]ῳ χαίρειν (nicht λαῷ), vgl. W. Peek, *Griechische Vers-Inschriften aus Thessalien* (SB Heidelberg 58, 1974, Nr. 3) 15–16 Nr. 12 mit Taf. 4,6.

2) Es fehlen die Inschriften N. I. Giannopoulos, *EEBS* 7 (1930), 256 Nr. 5 (Μένανδρος λαῷ χαίριν) und ebd. Nr. 7 (Μάξιμος Μαξίμου λαῷ χαίριν· Εὐκράτα Εὔκρατος Μάξιμος γυνὴ αὐτοῦ Γυναῖκα τῷ λαῷ χαίριν).

3) Eine weitere frag. Marmor-Stele ist hinzuzufügen: – –]τηρ τῷ λαῷ | χέριν (A. Tziaphalias, Θεσσαλικὸ Ἡμερολόγιο 7 [1984], 223 Nr. 106).

Volos, Museum: Die Inschrift ‚probably from Larissa' (*CIJ* I² 708c) ist an entlegener Stelle publiziert: B. Lifshitz, *SCI* 2 (1975), 103–4. Zwar mag L. Roberts Vermutung (*RPhil* 84 [1958], 43 Anm. 4; *BE* [1958], 281 a) zutreffen, sie stamme aus Larisa, es liegt aber kein Beleg vor; so kann sie auch aus Demetrias, Pherai oder Thebai Phthiotis kommen, wo Juden nachgewiesen sind.

Almyra ist der moderne Name, die Inschriften gehören unter

Thebai Phthiotis: zu *CIJ* I 695–6 kommen noch *CIJ* I² 696 a–b hinzu; Nr. 696c zeigt eine Menora sowie 5 Buchstaben.

Thessalonike: 1) Das Theos Hypsistos-Inschrift-Frgt. (*CIJ* I² 693 d = *IG* X 2, 72), das mit ΙΟΥΕΣ endet, ist leider verschollen, doch ist jetzt das Foto eines Abklatsches publiziert: D. Feissel – M. Sève, *BCH* 112 (1988), 455 Nr. 6 Abb. 4; die Lesung von Ch. Habicht, *Gnomon* 46 (1974), 491: Ἰού(λιος) Ἐσ[– – ist durchaus möglich. Die Inschrift ist sicher den anderen beim

Sarapieion gefundenen Inschriften zuzuordnen (*IG* X 2, 67–74). Somit ist ein jüdischer Kontext für *CIJ* I² 693 d auszuschließen.

2) Die Nekropole, aus der die Inschriften *CIJ* I² 693 b–c stammen, ist von M. Molho, *Sefarad* 22 (1962), 376–383 beschrieben.

3) *CIJ* I 66* ist unvollständig zitiert, s. *IG* X 2, 196: es handelt sich um eine Ehreninschrift, vgl. ebd. Nr. 195, nicht jüdisch.

4) Auch für *CIJ* I 67* gibt es keinen Hinweis auf jüdische Herkunft.

5) Sicherlich *nicht* jüdisch ist die Nemesis-Stele (*IG* X 2, 62), die unverständlicherweise aufgeführt ist.

Rhodos: 1) Es fehlt die Stiftungsinschrift für den Tempel in Jerusalem: B. Isaac, *IEJ* 33 (1983), 86–92 (= *EI* 18 [1985], 1–4), in der ein Rhodier genannt ist.

2) Es fehlt der Samaritaner Rhodokies des Menippos (*BE* [1969], 369).

Delos: 1) Nicht aufgeführt ist B. D. Mazur, *Studies on Jewry in Greece I* (1935; mehr nicht erschienen) 15–24, die das Gebäude nicht für eine Synagoge hält; so auch später E. L. Sukenik, *BAncSyn* 1 (1949), 21–2.

2) Die Inschrift *CIJ* I 726 stammt zwar nicht aus diesem Gebäude, sondern aus Haus II A neben dem Stadion (ca. 40 m entfernt), ist aber für die Zuschreibung als Synagoge bzw. Proseuche wichtig: Ἀγαθοκλῆς | καὶ Λυσίμα|χος ἐπὶ | προσευχῇ. Die Formulierung ἐπὶ προσευχῇ erscheint auch in der neuentdeckten samaritanischen Inschrift (Ph. Bruneau, *BCH* 106 [1982], 471–5 Nr. 2).³

Die in der Literatur häufig angegebenen Vergleiche mit den Synagogen in Galilaea verbieten sich aus chronologischen Gründen: das hiesige Gebäude ist ein Umbau aus der Zeit nach 88 v. Chr. eines älteren Hauses, ist also 3¹/₂ Jahrhunderte älter. |

3) Ein Ossuar-Frgt. (*CIJ* II 1390) vom Ölberg in Jerusalem nennt eine Proselytin Maria; von dem folgenden Wort ist nur noch ה und ד erhalten. In dem neuen Museumskatalog hat nun V. Tzaferis, *Museum of the Greek Orthodox Patriarchate in Jerusalem* (1985) 16–17 Abb. S. 31 die schon von E. L. Sukenik in: *Sefer zikaron le-A. Gulak wele-S. Klein* (1942) 133–4 Nr. 1 vorgetragene Ergänzung ‚Maria, die Proselytin, von Delos' wiederaufgenommen, ohne daß ein Indiz dafür spräche.

Paros: 1) Josephus, *Ant.* XIV 213 nennt Παριανῶν, womit in der Regel die Einwohner von Parion gemeint sind. Der Text gibt hier keine Varianten (vgl. Niese), so daß Schürers Conjectur Παριῶν willkürlich erscheint.

2) Hier muß aber der in der Synagoge von Delos genannte Ζωσᾶς Πάριος erwähnt werden.

Krete: 1) Es fehlt A. C. Bandy, *The Greek Christian Inscriptions of Crete* (Χριστιανικαὶ Ἐπιγραφαὶ τῆς Ἑλλάδος 10, 1979) 140–1 Nr. 1 = *CIJ* I² prol. S. 89: nicht jüdisch; dagegen *BE* (1971), 70; *BE* (1984), 335; vgl. B. Nystrom, *ZPE* 50 (1983), 122: ein chr. Priester?

2) Bandy a.O. 141–2 Nr. 2 = *CIJ* I² 731 d.

3) Bandy a.O. 142–3 Nr. 3 = *CIJ* I² 731 c.

4) Für *CIJ* I² 731 b gibt es keinen Hinweis auf jüdische Provenienz. Jetzt ist noch S. V. Spyridakis, ‚Notes on the Jews of Gortyna and Crete', *ZPE* 73 (1988), 171–5 und P. W. van der Horst, ‚The Jews of Ancient Crete', *JJS* 39 (1988), 183–200 hinzuzufügen.

Thera: Es fehlen in der Aufzählung *IG* XII 3, 455 und *IG* XII Suppl. 1384. 1636–37 und von *Therasia IG* XII 3, 1056–57. Zu den Engeln: F. Cumont, *RHR* 72 (1915), 159–82 und L. Robert, *Hellenica 11–12 (1960), 433 Anm. 3.*

Samos: Es muß *CIJ* I² 731 f heißen.

Aigina: Es fehlt jeder Hinweis, daß hier eine Synagoge gefunden wurde! Ausführlich: Mazur a.O. 25–33; zuletzt M. Chatzedakes, *ADeltion* 22 (1967) Chron. 19 (Plan S. 20 Abb. 1) und P. Lazarides ebd. 161 Taf. 122 a (Mosaik).

Tomis: 1) Das Pentagramm deutet keineswegs auf jüdische Herkunft (*CIJ* I² 681 b), wie A. Ferrua, *Epigraphica* 3 (1941), 45 behauptet hat. Vgl. auch *New Documents* 3 (1978 [1983]) 60 Nr. 21.

2) Auch die Theos Hypsistos-Inschrift wird wegen der Thiasoten nicht jüdisch sein (*SEG* XXIV 1065).

Oiskos/Oescus: Bei *CIJ* I 681 sind die drei letzten Buchstaben wohl nicht griechisch, sondern eher beschädigt.

Asenovgrad: Auch hier liegt kein Anhalt für jüdische Herkunft vor.

Philippopolis: 1) Bei der Inschrift *IGBulg* III 1, 937 handelt es sich um ein Relief mit Adler, sicher nicht jüdisch.

2) Zum Abschluß dieser lang geratenen Liste soll noch ein Synagogen-Neufund mitgeteilt werden, dessen Grabungsbericht an entlegener Stelle publiziert ist: Chr. Danov, ‚A Unique Finding – An Ancient Synagogue in the City of Plovdiv', *Annual of the Social, Cultural and Educational Association of the Jews in the People's Republic of Bulgaria* 19 (1984), 210–21 und E. Kesjakova, ‚The Ancient Synagogue in Philippopolis', ebd. 223–6 mit 9 Abb.

Diese Synagoge wurde Anfang der 80er Jahre entdeckt; sie liegt parallel zu einer nordsüdlich verlaufenden antiken Straße. Das Hauptschiff der dreischiffigen Basilica mißt 13,5 m x 9,5 m, die seitlichen Schiffe sind 2,6 | m breit. Im südlichen Hauptschiff sind noch drei Mosaikfelder erhalten, die seitlichen mit geometrisch-floralen Mustern und Inschriftfeldern; noch lesbar ist: ἐκ τῶν τῆς προνο[ίας] Κοσμιανὸς ὁ κὲ ᾿Ιωσὴφ ἐκόσμησεν· εὐλογία πᾶσιν. Im Mittelfeld ist eine Menora dargestellt, neben deren Fuß steht: ᾿Ισαὰκ τὴν κόσμησιν ἐποίησεν πό(δας) ϱκ'. Beide Autoren haben den Namen und die letzten vier, in Ligatur geschriebenen Buchstaben ΠΟΡΚ übersehen; vgl. die Inschriften mit Fußangabe der Synagoge in Apameia/Orontes (*CIJ* II 803–18). Im Norden schließt sich ein Hof an (ca 250 m²), von dem aus man wohl in das Innere gelangte. Leider ist der Befund stark zerstört, so daß nur diese wenigen Angaben gesichert sind. In der 2. H. des 3. Jhs. errichtet und wohl im 4. Jh. umgebaut, wurde sie schon zu Beginn des 5. Jhs. zerstört.

Damit erhöht sich die Zahl der archäologisch gesicherten Synagogengebäude außerhalb von Eretz Israel auf nunmehr 12: Doura Europos, Apameia am Orontes, Sardeis, Priene, Delos, Aigina, Philippopolis, Stoboi, Ostia, Bova/Calabria (noch unpubliziert[4]), Naro/Africa und Ilici/Tarraconensis.

Nachträge:

1) Das Kartenblatt erschien 1992; die Materialsammlung soll 1999 als *Corpus jüdischer Zeugnisse aus Syrien, Kleinasien, dem Schwarzmeergebiet und Griechenland* (Texte und Studien zum Antiken Judentum) erscheinen.

2) *Ancient Synagogues in Israel, Third-Seventh Century C. E.* Proceedings of Symposium University of Haifa, May 1987; hg. v. Rachel Hachlili (British Archaeological Reports, International Series 499; Oxford 1989) 62.

3) Vielleicht war es eine samaritanische Synagoge.

4) Inzwischen veröffentlicht: L. Costamagna, ‚La synagoga di Bova Marina nel quadro degli insediamenti tardoantichi della costa Ionica meridionale della Calabria', *Mélanges de l'École Française de Rome, Moyen Age* 103 (1991), 611–630.

5. Das früheste Christentum als eine jüdische messianische und universalistische Bewegung*

Otto Betz amico octogenario

I. Zum Verhältnis von Urchristentum und Judentum

Es mag sein, daß ich in diesem Kreis mit dem, was ich hier vortrage, Eulen nach Athen trage. Denn bei der Abfassung dieses Papiers merkte ich auf Schritt und Tritt, daß eine ganze Reihe jüdischer und christlicher Forscher das, was ich zu sagen habe, längst vorweggenommen haben. Nur werden sie, zumindest in meinem Heimatland, häufig viel zu wenig wahr- und ernstgenommen. So trage ich wenig mehr vor als ein Resümee von Bekanntem, bei dem ich freilich – nicht hier, aber anderswo – wenigstens zum Teil mit heftigem Widerspruch rechne. Aus zeitlichen (und räumlichen) Gründen kann ich nur Fragmente zur Darstellung bringen. Das ganze Problem verdiente eine monographische Darstellung – am besten in mehreren Bänden.

1. Daß das Urchristentum auf jüdischem Mutterboden gewachsen ist, bezweifelt heute wohl kein christlicher Theologe mehr. Fraglich wird dieser Konsens jedoch – zumindest bei vielen meiner protestantischen Kollegen – dann, wenn ich nur ein Wörtchen hinzusetze: daß es *ganz* aus jüdischem Boden hervorging, d. h. ohne Einschränkung. Denn mit dieser meiner Grundthese, daß das frühe Christentum *historisch gesehen* ganz ein Kind des Judentums ist, widerspreche ich einer Ansicht, die einst Hermann Gunkel formulierte und die sich über die religionsgeschichtliche Schule und dann vor allem durch Rudolf Bultmann und seine Schüler in der neutestamentlichen Wissenschaft weithin durchgesetzt hat, daß nämlich das Christentum eine *synkretistische* Religion

---

* Vorgetragen in englischer Sprache auf der Internationalen Konferenz in Tel Aviv zum Thema „The Beginnings of Christianity" im Januar 1997 und im April desselben Jahres im Department of Religion der University of Miami, in der Candler School of Theology, Atlanta und im Fuller Seminary, Pasadena. Diese Fassung wurde aufgrund der vielfältigen Diskussionen nach den Vorträgen überarbeitet und ergänzt. Eine verkürzte deutsche Fassung erschien in ThBtr 28 (1997), 197–210. Für das Schreiben danke ich Herrn Georg Wagner und Frau Frances Back. Zum Problem s. auch u. S. 257 Anm. 47.

mit vielerlei z. T. extrem verschiedenen Wurzeln sei. An seiner Wiege seien neben dem Judentum auch eine vorchristliche, überwiegend pagane Gnosis, die griechischen und orientalischen Mysterien, Magie, Astrologie, heidnischer Polytheismus, „Theioi andres" und ihre Mirakel, hellenistische Popularphilosophie und anderes mehr Pate gestanden.

Das Schlagwort „Synkretismus" hat das historische und theologische Verständnis der christlichen Anfänge nicht sonderlich gefördert, wie überhaupt dieses lange Zeit beliebte Etikett weder dem antiken Judentum im Mutterland und in der Diaspora noch den christlichen Anfängen vor dem Eindringen gnostischer Anschauungen zu Beginn des 2. Jh.s gerecht wird. Erst gewisse spätere gnostische Strömungen etwa seit dem zweiten Drittel des 2. Jh.s (selbst Marcion war alles andere als ein „Synkretist") wie die Lehre der Simonianer oder die „Naassenerpredigt" und dann vor allem den Manichäismus kann man als ganz bewußt „synkretistisch" ausgestaltete religiöse Bildungen bezeichnen. Das frühe Christentum – zumindest des 1. Jh.s – gehört noch nicht dazu, es sei denn, man gebraucht den Begriff zu undifferenziert und allgemein – und d.h. auf wenig aussagekräftige Weise. Denn fremden religiösen Einflüssen waren zuerst Israel und dann das Judentum seit den frühesten Anfängen auf vielfältige Weise ausgesetzt gewesen; man könnte daher *immer* von „Synkretismus" reden. Aber dadurch ist im Laufe der Geschichte ihre religiöse Identität in Anziehung und Abstoßung nur gewachsen, und dies gilt gerade für die hellenistische Zeit, in der die religiöse Überfremdung der jüdischen Religion am größten gewesen sein soll. Gewiß hat das Judentum damals zahlreiche fremde Einflüsse – oder sollte man nicht eher Anregungen sagen? – in sich aufgenommen, aber es hat sie, wie schon das Exil und die Perserzeit zeigen, entweder integriert oder abgestoßen und ist durch sie in seiner inneren Kraft nur stärker geworden. Das ergibt sich – um nur ein Beispiel zu nennen – etwa aus der Anziehungskraft der griechischsprechenden Synagoge für Nichtjuden und aus der großen Zahl von heidnischen Gottesfürchtigen, die sich in den jüdischen Gebetshäusern versammelten. Dieses selbstgewisse Identitätsbewußtsein würde ich für Qumran, die Pharisäer oder die jüdische Apokalyptik in gleicher Weise behaupten wie für die Literatur der LXX oder Philo von Alexandrien. Die von H. Greßmann in seinem berühmten Aufsatz: „Die Aufgaben der Wissenschaft des nachbiblischen Judentums"[1] überbetonten „synkretistischen Elemente" betreffen sehr viel mehr das pagane Interesse am Judentum als dieses selbst. Judentum und frühes Christentum waren – im Vergleich zu ihrer heidnischen Umgebung – gerade keine „synkretistischen Religionen", es sei denn, man faßt den Begriff ganz allgemein für „fremde religiöse Einflüsse" aller Art, und dann wird er zu generell und damit nichtssagend.

---

[1] ZAW 43 (1929), 1–32.

2. Von dieser Grundthese aus würde ich als erste Folgerung konstatieren: *Was an „paganen Einflüssen" im Urchristentum vermutet wurde, kann durchweg auf jüdische Vermittlung zurückgehen.* Nirgendwo läßt sich eine *direkte* bleibende Beeinflussung durch heidnische Kulte oder nichtjüdisches Denken nachweisen. Was man im Neuen Testament gemeinhin als „hellenistisch" bezeichnet, stammt in der Regel aus jüdischen Quellen, die sich freilich der „religiösen Koine" der hellenistischen Zeit weder entziehen wollten noch konnten. Denn nur dadurch, daß sie – bei aller kritischen Eigenheit – an der religiösen Sprache und Vorstellungswelt ihrer Zeit partizipierten, konnten sie auch „attraktiv" auf Fremde wirken und die Wahrheit ihrer speziellen Botschaft überzeugend vertreten. Das gilt auch später für die Christen. Das Judentum hat entsprechend in der Diaspora und bei seinen führenden Köpfen im Mutterland sehr rasch die die Welt beherrschende griechische Sprache einschließlich ihrer religiösen Begrifflichkeit akzeptiert, ähnlich wie man es bereits im babylonischen Exil und in der Perserzeit mit dem Aramäischen getan hatte. Dabei ist zu beachten, daß auch Eretz Israel z. Zt. Jesu und der Apostel seit über 300 Jahren unter „griechischem" Einfluß stand, und man von daher mit Fug und Recht das ganze Judentum des 1. und 2. Jh. n. Chr. als „hellenistisches" bezeichnen kann, das in vielfältiger Weise durch die Ausstrahlung – und die Auseinandersetzung mit – der „hellenistischen" Zivilisation geprägt war. Das reicht bis nach Qumran, wo man an sich griechisch-heidnisches Wesen schroff ablehnte[2]. Das vielverwendete Schlagwort „hellenistisch" taugt daher so wenig wie „synkretistisch" zu klaren Differenzierungen. Jerusalem, die weltberühmte Pilgerstadt, besaß seit den Tagen der Hasmonäer und des Herodes eine „hellenistische" Kultur ganz eigenen Charakters[3]. Es war dort ein „jüdischer Hellenismus" zu Hause, der sich freilich wesentlich von dem Alexandriens unterschied, weil er stärker vom Buchstaben der Tora, vom Heiligen Land und dem Tempel gekennzeichnet und weniger „philosophisch" als „juristisch-exegetisch" geprägt war. Man bedarf für eine differenzierte historische Würdigung schärferer Kennzeichnungen, als es uns Schlagworte wie „synkretistisch" oder „hellenistisch" vermitteln können. Hinzu kommt, daß auch die sogenannte „jüdisch-hellenistische" Diaspora alles andere als eine Einheit bildete. Die Juden in Syrien oder auch in Rom standen stärker unter „palästinischem" Einfluß als etwa die in Alexandrien und Ägypten, und im parthischen Babylonien dachte man anders als im lateinischen Karthago. Hinzu kommen die sozialen Differenzierungen. Die Herodianer und priesterlich-aristokratischen Boethusäer in Jerusalem und erst recht die sehr reiche Familie Philos von Alexandrien waren sehr viel mehr „hellenisiert", d. h. sie besaßen eine wesentlich höhere Bildung als die durchschnittlichen Juden hier und dort. Das antike

---

[2] M. HENGEL, Qumran und der Hellenismus, in: DERS., Judaica et Hellenistica, Kleine Schriften I, WUNT 90, 1996, 258–294.
[3] Siehe dazu op. cit. I, 1–90 (57–63.71f.). Vgl. auch o. S. 128–151.

Judentum war in den Jahrhunderten um die Zeitenwende entschieden reicher und kreativer als allgemein angenommen wird.

3. Diese jüdischen „Fundamente" der neuen messianischen Bewegung des Urchristentums hängen untrennbar damit zusammen, *daß die große Mehrheit der neutestamentlichen Autoren Judenchristen waren*, die zum größeren Teil entweder aus dem palästinischen Mutterland stammten oder aber mit diesem durch Ausbildung und Parteizugehörigkeit verbunden waren. Das letztere gilt vor allem für *Paulus*, den frühesten christlichen Autor; weiter wären *Johannes Markus*, der älteste Evangelist, der schriftgelehrte Verfasser des *Matthäus-evangeliums*, der Autor der *Johannes-Apokalypse* und der des *Corpus Johanneum* zu nennen. Der Verfasser des vierten Evangeliums und der Briefe, der mit dem „Alten" des zweiten und dritten Briefes identisch ist, kam m. E. aus der Jerusalemer Aristokratie. *Lukas*, „der geliebte Arzt", war wohl ein Gottesfürchtiger, bevor er Christ und ein später Reisebegleiter des Paulus wurde. Sein in der frühchristlichen Literatur einzigartiges Doppelwerk zeigt unter allen nichtjüdischen Autoren der Antike mit Abstand die beste Kenntnis des Judentums in der Diaspora wie im Mutterland. Der unbekannte Verfasser des *Hebräerbriefes* muß ein rhetorisch versierter Judenchrist gewesen sein, der die alexandrinische Kunst allegorischer und typologischer Exegese meisterhaft handhabe, und auch der Verfasser des *1. Clemensbriefes* in Rom scheint dem Schriftgebrauch der Synagoge und ihrer Liturgie noch recht nahe gestanden zu sein. Die LXX ist für ihn die große Paradigmensammlung rechter kirchlicher Ordnung. Es bleiben hier nicht mehr viele Schriften im NT übrig, die man mit größerer Wahrscheinlichkeit „*Heidenchristen*" zuschreiben kann. Daß der – sehr deutlich – antipaulinische Jakobusbrief kaum aus einer heidenchristlichen Feder stammen kann, liegt nahe, ähnliches darf für den seinem Bruder zugeschriebenen Judasbrief gelten. Es bleiben für „Heidenchristen" so noch vielleicht der Epheserbrief übrig, die sehr späten Pastoralbriefe, vielleicht der etwas frühere 1. Petrusbrief um ca. 100 n. Chr. und der wesentlich spätere 2. Petrusbrief, der seinerseits wieder vom Judasbrief abhängig ist. Weiter ist zu beachten, daß das Urchristentum die ersten rund zwanzig Jahre fast ausschließlich auf Palästina und Syrien/Cilicien beschränkt war, und Syrien die größte jüdische Diaspora im Römischen Reich besaß. Es griff nur zögernd auf weitere Teile des Reiches über, nicht zuletzt durch das Missionsprogramm des ehemaligen Pharisäers Paulus aus Tarsus. Diese palästinisch-syrische Frühgeschichte mit Jerusalem als Mittelpunkt hat das Urchristentum, das zeigen die Evangelien, die Paulusbriefe und die Apostelgeschichte, tief geprägt.

Ich weiß, daß ich mich in dieser Anschauung von vielen meiner neutestamentlichen Kollegen unterscheide, die freilich häufig die jüdischen Quellen zu wenig ernstnehmen, um das dichte jüdische Substrat in den frühesten christlichen Texten wahrnehmen zu können. Es wirkt hier im Grunde noch der alte latente Antijudaismus des deutschen Idealismus nach, der meinte, im Gange der „Erziehung des Menschengeschlechts" habe mit der Entstehung des Christentums das Judentum seine religiöse Daseinsberechtigung verloren. Vor allem F. C. Baur und seine Schüler haben in ihrer schroff wertenden Unterscheidung zwischen dem palästinischen Judenchristentum und dem von Paulus inaugurierten universalistischen Heidenchristentum dem jüdischen Kolorit der meisten neutestamentlichen Schriften wenig Verständnis entgegengebracht und die Forschung in eine einseitige Richtung gewiesen.

Es ist freilich bezeichnend, daß die nicht minder apologetisch ausgerichteten älteren jüdischen Darstellungen des Christentums wie die von Graetz, Perles, Elbogen, dem frühen Leo Baeck u. a. die verfehlten extremen Spätdatierungen der neutestamentlichen Schriften in der Baurschule gerne übernahmen, sich mit den alten Tübingern auf die notorische historische Unzuverlässigkeit und die heidnische Beeinflussung der neutestamentlichen Schriften beriefen und ihnen einen ernstzunehmenden historischen Quellenwert weitgehend absprachen. Es war das Verdienst von Lightfoot, Zahn, Harnack und Schlatter, hier die historischen Orientierungsmarken wieder auf verläßliche Weise neu gesetzt zu haben, und von ihnen hat ein deutsch-amerikanischer Vertreter der Reform wie Kaufmann Kohler und ein israelischer Historiker wie Joseph Klausner gelernt, in dieser Frage wesentlich vorsichtiger zu sein.

Denn diese rigorose destruktive Skepsis raubt den jüdischen wie erst recht den christlichen Historikern wertvolle Hinweise für die jeweils *eigene* Geschichte, weil die Frühgeschichte der neuen messianisch-universalistischen Bewegung immer noch *auch* ein Stück jüdischer Geschichte blieb. Leider ist es – seit der Baur-Schule – bei vielen Neutestamentlern üblich geworden, mit einer gewissen Lust am Untergang radikale „Quellenvernichtung" zu betreiben. Die eigene Phantasie kann, nachdem man tabula rasa gemacht hat, umso besser ins Kraut schießen. Christliche und jüdische Gelehrte sollten sich gemeinsam bemühen, um der historischen Realität und um der immer noch beiden Teilen zugehörenden Geschichte willen dieser destruktiven Tendenz zu wehren.

4. Die Verwurzelung des Urchristentums im Judentum wird auch an der *grundlegenden Bedeutung der jüdischen heiligen Schriften* für die neue endzeitlich-messianische Bewegung sichtbar. Sie betrifft deren Gottesdienst, aber auch die Ausgestaltung der Lehre in allen Bereichen von der Christologie bis zur Ethik. Vor allem die Auseinandersetzung mit den anderen jüdischen Gruppen war geprägt durch die Diskussion über bestimmte Texte der Schrift. Diese polemisch geführte Diskussion setzt sich dann in der Alten Kirche fort. Die Bezeichnung blieb dieselbe wie auch im Judentum. Man sprach von „der Schrift" im Singular, bzw. häufiger von „den Schriften", oder auch von dem „Gesetz (bzw. Moses) und den Profeten", gelegentlich aber auch im Sinne des

pars pro toto einfach vom „Gesetz". Da „die Schriften" nicht zuletzt als prophetische Weissagung auf die endzeitliche Erfüllung durch das Kommen des Messias Jesus verstanden wurden, konnte man sie später auch einfach als „die Profeten(schriften)" bezeichnen[4]. Die Formel „Bücher des Alten Testaments" erscheint zuerst bei Melito von Sardes in der zweiten Hälfte des 2. Jh.s in seinem Brief an Onesimus und bezieht sich dabei auf die Bücher der Hebräischen Bibel. Auch wenn der christliche Septuagintakanon im Vergleich zu dieser umfangreicher war, stand dieselbe, wie die philologische Arbeit eines Origenes oder Hieronymus zeigt, als letzte Autorität im Hintergrund. Bei der Entwicklung der Christologie spielten außer zahlreichen messianisch gedeuteten „prophetischen" Texten vor allem „die messianischen Psalmen" eine besondere Rolle, da sie als Christushymnen, die man auf Jesus hin deutete, gesungen werden konnten. Sie haben vermutlich die geistgewirkte christologische Hymnendichtung der neuen Gemeinde angeregt, ähnlich wie sich auch in Qumran die alttestamentliche Liederdichtung fortsetzte[5]. Weitere Übereinstimmungen mit den Qumranessenern bestehen darin, daß beide Gemeinschaften dieselben Bücher am meisten schätzten: Die Psalmen, Jesaja, Deuteronomium, Genesis, Exodus, die zwölf Profeten, Jeremia. Die Hochschätzung dieser Bücher entsprach ihrem theologisch-religiösen Gehalt und einer zeitgenössischen Tendenz im palästinischen Judentum. In der Diaspora wurde dagegen, wie Philo zeigt, vor allem der Pentateuch zitiert. Diese dann im 2. Jh. nicht unbestrittene grundlegende Bedeutung der jüdischen „Heiligen Schriften" für das frühe Christentum begründet die trotz aller Spannungen und Kämpfe einzigartige und bis heute gültige Verbindung zwischen Christentum und Judentum. Auch die Methoden der Schriftauslegung des zeitgenössischen Judentums blieben in ihrer Vielfalt auch im frühen Christentum erhalten. Mit der Auslegung in Qumran und im apokalyptischen Judentum verbindet dieses vor allem der endzeitliche Gegenwartsbezug (1 Kor 10,11; 9,10; Röm 4,23f; 15,4; Hb 11,39f.; 1 Petr 1,10−12) auf die Zeit der Erfüllung der profetischen Verheißungen.

5. Auch das in den Paulusbriefen in verschiedenen Variationen fast stereotype *„den Juden zuerst ..."* zeigt den jüdischen Charakter der neuen Bewegung[6]. Das „zuerst" in Rö 1,16 ist nicht einfach „eine faktisch wertlose Konzes-

---

[4] M. HENGEL, Die Septuaginta als von den Christen beanspruchte Schriftensammlung bei Justin und den Vätern vor Origenes, s. u. S. 335−380.

[5] Siehe dazu M. HENGEL, Hymnus und Christologie, in: Wort in der Zeit, Festgabe für Karl Heinrich Rengstorf zum 75. Geburtstag, hg. v. W. Haubeck und M. Bachmann, Leiden /Köln 1980, 1−23 und DERS., Das Christuslied im frühesten Gottesdienst, in: Weisheit Gottes − Weisheit der Welt, Festschrift für Joseph Kardinal Ratzinger zum 60. Geburtstag, hg. v. W. Baier et alii, St. Ottilien I, 1987, 357−404.

[6] Rö 1,16; 2,9f; vgl. 3,1f. Vgl. auch die grundsätzliche Voranstellung der Juden Rö 3,9.29;

sion an das ‚auserwählte Volk'"[7], sondern weist auf den in Gottes Väterverheißung begründeten „heilsgeschichtlichen" Vorrang hin, der dann in Rö 9–11
entfaltet wird: Allein Israel wurden die „Offenbarungsworte Gottes" (τὰ λόγια
τοῦ θεοῦ, Rö 3,2) anvertraut, allein Israel wurde durch die Tora als dem
„Zuchtmeister auf Christus hin" bis zu dessen Kommen „bewacht und eingeschlossen" (Gal 3,23f). Ein ähnlicher Gedanke begegnet uns auch in den
Evangelien, wenn Jesu Sendung zuerst auf Israel eingeschränkt wird (Mk
7,24f; Lk 1,32f; 2,11.34; 24,19–21, vgl. Apg 1,6; Joh 1,41.49, etc.), ja, das
Matthäusevangelium betont ausdrücklich, daß Jesus sich zunächst nur „zu den
verlorenen Schafen des Hauses Israel" gesandt weiß (Mt 15,24, vgl. 10,5f.).
Erst der Auferstandene sendet die Jünger zu allen Völkern. Damit wird Israel
keineswegs ganz vom Heil ausgeschlossen, es ist vielmehr in diesem „machet zu
Jüngern alle Völker" mit enthalten (Mt 28,19). Kein Evangelium ist so stark
judenchristlich geprägt wie das nach Matthäus, nirgends werden die Davidsohnschaft Jesu und die auf Israel bezogenen Funktionen des Messias Jesus so
sehr hervorgehoben wie bei ihm. Auch in der Apg setzt – gegen die historische
Wirklichkeit – die Heidenmission erst relativ spät ein (Apg 10,1–11,24;
13,16–48). Sie beginnt dabei historisch zutreffend mit den „Gottesfürchtigen"
in den Diasporasynagogen, auch sucht Paulus bei seinen Missionsreisen wohl
von Anfang an gerade die Synagogen auf, bis er aus ihnen vertrieben wird. Er
möchte dort Juden und gottesfürchtige Heiden ansprechen, findet aber besonders bei letzteren Widerhall. Diese Phase missionarischer Verkündigung, die
sich an Juden und Gottesfürchtige wandte, hat sich wohl bis zum Ausbruch des
jüdischen Krieges im Jahr 66 n. Chr. hingezogen. Nur wer das Alte Testament
wie die alte Tübinger Schule eines F. C. Baur mit den Augen Markions las,
konnte diesen bei Lukas relativ eindeutigen Tatbestand als unhistorisch kriti-
sieren. Der „Völkerapostel" ist vor allem der Missionar dieser Gottesfürchtigen in den Synagogen, die rechtlich noch als Heiden galten, aber mit den
jüdischen Grundlehren und der Septuaginta schon vertraut waren. Darum
kann er die Kenntnis der jüdischen Schriften und den Umgang mit ihnen in
seinen Missionsgemeinden schon voraussetzen und so virtuos mit Schriftzitaten
argumentieren. Gegenüber der großen Attraktivität der jüdischen Synagogen
in den heidnischen Städten auch für Heiden – man kann hier durchaus von einer
erfolgreichen jüdischen religiösen „Propaganda" unter Griechen und Römern
sprechen – bildet die urchristliche *Mission* etwas Neues, weil sie auf der
endzeitlichen *Sendung* durch den auferstandenen Messias beruht, die die Frist
der Umkehr zwischen Erhöhung und Parusie missionarisch ausfüllt, um sein
Kommen als Richter und Weltvollender vorzubereiten. Hier handelt es sich um

---

9,24; 10,12; 1 Kor 1,22f; 9,20f; 10,32; 12,13; Gal 3,28, vgl. Kol 3,11 sowie grundsätzlich Rö
9–11 und 15,8–12.
  [7] So H. LIETZMANN, An die Römer, HNT 8, 3. Aufl. 1928, 30. (Markion hat dieses πρῶτον
nicht umsonst weggelassen).

einen radikal neuen Zug in der antiken Religionsgeschichte des Mittelmeerraums, der im eschatologischen Universalismus der alttestamentlichen Profeten begründet ist und in der paganen Welt keine Parallele hat.

6. Aufgrund dieser komplexen Sachverhalte läßt sich auch die unter Schmerzen vollzogene *Trennung* zwischen der Synagoge und der neuen enthusiastisch-messianischen Jesusbewegung *nicht eindeutig auf ein festes und dazu noch gar frühes Datum festlegen.* Es war vielmehr ein langer und komplizierter Prozeß. Das „Christentum" als eine ganz „neue Religion" der antiken Welt trat nicht völlig unvermittelt und plötzlich in die Arena der Geschichte. Die Bezeichnung für diese anstößige endzeitliche Sekte, die sich dann in der Geschichte durchsetzte, „*Christianoi*", d. h. im Grunde „Messiasleute", war auch keine Selbstbezeichnung, sondern wurde dieser von außen in Antiochien beigelegt (Apg 11,26), und zwar wohl in Zusammenhang mit den Caligulaunruhen, als der kaiserliche Paranoiker sein Standbild im Tempel in Jerusalem aufrichten wollte, d. h. etwa zwischen 39 und 41 n. Chr. Die neuentdeckten Inschriften aus dem Prozeß gegen Gnaeus Calpurnius Piso, den Statthalter Syriens und Gegner des Germanicus, berichten, daß um 19 v. Chr. die römischen Soldaten in Antiochien in „Caesariani" und „Pisoniani" gespalten waren. D. h., diese typisch lateinische Form eines Parteinamens, die uns auch bei den Ἡρῳδιανοί begegnet, war im griechischsprechenden Osten geläufig, wurde dort aber vor allem in Rom nahestehenden Kreisen verwendet. Im N. T. erscheint diese dem Griechischen fremde Wortform Χριστιανοί = *Christiani* nur dreimal und zwar immer in Beziehung nach außen. Bei Griechen hätte die Bezeichnung eher „Christaioi" oder „Christenoi" (wie „Essaioi" oder „Essenoi") heißen müssen. Erst der Heidenchrist und Märtyrer Ignatius um ca. 114 n. Chr. verwendet das Wort häufiger und stellt erstmals das Christentum, den Χριστιανισμός, dem Ἰουδαϊσμός, d. h. dem Judentum, gegenüber. Bezeichnend ist, daß bei ihm gleichzeitig die gegenwartsbezogene Martyriumserwartung den Blick auf das nahe Weltende fast ganz verdrängt hat. Erst jetzt, in den ersten Jahrzehnten des 2. Jh.s, wurde die Trennungslinie zwischen Mutter und Tochter *endgültig* gezogen. Fast gleichzeitig schreibt Plinius an Trajan über sein Vorgehen gegen die *Christiani* als einer *superstitio prava et immodica,* wenig später spricht Sueton von ihnen als *superstitio* **nova** *et malefica,* d. h., diese römischen Autoren sehen in den Christiani eine neue, gefährliche religiöse Bewegung. Tacitus berichtet dagegen ausdrücklich, daß diese *exitiabilis superstitio* in Judäa begann, von Pilatus zunächst unterdrückt wieder auflebte und von dort aus nach Rom gelangte. Sie war für ihn, den Juden- und Christenhasser, gewissermaßen die schlimmste, kriminelle Form der jüdischen *superstitio.* Die jüdische Bezeichnung *noṣrim / naṣrâjjâ / Nazoraioi* ist dagegen von der Herkunft Jesu aus dem galiläischen Nazareth abzuleiten und entspricht einem palästinisch-jüdischen Brauch, der sich schon im Alten Testament findet, Träger häufiger

Namen zusätzlich nach ihrer Herkunft zu bezeichnen. Dieser jüdische „Partei-
name" erscheint in der Regel neben *Nazarenos* (man vgl. dazu die analoge
Bildung *Essaioi* und *Essenoi*) als Beiname Jesu. Es ist bezeichnend, daß beim
Prozeß gegen Paulus der vom Hohenpriester Ananias bestellte Ankläger von
der (jüdischen) „Sekte der Nazoräer" spricht (Apg 24,5: ἡ τῶν Ναζωραίων
αἵρεσις, vgl. 24,15), während König Agrippa II. das Wort „*Christianos*" (Apg
24,28) gebraucht. Für den Hohenpriester ist nach Lukas Paulus dagegen ein
Anführer (πρωτοστάτης) einer *innerjüdischen* „*Hairesis*". Wenig später läßt
Lk Paulus sich selbst als einstigen Anhänger der Pharisäer, d. h. „der strengsten
,*Hairesis*' unserer Religion" bezeichnen (26,5). Er gibt damit den historischen
Tatbestand für Christen und Pharisäer zutreffend wieder: Beide, Pharisäer und
„*Noṣrim*" sind von außen betrachtet bei Lukas – freilich recht verschiedene –
jüdische „*Haireseis*". Auf jüdischer Seite finden wir ein Indiz für die Trennung
darin, daß der verbreitete jüdische Name *Ješuᵃʳ*, die Kurzform von *Jᵉhošuᵃʳ*, bei
den Tannaiten etwa seit Beginn des 2. Jh.s völlig verschwindet, während er bei
Josephus in seinen historischen Werken noch 22mal erscheint und auch in den
Dokumenten aus den Fluchthöhlen der Bar-Kochba-Zeit noch relativ häufig
ist: Das einfache Volk reagierte langsamer als die rabbinischen Lehrer, die den
jetzt fluchbeladenen Namen nicht mehr nennen wollten und zur ursprünglichen, längeren Form *Jᵉhošuᵃʳ* zurückkehrten. Auch die Einführung und Durch-
setzung des vieldiskutierten „Ketzersegens" im Achtzehnbittengebet ist wohl
erst ins frühe 2. Jh. zu verlegen. Sie bezieht sich nur auf die Judenchristen,
umgekehrt verstand sich die mehr und mehr selbständig werdende Kirche
theologisch als das „wahre Gottesvolk", das „wahre Israel", und nach außen
dann konsequent als das „dritte Geschlecht" oder „Volk" neben Griechen und
Juden. Die jetzt allmählich vorherrschenden Heidenchristen hatten für das
Judentum sowieso nie zu „Israel" gehört.

7. D.h. aber, daß die in den neutestamentlichen Schriften sichtbaren, z. T.
heftigen Auseinandersetzungen zwischen der messianischen Sekte der „*noṣrim*", der „Nazarener-Leute", und den verschiedenen jüdischen Gruppen in
Judäa, Pharisäern, Schriftgelehrten, Sadduzäern, Priesteraristokratie und Herodianern, und dann später mit den Synagogengemeinden in der Diaspora von
Syrien bis Rom, zunächst einen *innerjüdischen Familienstreit* darstellen. Richard L. Rubinstein in seinem Buch „My Brother Paul"[8] spricht im Blick auf
die harten Sätze des Paulus 1. Thess 2,14−16 von einem „family dispute" und
erklärt mit Recht dazu, „his harshness was not unlike that of the members of the
Community of the Scrolls". Es ist ein altes biblisches Motiv, der Streit der
Brüder begegnet uns schon in zentralen Texten im AT: bei Joseph und seinen

---

[8] N. Y. etc. 1972, 115.

Brüdern, bei „Rebeccas children"[9] und (paradigmatisch für den Verlauf der damit beginnenden Menschheitsgeschichte) mit tödlichem Ausgang bei Kain und Abel. Selbst das Verhältnis Jesu zu seinen Brüdern war nicht problemlos, vgl. Joh 7,5 oder Mk 3,21. Wir stoßen hier auf ein grundlegendes menschliches Problem, das Wachsen von Haß und Streit in der eigenen Familie. Die These vom Streit zwischen Geschwistern gilt selbst dort noch, wo wie im Johannesevangelium nicht nur gegen bestimmte Gruppen, die Pharisäer oder die Hohenpriester in Jerusalem polemisiert wird, sondern „die Juden", gemeint sind die Führer und Sprecher des Volkes, direkt auf das Schärfste angegriffen werden. Es geht um die – für die neue enthusiastische Bewegung schwer begreifliche – Ablehnung des „Messias", des „Gottessohnes" und „König Israels" im eigenen Volk (Joh 1,41.49; 20,21), in dem Gott selbst zu Israel und damit zu allen Menschen kam: Dieser Höhe des Anspruchs entsprach die Schärfe der Auseinandersetzung in und mit dem eigenen Volk (Joh 4,22; vgl. jedoch auch 8,44.48). Der Familienstreit kann dazu führen, daß einzelne Glieder sich gegen die Mehrheit der eigenen Familie wenden und u.U. ausgestoßen werden (vgl. Joh 9,22; 12,42; 16,2). Kein neutestamentlicher Autor konnte wissen, daß mit der messianischen Bewegung der *Nazoräer* oder *Christianoi* eine *neue Religion* mit einer langen Geschichte neben den Juden und gegen sie entstand, und daß sie gar nach Jahrhunderten die Macht im Reiche gewinnen und diese dann auch mißbrauchen würde. Zunächst war sie eine unterdrückte, ja verfolgte „Sekte". Die Formulierung vom „dritten Geschlecht" oder „Volk" neben Juden und Heiden begegnet uns im Neuen Testament gerade noch nicht, sondern erst bei den Apologeten des 2. Jh.s., zuerst in Kerygma Petri und bei Aristides. Tertullian lehnt sie ab. Man lebte ja im Bewußtsein der Erfüllung der endzeitlichen Verheißungen der heiligen Schriften und verstand sich zunächst in keiner Weise als eine neue Religion, sondern erwartete vielmehr für Israel und die Welt den baldigen Anbruch der Gottesherrschaft und untrennbar damit verbunden die Wiederkunft des gekreuzigten, von den Toten auferstandenen, zur Rechten Gottes erhöhten Messias und Gottessohnes Jesus von Nazareth, d.h. des von den Profeten geweissagten Erlösers und Richters des Gottesvolkes und zugleich aller Völker.

8. D.h., was die Nazoräer vom übrigen Israel trennte, waren gewiß enthusiastisch-eschatologische – aber dennoch in ihren einzelnen Zügen, *ihren „Bausteinen"* – *urjüdische Glaubensformen*. Gerade das Trennende, die „*Christologie*", hatte in ihren Grundbestandteilen jüdischen Charakter und war in keiner Weise „synkretistisch" mit paganen, dem Judentum völlig fremden Elementen durchsetzt. Auf andere Weise hätte die urchristliche Predigt in den ersten –

---

[9] So der vielsagende Titel des Buches von A. SEGAL, mit dem Untertitel *Judaism and Christianity in the Roman World*, Cambridge Press 1986.

entscheidenden – 20 Jahren von den noch überwiegend jüdischen Hörern in Judäa und Syrien überhaupt nicht verstanden werden können. *Neu war dagegen der Gesamtentwurf als Ganzes*, das apostolische Christuszeugnis, das Paulus 1. Kor 15,1–11 als das „Evangelium" beschreibt, das nach 15,11 von allen Zeugen und Aposteln verkündigt wird und das er in Phil 2,6–11 in poetischer Form vorträgt. 1. Kor 15,3f bezeugt, daß dieses Evangelium von Sühnetod und Auferstehung Christi die anerkannte Glaubensgrundlage des Urchristentums bildete, und zwar in Judäa wie in Syrien oder in den paulinischen Missionsgebieten rund um die Ägäis. Diese neue Botschaft vom Glauben an den gekreuzigten Messias und Herrn Jesus und an sein Heilswerk *mußte* Ärgernis und Widerspruch erregen (1 Kor 1,23; Gal 5,11; Phil 3,17). Die Polemik einzelner neutestamentlicher Autoren von Paulus über Lukas und Matthäus bis hin zu Johannes gegenüber den traditionellen jüdischen Kontrahenten und deren Gegenreaktion war auch nicht schärfer als die der Essener gegen „Ephraim" und „Manasse", d. h. gegen Pharisäer und Sadduzäer, mögen auch die theologischen Differenzen mit der neuen messianischen „Sekte" wegen ihrer speziellen Christologie und Soteriologie noch größer gewesen sein. Scharfe, verletzende Polemik findet sich auch bei anderen jüdischen Gruppen. Wir dürfen nicht vergessen, daß es zwischen Pharisäern und Sadduzäern zur Zeit Johannes Hyrkans und Alexander Jannais und dann wieder zwischen Zeloten und Friedenswilligen in den Jahren vor und nach Ausbruch des jüdischen Krieges zu blutigen Auseinandersetzungen kam, wobei das letzte Motiv dieser Kämpfe kein soziales, sondern ein religiöses war, und in ihnen je und je auch die kontroverse Eschatologie eine Rolle spielte. Die Rabbinen warfen später den Eiferern vor 70 und Bar Kochba vor, sie wollten das Ende „herbeidrängen". Mußte nicht auch die Botschaft vom bereits gekommenen Messias, den man für die Gegenwart als universalen Heilbringer und Richter verkündigte und dessen nahes Wiederkommen man erwartete, phänomenologisch gesehen als ein Ausdruck gefährlicher endzeitlicher Ungeduld oder auch anstößiger, da angeblich „schwärmerischer Utopien" erscheinen?

9. Das heute vielverhandelte und mit heftigen Vorwürfen gegen die urchristlichen Autoren verbundene Thema des „*Antijudaismus im N. T.*" hat gewiß eine relative Berechtigung im Blick auf die *verhängnisvolle Wirkungsgeschichte* einzelner Texte, die freilich erst Jahrhunderte später einsetzte, aber dann unabsehbares Unheil brachte. *Zunächst war jedoch die jüdische Mutter durchaus stärker* als die ungebärdige Tochter. Im 1. Jh. n. Chr. hat nicht „die Kirche" „die Synagoge" verfolgt, sondern umgekehrt je und je die „Synagoge" die „Kirche". Während die neue Bewegung nach ihrer Absonderung von der Synagoge rechtlich völlig ungesichert war und ab dem Ende des 1. Jh.s von den Organen der Reichsverwaltung teilweise blutig verfolgt werden konnte, stand das jüdische Ethnos mit seiner traditionellen Religion, wenn wir von den drei

großen Aufständen 66–73, 115–119 und 132–136 n. Chr. absehen, unter dem Schutz der in religiösen Fragen relativ toleranten Politik Roms. Im Blick auf die urchristlichen Autoren selbst, die, das gilt sogar noch für Johannes (vgl. 21,22f), die nahe Parusie des Messias und Gottessohnes Jesus erwarteten, ist daher der Vorwurf Antijudaismus *anachronistisch* und zeugt von einem ungeschichtlichen Denken, das die gegenüber späteren Epochen völlig verschiedene damalige historische Situation verkennt. Die jungen Gemeinden blickten auf das *nahe Ende* und das Kommen des Weltenrichters und Erlösers. Sie, die selbst unter dem doppelten Druck der mißtrauischen Staatsbehörden und der einflußreichen und selbstbewußten jüdischen Muttergemeinden, die über die enthusiastischen Eskapaden der neuen – immer noch jüdischen – Bewegung verständlicherweise empört waren, standen, konnten nicht wissen, welcher Mißbrauch mit ihren polemischen Texten viele Jahrhunderte später getrieben wurde. Der „Familienstreit" zwischen den urchristlichen Gemeinden und der Synagoge oder – sagen wir besser – den verschiedenen Autoritäten eines stärker „normativen Judentums" war nicht heftiger oder verletzender als andere innerjüdische Auseinandersetzungen in den an inneren Kämpfen reichen 300 Jahren zwischen dem Beginn der makkabäischen Erhebung und dem Bar-Kochba-Aufstand. Aber zugleich gilt: Familienstreitigkeiten sind schmerzhafter und nachhaltiger als alle anderen. Sie schmerzen so sehr, weil man sich so nahe steht. Das gilt auch für die späteren innerjüdischen und innerkirchlichen Streitigkeiten, ja im Grunde selbst heute noch. Dieser Streit wurde so heftig und schmerzhaft ausgetragen, weil es immer auch um die religiöse *Wahrheitsfrage*, um *Gottes heiligen Willen* ging, die von beiden Seiten sehr ernst genommen wurde: Gerade das Ernstnehmen der Wahrheitsfrage ist seinerseits alttestamentlich-jüdisches Erbe.

10. Das Auffallende an diesem Streit war, daß er, fast möchte ich sagen von Anfang an, *sehr klare Konturen besaß und sich auf zentrale religiöse Anliegen des Judentums konzentrierte, auf Fragen des Glaubens, der Hoffnung und der Lebenspraxis. Es ging um das Verhältnis von messianischer Erlösung und traditioneller Geltung von Heiligtum und Tora.* Die beiden letzten Größen, gewissermaßen das bisherige Herzstück des jüdischen Glaubens, waren schon in Zusammenhang mit dem radikalen hellenistischen Reformversuch nach 175 v. Chr. bedroht gewesen, als die Identität Israels als des „Volkes der göttlichen Erwählung und des Eigentums" auf dem Spiele stand. Seither hatte es bei jedem wirklichen und vermeintlichen Angriff auf diese ihm von Gott anvertrauten Güter allergisch, ja erbittert reagiert und sich – zumindest im Mutterland – in seiner Mehrheit noch schärfer von den „Völkern der Welt" abgesetzt, obwohl es sich durchaus nicht jedem fremden Einfluß entzog. Das war damals eine verständliche, ja notwendige Reaktion. In der neuen messianischen Bewegung, in der Jesus als der gekreuzigte Messias und von den Toten auferweckte

Befreier von Sünde und Tod verkündigt wurde, hatte es den Anschein, als würden diese höchsten Güter Israels wieder in Frage gestellt. Freilich *unter einem völlig anderen Vorzeichen* als über 200 Jahre zuvor. In der Zeit Antiochus' IV strebten die jüdischen „Hellenisten" der Oberschicht die Assimilation an die Völker und die „Säkularisierung" des Tempels an und bedrohten so die Reinheit des jüdischen „Monotheismus". Jetzt war der „Monotheismus" nicht mehr bedroht, die neue Bewegung lehnte selbst jede Form des „fremden Dienstes", d.h. des Polytheismus, und des heidnischen Libertinismus aufs schärfste ab. Ihre Motive waren ganz andere: Jetzt wurde die direkte Heilsbedeutung von Heiligtum und Tora zumindest partiell im Zeichen der anbrechenden Gottesherrschaft und der messianischen Erlösung fragwürdig, wobei man zugleich die eschatologische Erfüllung der Väterverheißungen und profetischen Weissagungen proklamierte. Vertrauen, Emunah, und Hoffnung richtete sich nicht mehr auf den Israel am Sinai übergebenen heiligen Text und die eigene Möglichkeit des gehorsamen Tuns, sondern auf eine von den heiligen Schriften Israels verheißene, Gott entsprechende *Person*, in der sich gewissermaßen der Gebetsruf von Jes 63,19 (64,1) erfüllte: „Ach, daß du den Himmel zerrissest und führest herab ": Was Ex 19,11 und Ps 18,10 im Blick auf das „Herabfahren" Gottes auf den Sinai gesagt worden war, wurde jetzt in vollem Sinne „leibhaftige" Wirklichkeit: Gott selbst kommt in einem Menschen, dem von den Profeten verheißenen Davidssproß, am Ende der Zeit zu seinem Volk; *der himmlische Vater sendet den Sohn* wie in der jüdischen Weisheitstradition eines Sirach oder der Sapientia die Chokhma, die göttliche Weisheit, die die Gottesmänner Israels inspirierte; dieser nimmt als Gottesknecht und leidender Gerechter die Schuld aller stellvertretend auf sich und entsühnt sie durch seinen Tod am Fluchholz (Gal 3,13; vgl. Dtn 21,23; 27,26; Apg 5,30; 10,39; 13,29; 1 Ptr 2,24): eine Botschaft, die die Hörer faszinieren und abstoßen konnte. Selbst die Vorstellungen von „Mittlerschaft" zwischen Gott und Mensch und „Inkarnation" konnten an alttestamentlich-jüdische Vorbilder anknüpfen, so an die Auslegung von Gen 1,26f; 18,1–33; Ex 23,20–23; 24,9–11; Ps 8,5f; 45,7f; 110; Dan 7,9–14 (besonders in der LXX–Version) und – nicht zuletzt – Jes 53. Für das Judentum kann ich hier auf meine Studie „Der Sohn Gottes" verweisen. Auch das zeitgenössische Judentum wußte um – ich gebrauche hier eine paulinische Formulierung aus 1. Kor 2,10 – Spuren einer „Tiefe Gottes" (τὰ βάθη τοῦ θεοῦ), die nach Paulus allein der Geist (der das apostolische Zeugnis wirkt) erforscht und offenbar macht. In der späteren jüdischen Mystik lebten derartige Vorstellungen wieder auf. Gewisse, zwar noch sehr unvollkommene „vestigia trinitatis" finden sich so schon im Alten Testament und in der jüdischen Umwelt des Neuen Testaments, hier wäre neben der präexistenten Weisheit bzw. Tora an den philonischen Logos, an 11 Q Melchisedek, an den Menschensohn der Bilderreden des äthiopischen Henochbuches und an das Gebet Josephs zu denken.

11. Auch diese *neue „himmelstürmende" messianische Bewegung* der „Nazoräer", die zugleich die endzeitliche Gabe des profetischen Geistes für sich in Anspruch nahm, konnte sich so auf wesentliche Glaubensaussagen Israels berufen und tat dies – auch in Eretz Israel selbst – nicht ganz ohne Erfolg. In diesem zentralen Punkt der *Person des Messias Jesus*, des mᵉšiḥa ješuᵃᶜ, „Χριστὸς 'Ιησοῦς", und der durch ihn gewirkten *universalen Erlösung*, liegt das *eigentlich Neue*, in die Zukunft Weisende und d. h. zugleich Gefährliche der enthusiastisch-messianischen „αἵρεσις τῶν Ναζωραίων" (Apg 24,5, vgl. 24,14). Ihr „Rädelsführer" (πρωτοστάτης) Paulus wird von den im Auftrag des Hohenpriesters und des Synhedriums sprechenden Rhetor Tertullus nach Lukas in verständlichem Zorn als *„Anstifter zum Aufruhr unter allen Juden"* bezeichnet. Man könnte das Neue schlagwortartig, im Blick auf unseren frühesten Autor, eben diesen Paulus, etwas überpointiert mit der Formel *„Messias contra Tora"* bezeichnen. Für diese Bewegung waren nicht mehr Mose und das Gesetz vom Sinai *Mittler* zwischen Gott und seinem erwählten Volk, sondern der Messias Jesus, der Bringer des neuen endzeitlichen Bundes von Jer 31,31−34 (vgl. 33,14.25 ff). Bezeichnete Gal 3,19 noch Mose als „Mittler" der Tora am Sinai, so wird im Hebräerbrief Jesus zum „Mittler des Neuen Bundes" (8,6; 9,12; 12,23) und im 1. Timotheusbrief zum „Mittler zwischen Gott und den Menschen" (1 Tim 2,5). Paulus kann daher „Christus das Ende des Gesetzes, zur Gerechtigkeit für jeden, der glaubt", nennen (Röm 10,4). Gleichzeitig wird die Tora von ihm nicht mehr exklusiv als das jüdische Gesetz verstanden, sondern, ausgehend vom ersten Gebot als Gottes heiligem Willen für alle Menschen, ein Gesetz, das durch das Gewissen selbst in den Herzen der Heiden wirksam ist (Röm 2,14 ff). Neben das erste Gebot in Verbindung mit Dtn 6,4 tritt das Liebesgebot Lev 19,18. In dieser zugespitzten Form, die schon auf Jesus zurückgeht, dient es nach Paulus dazu, die absolute, schuldhafte Unfähigkeit des Menschen aufzuweisen, Gottes heiligen Willen zu erfüllen, d. h. es wirkt, recht verstanden – heilsame – Erkenntnis der Sünde (Rö 3,19f). Ein solcher Gegensatz mußte pharisäisch geschulten Juden gewiß absurd erscheinen, er fand aber sonderbarerweise, dies zeigt schon die Steinigung des Stephanus, der nach der Anklage Apg 6,13 ständig „Worte gegen diesen heiligen Ort und das Gesetz redete", einen nicht unbeträchtlichen Widerhall – selbst unter einzelnen Juden in Jerusalem. Die Folge war die Vertreibung der jüdischen „Hellenisten" aus der Metropole Judäas, die dann in den syrischen Synagogen zu Missionaren der neuen messianischen Botschaft wurden; ja sogar der angeblich so gesetzestreue Herrenbruder Jakobus und andere Judenchristen werden von Hannas II. im Jahre 62 als „Gesetzesbrecher" (ὡς παρανομησάντων) durch Steinigung hingerichtet, ein Vorgehen, das selbst pharisäischen Protest auslöste (Jos. ant 20,200f).

12. Ein zentrales Hoffnungsgut der neuen messianisch-universalen Bewe-

gung wurde auch bald die Erwartung der auf vielfältige profetische Verheißung gründenden *weltweiten endzeitlichen Bekehrung der Völker zu dem einen wahren Gott*, der der Gott Israels und der Abrahamsverheißung ist (Gen 12,3), und *zu seinem Gesalbten*. Wie aber sollte diese geschehen, wenn die Tora Israel, wie es im Aristeasbrief (139) heißt, gegenüber den Völkern „mit undurchdringlichen Wällen und eisernen Mauern" umgab, und wenn diese Mauer nach Abot 1,1 selbst wieder mit einem Zaun geschützt werden mußte? Selbst Paulus kann von dieser – durchaus auch schützenden – „einschließenden" Funktion der Tora in Gal 3,23f (vgl. Röm 3,1f) sprechen, freilich nur bis zur Sendung des Sohnes in die Welt, d.h. bis zum „Kommen des Glaubens". Es wird hier eine Grundaporie im profetischen Glauben des Alten Israel sichtbar. Die Völkerverheißung konnte nur *volle* Wirklichkeit werden, wenn die Schranken, die das jüdische Volk von den bekehrten, an den einen Gott glaubenden „Völkern der Welt" trennten, in irgendeiner Weise aufgehoben wurden. Das geschah in der eschatologisch motivierten *urchristlichen Mission*, die dabei zunächst vor allem die zahlreichen Gottesfürchtigen der Diasporasynagogen Syriens ansprach. D.h., die eschatologisch motivierte „Sendung zu den Völkern" konnte an die Attraktivität der synagogalen Predigt anknüpfen. Dabei schuf die Erwartung der baldigen Parusie des Erlösers und die Gewißheit der schon jetzt wirksamen Gegenwart der Gottesherrschaft „ἐν Χριστῷ" in wachsender Distanz zu der irdischen *politisch exklusiven* Existenz des jüdischen Volkes ein neues eschatologisch-universales Bewußtsein: „Denn in Christus seid ihr alle Söhne Gottes durch den Glauben ... Es ist weder Jude noch Grieche, weder Sklave noch Freier, weder Mann noch Frau, denn ihr seid alle einer in Christus Jesus" (Gal 3,26.28). Oder Phil 3,20: „Aber unser Staatswesen (πολίτευμα) ist im Himmel, und von dort erwarten wir als Erlöser den Herrn Jesus Christus ...". Entsprechend sagt Paulus Gal 4,26: „Aber das obere Jerusalem (im Himmel) ist frei und sie ist unsere Mutter". Nach Apok 21f kommt die heilige Stadt aus dem Himmel herab in eine erneuerte Schöpfung und nimmt als der Ort von Gottes und Christi Gegenwart alle Glaubenden, Juden und Heiden, in sich auf.

Auf der anderen Seite gab gerade die *Einheit* von exklusiver, an die Tora gebundener *Religion* und politischem *„ethnos"* dem antiken Judentum eine *Identität*, die sich als stärker erwies als die aller anderen ethnisch-religiösen Gruppen der Antike. Von den antiken Religionen im Mittelmeerraum haben nur Judentum und Christentum überlebt. Auch hier wurde eine unüberwindbare Differenz zu der neuen messianisch-missionarischen Bewegung sichtbar, die im Grunde heute noch besteht: Selbst im Staate Israel wirkt ja in der nationalen religiösen Gesetzgebung das alte theokratische Ideal weiter und wird heute etwa im Streit um die Macht des Religionsministeriums unter nichtorthodoxen Juden heftig diskutiert, während – zumindest für den Protestanten – ein *national-christlicher Staat* (der nicht mit einer – überwiegend – christlichen *Gesellschaft* zu verwechseln ist) auf Grund von Joh 18,36, „mein Reich ist nicht von dieser Welt", eine contradictio in adiecto darstellt, deren Überwindung sich spätestens seit der Aufklärung durchgesetzt hat. Im Grunde liegt dieser Bruch schon Augustinus' Unterscheidung von civitas Dei und civitas terrena und erst recht Luthers Zwei-Reiche-Lehre zugrunde. Daß eine untrennbare Verbindung von Religion und nationaler Staatlichkeit ihre Probleme hat, lehrt uns nicht nur die tragische Geschichte der Konfessionskriege im Europa des 16. und 17. Jhs, sondern selbst noch die Gegenwart. Es ist kein Zufall, daß in den USA, wo die Toleranz erstmals in der Verfassung festgeschrieben wurde, eine lebendigere Kirchlichkeit herrscht als im immer noch vom Staatskirchentum her beeinflußten und man darf wohl auch sagen geschädigten Europa: Lebendiger Glaube bedarf einen Raum der Freiheit und will helfen, einen solchen zu schaffen.

13. *Dieses Neue war zugleich das unerhört Anstößige*, weil es – unter endzeitlichem Anspruch und bei Paulus, dem einstigen pharisäischen Schriftgelehrten, mit sublimer theologischer Begründung – letztlich die *Existenz Israels* als allein erwähltes Volk, *d. h. als politisch-religiöse Einheit, grundsätzlich getrennt von den Völkern der Welt*, unter Umständen in Frage stellen konnte. Zumindest wurde dies Paulus zum Vorwurf gemacht. Man beschuldigte ihn offenbar, er verführe Juden zum Abfall „von Mose" (Apg 21,21.28). Dies trifft in dieser Weise, wie Rö 9–11 zeigt, nicht zu. Erwählt sind für ihn alle Glaubenden aus Juden und Heiden, und wenn er nach Röm 11,26, das an Mischna Sanh. 10,1 („Ganz Israel hat Anteil an der kommenden Welt") erinnert, aufgrund der Väterverheißung daran festhält, daß mit dem Kommen des Messias *ganz Israel durch Gottes Gnade gerettet wird,* so entspricht dem, daß am Ende der Weltgeschichte *alle Völker* im Zeichen des Evangeliums zu Gott zurückfinden, damit *seine Gnade allein* über allen Mächten des Bösen, Sünde, Tod und Teufel triumphiere. Die messianische Erwartung des Paulus war hier m. E. durchaus realistisch-konkret, sie vollendete sich jedoch nicht durch die eigene politische Aktion wie bei den Zeloten, sondern allein durch Gottes Handeln in der Parusie des Erlösers (Rö 11,26f), und Israel wird für ihn dabei zum großen *Paradigma der Gnade,* der freien Erwählung durch Gott und der „Rechtfertigung des Gottlosen", die der einstige Pharisäer und Verfolger selbst an sich erfahren hatte. Entsprechend schließt der letzte Satz des „dogmatischen" Teils des Römerbriefs mit dem lapidaren Satz: *„Denn Gott hat alle unter dem Ungehorsam beschlossen, damit er sich über alle erbarme"* (Röm 11,32)[10]. Wir könnten hinzufügen: in Christus, dem Messias und Gottessohn, der zum Heil Israels und der Völker in die Welt gesandt wurde (Röm 15,7–12). Darauf kann für ihn nur noch der hymnische Lobpreis folgen: das *soli Deo Gloria* als die allein mögliche menschliche Antwort auf Gottes Gnade. Könnte man sich

---

[10] Es ist für mich einer der wichtigsten Sätze des ganzen Neuen Testaments.

einen „jüdischeren" Abschluß eines theologischen Traktats denken als diesen an den Psalmen orientierten Lobpreis: „Oh welch ein Reichtum beider, der Weisheit und der Erkenntnis Gottes", der mit den Worten endet: „Ihm sei Ehre in Ewigkeit! Amen"? Die unmittelbar darauffolgende Paränese gründet dann auf der Erfahrung von Gottes Barmherzigkeit und will zu einem dankbaren neuen Leben „in Christus" anleiten, indem sie den Menschen als Antwort auf die empfangene Gnade Gottes zur Hingabe seines Lebens und zum „vernünftigen Gottesdienst" führt: Rö 12,1ff. Hier könnten wir von einer neuen, durch Gottes Geist gewirkten, endzeitlich-universalen Form der jüdischen *kawwanah* sprechen.

Freilich, die Geschichte fand nicht ihr Ende, sondern sie ging weiter, ganz anders als es die apokalyptische Utopie vom nahen Ende erhoffte – und Jahrhunderte später mit der Erlangung der politischen Macht im römischen Reich auf eine Weise, die die neue, selbständig gewordene, unerwartet siegreiche Religion z. T. auch tief belastete, eine Belastung, die bis heute fortwirkt – belastend vor allem für den, der als Deutscher vor 1933 geboren wurde, unbeschadet der Tatsache, daß das Hitlerregime mit seinem unmenschlichen nationalistischen Volks- und Rassenwahn auch zutiefst antichristlich war. Dies wurde von vielen leider erst erkannt, als es zu spät war. Die Jahre 1933–1945 können als Beispiel dafür dienen, was die Bibel unter Verblendung versteht – gerade auch bei Christen.

14. Alle diese Überlegungen stehen auf einer historisch-exegetisch fundierten Basis und haben keinen apologetischen Charakter. Die Ausgangsthese, daß das Urchristentum *ganz* im jüdischen Mutterboden gründet und ein direkter, nicht durch das Judentum vermittelter paganer Einfluß nicht, oder erst sehr spät (etwa bei Ignatius mit seinem φάρμακον ἀθανασίας, das seine nächste Entsprechung im Isiskult besitzt) nachzuweisen ist, liegt in den Quellen begründet und bedeutet nicht, daß „pagane Einflüsse" an sich minderwertig sind. Israel und das Judentum haben, wie ich schon zu Beginn sagte, im Verlauf ihrer langen und reichen Geschichte immer „pagane", d. h. fremde Einflüsse aufgenommen und am Ende fruchtbar und die eigene Identität stärkend verarbeitet. Es geht hier um die unvoreingenommene, gerade nicht durch „dogmatisch" begründete Vorurteile beeinflußte offene Erforschung der christlichen Anfänge, die viel stärker palästinisch-jüdisch geprägt sind, als lange Zeit angenommen wurde. Das Problem ist, daß man den Reichtum, die Kreativität, die Rezeptions- und Integrationskraft des antiken Judentums bis zum 1. Jh. n. Chr. in seiner ganzen Breite häufig unterschätzt hat. Wir können uns die geistige Fülle und die anregende Vielfalt der synagogalen Predigt im jüdischen Palästina und erst recht in den unzähligen jüdischen Synagogen zwischen dem parthischen Medien und dem römischen Spanien schwer vorstellen. Die von F. Siegert aus dem Armenischen übersetzten, fälschlicherweise Philo zugeschrie-

benen Predigten[11] geben hier zusammen mit den Pseudepigraphen von den Henochbüchern bis zu dem Roman „Joseph und Aseneth" einen kleinen, allzukleinen Einblick.

II. Konsequenzen für die Forschung

Auf dieser Grundlage ergeben sich neue Möglichkeiten einer *gemeinsamen jüdischen und christlichen Erforschung* des Judentums und des Christentums im 1. und 2. Jh. n. Chr., die auch – bei allen *grundsätzlichen* Unterschieden der Standpunkte, die in der Christologie und Soteriologie liegen und die wir nicht negieren sollten – das christlich-jüdische Gespräch der Gegenwart anregen und bereichern können.

1. Es wird heute allgemein anerkannt, daß die Kenntnis des antiken Judentums grundlegend für die Erforschung der christlichen Anfänge und die Auslegung des Neuen Testaments ist. Umgekehrt bedeutet die Einbeziehung der frühchristlichen Geschichte in eine Darstellung der Geschichte des antiken Judentums eine wesentliche Bereicherung auch für diese, denn die Erweiterung der Betrachtungsweise führt uns gerade hier die kreative Energie des Judentums jener Zeit deutlich vor Augen. Jede – selbst die illegitime – Tochter hat entscheidende Züge mit der Mutter gemeinsam.

2. Nach Josephus, Philo, Qumran und der frührabbinischen Tradition *könnte das Neue Testament zur wichtigsten Quelle für das Judentum des 1.Jh.s werden.* Historisch betrachtet wurde das Urchristentum der in einzigartiger Weise weltgeschichtlich wirksame Sproß des Judentums. Erst die Kirche brachte die heiligen Schriften Israels und damit den „Gott Abrahams, Isaaks und Jakobs" zu den Völkern. Nicht zuletzt durch ihre Vermittlung wurden ab dem 2. Jh. n. Chr. auch heidnische Autoren wie Numenius, Galen, Celsus oder Porphyrius auf die LXX aufmerksam. Dieser – unerwünschte – Sproß verkörpert *eine – radikal neue universale – Möglichkeit* unter mehreren Möglichkeiten in der geistigen Entwicklung des Judentums in der Antike.

3. Das Interesse der jüdischen Forschung sollte sich nicht auf eine solch einzigartige Gestalt wie Jesus von Nazareth beschränken, von seiner „Heimholung" ist ja schon längst die Rede, sie sollte auch das paulinische *corpus*, das Doppelwerk des Lukas, die johanneischen Schriften, die apostolischen Väter, ja *cum grano salis* die „orthodoxen" Väter des 2. Jh.s und die gnostischen Schriften bis hin zu Kirchenvätern wie Tertullian, Clemens von Alexandrien und Hippolyt einbeziehen. Direkt oder indirekt beleuchten diese Texte immer auch Vorstellungen und Motive des zeitgenössischen Judentums. Origenes und

---

[11] F. SIEGERT, Drei hellenistisch-jüdische Predigten I, WUNT 20, 1980; II, WUNT 61, 1992. Philonisch ist dagegen das 3. Fragment: DERS., Philon von Alexandrien. Über die Gottesbezeichnung „wohltätig verzehrendes Feuer" (De Deo), WUNT 46, 1988.

Hieronymus, die das Interesse für die hebräische Bibel neu erschlossen, zeigen zugleich, daß sich das Gespräch zwischen Juden und Christen auch später fortsetzte. Trotz scharfer, ja oft ungerechter Polemik, trotz des Hasses auf beiden Seiten, ja trotz der späteren Verfolgungen im Mittelalter, die von den Christen ausgingen, wurde dieses Gespräch nie völlig abgebrochen. Man hat auch immer wieder voneinander gelernt. In vielem steht dabei die Alte Kirche dem Erbe der untergegangenen griechischsprechenden Synagoge näher als der rabbinische Zweig, sie hat ja auch die literarischen Zeugnisse derselben – im Gegensatz zu den Rabbinen – bewahrt.

4. Diese Überlegungen betreffen nicht nur die religionsvergleichenden Studien, sondern zumindest teilweise auch die soziale und politische Geschichte. Wie die Evangelien und die Apostelgeschichte im Lichte des Josephus besser verstanden werden, so können diese partiell zu einer Quelle zur Prüfung und Bestätigung des letzteren werden. Wo beide übereinstimmen, etwa in der heute so umstrittenen Pharisäerfrage oder beim Problem der frühesten Synagogen im jüdischen Palästina, kommen wir der historischen Wirklichkeit recht nahe. D. h., beide Seiten können sich gegenseitig korrigieren und ergänzen und so ein tieferes Verständnis der frühchristlichen und jüdischen Geschichte vermitteln. Dies habe ich an einigen Beispielen in dem Aufsatz „Das Johannesevangelium als Quelle für das antike Judentum" in diesem Band[12] zu zeigen versucht. Der Althistoriker Fergus Millar schreibt im Blick auf die Evangelien: „Die Welt des Evangeliums ist die des Josephus"[13]. Die Apostelgeschichte ist in dieses Urteil einzubeziehen.

5. Das Ziel dieser gegenseitigen Forschung sollte dann nicht mehr die apologetische Darstellung und zwanghafte Verteidigung der eigenen Position sein, sondern müßte das Streben nach einem wirklichen *Verstehen* der klassischen Texte der anderen Seite miteinschließen, ihrer Autoren und der Gegenstände, die sie zur Darstellung bringen. Freilich, ein besseres Verständnis ist nur dann möglich, wenn man die eigene Überzeugung und die dahinterstehende *Wahrheitsfrage* nicht verleugnet, sondern diese auch mit der nötigen Klarheit zum Ausdruck bringt. Denn nur wer einen eigenen Standpunkt vertritt und damit der Wahrheitsfrage nicht ausweicht, kann auch die bewußt vertretene andere Meinung wirklich verstehen und respektieren. Denn wenn alles in gleicher Weise „wahr" sein soll, hat die Wahrheit in Wirklichkeit aufgehört zu existieren.

---

[12] Siehe in diesem Band u. S. 293–334.
[13] A Tribute to Geza Vermes, 1990, 357.

6. Zur matthäischen Bergpredigt und ihrem jüdischen Hintergrund

Hans L. Merkle in Dankbarkeit zum 1.1.1988 gewidmet

INGO BROER, *Die Seligpreisungen der Bergpredigt*. Studien zu ihrer Überliefe-
rung und Interpretation (BBB 61), 110 S. Peter Hanstein Verlag, Bonn 1986.
GEORG STRECKER, *Die Bergpredigt*. Ein exegetischer Kommentar, 194 S. Verlag
Vandenhoeck & Ruprecht, Göttingen 1984.
HANS WEDER, *Die »Rede der Reden«*. Eine Auslegung der Bergpredigt heute,
253 S. Theologischer Verlag, Zürich 1985.

Das Interesse, das der Bergpredigt durch die vor ca. 6 Jahren auf-
brechende Friedensdiskussion zugewandt wurde, fand seinen Niederschlag
in einer Reihe von theologischen und exegetischen Untersuchungen zu diesem gewaltigen – um nicht zu sagen einzigartigen Text. 1981 gab JÜRGEN
MOLTMANN[1] im Anschluß an eine Tagung der *Gesellschaft für Evangeli-
sche Theologie* vier Vorträge mit einem bedeutsamen Aufsatz von ULRICH
LUZ heraus. 1982 erschienen zwei Auslegungen, eine ausführliche von
ROBERT A. GUELICH[2] und eine knappe von EDUARD SCHWEIZER[3], dazu
ein von RUDOLF SCHNACKENBURG[4] herausgegebener Aufsatzband und eine
jüdische Deutung der Bergpredigt von PINCHAS LAPIDE[5], von der ich mir

*Für das Schreiben des sehr schwierigen Manuskripts und die Überprüfung
der Zitate danke ich meiner Assistentin Frau Anna Maria Schwemer, für die
kritische Durchsicht und wertvolle Hinweise den Herren Kollegen Hans Peter
Rüger und Gert Jeremias.*

[1] Nachfolge und Bergpredigt. Mit Beiträgen von Helmut Gollwitzer, Rolf
Heinrich, Ulrich Luz, Werner H. Schmidt, 120 S. (Kaiser Traktate 65) Chr.
Kaiser Verlag, München 1981.
[2] The Sermon of the Mount. A Foundation for Understanding, 451 S. World
Books Publisher, Waco/Texas 1982.
[3] Die Bergpredigt (Kleine Vandenhoeck-Reihe 1481), 118 S. Verlag Vanden-
hoeck & Ruprecht, Göttingen 1982.
[4] Die Bergpredigt. Utopische Vision oder Handlungsanweisung? ppb, 124 S.
Patmos Verlag, Düsseldorf 1982, mit Beiträgen von Johannes Gründel, Hans-
Richard Richter und Rudolf Schnackenburg.
[5] Die Bergpredigt – Utopie oder Programm? 144 S. Matthias-Grünewald-
Verlag, Mainz 1982.

eine bessere Darstellung des jüdischen Hintergrunds gewünscht hätte. Zwei Jahre später erschien das Buch von GEORG STRECKER, 1985 folgten HANS DIETER BETZ[6] mit sieben gelehrten Einzelstudien, die auf ältere Veröffentlichungen zurückgehen, sowie HANS WEDER mit einer Interpretation, die für einen breiteren Leserkreis bestimmt ist, und schließlich 1986 INGO BROER mit einer Monographie zu den Seligpreisungen. Zu gleicher Zeit wurde – nach langer Pause – jeweils der erste Band zweier umfangreicher, wissenschaftlicher Matthäuskommentare vorgelegt: 1985 die auf drei Bände angelegte Bearbeitung von ULRICH LUZ[7] für den Evangelisch-Katholischen Kommentar und 1986 von JOACHIM GNILKA[8] für Herders theologischen Kommentar zum Neuen Testament. Beide enthalten ausführliche Interpretationen der Bergpredigt, die gewissermaßen in »Konkurrenz« zu den Einzeluntersuchungen treten.[9] Man ist versucht hinzuzufügen: Die »Konkurrenz belebt (hoffentlich) das (exegetische) Geschäft«, denn die Bergpredigtauslegung hat es nötig.[10] Ich muß mich im folgenden auf die Arbeiten von BROER, STRECKER und WEDER konzentrieren und kann die anderen genannten Autoren bestenfalls ganz am Rande heranziehen; gleichwohl möchte ich als Urteil vorwegnehmen, daß die wichtigsten Impulse für die Zukunft von den beiden letztgenannten Kommentaren zu erwarten sind. Insbesondere der von U. Luz stellt eine reife, überaus anregende Leistung dar.

---

[6] Studien zur Bergpredigt, 154 S. Verlag J. C. B. Mohr, Tübingen 1985. Nach B. ist die Bergpredigt »ein in vieler Hinsicht ungewöhnlicher, um nicht zu sagen ungeheuerlicher Text«. Zugleich betont er, »daß es nur der oberflächliche Leser« ist, der in einem solchen Text das einfache, praktische und untheologische Evangelium findet«. Die Erfahrungen der letzten Jahre geben ihm recht.

[7] Das Evangelium nach Matthäus (Mt 1–7), 429 S., EKK I, 1, 1985. Diese gründliche, klare und zugleich originelle Arbeit wird geraume Zeit in der Auslegung des 1. Evangeliums eine entscheidende Rolle spielen.

[8] Das Matthäusevangelium I. Teil. Kommentar zu 1,1–13,58, 518 S., HThK I, 1, 1986. Er ist kompakter als der Kommentar von Luz und stellt in vielen Punkten eine interessante Ergänzung und zugleich je und je ein Korrektiv dar.

[9] Luz: S. 183–420, d. h. wesentlich mehr als die Hälfte des 1. Teils. Seine Auslegung ist nicht nur umfangreicher, sondern auch sachlich sehr viel inhaltsreicher als der Streckersche Auslegungsversuch. Besonders anregend sind die auslegungsgeschichtlichen Passagen. Gnilka: S. 109–295.

[10] H. D. Betz, op. cit. (Anm. 6), VI etwas überpointiert: »Fast alle Fragen, so wird man urteilen müssen, sind offen.«

I. Die Aporie der matthäischen Seligpreisungen

1. Der unvermeidliche Dissens

I. Broer hat seine Untersuchung über die Makarismen »auch aus der Sorge um den Wissenschaftscharakter der neutestamentlichen Exegese« geschrieben. Er möchte durch bessere Argumente »zu einer größeren Intersubjektivität bei der Exegese der Seligpreisungen« gelangen (9). Wie sehr ihn dieses Anliegen bewegt, zeigt sich daran, daß er auf den ersten 6 Seiten das Modewort Intersubjektivität bzw. intersubjektiv 8 mal gebraucht[11] und am Ende der einleitenden Überlegungen zweifelnd fragt, ob man »angesichts der divergierenden Ergebnisse solcher Arbeit« nicht »die Literarkritik ganz aufgeben« sollte, um dann freilich doch den Versuch zu wagen, »wesentlich komplexer (zu) argumentieren« (16), als es nach seiner Meinung bisher versucht wurde. Die Zurückweisung von Hypothesen fällt dem Vf. verständlicherweise leichter als die positive Beweisführung. Zu häufig lassen sich die Argumente auch umkehren[12], und *viel* zu groß ist die Zahl der Unbekannten in der zu lösenden Aufgabe: Die Argumentation wird sich – so fürchte ich – auch nach der Studie von Broer weiterhin im Kreise drehen.

Selbst die von allen genannten Autoren vorausgesetzte, für Lk und Mt – letztlich – gemeinsame schriftliche Quellengrundlage von Q ist keineswegs sicher, sondern nur eine mit einer gewissen Wahrscheinlichkeit vorauszusetzende Arbeits*hypothese*, da die Übereinstimmungen bei den einzelnen Textstücken gerade zwischen Bergpredigt und Feldrede ganz erheblich variieren und man für diese Varianten nicht einfach die schriftstellerische Freiheit der Evangelisten verantwortlich machen kann. Damit muß aber auch der Rekonstruktionsversuch einer möglichen Urform gerade im Bereich der Bergpredigt ganz und gar fragmentarisch und umstritten bleiben.[13] Als die großen Unbekannten erheben sich unscharf und

---

[11] S. 9.11–13.15f., einmal gar im Komparativ: »bessere – und das heißt für mich: intersubjektivere, die Vielfalt einander widersprechender Meinungen beseitigende – Verfahren« (12). Warum reichen hier gute, alte Worte wie »überzeugend« oder »beweiskräftig« nicht aus?

[12] Op. cit., 17: »Freilich kann in der Literatur auch umgekehrt argumentiert werden . . .«

[13] Vgl. die kühne These von H. D. Betz, op. cit. (Anm. 6), 18, »daß es sich bei der matthäischen Bergpredigt um eine intakt überlieferte und von Matthäus in seine Evangeliumskomposition eingegliederte Quelle handelt«, die auf »das frühe Judenchristentum« in der »Mitte des 1. Jahrhunderts« zurückgehe, die in kritischer Auseinandersetzung mit dem paulinischen Heidenchristentum gestan-

schwer bestimmbar Q^{Mt} und Q^{Lk}; ja vielleicht können die alten Hypothesen von Streeter und Jeremias über einen Protolukas doch richtig sein, möglicherweise in der Form, daß Lk selbst – schon geraume Zeit, bevor er Mk sekundär einarbeitete – Q-Material und Sondergut verbunden hatte. Bei dem sehr komplizierten Vorgang der Evangelienentstehung und dem bis weit ins 2. Jh. hinein wirksamen, schwer greifbaren Problem des ständigen Einflusses der mündlichen Überlieferung verdienen gegen Broer »einfache Lösungen« nicht grundsätzlich »den Vorzug vor komplizierten« (16). Erstere erscheinen plausibler, aber kommen sie damit schon der historischen Wirklichkeit näher? Je länger die Kette der aneinandergereihten, an sich »wahrscheinlicheren« Hypothesen wird, desto mehr wächst der Grad ihrer Unwahrscheinlichkeit. Unsere Disziplin ist – mehr als wir wahrhaben wollen – eine »Vermutungswissenschaft«. Unter diesem Vorbehalt erscheint mir die oft minutiöse Beweisführung des Autors in seinem ersten Kapitel über die »Überlieferungsform der Seligpreisungen und Weherufe in der vorlukanischen und vormatthäischen Tradition« (15–38) recht plausibel zu sein, so etwa der Schluß, daß Lk »die Makarismen und die Wehe schon in der 2. Person vor(fand)« und daß er sie »geringfügig überarbeitet und mit erkennbarer Mühe in seinen Kontext eingefügt (hat)« (30). Weniger überzeugt bin ich davon, daß die Weherufe auf einer vorlukanischen Traditionsstufe sekundär angefügt worden seien. Dies wird zwar heute gerne vertreten, stellt aber eine Vermutung dar, die nicht mehr wirklich begründet werden kann. Die kleinen sprachlichen Differenzen zwischen Preisung und Wehe könnten auf das Konto des Übersetzers aus dem Aramäischen gehen, ein Problem, das der Autor kaum in den Blick bekommt. Liegt das Problem hier nicht letztlich darin, daß unser Jesusbild den Weherufen widerstrebt?

Bedauerlich ist, daß der Vf. in seinem formgeschichtlichen Kapitel zu den Seligpreisungen (39–63) – wie im ganzen Werk – auf die relativ vielfältigen *rabbinischen Parallelen* überhaupt nicht eingeht, sondern sich allein auf die alttestamentlichen Texte konzentriert.[14] Im Hintergrund

---

den habe (19). Dagegen spricht m. E. der stereotype matthäische Sprachgebrauch von »Schriftgelehrten und Pharisäern« in 5,20, der – im Gegensatz zu Mk und Lk – beide Gruppen einfach identifiziert und damit die Entwicklung nach 70 voraussetzt (s. dazu u. S. 374f.). Ähnliches gilt vom redaktionellen Gebrauch von δικαιοσύνη in 5,6.10.20; 6,1.33 vgl. 3,15; 21,32, was der rabbinischen z^{e}kût näher steht als der paulinischen δικαιοσύνη θεοῦ. Vgl. G. Strecker, Der Weg der Gerechtigkeit, ^{3}1971, 157f.; op. cit. (Anm. 3), 38f.: »Das Wort bezeichnet ... die Gerechtigkeit von Menschen, eine menschliche Haltung, die durch aktives Tun verwirklicht werden soll« – und, so möchte ich hinzufügen, des göttlichen Lohnes gewiß sein darf: Eben das entspricht der z^{e}kût, s. u. S. 359f.

[14] 39–52 vornehmlich in der Auseinandersetzung mit Chr. Kähler, Studien zur

steht dabei das Interesse, daß die Makarismen nicht so sehr als konditionale Aussage, als die »von Gott verfügten Einlaßbedingungen« zur Gottesherrschaft (H. Windisch), sondern eher als Heilszuspruch verstanden werden sollen; dies hängt freilich von der Beurteilung der starken Veränderungen ab, die die Preisungen im (bzw. vor dem) ersten Evangelium erfahren haben: Sie sind m. E., hier bin ich ganz mit Strecker einig, – im Gegensatz zu Lk – auf jeden Fall ein *wesentlich* vom aktiven Verhalten und Tun abhängiger Zuspruch. Mt preist nicht so sehr wegen von den Hörern bereits erfüllter, sondern wegen in Gegenwart und Zukunft noch zu erfüllender Bedingungen. Aber eben dieser Punkt ist kontrovers und wird es wohl bleiben: Auch für WEDER (vgl. 44f. u. ö.) ist dieses »ethische Verständnis« der Matthäusfassung eine Fehlinterpretation, gegen die er sich in seinem überaus anregenden, ja in vielen Passagen brillant formulierten Buch energisch zur Wehr setzt. Sein – erfreuliches – hermeneutisch-theologisches Interesse verstellt ihm hier den Blick für die eindeutige Tendenz des Evangelisten (s. u. S. 398 f.).

Wie es auch sonst häufig geschieht, wird von BROER zu wenig beachtet, daß die atl. Texte und Sprachformen im 1. Jh. n. Chr. ganz innerhalb des Milieus des zeitgenössischen Judentums interpretiert werden müssen.[15] Das monumentale Werk von Billerbeck, das zum rechten Verständnis der Bergpredigt unerläßlich ist, wird von Broer nur einmal zu einer abseitigen Frage zitiert, und die reiche Materialsammlung von P. Fiebig, im Urtext mit deutscher Übersetzung, haben offenbar weder er noch Strecker verwendet; auch den großartigen Kommentar Schlatters und die älteren Untersuchungen von G. Friedländer, I. Abrahams und C. G. Montefiore sucht man bei ihm vergebens. Mit dem grundlegenden, ungemein materialreichen Werk von J. Dupont zu den Seligpreisungen setzt sich Broer sehr ausführlich auseinander, ohne freilich der Materialfülle wirklich gerecht zu werden, im Gegensatz zu Strecker, der es gar nicht erwähnt (!). Auf die Hinweise, die Dupont zu den rabbinischen Texten gibt, geht er

---

Form- und Traditionsgeschichte der biblischen Makarismen, Diss. theol. masch. Jena 1974. Die zeitlich-historische Differenz, die die sehr verschiedenen atl. Makarismen von Mt und seiner Umwelt trennt, wie auch die besondere, gegenüber Lk-Q wesentlich veränderte Form der matthäischen Makarismen wird zu wenig gesehen.

[15] Ein Beispiel geben hier die ethisierenden Interpretationen der Makarismen von Ps 1,1 und 112,1 in bAZ 18b/19a; die Deutung des doppelten Makarismus von Ps 32,1f. PesiqR Pisqa 45 (Friedmann 185bf.) oder von Ps 41,2 Billerbeck IV, 472f. 480: im Namen R. Meirs (um 150): »Das bezieht sich auf den, der den guten Trieb zum König gemacht hat über den bösen Trieb!« Andere Deutungen: Begraben eines *met miṣwāh*, Rettung von Flüchtlingen, Krankenbesuch s. LevR 34,1.

nicht ein. Es mag sein, daß die völlige Vernachlässigung der rabbinischen Überlieferung durch Broer mit dem Fehlurteil von K. Koch zusammenhängt, »in *rabbinischen* Texten« sei »der Makarismos ... auffallend selten und *nicht* eschatologisch ausgerichtet«.[16] Auch WEDER ist der falschen Meinung, die »Redeform der Seligpreisung« hätte ihre Entsprechungen im »Alten Testament und dem hellenistischen Judentum« (41). Äth. Hen. 99,10, das er als Beweis anführt, stammt freilich, wie die aramäischen Fragmente aus 4Q zeigen, aus Palästina und ist von der Form her untypisch (s. Anm. 18). In Wirklichkeit handelt es sich um ein vielverbreitetes Phänomen.

2. Makarismen in frühjüdischen und rabbinischen Texten

Da in der ntl. Literatur – soweit ich sehe – die Frage der Makarismen im Judentum, mit Ausnahme der Arbeit von Dupont, meist vernachlässigt wurde, möchte ich auf eine größere Zahl von wenig beachteten Texten aufmerksam machen. Sie sind nicht nur in formaler Hinsicht interessant. A. Goldberg (op. cit. [Anm. 16] 323) meint zu Recht: »Man kann bei den Makarismen zwei Typen unterscheiden: 1. Den ethischen Verhaltensmakarismus. Dieser preist die Menschen wegen ihres Verhaltens oder Tuns, wobei der Makarismus mit der Folge dieses Tuns (Lohn) begründet wird. 2. Den persönlichen Makarismus, die Preisung des Menschen wegen des Glückes, das ihm zuteil wird, wobei die Ursache dieses Glückes (gerechtes Tun) impliziert wird. Als besonderen Typus könnte man noch den mittelbaren Makarismus nennen: die Vorfahren (Abraham) werden ob ihrer Nachkommen gepriesen.« Freilich erfaßt auch Goldbergs Charakterisierung das Phänomen noch nicht in seiner ganzen Komplexität.

So finden wir z. B. in der *Mischna,* dem ältesten rabbinischen Text, – im Gegensatz zum AT – überwiegend Belege für Preisungen in der *2. Person*: einmal in der 3. Pers. Sing., zweimal in der 2. Sing. und ein-

---

[16] J. Dupont, Les Béatitudes, EtB, I, II ²1969, III 1973. K. Koch, Was ist Formgeschichte? ²1967, 9 Anm. 8. Koch verweist nur auf Billerbeck I, 189 und Fiebig, 153. Seinem Fehlurteil folgt S. Schulz, Q. Die Spruchquelle der Evangelisten, 1972, 80 Anm. 157. Auch E. Schweizer, Matthäus und seine Gemeinde (SBS 71), 1974, 69ff. bedarf der Korrektur. Einige interessante Hinweise enthält E. Lipinski, Macarismes et psaumes de congratulation, RB 75 (1968) 321–367, bes. 326ff. zu den antithetischen und eschatologischen Makarismen; s. auch A. Goldberg, Erlösung durch Leiden. Drei rabbinische Homilien über die Trauernden Zions und den leidenden Messias Efraim (PesR 34.36.37) (Frankfurter Judaistische Studien 4), 1978. P. Lapide, op. cit. (Anm. 5), 35f. hat für den Introitus der Bergpredigt nur 1¹/₂ Seiten übrig.

mal in der 2. Plur., auch in der Tosefta überwiegt noch die direkte Anrede.[17]

mAb 2,8b: Jochanan b. Zakkai über Jehoshua b. Chananja: »*Heil der,* die ihn gebar« (Lk 11,27; 1,42 vgl. syr. Bar. 54,10: der Preis der eigenen Mutter); vgl. tChag 2,1 (Z. 234): »*Heil dir* Abraham, unser Vater, daß Eleazar b. Arakh aus deinen Lenden kam«; par s. bei Billerbeck I, 189, hier besonders bChag 14b, dazu auch der dreifache Makarismus Johanan b. Zakkais in bChag 14b; leicht verändert bei J. N. Epstein/E. Z. Melamed, Mekh. d. R. Shim'on b. Jochai, 1955, 159 Z. 19; vgl. den Preis Moses in der 2. Pers., op. cit. 155 f. Z. 31.

mJoma 8,9: R. Aqiba: »*Heil euch* (אשריכם) Israel! ... Wer ist's, der euch reinigt? Euer Vater im Himmel (אביכם שבשמים)«.

mAb 4,1 die Auslegung von Ps 128,2: »»*Heil dir* und *wohl dir*‹: Heil dir in dieser Welt und *wohl dir* für die zukünftige Welt!«; vgl. auch die Parallele mAb 6,4a. mKelim 30,4: Der abschließende Preis des Traktats Kelim durch R. Jose b. Chalaphta (um 150): »*Heil dir* Kelim, da du in ›Unreinheit‹ hereingekommen bist und mit ›Reinheit‹ ausgegangen bist.« Der Traktat beginnt mit »Unreinheiten« ('*bôt haṭ-ṭum'ôt*) und endet mit »rein«.

In der *Tosefta* stehen sich vier Preisungen in der 2. Pers. Sing. und eine in der 2. Plur., zwei Preisungen ohne Suffix und zwei mit der 3. Pers. Sing. gegenüber. S. noch tZeb 2,17 (Z. 483): »*Heil euch ihr Gerechten* (אשריכם הצדיקים die alten tannaitischen Lehrer, deren Traditionen maßgeblich sind), denn ihr liebt die Tora ...«. tChullin 2,23 (Z. 503): R. Jishmael über den gescheiterten Versuch seines Neffen, sich durch den Judenchristen Jakob von Kefar Sama im Namen Jesu vom Schlangenbiß heilen zu lassen: »*Heil dir,* Ben Dama, daß du in Frieden abgeschieden bist (אשריך ··· שיצאת בשלום) und nicht die Mauer der Weisen eingerissen hast...«; s. u. S. 363; par. jAZ 40d; jSchab 14d; bAZ 27a. Hier wird jenes Milieu sichtbar, von dem sich das 1. Evangelium polemisch abgrenzt. S. noch die dreifache Preisung in tSukk 4,2 (Z. 198) u. S. 337. Die unmittelbare Anrede in der 2. Pers. geschieht nur als uneingeschränkter Indikativ für einen glücklichen, heilvollen Zustand oder eine geglückte, heilvolle Tat. A. Schlatter (Mt 131) betont: »Bei den Palästinern blieb dagegen die alte Form der ehrenden, freudigen Zustimmung lebendig.«

Selbst im täglichen Morgengebet nach dem Sche°ma‛, '*ämät w°jaṣṣîb*, das nach mTamid 5,1 (vgl. bBer 21) schon im Tempel gebetet wurde, findet sich eine an Ps 1,1 anknüpfende Preisung: »*Heil* dem Manne (אשרי איש), der auf deine Gebote hört und deine Tora und dein Wort zu Herzen nimmt!« Im späteren

---

[17] Da Dupont sich in seinem sonst bewundernswürdig reichen Werk bei den Rabbinica weitgehend auf die Makarismen bei Billerbeck, Dalman, Fiebig etc. beschränkt, kommt auch er hier zu einem einseitigen Urteil (op. cit. [Anm. 16] I, 276): »La règle, très généralement suivie, est qu'on s'exprime à la troisième personne; parmi les exceptions, qui sont rares ...« Ich übersetze im folgenden das »'aśrê« durchgängig mit »Heil ...«, obwohl es je nach Kontext auch mit »glücklich, selig, wohl« wiedergegeben werden kann.

synagogalen Gottesdienst wurde im Nachmittagsgottesdienst die Preisung Ps 84,5: »*Heil* (denen), die in deinem Hause wohnen« rezitiert.[17a]

Es ist verständlich, daß die Matthäusfassung für den Introitus zur »messianischen Tora« die unpersönlichere 3. Pers. wählt, die stärkere paränetische Möglichkeiten bietet und darin den weisheitlichen Preisungen des AT näher kommt, bei denen freilich die eschatologische Ausrichtung ursprünglich fehlte.

Das Verhältnis von Preisungen in der 3. und in der 2. Pers. ist so in den rabbinischen Texten ganz anders als im AT, der Anredecharakter tritt sehr viel stärker hervor, vor allem, wenn man die Makarismenzitate aus dem AT abzieht. Die rabbinischen Parallelen unterstützen m. E. die Ursprünglichkeit der 2. Pers. Plur. in der Lukasfassung, die, wie Broer und Weder zu Recht vermuten, auf Jesus selbst zurückgehen kann, wobei ihr Inhalt, der bedingungslose Preis der Armen, den üblichen rabbinischen Wertmaßstäben widerspricht. Eine gewisse Entsprechung besteht bei der eschatologischen Märtyrerpreisung (s. u. S. 338), weiter finden wir auch *kleinere Reihungen,* große – über drei Glieder hinausgehende – sind dagegen selten.[18] Die nächsten Parallelen bleiben hier slaw. Hen. 42,6–14

[17a] W. Staerk, Altjüd. liturg. Gebete, KlT 58, [2]1930, 7, Z. 7; dazu I. Elbogen, Der jüdische Gottesdienst . . ., [3]1931 (Nachdr. 1967), 22f.79f. Später findet sich im Morgengebet die doppelte Selbstpreisung: *Heil uns,* wie schön ist unser Anteil ... *Heil uns* (אשרינו !), daß wir früh und spät, abends und morgens zweimal täglich sprechen . . .«, s. S. Bamberger, Sidur Sefat Emet, o. J., Frankfurt a. M./Rödelheim, 7; zum Alter s. auch J. Heinemann, Prayer in the Talmud, SJ 9, 1977, 213. M. E. ist der liturgische Gebrauch der Seligpreisungen in den jüdischen Gebeten überhaupt noch nicht untersucht.

[18] Die von *H. Frankemölle,* Die Makarismen (Mt 5,1–12; Lk 6,20–23). Motive und Umfang der redaktionellen Komposition, BZ NF 15 (1971) 52–75 (62 Anm. 39) geäußerte Vermutung, die antithetische Gegenüberstellung von Preisung und Wehe könnte spätere jüdische Parallelen angeregt haben, ist völlig abwegig, s. dagegen mit Recht Broer, 36f. Zwar können einzelne Jesuslogien auch auf rabbinische Traditionen eingewirkt haben (s. u. S. 372), niemals jedoch rein formale Strukturen. Die weiteren Ausführungen Broers (37) bedürfen jedoch einer gewissen Korrektur. Die zwei lukanischen antithetischen Dreierreihen sind auch im frühen Christentum ein Unikum. Syr. Bar. 10,6 ist eine bloße Antithese von Heil- und Weherufen zu Beginn eines Klagelieds und keine Reihe. Der sog. Brief Henochs (äth. Hen. 92–105) enthält zwar in c. 94,8; 95,4–6; 96,4–8; 97,7f.; 98,9–99,14–16; 100,7–9; 103,9 zahlreiche Weherufe in Reihen, doch keine wirkliche Preisung: 99,10 ist eine bloße Zukunftsvorhersage: καὶ τότε μακάριοι πάντες οἱ ἀκούσαντες φρονίμων λόγους »und dann werden glücklich (sein) alle, die die Worte der Weisen gehört haben«. Am ehesten könnte man in 103,5 in dem Wehe (des äth. Textes) und Preis der toten Sünder eine Antithese sehen, aber im griechischen Text fehlt das Wehe. *Streng parallel gebildete Antithesen von Heil- und Weherufen finden sich dagegen häufig in*

und 52, ein gewiß jüdischer Text, der m. E. später als die Bilderreden des
äth. Hen. entstanden ist und eine Verwandtschaft mit der Hekhalotliteratur zeigt. Man sollte ihn gegen Broer nicht zu früh ansetzen.[19] Auch in
einem weisheitlichen Text aus Höhle 4 von Qumran sind zwei Makarismen aufgetaucht.[20] Später begegnen uns Preisungen in den hebräischen
Hekhalottexten[21], die bezeichnenderweise wieder ganz überwiegend in
der 3. Pers. gesprochen sind. Im Himmel redet man mehr über den Menschen als direkt zu ihm. Hier setzt sich offenbar apokalyptische Tradition
fort.

Auffällig ist dabei die formelhafte Sprache, die z. T. magischen Zwecken
dient. Fast stereotyp ist die Formel »*Heil dem Menschen*« (אשרי האדם). Relativ
häufig finden sich dabei Varianten von Ps 84,13: »*Heil dem Menschen, der Dir
vertraut.*« Eine gewisse Rolle spielt auch der Preis derer, die würdig sind, die
himmlischen Dinge zu schauen und sich der göttlichen Geheimnisse zu bedienen.
So preist ein dreifacher Makarismus Gott, seine Engel und den Visionär:

der rabbinischen Literatur, s. u. S. 337f. Auf sie ist Broer leider nicht eingegangen, vermutlich, weil er sich zu sehr auf die Angaben von E. Schweizer, op. cit.
(Anm. 16) 69ff. beschränkt. Die nächste Parallele zu dem *Wehe* auf die Reichen
Lk 6,23 begegnet uns in Hen. 94,8, dem ersten Wehe der Reihe. Der »Brief
Henochs« geht m. E. auf die 1. Hälfte des 2. Jh.s v. Chr. zurück, ein Einfluß
auf Jesus bzw. die urchristliche Armentradition ist durchaus möglich. Am häufigsten finden wir antithetische Gegenüberstellungen und Reihen in der rabbinischen Literatur.

[19] Zur Unsicherheit der Datierung s. Broer, 37 und jetzt F. I. Andersen, in:
J. H. Charlesworth, The Old Testament Pseudepigrapha, I, 1983, 94–97. Zum
slaw. Hen. und der Hekhalotliteratur s. I. Gruenwald, Apocalyptic and Mer-
kavah Mysticism, AGAJU 14, 1980, 48–51. Vgl. o. S. 180f.

[20] 4Q 185 in J. M. Allegro, Qumrân Cave 4 I (4Q 158–186). DJDJ V, 1968,
85f.1–2 Col II, 2.8: »*Heil* dem Menschen, dem sie (Weisheit oder Tora) gegeben
ist ...«; Z. 13: »*Heil* dem Menschen, der sie tut und sie nicht betrügt (?).« Zur
Textherstellung und Übersetzung J. Strugnell, Rev Qum 7, Nr. 26 (1970) 271.
273; vgl. auch H. Lichtenberger, Eine weisheitliche Mahnrede in den Qumran-
funden (4Q 185), in: M. Delcor (Hg.), Qumrân, BEThL 46, 1976, 151–160
(158f.).

[21] S. jetzt die großartige Edition von P. Schäfer, Synopse zur Hekhalot-
Literatur, TSAJ 2, 1981, und ders., Konkordanz zur Hekhalot-Literatur, I, א–ב,
TSAJ 12, 1986, 88. Zum Teil handelt es sich um AT-Zitate. Eine deutsche Über-
setzung ist gerade abgeschlossen. Zum dreifachen Makarismus s. Text § 160.
Vgl. auch § 6 = 3. Hen 4,9: Die Erhöhung R. Jishmaels zum himmlischen Fürsten
und Regenten und die Huldigung der Engel: »*Heil dir* und *heil deinem Vater*,
denn dein Schöpfer hat an dir Wohlgefallen.« Zu Ps 84,13 s. § 365. 383. 591.
Zum Preis der Würdigen s. § 160 (die oben zitierte dreifache Preisung). 365. 499.
655. 675 = O 1531 § 821 u. a.; G. Reeg, Die Geschichte von den Zehn Märtyrern,
TSAJ 10, 1985, 74*/75*: eine Preisung Rez. IX; drei Preisungen Rez. III. V.
VI; sieben Preisungen Rez. VII.

»*Heil* dem König, welcher solche Diener hat.
Heil den Dienern, daß dieser ihr König ist.
Heil dem Auge, welches fähig ist und schaut dieses wunderbare Licht.«

In der der Hekhalotliteratur nahestehenden Zehnmärtyrerlegende finden wir in einer Handschrift den Preis der Gerechten, der Frommen und derer, die sich mit der Tora abmühen (bzw. der Gottesfürchtigen). In einer gewiß sehr späten Rezension wird dies zu einer *Siebenerpreisung* erweitert: »*Heil euch* Gerechten, *heil euch* Weisen, *heil euch* Reinen, *heil euch* Rechtschaffenen, *heil euch* Frommen, *heil euch* Gottesfürchtigen, *heil euch* Mühenden mit der Tora.« Es waren hier offenbar ähnliche »Formgesetze« wirksam wie in Lk 6,20ff. und Mt 5,3ff.

In diesem Zusammenhang wäre auch noch eine relativ späte Reihe von *fünf Preisungen* zu nennen, die sich auf den Messias bezieht und aus einem frühen Pijjut auf den Messias stammt und die im Anhang Pesiqta de R. Kahana (ed. Mandelbaum, 2,470) und ähnlich Pesiqta Rabbati (Pisqa 37 ed. Friedmann, 164a) überliefert wurde:

»*Heil der Stunde, da der Messias erschaffen wurde.*
Heil dem Leib, aus dem er hervorging (s. o. S. 333; vgl. Lk 11,27)
Heil dem Geschlecht, dessen Augen (ihn) schauen ... (vgl. Dan 12,12; PsSal 17,44; 18,6; Lk 10,23 = Mt 13,16 Q).
Heil dem Auge, das würdig ist (*šä-zāk^etāh*), ihn zu schauen ...«

In kleinem Abstand folgt die 5. Preisung:

»*Heil* Israel (mit Suffix der 3. Plur.)! Wieviel ist für sie aufbewahrt« (*gānûz*, vgl. u. S. 340).

In der Pesiqta Rabbati werden *die 5 auf 6 Preisungen erweitert* und z. T. umgeformt, und zwar ist vor die 4. Preisung eine ähnliche eingeschoben:

»*Heil dem Auge, das sich nach ihm sehnt!*« (mit dem gleichen Nachsatz wie in der Pesiqta dRK: »der seine Lippen öffnet zu Segen und Heil«).

Es folgt dann mit kleinem Abstand als letzte 6. Preisung:

»*Heil* seinen Vätern, die des Guten (*ṭûb*) der Welt würdig wurden (*šä-zākû*), das für immer verborgen ist« (Übers. mit kleinen Veränderungen n. Goldberg).

Die Verwandtschaft mit der letzten Preisung der oben zitierten Dreierreihe ist offensichtlich. Es zeigt sich hier die Variabilität derartiger »apokalyptischer« Preisungen, die auch in den rabbinischen Texten nicht fehlen.

Die Makarismen waren z. Z. Jesu im jüdischen Palästina noch eine *lebendige, vielseitige, religiöse und profane Sprachform,* die noch keineswegs ausschließlich an die kanonischen Psalmen und Weisheitsschriften gebunden war, obwohl auch biblische Makarismen zitiert werden und ihre Auslegung eine gewisse Rolle spielt, d. h. aber eine geläufige Sprachform, die sich bruchlos im »rabbinischen« Judentum fortsetzte. Einige Makarismen werden Lehrern zugeschrieben, die Zeitgenossen des 1. Evangelisten waren oder wenig später lebten. U. a. findet sich in den verschiedenen Traditionsstufen mehrfach ein *doppeltes* oder *dreifaches* »ʾašrê« ohne oder mit Suffix, auch die *antithetische Kombination von*

Preisung und Wehe ist nicht selten. Ich gebe eine größere Zahl von Beispielen, da bisher eine solche Übersicht (die noch vermehrt werden könnte) nicht existiert, und beschränke mich dabei auf die auffallenden Phänomene von Reihen und Antithesen.

Ich beginne mit einem schon durch seine Einleitung und sein Alter besonders interessanten Text: tSukka 4,2 (Z. 198): »Fromme und Männer der Tat tanzten vor ihnen (an Sukkot im Frauenvorhof) mit brennenden Fackeln in der Hand und sagten vor ihnen Preisungen (דברי תושבחות: man könnte auch von einem Singen sprechen, vgl. mSukka 5,4). Was sagten sie? *Heil dem,* der nicht gesündigt hat. Und wer gesündigt hat, dem vergibt er. Und einige von ihnen sagten: *Heil dir,* meine Jugend, die mein Alter nicht beschämt, das sind die Männer der Tat. Und einige von ihnen sagten: *Heil dir,* mein Alter, das sühnt für meine Jugend, das sind die Bußfertigen.« Eine vereinfachte Parallele findet sich bSukka 53a. Wie leicht war also der Wechsel von der 2. zur 3. Person!

bJoma 86a: Eine Baraita legt das Gebot der Gottesliebe Dtn 6,5 aus: »Der Name des Himmels soll durch dich beliebt werden (vgl. Mt 5,16). Wenn jemand (die Schrift) liest, (die Tora) studiert und Gelehrtenschüler bedient und im Verkehr mit Menschen freundlich ist, was sprechen die Leute über ihn? *Heil* seinem Vater, der ihn die Tora lehrte, *heil* seinem Lehrer; *wehe* den Leuten, die die Tora nicht gelernt haben...« Wenn einer Tora studiert, aber »im Handel nicht gewissenhaft und im Gespräch mit Menschen nicht freundlich ist, was sagen die Menschen über ihn? *Wehe* dem, der ihn Tora lehrte, *wehe* seinem Vater, der ihn Tora lehrte, *wehe* seinem Lehrer, der ihn Tora lehrte.«

tQidd 1,13 (Z. 336): »Ein Mensch sehe sich immer halb gerecht und halb schuldig. Hat er ein einziges Gebot erfüllt, *heil ihm,* denn er hat (das Gleichgewicht der Waagschale) für sich selbst nach der Seite des Verdienstes geneigt. Hat er eine einzige Verfehlung begangen, *wehe ihm,* denn er hat (das Gleichgewicht der Waagschale) für sich selbst nach der Seite der Verschuldung geneigt ... R. Shimeon b. Eleazar sagte im Namen R. Meirs: Da der Einzelne gerichtet wird nach der Mehrheit (seiner Taten), wird auch die Welt nach der Mehrheit ihrer Taten gerichtet, ... hat (ein Mensch) ein einziges Gebot getan, *heil ihm,* denn er hat (das Gleichgewicht der Waagschale) für sich selbst und die Welt (עולם) nach der Seite des Verdienstes geneigt, hat er eine Übertretung begangen, *wehe ihm,* denn er hat (das Gleichgewicht...) für sich und die Welt nach der Seite der Verschuldung geneigt...« Diese Texte zeigen zugleich, wie Preisungen umgeformt, erweitert und vereinfacht wurden.

jQidd 66c/d: »R. Shimeon b. Jochai (um 150) sagte: ...*Heil* dem, der den Willen Gottes tut. R. Meir (um 150) sagte: ...*Heil* dem, der seinen Vater sieht in einem angesehenen Beruf. *Wehe* dem, der seinen Vater sieht in einem verachteten Beruf.« bPes 65a: Rabbi (Jehuda der Patriarch um 200) sagte: »Die Welt kann weder ohne Parfümeure noch ohne Gerber bestehen, *heil* dem (אשרי מי) aber, dessen Beruf die Parfümerie ist, *wehe* dem (אוי מי), dessen Beruf Gerberei ist. Die Welt kann auch weder ohne Männer noch ohne Weiber bestehen, *heil* dem aber, dessen Kinder männlich sind, und *wehe* dem, dessen Kinder weiblich sind.« Hier haben wir eine zweifache, streng parallel geformte, antithetische Heil-Wehe-Reihe profanen Inhalts. Das Beispiel zeigt, wie lebendig noch derartige Sprachformen waren. In der Parallele bQidd 82b wird als Baraita auch noch zusätzlich die o. in jQidd 66c/d R. Meir zugeschriebene Antithese auf Rabbi übertragen, so daß eine *dreiteilige Antithesenreihe* entsteht; in umgekehrter Reihenfolge und Bar Kappara zugeschrieben findet sie sich bBB 16b.

bSukka 56b Ende: Eine ganz knappe, *verdoppelte Antithese* erscheint bei Abajje († 338/9) als Antwort auf die Frage, ob es nicht ungerecht war, wegen der Verfehlung einer Frau, Mirjam aus der Sippe Bilga, eine ganze Priesterordnung vom Tempelgottesdienst auszuschließen: »*Wehe* dem Gottlosen, *wehe* seinem Nachbarn; *heil* (*ṭôb*) dem Gerechten, *heil* seinem Nachbarn. Denn es ist gesagt (Jes 3,10): ›Saget dem Gerechten, daß er es gut hat (*kî ṭôb*), denn die Frucht ihrer Taten werden sie essen‹«. Hier wurde durch das *ṭôb* des Schriftwortes das übliche 'ašrê verdrängt.

Mit Suffix der 2. Pers. Sing. stehen die 3 Preisungen auf den *Märtyrer Aqiba* und dem der 3. Pers. Sing. das Wehe auf Papos in bBer 61b: R. Aqiba und Papos b. Jehuda wurden beide verhaftet. R. Aqiba fragt, warum Papos ins Gefängnis komme: »Dieser antwortet: *Heil dir* (אשריך), R. Aqiba, daß du verhaftet wurdest wegen Worten der Tora, *wehe* (אוי לו) aber dem Papos, der verhaftet wurde wegen nichtiger Dinge.« Aqiba stirbt unter der Folter beim Schʿmaʿ-Gebet: »Er dehnte so lange das ›einzig‹, bis ihm sein Lebensodem bei ›einzig‹ ausging. Da erging eine *bat qôl* und sprach: *Heil dir*, R. Aqiba, daß dein Lebensodem bei ›einzig‹ ausging.« Auf den Protest der Dienstengel hin ergeht eine weitere *bat qôl*: »*Heil dir*, R. Aqiba, denn du bist für das Leben der zukünftigen Welt bestimmt (אשריך ר''ע שאתה מזומן לחיי העה''ב)« Text s. auch bei P. Fiebig, Rabb. Wundergeschichten, KlT 78, ²1933, 14 f.). Diese Märtyrerlegende zeigt, wie Makarismen (und ein Weheruf) die Höhepunkte einer größeren Erzählung darstellen können.

Ebenfalls mit Suffixen der 2. Pers. (dreimal 2. Plur. und einmal 2. Sing.) ist die *vierteilige* Preisung auf R. Aqiba gebildet, die Elia bei seiner wunderbaren Bestattung spricht, in Midrash Mishle 9,20 zu 9,2 (ed. Buber p. 31b):
»*Heil euch*, Gerechte,
und *heil euch*, die ihr euch müht um die Tora,
und *heil euch*, Gottesfürchtige, denn verborgen und heimlich verwahrt ist euch ein Ort im Garten Eden für die zukünftige Zeit.
Heil dir, R. Aqiba, daß sich eine Nachtherberge für dich fand in der Stunde deines Todes« (s. dazu auch A. Goldberg, op. cit. [Anm. 16] 330 Anm. 95. Die Übers. folgt mit kleinen Änderungen A. Goldberg).

TanchB p. 16 Bereshit § 21 bringt eine sehr konventionelle antithetische Preisung: »*Wehe* den Gottlosen und denen, die sich ihnen anschließen, *heil* den Gerechten und denen, die sich ihnen anschließen.« Diese wird zunächst wiederholt und dann bei gleichlautendem sachlichem Inhalt verdoppelt: »*Wehe* den Gottlosen und *wehe* denen, die sich ihnen anschließen, aber *heil* den Gerechten

und *heil* denen, die sich ihnen anschließen!«, wobei die Reihenfolge von Wehe-
und Heilruf austauschbar ist.

bHor 10b: »Die Rabbanan lehren (Baraita): ›Wenn (אֲשֶׁר) ein Fürst sich
verfehlt (Lev 4,22)‹. R. Jochanan b. Zakkai sagte: »*Heil dem Geschlecht*
(אַשְׁרֵי הַדּוֹר !), dessen Fürst ein Opfer wegen seines Vergehens darbringt...«
Diese Äußerung des großen Lehrers wird dann diskutiert: R. Nachman b. R.
Chisda (babylonischer Amoräer um 300) lehrte: »...*Heil den Gerechten*
(אשריהם לצדיקים), denen es auf dieser Welt wie den Gottlosen in der künf-
tigen Welt ergeht, und *wehe den Gottlosen,* denen es auf dieser Welt wie den
Gerechten in der zukünftigen Welt ergeht.« Hier haben wir eine Parallele zu
Lk 6,20–26 (u. 16,19–25). Dagegen der Einwand Rabas: »ist es den Gerechten
unangenehm, wenn sie von beiden Welten genießen!? Raba sagte vielmehr:
Heil den Gerechten, denen es auf dieser Welt gleich den Gottlosen auf dieser
Welt ergeht, und *wehe den Gottlosen,* denen es auf dieser Welt gleich den Gerechten auf dieser Welt ergeht«. Wie dieser babylonische Lehrer aus der 1. Hälfte
des 4. Jh.s Besuch von zwei jüngeren Gelehrten erhält, fragt er sie nach ihrem
Vermögen: »Seid ihr ein wenig wohlhabend? Sie antworteten: Ja, wir haben
ein wenig Land gekauft. Da sprach er über sie: *Heil den Gerechten,* denen es
auf dieser Welt gleich den Gottlosen auf dieser Welt ergeht.«[22]

Die »spiritualisierend-ethisierende« Veränderung der bei Lk erhaltenen Preisungen von Q bei Mt mag – u. a. – ähnliche Gründe haben wie die realistische
Entschärfung der eschatologischen, schroff antithetischen Preisung des R. Nachman durch Raba.[23] Ein Preis der Gerechten mit einer Begründung durch Gottes
Handeln findet sich auch TanchB p. 103 Wajjerā' 29: »*Heil den Gerechten,* denn
an jedem Ort, wo sie hingehen, bewahrt sie der Heilige, gepriesen sei er«.

Zuweilen finden wir auch *Doppelpreisungen,* die an atl. Vorbilder anknüpfen:
PesR p. 45: Hier deutet R. Shimeon b. Laqish (3. Jh.) Ps 32,1 f. durch einen
Vergleich: »Wem gleicht die Sache? Jemandem, dessen Mutter Bitterwasser trank
und rein erfunden wurde. Einer erklärte vor (anderen) Menschen: *Heil* einer
Mutter, die nach dem Trinken des Bitterwassers sündlos erfunden wurde! Ein
anderer sagte ihm: *Noch mehr heil* einer Mutter, die das Bitterwasser überhaupt nicht trinken mußte! So sagt David...« Es folgt Ps 32,1 f. (Der Text
von Friedmann 186a ist hier verkürzt, er ist nach Codex Parma zu ergänzen.

---

[22] Alle Übersetzungen aus dem Babli folgen (mit kleinen Änderungen) L.
Goldschmidt.

[23] Vgl. dazu etwa die Nachricht Hegesipps über die beiden Großneffen Jesu
vor Domitian und ihren Grundbesitz im Steuerwert von »nur 9000 Denaren«,
Euseb, h. e. 3, 20, 1; vgl. Philippus von Side, fr. 4b, E. Preuschen. Antilegomena,
²1905, 111. Die Erzählung geht in die Entstehungszeit des 1. Evangeliums zurück, gegen Ende des 1. Jh.s konnte die Kirche gemäßigten Reichtum nicht mehr
a limine ablehnen. Aus diesem Grund muß der so kompromißlose Jakobusbrief
relativ früh, m. E. noch vor Mt, angesetzt werden, s. meinen Aufsatz, Der
Jakobusbrief als antipaulinische Polemik, Festschrift E. Earle Ellis, ed. G.F. Haw-
thorne/O. Betz, 1987, 248–278. Vgl.: Eigentum und Reichtum in der frühen Kirche, 1973, 50 ff. 54 ff. 63 ff. 67 f. Zu Datierung und Ort des Mt s. u. S. 341 f. 374 f.

Hinweis von Herrn Kollegen A. Goldberg, Frankfurt a/M; vgl. auch die sehr freie Übersetzung von G. Braude, Pesikta Rabbati, 1968, 2, 785). Vgl. o. Anm. 15 zu bAZ 19a u. Ps 112,1.

SDtn zu 33,29 § 356 (p. 423 f.) illustriert, wie eine atl. Preisung eschatologisch variiert werden konnte: Auf das Ende des Mosesegens: »›*Heil dir* Israel, wer ist wie du‹ . . .« folgt aus dem Moselied: »die Israeliten sagen (zu Gott): ›Wer ist wie du unter den Göttern?‹ (Ex 15,11). Und der heilige Geist sagt: *Heil dir* Israel!« Auf die Frage des Volkes, was Gott Gutes für die Zukunft geben werde, antwortet Mose nur »*Heil euch* (für das), was euch bereitet ist« (אשריכם מה שתוקן לכם). Es folgt ein Gleichnis über einen Mann, der seinen Sohn (Israel) einem »Pädagogen« (לפידגוג = Mose, vgl. Gal 3,24f.) anvertraute, welcher diesem Sohn dessen ganzen Besitz zeigt, bis er müde wurde und am Ende sagte: »*Heil dir,* was dir bereitet ist«. »So sagte Mose zu den Israeliten: Ich weiß nicht, was ich euch sagen soll (außer): *Heil euch,* was euch bereitet ist«; Übers. mit kleinen Änderungen nach H. Bietenhard, Der tannaitische Midrasch Sifre Deuteronomium, 1984, der 882 Anm. 33 mit Schlatter auf Mt 20,23 (= Mk 10,40) οἷς ἡτοίμασται ὑπὸ τοῦ πατρός μου verweist (vgl. noch Mt 25,34.41).

Das z. T. auch heute noch recht naiv behandelte Problem der Zweisprachigkeit und Kulturüberschneidung soll ein letztes Beispiel illustrieren: SDtn zu 33,2 § 343 (p. 394 ed. Finkelstein), zu Beginn des Mosesegens, wird betont, daß Mose seine letzte Rede nicht gemäß den Bedürfnissen des Volkes eröffnete, sondern mit dem Preis Gottes begann (der Preis Israels folgt am Ende). Das wird erläutert durch ein Gleichnis: »Gleich einem Rhetor (ללוטייר von ῥήτωρ), der auf der Rednerkanzel stand (הבמה von βῆμα) und sich für jemand verdingt hatte, um für ihn zu reden. Und er fing nicht an, über die Interessen jenes Mannes zu reden, bis daß er (die Rede) mit dem Preis des Königs begonnen hatte: *Heil der Welt,* daß er ihr König ist, *heil der Welt,* daß er ihr Richter ist« (vgl. Apg 24,1ff.10ff.; Joh 19,13; Apg 25,6.10; Mt 27,19 und Bietenhard 827, der auf Mt 18,7 verweist).

Eigenartig ist, daß aramäische Preisungen mit טבא ל oder ähnlich im babylonischen Talmud mit seinen zahlreichen aramäischen Passagen sehr viel seltener erscheinen als אשרי; das mag mit den biblischen Vorlagen, aber auch mit dem spezifisch palästinischen Gebrauch zusammenhängen. Eine profane Doppelpreisung des Wetters im Monat Tebet findet sich bTaan 6b, ein Preis des Torastudiums bSanh 99b und des friedfertigen Verhaltens bSanh 7a. Die angeführten Belege geben nur einen Ausschnitt von Texten wieder, die mir durch die Konkordanzen erreichbar waren. Die bei Billerbeck I, 189 genannten Belege vermitteln gegenüber der Fülle der Texte einen falschen Eindruck, weitere Beispiele finden sich I, 161.663f.; II, 187f.202; IV, 472.480, aber auch hier handelt es sich um einen Ausschnitt. Der Makarismus in der rabbinischen Literatur müßte dringend einmal im Zusammenhang untersucht werden. Bewußt habe ich eine Vielzahl von Belegen, die aus sehr verschiedenen Zeiten stammen, nach rein formalen Gesichtspunkten (Reihung, Antithese) zusammengestellt. Hier wird die jahrhundertelange Kontinuität dieser Sprachform deutlich.

Obwohl die rabbinische Literatur mehr und mehr durch neue kritische Texteditionen (Billerbeck mußte noch häufig unkritische alte Drucke verwenden)[24], durch gute Übersetzungen und die großen Konkordanzen der Familie Kosowsky aufgeschlossen worden ist, erhält man immer noch oft den Eindruck, als handle es sich hier um eine Art von Geheimliteratur, trotz, ja vielleicht gerade wegen des monumentalen Werkes von Billerbeck, der leider allzu häufig ignoriert (so bei Broer) oder aber oft mißverstanden und falsch verwendet (so oftmals bei Strecker, s. u. S. 366 f.) wird. Dieses Bedenken gilt im Grunde für weite Teile der neueren Literatur zur Bergpredigt, nur der Kommentar von Luz macht hier eine Ausnahme, aber auch er durchbricht nur ganz selten den durch Billerbeck vorgegebenen, heute jedoch zu engen Rahmen. Zugegeben, der Umgang mit rabbinischen Texten bereitet dem im rabbinischen Bereich dilettierenden Neutestamentler (auch der Rezensent rechnet sich durchaus dazu) Mühe und ist sehr zeitraubend. Aber bei einem Autor, der, wie der unbekannte Verfasser des Matthäusevangeliums, aus diesem Milieu kommt – das hätte man nie bestreiten sollen –, lohnt es sich wirklich. Man kann ihn im Grunde ohne das ad fontes zu den Rabbinica nicht richtig verstehen. Das gilt auch für das Herzstück seines Werkes, die Bergpredigt.

3. Der erste Evangelist als Judenchrist und Schriftgelehrter

Die verhängnisvolle, aber leider sehr wirksame These, daß der Verfasser des 1. Evangeliums »ein lebendiges Verhältnis zur jüdischen Tradition nicht besitzt« und »unjüdisch-heidenchristliche(r) Herkunft«[25] sei, konnte

---

[24] Etwa die Hälfte der von Billerbeck verwendeten Editionen sind veraltet und z. T. dazu noch schwer zugänglich. Da vor allem die Midraschim und die haggadischen Sammlungen von Handschrift zu Handschrift bzw. von Druck zu Druck erheblich variieren, sollte man nach Möglichkeit die neuesten Editionen verwenden. Bei vielen Werken, die zu Billerbecks Zeiten noch nicht übersetzt waren, gibt es jetzt ordentliche Übersetzungen. Eine gute Übersicht gibt H. L. Strack/G. Stemberger, Einleitung in Talmud und Midrasch, [7]1982, bes. 330ff.

[25] G. Strecker, Der Weg der Gerechtigkeit, FRLANT 82, [3]1971, 76; vgl. 18f.: »Unrabbinisch und unjüdisch ist das wörtliche Verständnis des Parallelismus membrorum in 21,5 ...« Die Darstellung des zeitgeschichtlichen Hintergrunds (15–49) und die dabei vorgebrachten Argumente sind – soweit sie die Frage der jüdischen Herkunft des Evangelisten betreffen – weitgehend verfehlt. Das gilt vor allem für das Sprachenargument und die strenge Unterscheidung zwischen palästinischem und »hellenistischem Judentum« (19ff.29f.). Woher der Vf. weiß, daß »der Evangelist aramäische Sprachkenntnisse *sicher* (kursiv von mir) nicht besaß«, ist unerfindlich. Der 1. Evangelist schreibt als selbstbewußter *christlicher* Lehrer und in einer Griechisch sprechenden Gemeinde Syriens, m. E. in einem von Palästina nicht zu weit entfernten Ort, etwa in einer der Küstenstädte. So zeigt z. B. die große Nekropole im galiläischen Beth-Shearim (2.–4.

234 Zur matthäischen Bergpredigt und ihrem jüdischen Hintergrund [342]

nur jemand aufstellen, der selbst über ein solches »lebendiges Verhältnis« nicht verfügt, weil er mit »jüdischer Tradition« nicht wirklich vertraut ist. Universale Öffnung zur Heidenmission hin und grundsätzliche Trennung von der Synagoge ist noch kein Beweis für heidenchristliche Herkunft. BROER übernimmt die zitierte Ansicht aus STRECKERS großer Matthäusstudie[26] und begründet sie wie dieser durch ein angebliches »Mißverständnis des ursprünglichen Parallelismus membrorum« von seiten des Evangelisten in dem Sacharjazitat *Mt 21,5.* Dieses Argument hat manche Anerkennung gefunden.[27] Aus der Interpretation von Sach 9,9 in 21,5–7, das Mt in seinem Reflexionszitat in seiner Fassung bringt, die zwischen LXX und M steht, kann man jedoch mit dem besten Willen nicht herauslesen, daß Mt kein Hebräisch verstand und kein Jude war, wie es Broer im Anschluß an Strecker tut. Philo zu vergleichen ist – schon von seiner Art zu schreiben her – abwegig. Bei keinem Evangelium ist die Retroversion ins Hebräische so leicht möglich wie bei Mt, gerade auch in den redaktionellen Partien und im Sondergut.[28] Im Gegensatz zu Lukas,

---

Jh. n. Chr.) die engen Verbindungen des galiläischen Judentums zu den phönizischen Städten. Zwei Drittel der Grabinschriften sind Griechisch! Nach Antiochien, in die große Provinz-Metropole und Stadt eines Menander, Satornil oder auch des Ignatius, paßt das 1. Evangelium schlecht. Ignatius setzt es 20 Jahre später bereits als kirchliche Autorität voraus: 3,15 = Sm 1,1 vgl. 3,7 = Eph 11,1; 12,33 = Eph 14,2; 19,12 = Sm 6,1. Im Bergpredigtbuch Streckers tritt die These vom »heidenchristlichen« Vf. zurück, jedoch wird betont, daß er »auf heidnischem Boden (schreibt)« und »seine Gemeinde vorwiegend aus Heidenchristen zusammengesetzt (ist)« (46). Er befinde sich daher »nicht so sehr in der Auseinandersetzung mit dem Judentum seiner Zeit« (62), s. u. S. 374f. Aber das schließt jüdisch-palästinische Herkunft und schriftgelehrte Bildung nicht aus. Die Rabbinen und die ganze Oberschicht des palästinischen Judentums waren zweisprachig. Die LXX verwendet der Evangelist, weil sie die Bibel seiner Gemeinde ist. Die Reflexionszitate zeigen jedoch eine relative Freiheit ihr gegenüber, auch wenn sie überwiegend aus der Tradition stammen sollen, was m. E. schwer erweisbar ist. Eine schriftliche Quelle ist unwahrscheinlich. S. W. Rothfuchs, Die Erfüllungszitate des Matthäus-Evangeliums, BWANT 88, 1969, bes. 179ff. und R. H. Gundry, The Use of the Old Testament in St. Matthew's Gospel, NT.S 18, 1967, bes. 172ff. U. Luz, op. cit. (Anm. 7), 137ff.; s. auch 62ff.: »Das Matthäusevangelium – ein judenchristliches Evangelium«.

[26] 79 Anm. 53; vgl. 82 Anm. 64.

[27] G. Strecker, Der Weg der Gerechtigkeit, 76; dazu positiv Ch. Burger, Jesus als Davidssohn, FRLANT 98, 1970, 84f.; J. P. Meier, Law and History in Matthew's Gospel. A Redactional Study of Mt 5,17–48, 1976, 16ff. (Lit. 16 Anm. 97).

[28] Die hebräische Übersetzung von Franz Delitzsch hat nicht nur eine fast elegant zu nennende Diktion, sie enthält auch, nicht zuletzt in der Bergpredigt, zahlreiche »Rabbinismen«. Darum kann Billerbeck in so reichem Maße rabbinische Parallelen beibringen, und Schlatter in seinem großartigen Kommentar

der die Parallelismen gerne auflöst, vermag er solche, seien sie nun zwei-
oder dreigliedrig, vorzüglich zu gestalten und zu erhalten.[29] Darüber
hinaus nehmen die rabbinischen Exegeten poetischer Texte häufig, um
nicht zu sagen meistens, keinerlei Rücksicht auf synonyme Parallelismen.
Hier herrscht eine große Beliebigkeit: einmal wird die Parallelbedeutung
berücksichtigt, ein anderes Mal nicht. Grundsätzlich waren die Rabbinen
der Meinung, daß jedes Wort, ja jeder Buchstabe (Mt 5,18) der Heiligen
Schrift seine Bedeutung habe und bei der Auslegung berücksichtigt werden könne. Der Parallelismus, der von seiner Bezeichnung her ja erst eine
Entdeckung von Robert Lowth in seinen »Praelectiones de sacra poesia
Hebraeorum« (1753) ist, konnte dabei völlig mißachtet werden. Da wir
keinen ausführlichen rabbinischen Kommentar zu Sach 9,9 besitzen, verweise ich auf den ebenfalls messianisch gedeuteten Paralleltext Gen 49,11,
der gerne mit Sach 9,9 verbunden wird[30]:

> ». . . ›und er bindet an den Weinstock sein Füllen‹ R. Jehuda, R. Nechemja
> (beide um 150) und die Rabbanan (diskutieren diesen Vers). R. Jehuda sagte:
> An einen Weinstock, dessen Ertrag schlecht ist, bindet man einen libyschen Esel.
> (Das ist der Sinn von): ›und das Junge seiner Eselin an die Edelrebe‹. ›Er

---

auch sprachlich ständig auf den palästinischen Hintergrund hinweisen. Zusätze
wie in 12,5f. und 12,11f. zur Mk-Vorlage haben typisch rabbinischen Charakter
und stammen aus der schriftgelehrten Diskussion in der Gemeinde (oder Schule)
des Autors. Damit sollten mögliche jüdische Einwände zurückgewiesen werden;
s. dazu U. Luz, op. cit. (Anm. 7) 61. Ich würde Mt noch stärker, als Luz es tut,
mit diesem Milieu verbinden: M. E. war er eine Art christliches Schulhaupt.

[29] Zu 5,3–6 s. u. S. 354. Vgl. weiter 5,13.14.17; 5,38–48; 7,1–3; 7,6.13–15;
10,5f.40; 11,28–30 u. a. Dabei überwiegen insgesamt, wie schon in der Verkündigung Jesu, die antithetischen Parallelismen. M. E. gehört der Parallelismus
zum Lehrstil Jesu und des Matthäus.

[30] GenR 98,11 (ed. J. Theodor/Ch. Albeck, Midrash Bereshit Rabba, ²1965, 3,
1259f.). Vgl. auch Billerbeck I, 842ff. G. Strecker, Der Weg der Gerechtigkeit,
³1971, 76 Anm. 3: »Aus Str.-B. folgt, daß das Rabbinat zwar einen Parallelismus aufgliedern konnte, wenn dies der allegorischen Auslegung dienlich war
(z. B. GenR 98, Str.-B. I, 842). Aber die Arbeitsweise des Evangelisten ist eine
völlig andere. Hier steht die Interpretation nicht im Dienst eines vorgegebenen
Textsinnes. Nicht eine Auslegung des Zitates, sondern ein unbeabsichtigtes wörtliches (Miß-)Verständnis ist zu erschließen, das die Änderung des Kontextes
(nicht umgekehrt!) begründet.« Eben das ist zu bestreiten. Den Textzusammenhang im Midrasch hat S. leider nicht angesehen. Weder wird dabei der
Parallelismus nur zum Zweck einer vorgegebenen *allegorischen* Deutung und
»im Dienst eines vorgegebenen Textsinnes« mißachtet und aufgelöst – der Text
wird vielmehr je und je relativ frei zu ad-hoc-Spekulationen verwendet –, noch
kann man Mt ein unbeabsichtigtes Mißverständnis unterstellen. Auch er hat dabei eine feste Vorgabe: Die *wörtliche* Erfüllung der profetischen Weissagung
durch die Geschichte Jesu.

wäscht sein Gewand im Wein‹, *das bedeutet Weißwein,* und ›in Traubenblut seinen Mantel‹, *das bedeutet Rotwein.*[31] Gegen den synonymen Parallelismus wird dem Messias ein doppeltes Waschen in Wein zugemutet – ist das vom Reiten auf zwei Eseln so weit entfernt? »R. Nechemja sagte: ›Er bindet an den Weinstock sein Füllen‹ (bedeutet): (Gott) bindet an den Weinstock (= Israel) עִילֹה, (d.h.) *die Stadt welche ich erwählt habe* (1.Kg 11,32). Und בְּנִי אֲתֹנוֹ ›an die Edelrebe‹, (d.h.) *starke Söhne* (בָּנִים אֵתָנִים) *wird man aus ihm hervor- wachsen sehen.*« Die Rabbanan halten dagegen an der längst fixierten, traditionel- len Ansicht fest: »Ich (sagt Gott) bin gebunden an den Weinstock und die Edelrebe ›Sein Füllen und (das Junge) seiner Eselin‹, das bedeutet: wenn kommen wird, über den geschrieben ist: ›arm und reitend auf einem Esel und auf dem Jungen der Eselin‹. ›Er wäscht seine Kleider in Wein‹, (d.h.) daß er für sie *die Worte der Tora auswählt* (oder prüft); ›und sein Gewand in Traubenblut‹, daß *er ihre Irrtümer berichtigt.*« In einer Nachlese erscheint wieder eine neue, den synony- men Parallelismus zerstörende Deutung: »›Er bindet an den Weinstock sein Füllen‹, (das bezieht sich auf den), *der ganz Israel sammeln wird . . .,* ›und an die Edelrebe das Junge seiner Eselin‹, das ist *der, über den geschrieben steht: ›arm und reitend auf einem Esel‹* . . . Andere Deutung: ›und an die Edelrebe‹ . . ., (das bezieht sich auf den), *welcher ganz Israel pflanzt wie eine Edelrebe* . . .«

Im Gegensatz zu den Rabbinen, die die messianischen Texte in der Regel – eine Ausnahme bildet Aqiba bei Bar Kosiba jTaan 4,8 68d –

---

[31] Eine derartige, nicht allegorische, sondern »naiv«-pragmatische Deutung läßt sich häufig belegen. Vgl. GenR 98,7 (S. 1257) zu Gen 49,6 über Simeon und Levi: »›Ich will sie in Jakob aufteilen‹ (אחלקם): das ist der Stamm Levi – ›ich bin dein Teil (חלקך) und dein Erbe (Nu 18,20)‹ – ›und ich will sie in Israel zerstreuen‹: das ist der Stamm Simeon.« Hier handelt es sich eindeutig um eine »historisierende« Zerstörung des Parallelismus. S. auch Midrasch Tehillim 2,5 (ed. Buber 26): »›Zerreißen wollen wir ihre Bande‹: das sind die Tefillin an der Hand; ›und von uns werfen ihre Stricke‹: das sind die Tefillin am Kopf«; op. cit.: 80,6: ›Der Eber aus dem Walde wühlt ihn um‹: das ist der Heerführer; ›und die Tiere des Feldes weiden ihn ab‹: das sind die Offiziere«. In der antichristlichen Anekdote über die Zustimmung R. Eliezers b. Hyrkanos zu einem Jesuswort wird am Ende Prov 5,8 zitiert: »›Halt von ihr (i. e. dem fremden Weib) fern deinen Weg‹, das ist die Häresie (*mînût*), ›und nahe dich nicht der Tür ihres Hauses‹, das ist die Obrigkeit (*rāšût*).« Eine zweite Mög- lichkeit nennt *mînût* und Unzucht: bAZ 16b/17a. Die Beispiele ließen sich leicht fortsetzen. Warum sollte Mt nicht in analogem »wörtlichem« Verständnis aus dem hebräischen Text:

ורכב על חמור
ועל עיר בן אתנות

= Mt 21,5: καὶ ἐπιβεβηκὼς ἐπὶ ὄνον
καὶ ἐπὶ πῶλον υἱὸν ὑποζυγίου

einen Einzug auf zwei Tieren, einer Eselin und ihrem Füllen (21,2.7) heraus- gelesen haben? Dabei hatte er die Freiheit, ὄνος als Femininum zu verstehen.

noch nicht historisierend auf ein Ereignis der erfüllten Gegenwart beziehen konnten, dafür aber um so größere Freiheit zu allen möglichen Umdeutungen besaßen, interpretiert Mt die alte, traditionelle messianische Stelle, die schon in der Mk-Vorlage im Hintergrund steht, auf das messianische Handeln Jesu, wobei er sie mit einem zweiten »messianischen« Text, Jes 62,10, verband. Seine den hebräischen Wortlaut verändernde, die zu einfache, traditionelle jüdische Deutung überbietende[32] Interpretation auf zwei Tiere, auf denen Jesus in Jerusalem einzieht, ist alles andere als ein »unbeabsichtigtes wörtliches (Miß-)Verständnis« (s. o. Anm. 30), sondern ein bewußt geformter, christlicher »Midrasch«, der eine wörtliche Erfüllung der profetischen Verheißung – möglicherweise in der Form eines Wunders – postuliert. Wer auf dem See wandeln kann (14,26ff.), der vermag auch die atl. Verheißung exakt zu erfüllen und auf einer Eselin *und* ihrem Füllen reitend in Jerusalem einzuziehen.[33] In diesem bis aufs letzte durchreflektierten Werk geschieht nichts »unbeabsichtigt«. Dabei steht Mt formal der essenischen Peschermethode näher, die – ohne jede Rücksicht gegenüber synonymen Parallelismus – die profetischen Verheißungen sowohl auf die sich erfüllende »eschatologische« Gegenwart der Sekte wie auf die noch ausstehende Zukunft bezieht. So zitiert CD 7,18–21 etwa Nu 24,17: »Es geht ein Stern auf aus Jakob und ein Szepter hat sich erhoben aus Israel. Der Stern, das ist der Erforscher des Gesetzes«, d. h. der priesterliche Messias, »das Szepter, das ist der Fürst der Gemeinde«, d. h. der davidische Messias aus Israel.[34] Dieser kleine Exkurs war notwendig, weil gewisse Grund-

---

[32] Die rabbinische Haggada brachte den einen Esel des Messias von Sach 9,9 mit dem Abrahams Gen 22,3 und Moses' Ex 4,20 in Verbindung; s. Pirqe REl 31, Billerbeck I, 844; Jalqut Shimoni § 475 zu Sach 9,9. Derartige Bezüge wurden durch die zwei Esel des Mt nach Sach 9,9 überboten! Strecker (Anm. 25) loc. cit. möchte jede Kenntnis »jüdisch-messianologischer Interpretationen zu Sach 9,9« bei Mt bestreiten, zumal diese spät seien. Er übersieht, daß dieser Text aus frühhellenistischer Zeit *von Anfang an* »messianische« Bedeutung besaß.

[33] Leider sagt uns Mt nicht, *wie* er sich das ἐπεκάθισεν ἐπάνω αὐτῶν denkt. *Gedacht* hat er sich sicher etwas dabei! Schon Mk 11,2.7 mit dem unberittenen Eselsfüllen setzt einen historisch schwer vorstellbaren Vorgang voraus, der auf das πῶλον νέον Sach 9,9 (vgl. Joh 12,15) zurückgeht, ein Hinweis, den Mt zugunsten der zwei Tiere wegläßt. O. Michel, ThWB 6, 961 vermutet eine Anspielung auf »einen orientalischen Thronsitz über zwei Tieren«. Eine sachliche Parallele, auf die mit Recht häufig hingewiesen wird, ist die »historisierende« Deutung von Ps 22,19 in Joh 19,24.

[34] Zur essenischen Peschermethode und der Exegese des Matthäusevangeliums s. schon K. Stendahl, The School of St. Matthew, ASNU 20, [2]1967, 183ff.118ff. 200.

irrtümer über den 1. Evangelisten und den Gestalter der Bergpredigt überaus langlebig sind.

Der unbekannte Autor des 1. Evangeliums ist – darin Paulus vergleichbar – ein Wanderer zwischen zwei Welten. Er hat vermutlich eine palästinisch-jüdische schriftgelehrte »Grundausbildung« erhalten und versteht sich selbst, in schroffer Antithese zu den jüdisch-pharisäischen »Weisen«, als *christlicher »Schriftgelehrter«*[35], wobei er freilich der palästinisch-jüdischen (und judenchristlichen) Tradition noch nähersteht als sein aus Cilicien stammender »Kollege« Paulus. Kein Wunder, daß gerade sein Werk einem oder gar mehreren judenchristlichen Evangelien zugrunde gelegt wurde und stark auf das Judenchristentum eingewirkt hat. Bei der ihm eigenen theologischen Kraft und Originalität ist es nicht nötig, ihn seinerseits wieder von der ihm vorgegebenen Autorität und Tradition christlicher Schriftgelehrter seiner Gemeinde abhängig zu machen. Wenn überhaupt, dann muß man ihn sich, ähnlich wie den Verfasser des 4. Evangeliums, als selbständiges Schulhaupt bzw. anerkannten Lehrer in einer aus Heiden- und Judenchristen gemischten größeren Gemeinde vorstellen, die noch stark von jüdischer Tradition geprägt ist, *für die aber*

---

[35] Mt 13,52 enthält die Signatur des Evangelisten und stammt ebenso von ihm wie 28,19f., 18,20 (vgl. dazu mAb 3,2 und Billerbeck I, 794f.) und der Zusatz σοφοὺς καὶ γραμματεῖς als Sendboten Christi 23,34 gegenüber der Weisheit in Q, die die Profeten und Apostel aussendet; *ḥ^akāmîm* war die übliche Selbstbezeichnung der pharisäischen Gelehrten, *sôf^erîm* war der Berufsname der frühen Schriftgelehrten überhaupt (s. Billerbeck I, 79; vgl. Hengel, Judentum und Hellenismus, WUNT 10, ²1973, 144), die freilich bei den Pharisäern besondere Bedeutung erhielten (s. u. S. 374f.). Daß der Evangelist anerkannter Lehrer in einer nicht völlig abseitsliegenden christlichen Gemeinde war, ergibt sich aus dem durchschlagenden Erfolg seines Evangeliums, das das brachte, was die Kirche um das Jahr 90 brauchte. Warum Luz, op. cit. (Anm. 7) 76 die Tatsache, »daß der Verfasser in seiner Gemeinde eine Funktion hatte, z. B. Lehrer war«, nur für eine »ansprechende Vermutung, aber nicht beweisbar« hält, verstehe ich gerade aufgrund seiner Einordnung des Evangeliums nicht ganz. Es scheint mir das Gewisseste zu sein, was wir über den uns unbekannten Autor sagen können. Ein solches Werk stammt von keinem unbedarften Außenseiter. Nur darf man den christlichen γραμματεύς nicht mit dem jüdischen verwechseln, der zugleich ein systematisch geschulter Gelehrter, Jurist und – nach der Ordination – auch Richter war. Da die Gemeinde des Mt mit dem Judentum endgültig gebrochen hatte – das Wort Beschneidung erscheint im ganzen Evangelium nicht, an seine Stelle ist die Taufe getreten, die zur Einhaltung der Gebote Jesu verpflichtet (28,19) – und das Ritualgesetz für sie (im Gegensatz zum Israel der Jesuszeit) nicht mehr verbindlich war, hatte der christliche »Schriftgelehrte« keine juristische Funktion mehr, in seinem Lehrvortrag waren vielmehr die kerygmatischen, apologetischen und paränetischen Elemente von zentraler Bedeutung, dabei stehen der christologische Schriftbeweis und die Gebote Jesu an erster Stelle.

das Ritualgesetz keine Gültigkeit mehr besitzt, und die er in ihrem erbitterten Kampf gegen die nach 70 wieder erstarkte, von den pharisäischen Schriftgelehrten bestimmte Synagoge geistig anführt.

Obwohl er ohne Einschränkung für eine weltweite Mission unter den
Völkern eintritt, vertritt er doch nachdrücklich die Meinung, daß Jesus
als der verheißene Messias Israels zunächst ausschließlich sein eigenes
Volk ansprach und erst der Auferstandene nach der Verwerfung durch
sein Volk die Jünger zu den Völkern sandte. Auch habe Jesus – entgegen
jüdischen Vorwürfen – das Gesetz nicht gebrochen und zerstört, sondern
erfüllt. In der *Rede auf dem Berge* trägt Jesus als Messias Israels und
Gottessohn in paradigmatischer Form den wahren, ungebrochenen Gotteswillen vor. Die antitypische, das Sinaigeschehen überbietende Parallele
zu *Moses Aufstieg* auf den Offenbarungsberg (Mt 5,1f., vgl. 8,1; Ex 19,3;
24,15 u. ö.) sollte dabei nicht geleugnet werden.[36] Diese – gewollte –
Assoziation hat sich gewiß schon damals – in der Auseinandersetzung
mit den jüdischen Schriftgelehrten, die sich auf die »Kathedra Moses'«
gesetzt hatten – bei den ersten Hörern und Lesern eingestellt. Es besteht
ein innerer Zusammenhang zwischen 5,1.20; 7,28f. und 23,2. Jesus als
Gottessohn, messianischer Lehrer und kommender Richter konstituiert
durch seine Verkündigung der wahren, eschatologischen Tora das neue
Gottesvolk (vgl. 22,43).

Dieser im frühen Christentum wirksamste Evangelienentwurf offenbart den *Autor* als einen theologischen Denker von hohem Rang, der nur
wenig hinter Paulus – seinem »theologischen Kontrahenten« – oder Johannes zurücksteht. Man unterschätzt seine eigene gestaltende Rolle,
wenn man ihn als bloßen »(konservativen) *Redaktor*« bezeichnet. Seine
Größe zeigt sich gerade darin, daß er trotz einer »konservativ«-schonenden Behandlung der Überlieferung nicht nur dem ganzen Werk – und
hier der Bergpredigt im besonderen – einen eindrücklichen klaren Aufriß
gibt[37], sondern auch präzise und wirkungsvolle theologische Akzente setzt

---

[36] G. Strecker, 25 leugnet diesen Zusammenhang. Er sieht den antitypischen
Bezug nicht und möchte einen Bezug auf Jesus als den Mose redivivus zurückweisen. In Wirklichkeit geht es – wie in den Antithesen – um ein radikales »Mehr
als Mose« (vgl. auch Mt 12,41f. Q und den Zusatz 12,6: τοῦ ἱεροῦ μεῖζόν ἐστιν
ὧδε und u. S. 376f.). U. Luz, op.cit. (Anm. 7) 197f. weist mit Recht auf die
»Assoziationen an den Aufstieg des Mose auf den Sinai« hin und spricht von
einer »Erinnerung an die Grundgeschichte Israels« (vgl. auch die wertvollen
Hinweise von J. Gnilka 109).
[37] S. die schöne Darstellung bei U. Luz, op. cit. (Anm. 7) 185f. Demgegenüber ist der Gliederungsversuch von G. Strecker, 12 viel zu einfach, »der symmetrisch um ein Zentrum herum« (Luz) durchgeführte, überaus kunstvolle Aufbau wird zu wenig sichtbar.

und damit die Kirchengeschichte des 2. Jh.s stärker beeinflußte als alle
anderen urchristlichen Schriftsteller.[38] Die vielzitierte Charakterisierung
»Rabbi und Katechet«, die ihm einst E. v. Dobschütz gab, ist nach wie
vor gültig[39], ich würde nur noch hinzufügen: und als solcher ein eindrücklicher Theologe.

4. Der Streit um Tradition oder Redaktion in den Seligpreisungen

Dieses theologische Gewicht des Autors sollte aber bei der nicht enden
wollenden Diskussion über die Trennung von »Redaktion«, Sonderüber-
lieferung und Q^{Mt}, die auch zu einem guten Teil die sehr reflektierte
Arbeit von BROER und das den Forschungsstand widerspiegelnde, infor-
mative Bergpredigt-Buch von STRECKER beherrscht, stärker mitbedacht
werden. Die sich heute wieder verstärkende Tendenz (sie findet sich auch
bei Weder, Luz und Gnilka), gerade in der Bergpredigt möglichst viel
jener schwer umgrenzbaren und einzuordnenden *vor*matthäischen Tradition zuzuschreiben, unterschätzt die einzigartige Leistung des »konserva-
tiv-genial schöpferischen« Autors. Denn man darf bei ihm weder voraussetzen, daß die von ihm ausgewählte und verarbeitete Tradition mit
seiner eigenen »Theologie« nichts zu tun habe, noch glauben, daß von
ihm selbst gebildete theologische Sätze völlig unbeeinflußt von Tradition
seien. Hohe stilistische Kunst, ausgeprägtes Traditionsbewußtsein und
starker theologischer Wille verbinden sich hier auf eindrücklichste, ja
einzigartige Weise. Die heute übliche Scheidung zwischen »Redaktion«
und »Tradition« scheint mir zu schematisch, zu primitiv zu sein, ganz abgesehen davon, daß zu viele Unbekannte mit im Spiele sind (s. o. S. 330).
Die Theologie des Urchristentums wurde von großen Lehrern – die uns
z. T. unbekannt sind – und nicht so sehr von anonymen Gemeinde-Kol-
lektiven geformt. Die »Gemeinden« des Mt oder von Q sind Verlegenheits-
lösungen, die nur unser Nichtwissen kaschieren. Mt schreibt für die ganze
Kirche (5,13f; 28,18ff). Der *Autor* hat nicht mechanisch, sondern bis ins
letzte durchreflektiert gearbeitet, wobei er ein Gespür für jüdische und
jesuanische Sprachformen zeigt. Wäre es nicht denkbar, daß sein Werk –
vielleicht über Jahrzehnte hinweg – durch die Predigt, den »Katechume-

---

[38] S. dazu W.-D. Köhler, Die Rezeption des Matthäusevangeliums in der Zeit
vor Irenäus, WUNT 24, 1987.

[39] Matthäus als Rabbi und Katechet, ZNW 27 (1928) 338–348, abgedruckt
in: Das Matthäusevangelium, hg. v. Joachim Lange, WdF 525, 1980, 53–64; s.
dort 59: »Einem Rabbinenschüler und nur einem solchen ist auch der Gedanke,
die Weissagung Sach 9,9 wörtlich durch Einführung der *zwei* Tiere erfüllt sein
zu lassen, zuzutrauen.« Es gibt heute allzuhäufig »Fortschritte« in der Forschung, die Rückschritte sind.

nen-Unterricht« und den Lehrvortrag einschließlich der Schuldiskussion hindurchgegangen ist, bevor es seine endgültige, in der Kirche durch Abschriften verbreitete – und begeistert aufgenommene – Form erhielt? Dann hätten sich hier schon »Tradition« und »Redaktion« in einem lebendigen Prozeß oftmals nahezu so untrennbar verschmolzen, daß die Versuche, hier fein säuberlich zu scheiden, u. U. zu einem müßigen Streit werden, weil uns die Kriterien dazu fehlen. Gleichwohl will er nicht seine eigene theologische Originalität, sondern allein Jesu Wirken und Sterben zur Darstellung bringen: Es geht allein um *sein* Wort und Werk. Darum kann er nur »konservativ« arbeiten. Der Geist tritt dabei – anders als bei Joh, dem großen Konkurrenten, dessen Evangelium auch langsam wuchs – gegenüber Wort und Weisung Jesu stark zurück.

Zugleich ist festzuhalten: Der unbekannte Lehrer hat nicht wie ein Professor an seinem Schreibtisch mit unzähligen Zetteln, Exzerpten und Xerokopien gearbeitet, er schafft auch keine Vorstufe von Tatians Diatessaron. Daß er kein Jüngling mehr war, als sein Werk abgeschlossen wurde, scheint mir auch sicher zu sein; um einen »Schatz von Neuem und Altem« (13,52) zu sammeln, braucht man viele Jahre. Die Abfassung des Markusevangeliums liegt m. E. gegen 20 Jahre zurück: Das Judentum hat sich nach der Katastrophe wieder konsolidiert und geht gegen die christlichen »Häretiker« zum Gegenangriff über, und der römische Staat beginnt in der Spätzeit Domitians gegen die neue, unheimliche Sekte härter durchzugreifen.[40]

Von diesem Hintergrund her komme ich zu einer wesentlich anderen Beurteilung der so umstrittenen *»Sondergut-Makarismen«* als WEDER (39–84) und – in noch stärkerem Maße – als BROER (53–63), der sich in dieser Frage gegen die Annahme wehrt, »alle bei Mt über Lk hinausgehenden Seligpreisungen seien redaktionelle Bildung des ersten Evangelisten« (60). »Daß Mt an der 5,5 und 5,7 selig gepriesenen Haltung interessiert ist« (61), wird von Broer zwar entschieden bejaht, jedoch sei die »redaktionelle Abfassung von Mt 5,8« mit der Möglichkeit der redaktionellen Entstehung von 18,10 noch »keineswegs bewiesen, aber immerhin nicht unmöglich« (62). Ganz abgesehen davon, daß der Vf. hier – ähnlich wie Strecker[41] – die zentrale Bedeutung der Gottesschau für das zeit-

---

[40] Mt ist – das zeigt der Vergleich der Stellung zum Judentum und der politischen und rechtlichen Lage – m. E. wenigstens ein Jahrzehnt nach Lk entstanden. Luz (75f.: nicht lange nach 80) setzt es m. E. ca. 10 Jahre zu früh an. Seine Benutzung durch Joh läßt sich entsprechend am wenigsten nachweisen. S. dazu G. D. Kilpatrick, The Origins of the Gospel according to St. Matthew, 1946, 128f., dem ich auch in der geographischen Einordnung folge (131ff.).

[41] Vgl. *Strecker* 41ff. Er verweist zwar (43) auf die grundlegende Stelle Jes

genössische Judentum zwischen Apokalyptik und Hekhalotmystik zu wer.ig beachtet, traut er der Stringenz von »Beweis« und »Gegenbeweis« bei dieser so undurchsichtig diffizilen Frage nach »Redaktion« und »Tradition« allzuviel zu. Es läßt sich m. E. kaum bezweifeln, daß die Makarismen V. 5–8 insgesamt bereits wesentliche, große Themata der Bergpredigt, ja des Evangeliums vorwegnehmen und in ihrer – neuen – Form ganz der Theologie des Evangelisten entsprechen. Das »reine Herz« wird ja doch in den ersten Antithesen, vor allem in der 2. (5,28b), aber auch 6,21 (und 6,23) angesprochen, die Forderung der »inneren Reinheit« erscheint wieder in 23,26. Der Preis der εἰρηνοποιοί bezieht sich auf 5,21ff. 38ff.43ff.; 7,1ff.12. Die Bezeichnung läßt sich m. E. auch nicht von dem »umfassende(n) Sinn des hebräischen Shalom« abtrennen, der in 10,13 vorliegt (62 Anm. 25), das hebräische עשה שלום besagt wesentlich mehr als unser deutsches »Frieden stiften« (von seiner politischen Einengung – um nicht zu sagen mißbräuchlich wohlfeilen Verwendung – ganz abgesehen). Hier sollte man mitbedenken, daß bei den Rabbinen das עשה שלום eine ganz wichtige Funktion Gottes ist. Die alte palästinische Fassung des 18-Gebets schließt mit der Berakha: »Gepriesen seist Du, Herr, *'ośäh śalôm.*«[42] Die Gottessohnschaft verbindet das wahre Israel mit den Engeln, »Friedenstat« und »Gottessohnschaft« wird auch in 5,45 (und 48) kombiniert. BROER gibt zu (62), daß »von den Einzel-Makarismen entscheidende Einwände gegen redaktionelle Verfasserschaft nicht zu führen

---

6,5 (zur »Spiritualisierung« der Reinheitsvorstellung bei Mt), entwertet sie jedoch dadurch, daß er unter Anführung mehrerer Plato- und Aristotelesstellen das »Sehen« als »die höchste Form der Erkenntnis« »bei den Griechen« hervorhebt, das »die Beziehung zu Gott vermittelt: So mag es auch hier im Hintergrund stehen und bedeutet keine Differenz zum Alten Testament und Judentum«. Hier werden Dinge zusammengebracht, die nun wirklich nicht zusammengehören. Im AT und Judentum (soweit es nicht, wie die Alexandriner Aristobul und Philo, platonisch beeinflußt ist) hat Gott eine wirkliche Gestalt (Jes 6; Hes 1; Dan 7; Apk 4), die von den Engeln, den *jôrᵉdê märkābāh*, und der eschatologischen Gemeinde der Auferstandenen gesehen wird. Selbst Joh deutet eine derartige »realistische« Vorstellung an (5,37). Dem Gott Schauen entspricht die Existenz der Auferstandenen (22,30 ὡς ἄγγελοι ἐν τῷ οὐρανῷ; vgl. 18,10). Billerbeck bringt dazu bereits eine Fülle von Belegen, sie ließen sich aus der Apokalyptik, der Hekhalot-Literatur und frühchristlichen Texten beliebig vermehren. Bis Origenes war in der Kirche der eschatologische Realismus vorherrschend.

[42] Es läßt sich durchaus auch mit *Heil schaffen* übersetzen, s. die Belege bei Billerbeck I, 215ff. Er und P. Fiebig, Jesu Bergpredigt, FRLANT 37, 1924, I, 11ff. II, 6ff. verweisen dabei auf den außerkanonischen Traktat Päräq haš-šalôm. Zum 18-Gebet s. W. Staerk, Altjüdische liturgische Gebete, KlT 58, ²1930, 14; vgl. auch 4 das *jôṣer 'ôr*-Gebet vor dem Schᵉmaʿ: *'ośäh šalôm ûbôreʾ 'ät hak-kôl.*

(sind)«; warum soll dies dann bei den zusätzlichen Mt-Preisungen in ihrem Bezug zum ganzen Corpus anders sein? Passen sie nicht vorzüglich in die theologische Tendenz des gesamten Werkes? Warum traut er dem Autor nicht zu, einmal stärker auf LXX-Formulierungen zurückzugreifen und dann wieder – relativ – frei zu formulieren? Variatio delectat: schon damals!

Wie das Vaterunser, bei dem wohl allgemein anerkannt ist, daß seine erweiterte Fassung in der Gemeinde des Autors gebetet wurde, könnten auch die sieben Preisungen 3–9 auf eine *liturgische Verwendung im Gottesdienst* hinweisen (im Gegensatz zu den Weherufen aus Q in Lk 6, 24–26). Daß sie in den Gottesdienst gehören, ist m. E. wahrscheinlicher, als daß sie ein schriftgelehrtes, zusammengestückeltes, künstliches Produkt darstellen. Das schließt eine wesentliche Beteiligung des Autors als eines anerkannten, u. U. jahrzehntelangen Lehrers in der Gemeinde nicht aus, sondern ein. Auch dies bleibt eine Vermutung, aber sie hat m. E. einige Plausibilität für sich. Was dann auf den Vorschlag des Evangelisten, was auf Dritte und was auf ältere Tradition zurückgeht, mag uns einmal in der »himmlischen Akademie« (*j^ešîbāh šäl ma'^alāh*, bBM 85a) auseinandergelegt werden.

5. Das Problem des Einflusses von Jes 61

Völlig unbefriedigend sind die Ausführungen von BROER zu Jes 61 und zu den Seligpreisungen (64–67.75ff.). Daß Mt 5,4 stark von dort her beeinflußt ist, muß auch er zugeben, sonst möchte er aber jeden Einfluß leugnen. Hier rächt sich die formalistische, punktuelle Betrachtungsweise des Vf.s, der sich um die zeitgenössische jüdische Exegese überhaupt nicht kümmert, die Wert darauf legte, Zitate und Anspielungen aus verschiedenen Texten zu kombinieren, wobei ein Zitat den ganzen Kontext, aus dem es stammt, miteinbringen kann. M. a. W.: Wenn Mt in 5,4 die in Lk 6,21b erhaltene Q-Vorlage von Jes 61,2 LXX her bewußt sprachlich umgestaltet, so geschieht das unter Berücksichtigung der ganzen Makarismenreihe. Im Grunde muß man schon die dreifache Reihe der Preisungen in Q, die den Auftakt der geistgewirkten, messianischen Verkündigung Jesu bildet, als ein εὐαγγελίσασθαι πτωχοῖς (Jes 61,1) verstehen. Wir finden diese Formel wieder in der Antwort Jesu auf die Täuferanfrage in Q (Mt 11,5 = Lk 7,22), wo mit πτωχοὶ εὐαγγελίζονται die Beschreibung *des Anbruchs der Heilszeit im Wirken Jesu* klimaktisch abgeschlossen wird. Ist es ein Zufall, daß auch hier ein Makarismus folgt: μακάριός ἐστιν, ὅς ἐὰν μὴ σκανδαλισθῇ ἐν ἐμοί? Wird damit nicht der gepriesen, der an solcher messianischen Heilsansage gegenüber den Armen – wie sie paradigmatisch in Lk 6,20ff. geschieht – keinen Anstoß nimmt? *Lk* hat diese Zusammenhänge noch gesehen und mit gutem Gespür eben diese Heilsansage (samt dem Anstoß) in die erste programmatische Predigt Jesu in Nazareth vorverlegt. Der »schriftgelehrte« Mt bringt diesen Zusammenhang durch die Umformung von Lk 6,21 (Q) unter dem Einfluß von Jes 61,2f. in 5,4 und außerdem durch weitere Anspielungen zum Ausdruck. In den πτωχοὶ τῷ πνεύματι klingt das συντετριμμένους τῇ καρδίᾳ von Jes 61,1 mit an (vgl. auch 5,8). Die Verheißung κληρονομήσουσιν τὴν γῆν nimmt Jes 61,7 zusammen mit Ps 37,11 in 5,5 auf, das Stichwort »Gerechtigkeit« von Jes 61,3 und 8 findet sich wieder in 5,6.10. Jes 61,6: ὑμεῖς δὲ ἱερεῖς κυρίου κληθήσεσθε, λειτουργοὶ θεοῦ klingt in 5,9 ὅτι αὐτοὶ υἱοὶ θεοῦ κληθήσονται an und wird zugleich durch das sich jetzt erfüllende Wort des Bergpredigers überboten.[43] Sachlich ist »das angenehme Jahr des Herrn« und »der Tag der Vergeltung« (61,2) identisch mit dem Anbruch der Gottesherrschaft, und die dreimalige Nennung von δόξα in 61,3, die dann ausklingt in dem φύτευμα κυρίου εἰς δόξαν, mit der eschatologischen Gottesschau und Gottessohnschaft. Man darf bei Mt nicht nur »platte« Zitate erwarten, vielmehr wird aus wenigen Zitaten und mancherlei Anspielungen ein bunter Teppich geflochten, der den Schriftkundigen erfreut. So werden in 5,3–6 Textstücke, Begriffe und Motive aus Jes 61,1–8 und Ps 37 (vor allem V. 11.14.19) miteinander »verwoben«. Bezugnahmen auf andere Textstellen sind dabei durchaus nicht auszuschließen. Die Vielfalt der dadurch möglichen Assoziationen galt als kunstvoll. Dabei ist zu beachten, daß jüdische »poetische« Texte – und in deren Nähe stehen die Makarismenreihen von Q und Mt – kaum wirkliche »Schriftzitate«, sondern zumeist eine größere Zahl von verschiedenartigen »Anspielungen« enthalten: Das gilt für die Hodajot, die Psalmen Salomos, aber auch wieder für die späteren Pijjutim.

---

[43] Wie leicht hier einzelne Motive variiert werden können, zeigt das Profetentargum zu Jes 61,3, wo der hebr. Text: »Man nennt euch Eichen der Gerechtigkeit (’êlê haṣ-ṣädäq; LXX: κληθήσονται γενεαὶ δικαιοσύνης), Pflanzung Jahwes, um sich zu verherrlichen«, übersetzt wird: »man wird sie *Fürsten* der Gerechtigkeit (bzw. der Wahrheit: rabrᵉbê qušṭa) nennen, Volk Jahwes, um gepriesen zu werden«. Nach J. Levy, Chaldäisches Wörterbuch über die Targumim (1867f., Nachdr. 1966) 2, 403b ist der Plural »Fürsten« in TgO zu Gen 3,5 (kᵉrabrᵉbîn = M kᵉ’lohîm = Jer I kᵉmal’akîn) und in TgO und Jer I zu Gen 6,2 (bᵉnê rabrᵉbajja = M bᵉnê ha’älohîm) Umschreibung für Engel. Da in vielen Handschriften und Ausgaben das ’elê defektiv geschrieben wurde (s. R. Kittel, BH 1. u. 2. Aufl. und 3. Aufl.), läßt sich dies vielleicht damit erklären, daß die Übersetzer ’êlê haṣ-ṣädäq im Sinne des ’elîm (= Engel) der Qumrantexte verstanden, das z. T. auch plene geschrieben werden konnte; vgl. 4Q 403 fr. 1 I Z. 38: אילי רעת; vgl. 404 fr. 4 Z. 7: C. Newsom, Songs of the Sabbath Sacrifice, HarvSemSt, 1985, 209.252.

Die scharfe Kritik von BROER an Dupont und anderen Exegeten (65) ist darum ungerecht, sie zeigt, daß er weder die Intention des Textes Jes 61,1–8 selbst noch den Schriftgebrauch in den Makarismen wirklich verstanden hat: Die Verheißungen von Jes 61,1ff. sind so realistisch wie in Lk 6,20ff.; die Weherufe können dort ihre Begründung im »Tag der Vergeltung« 61,2 (vgl. auch 6b) finden. Bei Mt ist dann gegenüber Jes 61,1ff. und Lk 6,20ff. die »*Spiritualisierung*« und »*Ethisierung*« offensichtlich; gleichwohl glaubte er damit die eigentliche Intention der prophetischen Weissagung zu erfassen. Im Gegensatz zu dem vehementen Protest WEDERS, der sich gegen eine derartige negative »Etikettierung« wehrt (56) und dem »dummen Spiritualisierungsvorwurf ein für allemal den Garaus machen« will (54, vgl. 84; Neutestamentliche Hermeneutik, 1986, 176), handelt es sich hier nicht nur um einen theologisch verständlichen, sondern auch von der Situation her notwendigen Vorgang (s. o. Anm. 23), der nicht unbedingt nur negativ beurteilt werden muß. Der »fatale Materialismus« (Weder, 54), der aus der ursprünglichen Q-Fassung herausgelesen werden könnte, macht eine »Spiritualisierung« fast notwendig. War denn die Geistlosigkeit – auch im Blick auf den menschlichen Geist – nicht immer eine der größten Gefahren für die Kirche? Ist »Vergeistigung« von vornherein etwas Negatives? Vor allem, wenn sie durch nachfolgende ethische Verhaltensweisen konkretisiert wird?

6. Die »Armen im Geist«, die »Sanftmütigen« und die »Trauernden«

Mit diesem Problem setzt sich BROER im letzten Kapitel (68–98) auseinander. Das πτωχοὶ τῷ πνεύματι beruhe entweder auf einer »Übersetzungsvariante« zum bloßen πτωχοί in Q, oder es sei, dann wohl von Mt hinzugefügt, eine »griechisch gedachte Formulierung«. Der sprachliche Sachverhalt läßt beides als wenig wahrscheinlich erscheinen. Aus dem Kontext von Lk 6,20 ergibt sich vielmehr eine eindeutig sozial bestimmte Aussage, diese wird bei Mt spiritualisierend eingeschränkt: es geht um die »Demütigen«, »Niedrigen« im Sinne der *dakkeʾê rûaḥ* (τοὺς ταπεινοὺς τῷ πνεύματι Ps 34,19), das einseitige »sozio-ökonomische« Element (74) wird damit abgeschwächt. Den Unterschied im Griechischen zwischen πένης und πτωχός sollte man hier nicht einbringen, da πένης in den urchristlichen Texten im Gegensatz zu πτωχός keine Rolle spielt; dies fällt um so mehr auf, als in der LXX, bei den apostolischen Vätern, aber auch bei Josephus das Verhältnis ganz anders ist. Es mag auf eine bewußte urchristliche Wortwahl zurückgehen.[44] Durch seinen gut semi-

---

[44] Vgl. Rö 15,26; Gal 2,10; 2.Kor 6,10; Jak 2,2–6. Auffallend ist die Negation Apg 4,34 = Dtn 15,4.

tischen (vgl. Ps 34,19; Koh 7,8) Zusatz τῷ πνεύματι nähert der selbst zweisprachige Mt die Bedeutung von πτωχοί an πραΰς an, ein Begriff, der in der LXX »eindeutig Vorzugswiedergabe von ענו« ist[45] und der zugleich für den Evangelisten durch zwei bedeutsame Texte: 11,29 (zusammen mit ταπεινὸς τῇ καρδίᾳ) und in dem Reflexionszitat von Sach 9,9 in 21,5, wo die anderen Attribute δίκαιος und σῴζων ausgelassen sind, einen *betonten christologischen Bezug* erhält. Dieser Bezug wird eindeutig durch die Einführung des dritten Makarismus 5,5 μακάριοι οἱ πραεῖς, ὅτι αὐτοὶ κληρονομήσουσιν τὴν γῆν, dahinter steht Ps 37,11. Die Bedeutung des Dativs τῷ πνεύματι hat so kaum etwas mit »griechischem Denken« zu tun, sie liegt ganz nahe bei der von τῇ καρδίᾳ in 5,8: (menschlicher) »Geist« und »Herz« werden schon in atl. Texten z. T. fast synonym gebraucht.[46] Mt hat damit die Dreierreihe von Q–Lk aufgebrochen, wo die beiden folgenden Preisungen der Hungernden und Weinenden eine konkrete Explikation der ersten, alles beherrschenden darstellen. Die beiden Folgemakarismen werden von ihm dabei dem Tenor von Jes 61 und Ps 37 entsprechend umgestellt. Mt 5,3 und 4 läßt deutlich Jes 61,1–3 anklingen, Mt 5,5 und 6 Ps 37,11 und 17–18, wobei *beide* Texte »spiritualisiert« werden. Statt der bisherigen Struktur A b c gibt Mt dem Ganzen den Aufbau A$_1$ c A$_2$ b. An die Stelle des anschaulich-konkreten Wechsels von Weinen und Lachen[47] tritt die schriftgemäßere *Tröstung der Trauernden* des endzeitlichen Gottesvolkes: παρακαλέσαι πάντας τοὺς πενθοῦντας Jes 61,2, die unmittelbar darauf als πενθοῦντες Σιων (61,3) bezeichnet und mit δόξα begabt werden. Diese *ʾabelê ṣijjôn* erscheinen nach 70 in der haggadischen Überlieferung[48]; je-

---

[45] F. Hauck/S. Schulz, ThWB 6, 647,17.

[46] Diese Begriffe erscheinen oft im synonymen Parallelismus membrorum und sind zuweilen beinahe austauschbar: Ps 51,12.19; 34,19;78,8; Jes 19,1.3; 57,15; 65,14; Hes 18,31; Ex 28,3; 35,10; Dtn 2,30; Jos 2,11; 5,1; Prov 15,13; 17,22; Hi 34,14; dazu H. W. Wolff, Anthropologie des Alten Testaments, ²1974, 78: *leb(ʾāb)* wird »häufig besser mit Geist wiedergegeben als mit Herz«. Zum sprachlichen Problem s. Schlatter, Mt 132f.: »Ein geschulter Grieche hätte hier den Akkusativ der Beziehung gesetzt.«

[47] Bereits der Gegensatz κλαίοντες – γελάσατε in der poetisch freieren ursprünglichen Proklamation Jesu enthält eine Anspielung auf Jes 61: Wer mit dem *šämän śaśôn* gesalbt wird, kann wohl lachen. Der von Broer und anderen in c. 61 vermißte Hunger gehört ganz selbstverständlich zur Armut. Er kann von daher in diesem Text fehlen. Vom (mehr als Satt-)Essen ist in 61,6b die Rede.

[48] S. dazu Billerbeck I, 195ff. und J. A. Sanders, The Psalms Scroll of Qumran Cave 11, DJDJ IV, 1965, 86 = Col 22,8f. Vgl. außerdem PᵉsiqR (p. 148a ff. Friedmann), wo die Pisqa 34 den »Trauernden über Zion« und der Freude über die Ankunft des Messias nach Sach 9,9 gewidmet ist. Jes 61,9

doch ist die Sache, wie Sir 48,24 und das Zionslied (11Q Ps^a Zion) zeigen, wesentlich älter: »Wie hofften sie auf deine Erlösung, und deine Vollkommenen klagten über dich (ויתאבלו עליך תמיד). Hoffnung für dich, ›Zion‹, wird nicht zuschanden, und deine Erwartung wird nicht vergessen.«

Die Meinung von BROER, daß hier »im Gegensatz zu einer verbreiteten Tradition im Judentum ... von der Trauer bei Mt absolut, also ohne Nennung des Grundes der Trauer, die Rede ist« (96), übersieht, daß Mt damit beim Hörer auf Bekanntes anspielt und Wissen um den Kontext voraussetzen darf. Es sind die Trauernden von Jes 61,2f. gemeint! Ausgehend von Texten Deuterojesajas konte das Stichwort »Trost Israels« zur *Umschreibung der endzeitlichen Erlösung* werden. Das Wort »Trost«, *nähāmāh*, wurde Metapher für die Erlösung schlechthin und *m^enahem* »Tröster« einer der Namen des Messias. Zu dem Zusammenhang von Trauer und Trost ein Beispiel: »Über die, die seufzen, stöhnen und erwarten die Erlösung, und über die, die trauern über Jerusalem, sagt die Schrift: ›festzusetzen *für die Trauernden Zions*, zu geben ihnen Krone statt Asche‹.« Dieses Zitat aus Derekh 'Eres Rabba 2,20[49] kommt der Intention des Mt ziemlich nahe, nur daß bei ihm Trauer und Trost der Erlösung nicht mehr national eingegrenzt sind, sondern weltweit dem neuen eschatologischen Gottesvolk (1,21 und 28,19f.) gelten. Diese Parallele steht in einem Kontext, in dem auch die anderen Stichworte der matthäischen Seligpreisungen auftauchen; wir bewegen uns hier auf einem geistigen Boden, der dem Evangelisten verwandt ist.

Es handelt sich um eine relativ späte talmudische Kompilation, die jedoch sehr viel älteres Material verarbeitet.[50] Darin werden zwölf gottlosen Verhaltens-

---

wird dabei den »Trauernden Zions« unmittelbar zugesprochen. P^esiq dRK p. 2,468,17 ff. (Anhang 6 ed. Mandelbaum): »Die *Gerechten trauern*, denn es ist gesagt: festzusetzen für die Trauernden Zions. Aber in Zukunft werden sie sich freuen, denn es ist gesagt: Freuet euch mit Jerusalem ...« (Jes 66,10); bBB 60b: Abajje († 338/9) nach dem Zitat von Jes 61,3: »Wer über Jerusalem trauert, dem ist es beschieden, an ihrer Freude teilzunehmen ... (Zitat von Jes 66,10)«. Vgl. auch Jalqut Shim § 394 (p. 2,810). Man könnte natürlich auch einwenden, diese rabbinischen Traditionen seien relativ spät, doch läßt sich gerade die erbaulich-haggadische Überlieferung viel schwerer zeitlich fixieren als die halachische. Wie Sir 48,24 und der Zions-Psalm 11Q zeigen, steht hier ein älteres Substrat dahinter, das nach dem Kontext der Sirachstelle auf Jes 61 zurückgeht.

[49] So nach den üblichen Ausgaben des Babli. D'ER findet sich als 5. der sog. kleinen außerkanonischen Traktate, die nach Horajjot/Pirqe Abot stehen (p. 53b). Engl. Übers. v. M. Ginsberg, in: The Minor Tractates, ed. A. Cohen, ²1971, 2, 539ff. Zum »Trost Israels« (Lk 2,25) und »zur Erlösung« s. Billerbeck, 2, 124ff. mit zahlreichen Belegen. Vgl. schon Apk Bar 44.7.

[50] Nach der kritischen Ausgabe von M. Higger, The Treatises Derek Erez,

weisen zwölf fromme gegenübergestellt, wobei am Ende ein Schriftwort steht. Unter den letzteren häufen sich die Charakteristika aus den matthäischen Seligpreisungen:

V. 19: (die rituell Reinen) »und *die reinen Herzens* sind« (Ps 73,1); V. 20: »Die *Trauernden* für Zion« (s. o.); V. 21: »Die *Barmherzigen*« (הרחמנים); V. 22: »Die *Armen*« (העניים), »die Schamhaften«, »die *Demütigen im Geist*« (שפלי הרוח) ; vgl. schon V. 14: »die eine niedrige Meinung von sich selbst haben, die sich selbst verachten, ... die ihren Geist erniedrigen« (והמשפלים את רוחם); V. 23: »Über die, die sich mit der Tora abmühen, sagt die Schrift (Prov 8,34): ›Selig *ein Mensch* (אשרי), der mich hört‹.« V. 24: »Die der *Gerechtigkeit nachjagen* (רודפי צדק), die *Frieden suchen* (מבקשי שלום) für ihr Volk, die *leiden mit der Gemeinde* und ihr beistehen in der Stunde der Bedrängnis« (vgl. V. 13: die sich in Züchtigungen freuen).

Hier erscheinen in etwas anderer Sprachform nahezu alle Motive der Preisungen des Mt, wobei eine Abhängigkeit des jüdischen Textes von Mt extrem unwahrscheinlich ist. Trotz des relativ späten Charakters der Sammlung befinden wir uns in einem ähnlichen, religiös-ethischen, »chasidischen«, man könnte auch sagen »pietistischen« Milieu, das bereits in dem zitierten vorchristlichen Zionspsalm erscheint, wo es heißt: »Ein Mensch wird geprüft nach seinem Weg / und jedem wird vergolten nach seinen Taten«, und gegen Ende der Wunsch steht: »Mögest du (Zion) ewige Gerechtigkeit erlangen« (Col. XXII, 10.13); wobei freilich Mt und seine Gemeinde – samt den durch sie geformten Makarismen – aufgrund des messianisch-eschatologischen Impetus der Jesustradition sehr viel schärfere, radikalere Konturen besitzen.

Die alte Streitfrage, was Grund und Inhalt der Trauer sei in Mt 5,4, läßt sich vom jüdischen Hintergrund her relativ klar beantworten: Er besteht – dem matthäischen Universalismus entsprechend – in der *Macht des Bösen* in der Welt, die den Tod und die eigene Sünde mit einschließt. Ganz gewiß geht es nicht um ein selbstsüchtiges Nachtrauern gegenüber den entgangenen Genüssen dieses Äons. Darum würde ich das Wort in seiner Matthäusfassung nicht auf »den Trauernden in jeder Gestalt« (Weder 56f.) beziehen. Mit der »saecularis tristitia« (59) hat zumindest

---

Pirke Ben Azzai, Tosefta Derek Erez, 1935, Nachdr. 1970, Bd. II handelt es sich um die Tosefta Derek Erez, Perek hamminim 278ff. (287 ff.). Engl. Übers. 102ff., s. auch 18. Vgl. auch H. Strack/G. Stemberger, op. cit. (Anm. 24) 219: D'ER wird schon im Talmud jSchab 6,2 8a und bBer 22a zitiert, außerdem die Einleitung von M. Ginsberg, op. cit. (Anm. 49) 2, p. V–IX (528/29), der vermutet, daß der Kern auf die tannaitische Zeit zurückgeht (VII). Die Texte verdienten wegen ihres hohen ethischen Gehalts und ihrer z. T. interessanten Form dringend eine Neubearbeitung. Ein kurzer Hinweis auf die Bedeutung des Traktats findet sich bei D. Flusser, Die Tora in der Bergpredigt, in: H. Kremers (Hg.), Juden und Christen lesen dieselbe Bibel, Duisburg 1973, 102–113 (111f.). Den letzten Hinweis verdanke ich Herrn Peter Lehnardt.

Mt kaum etwas im Sinn. Wenn er in 9,15 das »Fasten« Mk 2,19 durch ein πενθεῖν ersetzt, so deshalb, weil für jüdische Frömmigkeit das Fasten wichtigster Ausdruck *aktiver Klage* – etwa am Versöhnungstag oder am 9. Ab – war, während, wie die Fastenrolle zeigt, an Freudentagen das Fasten verboten war. Mt 6,16ff. verbietet, aus solcher – positiv gesehenen – aktiven Klage frommes Ansehen zu gewinnen. Dabei wird man gleichzeitig auf die *Gewißheit der »Tröstung«* verweisen und betonen müssen, daß solche »Trauer« mit der lebendigen, festen Hoffnung auf die nahe Erlösung verbunden ist und daß sie zum Gebet hinführt: Es ist kein Zufall, daß die Gemeinde des Mt das Vaterunser mit der 7. Bitte: »... und erlöse uns von dem Bösen« beschloß. Die Deutungsversuche von Broer, Weder und Strecker bleiben unbefriedigend, weil sie diesen Hintergrund zu wenig beachten. Die eindrücklichste ntl. Parallele ist Rö 8,18ff. und hier wieder das ἐν ἑαυτοῖς στενάζομεν in 8,23. Auch Paulus – manchmal scheint es ganz vergessen zu werden – war einmal ein pharisäischer Schriftgelehrter.

7. *»Gerechtigkeit« bei Matthäus*

Paulus hat freilich sein pharisäisches Erbe in ganz anderer, man könnte sagen radikalerer Weise »verarbeitet« als der – in seiner Weise gewiß ebenfalls geniale – *erste konsequente theologische »Ethiker«* Mt, der im Namen Jesu nicht den νόμος als Weg zum Heil in Frage stellt, weil er am eigenen Vermögen des Menschen zum Heil nicht *grundsätzlich* zweifelt, sondern nur »eine sehr viel bessere *zᵉkût*« (5,20), einen radikaleren Gehorsam gegenüber Gottes Willen fordert, der die *zᵉkût* der religiösen Führer Israels seiner Zeit bei weitem überbietet. Der Befehl des auferstandenen Kyrios an die zu allen Völkern gesandten Jünger, »Matthäi am letzten«: διδάσκοντες αὐτοὺς τηρεῖν πάντα ὅσα ἐνετειλάμην ὑμῖν[51], bildet das allen geltende Fazit des Evangeliums und erklärt die Veränderungen und Erweiterungen der Makarismen gegenüber der ursprünglichen Fassung von Q bzw. von Jesus selbst. Die Grundtendenz des Evangeliums und seiner Umformung der älteren Jesusüberlieferung ist so m. E. nicht, wie Broer im Anschluß an Luz vermutet, durch die neue, kirchliche Situation bedingt, in der »nach einem halben Jahrhundert christlicher Gnadenverkündigung« Mt gegen die Gefahr der »billigen

---

[51] Dahinter steht Jos 22,2 LXX: ὑμεῖς ἀκηκόατε πάντα, ὅσα ἐνετείλατο ὑμῖν Μωυσῆς, ὁ παῖς κυρίου, ... πάντα ὅσα ἐνετειλάμην ὑμῖν. Das einleitende *šᵉmartäm* in M entspricht jedoch eher dem τηρεῖν Mt 28,20 als das ἀκηκόατε der LXX, hinter dem wohl *šᵉma'täm* steht; vgl. auch Ri 13,14 M.

Gnade« kämpfen muß[52], sondern ist – nicht zuletzt durch die chasidisch-pharisäische Herkunft des Evangelisten, der ja höchstens am Rande gegen einen innerkirchlichen Libertinismus streitet – vielmehr durch den Existenzkampf seiner Gemeinde bedingt, die jüdische religiöse Führer im Visier hat; wobei ihn mit diesen weiterhin ein gemeinsames ethisch-religiöses Milieu verbindet, das nicht von vornherein als »gesetzlich« abgewertet werden sollte, sondern allerhöchste Achtung verdient. Ich habe nicht den Eindruck, daß es im palästinischen und syrischen Judenchristentum einen nennenswerten »Antinomismus« gegeben hat.

Im übrigen demonstrieren Paulus und Mt – auf sehr verschiedene Weise, gewiß –, was die Kirche pharisäisch schriftgelehrten Denk- und Lebensformen verdankt, gerade auch in der Antithese! Beide verbindet – in unterschiedlicher Form – die polemische Auseinandersetzung mit der eigenen Herkunft. Schwer verständlich ist mir, daß für BROER dennoch »die starke Betonung einer angeblich bei Mt vorhandenen Ethisierung der Makarismen problematisch zu sein scheint, weil sie den Charakter der Aussagen in Mt 5,3–12 als Makarismen nicht ernst genug nimmt« (89). Auch WEDERS Interpretation geht in diese Richtung. Mt wollte jedoch als »konservativer Theologe« zum Auftakt der messianischen Gottesreich-Verkündigung Jesu die *Makarismenform* auf jeden Fall übernehmen, weil sie, wie die Feldrede von Q zeigt, in der katechetischen Tradition der palästinisch-syrischen Kirche schon fest verankert war. Aber ihre vorgegebene Gestalt konnte er nicht akzeptieren, vielmehr bildet er ihren Charakter – »in, mit und unter« seiner Gemeinde (bzw. Schule) – bewußt und erheblich um, indem er sie verändert, erweitert und neu gestaltet.

---

[52] S. 89 nach *U. Luz,* Die Bergpredigt im Spiegel ihrer Wirkungsgeschichte, in: J. Moltmann (Hg.), Nachfolge und Bergpredigt, 1981, 37–72 (42). Ähnlich in seinem Kommentar: Das Evangelium nach Matthäus, 217. Luz (Die Bergpredigt im Spiegel..., 69 Anm. 9), dem Broer folgt, meint, daß Mt dadurch, daß er die »Lehre Jesu in die Geschichte des Gottessohns Jesus ... einbettet, ... gegenüber der Logienquelle das Moment des Indikativs, die Betonung der Gnade (verstärkt)«. M. E. ist das Gegenteil der Fall, der Indikativ der Heilszusage an die Armen wird abgeschwächt und durch ethische Bedingungen eingeschränkt. Typisch ist etwa die Veränderung von Lk 6,36 zu Mt 5,48! Im Gegensatz zu dem – m. E. ca. 10–15 Jahre älteren – Lkevg (1,30; 2,40; 4,22) verwendet er den Begriff χάρις gar nicht und gebraucht ἔλεος nur für die menschliche Barmherzigkeit (9,13; 12,7; 23,23); vgl. dagegen Lk 1,50.54.58. 72.78: Die lkn. Vorgeschichte hat als »Introitus« – wie der Joh.-Prolog 1,14.16f. – programmatische Bedeutung. Bei Mt spricht vielmehr das ethische Überlegenheitsgefühl der verfolgten Kirche gegenüber Juden und Heiden, das dann bei den Apologeten, besonders bei Justin, und dann wieder bei Tertullian hervortritt, die beide Mt überaus schätzen und deren Haltung mit einem starken ethischen Selbstvertrauen verbunden ist.

Ihr Skopus verschiebt sich dadurch ganz wesentlich, das sollte man nicht mehr leugnen. Da er die jesuanische Urform in nuce beibehält, schimmert auch der dort angelegte »Indikativ« des bedingungslosen Zuspruchs des Heils, die radikale Gnade, durch – freilich überdeckt durch die »ethisierende«, »spiritualisierende« Neufassung.

Dies zeigt gerade seine redaktionelle Einführung des δικαιοσύνη-Begriffs, der anders als die paulinische δικαιοσύνη θεοῦ ganz ähnlich wie die rabbinische $z^ek\hat{u}t/zak\hat{u}(t\bar{a})$ einen Doppelcharakter besitzt. Er bedeutet einmal das sich in konkreten guten Werken äußernde menschliche gerechte Verhalten, das alte Wörterbuch von J. Levy spricht darum von »Tugendhaftigkeit«, zugleich aber auch dementsprechend das »gerechte« Verdienst bei Gott bzw. die »Wohltaten Gottes«.[53] Daraus ergibt sich der vieldiskutierte Doppelcharakter des Begriffs bei Mt, der, wie Broer zu Mt 6,33 mehrfach hervorhebt (90f.), – wenn man es so ausdrücken will – »Geschenkcharakter« erhalten kann. Freilich nicht als »unverdientes Geschenk« im Sinne der jesuanischen und paulinischen »radikalen Gnade« – diese tritt (anders als bei Lk) bei Mt doch sehr zurück[54] –, sondern als gerechte »Gegengabe« Gottes für die erfüllte Bedingung, das uneingeschränkte, vorausgehende ζητεῖν, das (wie Luther schön übersetzt) »Trach-

---

[53] S. dazu G. Dalman, Aramäisch-Neuhebräisches Handwörterbuch . . ., 1938, 128: »1. Gerechtigkeit, gute Tat; 2. Verdienst; 3. Vorteil, Gewinn; 4. freisprechendes Urteil«; für das aramäische $zak\hat{u}(t\bar{a})$: »1. Gerechtigkeit, gute Tat; 2. Recht; 3. Heilstat«. J. Levy, Wörterbuch über die Talmudim und Midraschim, ²1924 (Nachdr. 1963), I, 1, 535: 1. Gewinn, Vorteil; 2. verdienstvolle Handlung, Tugendhaftigkeit (als Hauptbedeutung); 3. logischer Schluß. Zum aram. $zak\hat{u}t\bar{a}$: »Vortheilhaftes, Gewinn; bes. oft: Tugendhaftigkeit«. Ders., op. cit. (Anm. 43), 221b s. v. $z\bar{a}k\hat{u}/z^ek\hat{u}t\bar{a}/z\bar{a}k\hat{u}t\bar{a}$, weist auch auf die Bedeutung »Wohltaten Gottes« hin zu Ri 5,11; Micha 6,5 und Ps 17,7. Die Konzentration auf die Bedeutung »Verdienst« ist wohl eine spätere rabbinische Spezifikation. Zur Sache s. G. Dalman, Jesus-Jeschua, 1922, 62ff., der ὑμῶν ἡ δικαιοσύνη mit »$z\bar{a}kh\hat{u}$-$tekh\bar{o}n$« übersetzt und dazu bemerkt: »Wenn das alttestamentliche ṣedāḳā der 'Rechtbeschaffenheit' entspricht, wird es im Targum mit $z\bar{a}kh\bar{u}$, det. $z\bar{a}kh\hat{u}t\bar{a}$, übersetzt, . . . immer in dem Sinne, daß es sich um diejenige Rechtbeschaffenheit handelt, welche Gott anerkennt und die darum ein Rechthaben im göttlichen Urteil zur Folge hat« (63). »Der Begriff des 'Verdienstes' liegt nahe und wird im Judentum in Verbindung mit dem Lohngedanken weit ausgebaut«. »Man kann fragen, ob Jesus den Ausdruck $z\bar{a}kh\bar{u}$ jemals wirklich angewandt hat. Nur bei Matthäus findet er sich in seinem Mund« (64). S. auch u. Anm. 56.
[54] Im Gleichnis Mt 20,1–16 erhalten alle Lohn für wirklich geleistete Arbeit, der Lohn wird für die »Kurzarbeiter« durch Gottes Güte (20,15) auf den »vollen Tagessatz« gebracht. Die doppelte Rahmung von Mt 19,30 und 20,16 zeigt dabei die Vollmacht Gottes zur Veränderung menschlicher Lohnmaßstäbe an. Seine Gerichtsentscheidung ist gerecht; s. Dtn 32,4, dazu u. S. 398f.

ten nach«[55] der Herrschaft und der Gerechtigkeit Gottes; das, worum sich Menschen sorgen, wird als »Zugabe« hinzugefügt.[56] Die 4. Preisung 5,6 bedeutet in bezeichnender Umformung der 2. Preisung von Q sowohl das aktive Verlangen nach Taten der *z*e*kût* wie nach göttlicher Rechtfertigung: Das eine ist für Mt die Voraussetzung für das andere. Es ist kein Zufall, daß er den Korrespondenzbegriff μισθός im NT mit Abstand am häufigsten, nämlich 10 mal verwendet, davon 6 mal in der Bergpredigt und hier 4 mal in 6,1–16, das in 6,1 unter dem Oberbegriff der δικαιοσύνη im Sinne der *z*e*kût* steht.[57] Hinter diesem ganzen Komplex liegt als Grundtext Prov 21,21: »Wer *Gerechtigkeit* und Güte nachjagt (*rodef* s. o.), der wird Leben, *Gerechtigkeit* und Ehre finden.«[58]

Hinter den exegetischen Bemühungen von BROER steht der anerkennenswerte Wille um eine vertiefte, theologische Interpretation der Makarismen. Dennoch kann sein Versuch kaum befriedigen. Größere »Intersubjektivität« hat er damit schwerlich erreicht. Dies hängt nicht zuletzt damit zusammen, daß er sich zwar intensiv mit vielerlei Sekundärliteratur auseinandersetzt, das Literaturverzeichnis des schmalen Bandes (99–105) enthält fast 200 Titel, jedoch eine neue gründlichere Auseinandersetzung mit den jüdisch-judenchristlichen Wurzeln des 1. Evangeliums versäumt. Das eigene, starke Interpretationsinteresse führt ihn zu Fehlurteilen. So ist der von ihm postulierte Gegensatz zwischen »passiv« bestimmten Makarismen (5,3–6 und hier wieder besonders 5,4.6) und »einem *einheitlich* ethischen Verständnis der matthäischen Seligpreisungen« (97) durchaus nicht einleuchtend. Seine Kritik an Streckers Bergpredigtdeutung führt an *diesem* Punkt nicht weiter. Es steht bei

---

[55] G. Dalman, Worte Jesu, 1930, 99 vermutet ein aramäisches *b*e*ʿā*, Delitzsch übersetzt mit *biqqeš*, (s. o. D'ER 2,24: *rôd*e*fê ṣädäq* und *m*e*baq*e*šê šālôm*).

[56] S. dazu G. Dalman, Jesus-Jeschua, 63f.: »*zākhû* ist auch ein Rechtfertigungsgrund im irdischen Gericht« und den Verweis auf die Interpretation von *ṣidqat JHWH* als »*zākhwān ḳodām adōnāj*« in TgO zu Dtn 33,21. Ich frage mich, ob nicht entsprechend rabbinischem Denken die Zufügung von Mt 6,33 mit den θησαυροὶ ἐν οὐρανῷ am Anfang des Abschnitts in Verbindung zu setzen ist: s. dazu G. F. Moore, Judaism, 1927, 2,91ff. und mMakk 3,15; jPea 15b.

[57] Die Zurückführung auf den rabbinischen t. t. *ṣ*e*dāqāh* im Sinne von Almosen ist dagegen zu eng, obwohl dieser Sprachgebrauch dieselbe Wurzel hat. S. nächste Anm.

[58] Billerbeck, I, 201f. Die LXX verändert bezeichnenderweise: ὁδὸς δικαιοσύνης καὶ ἐλεημοσύνης εὑρήσει ζωὴν καὶ δόξαν. Vgl. auch Prov 10,2: *ûṣ*e*dāqāh taṣṣîl mim-mawät* LXX δικαιοσύνη δὲ ῥύσεται ἐκ θανάτου. In Tob 4,10 u. 12,9 (vgl. 14,10f.) tritt dafür die ἐλεημοσύνη ein; die Rabbinen können umgekehrt für »Wohltätigkeit« *ṣ*e*dāqāh* einsetzen. An der grundsätzlich ethischen Bedeutung des typisch matthäischen Sprachgebrauchs von δικαιοσύνη kann vom jüdischen Mutterboden her m. E. kein Zweifel bestehen.

Mt – ähnlich wie im Judentum, nur mit etwas anderen Nuancen – ein konkretes *Verhalten* im Mittelpunkt, das auch dort, wo es äußerlich als passiv erscheint – etwa beim Demütigsein und Trauern – (das »Hungern und Dürsten nach Gerechtigkeit«, d. h. gerechten Taten und ihrem Lohn, kann ich ganz und gar nicht als passiv bezeichnen), einen eindeutig *ethischen Charakter* besitzt, wobei solche Haltung im gehorsamen Tun des wahren *Gotteswillens*[59] manifest wird, werden muß! Bei Mt hat der Makarismus im Gegensatz zu Jesus gerade nicht mehr »primär indikativen Charakter« (98). Er ist in einen *Appell* an das wahre, eschatologische Gottesvolk umgemünzt, der sich zudem in keiner Weise von den nachfolgenden Forderungen der Bergrede abtrennen läßt, sie vielmehr vorbereitet und zu ihnen hinführt. Bereits in den Makarismen wird in Vorwegnahme der ganzen Rede die Kirche seiner Zeit (und alle, die es hören wollen) ermahnt im Blick auf das kommende Heil (und Gericht), Gottes heiligen Willen *ganz* zu leben und zu tun. 5,3–10 visiert schon 5,48 an. Es müßte uns eigentlich in Erstaunen setzen, wie das 1. Evangelium von der unterdrückten, aber zugleich selbstbewußten Kirche seiner Zeit so zuversichtlich aufgenommen wurde. Offenbar gab es ihr die Botschaft Jesu in der Form, wie sie sie damals suchte und brauchte.

Der *Zuspruch der Gnade*[60] ist in den Makarismen und in den folgenden Geboten enthalten, insofern das geforderte Verhalten und Tun in der Person des Messias, des Bergpredigers, manifest wurde, der »alle Gerechtigkeit erfüllt« (3,15; 5,17f.), der »Immanuel« heißt und darum bei seiner Gemeinde gegenwärtig ist (1,23; 18,20; 28,20), und der Israel aus allen Sünden erretten wird (1,21; vgl. 26,28). *In der Bergpredigt selbst* tritt dieser Zuspruch – ich muß sagen: fast erschreckend – zurück. Er konzentriert sich im Grunde auf das Herzstück, das Vaterunser; auch in den Makarismen ist er nur noch sehr eingeschränkt, an Verhaltensweisen und Taten geknüpft, zu finden. Gewiß könnte man mit STRECKER (und LUZ) sagen, daß der matthäische Christus »nicht zwischen Indikativ und Imperativ (unterscheidet), … sondern … seine Forderung als Gabe« den

---

[59] Die Rede vom Willen des Vaters erscheint bei Mt in z. T. formelhafter Weise 6 mal; 3 mal ist von ποιεῖν τὸ θέλημα τοῦ πατρός (7,21; 12,50; 21,31 – dahinter steht das hebräische *rāṣôn*, s. u. S. 386f.) die Rede, ein im NT einzigartiger Sprachgebrauch, der nur noch mit dem ganz anderen bei Joh vom θέλημα τοῦ πέμψαντός με zu vergleichen ist. Das alte Gottesvolk, vertreten durch seine Führer, wird verworfen, weil es nach Mt *diesen Willen nicht tut* bzw. die rechten Früchte nicht bringt (21,43; vgl. das Zwei-Söhne-Gleichnis 21,28–32).

[60] S. dazu U. Luz, op. cit. (Anm. 7) 217f., für den der »erzählende Rahmen des ganzen Evangeliums … ein Ausdruck des Vorsprungs der Gnade« darstellt. Aber ist der »Rahmen« stark genug, das Gewicht der Gebote zu tragen?

Hörern zuspricht.[61] Aber ist dies nicht ein falsches Spiel mit Begriffen, das zusammenwirkt, was um der sprachlichen Klarheit willen unterschieden werden muß? Wenn die »Forderung« selbst als »Gabe« bezeichnet wird, dann erscheint ihre Erfüllung als menschliche Gegengabe, und das Ganze läuft auf einen »Synergismus« hinaus, wie ihn Josephus Bell 2,163 (abgeschwächt Ant 18,13) den Pharisäern zuweist, wie er aber auch für die frühe Kirche vorherrschend wurde. Und tritt bei Mt hier nicht gerade wieder der ehemals jüdische Schriftgelehrte hervor, der wußte, daß Gott Israel, seinem erwählten Volk, die Tora als Gabe der Erwählung zum Bundesvolk übereignet hatte, um ihm den »Weg zum Leben« zu weisen[62]? Kann der Christ, der bei Paulus gelernt hat, was die »Wahrheit des Evangeliums« ist, in gleicher Weise von der Tora reden wie der Jude(nchrist), dessen Lebensgrundlage sie darstellt, nur daß er sie auf das Liebesgebot hin konzentriert (Mt 7,12; 22,40)? Können wir die Bergpredigt lesen und dabei Rö 3,19f.23; 5,20; 7,7–25 so einfach vergessen? Spiegelt sich vielleicht gar in der Differenz der beiden »Schriftgelehrten« schon der spätere Streit zwischen Erasmus und Luther wider? Und wie steht es um das *liberum arbitrium* und um die radikale Gnade (Rö 11,6; Phil 2,12; Gal 5,22)? Von Rö 10,4 müßte man ganz schweigen, denn wenn Mt das erste (bzw. letzte) Wort in der christlichen Theologie hätte, dann wäre Paulus ein Häretiker. Können wir so einfach zwischen Matthäus und Paulus *vermitteln*, wie es – trotz des marcionitischen Protestes – die Kirche des 2. Jh.s tat, oder müssen wir uns letztlich nicht doch entscheiden, wer von beiden der »christologischen Mitte« des NTs näher steht? Doch damit haben wir schon auf die Diskussion mit Hans Weder vorgegriffen.

II. Zur Auslegung der Bergpredigt

1. Ein exegetisches Lehrbuch für Mt 5–7?

Gerade heute, da die Bergpredigt den wohl am meisten diskutierten und zitierten Text des NTs darstellt, ist eine gründliche Auslegung für einen

---

[61] G. Strecker, Die Makarismen der Bergpredigt, NTS 17 (1970) 274, zitiert von U. Luz, loc. cit.

[62] Prov 2,19; 5,6; 6,23; 10,17; 15,24; Ps 16,11; vgl. Jer 21,8; Mt 1,14; Did 1,2. Zum »freien Willen« s. Sir 15,11ff.; mAb 3,15; M. Hengel, Judentum und Hellenismus, WUNT 10, ³1973, 254ff. und G. Maier, Mensch und freier Wille, WUNT 12, 1971. Im rabbinischen Judentum wird dann konsequenterweise durch das Torastudium der gute Trieb so gekräftigt, daß er den bösen überwinden kann.

breiten, theologisch interessierten Leserkreis ein dringendes Desiderat. Die Frage: Was will dieser ungeheuerliche Text wirklich, und wie ist er entstanden? geht jeden Gebildeten an. Schon aus diesem Grund nimmt man den »exegetischen Kommentar« von G. STRECKER mit einigen Erwartungen in die Hand. Mit seinen 194 S. kann er seine Aufgabe zwar nur in aller Knappheit erfüllen. Das amerikanische, etwas konservativere Gegenstück von R. A. Guelich nimmt mehr als den doppelten Raum ein und besitzt – was man bei Strecker leider vermißt – ein ausführliches Stellen- und Autorenregister, in dem Strack-Billerbeck mehr als alle anderen Autoren zitiert wird. Auch A. Schlatter, W. D. Davies, G. F. Moore, G. Dalman und C. M. Montefiore kommen bei Guelich reichlich zu Wort, ja selbst P. Fiebigs Monographie wird dreimal angeführt. Bei Strecker erscheint nur ein Teil der genannten Namen. Er möchte zwar den Einfluß der jüdischen Tradition auf das Werk des Verfassers (s. o. S. 341f.) gewiß nicht leugnen, aber er zeigt doch eine gewisse Distanz, auf die wir noch zurückkommen müssen. Freilich bezeichnet er ihn nicht mehr als heidenchristlichen Autor, dem das Judentum fremd ist, sondern spricht von einem »in jüdisch-christlicher Schriftgelehrsamkeit geschulten Verfasser« (183), dessen Herkunft, soweit ich sehe, nicht mehr heidenchristlich sein *muß* – ein bedeutsamer Fortschritt.[63] Die Studie ist knapp und klar aufgebaut. Man merkt, daß sie aus dem akademischen Unterricht herausgewachsen ist. Das akademische »Flair« durchdringt sie von der ersten bis zur letzten Seite. Den Schwerpunkt bildet die eigentliche Auslegung (25–180), die allzu knapp geratene Einführung behandelt »Literaranalytische Voraussetzungen« bis hin zur Frage nach der jesuanischen »Urtradition der Bergpredigt« und – am anderen Ende der Kette – dem Redaktor des Evangeliums (9–12).

In einer von seinem radikal skeptischen Urteil in dem Aufsatz »Die historische und theologische Problematik der Jesusfrage« (EvTh 29, 1969, 453–476 = Eschaton und Historie, 1979, 159–182) deutlich unterschiedenen Nuancierung betont er, daß in Mt 5–7 »sich durch Wahrscheinlichkeitsurteile ... die älteste Substanz der Bergpredigt als Bestandteil der Verkündigung des historischen Jesus erweisen (läßt)«. Er fügt hinzu: »dieser historische Kern ist umfangreicher, als kritische Forschung bisher anzunehmen bereit war« (181; vgl. 11). Diesen Sinneswandel nimmt man gerne zur Kenntnis, freilich wäre es auch interessant zu wissen, wer mit dem Doppelbegriff »konservativ-fundamentalistische Auslegung« gemeint ist, von der sich der Vf. distanzieren will. Es zeigt sich hier doch offenbar

---

[63] Zu den bibliographischen Angaben s. o. S. 327, zum Autor als Heidenchristen o. S. 342f.

eine Verschiebung der Fronten zu einem größeren Konsensus hin an. All-mählich dämmert die Einsicht, daß es eine »radikal kritische« Forschung gab (und z. T. leider noch gibt), die eher das Prädikat »unkritisch« ver-diente, weil sie den Boden der geschichtlichen Wirklichkeit unter den Füßen verloren hatte. Der Rezensent ist auch bereit, dem gerade von Strecker einst so prägnant herausgearbeiteten theologischen Gewicht des Evangelisten zuzustimmen, ja es fast noch stärker zu betonen, nämlich so sehr, daß er ihn lieber als Autor denn als bloßen *»Redaktor«* bezeichnet sehen würde. Dieser Unbekannte war ja bei aller Tradition, die er je und je großzügig oder minutiös, auf jeden Fall aber meisterhaft verarbeitet, ein originaler theologischer Denker von Rang. Der Herausarbeitung des Profils dieses Anonymus hätte man noch einige Seiten mehr gewünscht als die wenigen Ausführungen S. 12 und 185ff. Die bewundernswürdige Architektonik der Bergpredigt verdanken wir ja in erster Linie ihm, der eine vielfältige Jesusüberlieferung schonend und eigenwillig zugleich – unter Beibehaltung gewisser älterer Grundstrukturen, die zwischen Maka-rismen und Schlußgleichnis bereits bei Q sichtbar werden – zu einem ein-zigartigen Bauwerk vereinigt hat. Auch darin würde ich Strecker zustim-men, daß er sein Werk »im Blick auf den Gottesdienst und die katecheti-sche Unterweisung seiner Gemeinde« (12) geschrieben hat, ja ich würde meinen, daß dasselbe aus langjähriger Lehrtätigkeit in einer solchen – bereits mit dem Blick auf die »weltweite« Kirche – herausgewachsen ist.

Bei der Darstellung der Auslegungstypen (13–23) beginnt der Vf. mit der Reformation, die so wichtige Wirkungs- und Auslegungsgeschichte der alten Kirche von der Didache bis Augustins *De sermone Domini in mon-te*[64], die diesen drei Kapiteln ihren Namen gab, wird leider nicht be-rücksichtigt. Glücklicherweise hat U. Luz im Anschluß an den schönen Aufsatz von K. Beyschlag (den Strecker anführt, aber nicht auswertet) diese Lücke etwas ausgefüllt.[65] Der zweite Auslegungstyp: »Die Berg-predigt als erfüllbare Forderung«, den Strecker als den »schwärmeri-schen« (15) bezeichnet, war im Grunde – freilich weniger mit einer poli-

---

[64] CC 35 ed. A. Mutzenbecher, 1967. Schon für Augustin enthält die Rede den ganzen *quantum ad mores optimos pertinet, perfectum vitae christianae modum* (1,1). Strecker (33 Anm. 24) verweist nur auf die veraltete Migne-Aus-gabe.

[65] K. Beyschlag, Zur Geschichte der Bergpredigt in der Alten Kirche, ZThK 74 (1977) 291–322; vgl. ders., Evangelium als Schicksal, 1979, 77–92; U. Luz, op. cit. (Anm. 7) 193f. Vgl. auch 191 Anm. 17: »Eine ausführliche Monographie zur Bergpredigtauslegung existiert nicht.« Die sehr diffuse Arbeit von U. Berner, Die Bergpredigt. Rezeption und Auslegung im 20. Jh., GTA 12, ²1983 ist mehr ein – notwendiges – Sündenregister als eine theologisch weiterführende Aus-legungsgeschichte.

tischen als einer individuellen Ausrichtung – der altkirchliche.[66] Vermißt habe ich auch bei den verschiedenen Typen von der liberalen Auslegung bis zur Friedensbewegung (22f.) einen Hinweis auf die Arbeit von Ernst Lohmeyer, der ja gerade in seinen letzten Jahren vor Verschleppung und gewaltsamem Tod als Rektor in Greifswald 1946 an diesem Text gearbeitet hat. Als bedeutsamer theologischer Ausleger, der zwischen den alten Fronten stand, verdient er es, heute mehr gehört zu werden als manche ephemeren Bergpredigtfeuilletonisten.[67]

Die eigentliche Auslegung bringt auf weite Strecken wackere handwerklich-exegetische Arbeit mit ausgewählten Literaturangaben und vielfältiger Information des Lesers. Man wird es eher als wohltuend empfinden, daß das auslegerische Profil des Vf. bei diesem so profilreichen Text nicht sonderlich hervortritt, und der ntl. Kollege wird sich nicht selten am Konsens, der auf einem exegetischen common sense beruht, erfreuen. Da ein solches Werk zugleich die kontroverse Diskussion anregen soll, möchte ich mich im folgenden punktuell vor allem auf die Heranziehung und

---

[66] U. Luz, op. cit. (Anm. 7) 193: »Sie alle vertreten einen ›perfektionistischen‹ Auslegungstyp.« Dies gilt cum grano salis – im Anschluß an Hieronymus und Augustin – auch für Erasmus; s. Friedhelm Krüger, Humanistische Evangelienauslegung, BHTh 68, 1986, 180–197. Er hat »damit die *mittelalterliche Zweistufenethik* überwunden ... und so die Bergpredigt aus ihrer Engführung als praecepta-consilia-Ethik befreit« (183); vgl. 197f.: »zwar weiß auch Erasmus, daß der Christ stets auf dem Wege ist, doch dies ist für ihn eben der *Weg zur Vollkommenheit* der Bergpredigt. Zu dieser Vollkommenheit sind alle gerufen, sie steht am Ende eines langen Weges menschlichen Strebens wie Gottes Unterstützung und ist nicht unerreichbar«. Soll die protestantische Theologie von Luther zu Augustin und der Alten Kirche zurückkehren?

[67] S. die Fragmente seiner Auslegung in: E. Lohmeyer, Das Evangelium des Matthäus. Nachgelassene Ausarbeitungen und Entwürfe zur Übersetzung und Erklärung, hg. v. W. Schmauch, KEK ³1962, 74–152. Vgl. auch W. Schmauch (Hg), In memoriam Ernst Lohmeyer, 1951, (19)–21 und den bewegenden Brief an Martin Buber vom 19. 8. 1933 in: M. Buber, Briefwechsel aus sieben Jahrzehnten, Bd. 2: 1918–1938, 1973, 499–501; dazu Ekkehard Stegemann, Ernst Lohmeyer an Martin Buber, Kirche und Israel, Neukirchener theol. Zeitschrift 1 (1986) 5–8: »Ich hoffe, daß Sie mit mir darin übereinstimmen werden, daß der christliche Glaube nur so lange christlich ist, als er den jüdischen in seinem Herzen trägt... Das soll zunächst nichts weiter sagen, als daß diese Frage von Judentum und Christentum nicht zwischen Part und Widerpart hin- und hergeworfen werden kann, sondern daß es eine innere, den eigenen Ernst und die eigene Wahrheit erschütternde Frage des Glaubens ist. Ich wüßte für einen christlichen Theologen fast nichts, wo das ›tua res agitur‹ ihn so gefangennehmen sollte, wie diese Frage des Judentums. Und es ist für mich eine bittere Erfahrung, daß in unserer christlichen wie theologischen Öffentlichkeit man so leichthin politischen oder sonstwie gefärbten Schlagworten zuneigt...« Das mag auch als memento für die Behandlung der Bergpredigt gelten.

Verarbeitung der *jüdischen* (und griechischen) *Tradition* konzentrieren. Wenn hier die Kritik in den Vordergrund tritt, soll damit das Verdienst dieses durchaus nützlichen Buches nicht geschmälert werden. Je und je werde ich dabei auch auf das ganz anders strukturierte Buch von Weder verweisen.

2. *Errata minora*

Ich beginne, da es sich ja um ein Lehrbuch – nicht zuletzt für Studenten – handelt, mit »Nebensächlichkeiten«, weil sie den Leser zur Nachahmung verführen könnten.

Die (allzu) seltenen hebräischen und aramäischen Worte und Formeln sind in *hebräischen Buchstaben*, jedoch ohne Vokalisation abgedruckt; daneben steht die deutsche phonetische Umschrift, freilich nicht in exakter Form. Wäre hier nicht der Verzicht auf die hebräischen Konsonanten und die Beschränkung auf eine eindeutige Umschrift nach exakten Regeln sinnvoller gewesen, zumal sich mehrere Fehler eingeschlichen haben? M. a. W. muß denn heute immer das Diktat des Druckers das letzte Wort haben?[68]

Ein zweiter Punkt ist die Verwendung und Zitierung rabbinischer Quellen. Sie fließen reichlich und stammen, soweit ich sehe, ausschließlich aus *Billerbeck,* was freilich allzu oft nicht angegeben wird. Für den Leser wäre der durchgängige Hinweis auf B. eine große Hilfe, weil er dort die Texte leicht einsehen kann. Da die Zitationsweise uneinheitlich und gegenüber B. häufig verkürzt ist und ein Abkürzungs-, Quellen- und Übersetzungsverzeichnis nicht existiert, sind die rabbinischen Belege ohne Hinweis auf die eigentliche »Quelle«, besonders bei den Midraschim, schwer zu identifizieren. Der Autor, wie auch der Leser, versuche es einmal selbst bei der S. 73 Anm. 18 aufgeführten Reihe »Mekh. Ex. 20,14; S. Lev. 20,10; S. Dt. 22,22«. Hier wäre es leserfreundlicher gewesen, nur Billerbeck I, 295f. als *wahre Quelle* anzugeben und die rabbinischen Texte, die diesen beiden Seiten entnommen sind, wegzulassen. Darüberhinaus ist die Zitierweise oft unvollständig, uneinheitlich, ja mißverständlich.[69]

---

[68] *S. 33 Anm. 22:* die Umschrift von Ps 34,19 »*dake-ruach*« *müßte exakt dakkᵉ'ê-rûaḥ lauten;* רוח רמי *statt* רסירוח; *S. 59:* מצוות *statt* מצוות; *S. 78 Anm. 29:* זנות; *S. 174 Anm. 40: nicht* ההו יום *sondern* ההוא היום, *denn* Jes 2,11.17; Sach 14,6 haben בָּיֹּום הַהוּא, was die LXX mit ἐν τῇ ἡμέρᾳ ἐκείνῃ bzw. ἐν ἐκείνῃ τῇ ἡμέρᾳ übersetzt; so auch Mt 7,22; 13,1; 22,23 und im Plural 3,1; 24,19.

[69] In der Regel folgt der Vf. in seiner Auswahl der Reihenfolge der Texte bei Billerbeck. *S. 42 Anm. 51:* ergänze Bill. I, 623–625. Statt P. Schab. 14,14 ist zu lesen pSchab 14,14d,38. 14 bedeutet die Parasche, 14d Pagina und Spalte, 38 die Zeile, freilich in der etwas ungewöhnlichen Ausgabe von Krakau 1609. Hier sollte man entweder nach der editio princeps Venedig 1523f. oder der sehr verbreiteten Ausgabe von Krotoschin 1866 zitieren. *S. 59 Anm. 105:* Bill. I, 902f. Statt p.Qid. 1,58.61b ist zu lesen 1,61b.58; vgl. auch Bill. I, 249. *S. 73*

Aber auch bei den Zitaten aus der *hellenistischen* Welt ist der Vf. nicht immer glücklich. So erscheint für den metaphorischen Gebrauch von »Dürsten« ein Hinweis auf ein Zitat bei »Athenaeus (3. Jh. *n. Chr.*)«. Dasselbe stammt freilich von einem unbekannten Tragiker aus dem 5.–3. Jh. v. Chr., da es bereits von Lykophron (Anfang 2. Jh. v. Chr.) zitiert wird. Außerdem hätte der Vf. in der Zitatensammlung des Kompilators Athenaeus beim Nachschlagen schönere Paradigmata für den metaphorischen Gebrauch finden können.[70] Zuzustimmen ist ihm darin gegenüber Broer und Weder, daß die Metapher in ihrem Bezug auf »*die* Gerechtigkeit«, noch stärker als das vorgegebene »Hungern«, ein aktives Begehren umschreibt. Athenaeus definiert: τὸ δίψος γὰρ πᾶσιν ἰσχυρὰν ἐπιθυμίαν ἐμποιεῖ τῆς περιττῆς ἀπολαύσεως, darin werde er von nichts übertroffen: οὐδέν ἐστι πολυποθητότερον. Daß Strecker die Belege für einen metaphorischen Gebrauch im AT und Judentum beiseite läßt, mag einer gewissen latenten Tendenz des Buches entsprechen, die (selteneren) griechischen Parallelen stärker hervorzuheben.[71]

Anm. 18 (s. o. im Text): Bei Zitaten aus Sifre Nu und Dtn sollte immer der § angegeben sein; bei Mekh und Sifra die Seite der benutzten Edition. *S. 74 Anm. 20:* statt Mak. 24: bMakk 24a. Die Auswahl der Texte ist recht willkürlich, ein Hinweis auf Bill. I, 299–301 hätte genügt. Bei den Rabbot sollte man über Billerbeck hinaus außer der Parasche noch den Paragraphen angeben. *S. 76 Anm. 24:* Bill. I, 313f.; *S. 86 Anm. 46:* Bill. I, 341f.: (b)Ta'an 25b statt des sinnlosen T. San. 25b. *S. 87 Anm. 47:* Bill. I, 342 f. Der instruktive Beleg tBQ 9,31 (Z. 366) hätte noch angeführt werden sollen. bSan 58b weitet dagegen in maßloser Weise aus, vom Schlag mit dem Handrücken ist dort nicht mehr die Rede. Ich glaube nicht, daß Mt 5,39 mit diesem als besonders schimpflich geltenden Schlag etwas zu tun hat. *S. 118 Anm. 53:* Bill. I, 418f. Statt Targ Mi 5,8 lies 4,8. *S. 128 Anm. 83:* Bill. I, 422; s. dazu u. S. 387. *S. 145:* Das Zitat bSanh 100b ist aus Klostermanns Matthäuskommentar ³1938, S. 64 übernommen. Ein Blick in Billerbeck z. St. (I, 441) hätte darüber belehren können, daß es in einer Reihe von angeblichen Sprüchen aus Ben Sira überliefert ist (par. bJeb 63b), in Wirklichkeit jedoch außer einer negativen Veränderung im 1. Teil auf Prov 27,1 zurückgeht, während am Anfang »laß dich nicht bedrängen über die Bedrängnis von morgen« ('al teṣar ṣārat māḥār) sicher Sir 30,21 anklingt (l. dort mit G u. Syr lad-dājôn, das die LXX mit λύπη übersetzt und das, wie die Textvarianten von mAb 2,7 »viel Besitz, viel Sorge« zeigen, mit d⁽ᵉ⁾āgāh »Sorge« fast gleichbedeutend ist: Hinweis von Herrn Kollegen Rüger). *S. 156 Anm. 63.64:* Bill. 460. Bei T. Napht. handelt es sich nicht um das T. XII, was man zunächst annehmen muß, sondern um das hebräische T. Napht. Text bei R. H. Charles, The Greek Versions of the Testaments of the Twelve Patriarchs, 1908 (Nachdr. 1960), 239 V. 6 Ende. S. auch u. S. 390–395. *S. 162 Anm. 4 und 6:* Bill. I, 461f.

[70] *S. 39 Anm. 44:* Athenaeus 10,433f. (statt 43) = R. Kannicht/B. Snell, TrGF 2, 1981, 44 F96; vgl. Lykophron Alexandra 1171. A. zitiert Zeugnisse von dem ältesten griechischen Lyriker Archilochos (7. Jh. v. Chr. fr. 68 Diels) bis Plato, Polit. 562c: δημοκρατουμένη πόλις ἐλευθερίας διψήσασα.

[71] Ps 42,3; 63,2; Sir 24,21; Am 8,11, dazu tEduj 1,1 (Z. 454) = bSchab 183b: Bill. I, 202f.; mAb 1,4b; M. Teh 42,2: »Ich dürste danach, dein Antlitz zu

Die Verheißung, »Gottes Söhne« zu werden für die εἰρηνοποιοί, will nicht »die Beziehung des Menschen zum Urgrund alles Seins« zum Ausdruck bringen – eine solche Sprache ist dem Vf. des 1. Evangeliums fern –, sondern ausgehend von der verbreiteten Bezeichnung *Israels als Gottes Söhne* (bzw. Sohn) die eschatologische Erhöhung des wahren Gottesvolkes (vgl. schon den Gegenwartsbezug Mt 17,25f.) ausdrücken; der Hinweis, daß »die römischen Caesaren sowohl ›Gottessöhne‹ als auch ›Friedensbringer‹ genannt werden«, ist in *diesem* Zusammenhang abwegig (44 Anm. 61), daran hat Mt hier sicher nicht gedacht.[72]

Bei einem antiken ethischen Text des 1. Jh.s n. Chr. liegt es nahe, auf *stoische Parallelen* zu verweisen. Der Vf. macht davon reichlich Gebrauch, gewissermaßen um die Balance zur jüdischen Tradition herzustellen. Doch scheint mir eine Aussage wie: »Die stoische und kynische Philosophie kennt den Lehrsatz, daß man alle Menschen lieben solle«, in dieser Allgemeinheit zu weit zu gehen. Die griechische φιλανθρωπία, die von der jüdisch-christlichen ἀγάπη ein gutes Stück entfernt ist, gewinnt in der Stoa erst in der Kaiserzeit wesentliche Bedeutung. Ihre Wurzeln liegen im politischen Jargon und im hellenistischen Herrscherspiegel.[73] Als Beleg verweist der Vf. (92) auf »A. Bonhöffer, Die Ethik Epictets, 1968, 105 (Hinweis auf Seneca, Ant. 7,13 ...)«. In Wirklichkeit handelt es sich um den letzten Stoiker *M. Ant.* = Marc Aurel: Wenn du dich nur als μέρος und noch nicht als μέλος der vereinigten Vernunftwesen verstehst, »liebst du die Menschen noch nicht von Herzen, erfreut dich das Wohltun noch nicht in vollkommener Weise«. Der »Hellenist« Paulus steht solchen Anschauungen näher als der »Palästiner« Mt, und der Vf. hat gewiß recht, wenn er Jesu »radikalen Umkehrruf« von derartigen griechisch-römischen und jüdischen Parallelen absetzt. Dennoch würde ich nicht jeden »Bezug« leugnen und von »scheinbaren Parallelen« sprechen. Sie bereiteten den Boden für die urchristliche Predigt vor und trafen sich zumindest in der Goldenen Regel mit einer zentralen Aussage der Bergpredigt, die durchaus auf Jesus zurückgehen kann (s. u. S. 395).

schauen«. 63,2: »Unsere Seele ist verschmachtet (vor Durst) nach der Tora«. Vgl. auch 1QpHab 11,14 (Hinweis von Herrn Kollegen G. Jeremias).

[72] Bill. I, 219f.; C. Colpe, Art. Gottessohn, RAC 12, 1983, Sp. 34f. 37f.

[73] Arnim SVF 4,154 nennt nur einen Beleg (3,72,3): die Definition nach Clem. Alex (!), Strom 2,41,6 (2,135 Stählin). S. auch U. Luck, ThWB 9, 1973, 108: »In der philosophischen Ethik hat die Wortgruppe zunächst weder bei Plat u Aristot noch bei den älteren Stoikern ... Eingang gefunden.« Gerühmt wurde sie von den Rhetoren im Anschluß an »eine urbane Vulgärethik«. Häufig ist sie bei Plutarch und in politischen Texten, Inschriften etc. Selbst bei Epiktet erscheint das Nomen nur einmal in den bei Stobäus erhaltenen Sentenzen (p. 488 Schenkl Nr. 45), das Adjektiv 4 mal in den Dissertationes und 2 mal in den Sentenzen, s. Index p. 702. Vgl. auch P. Hadot, Art. Fürstenspiegel, RAC 8, 1972, 586f. »Menschenliebe« wird zunächst von den Mächtigen gefordert: Die notwendigste Erwartung an den König ist τῶν ὑποτεταγμένων φιλανθρωπία καὶ ἀγάπησις Ps. Aristeas 265, vgl. 290. Eine gute Übersicht gibt C. Spicq, Notes de Lexicographie néo-testamentaire, OBO 22,2, 1978, 922–27.

S. 87f.: Daß das Verb ἀγγαρεύειν Mt 5,41 auf ein »persisches Lehnwort« zurückgeht, bleibt für die Mt-Exegese unerheblich. Interessanter ist, daß das Substantiv ἀγγαρεία »Frondienst« sehr häufig in der rabbinischen Literatur erscheint.[74] Noch häufiger, bereits in der Mischna, ist das Lehnwort »*mîl*«, Meile. Seine Verwendung weist so durchaus nicht darauf hin, »daß diese Überlieferung auf hellenistischem Boden gewachsen ist« (88).[75] M. E. deutet V. 41 auf ein ländliches Milieu hin, der Stadtmensch Lk kann damit nichts mehr anfangen und läßt es weg.[76]

S. 91: Daß im ganzen NT πολέμιος als der »Kriegsgegner oder Staatsfeind« nicht vorkommt, erklärt sich mit einem Blick in die LXX-Konkordanz, wo das auch im NT häufige ἐχθρός als Übersetzung von 'ojeb 257 mal erscheint und selbstverständlich auch je und je den Volksfeind bedeuten kann, während πολέμιος nur einmal für 'ojeb verwendet wird (Esther 9,16), dagegen 19 mal in 2. und 9 mal in 4. Makk, zwei ausgesprochen »gebildeten« Schriften[77], begegnet.

S. 152 Anm. 50 verweist der Vf. für eine Auslegung, die Mt 7,6 auf Abtrünnige und Unbekehrte bezieht, u. a. auf den »kleinasiatische(n) Bischof und Apologet(en) Theophilus von Antiochia (2. Jh.)«. *Theophilus,* ein bekehrter Heide, war vermutlich Syrer und Bischof in der Provinzmetropole. Er schreibt seine apologetische Schrift ad Autolycum nach dem Tode Marc Aurels 181. Der ihm zugeschriebene, lateinisch erhaltene, allegorische Evangelienkommentar ist *sicher* unecht, wie schon aus dem Vorwort I. C. Th. von Ottos zu dem vom Vf. zitierten Corp. Apol. VIII (p. VIIf.) zu entnehmen ist. Daß derselbe »von Hieronymus nicht namentlich« genannt wird, hängt damit zusammen, daß dieses wesentlich später entstandene Elaborat den gelehrten Kirchenvater ausschreibt: daher auch die Übereinstimmung mit seinem Mt-Kommentar.

Unglücklich bin ich auch über eine unsachgemäße Verwendung von »*Rabbi*« als stereotypem Titel für Hillel und Schammai, die wie alle Lehrer vor 70 diesen Titel noch nicht tragen, er wird erst mit der Einführung der Ordination in der Zeit von Jabne »Titel« im strengen Sinne für den Schriftgelehrten, vorher war er bloß ehrenvolle Anrede: Mt 23,8f. ist eines der eindeutigen Zeugnisse

---

[74] S. Krauß, Griechische und lateinische Lehnwörter im Talmud, Midrasch und Targum, 1899 (Nachdr. 1964), 63: 'angarija »Frondienst«, seltener »eine Lieferung als Steuer«. S. auch P. Fiebig, ZNW 18 (1917/18) 64–72 und C. Spicq, op. cit. (Anm. 73) 22,1, 31–33. Ich frage mich, ob das »persische Lehnwort« nicht auch mit der aramäischen Wurzel 'gr »mieten«, aph. »vermieten« zusammenhängt.

[75] S. Krauß, op. cit. (Anm. 74) 2, 334f.: *mîl,* mJoma 6,4.8; tSota 8,3 u. a. *S. 88 Anm. 48:* statt »mille passum« müßte es richtig *mille passus* bzw. *milia passuum* heißen.

[76] Der Unterschied zwischen ländlichem und städtischem Milieu begegnet uns m. E. auch noch beim Vergleich von Mt 5,26f. u. Lk 12,58f. und von Mt 7,24–27 u. Lk 6,47–49. Dies macht u. a. eine Entstehung des 1. Evangeliums in Antiochien sehr unwahrscheinlich.

[77] Erst die Apologeten nehmen diesen literarischen Unterschied auf: Justin, apol 31,6; dial 83,3; 91,4; 111,4; 132,2; Tatian 16,3.

für eine relativ späte Entstehung des Evangeliums. Indem Mt den Titel Rabbi nur noch Judas in den Mund legt, gibt er ihm einen aus seiner Zeit verständlichen negativen Beiklang, den wir grundsätzlich vermeiden sollten.[78]

Ich breche die »Quisquilien« ab. Wir machen alle Fehler, und Versehen können für uns zum Alptraum werden. Doch sollten wir das, was wir unseren Studenten anstreichen, gerade in einem Lehrbuch nach Möglichkeit vermeiden, unsere studentischen amanuenses (6) könnten sonst meinen, das sei alles gar nicht so ernst gemeint.

3. Der jüdische Hintergrund der Bergpredigt in der Einzelauslegung

3.1 Kasuistisches Lohndenken?

S. 49: »Matthäus trägt eine Berechnung des Lohnes für die zukünftige Welt nicht vor. Er steht nicht in der Auseinandersetzung mit der rabbinischen Diskussion, sondern reflektiert vorrabbinische Anschauungen. Daher legt er auch nicht kasuistisch fest, welche menschlichen Leistungen dem zukünftigen Lohn korrespondieren müssen. Aber der Fromme kann mit einem himmlischen Lohn rechnen. Von hier aus wird das rechte Verhalten der Christen in der Welt motiviert.«

Hier besteht die Gefahr des Zerrbildes. Der Sachverhalt ist viel komplizierter. Man kann nicht sagen, daß »in *der* rabbinischen Diskussion« die Entsprechung von Leistungen und künftigem Lohn grundsätzlich kasuistisch fixiert wurde und daß man demgegenüber »vorrabbinische« Anschauungen, die denen des Mt entsprächen, absondern könnte. Ausgehend von atl. Texten war Gott der gerechte Richter schlechthin, der – und das ist auch urchristlich – jeden nach seinen Taten richtet (s. u. S. 399f.). Wie bei Mt und dem Urchristentum lag das Schwergewicht der Zuteilung von Strafe und Lohn auch in den rabbinischen Texten bei Gottes Entscheidung im Endgericht, im Gegensatz zum innerweltlichen Tat-Folge-Schema der älteren Weisheit. Doch konnte, so in dem bekannten Wort des Antigonos von Sokho (mAbot 1,3), die Erwartung des Lohnes als *Motiv* des Gehorsams gegenüber Gott abgelehnt werden, da dies wirklicher Gottesfurcht widerspreche. Auch wurde betont, daß die Tora um ihrer selbst willen getan werden müsse[79], und schließlich treffen wir mSanh 10,1 auf

---

[78] S. 76–79 u. ö.; vgl. auch Weder 232.
[79] E. Sjöberg, Gott und die Sünder im palästinischen Judentum, BWANT 79, 1938, 3ff.21ff. und besonders 23 Anm. 2 die Kritik an Schürer; G. F. Moore, Judaism, 1927, 2,89ff.: »Love to God should be the sole motive« (100); vgl. 1,470f. den Verweis auf mAb 4,2: »der Lohn der Gebotserfüllung ist (eine andere) Gebotserfüllung«. Das schließt nicht aus, daß im juristisch geschulten Milieu der rabbinischen Gelehrten die kasuistische Ausdeutung je und je eine beträchtliche Rolle spielen konnte. Die Talmudim sind nun einmal »Gesetzes-

die Anschauung, daß (abgesehen von einigen klar umschriebenen Ausnahmen) *ganz* Israel gerettet werde – eine Ansicht, der Paulus näher steht als Mt.[80] Zwar wurden Gesetzeserfüllung und Lohn miteinander verbunden, wobei u. a. die Bedeutung der einzelnen Tat diskutiert werden konnte und z. T. das Waagemotiv erscheint, aber von einer *generellen* Kasuistik, die für das rabbinische Judentum schlechthin kennzeichnend sei, kann man in diesem Zusammenhang nicht sprechen. Es stehen hier z. T. recht verschiedene Aussagen nebeneinander, wobei man auch zeitlich differenzieren muß. Wir sollten uns hier die Kritik nicht zu leicht machen. Ich verweise auf die neueste ausführliche Untersuchung von E. P. Sanders:

»... daß rabb. Soteriologie nicht im Abwägen von Verdiensten gegen Sünden besteht. Sicherlich glaubten die Rabbinen, daß Gott Übertretungen bestrafen und Gehorsam belohnen werde, doch existiert keine rabb. Lehre, wonach jemandes Platz in der kommenden Welt durch das Zählen und Abwägen seiner Taten bestimmt werde ...«[81]

Mt steht darin, daß er das Heil ganz an das Tun der geforderten guten Tat bindet, dem Judentum seiner Zeit, das sich zum »rabbinischen« formiert, näher als Paulus. Was ihn vom ersteren trennt, ist die äußerste »messianische Verschärfung« der Tora, oder besser der Aufweis ihrer Grenzenlosigkeit, und damit verbunden ihre Konzentration auf das Liebesgebot. Darum kann bei ihm der Begriff der Werke im Sinne der einzelnen »Gebotserfüllungen« gegenüber der unerbittlichen Forderung des »Tuns« zurücktreten.[82]

3.2 Rabbinische Lehre und jüdisch-christliche Polemik

S. 51: Ein exegetisches Rätsel bildet das aus Q stammende (vgl. *Lk 14,34f.,* dazu sekundär Mk 9,50) Salzwort 5, 13. Strecker glaubt, das Bild vom »töricht, unschmackhaft« gewordenen Salz drücke im Grunde etwas Unmögliches aus, und beurteilt »die exegetischen Versuche, im neutestamentlichen Umfeld verunreinig-

---

texte«. Homiletisch-haggadische Midraschim können in ganz anderer Weise von Gottes überfließender Barmherzigkeit reden.
[80] »*Ganz Israel* hat Anteil an der zukünftigen Welt (Jes 60,21): ›Und dein Volk – *sie sind allesamt Gerechte,* für immer werden sie das Land besitzen‹.« Mt 5,5 schränkt hier ein. Vgl. dazu Rö 11,25–32 und darüber O. Hofius, Das Evangelium und Israel, ZThK 83 (1986) 297–324, bes. 317ff.: »Israel kommt auf die gleiche Weise zum Glauben wie Paulus selbst.«
[81] Paulus und das palästinische Judentum, SUNT 17, 1985, 138. S. dazu die grundlegende Arbeit v. F. Avemarie, Tora und Leben, TSAJ 55, 1996.
[82] Vgl. 5,16 nur hier: καλὰ ἔργα; 5,19.47; 6,2f.; 7,12.17–19. 21f.24.26: ποιεῖν. Die einschärfende Häufung am Ende der Bergpredigt ist zu beachten.

tes Salz, das seine Würzkraft verliert, nachweisen zu wollen«, als »künstlich«
(Anm. 78). Er beruft sich dabei auf die Rabbinen: »Nach rabbinischer Lehre
kann das Salz seine Würzkraft nicht einbüßen« und zitiert »b.Bek. 8b (Rabbi
Josua ben Chananja antwortet auf eine entsprechende Frage mit der Gegenfrage:
›Verdirbt denn etwa Salz?‹)«. Ein Blick in Billerbeck zu Mt 5,13 oder die Übersetzung von Goldschmidt hätte schon deutlich machen können, daß es sich nicht
um »rabbinische *Lehre*« handelt, sondern um eine *einmalige* – fiktiv-legendäre –,
aramäische, d. h. sehr späte, Schelmengeschichte, in der dieser frühe Tanna, vom
Kaiser beauftragt, die Überlegenheit der jüdischen Weisen gegenüber den
»*Ältesten von Athen*« (!) demonstriert. Wie schon Billerbeck bemerkt[83], hat
diese gewiß erst aus amoräischer Zeit stammende Erzählung u. a. eine antichristliche Tendenz und setzt Mt 5,13 als bekannt und als Drohwort gegen
Israel voraus. Eine in gewisser Hinsicht vergleichbare ältere Legende bSchabb
116a/b berichtet von einem Streitgespräch zwischen Imma Schalom, der Schwe-
ster R. Gamliels II., und einem »Philosophen«, das Mt 5,17 persifliert.[84] M. E.
ist die von A. Schlatter[85], J. Jeremias[86] und W. Bauer[86a] vertretene Deutung
auf das stark verunreinigte Speisesalz Palästinas nach wie vor plausibel. Auf
eine zweite Möglichkeit deutete L. Köhler hin, daß in Palästina Salzplatten
als Katalysatoren in Backöfen verwendet wurden, die durch die Hitze chemisch
verändert nach Jahren auf die Straße geworfen werden. Die demotische Weisheit des Ankhsheshonqy liefert jetzt dazu einen Beleg: »Natron and salt are
lost in their action because of their burning« (29,22).[87] Das rabbinische Zitat
hat der Vf., da er es nicht im Kontext nachgeschlagen hat, nicht verstanden und
zieht daraus falsche Schlüsse.

---

[83] I, 236; L. Goldschmidt, Der babylonische Talmud, Bd. 11, 1936, 472–474.
S. auch G. Kittel, Die Bergpredigt und die Ethik des Judentums, ZSTh 2 (1925)
555–594 (578). Ältere Lit. bei Johann Maier, Jüdische Auseinandersetzung mit
dem Christentum in der Antike, EdF 177, 1982, 116–118. Er leugnet diese antichristliche Deutung, doch wird das Vexierspiel nur durch eine solche sinnvoll.
Die rabbinische Polemik liebt es zu verschlüsseln.

[84] S. dazu K. G. Kuhn, *Giljonîm* und *sifrê mînîm,* in: Judentum Urchristentum Kirche. FS J. Jeremias, BZNW 26, 1964, 50–58. Den Versuch von J. Maier,
op. cit. (Anm. 83) 74–93, das Mt-Zitat und den antichristlichen Bezug aus dieser
wiederum späten Überlieferung analytisch zu eskamotieren, halte ich für ein
absurdes Unternehmen. Freilich darf man auch hier keinen historischen Vorgang
rekonstruieren wollen.

[85] Der Evangelist Matthäus, ²1948, 147.

[86] Die Gleichnisse Jesu, ⁷1965, 168f.

[86a] WB ⁵1963, Sp. 114 s. v. ἄναλος. Vgl. auch R. J. Forbes, BHHW III, 1966,
1653f.

[87] ZDPV 59 (1936) 133f. = Kleine Lichter, 1945, 73–76; M. Lichtheim, Late
Egyptian Wisdom Literature in the International Context, OBO 52, 1983, 126f.
228: Hinweis von Herrn Kollegen H. P. Rüger. Das kraftlos gewordene Salz
weist auf das Motiv des Gerichts hin; s. W. Grundmann, Das Evangelium des
Matthäus, 1968, 138; R. Heiligenthal, Werke als Zeichen, WUNT 2.R.9, 1983,
116.

S. 54f.: Mt 5,16 wurde, wie Strecker mit gutem Recht betont, als Höhepunkt zu 3–12 und 13–15 vom Evangelisten formuliert. Der Satz ist zugleich ganz im rabbinischen Sinne gestaltet. Er enthält – erstmals bei Mt – nicht nur die termini ϰαλὰ ἔργα = *ma°ⁱśîm ṭôbîm*[88] und die rabbinische Gottesbezeichnung *°ⁱbîkäm šä-baš-šāmajîm,* sondern auch das für die rabbinische Ethik wichtige, freilich nicht unumstrittene Motiv, daß man gegenüber Heiden »gute Werke« tun soll, etwa daß man Verlorenes oder gar einen wertvollen Gegenstand, der in rechtmäßig Erworbenem verborgen war, zurückerstattet, damit sie sagen »Gepriesen sei der Gott der Juden«. Schimeon b. Schetach wollte (lieber von einem Heiden) hören »Gepriesen sei der Gott der Juden«, »als diese ganze Welt gewinnen« (בעי הוה ש'' ב'' ש'' משמע ברוך אלההון דיהודאי מאגר כל הדין עלמא, jBM 2,5 8c, 30f.).[89]

S. 57f.: Auch in dem unmittelbar folgenden »redaktionellen« Vers *5,17* wird »rabbinisch« formuliert. Billerbeck I, 241 sieht hinter den gegensätzlichen Verben ϰαταλύειν und πληροῦν wie in mAb 4,9 den Gegensatz von *baṭṭel* und *qajjem,* man wird aber auch an das »Niederreißen der Mauer« *(prṣ)* tChullin 2,23 erinnert. Mt weist mit diesem Wort u. a. auch jüdische Vorwürfe gegen Jesus zurück. Umgekehrt erscheint es in der jüdischen antichristlichen Polemik, freilich in bezeichnender Veränderung: An die Stelle des ϰαταλύειν tritt ein »Wegnehmen«, an die Stelle des πληροῦν ein »Hinzufügen« (s. o. Anm. 84). Ich frage mich, ob der Vf. gegenüber diesen klaren Bezügen so zurückhaltend ist und »Rabbinisches« fast nur zu traditionellem Gut erwähnt, weil der Evangelist trotz aller Kenntnis »jüdisch-christlicher Schriftgelehrsamkeit« (s. o. S. 342f.) nach wie vor ein »Heidenchrist« sein soll?

S. 57f.: Auch *5,18,* das von der einfachen Form in Q (Lk 6,17) abhängig ist, könnte durchaus vom Evangelisten ergänzt sein, der das hebräische Alphabet und damit das Jod als kleinsten Buchstaben noch kannte. Er liebt ja auch sonst die Verdopplung. Sehr nahe kommt unserem Vers eine haggadische Überlieferung[90] ExR 6,1 (ed. A. Shinan, 182f.): Salomo mißachtet das Verbot von Dtn 17,17 und ersetzt das *lo' jarbäh* durch ein *'arbäh:* »›ich will mir viele Frauen machen ...‹. Damals stieg das Jod in *jarbäh* hinauf vor den Heiligen, warf sich nieder und sagte zu ihm: ›Herr der Welt, hast du nicht so gesagt, *kein Buchstabe der Tora soll in Ewigkeit beseitigt werden* (אין אות מן התורה בטלה לעולם) ? Siehe Salomo erhob sich und beseitigte mich. Und heute wird er einen Buchstaben beseitigen und morgen einen anderen, bis die ganze Tora beseitigt ist!‹ Da sagte ihm der Heilige: ›Salomo und tausend wie er vergehen *(beṭelîm),*

---

[88] Nur hier bei Mt; vgl. noch den Sing. 26,10 = Mk 14,6. Der Begriff war im Urchristentum (neben ἔργον ἀγαθόν) verbreitet: 1.Petr 2,12; Hbr 10,24 und häufig in Past, dazu W. C. v. Unnik, NTS 1 (1954/5) 92–110 (96); vgl. Test Naph 9,5 οὕτως ϰαὶ ἐπὶ τοῦ ϰαλοῦ ἔργου μνήμη παρὰ θεῷ ἀγαθή; TestAs 4,3 ἔργον ἀγαθόν (vgl. 4,2); TestBen 5,3 ἀγαθῶν ἔργων.

[89] Bill. I, 240. Auch hier handelt es sich um eine spätere Legende über diesen großen Gelehrten aus dem Anfang des 1. Jh.s v. Chr.

[90] Bill. I, 249; vgl. das ganze 247 ff. gesammelte Material.

aber ein Häkchen (*qôṣā mimᵉkā*) von dir vergeht nicht in Ewigkeit‹.« Diese Vorstellungen und Begriffe scheinen schon Mt gegenwärtig gewesen zu sein.

3.3 Schriftgelehrte und Pharisäer

S. 62: Die Ausführungen zu den »Schriftgelehrten und Pharisäern« 5,20 und die daraus gezogenen Folgerungen bedürfen der Korrektur. Mißlich ist, daß Strecker dabei nur auf Wellhausen (1874) und E. Schürer (1907) verweist und neuere grundlegende Literatur souverän mißachtet.[91] Die im 1. Evangelium stereotype Verbindung γραμματεῖς καὶ Φαρισαῖοι deutet auf einen engen Bezug z. Z. des Mt um 90 hin. Die Pharisäer waren durch die Katastrophe um 70 und die Ausschließung der anderen, z. T. dezimierten Gruppen die religiös beherrschende Bewegung im jüdischen Palästina und den angrenzenden Gebieten geworden, wobei die von Mt regelmäßig zuerst genannten γραμματεῖς die geistigen Führer der pharisäischen »Genossen« bildeten, die Bezeichnung Φαρισαῖοι/*pᵉrûśîm* allmählich relativ zurücktrat und die Schriftgelehrten die Bezeichnung *ḥᵃkāmîm* erhielten. Daß Mt »nicht so sehr in Auseinandersetzung mit dem Judentum seiner Zeit« stehe (62), halte ich für ebenso fragwürdig wie die Meinung, daß »seine Gemeinde ... vorwiegend aus Heidenchristen zusammengesetzt« sei und »entsprechend ... die Verfolgungen nicht mehr primär von den Juden, sondern von den heidnischen Landsleuten aus(gehen)« (46). In Syrien und Phönizien gab es immer schon eine sehr zahl- und einflußreiche jüdische Minderheit, die nach 70 rasch wieder erstarkte und allen Grund hatte, sich der hartnäckigen, messianisch-schwärmerischen »nazoräischen Häretiker« zu erwehren, wobei sie je und je staatliche Hilfe in Anspruch nehmen konnte. Bei dem besonderen Druck auf die Juden unter Domitian (81–96) mochte ein Hinweis auf die gefährliche neue, messianisch-eschatologische Sekte Entlastung bringen.[92] Mt weiß auch um Verfolgungen durch Heiden, aber es muß

---

[91] Grundlegend jetzt E. Schürer, The History of the Jewish People in the Age of Jesus Christ. A New English Version revised and edited by Geza Vermes & Fergus Millar, Vol. I, 1973; Vol. II, 1979; Vol. III,1 (mit Martin Goodman), 1986. Zu den Schriftgelehrten und Pharisäern s. II 314ff. 356ff. S. auch R. Meyer/H. F. Weiß, Art. Φαρισαῖοι ThWB 9, 1973, 11–51 und 10,2, 1979, 1288 Lit.; zu den Rabbinen s. E. E. Urbach, The Sages. Their Concepts and Beliefs, 2 Bde., 1975. Knapp und präzise Peter Schäfer, Geschichte der Juden in der Antike. Die Juden Palästinas von Alexander d. Gr. bis zur arabischen Eroberung, 1983, 147ff. 248ff. Zu den Schriftgelehrten nach wie vor grundlegend J. Jeremias, Jerusalem zur Zeit Jesu, ³1962, 265ff., vgl. 279ff. zu den Pharisäern. S. auch Bd. I, 392–472.

[92] Zum Ganzen s. die nach wie vor gültigen Ausführungen von G. D. Kilpatrick, op. cit. (Anm. 40), 120ff. 128ff. S. v. Tilborg, The Jewish Leaders in

doch auffallen, daß die heidnische Obrigkeit z. T. eher sympathisch ge-
zeichnet wird.[93] Mt 23 wäre ohne eine *akute* Auseinandersetzung mit
den jüdischen Führern nicht geschrieben worden. Das Kapitel weist zugleich auf die Herkunft des Evangelisten hin. Ähnlich wie Paulus wird er
in seiner Polemik dort am schärfsten, wo er sich indirekt auch mit seiner
eigenen Vergangenheit auseinandersetzt. Die überscharfe Polemik des Mt
gegen die »Schriftgelehrten und Pharisäer« ist ganz gewiß nicht in erster
Linie seiner »historisierenden« Neigung zuzuschreiben, »das Leben Jesu
als zurückliegendes, vergangenheitliches Ereignis darzustellen« (62). Sie
sind bedrohliche Gegner der Kirche in der Gegenwart des Evangelisten.
Obwohl ich mich gegen die heute verbreitete Tendenz wehre, möglichst
alle Aussagen der Evangelisten auf die jeweilige Gegenwart des Autors
zu beziehen, darf bei Mt der – relativ starke – *polemische* Gegenwartsbezug nicht übersehen werden. Die Sadduzäer stellen dagegen keine reale,
eigenständige Gruppe mehr dar. Sie sind mit dem Jahr 70 untergegangen.
Im Gegensatz dazu unterscheidet der gut 20 Jahre frühere Mk noch
relativ deutlich zwischen Pharisäern und Schriftgelehrten. Daß es saddu-
zäische γραμματεῖς gab, kann man aus Josephus erschließen (Ant 18,16),
jedoch nicht aus Mk 2,16. Sicherlich hatten schon seit dem 1. Jh. v. Chr.
die pharisäischen *soferîm* eine ungleich größere Bedeutung. Durch sie war
die »Partei« der Pharisäer sehr wahrscheinlich auch im Synhedrium vertreten.[94]

3.4 Die Antithesen

S. 65–68: Mt 5,21–48: Ausgangspunkt für die Betrachtung der Anti-
thesenform ist bei Strecker der Nachweis von Lohse[95], daß in den tannai-

---

Matthew, 1972, 171 schließt aus dem »anti-jewish character of the Mt Gospel«,
daß Mt kein Jude war, und bezeichnet dies als »the simplest one« aller Vermutungen. Gewiß: man könnte auch sagen »die *zu* einfachste«. Die Arbeit zeichnet sich durch ihre Unkenntnis des palästinischen Judentums aus. Der ver-
muteten Herkunft aus Alexandrien fehlt jede ernstzunehmende Begründung.
[93] Vgl. 5,11f. (Q): Die Erwähnung der Profetenverfolgung weist auch auf
jüdische Verfolgungen hin, vgl. 23,29–32; 10,17.23. Man muß auch damit rechnen, daß jüdische Anklagen gegen Christen vor die römischen Behörden gebracht
wurden. Heidnische Verfolgung: 24,9–12; 10,18f. Positive Darstellung von
heidnischen Autoritäten: 8,5ff.; 27,17–19.24f.; 27,54.
[94] Zu den Sadduzäern bei Mt s. G. D. Kilpatrick, op. cit. (Anm. 92) 113f.
120f. Zu den sadduzäischen Schriftgelehrten s. Jean le Moyne, Les Sadducéens,
1972, 42.352ff. Da sie die mündliche Tora ablehnten, hatten diese bei ihnen
nicht jene überragende führende Bedeutung wie bei den Pharisäern. Es wird
auch Schriftgelehrte gegeben haben, die – vor 70 – keiner der bekannten »Parteien« angehörten.
[95] E. Lohse, »Ich aber sage euch«, in: Der Ruf Jesu und die Antwort der

tischen »Schriftgelehrtendiskussionen ... einer herrschenden Lehrmeinung mit den Worten widersprochen (wird): ›Ich aber sage euch‹«. Schon hier ist eine kleine Korrektur notwendig. Die Formel, die bisher nur in einem begrenzten Umfang nachgewiesen ist, lautet: »ich aber sage« (*wa'ani 'ômer*), während bei den zahlreichen jesuanischen λέγω-Formeln immer das Personalpronomen der 2. Pers. Plur. (oder Sing.) folgt, d. h. der kerygmatische Anredecharakter betont wird. Es geht bei ihm nicht um die eigene schriftgelehrte Meinung in der »wissenschaftlichen« Diskussion, die dann noch durch die Schriftexegese begründet werden muß, sondern um das autoritative göttliche Offenbarungswort an den Hörer. Das ἐγὼ δὲ λέγω ὑμῖν ist daher eng mit dem ἀμὴν δὲ λέγω ὑμῖν verwandt. Mt hat mit sicherem Gespür versucht, diese sich in der Tradition auflösende Redeform auch durch Neubildungen zu erhalten. Eben darum ist, wie Strecker mit gutem Recht betont, »Jesus einem jüdischen Rabbi nicht vergleichbar«. D. h. bei einem Vergleich tritt der qualitativ andere Charakter der Verkündigung Jesu zu Tage. Das können nicht zuletzt die Antithesen erweisen, bei denen Strecker einem weiten Konsensus folgend die erste, zweite und vierte auf Jesus selbst zurückführt (67f.):

> »Hier kommt *ein* hervorragender eschatologischer Anspruch zur Sprache, den man zwar nicht als ›messianisch‹ bezeichnen sollte, der aber doch das Selbstbewußtsein *eines* endzeitlichen Propheten erkennen läßt. Jesus stellt seine Autorität gegen die des Mose! Entsprechend sind die ἀρχαῖοι ... zunächst die Angehörigen der Sinaigeneration unter Einschluß von Mose und Aaron« (Hervorh. von mir). In der Anm. wird dann noch gegen Davies vermerkt, daß »der Begriff ›messianische Tora‹ ... für die Zeit Jesu nicht vorauszusetzen« sei.

In dieser Argumentation scheint mir ein fundamentaler Widerspruch zu liegen. Verstand sich Jesus als *ein* eschatologischer Profet wie andere auch, etwa Johannes der Täufer, Theudas, der samaritanische Profet bei Josephus, Ant. 18,85–87, der Samaritaner Dositheos u. a.? Freilich, keiner von diesen stellte nach unserem Wissen »seine Autorität gegen Mose«. Der »endzeitliche Profet« qua Elia redivivus soll nach Mal 3,22–24 ja gerade Mose und das ihm gegebene Gesetz zur Geltung bringen und »Väter und Söhne« wieder miteinander verbinden. Mt 11,2–6 par Q und 12,38–42 Q enthält dagegen deutlich, wie die Antithesen, einen einmaligen, endgültigen, kurz – was ja auch Strecker ständig hervorhebt – eschatologischen Offenbarungsanspruch, den man mit Käsemann – gegen den sich Strecker ebenfalls wendet – als »messianisch« bezeichnen muß.[96]

Gemeinde. Exegetische Untersuchungen J. Jeremias zum 70. Geburtstag gewidmet, 1970, 189–203.

[96] E. Käsemann, Das Problem des historischen Jesus, in: Exegetische Versuche

Schließlich ist Jesus als messianischer Prätendent gekreuzigt worden. Das sollte man heute nicht mehr leugnen.[97] Woher Strecker weiß, daß es zur Zeit Jesu die Vorstellung (es kann hier nicht um einen festgeprägten »Begriff« gehen) von einer »messianischen Tora«, was immer ein solches Etikett bedeuten mag, noch nicht gegeben habe, bleibt mir unklar. Eine vom Messias gelehrte bzw. ausgelegte Tora muß ja nicht unbedingt in Antithese zur Sinaitora stehen. Diese Antithese ist — soweit wir sehen — bei Jesus neu, nicht aber der Messias als autorisierter, endzeitlicher Ausleger und Lehrer der Tora. Auch zeigen die essenische Tempelrolle, der noch unveröffentlichte Brief des Lehrers der Gerechtigkeit an den Hohenpriester und der Graben zwischen Pharisäern und Sadduzäern, daß die Toraauslegung im zeitgenössischen Judentum durchaus kontrovers war, so daß die Erwartung eines endzeitlichen, verbindlichen Interpreten fast als notwendig erscheinen konnte. Wer sollte sonst die »Spaltungen« (*maḥᵃlôqôt*) in Israel über die verschiedenen *tôrôt* aufheben? Das Neue ist bei Jesus und im Urchristentum, daß hier in »messianischer Vollmacht« an der Tora Moses *Kritik* geübt und diese auf das Liebesgebot *konzentriert* wird. Schon in PsSal 17 und in dem alten Profetentargum ist der Messias u. a. bevollmächtigter Ausleger der Tora. Das palästinische Judentum z. Z. Jesu, ja selbst noch das rabbinische, ist erstaunlich vielfältig, und unsere Quellen sind demgegenüber zufällig und fragmentarisch. Eine feste jüdische »messianische Dogmatik« gab es damals so wenig wie eine fixierte Toraauffassung.[98] Daß Mt in der Bergpredigt so etwas wie eine »messianische Tora« zur Darstellung bringen wollte, leidet keinen Zwei-

---

und Besinnungen I, ²1960, 206: »Denn der Jude, der tut, was hier geschieht, ... bringt die messianische Thora und ist der Messias.«

[97] Die seit W. Wrede in der deutschen Forschung herumgeisternde Vorstellung eines völlig unmessianischen Jesus war ein fundamentaler Irrtum. Er macht die Entstehung der Christologie zu einem historisch (und theologisch) unerklärlichen Rätsel, denn das Phänomen der Auferstehung allein erklärt die Übertragung messianischer Titel auf Jesus gerade nicht. Zum Problem s. N. A. Dahl, The Crucified Messiah, 1974, 10–32.167–169 = Der gekreuzigte Messias, in: H. Ristow/K. Matthiae (Hgg.), Der historische Jesus und der kerygmatische Christus, 1960, 149–69.

[98] S. dazu P. Schäfer, Die Torah in messianischer Zeit, in: Studien zur Geschichte und Theologie des rabbinischen Judentums, AGJU 15, 1978, 198–213, der sich auf die rabbinischen Traditionen beschränkt. Als ein solcher Interpret wurde auch Elia erwartet: 201ff., daneben konnten der Messias und Gott selbst als Toraausleger erscheinen: 203ff. Gewisse Bereiche der Tora können dabei obsolet werden: 209ff. In Qumran erscheint als Ausleger der Tora der priesterliche Messias CD 7,18; 4QFlor 1,11; vgl. TLevi 18,1ff.; vgl. 18,7f.; TgJes 42,1.3f.7; 53,5.11f.; TgPs 45,3.5.11; TgHL 8,1f. u. ö. S. auch Bill. IV, 1ff.796 und o. S. 343 das Zitat aus GenR 98,11. Zu Torakontroversen s. o. S. 12–15.

fel. Er versteht es, diese unter Verarbeitung zahlreicher älterer, auf Jesus zurückgehender Traditionen meisterhaft auszuformulieren.

Mt 5,21–26: Bei den Überlegungen zu 5,21f. bedeutet κρίσις sicher nicht das Synhedrium der 23 (S. 68). Mischna Sanh 1,1–4 ist eine unhistorische, akademische Fiktion aus einer Zeit, da dem Judentum die Kapitalgerichtsbarkeit entzogen war. Mt 5,21–22 hat mit urchristlichem »kasuistischem Recht« (70) nichts zu tun. Das Ganze ist in Wirklichkeit ja ganz und gar unrealistisch formuliert, wobei die Antithese hyperbolisch provozierend, entsprechend der volkstümlichen Dreierregel, mit einer Klimax am Ende kunstvoll aufgebaut ist: einfaches Gericht, höchstes (menschliches) Gericht, (göttliches Gericht =) Feuerhölle. Nichts spricht dagegen, 5,21–22 ganz auf Jesus zurückzuführen. Erst durch die drei Beispiele mit der Gehenna am Ende erhält das Ganze seine »merkwürdige Maßlosigkeit« (WEDER 105), durch die »die elementare Fragerichtung des Gesetzes ... antithetisch aufgehoben (wird)« (106). Dem korrespondiert – wie Weder in eindrücklicher Weise zu zeigen vermag – Jesu »maßloses« Eintreten für das Leben, der nicht mehr wie bisher durch Verbote das Erlaubte abgrenzt, sondern gebietend zur vollen Entfaltung des Lebens in der Liebe drängt: »Diese Wende vom Erlaubten zum Gebotenen ... ist der Kern der Antithesen Jesu« (107). WEDERS Ausführungen zu den Antithesen gehören zum Besten, was ich über die Bergpredigt gelesen habe. Hier kann ich nur sagen: *tolle, lege.* Und es ist immer aufschlußreich, Strecker und Luz danebenzulegen.

Mt 5,38–42: In der 5. (und 6.) Antithese hebt der christliche Exeget gerne die »ethische Distanz« Jesu und des 1. Evangelisten zum Judentum hervor. Aus dem reichen von Billerbeck gesammelten, freilich recht unübersichtlichen Material läßt sich je nach Wunsch Abschreckendes wie auch Entsprechendes finden. Es ist freilich unfair, wenn jesuanisch-urchristlichen »Spitzenaussagen« wie Mt 5,38–48 irgendwelche die »jüdisch-rabbinische Ethik« charakterisierende Zitate aus dem unübersehbaren jüdischen Schrifttum zwischen 200–800 n. Chr. gegenübergestellt werden. Könnte man bei den späteren *christlichen* Autoren nicht ebenfalls zahlreiche Beispiele für die Rechtfertigung von Gewalt, Haß und Rachsucht, beginnend im NT selbst (nicht zuletzt gegen Juden und Häretiker), zusammenstellen? Wie steht es etwa mit Mt 18,17 oder 27,25 samt seiner unseligen Wirkungsgeschichte? Man wird darum den Satz Streckers »Nachgiebigkeit und Demut werden auch in der rabbinischen Literatur als vorbildhafte Haltungen gerühmt« gerne akzeptieren. Wenn er fortfährt: »Matthäus geht über die rabbinische Verhaltensnorm hinaus, indem er die Weisung zur Nachgiebigkeit der alttestamentlich-jüdischen Rechtsordnung entgegenstellt« (86), so wäre darauf zu antworten, daß es eine einheitliche

»rabbinische Verhaltensnorm« in diesem Bereich nicht gab, daß gerade die Frage der Geltung des von Mt in polemischer Absicht in der 5. Antithese als Kontrast verwendeten *ius talionis* in ntl. Zeit teilweise sehr kontrovers war, und daß in Sachen Rechtsverzicht, Demut und Universalität der Nächstenliebe einzelne Lehrer z. T. extrem verschiedene Haltungen einnahmen und dabei je und je ihre kontroverse Haltung aus der atl. Rechtsordnung begründen konnten, die ja auch nicht einheitlich war.

Auf der anderen Seite *konnte* das Judentum in seiner grundsätzlichen *Einheit von Volk und Religion* auf die von Gott am Sinai gegebene, das ganze soziale Zusammenleben regulierende und schützende »Rechtsordnung« nicht verzichten – so wenig wie später die in großen Gemeinden und dann auch staatlich organisierten Christen ohne Kirchen- und Staatsrecht auskamen. Die auf die Erhaltung Israels als einer immer zugleich politischen und religiösen Einheit ausgerichtete atl.-jüdische Ethik und die auf die anbrechende Gottesherrschaft bezogene »maßlose« Forderung Jesu lassen sich darum kaum vergleichen. Je mehr sich die Kirche institutionalisierte – und Mt bildet hier eine interessante Zwischenstufe -, desto mehr glichen sich – in weiten Teilen – die ethischen Auffassungen gerade in ihren besten Aussagen wieder an. Der alte Maßstab von der »sittlich-religiösen Höhenlage«, der die »Überlegenheit« der »christlichen Ethik« erweisen soll, ist hier unangebracht, ganz abgesehen von der Frage, wie diese »Ethik« in einer langen, schmerzvollen Geschichte von den Christen – und nicht zuletzt gegenüber Juden – »praktiziert« wurde. Wir dürfen hier nicht mit verschiedenem Maß messen, sondern müssen fairerweise auf einen vorschnellen »Vergleich« verzichten.[99] Daß die Haltung des *Mt* gar nicht *so* weit von der jüdischer Chasidim entfernt war, zeigt Strecker S. 88: Schon Mt hat die Tendenz, »das Überlieferungsgut zu ethisieren und den faktischen Gemeindeverhältnissen anzupassen« – ein durchaus notwendiger Vorgang. Gleichwohl sollen die Christen Jesu Gebot entsprechend »Nachgiebigkeit, Demut, Selbstverzicht« als »Bestandteile . . . der besseren Ge-

---

[99] Diese Problematik zeigt sich an dem bekannten Art. von G. Kittel (o. Anm. 83), der den heute erst recht bedenkenswerten Satz wagte: »Es gibt nicht eine einzige unter den ethischen Forderungen, von der man apriorisch behaupten dürfte, sie sei als Einzelforderung – wohlgemerkt als *Einzel*forderung – etwas schlechthin Singuläres; sie könne nicht auch auf dem Boden des außerchristlichen Judentums vorkommen; sie sei nicht auch dort möglich . . .« (577; vgl. 560), der weiter betonte, »wie widersinnig und wie historisch falsch ohne jede Ausnahme die Versuche sind, Jesus vom Alten Testament und der geistigen Geschichte seines Volkes loslösen zu wollen« (580f.), auf der anderen Seite jedoch ständig mit dem verfehlten Begriff der sittlichen »Höhenlage« argumentierte und dessen späterer Weg in erschreckender Weise zeigt, daß ethisches Bewußtsein und konkretes Handeln oft recht verschiedene Wege gehen können.

rechtigkeit ... – soweit es an ihnen liegt – zu verwirklichen versuchen« (88).
Darum kann Mt sogar das markinische Jesusbild von Zügen des Zornes
reinigen und das vorbildliche Verhalten Jesu betonen (99). Handelten
nicht viele jüdische Fromme in ganz ähnlicher Weise? WEDER (130) zitiert
als Beispiel jüdischer Forderung der »Gewaltfreiheit« R. Abbahu: »Immer gehöre der Mensch zu den Verfolgten und nicht zu den Verfolgern«
und sieht darin wie in der bekannten Äußerung des platonischen Sokrates, daß es »besser sei, Unrecht zu leiden als Unrecht zu tun« (Gorg.
469c), kritisch abwertend eine »merkwürdige Alternative«. Aber wird
hier wie dort nicht klar *für* die Verfolgten und Unrechtleidenden Stellung bezogen, und werden nicht die, die den Verfolgern und Unrecht-
tätern schweigend oder gar zustimmend Raum geben, indirekt als deren
Helfershelfer entlarvt? Und muß man dabei nicht an die deutsche Vergangenheit denken?

WEDER verweist, ohne zu zitieren, weiter auf einen »andere(n) Mischna-
traktat« (d. h. den Traktat des Talmud babli Schabbat p. 88b)[99a], der
die »rühmt ..., welche nicht wieder beleidigen, wenn sie beleidigt worden sind«. Hier der Wortlaut: »Die Rabbanan lehren« (= Baraita aus der
Zeit vor 200): »Die unterdrückt werden und nicht wieder bedrücken,
die ihre Schmähung anhören und nicht zurückgeben, die aus Liebe handeln und sich freuen über die Züchtigungen, über die sagt die Schrift:
›die ihn lieb haben, sind wie der Aufgang der Sonne in ihrer Pracht‹«
(Ri 5,31). Ist ein solches Wort von dem »Ethos« des Mt wirklich so weit
entfernt? Man sollte – um die »Überlegenheit« der Bergpredigt zu demonstrieren – nun nicht wie Weder sofort darauf verweisen, daß »in
derselben alten Mischna« – gemeint ist derselbe Babli-Traktat, der in der
deutschen Übersetzung von Goldschmidt immerhin 505 S. hat und Traditionen aus über 500 Jahren zusammenträgt – auch ganz anderes steht:
Findet sich nicht auch im NT, bei Paulus, Johannes, der Apokalypse und
nicht zuletzt bei Mt ebenfalls »anderes«? Die von Weder so eindrücklich
herausgearbeitete Maßlosigkeit der Forderung Jesu, die in der Feindesliebe als der »gänzliche(n) Aufhebung gesetzlicher Regelung der Liebe«
kulminiert (144) und allein durch das *»Geschehen der Feindesliebe Gottes«* (146) im anbrechenden Gottesreich begründet werden kann[100], ist

---

[99a] Par. bGittin 36b; D'ER (ed. Higger 2, 284). Die Baraita gehört in das
o. S. 355f. geschilderte chasidische Milieu, das dem der Seligpreisungen verwandt
ist.

[100] S. dazu Kittel: »Seine Forderung ist Gottesreich« (584). »Die Paradoxie
einer Forderung, die erhoben ist zu rigoroser und radikaler Absolutheit« (582).
Es folgt der Hinweis auf das bekannte Jesusbuch von Joseph Klausner: »Die
Antwort, die der Jude darauf gibt, heißt: für die jüdische Ethik kommt alles

ebenso inkommensurabel wie die Gottesherrschaft selbst und eignet sich eben darum nicht zum »ethischen« Vergleich. Das Judentum (wie die spätere Christenheit in ihrer geschichtlichen Verfaßtheit) blieb um der notwendigen »Weltgestaltung« willen an die »gesetzliche Regelung der Liebe« gebunden (143). Mt tut schon die ersten – ich betone: notwendigen – Schritte in diese – alte – Richtung. Da bei ihm Feuer – die Botschaft Jesu (Lk 12,49) – und Wasser – d. h. die geschichtlichen Zwänge – zusammentreffen, ist die geschliffene Klarheit seiner theologisch-paränetischen Synthese um so mehr zu bewundern.

S. 92: Mt 5,44: Wenn in einzelnen rabbinischen Texten das Gebet für die Feinde als ein Gebet um deren Umkehr beschrieben wird, so sollte man das nicht als »utilitaristische Tendenz« bezeichnen. Das Gebet um Umkehr dient ja, wie das um die Vergebung (Lk 23,34; Apg 7,60; vgl. Rö 9,2f.), dem *Heil* des Feindes. Man kann doch nicht dafür beten, daß der Feind ohne umzukehren alt und lebenssatt sterbe! Beruria, die ihren Mann R. Meir zurechtweist, exegesiert zwar Ps 104,35 (unter sträflicher Mißachtung des Parallelismus membrorum; s. o. S. 343 f.) philologisch falsch, aber durchaus im Sinne Jesu: Die Sünde soll vertilgt werden, dann wird es keine Frevler mehr geben (bBer 10a); und die »Rowdies« (*barjônê*) in der Nachbarschaft R. Zeiras bekehrten sich – aufgrund seines Gebets – erst nach dessen Tod, so daß er selbst von dieser gebesserten Nachbarschaft keinen Nutzen mehr hatte (bSan 37a). Man könnte hinzufügen, daß wir nur wenige Nachrichten dieser Art besitzen, aber auch im frühen Christentum besteht hier eine gewisse Tendenz zur Einschränkung. Das ist sehr menschlich.[101]

3.5 Christliches und jüdisches Beten

S. 101 möchte *Strecker* die »judenchristlichen Träger« der katechetischen Überlieferung von *6,1–18* »einem ›Reformjudentum‹ zuordnen«. Ich frage mich, ob dieser »Reformjude« nicht Mt selber war, der hier in eigenwillig-meisterhafter Weise Traditionen, die letztlich auf Jesus zurückgehen und als Herzstück das Herrngebet umfassen, geformt hat, denen das spezifisch Jüdische: d. h. »Reinheits-, Beschneidungs- oder Sabbatgebote« fehlt, wie Strecker mit Recht hervorhebt. Zugleich han-

---

darauf an, daß sie das *Leben* durchdringt, daß sie das *praktische* Leben gestaltet« (Hervorh. vom Vf.). Bei der Forderung Jesu besteht dagegen die Gefahr, »daß Moral und Leben auseinander gerissen werden. Darum: mag sie noch so ehrfurchtgebietend sein – für ein Volksleben und ein Staatsleben ist sie nicht zu gebrauchen« (583). Haben wir heute im Umgang mit der Bergpredigt diese Aporie überwunden? S. auch u. S. 400 das Urteil des Juden Tryphon bei Justin.

[101] Die Alternative haben wir in 1.Thess 2,16.

delt es sich um eine – von Mt 5,20 her zu verstehende – polemische Auseinandersetzung mit der – seiner Meinung nach – von den pharisäischen
Gegnern vertretenen Frömmigkeit, die sich aber zugleich warnend an die
Christen richtet. Die Ablehnung des »heidnischen« βατταλογεῖν[102] vertritt den juden-christlichen Standpunkt, man kann hier gewiß nicht herauslesen, daß Mt diese Überlieferung erst »in dem Bereich kennengelernt
(hat), in dem Auseinandersetzungen mit den Heiden notwendig geworden waren und sich die Kirche aus Juden und Heiden als das ›dritte
Geschlecht‹, als eigenständige Größe verstand« (102). Das »eigenständig«
gilt nur insofern, als das »eine wahre Gottesvolk«, das nach Ostern
auch die Völker einschließt, von dem »alten«, ungehorsamen verstoßen
wurde. Ein τρίτον γένος im späteren Sinne ist es gerade nicht.[103]

Diese – relative – Kontinuität des matthäischen Christentums mit dem
Judentum trotz des vollzogenen Bruches (und erst recht mit dem Israel
der Väter) zeigt sich auch im *Gebet,* genauer im Privatgebet. Das Urchristentum übernimmt von Anfang an die dreifachen jüdischen Gebetszeiten (Did 8,3) – sie sind nicht das Ergebnis einer »Rejudaisierung« in
dem Sinne, daß dort »jüdische Elemente frühzeitig einflußreich sind«
(STRECKER 108), auch die heidenchristlichen Gemeinden sind davon beeinflußt, wobei das Vaterunser, das ja selbst durchaus »jüdischen Charakter« hat, das »Achtzehngebet« (und das Sch^ema‘) ersetzt. Mt 6,5–13 ist
für den Evangelisten bindende Anweisung Jesu. Die Abwertung der
matthäischen Bedeutung des Textes durch den Hinweis, »daß er diese
Gebetsanweisung kommentarlos weitergibt«, erweist sich schon dadurch
als unberechtigt, daß er sie aufgrund ihrer Bedeutung *in die Mitte der
Bergrede* stellt, auch stammt die sprachliche Formung, wie Strecker selbst
zugibt, z. T. von ihm. 18,19f. steht für Mt als Anweisung zum »christlichen Gebet« (108) dazu nicht im Gegensatz: Der »Vater Jesu Christi«

---

[102] Die Ableitung von aramäisch *baṭṭala*(-λογεῖν) »Nichtiges«(-Reden) scheint
mir immer noch am wahrscheinlichsten zu sein, so der Sinaisyrer: *l'twwn
'mrjn bṭlt' (baṭṭalātā).* S. jetzt auch Spicq, op. cit. (Anm. 73) 1, 179–181.

[103] Die Belege sind wesentlich später. Der früheste ist das sog. Kerygma Petri
bei Clem. Alex., Strom 6,5,41; s. A. v. Harnack, Mission und Ausbreitung des
Christentums, ⁴1924, 1,264; vgl. 262f. die Christen als »neues Volk« bei Hermas,
Barn, Ign. Leo Baeck, Das dritte Geschlecht, in: Aus drei Jahrtausenden, 1958,
222–229 vermutet jüdischen Ursprung. Der Begriff wurde jedoch von Heiden
auch negativ gebraucht. Von Mt 28,19 her würde der Evangelist, ähnlich wie
Tertullian, dagegen protestiert haben: ... *siquidem non ulla gens non Christiana. Itaque quaecumque gens prima, nihilominus Christiana: ridicula dementia nouissimos dicitis et tertios nominatis* (ad. nat. 1,8,9f.); s. dazu die überzeugende Interpretation bei N. Brox, VigChr 27 (1973) 46–49. Der eschatologisch bedingte siegesbewußte universale Anspruch des Mt ist unüberhörbar.

ist niemand anderes als der Gott Israels, den die Volksmenge wegen der Heilungswunder Jesu preist (15,31) und den die Christen (wie die Juden) als »Unser Vater im Himmel« anrufen, auch wenn letztere die endzeitliche Zuwendung des himmlischen Vaters zu seinem Volk durch den Messias und Gottessohn Jesus verkannt und verworfen haben und damit keinen Anteil mehr am »Neuen Bund« (26,28) besitzen.

Kein Autor im NT ist von einem offenen oder verborgenen Markionitismus weiter entfernt als Mt. Die Gebetsanleitung 6,5 ist für ihn genauso »christlich« wie 18,19f., und er steht bei dem einen Text nicht mehr und nicht weniger »im Sog der Tradition« (108) als beim anderen. Mt überlegt bei jedem Satz genau, was er schreibt, ob er nun Tradition formuliert oder aus Eigenem gestaltet. Ein Satz wie S. 116: »der angerufene Vater-Gott ist nicht primär der Gott des erwählten Volkes Israel, sondern der Vater Jesu Christi«, geht an der Intention des Evangelisten vorbei. Für ihn ist, wie die schon mit Abraham und der Davidsohnschaft beginnende Vorgeschichte zeigt, die Identität des einen Gottes Israels und Vaters Jesu eine ganz selbstverständliche Voraussetzung seines Denkens. In keinem Evangelium spielen die atl. Heilsgeschichte und der Schriftbeweis eine so grundlegende Rolle wie bei Mt. Dagegen sind für ihn die Juden, die den Messias dem Tode auslieferten und der endzeitlichen Gemeinde des Messias und Gottessohns aus Juden und Heiden in erbitterter Feindschaft gegenüberstehen, nicht mehr wirklich Israel, Gottes Volk (vgl. Mt 21,41.43; 22,7; 27,25; 28,15b, vgl. aber auch 23,29). Natürlich hat Jesus als der Messias den Willen und das Wesen des Vaters – auch für Mt – neu unter endzeitlichen Vorzeichen ausgelegt, aber das ist gemein urchristlich. Von der johanneischen Präexistenzchristologie und dem damit verbundenen Gedanken der seinsmäßigen Einheit von Vater und Sohn ist er (gegen Strecker 115f.) relativ weit entfernt. Auf der anderen Seite tritt die palästinisch-jüdische Tradition bei ihm stärker hervor als in allen anderen Evangelien.

S. 116ff.: Mt 6,9: Beim Vaterunser (aber auch sonst) hätte ich mir eine Berücksichtigung der grundlegenden Arbeiten von G. Dalman, Worte Jesu, ²1930 (vor allem 283–365) und Jesus-Jeschua, 1922, 52–79 gewünscht, die man auch im Literaturverzeichnis vermißt. Die Auslegung hätte mehr philologisch-historische Farbe bekommen. Im folgenden nur einige zusätzliche Bemerkungen.

Die Verbindung von *Gottesnamen* und *Gottesherrschaft* findet sich nicht nur im Qaddiš, das in seiner Grundform auf die tannaitische Zeit zurückgeht[104], son-

---

[104] Bill. I, 409; J. Heinemann, Prayer in the Talmud, SJ 9, 1977, 24f.;

dern in der Tempelliturgie selbst, wo an Joma, wenn der Hohepriester den Jahwenamen bei den verschiedenen Opferriten hörbar aussprach, die Priester (und das Volk) respondierten: *bārûk šem kᵉbôd malkûtô lᵉᶜolām wāᶜäd* »Gepriesen sei der herrliche Name seiner Königsherrschaft für immer und ewig«.[105] Nach tTaan 1,13 (Z. 216) wurde die Formel sogar im Tempel anstelle des Amens bei allen Benediktionen gesprochen. Das Tetragramm, das mit dem Qᵉrê *ᵃdonāj*, »Herr«, ausgesprochen wurde und so wie »König« ebenfalls Herrscherbezeichnung war, enthielt in nuce schon in sich die Sache der Gottesherrschaft. Die Heiligung des Gottesnamens, d. h. die bedingungslose, gehorsame Anerkennung der Einzigkeit Gottes und seines Willens, die Israel mit der Tora übernommen hatte, bedeutete darum im Grunde bereits die gegenwärtige Verwirklichung seiner Herrschaft. Deshalb konnten die Rabbinen die Observanz des auf die Einzigkeit Jahwes und die ganze Hingabe an ihn bezogenen Schᵉmaᶜ-Gebets als »Aufsichnehmen des Joches der Gottesherrschaft« bezeichnen.[106] In den von C. Newsom veröffentlichten essenischen Sabbatliturgien der Engel im himmlischen Heiligtum tritt nicht nur Gottes Heiligkeit, sondern auch seine »Herrschaft« (ca. 21 mal *malkût* und ca. 55 mal der Titel *mäläk*) auffallend hervor, wobei *mäläk* m. E. das Tetragramm vertritt, das völlig fehlt, und damit die höchste Gottesbezeichnung darstellt.[107]

I. Elbogen, Der jüdische Gottesdienst in seiner geschichtlichen Entwicklung, ³1931 (Nachdr. 1967), 92 ff.

[105] mJoma 4,1c2f.; 6,2c. Die Frage ist, ob dies nicht auch bei anderen großen Festen bei analogen Gelegenheiten, etwa beim vom Hohenpriester gesprochenen Segen, geschah. Nach 70 wurde die Formel bei der Schᵉmaᶜ-Rezitation zwischen den Anfangsversen leise gesprochen; Bill. 4, 193. S. auch J. Heinemann, op. cit. (Anm. 104) 314 Index u. 109f.134ff.; I. Elbogen, op. cit. (Anm. 104) 622f. Index, 22.26.93.495-7. Durch den liturgischen Gebrauch im Tempelgottesdienst war das – an sich seltene – Abstraktum *malkût* im Bezug auf Gottes »Herrschaft« jedem Juden wohl vertraut. Leider geht die verdienstvolle Arbeit von O. Camponovo, Königtum, Königsherrschaft und Reich Gottes in den frühjüdischen Schriften, OBO 58, 1984 nur ganz am Rande auf die Liturgie ein und auf die – besonders aufschlußreichen – rabbinischen Texte überhaupt nicht. Dadurch ergibt sich ein schiefes Bild. Zur Korrektur s. M. Hengel/A. M. Schwemer (Hg.), Königsherrschaft Gottes und himmlischer Kult, WUNT 55, 1991, 1–19.

[106] S. dazu Bill. I, 172ff. Zur Verbindung von 1. Gebot und Gottesherrschaft s. 1, 174: SLev 18,6; MekhEx 20,2; zum Schᵉmaᶜ-Gebet s. I, 177f. (m. n.). Die Materialsammlung von Bill. ist unübertroffen. Sie müßte nur monographisch aufgearbeitet werden.

[107] Songs of the Sabbath Sacrifice: A Critical Edition, HSS 27, 1985, 424–427. *ᵓādôn* erscheint nur 2 mal (389), *älohîm* ist zumeist im Plural auf die Engel als »Gottwesen« bezogen, noch häufiger *ᵓel(îm)*. Auf diesem Hintergrund wird verständlicher, warum Judas d. Galiläer und die Sikarier sich weigerten, einen Menschen als Herrn oder Herrscher neben Gott anzuerkennen: Jos. Ant. 18, 23f., dazu M. Hengel, Die Zeloten, ²1976, 93ff., und daß die Essener den Messias aus Israel nicht wie die Pharisäer als König, sondern nur als *nāśîᵓ* bezeichneten.

Die Heiligkeit des Gottesnamens und seine *malkût* hängen so im Judentum aufs engste zusammen. Sie konzentrieren sich auf das Heiligtum des himmlischen Königs und seinen immerwährenden Gottesdienst (Jes 6,3.5), werden zugleich aber auch auf den irdischen Kult im Tempel bezogen, wo unter den Wochen- und Festpsalmen die Psalmen mit dem Königstitel besonders hervortreten.[108] Es mag sein, daß die von Mt bevorzugte Formel der *malkût haš-šāmajim* nicht nur durch die Umschreibung des Gottesnamens für ihn die Distanz (vgl. Koh 5,1) zum Ausdruck bringt, sondern auch die Tatsache, daß »im Himmel« Gottes Königtum uneingeschränkt anerkannt und durchgesetzt ist. Der endzeitliche Bezug der Gottesherrschaft ist auf diesem Hintergrund im Judentum *eine besondere Ausprägung* der grundlegenden und nicht nur an die Abstraktbildung *malkût* gebundenen Vorstellung von der »Herrschaft« Gottes.[109] Es handelt sich dabei gerade um keinen spezifisch »apokalyptischen« Begriff. Typisch dafür ist etwa die Deutung der zentralen Stelle Ex 15,18, das Ende des Siegesliedes von Mose und Israel am Schilfmeer, in dem Gottes Herrschaft erstmals durch das Volk proklamiert wird:

> »Denn ihm gehört die Krone der Königsherrschaft,
> und er ist der König der Könige in dieser Welt,
> und ihm ist die Königsherrschaft in der kommenden Welt,
> und ihm ist sie und wird sie sein in alle Ewigkeit.«[110]

---

[108] mTamid 7,4: Am Sonntag Ps 24; vgl. 8–10: In den Sabbatliedern aus Qumran erscheint häufig die Formel *mäläk hak-kābôd*; Dienstag: Ps 48; vgl. 1–3; Freitag: Ps. 93: *JHWH mālak* . . .; der Sabbatpsalm 92 wurde zugleich als eschatologischer Ausblick verstanden. Vgl. auch die LXX-Überschriften der genannten Psalmen.

[109] Vgl. dazu O. Camponovo, op. cit. (Anm. 105) 439: »Insbesondere hat die begriffliche Klärung der Unterschiede zwischen dem gegenwärtigen und zukünftigen Königtum Gottes die Autoren kaum beschäftigt. (Erst in den Targumen und in der rabbinischen Literatur ist ein solches Bemühen spürbar).«

[110] TgJer I zu Ex 15,18; vgl. TgJer II (Ginsburger S. 37 Ende): »Jahwe gehört die Königsherrschaft in dieser Welt und in der kommenden ist sie sein.« TgO: »Jahwe, seine Herrschaft steht fest in alle Ewigkeiten«; TgNeof: »Jahwe gehört die Herrschaft von Ewigkeit und in alle Ewigkeit.« Die Rezitation des Sch[e]ma[c] als Bekenntnis zu dem einen Gott Israels wurde als »Auf-sich-Nehmen des Jochs der Himmelsherrschaft« interpretiert (mBer 2,2b.5); dementsprechend spielt in z. T. schon im 2. Tempel nachweisbaren Gebeten vor und nach dem Sch[e]ma[c] das Königtum Gottes und seine Anerkennung durch Israel am Schilfmeer eine wesentliche Rolle, vor allem im Schlußteil von *'[ä]mät w[e]jaṣṣib* am Morgen und *'[ä]mät wä'[ä]mûnāh* am Abend; s. W. Staerk, Altjüdische Gebete, KlT 58, [2]1930, 4–9. S. tBer 2,1: In dieser Berakha (nach dem Sch[e]ma[c]) muß man daher Gottes Königtum (*malkût*) erwähnen; vgl. bBer 12a: R. Jochanan: »Eine Berakha, in der die *malkût* nicht vorkommt, ist keine Berakha.« Ähnliches gilt

Dieser allgemeinen und umfassenden Vorstellung von der »Herrschaft« Gottes, die dann je und je eschatologisch präzisiert wird, entsprechen auch die überaus häufigen rabbinischen Gebetsanreden: *mäläk hāʿôlām* und *ribbônô šälʿôlām.*

Das Außerordentliche in der Verkündigung Jesu ist, daß er diesen durchaus nicht fixierten und insgesamt nicht sehr häufigen Begriff zum Schlüsselwort seiner Verkündigung macht, ihn dabei aus seiner Verankerung im himmlischen und irdischen Kult löst und exklusiv mit seinem eschatologisch-messianischen Wirken und dem Hinweis auf die gütige Vaterschaft Gottes verbindet, wobei in den Belegen zwar der Zukunftsaspekt überwiegt, die Gegenwart des anbrechenden Reiches im Handeln Jesu jedoch nicht übersehen werden darf. Für Mt in der Bergpredigt umschreibt er z. T. fast formelhaft das zukünftige Heil der Täter des Gotteswillens; aber auch bei ihm – darin ist Strecker lebhaft zuzustimmen – darf die Gegenwart des Reiches nicht übersehen werden; wobei Reich Gottes und Reich Christi im Sinne der Kirche teilweise zusammenfallen. Auch die Bitte um das »Kommen« des Reiches ist nicht ausschließlich »auf die endzeitliche Erwartung zu beschränken« (118). Überhaupt wird man eine einseitig apokalyptische Deutung ablehnen müssen. Einzigartig bleibt, daß Jesus trotz seiner betonten Rede von der *malkût* Gott nicht als »König« oder »Herr«, sondern in vertraulicher Weise mit *ʾabbā*, »lieber Vater«, anredete.[111]

S. 119: Mt 6,10: Auch darin hat STRECKER sicher recht, daß die dritte Bitte um das Geschehen des Willens Gottes eng mit der Theologie des Evangelisten verwandt ist, weiter daß der Vergleich »wie im Himmel so auf Erden« auf eine Vorordnung des Geschehens im Himmel hinweist. Hier könnten die essenischen Sabbatliturgien der Engel mit ihrem überschwenglichen Preis der himmlischen Herrschaft Gottes eine Illustration bieten. Wie im Himmel Gottes Wille (beschlossen wird und) geschieht, so soll er auch auf Erden geschehen (vgl. 1.Makk 3,60). Diese matthäische Formel hat jedoch – gegen Strecker – durchaus einen Anhaltspunkt in der rabbinischen Gebetssprache. Da ist einmal das von G. Dalman, Worte Jesu, ²1930 und Bill. I, 419f. zitierte Gebet R. Eliezers (tBer 3,7 [Z. 6] = bBer 29b) und dann, vor allem im Privatgebet, die überaus häufige Ein-

---

vom Alenu-Gebet und vom Musaf-Gebet zum Neujahrsfest, s. S. Bamberger, Sidur Sefat Emet, o. J., Frankfurt a. M./Rödelheim, 65.242. Vgl. MekhEx 15,18 (Lauterbach 2, 79f.), u. Th. Lehnardt, in: M. Hengel/A. S. Schwemer (Anm. 105), 285–307.

[111] Ganz anders das jüdische Gebet *ʾābînû malkenû*, wo es in der 2. Zeile heißt: »wir haben keinen König außer dir«, S. Bamberger, op. cit. (Anm. 110) 234. Eine seltene Ausnahme ist Mt 11,25 = Lk 10,21 Q: πάτερ, κύριε τοῦ οὐρανοῦ καὶ τῆς γῆς; vgl. auch Mt 5,35 Sg.

leitung *j^eḥî rāṣôn mil-l^efānâkā* . . . *šä-* »Es geschehe dein Wille . . ., daß«
zu nennen. Die Gebetsformel – und ihr Mißbrauch – erscheint schon in
Mischna und Tosefta, ein Zeichen, wie beliebt sie war. Das hängt – wie
J. J. Petuchowski betonte – damit zusammen, daß alle möglichen Bitten
damit eingeleitet werden konnten, aber zugleich Gottes Wille vor den
eigenen gestellt und dieser von jenem abhängig gemacht wurde. Die
3. Bitte nach Mt zeigt gegenüber dieser beliebten Gebetsform eine deutliche Distanz, indem sie sich ganz auf das Geschehen des väterlichen
Willens Gottes konzentriert.[112]

S. 128: Mt 6,13: Auch der von Strecker aus Billerbeck zitierte talmudische
Gebetstext: »Bringe mich nicht in die Gewalt der Versuchung!«, der am Abend
im Anschluß an die Sch^ema^c-Rezitation gesprochen werden soll, beginnt mit
der oben genannten Formel: »Es sei dein Wille . . .« Der auch von Billerbeck
hebräisch zitierte Abschnitt *w^e^'al t^ebî'enî . . . lîdê nissājôn* (2 mal) entspricht
wörtlich der 6. Bitte bei Mt (und Lk) καὶ μὴ εἰσενέγκῃς εἰς πειρασμόν.[113]
Delitzsch in seiner meisterhaften Übersetzung, die bei der Mt-Exegese von
unschätzbarem Wert ist, weil der große Talmudkenner die passenden Formeln
erkannt und verwendet hat, gibt entsprechend wieder: *w^e^'al t^ebî'enî lîdê nissājôn.*[114] Auch die bei Mt eingefügte 7. Bitte hat, wie die Parallelen bei Billerbeck
zeigen, ihren rabbinischen Hintergrund. Jehuda der Patriarch fügte an das
Achtzehngebet die Bitte an: »Es sei dein Wille . . ., daß du uns errettest
(*taṣṣîlenû min-*) . . . von einem bösen Trieb . . .« In seiner ersten Auflage hat
Delitzsch dementsprechend mit *haṣṣîlenû min hara^c* übersetzt, denn *nṣl* hi.
»retten« wird in der LXX 83 mal mit ῥύεσθαι wiedergegeben.[115] M. E. ist es –
wie Abbé Carmignac vermutet – durchaus möglich, daß Jesus das Vaterunser

---

[112] J. J. Petuchowski, The Background of Jesus' Prayer in the Jewish Litur-
gical Tradition, in: ders./M. Brocke, The Lord's Prayer and Jewish Liturgy,
1978, 81–89. Einige Beispiele solcher privaten Gebete op. cit. 40ff. Vgl. auch
mBer 9,3c; tBer 7,16f. (Z. 16). Zum verbreiteten Gebrauch der Formel s. J. Heinemann, op. cit. (Anm. 104) 320 Index, bes. 176–188.211–215. Zur Verbindung
von 1. und 3. Bitte s. auch MekhEx 15,2 (Lauterbach 2,28f.): R. Simeon b.
Eleazar: »Wenn Israel den heiligen Willen Gottes tut, wird sein Name verherrlicht in der Welt.« Es folgt am Ende ein Zitat aus Hes 36,20–23.

[113] Bill. I, 422 Ber 60b; vgl. Klostermann, 59 (dort wird auch Bill. als Quelle
angegeben); Dalman, Worte Jesu, 345.

[114] S. Dalman, 344, der noch Salkinson, die verschiedenen syrischen und die
galiläisch-aram. Retroversion zum Vergleich gegenüberstellt. Eine Übersicht
über die zahlreichen Änderungen in den verschiedenen Auflagen der Übersetzung von Delitzsch gibt die Neuausgabe von J. Carmignac/H. Klein, Die vier
Evangelien ins Hebräische übersetzt von Franz Delitzsch (1877–1890–1902),
1984; zum Vaterunser S. 9.

[115] Loc. cit. Ebenso übersetzen Salkinson und die neue Syrisch-Hebräische
Ausgabe: The New Covenant . . . Aramaic Peshiṭta Text with a Hebrew
Translation, Jerusalem 1986, 7. S. auch Dalman, op. cit. 347ff.

in der von den Psalmen und den täglichen Gebeten her vertrauten hebräischen Sprache (und nicht aramäisch) gesprochen hat.

Es ist so auffallend, wie der jüdische Charakter des Vaterunsers in der matthäischen Fassung nicht nur beibehalten, sondern im »rabbinischen« Sinne sogar noch verstärkt wird. M. E. kann man auch von hier auf den Evangelisten als Lehrer seiner Gemeinde zurückschließen. Strecker schiebt diese auffallende Gestaltung des Herrngebets einschließlich der Siebenerzahl der Bitten, die uns in kunstvoller Weise auch sonst, etwa in den Stammbäumen und in Mt 23, wiederbegegnet, gar zu rasch der »vormatthäischen Überlieferung« zu, die eine völlig undurchsichtige Größe ist. Man sollte demgegenüber die gestaltende Hand dieses großen frühchristlichen Lehrers nicht unterschätzen. Auch die Rabbinen haben traditionelle, »heilige« Gebete ergänzt und verändert.

3.6 Sorgen und Sündenfall

S. 142f.: Aus *Mt 6,26 (und 6,28f.)* »spricht« wohl kaum »eine optimistische Naturbetrachtung..., wie sie in stoischen und rabbinischen Texten Parallelen hat«, auch ist »der Kampf um die Erhaltung der Arten in der Natur« eine zu moderne Vorstellung, als daß man sie in einem antiken Text voraussetzen dürfte. Ebenso bringt die Rede vom »Glauben an die Vorsehung des Gottes, den die Gemeinde als ihren Vater anruft«, einen falschen Ton in den Text des Mt. Es ist gewiß kein Zufall, daß der stoische Allerweltsbegriff der πρόνοια Gottes, der im gebildeten hellenistischen Judentum gar nicht so selten ist, im NT überhaupt nicht erscheint, sondern erst in 1.Clem 24,5 und Hermas vis 1,3,4 auftaucht. In Wirklichkeit geht es um die überfließende *Güte* des himmlischen Vaters gegenüber allen Geschöpfen, die uns schon in atl. und jüdischen Texten begegnet und die in der Verkündigung Jesu (die Mt hier wiedergibt) eine neue – endzeitliche – Auslegung erhält. Es werden dabei Motive aus Ps 104 und ähnlichen Texten aufgenommen, und zugleich wird dem weisheitlichen Gebot der auf die Sicherung der Zukunft bedachten Vorsorge (Prov 6,6–8; vgl. 30,25) widersprochen.

Strecker weist auf die rabbinische Parallele mQidd 4,14 von R. Simeon b. Eleazar um 190 (Bill. I, 436f.) hin: »Hast du je ein wildes Tier oder einen Vogel gesehen, die ein Gewerbe (*'ûmanût*) gehabt hätten? Und doch werden sie versorgt ohne Mühsal (*šäl-lo' beṣa'ar*) ... Um so mehr müßte ich versorgt werden ohne Mühsal. Aber weil ich meine Taten böse gemacht habe, habe ich auch meine Versorgung vermindert.« Dazu bemerkt er einschränkend: »Dieser und andere Texte verstehen allerdings die Sorge als Sündenstrafe.«[116] Daß es sich

---

[116] 142 Anm. 31. Strecker zitiert nur den ersten Teil.

dabei weder um die abstrakte »Sorge« noch um eine individuelle »Sünden-strafe«, sondern um die sorgenvolle Mühsal der Arbeit und um einen Rückver-weis auf Gen 3,16–19 handelt, ergibt sich aus der Rolle, die *ṣaʿar* bei der Interpretation von Gen 3,16f. in den Targumen spielt. So wird in Tg Neofiti und dem samaritanischen Targum in V. 16 das *ʿiṣṣᵉbônek* der Frau mit *ṣaʿᵃrêk* wiedergegeben, während das darauf folgende *bᵉʿäṣäb* alle Targume (Onkelos, Neofiti, Jerusch. I und Sam) mit *bᵉṣaʿar* übersetzen. In 3,17 wird das auf die Arbeit bezogene *bᵉʿiṣṣābôn* in Neofiti, Fragmententargum und Sam ebenfalls wieder mit *bᵉṣaʿar* interpretiert. In GenR 20,9 liest R. Issi aus der Intensiv-form *bᵉʿiṣṣābôn* V. 17 heraus, daß der Lebensunterhalt doppelt so mühevoll ist wie die Mühsal *bᵉʿäṣäb* der Geburt V. 16. Man wird kaum bezweifeln können, daß das Verbot des Sorgens bei den Hörern Jesu und den Lesern des 1. Evange-liums mit den Folgen des Falls und der Mühsal des menschlichen Lebensunter-halts nach Gen 3,17–19 in Verbindung gebracht wurde. Die »quälende Sorge« um die Erhaltung des Lebens wurde dem Menschen Gen 3,16–19 auferlegt. Das in der LXX seltene und für verschiedene hebräische Worte verwendete μεριμνᾶν gibt Prov 14,23 mit *ʿäṣäb* wieder, und zwar in einem positiv formulierten Weis-heitsspruch: ἐν παντὶ μεριμνῶντι ἔνεστιν περισσόν.

Die Qual der harten Arbeit (vgl. 6,28 das κοπιᾶν des Bauern, in der LXX vor allem für *jgʿ*) und die Sorge um die ständig bedrohte Sicherung des Lebens lassen sich nicht trennen. Das »Sorgen« als menschliche Grund-befindlichkeit ist Teil des »Seins zum Tode«.[117] Doch wer sich der bahn-brechenden Gottesherrschaft anvertraut, sich ganz auf sie einläßt (ζητεῖν 6,33), ist dem Fluch von Gen 3,17 und seinen Folgen nicht mehr unter-worfen. Er muß sich nicht mehr in quälender Sorge abmühen. Das Ver-bot des Sorgens hat dabei durchaus etwas Utopisches, das – eher moderne – Problem der »Würde der Arbeit«[118] wird überhaupt nicht berührt. Der Hinweis auf die »Heiden« (6,32 Q), ist noch ganz vom jüdischen (bzw. judenchristlichen) Standpunkt aus formuliert (vgl. dagegen 28,19). Die – jüdischen – Zuhörer werden als ὀλιγόπιστοι, »Klein-« oder besser »Un-gläubige«, angeredet, ein Wort, das Mt hier aus Q übernimmt, um es noch 3 mal redaktionell zu verwenden, und das mehrfach im Zusammen-

---

[117] Dieses Bewußtsein blieb im frühen Christentum erhalten: s. M. Hengel, Die Arbeit im frühen Christentum, Theol. Beitr. 17 (1986), 174–212. Das *bᵉʿiṣṣābôn* von Gen 3,17 hat eine große Interpretationsskala: LXX ἐν λύπαις, Symm. ἐν κακοπαθείᾳ, Theodot. μετὰ μόχθου.

[118] Aus Ps 104,23, der Arbeit vom Morgen bis zum Abend (vgl. Mt 20,2: in der Hitze des Tages), kann ich gegen Strecker keine Aussage über die »Würde« der Arbeit herauslesen, sondern im Kontext bestenfalls einen Hin-weis auf Gottes Ordnung in der Schöpfung; vgl. Gen 8,22. Jesu Wort vom Nichtsorgen muß für die palästinischen Bauern und Fischer (vgl. Lk 5,5: δι' ὅλης νυκτὸς κοπιάσαντες) recht anstößig geklungen haben.

hang der wunderbaren Speisung in der Wüste in rabbinischen Texten erscheint.[119] Die ἐθνικοί sind dabei nicht nur die »unbekehrten, gottlosen Menschen« (144), sondern zugleich die Götzendiener, das »Sorgen«, das die gegenwärtige Güte des Vaters leugnet, kommt dem Götzendienst nahe (vgl. 6,21.24). Die weisheitlich-pragmatische Argumentation, die uns vor allem bei Sirach begegnet, daß die Sorge für das innere Gleichgewicht schädlich sei und das Menschenleben verdüstere, tritt dagegen völlig zurück.[120] Auf sie wird erst in dem – m. E. erst von Mt angefügten – Vers 34 Bezug genommen.

3.7 Die Goldene Regel und das Liebesgebot

S. 156ff.: Mt 7,12: Die Wirksamkeit der *Goldenen Regel* im Judentum könnte durchaus so alt sein wie ihr Vorkommen in der griechischen vulgärethischen Gnomik.[121] Im Grunde kommt ihr schon Lev 19,18 sachlich durchaus nahe, und Tob 4,15 und Sir 31,15 entstammen nicht, wie Strecker meint, dem »griechisch sprechende(n) Judentum«, das die Gol-

---

[119] Außer 6,30 s. 8,26; 14,31; 16,8 und das Nomen 17,20. Ausgangspunkt ist der Glaube Israels beim Schilfmeerwunder, der zur Anerkennung der Gottesherrschaft führt (Ex 14,3; 15,18, dazu MekhEx z. St. Lauterbach 1, 252ff.; 2, 79f.). Darauf folgt Israels Murren in der Wüste und das Mannawunder, bei dem sich viele gegen Gottes Befehl aus Sorge »kleingläubig« erweisen. S. Mekh Ex 16,4 (Bill. I, 420f.; Lauterbach, 2, 103): »R. Eleazar v. Modein sagte: ›D. h. daß niemand sammeln soll vom heutigen Tag auf den anderen Tag... Der, der den Tag erschuf, erschuf auch seinen Unterhalt‹. Daher (aufgrund von Ex 16,4) sagte R. Eleazar: ›Jeder, der heute zu essen hat und sagt, was werde ich morgen essen, siehe der ist ein Kleingläubiger.« Bill. weist mit Recht auf den Zusammenhang mit der 4. Bitte hin. Schilfmeerwunder und Speisung waren beliebte Typoi der endzeitlichen Erlösung. Noch zweimal werden in der Auslegung von MekhEx zu c. 16 die ungehorsamen Israeliten als »Kleingläubige« bezeichnet, s. 16,19f. (Lauterbach 2,116) u. 16,27 (2, 120): »und am siebten Tag gingen einige aus dem Volk hinaus, um zu sammeln: Das waren die Kleingläubigen in Israel.« Das matthäische ὀλιγόπιστος und seine rabbinischen Äquivalente kommen dabei einem »ungläubig« sehr nahe. Die Rabbinen verwenden darum neben *qᵉṭannê ʾᵃmānāh* auch das pu. pass. *mᵉḥûssᵉrê ʾᵃmānāh*. Beides hat die Bedeutung »solche, denen es an Glauben fehlt« (Bill. I, 438). TgJer I z. St. Ex 16,27 macht darum daraus *raŝŝîʿê ʿammā*; vgl. zu 16,20: Dathan und Abiram. Vgl. auch TgJer I Lev 11,32: *mhsrj hymnwtʾ* beim Wachtelwunder. Auch die Speisungswunder sind auf diesem Hintergrund zu verstehen, gewissermaßen als Illustration zum Verbot des Sorgens und des Unglaubens.

[120] Sir 13,26; 30,21–31,2; 34,1f.; 38,29: die Sorge des Töpfers bei der Arbeit. Er ist daher – wie andere Gewerbe – unfähig zur Schriftgelehrsamkeit; vgl. Prov 17,12; Bar 3,18.

[121] Auch hier geht es um das positive Verhalten gegenüber den Mitmenschen auf der Basis des Verhaltens zu sich selbst. S. dazu A. Dihle, Die goldene Regel, 1962, 110 und u. S. 392f.

dene Regel von den Griechen übernommen haben soll.[122] Eine solche im wahrsten Sinne des Wortes »internationale« Weisheitsregel wird auch in der Weisheit des Vorderen Orients zu Hause gewesen sein. So finden wir z. B. Parallelen zur Goldenen Regel in der demotischen Lehre des Ankhsheshonqy.[123] Frau Emma Brunner-Traut bemerkt dazu: »Zu der Annahme, bei Anch-Scheschonki liege griechischer Einfluß vor . . ., gibt es keinen stichhaltigen Grund, sind doch aus Ägypten selbst hinreichend viele Vorstufen für die Goldene Regel bekannt.«[123a] Da sie uns außerdem in positiver und negativer Weise in den Achikarsprüchen[124] und im syrischen Menander[125] begegnet, könnte man gleichzeitig an aramäische Quellen denken. Die Beeinflussung zwischen Griechen und Orient mag dabei gegenseitig gewesen sein. Selbst wenn das Liebesgebot Lev 19,18 und die Goldene Regel zunächst »von Hause aus Verschiedenes (besagen)«[126], so muß man doch Dihle darin recht geben, »daß beide dem Menschen ein Verhalten anempfehlen, das dem am eigenen Fühlen und Verstehen gemessenen Bedürfnis des Partners entspricht. Beide (Regeln) betonen – allerdings auf verschiedene Weise – die Gegenseitigkeit im

---

[122] In Höhle 4 von Qumran hat man Fragmente von vier aramäischen und einer hebräischen Tobithandschrift gefunden. Zwei Texte sollen davon dem Langtext der Vetus Latina entsprechen, s. J. T. Milik, Dix ans de découvertes dans le désert de Juda, 1957 (!), 29 u. D. Barthélemy in: J.-D. Kaestli/O. Wermelinger (Hgg.), Le Canon de l'Ancien Testament, 1984, 16.21. S. jetzt DJD XIX Qumran Cave IV XIV,2 1995, p. 1–76 = 4Q 196–200.

[123] M. Lichtheim, Late Egyptian Wisdom Literature in the International Context. A Study of Demotic Instructions, OBO 52, 1983, 31ff.:
»Serve a wise man, that he may serve you.
Serve him who serves you.
Serve any man, that you may be useful« (Ankhsh. 6,3–5).
»Do not do evil to a man so as to cause another to do it to you« (12,6).
»Do not do to a man what you hate so as to cause another to do it to you« (15,23).
Zur G. R. in der Sanskrit-Literatur s. L. Sternbach, JAOS 101 (1981) 97–131 (121).

[123a] Lebensweisheit der Alten Ägypter, Her Bü 1236, 1985, 155. Hinweis von Herrn H. P. Rüger.

[124] F. C. Conybeare/J. R. Harris/A. S. Lewis, The Story of Ahikar, ²1913, 34: Arm A Nr. 88; 62: Arm B Nr. 53; s. auch J. M. Lindenberger, Ahiqar, in: J. H. Charlesworth (Hg.), The O. T. Pseudepigrapha, 2, 1985, 490: »the quotation of the golden rule in negative form in Tobit 4:15 is very possibly derived from Ahiqar.« Tobit setzt ja die Kenntnis der Achikartraditionen voraus.

[125] J. P. N. Land, Anecdota Syriaca I, 1862, 69. Engl. Übers. v. T. Baarda in: J. H. Charlesworth (Hg.), op. cit. (Anm. 124) 2, 599 Nr. 250f. (vgl. 245ff.), s. auch 587f. Die Sammlung selbst ist nachchristlich (3. Jh.?). Jüdischer Ursprung ist umstritten, doch wahrscheinlich.

[126] H.-P. Mathys, Liebe deinen Nächsten wie dich selbst, OBO 71, 1986, 47.

zwischenmenschlichen Geschehen«.[127] Es ist darum kein Zufall, daß sie schon gegen 200 v. Chr. bei Ben Sira (31,15) zusammengewachsen sind:

*re'äh re'ªkā k*ᵉ*nafŝäkā ûb*ᵉ*kol ŝä-ŝäne'tā hitbônān.* Erweise Freundschaft deinem Nächsten wie dir selbst, und alles, was du selbst hassest, bedenke (erg.: auch im Blick auf deinen Nächsten)!

Der Enkel übersetzt:

νόει τὰ τοῦ πλησίον ἐκ σεαυτοῦ καὶ ἐπὶ παντὶ πράγματι διανοοῦ.

Bedenke das den Nächsten Betreffende von dir selbst aus, und überlege bei jeder Handlung (erg.: was ihn betrifft)!

Um das schwierige Problem von Textüberlieferung und Übersetzung anschaulich zu machen, zitiere ich im folgenden aus einem Brief von Herrn Kollegen H. P. Rüger, der mich hier beraten hat: »Die Überlieferung des Textes stellt sich folgendermaßen dar:

B	דעה רעך כנפשך
Bᵐᵍ	רעה
B (nach 16b)	דע שרעך כמוך
Peschitta	*dᵉ dḥbrk 'yk dylk*

Aus der Übereinstimmung der Peschitta (*dᵉ*) mit B (nach 16b) und B ergibt sich, daß Bᵐᵍ den ursprünglichen Text überliefert. Mit der LXX kann man leider nicht viel anfangen, weil *noeîn* sonst weder für ידע noch für רעה steht. Man kommt aber m. E. weiter mit der Parallele in 38,1a:

B	רעי רופא לפני צרכו
Bᵐᵍ	רעה
Bᵐᵍ	צרכך
Bᵐᵍ	רעה רועה רופא לפי צרכך
D	רעה רועה רופא לפי ...

Hier wird רעי etc. mit *tíma*, honora, *yqr* wiedergegeben. Das ergäbe für 31 (34), 15a »Ehre deinen Nächsten wie dich selbst« oder genauer »Erweise Freundschaft deinem Nächsten wie dir selbst«.

Mir scheint hier der Einfluß der Goldenen Regel gegen Dihle schon beim hebräischen Sirach und nicht erst in der griechischen Fassung seines Enkels vorzuliegen. Die bekannte Hillelanekdote, die mit der – negativ formulierten – Goldenen Regel »die ganze Tora« (*hî' kol hat-tôrāh kûllāh*) zusammenfaßt (bSchabb 31a), geht zwar nicht unbedingt auf »Rabbi Hillel (um 20 v. Chr.)« (Strecker 157) zurück, sondern steht in einer

---

[127] A. Dihle, op. cit. (Anm. 121) 110. D. betont mit Recht zugleich den erheblichen sachlichen Unterschied: »Das Nächstenliebegebot haftet ... nicht am Vergeltungsschema, nicht am Bedürfnis, den sittlichen Gleichgewichtszustand im Faktischen verwirklicht zu sehen. Es kann zum Ausdruck einer reinen Gesinnungsethik werden, weil es die zwischenmenschlichen Beziehungen im Bereich des Faktischen vernachlässigt und ein Maß nur für die rechte Zuneigung des Herzens setzt.«

Reihe späterer »idealer Szenen«[128], die den großen Lehrer der Vergangenheit im Gegensatz zu seinem Konkurrenten Schammai charakterisieren sollen. Sie wurde auch auf R. Aqiba übertragen. Zu verweisen ist weiter auf die ganz ähnlich lautende Interpretation des Liebesgebots in Tg Jeruschalmi I Lev 19,18 und auf die Auslegung der sich mit dem Liebesgebot berührenden Regel R. Eliezers (b. Hyrkanos) mAb 2,10: »Es sei dir die Ehre deines Genossen so lieb wie deine eigene«.

In ARN Vers. A c. 15 (Schechter 60) wird dies weiter im Sinne der Goldenen Regel expliziert: »Das lehrt, daß wie jemand seine eigene Ehre ansieht, so soll er auch die Ehre seines Genossen ansehen, und wie jemand nicht will, daß böse Nachrede über seine eigene Ehre komme, so soll er nicht wollen, daß böse Nachrede über die Ehre seines Genossen komme.« Die Version B c. 29 variiert: »Wenn du nicht willst, daß ein Mensch, was dir gehört, wegnimmt, dann nimm auch nicht weg, was deinem Genossen gehört.« ARN Vers. A. c. 16 finden wir dieselbe Aussage auf das »Haus« und die Angehörigen eines Menschen bezogen.

Der »Ring schließt sich«, wenn wir in ARN Vers. B c. 26 (Schechter 53) bei der »Auslegung« der Hillelschen Forderung der Friedens- und Menschenliebe (mAb 1,12) die Antwort mit der Goldenen Regel, die bSchab 31a Hillel zugeschrieben wurde, in erweiterter Form im Munde 'Aqibas wiederfinden[129]:

Der Heide fordert: »Lehre mich die ganze Tora auf einmal (*lamm^{e}deni hat-tôrāh k$^{e^\flat}$aḥat*).« 'Aqiba verweist zunächst darauf, daß Mose dazu auf dem Sinai 40 Tage und Nächte verbrachte, und fährt fort: »aber mein Sohn, das ist die Summe der Tora (*hû' k^{e}lālāh šäl tôrāh*): was du nicht willst, daß es dir geschieht, tue deinem Genossen nicht. Wenn du nicht willst, daß jemand dir und deinem Eigentum Schaden zufügt, dann füge du keinen Schaden zu. Wenn

---

[128] S. dazu J. Neusner, The Rabbinic Traditions about the Pharisees before 70, 1, 322f. 331f. In der Parallelüberlieferung ARN Vers. A c. 15 fehlt nur diese Anekdote: 338f. Eine konservative Auffassung vertritt E. E. Urbach, The Sages, 1975, 1, 589; s. auch 2, 955 Anm. 93 zur G. R. Seine Kritik an der Übers. von Dihle ist m. E. unberechtigt. Wenn Hillel fortfährt: »Und der Rest ist nur Auslegung, gehe hin und lerne!«, so bedeutet dies, daß alles Wesentliche in der Regel gesagt ist, gleichwohl aber die Auslegung gelernt werden soll. Der Inhalt der Tora wird hier auf *einen* – ethischen – Nenner gebracht; vgl. dazu etwa P. Fiebig, Jesu Bergpredigt, 1924, 7 Nr. 29.28: Die Liebeswerke als Anfang, (Mitte) und Ende der Tora.

[129] Da Billerbeck die Ausgabe von Schechter nicht verwendet, hat er diese Parallele nicht. Sie erscheint darum auch kaum in der Literatur, obwohl sie für das enge Junktim G. R. und Liebesgebot wesentlich ist. Englische Übers. durch A. J. Saldarini, The Fathers according to Rabbi Nathan ... Version B, 1975, 155.

du nicht willst, daß jemand nimmt, was dir gehört, dann nimm auch du nicht, was deinem Genossen gehört.«

In dieser wenig beachteten Nebenüberlieferung wird der bekannte, mehrfach überlieferte Ausspruch Aqibas zu *Lev 19,18: zäh keˡāl gādôl bat-tôrāh* »das ist ein umfassender Grundsatz der Tora«[130] leicht variiert und mit der Goldenen Regel verbunden. Diese schon bei Sirach 31,15 sichtbare, bis in die spätrabbinische Zeit hinein andauernde Tendenz, das Liebesgebot und die Goldene Regel miteinander zu verbinden, findet sich bereits in der Feldrede von Q, wo unter den Anweisungen, die das Gebot der Feindesliebe explizieren, auch die Goldene Regel aufgeführt wird (Lk 6,31–35). Mt nimmt sie um ihres umfassenderen Charakters willen aus diesem Zusammenhang heraus und plaziert sie gewissermaßen als *zusammenfassendes Fazit der Gebote Jesu* an das Ende der Bergpredigt (7,12) vor die warnenden Schlußmahnungen (7,13–27). Daß auch für Mt der schon im Judentum wirksame Zusammenhang mit dem Liebesgebot bestehen bleibt, ergibt sich aus dem Zusatz: οὗτος γάρ ἐστιν ὁ νόμος καὶ οἱ προφῆται, der mit den Hillel und Aqiba zugeschriebenen Deuteworten zur Goldenen Regel und Lev 19,18 verwandt ist, sie aber an konzentrierender Radikalität übertrifft. Mt 22,40 formuliert zum doppelten Liebesgebot – abweichend von Mk – analog in einer Form, die rabbinischer Ausdrucksweise nahesteht: ἐν ταύταις ταῖς δυσὶν ἐντολαῖς ὅλος ὁ νόμος κρέμαται καὶ οἱ προφῆται. Aufgrund von *geˡzerāh šāwāh* ergibt sich: Liebesgebot und Goldene Regel sind für Matthäus praktisch identisch. Sie schließen den ganzen Gotteswillen im Blick auf das Verhältnis zum Mitmenschen in sich. Auch hier tritt wieder die »jüdische

---

[130] S. Bill. I, 357ff.907. S. Sifra Qeˡdôšîm Lev 19,18 (ed. Weiß 89b = 4,12): die Kontroverse zwischen Aqiba, der Lev 19,18, und Ben Azzai, der Gen 5,1, den Hinweis auf die Gottesebenbildlichkeit des Menschen, als »umfassenden Grundsatz der Tora« betrachtete und über Lev 19,18 stellte. Par jNed 9,3 41c, 37ff. und GenR 24,7 (Theodor-Albeck 1, 236ff.): Dort wird die Reihenfolge umgekehrt: »Rabbi Aqiba sagte: ›Liebe…‹ ist ein größerer Grundsatz als dieser.« Darauf folgen die an die G. R. erinnernden Worte: »Daher sollst du nicht sagen: Weil ich beschämt wurde, soll mein Nachbar beschämt werden.« S. dazu die ausführlichen Anm. bei Theodor-Albeck mit Textvarianten und Parallelen. Bei Billerbeck I, 358ff. (Ausgabe Venedig 1545) und etwas abweichend von den üblichen Drucken des Midrasch Rabba (z. B. New York 1952) folgt der Zusatz: (Daher sollst du nicht sagen:) »weil ich verflucht wurde, soll der Genosse meines Volkes verflucht werden.« Auch hier zeigt sich die Neigung zu Ergänzungen im Sinne der G. R. Zur ethischen Variation und Adaption dieser Texte s. auch D'ER 2,16; bJeb 62b; bSanh 76b (Bar.): »Wer seine Frau liebt wie sich selbst, und sie ehrt mehr als sich selbst…«

Bildung« des Mt deutlich zu Tage.[131] Der Unterschied zwischen der im Judentum zuallermeist negativen und der bei Mt und Q erscheinenden positiven Fassung sollte festgehalten, aber nicht überbetont werden, da, wie Strecker mit gutem Recht betont, nicht nur im Fürstenspiegel des Aristeasbriefes (207) beides verbunden wird, sondern in der späteren christlichen Überlieferung beide nebeneinander erscheinen.[132] Vielleicht hängt die positive Form im Urchristentum mit der betonten Annäherung an die Nächsten- und Feindesliebe zusammen.[133]

Daß Jesus selbst auf die Goldene Regel hingewiesen hat, läßt sich natürlich nicht beweisen. Einen strengen »Beweis« für die Echtheit von Jesus-Worten kann man sowieso selten führen. Zumeist läßt sich mit irgendwelchen Gründen auch das Gegenteil behaupten. Aber dieses ist bei der Goldenen Regel noch weniger »beweisbar«. Daß auch er um die bereits traditionelle Verbindung von Liebesgebot und Goldener Regel wußte, darf man annehmen. Es liegt darum durchaus nahe, daß er auch sie in ihrer positiven Fassung zur Interpretation des Liebesgebotes in seine volkstümliche, konkret-praktische Verkündigung einbezogen hat. Ihr besonderes Gewicht als »Zusammenfassung« der Gebote der Bergpredigt hat sie jedoch erst durch den »Katecheten« Mt erhalten. Auch darin, wie er dies tut, zeigt sich wieder die didaktische Kunst des jüdisch-christlichen Schriftgelehrten.

4. Die »Rede der Reden«

Mit dieser von F. Dürrenmatt geprägten Bezeichnung der Bergpredigt hat HANS WEDER seine »Auslegung der Bergpredigt heute« überschrieben (11). Unter den zahlreichen Büchern, die in den letzten Jahren über Mt 5–7 geschrieben wurden, ist es m. E. das erfreulichste – gerade weil es in vielem aus dem Rahmen fällt und der Autor wagt, gegen den Strom zu schwimmen. Dank seiner sprachlichen Gestaltungskraft liest es sich vorzüglich; gleichwohl beruht es auf einer durchgehenden, sich in den Text einfühlenden Exegese, bei der auch die verschiedenen Traditionsstufen je und je sichtbar werden, ohne daß der Vf. ständig mit seinem wissenschaftlichen Handwerkszeug klappern muß. Sein eigentliches Verdienst liegt jedoch nicht in der eingängigen äußeren Form, sondern in den zahl-

---

[131] Bill. I, 907f.; auch 22,36 ποία ἐντολὴ μεγάλη ἐν τῷ νόμῳ entspricht rabbinischer Ausdrucksweise: 901–904.

[132] Strecker 157f., bes. Anm. 67 und Dihle, op. cit. (Anm. 121) 106ff. Vgl. schon Did 1,2; Ep. Apost. 18; ThomasEvg log. 25; Aristides, apol 15,5.

[133] Weder 231: »Das Urchristentum hat mindestens darin seine Besonderheit, daß es sich auf die weitverbreitete negative Formulierung nicht eingelassen hat.« Freilich dauerte das nicht lange!

reichen, überraschenden Beobachtungen am Text und den daraus gezogenen theologischen Folgerungen, die den Reichtum der Predigt Jesu wie
auch ihrer katechetischen Verarbeitung durch Mt sichtbar werden lassen,
einen Reichtum, den er in zahlreichen geglückten Formulierungen zum
Leuchten bringt. Es ist damit ein Buch für den Prediger, der – mit gutem
Recht – vor diesem ungeheuerlichen Text zunächst zurückschreckt. Man
lese zum Vergleich seine Einleitung (11–34) und STRECKERs »Ausblick«
(181–190) – der Unterschied spricht für sich. Dadurch, daß der letztere
auf 10 Seiten 9 mal vom »Umkehrruf« Jesu spricht und 10 mal das
Substantiv »Radikalität« bzw. das Adjektiv »radikal« gebraucht, wird
das – tiefere theologische – Verständnis dieses im Blick auf seine Anfor-
derungen an den Hörer schwersten Textes im NT noch nicht gefördert,
denn damit sind noch nicht einmal seine zahlreichen Aporien aufgezeigt,
die darin gipfeln, daß – um mit einem Bildwort der Bergpredigt zu
sprechen – der schlechte Baum keine guten Früchte hervorbringen *kann*.
Kann er sich, »radikal« zur Umkehr gerufen, dazu »entscheiden« (177ff.),
von jetzt an beständig gute Früchte zu bringen? Wer sich als Hörer Jesu
am Morgen »entscheidet«, das Gehörte zu tun und damit auf Fels zu
bauen – ist er gewiß, daß solche »Entscheidung« bis zum Abend oder
nächsten Tag anhält? Häuser baut man doch – im Gegensatz zu unseren
ständigen neuen »Entscheidungen« – nicht stündlich oder täglich, sondern
fürs Leben!? Ist die »Entscheidung« des vom Ruf Jesu getroffenen Hörers,
nicht mehr zu sorgen, zu begehren, zu richten, den Feind zu lieben, etwas
anderes als ein »guter Vorsatz«? Wir wissen alle, was das Sprichwort
dazu sagt – von dem »vollkommen sein wie euer himmlischer Vater vollkommen ist« ganz zu schweigen!

Gewiß, für Mt und weite Teile des Christentums nach ihm scheint das
kein Problem gewesen zu sein. Man stand hier weiterhin in der über
den Menschen letztlich »optimistischen« pharisäisch-schriftgelehrten Tradition (s. o. S. 371). Diese ist – in aufgeklärtem Gewande – auch heute
wieder verbreitet. Die Frage ist, ob man hier nicht doch wesentlich stärker zwischen der Intention Jesu und seiner messianischen Verkündigung
der hereinbrechenden *malkût* und Mt als dem Lehrer der Kirche gegen
Ende des 1. Jh.s unterscheiden muß. Bei STRECKER bleibt mir dabei unklar,
was den »endzeitliche(n) Prophet(en) von Nazareth« als »Skandalon ...
für die jüdischen Zeitgenossen« (185) von Johannes dem Täufer unterscheidet – bei dem die »Paraklese«, der Zuspruch der Vergebung aufgrund der Jordantaufe, ebenfalls nicht fehlte. Und was soll der Satz, daß
»die Verengung« auf eine »rein rechtfertigungstheologische Auslegung ab-
zuweisen« sei (189)? ›Rechtfertigung des Gottlosen‹ gibt es nur »rein«
oder gar nicht. Möchte Strecker das Heil halb von der »Rechtfertigung«

und halb von der Erfüllung des Liebesgebots »in der Nachfolge Jesu« abhängig machen? Das würde Mt wie Paulus (und erst recht Jesus) widersprechen. Für Mt, den Vf. der Didache, die Apologeten Aristides, Tatian oder Tertullian war zudem das Gebot des Messias »aus Nazareth« gerade kein »Skandalon«! Übrigens auch nicht für die jüdischen und christlichen Gelehrten, die heute die »Heimholung Jesu ins Judentum« vertreten.

Man kann m. E. von der Bergpredigt – wenigstens am Ende, nachdem man sie gehört hat – nicht »*theologisch*« reden, ohne in irgendeiner Weise Paulus mit Aussagen wie Gal 5,18–23; Phil 2,12f.; Rö 8,12–17 ins Spiel zu bringen. Bei WEDER hat man dagegen den Eindruck, daß – vielleicht ohne daß es der Vf. immer will oder gar merkt – Paulus stets über die Schulter schaut. Und das ist recht so. Mt muß ins Zwiegespräch mit Paulus gebracht werden, auch wenn er selbst dem eher ausgewichen wäre! Auf sich selbst gestellt richtet uns dieser Text so unbarmherzig wie die Täuferpredigt 3,7f., die ja im Grunde dasselbe sagt wie 5,20. Denn wer verfügt – aufgrund seines Tuns – über jene geforderte »sehr viel größere Gerechtigkeit«? Wer kann von sich sagen, daß er das vom Bergprediger Gesagte nicht nur *gehört,* sondern auch *getan* hat? Es ist ein Verdienst des Wederschen Buches, daß er einem heute verbreiteten schwärmerischen Mißbrauch von Mt 5–7 widerspricht und vor allem einer politischen Verfälschung des Textes im Stil von Franz Alt[134] entgegentritt. Kein ntl. Text ist weniger für das den gleichgesinnten Leser erbauende politische Feuilleton geeignet als die Bergrede. Man darf Weder dankbar sein, daß er in seiner Vorlesung für Hörer aller Fakultäten diesen – weiterhin beliebten – Weg nicht beschritten hat, sondern mit einem Gespür für die anthropologischen Phänomene und den oft paradoxen »Hintergrund« des Textes in die Tiefe gehend *theologisch* argumentiert. Vor allem die jegliches Maß hinter sich lassende »Grenzenlosigkeit« der Forderung Jesu, die nur wenig mit unseren z.Zt. üblichen »moralischen Maßstäben« und der herrschenden Vorliebe für praktikable und kommunizierbare »Ethiken« gemein hat, wird in erfrischender (oder muß man sagen: erschreckender?) Weise deutlich.

---

[134] Frieden ist möglich. Die Politik der Bergpredigt, 1983. Auflage gegen 1 Million. Es ist erstaunlich, wie wenig von theologischer Seite der trivial-theologischen Ethik dieses Buches widersprochen wurde. Aber Fernsehmoderatoren scheinen die von allen verwöhnten, da gefürchteten Feudalherren unserer Zeit zu sein. Entlarvend ist am Ende der völlig unkritische Lobpreis (111–116) des angeblichen »Friedensevangeliums der Essener«: E. B. Székely, Das Friedensevangelium der Essener, 3 Bde, 1977; ders., Das geheime Evangelium der Essener, 1982, ein typisches romanhaft-sentimentales Machwerk unserer Zeit.

Dennoch seien zum Schluß noch einige m. E. notwendige kritische Anmerkungen zu WEDER gemacht. Auf die – unnötige und mißverständliche – Verwendung jüdisch-rabbinischer Parallelen als dunkler Folie für das hell leuchtende Wort des Bergpredigers habe ich schon aufmerksam gemacht. Die rabbinischen Lehrer wollten nicht – sowenig wie die Weisheitslehrer im Alten Israel – die jetzt anbrechende Gottesherrschaft ansagen. Darum kann ihre »Ethik« (die gar nicht so einheitlich ist) nie und nimmer mit der »Ethik Jesu« (eine sonderbare Wortbildung, die im Grunde die *eschatologische* Verkündigung Jesu verfremdet) verglichen werden. Er, der Messias Israels, mußte ganz anders, d. h. »in Vollmacht« reden (Mt 7,28). Eben darum kann, ja muß die so »ursprünglich« klingende Bergrede zugleich der Lehre der auf die Auslegung der Tora vom Sinai und die national-religiösen Bedürfnisse ihres Volkes konzentrierten Schriftgelehrten widersprechen, unbeschadet der Tatsache, daß sich zu nahezu allen Einzelaussagen der Bergrede jüdische Parallelen finden lassen. Eben diese – kritische – Nähe verbietet jeden Versuch einer »antijüdischen« Auslegung. Einen Satz wie: »Daß die Vorstellung, wonach die Person durch ihre Werke erschaffen wird, im zeitgenössischen Judentum selbstverständlich war, ist unbestreitbar« (244), würde ich in dieser apodiktischen Form nicht zu äußern wagen. Hier wird vorschnell generalisiert. Und erst recht scheint (245) die Forderung nach einer »existentielle(n) Entscheidung zwischen dem gerechten und dem lieben Gott« verfehlt zu sein. Ist der »liebe« etwa der »ungerechte Gott«? Wie steht es um »Gottes Gerechtigkeit« bei Paulus oder um den »gerechtfertigten« Zöllner Lk 18,14? Müßte man – statt eines solchen irreführenden Gegensatzes – nicht einfach sagen, daß das Maß der Gerechtigkeit Gottes seine Liebe ist und nicht umgekehrt? Wir sollten uns – um einer scheinbar eleganten Formulierung willen – weder auf das Vorhaben Marcions einlassen noch den Maßstab der Rede von der Gerechtigkeit Gottes *allein* von Mt beziehen. Es gibt durchaus Beispiele im Judentum (sicher mehr als in der griechischen Ethik), wo die Gefahr der »Werkgerechtigkeit« im Ansatz durchbrochen wird. Schon das AT kennt zahlreiche kräftige *vestigia gratiae,* und diese hören im Judentum nicht auf, ja nur auf dem Boden des Judentums war ein Durchbruch zur radikalen Gnade wie bei Jesus und Paulus möglich.

Es ist verständlich, daß Weder den Evangelisten Mt ›zurückhaltend beurteilt‹. D. h. zunächst, daß er das Profil dieses strengen theologischen Denkers bei der Auslegung von Mt 5–7 nicht in dem Maße herausarbeitet, wie es dessen Anteil an der Gestaltung der Bergrede verdient hätte. Auch er schiebt hier noch zu viel der so schwer greifbaren »vormatthäischen Gemeinde« zu. Vielleicht konnte er nur auf dieser Basis eine so schöne Auslegung der Bergrede schreiben. Erst am Schluß (zu 7,13–27: 234ff.) geht er, zurückhaltend zwar, aber doch deutlich mit ihm »ins Gericht«. Es ist einmal die Gefahr der »Werkgerechtigkeit«, die er bei ihm sieht. Freilich meine ich, daß sie (als latente Gefahr) schon in 5,3ff. beginnt und am Ende kaum stärker ist als im ganzen Werk. Die gegenwärtig vorherrschende Auslegung von Mt 5–7 ist – in naiver Selbstüberschätzung – zu einem guten Teil davon bestimmt. Daß Weder hier auf »Gegenkurs« steuert, macht die Lektüre seines Buches so erfrischend.

Dennoch kann ich ihm an einem Punkt nicht folgen. In dem Zitat vom Gegensatz »zwischen dem gerechten und lieben Gott« habe ich ihn schon angedeutet. Es geht darum, daß er die Ankündigung von *Gottes Gericht* Jesus absprechen will, da sie mit der Verkündigung der Nähe der Liebe Gottes unvereinbar sei. Weder stellt damit Jesus bewußt in schroffen Gegensatz zu Johannes dem Täufer, dessen Drohwort (Mt 3,10) der Evangelist fälschlicher Weise Jesus in den Mund gelegt habe (Mt 7,19). Nun, Mt weiß sehr wohl zwischen dem Täufer und Jesus zu unterscheiden, indem er – im Gegensatz zu seiner Vorlage Mk 1,4 – das Handeln εἰς ἄφεσιν ἁμαρτιῶν allein auf Jesus überträgt, der mit dieser Formel die Frucht seines Sühnetodes für alle Menschen (ὑπὲρ πολλῶν) umschreibt. Trägt dieser Jesus nicht – noch ganz ähnlich wie bei Mk – stellvertretend für alle das Gericht der Gottesferne (Mt 26,26ff.; 27,46f.), und sagt er nicht sein Kommen als Richter an, wie wir es im Apostolicum bekennen? Ist die gewisse Erwartung des kommenden Richters »nichts anderes als natürliche Theologie, eine theologische Verbrämung meines Wunsches, Gott möge den Übeltätern heimzahlen«? (243) Entspricht hier nicht der »gute Vater überm Sternenzelt« oder der Gott, der vergeben muß, weil es nach Voltaire »sein Metier ist«, viel mehr einer natürlichen, da »allzu menschlichen« Theologie? War Jesus gar der Widersacher des Täufers? Warum hat er ihm dann ein einzigartiges Denkmal gesetzt (Mt 11 = Lk 7,18ff., vgl. Mk 11,29ff.) und sich – bei aller Unterschiedlichkeit – aufs engste mit ihm verbunden? *Geschieht Gnade nicht immer nur durchs Gericht hindurch,* Gnade vor Recht, gewiß, aber doch nur für den »Gerichteten«? Müssen wir – mit Paulus – nicht alle vor dem »Richterstuhl Christi offenbar werden«? Und ist dies nicht ein Akt der Menschenfreundlichkeit, ja der Liebe (wie alles gerechte Gericht), weil erst dann alle Lügen und aller Selbstbetrug offenbar werden, die uns Menschen beherrschen und verblenden, da wir uns doch weder selbst noch andere wirklich kennen? Haben wir diese wahre »Aufklärung« nicht alle sehr nötig? »Denn Finsternis bedecket das Erdreich und Dunkel die Völker…«, auch noch 2000 Jahre post Christum natum – ja gerade da! Kennt Paulus nicht eine Rettung ὡς διὰ πυρός (1.Kor 3,15) und steht er mit seinem ἡ ἡμέρα δηλώσει nicht relativ nahe bei Mt 25,31 *und* Mt 7,19–27? »Die Gerichtsdrohung verlegt Gottes Wirken in meine Nachgeschichte. Die Sündenvergebung dagegen macht Gottes Wirken zu meiner Vorgeschichte«, meint Weder (243) und will damit den Unterschied zwischen dem Täufer und Jesus umschreiben. So kann man argumentieren. Aber ist das nicht zu kurzschlüssig ausgedrückt? Ergreift in Jesu Predigt nicht Gottes Wirken von meiner *ganzen* Geschichte Besitz, dem Vorher und Nachher, und erweist sich dieser nicht in meiner ganzen Geschichte als der richtende und durch das Gericht hindurch ganz und gar gnädige Gott? Ist das, was Weder »Drohung« nennt, nicht gute, notwendige Mahnung? Es geht hier nicht – ich gebrauche ein heute beliebtes Schlagwort bei der Auslegung der Bergpredigt, das dadurch nicht besser wird, daß es von D. Bonhoeffer stammt – um die Abwehr der »billigen Gnade«: *Gnade ist niemals billig;* sie ist – im Blick auf den Tod des Gottessohnes am Kreuz – τίμιος (1.Petr. 1,19; vgl. dagegen Hebr 10,29) schlechthin, für uns jedoch δωρεάν, *gratis data.* Billige Gnade ist keine Gnade, diese wirkt nie am Recht vorbei, sondern rechtfertigt den Verurteilten, den Sünder (2. Kor 5,21). Ohne »Gericht« keine »Rechtfertigung«. Die abgründige Tiefe dieses Geschehens wird für uns illusionäre Egoisten (gerade auch im Umgang mit der Bergpredigt) erst am »Jüngsten Tag« sichtbar: ἡ ἡμέρα δηλώσει. Grund schon jetzt zum erschrockenen Staunen (Mt 7,28) – und zum staunenden Danken (Rö 11,33–36, vgl. 5,20).

Ich breche hier ab. Das literarische Genus der »Rezension« ist schon längst verlassen. Mit Weder würde es sich lohnen, weiterzudiskutieren. Denn ihm gebührt Dank: dafür, daß er gegenüber heute allzu zahlreichen »leicht-fertigen« Versuchen, diesen ungeheuerlichen Text auszulegen, sich sein eigenes Bemühen nicht zu leicht gemacht hat. Noch einmal: die Christenheit hat keinen Grund, sich dieses Textes zu rühmen. Schon gar nicht gegenüber ihrer eigenen Wurzel, ihrer »Mutter«, dem antiken Judentum, das wie ein Chor im Hintergrund der Bergrede ständig mitredet. Das erste überlieferte Urteil eines Juden ist hier entwaffnend ehrlich (mehr als alle christliche Überheblichkeit): »Ich weiß auch, daß die in eurem sogenannten Evangelium enthaltenen Weisungen so wunderbar und groß sind, daß sie vermutlich keiner einhalten kann. Ich habe sie nämlich sorgfältig gelesen« (Tryphon nach Justin, dial 10,2). Im Blick auf eine lange Geschichte des versäumten Tuns und des deplazierten Selbstlobs müssen wir beschämt und nachdenklich werden. Denn nicht die Erbauung an ihrer »religiös-sittlichen« Höhe zählt, sondern allein das aus dem Glauben kommende Handeln. Auch hier gilt noch einmal ἡ ἡμέρα δηλώσει.

7. Das Johannesevangelium als Quelle für die Geschichte des antiken Judentums*

Emil Schürer hat lebenslang seine ganze Arbeitskraft einem einzigen Werk gewidmet, seiner ‚Geschichte des jüdischen Volkes im Zeitalter Jesu Christi‘[1], die von Auflage zu Auflage umfangreicher wurde. Daneben hat er nur – als Mitherausgeber der Theologischen Literaturzeitung – zahllose Rezensionen und einige wenige kleinere Studien verfaßt, darunter auch eine heute noch lesenswerte ‚Ueber den gegenwärtigen Stand der johanneischen Frage‘.[2] Es handelt sich um einen Vortrag, den er vor Pfarrern gehalten hat. Schürer kommt darin zu einer deutlichen Korrektur der älteren radikalen Johanneskritik Bretschneiders und der Tübinger Schule F. C. Baurs, die dem 4. Evangelisten „Unkenntniß palästinensischer und jüdischer Dinge" vorwarfen, und daher seine palästinische, ja sogar seine jüdische Herkunft bezweifelten – eine Tendenz, die sich bis E. Hirsch und R. Bultmann fortsetzt.[3] In Wirklichkeit

---

* Wesentlich erweiterte Fassung einer Studie, die erstmals erschienen ist in dem Symposiumsband „The Study of Jewish History in the First and Second Centuries CE. From Schürer to the Revised Schürer – A Century of Scholarship", ed. A. OPPENHEIMER/E. MÜLLER-LUCKNER, München 1999. Für wertvolle Hinweise danke ich den Kollegen Hartmut Gese, Jörg Frey und vor allem Max Küchler, Fribourg, der die Pläne neuerer Ausgrabungen mit einem instruktiven Kommentar u. S. 381–389 beigesteuert hat.

[1] Die 1. Auflage 1874 erschien noch in einem Band, die 3. bzw. 4. in 3 Bänden mit einem Registerband 1901–1911, s. dazu M. HENGEL, Der alte und der neue Schürer, JSS 35,1 (1990), 19–72 (in diesem Band, o. S. 157–166). S. jetzt die völlig überarbeitete neue englische Ausgabe: The History of the Jewish People in the Age of Jesus Christ, revised and edited by G. VERMES & F. MILLAR, Vol. I 1973; II 1979; III,1 1986; III,2 1987 (Vol. III,1 u. 2 mit M. Goodman).

[2] In: Vorträge der theologischen Konferenz zu Gießen, gehalten am 20. Juni 1889 (V. Folge), Gießen 1889, 28–73. Nachgedruckt in: K. H. RENGSTORF (Hg.), Johannes und sein Evangelium, WdF LXXXII, Darmstadt 1973, 1–27. S. dazu K. H. RENGSTORF, S. XVIIf, der mit Recht hervorhebt, daß Schürer „gerade als neutestamentlicher Exeget sich in erster Linie als Historiker verstanden hat".

[3] Op.cit. 67f = RENGSTORF 19; E. HIRSCH, das vierte Evangelium in seiner ursprünglichen Gestalt verdeutscht und erklärt, Tübingen 1946, 75, vermutet einen heidenchristlichen Griechen aus Antiochien, der „nach 70 eine Reise ins Heilige Land" machte. R. BULTMANN, RGG³ 3,849 denkt an eine Herkunft des Werkes aus einem synkretistischen syrischen Milieu und verweist dabei auf die – m. E. rund 100 Jahre späteren – Oden Salomos und auf Ignatius, der kirchenpolitisch eine etwas spätere Situation voraussetzt. Der oben genannte, seit der Tübinger Schule erhobene Vorwurf ist typisch für eine ihre Grenzen nicht erkennende radikale „historische Kritik" und fällt auf diese selbst zurück, da sie vom antiken Judentum nicht allzu viel verstand. Dazu M. HENGEL, Die johanneische Frage, WUNT 67, 1993, 233–35. 276–287.

habe der Evangelist „eine gute Kenntnis der jüdischen Dinge" besessen. Daher werde „auch von den Gegnern der Echtheit mehr und mehr für wahrscheinlich erklärt, daß er jüdischer Herkunft war, wenn auch nicht palästinisch-jüdischer, so doch hellenistisch-jüdischer Herkunft". Entsprechend meint Schürer selbst, „daß der Verfasser des vierten Evangeliums ein Mann von griechischer Bildung war", daß jedoch „diese Bildung die des hellenistischen Judentums" gewesen sei, „in der Form, wie es besonders durch Philo repräsentiert ist", und daß er daher nicht mit dem Zebedaiden, der einstmals ein galiläischer Fischer gewesen sei, identisch sein könne.[4] Nun hat sich Schürer bei dem Vergleich mit Philo sicher auf die falsche Fährte begeben. Zwischen dem hochgebildeten Religionsphilosophen aus Alexandrien, Bruder des jüdischen Rothschild seiner Zeit, und dem Evangelisten besteht in Stil und philosophischer Bildung ein tiefer Graben, den auch der den Prolog beherrschende Logos als Schöpfungs- und Offenbarungsmittler nicht überbrücken kann. Joh 1,14 ist ganz und gar unphilonisch. Was Sprache und Stil betrifft, so hat bereits A. Schlatter in seiner noch heute gültigen Untersuchung ‚Die Sprache und Heimat des vierten Evangelisten'[5] den richtigen Weg gewiesen, und die Qumrantexte haben weitere grundlegende Übereinstimmungen aufgezeigt. Schon Schlatter machte u. a. darauf aufmerksam, daß griechische Bildung ca. 360 Jahre nach Alexander d. Gr. auch im jüdischen Palästina schon längst zuhause war, auch ich selbst glaube, in zahlreichen Untersuchungen diesen Punkt hinlänglich geklärt zu haben. Der lange Zeit überbetonte grundsätzliche Gegensatz zwischen dem Judentum des Mutterlandes und dem sogenannten „hellenistischen" der Diaspora ist inzwischen weitgehend relativiert worden.[6]

Damit stoßen wir auf einen zweiten Punkt von grundsätzlicher Bedeutung, der zeigt, wie sehr sich die Forschungslage seit den Tagen Schürers geändert hat. Wenn der Autor des 4. Evangeliums ein aus Palästina stammender Jude war, dann erhält dasselbe einen neuen, bisher zu wenig beachteten Quellenwert. Dies gilt zugleich auch für zahlreiche andere neutestamentliche Schriften. Denn daß das Neue Testament ohne die Kenntnis der zeitgenössischen jüdischen Geschichte und Religion historisch weithin unverständlich bleibt, wird

---

[4] Op.cit. 68−70 = Rengstorf 20f. Den allein durch das völlig verschiedene Bildungsmilieu bedingten Graben, der Philo von Johannes (und von den meisten Schriften des frühen Christentums) trennt, hat er wie viele Neutestamentler bis heute zu wenig gesehen, ebensowenig wie den anders gearteten „Hellenismus" im jüdischen Palästina selbst.

[5] BFCTh 6,1902, Heft 4, abgedruckt in: K. H. Rengstorf (Anm. 2), 28−201. Vgl. auch seinen großen Kommentar: A. Schlatter, Der Evangelist Johannes. Wie er spricht, denkt und glaubt. Ein Kommentar zum vierten Evangelium, Stuttgart [1]1930; [4]1975.

[6] S. dazu oben S. 115−156 und Kleine Schriften, Bd. I, 1−90. S. weiter meine Bibliographie in: Geschichte − Tradition − Reflexion, Festschrift für M. Hengel zum 70. Geburtstag, hg. v. H. Cancik, H. Lichtenberger, P. Schäfer, Tübingen 1996, Bd. III, 694ff, Nr. 17.30 (= Kleine Schriften, Bd. I, 151−170). 73.75.82.95 (= Kleine Schriften, Bd. I, 258−294). 103.119.121 (= Kleine Schriften, Bd. I, 195−313). 139 (= Kleine Schriften, Bd. I, 314−343). 177.181.202.224.

heute kaum mehr bestritten. Daß es jedoch umgekehrt selbst eine wichtige Quelle für die Erforschung des Judentums seiner Zeit darstellt, wird erst allmählich erkannt (s. o. S. 200–218). Dabei denkt man in erster Linie an die synoptischen Evangelien mit ihrem galiläischen Lokalkolorit, an die Apostelgeschichte des Lukas, die eine literarisch ganz aus dem Rahmen fallende „Missionsgeschichte" der neuen messianischen Bewegung darstellt, oder an die Briefe des ehemaligen pharisäischen Schriftgelehrten Paulus. Daß aber das Johannesevangelium, das im Rahmen der vier kanonischen Evangelien zeitlich und wohl auch sachlich am weitesten vom „historischen Jesus" entfernt ist (obwohl diese Frage komplizierter ist, als allgemein angenommen wird: S. Mt 11,27 = Lk 10,22), als Quelle für das Judentum des 1. Jh.s in Frage kommt, wird bis heute kaum erwogen. Veröffentlicht wurde das Evangelium wohl kaum vor dem Ende des 1. Jh.s im westlichen Kleinasien, wo es schon im 2. Jh. seine stärkste Wirkung entfaltete. Sein Autor, ein überragender Lehrer, der dort eine Schule oder Gemeinde gründete, bleibt bewußt in einem eigenartigen Halbdunkel, das mehr verhüllt als sichtbar werden läßt. M. E. steht hinter ihm der „Alte Johannes" des Papias, den dieser als „Herrenjünger" bezeichnet und häufig als Traditionsträger zitiert. Papias war z. Zt. Hadrians Bischof von Hierapolis in Phrygien. Der „Alte" ist Autor des 2. und 3. Johannesbriefs und bezeichnet sich dort selbst als „ὁ πρεσβύτερος", was dem palästinischen Ehrennamen „haz-zaqen" entsprechen mag. Er selbst könnte wiederum ein Schüler des Zebedaiden gewesen sein – aber hier bewegen wir uns schon auf historisch relativ unsicherem Boden.[7]

Das Evangelium hat im Grunde genommen nur *ein* Thema: *die Christologie*. Diesem Thema von der Sendung des präexistenten Gottessohnes in die Welt, der Glauben wirkt und ewiges Leben schenkt, ist alles andere untergeordnet. Der Stil ist einheitlich wie bei kaum einem anderen antiken Autor, fast bis zur Monotonie. Keine neutestamentliche Schrift hat, gemessen am Gesamtum-

---

[7] S. dazu M. Hengel, Die johanneische Frage. Ein Lösungsversuch. Mit einem Beitrag zur Apokalypse von Jörg Frey, WUNT 67, 1993. Die neuesten Versuche einer Frühdatierung (gegen das einmütige Zeugnis der Väter der alten Kirche) können in keiner Weise überzeugen, s. J. A. T. Robinson, The Priority of John, ed. J. F. Coakley, London 1985 und K. Berger, Im Anfang war Johannes. Datierung und Theologie des vierten Evangeliums, Stuttgart 1997. Das Johannesevangelium muß – wenigstens partiell – aus einer Weiterentwicklung und bewußten Veränderung der synoptisch (-petrinischen) Überlieferung erklärt werden, aber nicht umgekehrt die Synoptiker aus der johanneischen Tradition. Das schließt nicht aus, daß Joh die Synoptiker bisweilen zu Recht kritisiert und in Details historisch bessere Überlieferungen besitzt, s. u. S. 323 ff. Außerdem setzt das Johannesevangelium auch die paulinische Theologie voraus. Noch irreführender ist auf der anderen Seite die sich an F. C. Baur anschließende extreme Spätdatierung des Gesamtwerkes durch W. Schmithals, Johannesevangelium und Johannesbriefe, BZNW 64, 1992. Zur Datierung s. 422: „Grundevangelium" um 140, das Evangelium „etwa eine Generation später", vgl. 3 ff. mit z. T. fehlerhaften Datierungsangaben. Zur Kritik s. U. Schnelle, ThLZ 118 (1993), 840–42 und J. Frey, Die johanneische Eschatologie, WUNT 96, 1997, 381–87, dort auch Index 542.

fang, einen so begrenzten Wortschatz.[8] Der historische Gehalt des Werkes im Blick auf den wirklichen Jesus der Geschichte ist – ich sage es vorsichtig – umstritten. Während Herder und Schleiermacher unter dem Vorzeichen des deutschen Idealismus seinen historischen Wert sehr hoch einschätzten – für Schleiermachers Leben Jesu war es die wichtigste Quelle –, hat der junge Stiftsrepetent David Friedrich Strauß seinen Geschichtswert radikal bestritten und damit den Apfel der Eris unter die Theologen des 19. Jh.s geworfen. Seine radikale historische Kritik hat sich in der Forschung seither weitgehend durchgesetzt. Als Beispiel sei nur das Urteil eines genialen Altphilologen und Historikers, Eduard Schwartz, zitiert[9]: „Eins nimmt den ... Blick sofort gefangen und überwiegt zunächst jede andere Wirkung: die Rücksichtslosigkeit, mit der der überlieferte Stoff gestaltet wird, die ungeheure Kühnheit der Erfindung, die nichts unangetastet läßt. ... Ein gewaltsam concipierender, höchst individueller Dichter treibt sein Wesen, der von den ἀρεταί seines Gottes ein ganz neues Lied anzustimmen sich unterfängt." – „Er muß in einer Zeit geschrieben haben, die von den Anfängen schon recht weit ablag, und doch noch so früh, daß er es wagen konnte, die synoptische Ueberlieferung bei Seite zu schieben und die Göttlichkeit Jesu in eine Poesie eigener Art, frei von dogmatischer Gebundenheit, umzusetzen." So *konnte* das Evangelium auf einen kritischen (und zugleich voreingenommenen) Leser wirken.

Und doch kann man gerade dieses Evangelium nicht mit der Willkür der späteren apokryphen Evangelien und Apostelromane in allen historischen Fragen vergleichen, es enthält, nicht weniger als die Synoptiker – den „Historiker" Lukas mit eingeschlossen –, zahlreiche Hinweise, die z. T. fast schlaglichtartig konkrete Punkte der jüdischen Geschichte im Mutterland beleuchten, in Geographie, Festzeiten, Gebräuchen und einzelnen Personen – Punkte, die von der kritischen Forschung, welche lange Zeit das Evangelium vornehmlich mit dem hellenistischen Synkretismus oder gar der Gnosis verbinden wollte, in der Regel zu wenig beachtet worden sind. Im Folgenden wollen wir uns unter Zurückstellung der theologisch-religionsgeschichtlichen Fragestellung auf einige dieser *historischen Details* konzentrieren, die m. E. unübersehbar auf die palästinische Herkunft des Evangelisten hinweisen und darum indirekt auch für seine theologische Interpretation bedeutsam sind.

Wegen der Beschränkung in Zeit und Raum kann ich freilich nur wenige Punkte herausgreifen, die hinsichtlich unserer Kenntnis des palästinischen Judentums im 1. Jh. einen gewissen *historischen „Mehrwert"* besitzen – Orts- und Festnamen bzw. Fakten, die im Evangelium *zum erstenmal* bezeugt werden – und darum nicht nur für das Evangelium selbst von Interesse sind. Dabei ist zu bedenken, daß man Historie und Religion im antiken Judentum nicht streng trennen kann.

---

8 Dies erinnert an die stereotype Sprache der Kernschriften der Qumranessener.
9 Aporien im vierten Evangelium IV, NGWG 1908, 557f.

1. Zur Geographie

1.1. Joh 4,5: Sychar und die Samaritaner[10]

Der Evangelist folgt im Groben dem synoptischen Schema Galiläa – Jerusalem, doch auf ganz eigenwillige Weise: er berichtet nicht nur von einer, sondern von drei Festreisen aus Galiläa in die Heilige Stadt, wobei der Schwerpunkt des Aufenthalts Jesu dort, und – im Gegensatz zu Mk und Mt – nicht mehr in der jüdischen Nordprovinz liegt.

Nach Johannes hatte sich Jesus zum Passafest in Jerusalem aufgehalten (2,13–3,21), von dort aus „das judäische Land" aufgesucht, dort längere Zeit verweilt (3,22) und (am Jordan?) getauft bzw. seine Jünger taufen lassen.[11] Nun kehrt er von Judäa zum ersten Mal nach Galiläa zurück.

Dazwischen befindet sich Samarien, das durchwandert werden muß (4,4: ἔδει δὲ αὐτὸν διέρχεσθαι διὰ τῆς Σαμαρείας), an welchem der Evangelist (wie schon vor ihm Lukas) besonderes Interesse hat.[12] Jesus kommt von Judäa, d.h. vom Süden her (4,3) zu „einer samaritanischen Stadt mit dem Namen *Sychar*" (εἰς πόλιν τῆς Σαμαρείας λεγομένην Συχάρ). Die altsyrischen Übersetzungen

---

[10] S. dazu die großen Kommentare von Th. ZAHN, C.K. BARRETT, R.E. BROWN, R. SCHNACKENBURG; weiter B. SCHWANK, Das Evangelium nach Johannes, St. Ottilien 1996, 128f; G. DALMAN, Orte und Wege Jesu ⁴1924, ND Darmstadt 1967, 226–229; K. KNUDSIN, Topologische Überlieferungsstoffe im Johannesevangelium, FRLANT 39, 1925, 27–30; C. KOPP, Die heiligen Stätten der Evangelien, Regensburg 1959, 196–211; H.-M. SCHENKE, Jakobsbrunnen – Josephsgrab – Sychar. Topographische Untersuchungen, ZDPV 84 (1968), 159–184 (181ff): die wichtigste Untersuchung zur Sache; ferner H.G. KIPPENBERG, Garizim und Synagoge, RVV 30, 1971, 87.94f.109.116ff; M. HENGEL, Der Historiker Lukas und die Geographie Palästinas in der Apostelgeschichte, ZDPV 99, 1983, 147–183 (175–182); W.D. DAVIES, The Gospel and the Land, Berkeley etc. 1974, 298–302. Die beste Zusammenfassung der samaritanischen Quellen und Geschichte gibt M. BAILLET, Samaritains, DBS XI, 773–1047 (fasc. 63/64A 1990). Zu Joh 4 s. 998: „un véritable exposé sur le conflit entre Samaritains et Juifs et les doctrines des deux partis". S. außerdem M. BÖHM, Samarien und Samariter bei Lukas. Eine Studie zum religionshistorischen und traditionsgeschichtlichen Hintergrund der lukanischen Samarientexte und zu deren topographischer Verhaftung. Diss. theol., Leipzig 1997, erscheint in WUNT. Dort ist die ganze Literatur verarbeitet.

[11] Hier besteht ein Widerspruch zwischen 3,22 und 4,2.

[12] Lk/Apg hat die Wortgruppe „Samarien, Samariter, Samariterin" 11mal, Joh 9mal, Mk gar nicht und Mt nur in der negativen Aussage 10,5. Das weist auf tiefere Gegensätze in den Evangelien hin, was das Interesse an den Samaritanern betrifft. Könnte dies mit den negativen Erfahrungen mit Samaritanern wie Dositheos und Simon Magus, dem Widersacher des Petrus in Palästina und Rom (?), zusammenhängen? Lk scheint hier als Nicht-Palästiner mit der Geographie des Landes weniger vertraut zu sein als Joh, vgl. die Aussage Lk 17,11, welche aber, wie die Arbeit von M. BÖHM (Anm. 10) zeigt, mit einiger Mühe ebenfalls sinnvoll gedeutet werden kann. Die nächsten Parallelen sind Lk 9,51–56 und mit einigem Abstand 17,11–19. Zu den verschiedenen Bezeichnungen der Samaritaner in den antiken Quellen (Josephus, AT, LXX) s. M. BAILLET (Anm. 10), 1036–1044.

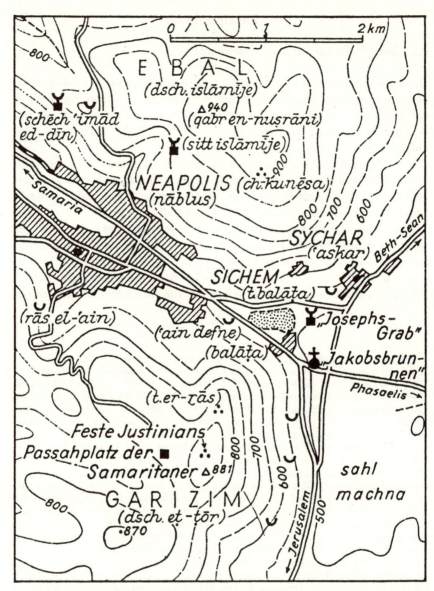

Sichem und Umgebung (aus: BHHW III, 1782)

lesen *sechîm* und meinen damit das altisraelitische *Sh^eḵem*, LXX Συχεμ oder gräzisiert Σίϰιμα, das die Samaritaner nach der Zerstörung Samarias durch Alexander d. Gr. 331 zu ihrem Hauptort machten, der heutige *Tell Balaṭa*, unmittelbar am nördlichen Fuß des den Samaritanern heiligen Berges Garizim gelegen. Hieronymus deutete die Namensveränderung von Sychem in Sychar mehrfach als Kopierfehler eines Schreibers.[13] Aber diese Gleichsetzung, die die Auslegung bis ins 19., ja ins 20. Jh. hinein beherrschte[14], läßt sich weder historisch noch auf Grund der Ortsüberlieferung halten. Denn schon der Pilger aus Bordeaux nennt geographisch sehr präzise „1000 Doppelschritte (von Sechim = am Fuße des Garizim) entfernt" einen „Ort namens Sechor, von dem aus die Samaritanerin zu der Stätte hinabstieg, an der Jakob den Brunnen gegraben hatte, um Wasser daraus zu schöpfen".[15] Weiter bezeugt das Onomastikon Eusebs deutlich den Unterschied beider Orte.[16] Nach Euseb liegt Sychar „vor Neapolis" als ein selbständiger, bewohnter Ort. Sychem, die Stadt Jakobs (Gen 34), befindet sich zwar auch in unmittelbarer Nähe derselben Stadt (ἐν προαστείοις Νέας πόλεως), ist aber jetzt unbewohnt (νῦν ἔρημος). Schließlich unterscheidet auch die Madaba-Karte deutlich zwischen den drei Orten: Sie nennt Neapolis, außerdem auch „(Sy)char, das jetzt (As?)chora (genannt wird)" und „Sychem, das auch Sikima (genannt wird) und Salem".[17] Die samaritanische Metropole Sichem wurde nämlich nach Josephus ca. 128 v. Chr. (bzw. spätestens vor 107 v. Chr.) durch den hasmonäischen Hohenpriester Johannes Hyrkan I. sehr wahrscheinlich zusammen mit dem samaritanischen Konkurrenzheiligtum, einer Art Tempel*stadt* auf dem Garizim, erobert und wenig später zerstört[18]. Es blieb eine weitgehend unbewohnte Trümmerstätte mit einzelnen spärlichen und in ihrer Beurteilung umstrittenen Besiedlungsspu-

---

[13] Hebr. quaest. in Gen 48,22 = CCSL 72 I,1,52 Autin = Lagarde, p. 66, 7−10; Lib. interpr. hebr. nom. op.cit 142 = Lagarde 66,10; ep. 108 Epitaphium S. Paulae, c. 13 ed. Labourt 5, 173 f.

[14] S. z. B. Theophylaktos, PG 123,1229; HUGO GROTIUS, annot. in Nov.Test.; A. BENGEL, Gnomon; I. WETTSTEIN (mit überfließender Gelehrsamkeit); W. M. L. DE WETTE, Kurze Erklärung des Evangeliums und der Briefe Johannis, 1837, jeweils zu Joh 4,5. S. heute noch W. D. DAVIES (Anm. 10), 298f; RAYMOND E. BROWN, The Gospel according to John, I−XII, 1966, 169; B. SCHWANK (Anm. 10), 128 f u. a.

[15] Itinerarium Burdigalense, CCL 175,13. Deutsche Übersetzung mit kurzem Kommentar bei H. DONNER, Pilgerfahrt ins Heilige Land. Die ältesten Berichte christlicher Palästinapilger (1.−7. Jh.), Gütersloh 1979, 2f.

[16] Ed. E. KLOSTERMANN, GCS 11,1, 1904, ND Hildesheim 1966, 164,1: Συχὰρ πρὸ τῆς Νέας πόλεως, vgl. Z. 11 f, und zu 150,1 f vgl. 54,23 f.

[17] H. DONNER, The Mosaic Map of Madaba. An Introductory Guide, Kampen 1992, 47−49. S. schon die Erwägungen von H. M. SCHENKE (Anm. 10), 182 f. Daneben werden noch das Grab Josephs östlich von Sichem und die Jakobsquelle (Joh 4,5 f) erwähnt.

[18] Bell 1,63; Ant 13,255 f; E. SCHÜRER I (Anm. 1), 1973,207. Josephus nennt Sichem und den „nach dem Heiligtum in Jerusalem gestalteten Tempel" in einem Atemzug. Die neuesten Ausgrabungen zeigen, daß Sichem als samaritanischer Hauptort in hellenistischer Zeit insgesamt viermal zerstört wurde, besonders nachdrücklich um 200 v. Chr., als Antiochus III. durch den Sieg bei Paneas endgültig Koile Syrien und Palästina für die Seleukiden eroberte. Vermutlich erbauten danach die Samaritaner auf dem Garizim um den schon bestehenden Tempel eine befestigte Tempelstadt, die jetzt z.T. ausgegraben wurde, und die damals dann von Johannes Hyrkan erobert und vernichtet wurde. S. dazu jetzt M. BÖHM (Anm. 10).

ren.[19] Nach der Eroberung Jerusalems gründete Vespasian, der die Samaritaner bestraft hatte, die sich 67 n. Chr. ebenfalls gegen die römische Herrschaft empörten[20], ca. 72/73 n. Chr. die Veteranenkolonie Flavia Neapolis an der Stelle eines älteren Dorfes Mabartha ca. 2,5 km nordwestlich von Tell Balaṭa in der Senke zwischen dem Berg Garizim im Südosten und dem Ebal im Nordosten. Der Name dieser Neugründung hat sich im heutigen Nablus erhalten.[21] Vermutlich wurde das ganze Gebiet des östlichen Samariens zum Stadtgebiet dieser Veteranenkolonie erklärt.

Sychar, ca. 3 km östlich von Neapolis und ca. 1 km nordöstlich vom Tell Balaṭa, war vermutlich der *Hauptort der Samaritaner* seit ihrer Befreiung von der jüdischen Oberherrschaft nach der Eroberung Jerusalems durch Pompeius 63 v. Chr. und bis zu seiner Verdrängung durch das mehr und mehr von Samaritanern besiedelte Neapolis etwa seit dem 3./4. Jh. n. Chr. Das samaritanische Ethnos benötigte ja auf die Dauer ein politisches Zentrum, und dies wurde wohl zunächst das Dorf Sychar am südöstlichen Fuße bzw. am unteren Hang des Ebal[22], das einen schönen Blick auf den südwestlich gelegenen heiligen Berg der Samaritaner, den Garizim, bietet. Daß das unbefestigte Dorf als πόλις bezeichnet wird, entspricht – so zu Recht R. Bultmann im Anschluß an A. Schlatter – „palästinischer Redeweise"[23]. Auf jeden Fall scheint Sychar so etwas wie die samaritanische Ersatzsiedlung für das zerstörte Sichem geworden zu sein, dessen „Gemarkung" den Tell Balaṭa, das zwischen dem Tell und Sychar liegende „Feld Josephs", das mit dem „Grab Josephs" identisch ist[24], und den Jakobsbrunnen miteinschloß. Auffallend ist, daß Joh 4,5 den Ort

---

[19] Auch der Pilger von Bordeaux spricht bei Sichem nicht eindeutig von einer Siedlung, sondern sagt nur: inde ad pedem montis ipsius (= gazaren/Garizim) *locus* est cui nomen est Sechin, s. o. Anm. 15. Zu Sichem s. noch A. D. Crown et al., A Companion to Samaritan Studies, Tübingen 1993, 218 f, etwas unklar formuliert (mit Literaturangaben); E. G. Wright, ZDPV 83 (1967), 199: „There was no Roman settlement." H. M. Schenke (Anm. 10), 181 zur Archäologie: „Auf dem Tell Balaṭa fand sich so gut wie nichts Römisches mehr."

[20] Jos. bell. 3,307–315.

[21] Jos. bell. 7,3; Plin. maior, n. h. 5,69. E. Schürer, 1,20f; 2,40.183.

[22] „Sychar/ʿAskar muß in römischer Zeit, vor allem nach der Zerstörung Sichems (128–107 v. Chr.) und vor der Gründung von Neapolis (72 n. Chr.), eine ziemlich große und bedeutende, unbefestigte und darum breit angelegte Ortschaft gewesen sein, die an Ausdehnung vermutlich größer war als das ehemals befestigte Sichem", so H. M. Schenke (Anm. 10), 182. Derselbe meint weiter: „Sychar/ʿAskar dürfte damals (als Nachfolgerin Sichems) das Zentrum des Samaritanertums gewesen sein. Man hätte sich vorzustellen, daß nach der Zerstörung Sichems die Mehrzahl der Überlebenden sich im benachbarten Sychar niedergelassen haben. Das alte Sichem war unbewohnbar geworden und in der Nähe des heiligen Garizim mußte man ja bleiben", 183. Dieser Wechsel scheint mir freilich erst nach dem Ende der hasmonäischen Fremdherrschaft, d. h. nach 63 v. Chr., definitiv vollzogen worden zu sein. Es wäre dringend erwünscht, in Sychar/ʿAskar archäologische Sondierungen vorzunehmen.

[23] KEK [11]1950,129, Anm. 4.

[24] Zum „Feld Josephs" s. Joh 4,5, dazu Gen 33,19; 48,22; vgl. J. Jeremias, Heiligengräber in Jesu Umwelt, Göttingen 1988, 31–38. Zum Grab Jos 24,32; Billerbeck II, 432.675 f und J. Jeremias, op. cit, 31 ff.

Sychar geographisch durch das „nahe" (πλησίον) „Feld Josephs" und den „Jakobsbrunnen" genauer bestimmt und nicht umgekehrt. Dies setzt „heilsgeschichtliches" Denken und präzise Ortskenntnis voraus. Auch die fruchtbare Ebene östlich und südöstlich des Ortes (s. u. Anm. 36) gehört hier wohl zum großen Gebiet des Dorfes. Jedenfalls lag die Ortschaft im Zentrum der traditionsträchtigen Stätten des samaritanischen Ethnos. Daß Johannes zur Charakterisierung der Lage Sychars und des Jakobsbrunnens vom „Grundstück, das Jakob seinem Sohne Joseph gab" (4,5), nicht aber vom „Grab Josephs" spricht, mag mit J. Jeremias damit zusammenhängen, daß diese heilige Stätte „bis zum 4. Jh. ... in der Hand der Samaritaner war"[25]. Darüberhinaus weisen Apg 7,15f, Hieronymus und Syncellus auf eine Überlieferung hin, nach der alle Jakobssöhne in Sichem begraben seien. Diese Überlieferung dürfte mit J. Jeremias[26] samaritanischen Ursprungs sein.

1973 entdeckte man in Sychar/Askar ein in den Fuß des Ebal gehauenes Mausoleum aus dem Ende des 2. bzw. Anfang des 3. Jh.s mit insgesamt 10 Sarkophagen und griechischen Inschriften offenbar von einer vornehmen samaritanischen Familie mit figurativer Ausschmückung in jüdischem Stil im Gegensatz zu dem in Neapolis üblichen paganen Synkretismus.[27] Später in byzantinischer Zeit wurde aber dann doch Neapolis zum samaritanischen Hauptort. Eine samaritanische Synagogeninschrift aus Thessalonich aus dem 4. Jh. n. Chr., die den griechischen Priestersegen Nu 6,22−27 in der Fassung der „samaritanischen LXX" enthält, schließt mit der Bitte Ἄυξι Νεάπολις μετὰ τῶν φιλούντων αὐτήν[28]. D. h. zu dieser Zeit war das sich erfolgreich entwickelnde Neapolis, trotz seines ursprünglich heidnischen Charakters, zum Hauptort der Samaritaner geworden. Nach der Vita Isidori des Damascius war der neuplatonische Philosoph Marinus abgefallener Samaritaner aus Neapolis, „das bei dem Argarizon genannten Berge liegt". Damascius fügte noch hinzu, daß „auf diesem der allerheiligste Tempel des Zeus Hypsistos sei, den Abraham geweiht habe, der Stammvater der Hebräer der alten Zeit."[29]

Johannes ist *der erste antike Autor überhaupt, der Sychar/'Askar*, diese „Zwischenstation der samaritanischen Geschichte", *erwähnt* – und in diesem Zusammenhang auch die Verbindung dieses Ortes mit dem Jakobsbrunnen

---

[25] Op. cit., 32.

[26] Op. cit., 36ff.

[27] I. A. DAMATI, A Roman Mausoleum at ʾAskar, Qadmoniot 6, 1974, 118−120 (Hebr.); vgl. Z. YEVIN, in: RB 81 (1974),97 pl. XII/XIII (Unwahrscheinlich ist hier freilich die Bemerkung des Ausgräbers, daß die vornehme Familie in Sichem wohnte, eher könnte man an Neapolis denken); N. SCHUR, History of the Samaritans, BEAT 18,1992,78.

[28] B. LIFSHITZ/I. SCHIBY, Une synagogue Samaritaine à Thessalonique, RB 75 (1968), 368−374; s. auch R. PUMMER, in: A. D. CROWN, The Samaritans, Tübingen 1989, 148−150.

[29] Damascii vitae Isidori reliquiae, ed. C. ZINTZEN, Hildesheim 1967, 196 § 141 = M. STERN, GLAJJ II, 673ff, Nr. 548. Damascius lebte zu Beginn des 6. Jh.s. Er identifiziert den von Hadrian erbauten Zeustempel auf einem Bergvorsprung des Garizim mit dem alten Heiligtum der Samaritaner, s. M. MOR, in A. D. CROWN, op. cit. (Anm. 28), 28.

und dem Grundstück Josephs, bei welchem wohl Josephs Grab vorauszusetzen ist. Wahrscheinlich besitzen wir einen indirekten Hinweis auf den Ortsnamen im Jubiläenbuch und im späteren Midrasch, der auf die Kämpfe zwischen den Makkabäern und Samaritanern hinweist.[30] Johannes bezeichnet den Ort als πόλις τῆς Σαμαρείας, seine Bewohner, die seiner Auskunft nach auf Grund des Zeugnisses der Samaritanerin in großer Zahl zum Glauben kommen, generell als „οἱ Σαμαρῖται" (4,40), d. h. *sie vertreten paradigmatisch das ganze samaritanische Ethnos*. Diese Häretiker sind für ihn das Gegenbeispiel der Jesu Verkündigung eher widerstrebenden Juden und weisen indirekt auf die erfolgreiche künftige Heidenmission hin.[31]

Ca. 1 km südlich des Dorfes und ca. 300 m östlich des Tell Balaṭa liegt der gegen 30 m tiefe *Jakobsbrunnen*, der ebenfalls von Johannes erstmals erwähnt wird und dann ganz selbstverständlich als traditioneller heiliger Ort in den Pilgerberichten wieder erscheint[32]. Joh 4,11 läßt durch die samaritanische Frau ausdrücklich seine außerordentliche Tiefe betonen. Diese Frau sucht den Brunnen zu ungewöhnlicher Zeit am Mittag auf, um Wasser zu schöpfen, obwohl Sychar eine eigene Quelle besitzt. Das mag topographisch zutreffendes erzählerisches Arrangement sein, denn so kommt sie mit dem von der Wanderung ermatteten Jesus (4,6) ins Gespräch. Tatsächlich teilt sich an eben jener Stelle der aus Jerusalem oder aus dem Jordantal nach Norden führende Wanderweg. Der eine führt über Tell Balaṭa und Sebaste, die von Herodes neugegründete alte hellenistisch-heidnische Polis, nach Nordwesten und dann nach Norden in Richtung Mittelgaliläa[33], der andere an Sychar vorbei in Richtung Nordosten über Skythopolis/Beth-Shean nach Ostgaliläa und den See Genezareth. Nach Dalman hatte darum der schon vom Pilger von Bordeaux bezeugte Jakobsbrunnen „den Charakter eines Straßenbrunnens, der dem Vorteil der Reisenden dient"[34]. Es handelt sich hier fast um so etwas wie eine Pilgerstation auf dem Wege von Galiläa nach Jerusalem und umgekehrt.

Der Ort Sychar erscheint erst wieder in der Mischna um 200 n. Chr. Der Traktat Menachot 10,2 erwähnt frühreifenden vorzüglichen Weizen, der einmal als Omergabe dargebracht wurde, aus einer Ebene der Quelle Socher

---

[30] Südlich von Sychar lag wohl Maḥane Śakir (so Midrasch wayyisaʿu, Yalkut Shimoni § 135.138 = Jellinek, Bet ha-Midraš III,1−5; Chronik Jerachmeel, ed. M. Gaster, 36,8f, hat die Inversion *Śakir maḥᵃnäh;* vgl. Jub 32,4: *Maanesakir*), s. dazu K. Berger, Jubiläen, JSHRZ II,3,1981,492f und ausführlich G. Schmitt, Ein indirektes Zeugnis der Makkabäerkämpfe, Testament Juda 3−7 und Parallelen, BTAVO II 49, 1983, 2 (Anm. 2). 4f.10f.15.20f (Karte).30f.39f (zu *Šekem* u. *Šakir*). 46.59−63. Hier könnte die früheste indirekte Erwähnung von Sychar vorliegen. Zur Herkunft s. Anm. 35.

[31] Vgl. 4,9.22 und 8,44. Joh 4,4−42 steht in bewußtem Kontrast zu 4,48 und c. 5−10.

[32] C. Kopp (Anm. 10), 200f. Daß der „Jakobsbrunnen" in jüdischen Quellen als solcher nicht erwähnt wird, mag damit zusammenhängen, daß er von den Samaritanern beansprucht wurde. S. dazu J. Briend, Art. Puits de Jacob, DBS IX, 1979, 386−98.

[33] Nazareth und Kana, vgl. Joh 4,46. Zu 4,6 s. M. Hengel (Anm. 7), 197.

[34] Orte und Wege Jesu, 1924, ND Darmstadt 1967, 229. Zu Sychar s. 226ff.

(biqʿat ʿên Soḳer oder Suḳar), d. h. aus der fruchtbaren und quellenreichen Talebene, die sich südlich und östlich von Sychar erstreckt[35] – möglicherweise ist damit der Jakobsbrunnen gemeint. Spätere Belege erwähnen die Quelle, die Ebene und einen regenreichen Ort *'Askarot*, der wohl ebenfalls mit der fruchtbaren Ebene zusammenhängt.[36] In den spätantiken und mittelalterlichen samaritanischen Traditionen und Quellen trägt der Ort den Namen 'Askar oder 'Askor, im heutigen arabischen Dorf 'Askar hat sich dieser Name erhalten. Interessant ist die von Abu'l Fath, dem samaritanischen Chronisten des 14. Jh.s, überlieferte Nachricht, daß Dusis (Dositheos), eine sagenhafte eschatologische Propheten- oder Offenbarergestalt der Samaritaner aus dem 1. Jh. n. Chr., vom Judentum zu den Samaritanern konvertierte und Vertrauter des samaritanischen Weisen Yahdî in 'Askar wurde, den er dann zur Häresie verführte.[37]

Rabbinische Parallelen zeigen, daß der Dialog Jesu mit der Samaritanerin *mit dem Blick auf den Heiligen Berg Garizim*, auf dem die Samaritaner bis heute ihre religiösen Feste, wie etwa das Passafest, feiern, fast so etwas wie ein Topos war. Die Frau aus Sychar spricht Jesus auf die religiösen Unterschiede an: „Unsere Väter haben auf diesem Berge angebetet. Ihr aber sagt, daß in Jerusalem der Ort ist, an dem man anbeten soll." Jesus antwortet zunächst, daß man den Vater in Zukunft weder an diesem noch an jenem Ort anbeten soll, fügt aber dann doch kritisch differenzierend hinzu: „Ihr betet an, was ihr nicht kennt, wir beten an, was wir kennen, denn das Heil kommt von den Juden" (4,20–22). Trotz seiner oftmals heftigen Polemik gegen die „Ἰουδαῖοι" läßt hier der Evangelist Jesus ein Bekenntnis zu seinem Judentum ablegen. Die Samaritaner erscheinen so bei Joh nicht als Juden, werden aber durch die Anbetung des einen wahren Gottes auf dem Garizim deutlich von Heiden unterschieden. Die Berufung auf „unseren Vater Jakob" (4,12 vgl. 6) weist sie als schismatische „Israeliten" aus, die Gott nicht in Jerusalem anbeten (4,20).

---

[35] Diese Ebene ist identisch mit der Ebene von Sichem, die im Midrasch wayyisaʿu erwähnt wird, vgl. Anm. 30.

[36] G. REEG, Die Ortsnamen nach der rabbinischen Literatur, BTAVO, B 51, 1989, 480 f. 147.52 f; s. auch BILLERBECK 2,431; DALMAN (Anm. 10),226 f.

[37] Engl. Übersetzung bei S. I. ISSER, The Dositheans. A Samaritan Sect in Late Antiquity, SJLA 17, Leiden 1976, 77 f. 157 f. S. auch I. M. COHEN, A Samaritan Chronicle. A Source-Critical Analysis of the Life and Times of the Great Samaritan Reformer, Baba Rabbah, SPB 30, Leiden 1 84; § 8,13 p. 18: *qrjt ʿskwr* Üs. p. 71; § 9,9 p. 20 Üs. p. 73: von ʿAskar bis Tiberias; §11,12 p. 25: *hr ʿskwr* Üs. p. 73 = Berg Ebal: § 20,12 p. 46 Üs. p. 99: Sieg Babas (2. H. 4. Jh.) über die Römer bei Askar. Das syrische *ʿaskar* hat die Bedeutung von Heer(lager), pl. *ʿaskarātā*, s. BROCKELMANN, Lexicon Syriacum 536 (ex arab.). Könnte zwischen *ʿaskar* und hebr. *maḥᵃnäh* (s. o. Anm. 30) ein Zusammenhang bestehen und ursprünglich die Ebene damit gemeint sein? Oder sollte der ursprüngliche Sinn des Ortsnamens gewesen sein: „Heerlager" (der Samaritaner nach Wiedergewinnung ihrer Selbständigkeit, da die Römer ihnen zunächst nicht gestatteten, Sichem wiederaufzubauen)? Das Ajin hätte sich dann, wie so oft, in ein Alef verwandelt. Zu Askar s. auch M. BAILLET (Anm. 10), 999.1013 f.

Der Autor des Evangeliums ist über die Geographie und die religiösen Besonderheiten der Samaritaner in erstaunlicher Weise informiert. In den rabbinischen Texten finden wir zahlreiche polemische Auseinandersetzungen zwischen rabbinischen Lehrern und „Kuthim", dem jüdischen Ausdruck für die samaritanischen ‚Schismatiker'.[38] Dafür ein Beispiel: Der tannaitische Lehrer R. Jishmael b. Jose (ca. 180 n. Chr.) „ging hinauf, um in Jerusalem anzubeten, er kam an diesem ‚Palatinus'[39] vorbei, wo ihn ein Samaritaner (*šmrjj*) sah, der zu ihm sagte: Wo gehst du hin? Er antwortete ihm: Ich gehe hinauf, um in Jerusalem anzubeten. Jener sagte zu ihm: Wäre es nicht besser für dich, auf diesem gesegneten Berge anzubeten[40] und nicht an jenem Misthaufen (d. h. an dem zerstörten Tempel auf dem Zion in Jerusalem)? Er (R. Jishmael) antwortete: Ich werde dir sagen, wem ihr gleicht: einem Hunde, der nach Aas giert, weil ihr wißt, daß Götzenbilder unter ihm verborgen sind, (denn es heißt): „Und Jakob verbarg sie" (d. h. die fremden Götter etc. unter der Eiche in Sichem, Gen 35,4). Darum giert ihr nach ihnen." Da die Samaritaner Rabbi Jishmael – nach diesem Angriff, der sie als Götzendiener, d. h. als Heiden, diffamiert, verständlicherweise – nach dem Leben trachten, flieht er in der Nacht.[41]

Die Szene ist, so wie sie erzählt wird, wohl kaum historisch, denn Juden durften nach dem Bar-Kochba-Aufstand 132–136 n. Chr. das neugegründete Aelia Capitolina nicht betreten, der Topos weist so in eine frühere Zeit zurück.

---

[38] Wir besitzen einen kurzen „außerkanonischen" Talmudtraktat ‚Kuthim', der auf die Zeit vor dem 3. Jh. zurückgeht, als die Samaritaner noch nicht einfach als Heiden betrachtet wurden. Englische Übersetzung: The Minor Tractates of the Talmud, ed. A. COHEN, London 1965, 2,615–18.

[39] *pltnws*: d. h. der Garizim als mons Palatinus, „Burgberg", der Samaritaner, s. JASTROW, Dict. 1180. Diese Bezeichnung konnte sich auf die Ruinen der befestigten Tempelstadt im 2. Jh. v. Chr. beziehen. Der Name des Berges Garizim wird bewußt vermieden und umschrieben, so z. T. schon im AT, wo er in der Glosse Dtn 11,30 aus antisamaritanischen Gründen nach Gilgal verlegt wird, s. dazu auch Gen 12,6 und M. GÖRG, NBL I, 728f.

[40] Vgl. Dtn 11,29; 27,12, s. BILLERBECK I, 550 und s. dazu Joh 4,20 ff und Lk 9,52–56. Zu dem achtmaligen auffallenden προσκυνεῖν Joh 4,20–24 s. O. BETZ, To worship God in Spirit and the Truth. Reflections on John 4,20–26, in: DERS., Jesus. Der Messias Israels, Aufsätze zur biblischen Theologie, WUNT 42, 1987, 420–438.

[41] GenR 1,8 (p. 974 = 81,4: THEODOR/ALBECK); verkürzte Parallele jAZ 5,44d,41 ff mit der Ortsangabe Neapolis, im Kontext weitere Samaritanerkontroversen, z. B. 44d,35, wo der Zeitgenosse R. Jishmaels, R. Schimon b. Elazar, „in eine Stadt der Samaritaner hineinging" und einen dortigen Schriftgelehrten *um etwas zu trinken bittet*, vgl. Joh 4,7. (Deutsche Übersetzung von G. A. WEVERS, Avoda Zara, Götzendienst, Üs. d. Talmud Yer. IV,7, Tübingen 1980, 159–162.) S. auch BILLERBECK 1,549ff; dort weitere Parallelen, z. B. zu der oben zitierten Anekdote aus GenR 81 noch GenR 32,10 (p. 296f = 32,19: THEODOR/ALBECK), wo derselbe Vorgang R. Jonathan b. Elazar (um 220) zugeschrieben wird, die Diskussion sich jedoch anders entwickelt: Der Samaritaner bezeichnet den Garizim als gesegnet, weil ihn die Sintflut nicht bedeckte. R. Jonathan kann dem nichts entgegnen, bis ihn sein Eseltreiber auf Gen 7,19f aufmerksam macht. Weitere Parallelen: CantR 4,45: R. Jonathan reist nach Jerusalem und trifft am (mons) Palatinus einen Samaritaner; DtnR 3,6: Er reist nach Neapolis, ein Samaritaner schließt sich an, und als sie den Garizim erreichen, begründet dieser mit Hes 22,24 die Heiligkeit des Berges: d. h. die Wasser der Sintflut hätten ihn nicht erreicht.

Die Häufigkeit dieser und ähnlicher Auseinandersetzungen in der rabbinischen Überlieferung seit den Tannaiten macht es wahrscheinlich, daß schon der Evangelist das Schema der Begegnung eines Juden mit einem Samaritaner, verbunden mit einer Diskussion um den heiligen Berg Garizim, kannte und seine Erzählung entsprechend gestaltete. Dies schließt nicht aus, daß die Erzählung einen historischen Anlaß im Leben Jesu hatte, aber den ursprünglichen Vorgang können wir nicht mehr rekonstruieren. Er ist zu einem theologisch zu interpretierenden „idealen" Geschehen geworden. Freilich wird Jesus trotz seiner Kritik an dem Kult auf dem Garizim nicht vertrieben, sondern hat in Sychar, dem damaligen Hauptort des Ethnos, ganz unerwarteten, erstaunlichen missionarischen Erfolg (Joh 4,39−42, vgl. schon die Weissagung 4,35−38). Dies verweist auf eine auch Apg 8,5−25 berichtete frühe urchristliche „Samaritanermission". Apg 8,5 geht Philippus „in die Stadt Samariens" und hat dort ungewöhnlichen Erfolg. Mit dieser Stadt ist sicher nicht die heidnisch-hellenistische Polis Sebaste (das ehemalige Samaria) gemeint, auch nicht das zerstörte Sichem, sondern am ehesten wohl wie in Joh 4,5 der damalige Hauptort Sychar.[42] Sowohl Lukas als auch Johannes wissen um die besondere Situation der Samaritaner als jüdische ‚Schismatiker' bzw. ‚Häretiker', erwähnen ihren damaligen Hauptort – Lukas anonym, Johannes namentlich –, und führen die Neigung, sich ihnen zuzuwenden, auf Jesus selbst zurück, der nicht zufällig in Joh 8,48 von seinen jüdischen Gegnern als „ein von einem Dämon besessener Samaritaner" bezeichnet wird. Daß es im frühesten Urchristentum auch ganz andere Beschreibungen gab, zeigt das Jesus in den Mund gelegte Wort Mt 10,5f in der großen Aussendungsrede: „Auf den Weg der Heiden gehet nicht, und in eine Stadt der Samaritaner geht nicht hinein." Nach Joh 4 machen Jesus und seine Jünger genau das Gegenteil und ebenso in Apg 8 Philippus als Missionar und dann Petrus und Johannes als ‚Visitatoren'. Dies weist auf divergierende Ansichten in der frühesten Gemeinde in Jerusalem hin.

Das erzählerische Interesse eines Lukas und Johannes an den Samaritanern hängt so mit ganz frühen „Missionserfolgen" der jungen eschatologisch-messianischen Sekte bei den Samaritanern zusammen, die freilich zunächst offenbar keinen Bestand hatten. Nach Lukas und Johannes wird es lange Zeit ruhig um christliche Gemeinden in Samarien. H. Donner hat wohl recht, wenn er vermutet, daß „eine christliche Lokaltradition" in Sychar „wegen der Samaritaner nicht aufkommen konnte".[43]

Euseb schweigt über spätere christliche Gemeinden bei den Samaritanern. Erst in Nicäa tauchen zwei christliche Bischöfe aus Sebaste/Samaria und Neapolis auf[44]. Beides aber waren damals überwiegend heidnische Städte. Justin

---

[42] S. dazu M. Hengel (Anm. 10), 180ff.

[43] Op. cit. (Anm. 10), 164, Anm. 12. In der Apg erscheint die Gemeinde in Samarien noch 9,31 und 15,3. Lk und Joh sind über die Samaritanermission gut informiert.

[44] A. v. Harnack, Die Mission und Ausbreitung des Christentums [4]1924, 2,641. S. jetzt

stammt wohl von heidnischen Eltern oder völlig hellenisierten Samaritanern aus Neapolis, zu diesen hat er freilich keine engere Beziehung mehr. Er weiß jedoch, daß sie nicht zu den ἔϑνη, d.h. den Heidenvölkern, gehören, sondern wie die Juden „Israel und Haus Jakobs" genannt werden und daß, wie bei den Juden, nur wenige von ihnen Christen geworden sind. Für ihn und die frühen Väter dagegen erhalten sie Bedeutung als Ursprungsort der Häresie in der Gestalt des Simon Magus aus dem samaritanischen Dorf Gittha, der die Sukzession der Häretiker begründet, die über seinen angeblichen Schüler, den Samaritaner Menander, weitergeht[45], der aus dem samaritanischen Dorf Kapparetaia stammte. Nach Justin soll Simon Magus „beinahe alle Samaritaner" gewonnen haben, was eine starke Übertreibung ist oder auf einer Verwechslung mit dem in Samarien erfolgreichen Dositheos beruht.[46]

Wahrscheinlich war – ähnlich wie Judäa – Samarien vor dem jüdischen Krieg, der auch dort zu einer Katastrophe führte, von eschatologischen Profeten- und Offenbarergestalten bewegt. Dazu wären neben dem endzeitlichen Profeten bei Josephus Ant. 18,85–88, den Pilatus am Garizim mit seinen zahlreichen Anhängern töten ließ, Simon Magus und vor allem der ganz schattenhafte Dositheos zu nennen, der großen Einfluß gewann und das Volk lange Zeit spaltete.

Auch die Samaritanerin aus Sychar spricht in Joh 4,25 Jesus auf die endzeitliche Erwartung an: „Ich weiß, daß der Messias, der sogenannte Gesalbte, kommen wird." Das ist jüdisch-christlich formuliert,[47] denn die Samaritaner, die die Profetenbücher und damit den davidischen Gesalbten ablehnten, kannten nur den endzeitlichen Profeten nach Dtn 18 als Mose redivivus, der später die Bezeichnung „Taheb" (= „der Wiederhersteller") erhielt.[48]

Die neuesten Qumranfunde zeigen, daß dieser endzeitliche Profet in der essenischen „Gemeinde vom Neuen Bund" eine besondere Rolle spielte neben

---

korrigierend CHR. MARKSCHIES, Stadt und Land. Beobachtungen zur Ausbreitung und Inkulturation des Christentums in Palästina, in: Römische Reichsreligion und Provinzialreligion, hg. von H. CANCIK/J. RÜPKE, Tübingen 1997, 265–298 (272f): Aus Sebaste kamen zwei Bischöfe, von denen der eine wohl der heidnischen Stadt und der andere dem überwiegend von Samaritanern besiedelten Land vorstand. Vielleicht spielte hier auch der Sprachunterschied Griechisch-Aramäisch eine Rolle.

[45] Justin, apol. 1,26 vgl. dial. 120,6: dort nennt er sie „Landsleute": ἀπὸ τοῦ γένους τοῦ ἐμοῦ. Zu Samaritanern, Juden und Christen s. apol. I,53. Zu Simon Magus (und Menander) s. noch Irenäus, adv. haer I,23,1–5 = Euseb 3,26, vgl. 4,7.

[46] Apol. 1,26,3: καὶ σχεδὸν πάντες μὲν Σαμαρεῖς ... ὡς τὸν πρῶτον θεὸν ἐκεῖνον ὁμολογοῦντες ἐκεῖνοι καὶ προσκύνουσιν. Vielleicht behaupteten dies die Simonianer in Rom. Zu Menander s. 26,4; zu Dositheos s. J. ISSER (Anm. 37).

[47] Vgl. noch Joh 1,41: Johannes ist der einzige neutestamentliche Autor, der das aramäische Äquivalent zum griechischen χριστός, *mešîḥa*, in griechischer Umschrift Μεσσίας kennt und übersetzt. Das ἔρχεται ist hier eindeutig prospektiv und futurisch zu übersetzen, vgl. 4,21.23.

[48] S. dazu A. CROWN (Anm. 28), Index 843 „Prophet like Moses" und 847 „Taheb" und hier besonders F. DEXINGER, Samaritan Eschatology, 266–292. Zum Taheb 272.

dem priesterlichen und davidischen Messias.[49] Auch im 4. Evangelium kommt ihm große Bedeutung zu, wobei die Forschung ihm bisher eher mit einer gewissen Ratlosigkeit gegenüber stand.[50] Johannes gibt auch hier den historischen Tatbestand wieder, daß Jesus zunächst weniger als königliche Gestalt, sondern als *der* endzeitliche Profet auftrat und angesehen wurde, d. h. als eine Gestalt, die in Qumran als „(Geist-)Gesalbter" nach Jes 61,1 ff bezeichnet werden konnte. Auch die samaritanische Frau spricht ihn zuerst als „Propheten" (4,19) an. „König" ist Jesus zunächst nur für die Jünger. Öffentlich erscheint der Königstitel erst beim Einzug in Jerusalem und – wie der Titulus am Kreuz zeigt – in der Anklage und Verurteilung.[51]

Es war wohl Jesus als der endzeitliche, „messianische" Profet, dessen damals für viele anstößige Offenheit gegenüber den „verlorenen Schafen des Hauses Israels"[52] seine Botschaft zunächst auch für Samaritaner anziehend machte. Möglicherweise hatte er selbst schon Samaritaner im Zuge der eschatologischen Restitution der zwölf Stämme Israels angesprochen. Seine Verkündiger mußten nach anfänglichen Erfolgen dann jedoch in Konkurrenz zu samaritanischen Offenbarergestalten wie Dositheos und Simon Magus treten und waren hier als „messianische Juden" offensichtlich weniger erfolgreich als diese. Die Samaritaner in Sychar bekennen ihn dagegen – in einer Vorwegnahme der Heidenmission – als „Erlöser der Welt" (σωτὴρ τοῦ κόσμου, 4,42).

Diese Annäherung der Samaritaner an die Heiden, mit der Absicht, in ihnen eine „jesuanische Vorstufe" für die spätere Heidenmission zu schaffen (obwohl der Autor weiß, daß sie keine Heiden sind), könnte u. U. in den fünf einstigen Männern der Frau sichtbar werden, die vielleicht doch auf die Tradition der 5 Götter der Samaritaner nach Josephus[53] zurückgehen, welche wiederum mit den fünf heidnischen Städten in Mesopotamien zusammenhängen, aus denen die Vorfahren der Samaritaner angeblich herstammten.

Der Ort Sychar und die ganze Erzählung, die mit ihm ihren Ausgang nimmt, bedeutet deshalb mehr als nur einen zufälligen Hinweis. Es ist damit wohl erstmals das damalige Zentrum des samaritanischen Ethnos angesprochen. Die geographische Angaben mit ihren z. T. erstaunlich präzisen Details wie auch die ganze Schilderung setzen eine Ortskenntnis sowie auch eine Einsicht in die samaritanisch-jüdische Kontroverse voraus, die sich nicht einfach aus den vom

---

[49] S. dazu jetzt die Tübinger Dissertation von Johannes Zimmermann, Messianische Texte aus Qumran, WUNT II/104, 1998.

[50] Joh 1,21.23.25; 6,14; 7,40. S. dazu F. Hahn, Christologische Hoheitstitel, FRLANT 83, ²1964, 380−404 und den Anhang der S. A., 488 f (Lit.). Vgl. auch W. A. Meeks, The Prophet-King. Mose Tradition and the Johannine Church, NT.S 14, Leiden 1967.

[51] Vgl. 1,49: König Israels; 12,11−15; 18,33−19,15, vgl. dagegen 6,15 f; s. dazu M. Hengel, Reich Christi, Reich Gottes und Weltreich im Johannesevangelium, in: M. Hengel/A. M. Schwemer (Hg.), Königsherrschaft Gottes und himmlischer Kult, WUNT 55, 1991, 163−184.

[52] Mt 10,6; 15,24; Mk 6,34, vgl. Joh 10,1−16.26 f.

[53] Ant 9,288, vgl. 2.Kge 17,24.30 f. Zur allegorischen Deutung von Zahlen s. u. S. 315 f.

Autor verwendeten Quellen ableiten läßt, zumal sich solche schriftlichen Quellen in seinem stilistisch einheitlichen Werk nicht überzeugend nachweisen lassen. Hier spricht ein eigenwilliger, aus Palästina stammender Judenchrist, der die samaritanische Topographie kennt und seine Heimat nicht verleugnet, auch wenn er die ganze Erzählung auf ideale, gegenüber der historischen Realität vermutlich relativ freie Weise stilisiert.

1.2 Bethesda[54]

Nach Joh 5,1 zieht Jesus wieder von Galiläa zu einem nicht näher bestimmten Fest nach Jerusalem hinauf. Da der Begriff „Fest" ohne nähere Bestimmung vor allem für das Laubhüttenfest gebraucht wurde, könnte der Evangelist trotz des Fehlens des Artikels im ältesten Text dieses meinen (s. o. S. 319 f).[55]

Darauf folgt als Einleitung der Erzählung von der Heilung des seit 38 Jahren Gelähmten wieder eine sehr präzise Ortsangabe, die freilich durch eine größere Zahl komplizierter Textvarianten belastet wird. Der Text von Nestle/Aland lautet in Übersetzung: „Es ist aber in Jerusalem beim Schaf(tor[56] oder -markt)

---

[54] Zur Literatur s. die großen Kommentare von Th. ZAHN, A. SCHLATTER, R. BULTMANN, R. E. BROWN, C. K. BARRETT, R. SCHNACKENBURG. Bibliographie bei A. DUPREZ, Jésus et les dieux guérisseurs. A propos de Jean, V. CRB 12, Paris 1970, 7–27; M.-J. PIERRE/J.-M. ROUSÉE, Sainte-Marie de la Probatique, état et orientation des recherches, in: Proche-Orient Chrétien 31 (1981), 23–41; J. D. PURVIS, Jerusalem. The Holy City. A Bibliography, 2 Vol. ATLA.BS 20, NY/London I, 1988, 355ff; II, 1991,364ff. S. jetzt vor allem die gründliche Studie von M. KÜCHLER, Die ‚Probatische‘ und Betesda mit den fünf Stoas (Joh 5,2), in: Peregrina Curiositas. Eine Reise durch den orbis antiquus zu Ehren von Dirk van Damme, NTOA 27, 1994, 127–154. S. dazu in diesem Band S. 389–391 seine weiterführenden Bemerkungen zu den Plänen der Ausgrabungen. Ein knapper Überblick mit reicher Literaturangabe findet sich auch bei K. BIEBERSTEIN /H. BLOEDHORN, Jerusalem. Grundzüge der Baugeschichte vom Chalkolithikum bis zur Frühzeit der osmanischen Herrschaft, BTAVO B Nr. 100/3, Wiesbaden, Bd. 3, 1994, 162–167 (Nr. 1724.1320–21). Nach wie vor bedeutsam sind die Untersuchungen von J. JEREMIAS, Die Wiederentdeckung von Bethesda, FRLANT N. F. 41, 1949; DERS., The Rediscovery of Bethesda, John 5,2, Louisville, 1966; Die Kupferrolle von Qumran und Bethesda, in: Abba, Göttingen 1966, 361–364. S. auch seine kritische Besprechung von J. DUPREZ, in: Biblica 1973, 152–155. Für den letzten Hinweis danke ich Herrn Kollegen G. Jeremias.

[55] S. dazu F. MANNS, La fête des Juifs Jean 5,1, Antonianum 70 (1995), 117–124; Minuskel 131 interpretiert: ἡ σκηνοπηγία. Vielleicht ist auch die von Sin C Δ Ψ f¹ u. a. bezeugte Lesart mit Artikel ursprünglicher.

[56] Zum Schaftor s. Neh 3,1.32; 12,39: Es wäre dann zu προβατική ein πύλη (oder ἀγορά) zu ergänzen, s. A. SCHLATTER, Der Evangelist Johannes, ²1947, 141, der darauf hinweist, daß Titus mit der Mauer auch alle Tore zerstören ließ; weiter C. K. BARRETT (Anm. 10), 251 und B. M. METZGER (ed.), A Textual Commentary in the Greek New Testament, London/New York 1971, 207 f. Später hat man diese Ellipse προβατική mit κολυμβήθρα verbunden und so Bethesda mit dem Schafsteich identifiziert. S. schon Euseb (Anm. 16) 58,26: Βηζάθα (Joh 5,2)· κολυμβήθρα ἐν Ἰερουσαλημ, ἥτις ἐστιν »ἡ προβατική«, τὸ παλαιὸν ἐ στοὰς ἔχουσα. καὶ νῦν δείκνυται ἐν ταῖς αὐτόθι λίμναις διδύμοις, ὧν ἑκάτερα ... d. h. er weist auf einen Doppelteich mit einheitlicher Bezeichnung hin, der einstmals 5 Säulenhallen besaß. J. JEREMIAS, Wiederentdeckung (Anm. 54), 6, liest mit Euseb ἐν τῇ προβατικῇ κολυμβήθρᾳ und

ein Teich, der wird auf Hebräisch (d. h. Aramäisch) Bethzatha genannt."
(Ἔστιν δὲ ἐν τοῖς Ἱεροσολύμοις ἐπὶ τῇ προβατικῇ κολυμβήθρα ἡ ἐπιλεγομένη Ἑβραϊστὶ Βηθζαθὰ πέντε στοὰς ἔχουσα).

Bei dem Namen des Teiches, der in der Textüberlieferung stark differiert, sollte man jedoch nicht dem „Bethzatha" von Nestle/Aland folgen, sondern unbedingt „*Bethesda*" lesen.[57] Die äußerlich am besten bezeugte Lesart „Bethsaida" ist eine ganz frühe Angleichung an den bekannten Ortsnamen Joh 1,44 und 12,21[58]. Die von Nestle/Aland in den Text gebrachte Lesart „Bethzatha" ist eine gelehrte Korrektur, die das unverständliche „Bethesda" durch die ähnlich bei Josephus bezeugte Bezeichnung für die nördliche Vorstadt ersetzt und in der Textüberlieferung nur schmal bezeugt ist.[59] Auch wenn der Teich noch zur nördlich der Tempelmauer und der Burg Antonia gehörenden „Neustadt" Bezetha (so Josephus, oder Bezatha, so Euseb und einige wenige Handschriften) gehörte, so trug er doch nicht diesen Namen. Die richtige Lesart Bethesda, die wesentlich besser überliefert ist[60], wurde nach J. T. Milik durch die Kupferrolle von Qumran mit ihrem Schatzverzeichnis zunächst scheinbar bestätigt. „Ganz nahe daneben in Bet 'ešdatajin in dem Teich (dort), wo man das kleinere Becken betritt, ein Holzgefäß mit Aloe und eines mit Pinienharz(?)".[61]

---

sieht in ‚Bethesda‘ den Namen „der Baulichkeiten am Teiche" = Rediscovery (Anm. 54), 9f. In diesem Falle müßte man vor ἡ ἐπιλεγομένη etwa ein οἰκία o. ä. ergänzen: d. h. auch hier handelt es sich um eine Ellipse. Zur Zurückweisung der elliptischen Lesart ἐν τῇ π. s. M. KÜCHLER (Anm. 54), 131 Anm. 10. Vgl. generell dessen ausführliche Erörterung, in welcher acht „Lesemöglichkeiten" herausgearbeitet werden. Küchlers Trennung des Teiches vom Namen „Bethesda" hat mich freilich nicht überzeugt, da 5,7, wo κολυμβήθρα wieder erscheint, damit unverständlich wird. Daß Bethesda separat *neben* dem Schafsteich als eigene Teichanlage liege, war auch nicht die Meinung der kirchlichen Ortsüberlieferung, welche ja „Schafsteich" und „Bethesda" direkt miteinander identifiziert. Die andere Möglichkeit, προβατικὴ ἀγορά würde sich durch den Opfertierhandel an der Nordseite des Tempels nahelegen, ist aber weniger wahrscheinlich. Vgl. Jos.bell. 2, 305.316; 5,137 ἡ ἄνω ἀγορά in der Oberstadt, der ‚Holzmarkt‘ (2,530) und der Kleidermarkt (5,331) in der Neustadt.

[57] S. dazu BARRETT, op.cit. 252f, B. M. METZGER, op.cit. 208, der darauf hinweist, daß das textkritische Expertenkollegium in diesem Punkt gespalten war.

[58] 𝔓75 (ähnlich 𝔓66), B Wˢ (Ψ) 0125 pc vg syʰ; s. dazu H. DONNER, op.cit (Anm. 15) 54, Anm. 81: Schon der Pilger von Bordeaux hat Bethsaida.

[59] Sin, 33 itala, vgl. auch L und Euseb (Anm. 16), 58,21: Βηζαθα. S. dazu Jos. bell. 2,328: Βεζεθά; 2,530 = καινόπολις, VL Βεζαθά wohl korrumpiert von bê(t) ḥadaš; 5,149.151: τὸ νεόκτιστον μέρος, das ins Griechische übersetzt καινὴ πόλις heißt; 246: auf dem Hügel nördlich der Antonia. S. dazu J. JEREMIAS, Wiederentdeckung (Anm. 54), 7: „Teil einer gelehrten Überarbeitung …" S. auch A. SCHALIT, Namenwörterbuch zu Flavius Josephus, Leiden 1968, 25f (A. Complete Concordance to Fl. Jos. ed K. H. Rengstorf, Supplement I). Er vermutet zwei verschiedene Namen und einen Irrtum des Josephus.

[60] A C Θ 078 fˡ.¹³, Mehrheitstext f q syᶜ·ᵖ·ʰᵐᵍ.

[61] J. T. MILIK, Le rouleau de cuivre provenant de la grotte 3Q (3Q15), in: DJDJ IIIa, Les ‚petites‘ grottes de Qumran, ed. M. BAILLET/J. T. MILIK/R. DE VAUX 1962, Üs.: 214; Text: 296ff, Col. XI,11ff., vgl. den Kommentar D44, p. 271f. A. WOLTERS, The Copper Scroll: An Overview, Sheffield Press 1996, 53 liest jetzt: „In Beth Eshdatain, in the reservoir, on your way in towards it from its tanks (mjmwt) …". Dies bringt keine Verbesserung; *mjmwt* statt

Der Dual *bêt 'ešdatajin*, der seltene Begriff *'sjḥ*, Teich, und die Erwähnung – wörtlich – „des kleineren Meeres" (*jmwmjt*) weisen dabei auf eine Anlage mit zwei Teichen hin. Eine solche wird auch durch den Pilger von Bordeaux, Eusebs Onomastikon und spätere Berichte bezeugt.[62] Die jüngste Lesung von E. Puech „am Ort der (beiden) Becken" (bbyt h'šwḥyn s. M. Küchler u. S. 382 nach RdQ Nr. 70, 18 (1997), 179 zu Col XI,12) stellt die von Milik in Frage, weist aber auf die Doppelteichanlage hin.

Die 2 insgesamt ca. 5000qm großen, trapezförmig angelegten und nur durch einen Felsendamm getrennten Teiche[63] erklären nach wie vor am ehesten die sonderbare Angabe Joh 5,2, daß der als eine Einheit verstandene Teich als Doppelteich 5 Säulenhallen besaß. Dies bestätigen auch die frühesten christlichen Ortsangaben beim Pilger von Bordeaux, bei Euseb, Hieronymus, Ps. Athanasius, Cyrill von Jerusalem und Theodor v. Mopsuestia, die freilich in der Frage divergieren, ob von diesen Stoai noch etwas zu sehen ist.[64] Die 5. Halle verlief nach Cyrill und Theodor v. Mopsuestia auf dem Damm zwischen beiden Teichen.[65] Vermutlich stammen diese Säulenhallen von Herodes, der den unmittelbar an der Nordmauer der Tempelanlage und der Antonia gelegenen und als wundertätig geltenden Doppelteich gebührend ausschmücken wollte. Grabungen ergaben, daß der nördliche kleinere Teich älter ist als der südliche. Der nördliche mag auf die Königszeit zurückgehen, der südliche aus dem Anfang des 2. Jh.s könnte mit dem vom Hohenpriester Simon dem Gerechten angelegten Teich identisch sein (Sirach 50,3): „in dessen Tagen der Teich gegraben wurde, ein Becken (λάκκος *'šjḥ*) gleich einem Meer an Größe."[66] Daß bei neueren Ausgrabungen keine herodianischen Säulenreste gefunden wurden, kann damit zusammenhängen, daß bei der Belagerung durch Titus das ganze Areal nördlich der heftig angegriffenen Antonia bzw. der Tempelmauer besonders schwer in Mitleidenschaft gezogen, ja z. T. direkt planiert wurde, um die circumvallatio und Dämme zu errichten. Die ersten christlichen Berichte scheinen zudem noch Reste vorauszusetzen, die dann

---

ljmwmjt bleibt äußerst unsicher. Die Ortsangabe ist auch hier deutlich. Zu den Begriffen *'sjh* und *jmwmjt* s. Milik op.cit. 244f. nr. 70 u. 74; zu *bjt* und *'šdtjn* 241, nr. 32 von *'šdh*, Abhang, bzw. *'šd*, ausgießen, s. u. Anm. 73.

[62] H. Donner (Anm. 15), 54; Itinerarium (Anm. 15), C. 15: piscinae gemellares, quinque porticos habentes, vgl. Donner, 178 = Eucherius, Ep. ad Faustum, CCL 175, 238: Vicina templo Bethsaida piscina gemino apparet insignis lacu, quoram alter hibernis plerumque impletur imbribus, alter rubris est discolor aquis.

[63] S. dazu K. Bieberstein/H. Bloedhorn (Anm. 54), 3,162f: Nördlicher Teich: Ost- und Westwand 39,95 m, Südwand 33,05 m, Nordwand 50 m. Südlicher Teich: Ost- und Westwand 49,4/47,85 m, Südwand 65,55 m, Nordwand 57,6 m.

[64] S. die Übersicht bei J. Jeremias, Rediscovery (Anm. 54), 16–20.

[65] Cyrill, Homilia in paralyticum iuxta piscina iacentem, MPG 33, 1133: τέσσαρας (στοὰς) μὲν περιτρέχουσας, μέσην δὲ πέμπτην. Theodor v. Mopsuestia, Johanneskommentar, Studi e Testi 141, 1948, 324,8 und syrische Fassung, ed. J. B. Chabot, 1897 I,108,3f.

[66] Text und Übersetzung nach V. Hamp, Echterbibel, 1969, 4,708.

Bethesda mit den fünf Stoai

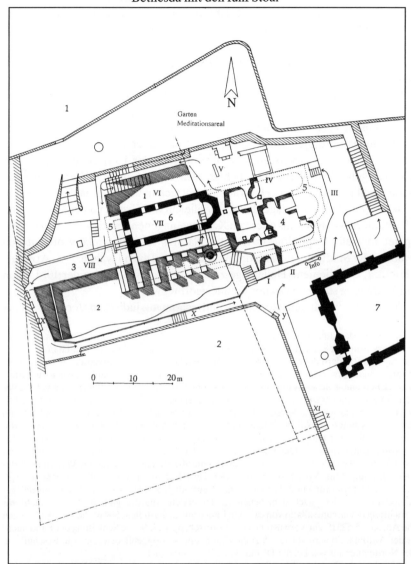

Abb. 1: *Die heutige Ausgrabungsstätte nordwestlich der St. Anna-Kirche.*

1 (gestrichelt) = nördliches Becken aus israelitischer Zeit; 2 (gestrichelt) = südliches Becken aus hellenistischer Zeit; 3 = Mitteldamm; 4 = unterirdischer Teil der Badeanlagen aus hellenistischer und spätrömischer Zeit; 5 (gepunktet) = byzantinische Basilika, „Kirche des Schafteichs"; 6 = „Le Moustier" der Kreuzfahrer (über der spätrömischen Zisterne, vgl. *Abb. 2*) 7 = Anna-Kirche (westlicher Teil). – (*Zeichnung: Jean-Marc Wild*) (aus: M. KÜCHLER in: Peregrina Curiositas, NTOA 27 1994,153). Weitere Pläne mit Erklärungen von M. KÜCH-LER s. u. S. 381 ff.

wohl für spätere Bauten, etwa für die gewaltigen Substruktionen der byzantinischen Basilika innerhalb beider Teiche verwendet wurden. Daß von den fünf Stoai archäologisch nichts mehr sicher nachzuweisen ist, darf bei diesem Sachverhalt nicht verwundern. Das Areal wurde ja nur zum kleineren Teil ausgegraben (s. u. S. 382 ff.). Rein allegorisch lassen sie sich wohl kaum (weg)deuten[67]. Sie bleiben auf jeden Fall eine offene Frage.

Östlich, direkt angrenzend an die Teiche entdeckte man eine weitere Anzahl von Badeanlagen mit Kleinfunden aus der Zeit von Aelia Capitolina, die auf eine römische Asklepius- oder Sarapis-Kultstätte hinweisen, welche wohl auch als Heilungsstätte diente. So wurde am Zionstor eine verschleppte Weihinschrift auf Jupiter Sarapis aus dem letzten Jahr der Herrschaft Trajans (116 n. Chr.) gefunden. Vermutlich befand sich in der unmittelbaren Nähe ein Sarapisheiligtum. D. h. die Heiltradition hat sich in der Zeit, da die 10. Legion in Jerusalem ihr Legionslager besaß – vielleicht auf Grund von Hinweisen von Überläufern wie Josephus oder von Kriegsgefangenen – auch nach 70 und dann später in Aelia Capitolina fortgesetzt. Sarapis erscheint relativ oft auf den Münzen der Stadtgründung Hadrians und zweimal auch Hygieia.[68] C. Arnold[69] vermutet, daß die neue Heilanlage zunächst nur den Soldaten der 10. Legion zur Verfügung stand und später für alle geöffnet wurde.

A. Duprez[70] hat angenommen, daß schon im jüdischen Jerusalem eine

---

[67] Gegen M. Küchler (Anm. 54), 150: „Diese archäologische Nicht-Wiederentdeckung der πέντε στοαί ist ein archäologisches Verdikt: Fünf Stoen im Sinne von fünf Säulengängen entlang den Rändern der beiden monumentalen Becken haben archäologisch nie existiert. Es müßte jemand systematisch gesäubert haben, um alle Spuren von Säulengängen zu entfernen". Eben eine solche „systematische Säuberung" hat Titus bei der Belagerung vorgenommen. Die Vorstadt Bezetha war bereits von Cestius Gallus angezündet worden (bell. 2,530). Nach bell. 5,148 war der Vorstadt-Hügel Bezetha nördlich des Tempels schon bebaut und durch einen tiefen künstlichen Mauergraben von der Antonia getrennt. Dieser mußte von Titus beseitigt werden. Dazu mag er alle Baureste von Bethesda verwendet haben. Zur rigorosen Einebnung des Geländes im Norden der Stadt s. bell. 5,106 ff: „Jeder Zaun und jeder Steinwall wurde niedergerissen", alle Bäume abgehauen und damit die Vertiefungen des Geländes aufgefüllt. Vom Scopus bis zu den Herodesgräbern wurde alles eingeebnet, vgl. 5,263 ff. Zur Eroberung und Zerstörung der Neustadt s. 5,331 ff; zur Errichtung von Belagerungsdämmen 5,466; nach dem Scheitern der ersten Angriffe gibt Titus den Befehl zur Errichtung der circumvallatio von ca. 7 km Länge mit 13 Kastellen, 504 ff; die vier Wälle gegen die Antonia 5,523 ff; zur Verwüstung der „Vororte", 6,5 ff; 6,93 die Schleifung der Fundamente der Antonia. So wird von den 5 Hallen kaum etwas übriggeblieben sein. Ein Beschuß von der Nordmauer aus war bei der Distanz von 250 m unmöglich.

[68] S. dazu A. Duprez (Anm. 54), der freilich falsche Folgerungen daraus zieht. Vorsichtiger M.-J. Pierre/J.-M. Rousée (Anm. 54), 35 ff. G. F. Hill, Catalogue of the Greek Coins of Palestine, 1914, ND Bologna 1965, p. 84 ff, Nr. 13−16.360.51−53.55-56.59; Hygieia: 110. Kadman, The Coins of Aelia Capitolina, Jerusalem 1956, 39 ff.48 f, Hygieia mit Schlange, Nr. 191 u. 199. S. auch u. M. Küchler, S. 385 ff.

[69] C. Arnold, Les arcs romains de Jérusalem, NTOA 35, 1997, 253 f: „Les grottes aménagées à proximité de la piscine de Bethesda étaient utilisé pour des bains thérapeutiques" (254). 273−276. S. auch den Stadtplan des hadrianischen Aelia Capitolina, 270.

[70] Op.cit (Anm. 54), 57−127; zustimmend W. D. Davies (Anm. 10), 310−313.

öffentliche pagane Heilgott-Kultstätte semitischen Ursprungs existiert habe, die von Juden aus dem einfachen Am-haarez und Nichtjuden frequentiert worden sei. Nach allem, was wir über das Jerusalem zwischen Makkabäeraufstand und 70 n. Chr. wissen, scheint mir dies völlig ausgeschlossen zu sein. Wenn die Juden schon z. Zt. des Pilatus gegen die Einbringung der römischen Feldzeichen mit den Kaisermedaillons in die Antonia und gegen die Schilde zu Ehren des Kaisers am Herodespalast, dem Amtssitz des Präfekten in der Stadt, bis hin zur Gefährdung ihres eigenen Lebens protestierten, wie viel mehr gegen ein für alle offenes heidnisches Heiligtum in unmittelbarer Tempelnähe. Das Argument, dieses habe außerhalb der eigentlichen Stadtmauer gelegen, überzeugt nicht, da das ganze dichtbesiedelte Gebiet als „Neustadt", d. h. als Teil der Stadt galt und spätestens unter Agrippa I. ummauert worden war. Allein schon die rigorose Einhaltung des Bilderverbots machte derartige öffentliche Kulte, die Kultbilder voraussetzten, unmöglich.[71]

Schließlich sollte man auch den vermutlich vorhadrianischen hebräischen Sgraffito an der Südwand des Südteiches nicht übersehen, auf den Jeremias aufmerksam macht.[72] Die Römer willigten sogar ein, für Judäa Münzen ohne Herrscherbilder und heidnische Darstellungen zu schlagen. Das rätselhafte *gdjwn*[73] der Mischna ist sicher keine aktive Kultstätte der Göttin Tyche-Fortuna vor 70, sondern vermutlich ein Relikt aus der Herrschaftszeit der Hellenisten, aus dem Umfeld der Akra nach 167 v. Chr., oder es stammt aus der Zeit nach der Tempelzerstörung. Heidnische Kulte waren nur innerhalb der Kasernen oder im Palast des Präfekten bzw. in heidnischen Privaträumen möglich. Die jüdische Bevölkerung wird in ihrem Haß gegen alles heidnische Wesen und in der Furcht vor Verunreinigung derartige private Kultstätten in oder um Jerusalem herum sicher nicht aufgesucht haben.

Der Befund der Kupferrolle muß zwar revidiert werden, bestätigt aber die Doppelteichanlage. Schwierig bleibt die Deutung der ursprünglichen Lesart „Bethesda". Ist sie, wie lange Zeit vermutet wurde, als *bêt ḥäsdâ*, Haus der Gnade oder Güte, zu erklären oder hängt sie mit der Wurzel *'šd* „ausgießen" bzw. dem Nomen *'šdh* „Abhang" zusammen[74]? J. Jeremias vermutete, daß die Anlage u. a. auch der kultischen Reinigung durch das Tauchbad vor Betreten des Tempelberges diente. Dies ist wohl möglich. Das Argument dagegen, daß sie dann wohl kaum von Kranken hätte genutzt werden können, übersieht, daß es sich um zwei nicht verbundene Teiche handelte, die nicht denselben Zweck

---

[71] M. HENGEL, Die Zeloten, AGAJU 1, Leiden ²1976, 109f.195ff, vgl. Jos.bell. 2,169ff = ant. 18,55ff; Philo, leg. 299–302. Nach Ant. 18,121f vermeidet Vitellius sogar den Durchzug seiner Truppen durch Judäa gegen den „Nationalfeind" der Juden, die Nabatäer, um Anstoß wegen der römischen Feldzeichen zu vermeiden.

[72] Rediscovery (Anm. 54), 31f.

[73] *Mig-gad jawan?* mZab 1,5 vgl. tZab 1,10.

[74] J. T. MILIK (Anm. 60), 271f., vgl. oben Anm. 60; s. JASTROW Dictionary 1,126 und J. HOFTIJZER u. K. JONGELING, West-Semitic Dictionary I,122.

haben mußten. Herodes war u. a. auch ein großer Bauherr von Bädern, nicht nur in seinen Palästen, sondern auch in Jerusalem. Während seiner Herrschaftszeit wurden dort auch viele Miqwaot errichtet.[75] Unsicher bleibt, wie die Anlage mit Grotten, kleinen Tauchbecken unmittelbar östlich der großen Bassins, vor 70 verwendet wurde, vor allem, ob und wie ihre Nutzung mit dem großen Becken in Verbindung stand.[76] Daß sie – wie Küchler vermutet – *allein* den Namen „Bethesda" getragen haben, bleibt eine Hypothese. Die Tempelrolle nennt den Doppelteich nicht „Schaftsteich", und in der östlichen Seitenanlage ist ebenfalls nichts von 5 Säulenhallen oder Peristylen zu finden. Könnte es sich hier um Miqwaot gehandelt haben, die zur Gesamtanlage gehörten? Da Hinweise auf Zuleitungen fehlen, wurde das Wasser vielleicht durch Schöpfwerke aus den Teichen dorthin befördert.

Das Aufwallen des Wassers in Joh 5,7 wird noch von dem Pilger von Bordeaux erwähnt, wie auch die 5 Säulenhallen.[77] Freilich mag er von diesen nur noch ganz spärliche Reste gesehen haben. Eusebs Onomastikon und die Übersetzung sprechen davon, daß in dieser Zeit ein Doppelteich gezeigt wurde, die 5 Säulenhallen jedoch der Vergangenheit zugehören.[78] Selbst noch Cyrill von Jerusalem schildert die Anordnung der Hallen sachlich durchaus zutreffend: „Vier liefen ringsum, die fünfte aber, in welcher die Menge der Kranken lag, ging durch die Mitte."[79] Könnte er nicht noch geringe Überreste gesehen haben oder hat er das alles frei konstruiert?

Die angeblich Heilung wirkende Bewegung des Wassers in Joh 5,7 (ὅταν ταραχθῇ τὸ ὕδωρ) ging vielleicht auf intermittierende plötzliche Zuflüsse zurück. Nach dem Pilger von Bordeaux rötet sich das Wasser, wenn es aufgewirbelt wird, von den Heilungen berichtet er dagegen nur noch in der Vergangenheit[80], d. h. auch die heidnische Heilstätte bestand zu seiner Zeit in der 1. Hälfte des 4. Jh.s nicht mehr.

Nach Euseb und Hieronymus füllte sich das eine Becken durch den Winterregen, das andere wurde dagegen auf wunderbare Weise gerötet; dies sei ein Hinweis darauf, daß einstmals die Priester darin ihre Opfertiere gereinigt hätten. Darum habe man auch den Teich „Schafsteich" genannt.[81]

---

[75] S. dazu R. Deines, Jüdische Steingefäße und pharisäische Frömmigkeit, WUNT II/52, 1993, 3ff und Index s. v. Miqwaot, S. 320.

[76] Vielleicht war dort der ständige Aufenthaltsort der Kranken. Nach 70 scheint dort die Sarapis/Asklepios-Heilstätte gewesen zu sein, s. o. Anm. 67

[77] Op.cit. (Anm. 15), 1 c. 15.

[78] Op.cit (Anm. 16), 58,22f: τὸ παλαιὸν ἑ στοὰς ἔχουσα. καὶ νῦν δείκνυται αὐτόθι λίμναις διδύμοις: Letzteres entspricht in etwa der Kupferrolle. Hieronymus: haec quinque quondam porticus habuit, ostendunturque gemini lacus …, vgl. o. Anm. 56.

[79] S.o. Anm. 55 = MPG 33,1133; s. C. Kopp (Anm. 10), 366. Vgl. auch Theodor v. Mopsuestia.

[80] Op.cit. (Anm. 15), 1 c. 15.

[81] Hierbei handelt es sich deutlich um eine sekundäre Erklärung auf Grund einer eingebürgerten – m. E. nicht ursprünglichen – Lesart.

Wir haben so bei Johannes den ersten Hinweis auf eine große Doppelteich-anlage nördlich der Tempelmauer, die in Verbindung mit anderen kleineren Anlagen den Namen Bethesda trug und in der Nähe des Schaftors lag, welches vermutlich aus dem Tempel nach Norden – vielleicht zu einem Markt für Opfertiere – führte. Diese Anlage ist vermutlich von Herodes mit Säulenhallen ausgeschmückt worden und hatte u. a. den Ruf, heilkräftig zu sein.[82] Es wäre sonderbar, wenn eine religiöse Metropole wie Jerusalem, die wohl die bedeu-tendste Pilgerstadt der antiken Welt war, *keine* derartige Heilstätte besessen hätte: Der HERR selbst ist der Arzt seines Volkes.[83] Die Nähe zum Tempel spricht hier für sich. Die Heilstätte auf einen paganen Kult zurückzuführen, ist ungerechtfertigt. Daß die Wundererzählung selbst etwa in der Frage Jesu an den Kranken: Willst du gesund werden (θέλεις ὑγιὴς γενέσθαι) Züge enthält, die sich so im NT nicht finden, vielmehr in den Asklepioskult passen, spricht nicht gegen unsere historische Erklärung der Ortsangabe. Johannes schreibt ja in Kleinasien. Hier hatten die Asklepiosheiligtümer zugleich große Bedeutung als öffentliche Heilstätten, und Jesus, der Gottessohn, konnte dabei von Hei-den durchaus als Konkurrent zu Asklepios betrachtet werden.[84] Es ist hier ähnlich wie bei dem „dionysischen" Weinwunder in Kana, das bis in die Details im jüdisch-galiläischen Milieu spielt, das sich aber in Kleinasien zugleich gegen den erfolgreichsten Gott der hellenistischen Zeit richten konnte.[85]

Es bleibt die Frage, ob das vierte Evangelium, welches – zumindest an bestimmten Stellen wie 4,18; 2,6; 21,11 etc. – für eine typologische bzw. allegorische Deutung der Zahlen offen ist, mit diesen einen tieferen Sinn verbindet. Die 5 Säulenhallen sind hier vielleicht doch mit den Vätern der alten Kirche auf den Pentateuch, d. h. die jüdische Tora, zu deuten, wie die 5 Männer in Joh 4,18 mit den einstigen 5 Götzen der Samaritaner zusammenhängen könnten (s. o. Anm. 53). Am Ende des Kapitels kommt der Evangelist auf ihr rechtes Verständnis zurück. Die jüdischen Gesprächspartner werden jetzt direkt dazu aufgefordert, „in den Schriften zu forschen", weil diese von Jesus Zeugnis ablegen (5,39), das gilt gerade auch für Mose, den Empfänger (1,17) der Tora: Er hat über Jesus geschrieben, sie aber wollen seinen Worten nicht glauben (5,46f).

---

[82] Vielleicht gehörten dazu auch Miqwaot, denen eine besondere Qualität zugeschrieben wurde. Das Verhältnis von Doppelteichen und Nebenanlagen auf der Ostseite ist nicht mehr klar bestimmbar.

[83] Vgl. Aussagen wie Ex 15,22–27, die Verbindung von Heilung und Tempelbesuch 2. Kge 20,1–11 (5.8), vgl. 38,1–22 (20) und M. L. BROWN, ThWAT VII, 618–625 (623ff).

[84] S. dazu K. H. RENGSTORF, Die Anfänge der Auseinandersetzung zwischen Christusglau-be und Asklepiosfrömmigkeit, Münster 1953, 16. Rengstorf vermutet, „daß der 4. Evangelist in seiner Darstellung bewußt in polemischer Absicht auf bestimmte Züge des Glaubens an den Heiland Asklepios anspielt" (18). Das weist nach Kleinasien als Abfassungsort des Evange-liums, s. den an Asklepios anknüpfenden Wundertäter und Kultgründer Alexander von Abonuteichos bei Lukian.

[85] S. M. HENGEL, The Dionysiac Messiah, in: Studies in Early Christology, Edinburgh 1995, 293–331.

Noch klarer deutet die ungewöhnliche Dauer der Krankheit von 38 Jahren auf jüdische Haggada hin (Joh 5,5). Nach Dtn 2,14 dauerte die Zeit der Wüstenwanderung Israels bis zum Tal Zäräd 38 Jahre. Es ist die Zeit der Strafwanderung des Gottesvolkes, bis es die Grenze zum Kulturland überschreiten konnte. Die griechischen Väter wohl seit Origenes, der ja mit jüdischer Exegese vertraut war, interpretierten diese Zahl darum gerne als Typos des Unglaubens, dem Heilung durch den Glauben verheißen wird. In dem späteren jüdischen Midrasch NuR 19,24 und mehreren Parallelen heißt es zu Nu 21,12, wo der „Bach Zäräd" erstmals erscheint: „Obwohl dieser nur eine Handspanne breit war, konnten sie ihn 38 Jahre lang nicht überschreiten." Erst danach war es möglich, „weil sich der Heilige mit ihnen versöhnte". Nach den Targumim zu Dtn 2,15 sind diese 38 Jahre eine Zeit des Gotteszorns und der Heimsuchung, in Joh 5,1–9 die Zeit der Hilflosigkeit – bis zur rettenden Zuwendung Gottes.[86] Es geht dem Autor in dieser teils realistischen, teils phantastischen Wundererzählung um die Vorbereitung der ersten großen Auseinandersetzung Jesu mit seinem Volk in Jerusalem.

Die beiden auffallenden geographischen Angaben, die unsere Kenntnis des palästinischen Judentums (die Samaritaner sind hier unbedingt einzuschließen) an zwei kleinen, aber konkreten Punkten erweitern, sind typisch für das Johannesevangelium; sie ließen sich noch leicht vermehren.[87] Erklärt werden können sie nicht einfach durch die Vermutung einer besonderen schriftlichen Quelle, etwa der vieldiskutierten, aber historisch mehr als fragwürdigen sogenannten Semeiaquelle. Gegen diese Hypothese spricht nicht nur die einzigartige stilistische Einheit des Evangeliums, sondern auch die Tatsache, daß diese geographischen und anderen historischen Angaben kenntnisreich in das Evangelium integriert sind. Wenn sie auch mehrfach eher zufälligen Charakter haben und scheinbar nur die Erzählung farbiger machen, so schließt dies doch einen tieferen Sinn nicht unbedingt aus. Aus den genannten Gründen muß man annehmen, daß der Autor ein aus Palästina, genauer aus Jerusalem selbst, stammender Judenchrist ist.

2. Festzeiten: Chanukka und Sukkot

Beim dritten, jetzt über 2 Monate sich erstreckenden Aufenthalt Jesu in Jerusalem stoßen wir in Joh 10,22 auf eine exakte Zeitangabe: „Darauf kam das Tempelweihfest (ἐγκαίνια) in Jerusalem. Es war Winter." Der Verfasser

---

[86] S. dazu M. HENGEL, Die Schriftauslegung des 4. Evangeliums auf dem Hintergrund der urchristlichen Exegese, JbBTh 4, 1989, 286f. Vgl. R. KIEFFER, RB 150 (1998), 553: „Comme toujours chez une interprétation symbolique se greffe sur un point de départ concret".

[87] Vgl. etwa noch 2,1 (4,46); 1,28.44; 3,23; 6,1.23; 9,7.9; 10,23.40; 11,54; 18,1.13.15; 19,12.20.41.

schreibt außerhalb des palästinisch-syrischen Raumes, auch sind seine Hörer überwiegend Heidenchristen. Darum kann er zwar gewisse Grundbegriffe des Judentums voraussetzen, muß aber doch die Details erklären. So auch hier. Das Tempelweihfest im Winter stellt neben Purim das jüngste Fest im jüdischen Kalender dar. Seine Bezeichnung τὰ ἐγκαίνια[88] bei Johannes ist das griechische Äquivalent für den seit der talmudischen Literatur bis heute geläufigen Ausdruck *ḥᵃnûkkāh*, und ist *die erste Erwähnung des Festes unter diesem Namen*.[89] Es geht um das Gedenken an die Neueinweihung des Tempels durch den siegreichen Judas Makkabäus am 25. Chislev 164 v. Chr., d. h. etwa zur Zeit der Wintersonnenwende. Das Heiligtum war 3 Jahre zuvor[90] durch Antiochus IV. Epiphanes und die mit ihm verbündeten jüdischen Apostaten entweiht worden. 1. Makk 4,36−59 schildert mit bewegten Worten seine Reinigung und die Neueinweihung des Altars, die vom 25. Chislev an 8 Tage gefeiert wurde.[91] 2. Makk 10,8 berichtet noch zusätzlich von einem Beschluß: „das ganze Volk der Juden solle diese Tage jedes Jahr feiern". Der Name des neuen Festes wird jedoch nicht genannt. Josephus berichtet über seine Quelle, 1. Makkabäer, hinaus, daß die Juden „aus Freude über die Erneuerung ihrer religiösen Gebräuche" (τῇ περὶ τὴν ἀνανέωσιν τῶν ἐθῶν ἡδονῇ) „ein Gesetz (νόμον) beschlossen, daß ihre Nachfahren die Wiederherstellung des Tempeldienstes 8 Tage feiern sollten", und daß dies bis in die Gegenwart geschehe, wobei das Fest den Namen φῶτα, „Lichterfest", erhielt, „weil, wie ich glaube, uns diese Freiheit (zur Wiederherstellung des Kultes) als ein Ereignis wider alle Hoffnungen erschien". Vermutlich spielt Josephus damit indirekt auf die nach Zerstörung des zweiten Tempels wieder hoffnungslose Lage seines Volkes an. Daß der Name mit dem Anzünden der Lichter des siebenarmigen Leuchters zusammenhängt[92], sagt er nicht, auch der Plural τὰ ἐγκαίνια erscheint weder bei ihm noch in den Makkabäerbüchern als Festbezeichnung. Johannes – fast zeitgleich mit Josephus – ist so der erste Zeuge für die im Judentum gebräuchlich gewordene Bezeichnung dieses Festes. Das hebräisch-aramäische Äquiva-

---

[88] Zur Wortbedeutung s. BAUER/ALAND, WbzNT, 433 und BILLERBECK 2,539: 2. Esra 6,16 ἐγκαίνια τοῦ οἴκου steht der griechische Begriff für die Einweihung des Tempels nach seiner Wiedererrichtung als Folge der Heimkehr aus dem Exil – und zwar im Zusammenhang mit dem Passafest als Übersetzung von *ḥᵃnukkât bêt ᵃlaha*; vgl. 22,27 = Neh 12,27 für die Einweihung der Stadtmauer und Dan 3,2 (Theodotion) für die des Standbildes von Nebukadnezar.

[89] Grammatisch ist es ein typischer „Festplural", eine Abkürzung von αἱ ἡ μέραι τῶν ἐγκαινίων, vgl. BLAß/DEBRUNNER/REHKOPF, Grammatik des neutestamentlichen Griechisch, ¹⁴1975, § 141,3, Anm. 9.

[90] Jos. Ant. 12,320f.

[91] 1. Makk 4,36: καθαρίσαι τὰ ἅγια καὶ ἐγκαινίσαι, vgl. 4,54.56: καὶ ἐποίησαν τὸν ἐγκαινισμὸν τοῦ θυσιαστηρίου ἡμέρας ὀκτώ; 4,59: αἱ ἡμέραι τοῦ ἐγκαινισμοῦ τοῦ θυσιαστηρίου; vermutlich dauerte die Reinigung und Wiederherstellung des Altars eine Woche. Vgl. 2.Makk 10,1−8, wo V. 6f betont wird, daß sie diese 8 Tage nach Art des Laubhüttenfestes feierten in Erinnerung dessen, daß sie vor kurzem noch die Zeit des Herbstfestes „in den Bergen und Höhlen wie wilde Tiere verbracht hätten".

[92] Vgl. Ant. 12,319−324.

lent für das Fest findet sich erstmals in der rätselhaften, schwer datierbaren Fastenrolle und dann häufig in der Mischna.[93]

Nach Joh 10,23 f hält sich Jesus in der „Halle Salomos", d. h. der 400 Ellen langen Säulenhalle an der steil zum Kidrontal abfallenden Ostseite des Tempel-berges auf, deren Bau Salomo zugeschrieben wurde und die aus vorherodiani-scher hasmonäischer Zeit stammte. Sie war nach der Apg der Versammlungs-ort der frühesten Jerusalemer Gemeinde.[94] Daß dieses Fest nicht wie das ältere Purim ein eher in privater Weise gefeiertes Volksfest war, sondern im Tempel ähnlich wie sein Vorbild, das Laubhüttenfest, feierlich begangen wurde, ergibt sich schon aus seiner Begründung. Als Schriftlesung wurde Nu 7 vorgetragen mit der Schilderung der „Einweihung des Altars" vor dem Stiftszelt (*ḥᵃnûkkâ* = ἐγκαινισμός) durch Salbung (*mšḥ* = χρίειν) von Seiten Moses (7,10f). Die Leviten sangen beim Opfergottesdienst im Tempel Ps 30, der die Überschrift trägt: „Lied zur Weihe des Hauses von David" (*šîr ḥᵃnukkat hab-bajit lᵉdawid*; vermutlich bezieht sich diese Überschrift auf die Tempelweihe der Makkabäer-zeit): „Hocherheben will ich dich, Herr, denn du zogest mich empor ..."[95]

Man könnte sich fragen, ob für den Autor, der mehr über das Fest wußte, als er im Evangelium sichtbar werden läßt, dieses Freudenfest der Tempelweihe, an welchem – der Fastenrolle nach – nicht gefastet werden darf, nicht in einem Gegensatz steht zu dem anschließend geschilderten Höhepunkt der Auseinan-dersetzung Jesu mit seinen Gegnern, die ihn mit der Forderung bedrängen, er solle offen sagen, ob er „der Gesalbte" sei: εἰ σὺ εἶ ὁ χριστός, εἰπὲ ἡμῖν παρρησίᾳ (10,24).[96] Die Antwort Jesu, die mit der Glaubensfrage beginnt, und sich steigernd mit dem Bekenntnis schließt: „Ich und der Vater sind eins" (10,30), führt zu dem Versuch, ihn als Gotteslästerer zu steinigen. Da aber er selbst für den Evangelisten der Ort der Gegenwart Gottes, man könnte auch sagen: das „Heiligtum Gottes auf Erden"[97], ist, bedeutet dies nichts anderes als den Versuch, „Gottes Heiligtum" zu schänden und zu entweihen – eben am Fest der Tempelweihe.

Damals in der Makkabäerzeit hatten die Väter dem heidnischen Unglauben widerstanden und den wahren Gottesdienst wieder aufgerichtet (vgl. 4,21–24). Jetzt ist für den Evangelisten die Frontstellung umgekehrt: Der, der Gottes

---

[93] Zahlreiche Belege bei BILLERBECK 2,540f, die z. T. auf die Zeit des 2. Tempels zurück-weisen. Zur Fastenrolle s. K. BEYER, Die aramäischen Texte vom Toten Meer, Göttingen 1984, 354ff (367) zum Chislev: „am 25. Tag ist der Tag der Tempelweihe".

[94] Apg 5,12, vgl. 3,11; 2,46; bei Josephus, bell 5,185; ant. 20,185; s. M. HENGEL, ZDPV 99 (1983), 154, Anm. 42. Vielleicht betrachtete man sie in besonderer Weise als „messianische" Stätte im Tempel.

[95] mMeg 3,6; Traktat Sopherim 18,2; s. BILLERBECK 2,541. Lxx Ψ 29,1: ψαλμὸς ᾠδῆς τοῦ ἐγκαινισμοῦ τοῦ οἴκου· τῷ Δαυιδ.

[96] ‚Der Gesalbte', d. h. zugleich ‚der von Gott Geweihte', vgl. Joh 6,69: ὁ ἅγιος τοῦ θεοῦ. Vgl. das Stirnblatt des Hohenpriesters, Ex 28,36: Ἁγίασμα κυρίου.

[97] Joh 2,21: ἔλεγεν περὶ τοῦ ναοῦ τοῦ σώματος αὐτοῦ. Vgl. zur „Heiligkeit" Jesu Joh 1,51; 6,69; 17,19.

Wahrheit verkündet, ja der, der als der „Heilige Gottes" (6,69) Gottes Wahrheit verkörpert (14,6, vgl. 1,14—17), wird bedrängt und am Ende gar mit dem Tode des Gotteslästerers und Tempelschänders, mit der Steinigung bedroht. In der Perikope, die mit dem Hinweis auf das Tempelweihfest – in der Kälte des Winters – beginnt und mit der Todesdrohung und dem Wort Jesu über seine Einheit mit dem Vater endet, erreicht das Evangelium eine erste Klimax. Die zweite, noch wichtigere Klimax wird dabei schon angedeutet: sie liegt in dem Todeswort τετέλεσται 19,30. Es knüpft an den „Neuanfang" schlechthin an, der typologisch durch Gen 2,1 f – die Vollendung der Schöpfung am Ende des 6. Schöpfungstages – vorabgebildet ist: Jesus stirbt an einem Freitagabend zur selben Stunde, da Gott in der ersten Weltenwoche sein Schöpfungswerk vollendete.[98]

Bei Johannes endet der 3. Aufenthalt Jesu in Jerusalem mit dieser ersten vorläufigen Klimax am Tempelweihfest. Jesus entzieht sich dem mörderischen Zugriff seiner Gegner durch den Rückzug an die Taufstelle von Johannes dem Täufer jenseits des Jordans, wohl an dessen Unterlauf, wo dieser einst getauft hatte (10,40f). Im Grunde genommen ist es eine Rückkehr zum Ausgangspunkt seines „messianisch-göttlichen" Wirkens und deutet einen ersten – kritischen – Abschluß seiner öffentlichen Verkündigung an. Von jetzt an beginnt Neues, ganz Unerhörtes: Die „Stunde" von Joh 12,23; 13,1; 17,1 am darauffolgenden Passafest in Jerusalem bereitet sich vor.

Begonnen hatte der 3. Aufenthalt in Jerusalem mit dem *Laubhüttenfest*, *ḥag sukkôt*, σκηνοπηγία, dem jüdischen Herbstfest – ein Begriff, der sich schon in der LXX findet und auf den Brauch hinweist, Laubhütten zu bauen und sich während der Dauer des Festes darin aufzuhalten.[99] Es findet vom 15.—21. Tischri statt, nach der Zeit der Weinernte, genau zwei Monate vor Ḥanukka/ ἐγκαίνια. Josephus nennt es „das größte und heiligste Fest"[100], darum konnte es im Judentum auch einfach als „Fest" schlechthin, hebr. „*ḥag*", aram. „*ḥaggâ*", bezeichnet werden. Demnach dauerte der 3. Aufenthalt Jesu in Jerusalem für den Evangelisten 2 Monate, währenddessen es sukzessive zu immer schärferen Auseinandersetzungen mit den Gegnern kommt, durch die sich der Tod Jesu ankündigt.

Der Bericht von diesem Fest beginnt mit einer scharfen Kontroverse Jesu mit seinen Brüdern, die ihn in Galiläa drängen, zum Fest nach Jerusalem zu gehen und „sich durch seine Wunder der Welt offenbar zu machen".[101] Jesus weist dies zurück, zieht dann aber etwas später – nach seinen Brüdern – in der Mitte

---

[98] S. dazu M. HENGEL, Die Schriftauslegung des 4. Evangeliums auf dem Hintergrund der urchristlichen Exegese. JBTh 4 (1989), 249—288 (284f).

[99] Dtn 16,16; 31,10; 1.Esra 5,21; Sach 14,16—18; 1 Makk 10,21; 2.Makk 1,19. Aquila macht daraus σκηνοποιία, s. dazu BILLERBECK 2,774—812, es erscheint mehrfach bei Josephus.

[100] Ant 8, 100: σφόδρα παρὰ τοῖς Ἑβραίοις ἁγιοτάτης καὶ μεγίστης. Vgl. o. S. 308.

[101] Joh 7,4: φανέρωσον σεαυτὸν τῷ κόσμῳ.

des Festes (7,14) heimlich (7,10) doch nach Jerusalem hinauf, wo die Juden sich über seine Person zerstritten haben. Den alten Zusammenhang zwischen Laubhütten- und Tempelweihfest demonstriert 2. Makk 1,9 in dem – echten – Brief, den die Juden in Jerusalem vermutlich 124 v. Chr. z. Zt. Johannes Hyrkans an die jüdische Gemeinde in Alexandrien schrieben, durch welchen sie die Wiedereinweihung des Tempels mitteilten und die Alexandriner aufforderten, ebenfalls diesen Tag des *„Laubhüttenfests im Monat Chislev"* zu feiern. Hier finden wir den ältesten offiziellen Namen des Festes, der sich freilich wegen seiner Umständlichkeit nicht durchsetzen konnte. [102]

E. Bickerman hat darauf aufmerksam gemacht, daß schon im Jahr nach der Tempelweihe, 163 v. Chr., wieder die Seleukiden Herr des Tempels waren und den makkabäerfeindlichen Hohenpriester Alkimos einsetzten. Vermutlich konnte das Fest erst wieder seit der Ernennung des Makkabäers Jonathan als Hohepriester 152/151 wirklich gefeiert werden. In dem gefälschten Brief 2. Makk 1,10–2,18 werden die Alexandriner nach 1,18 – angeblich schon von Judas Makkabaeus selbst – ebenfalls zur Feier des *„Laubhüttenfestes und des (Opfer)feuers"* am 25. Chislev in Gedenken an die „Reinigung des Tempels" aufgefordert. E. Bickerman hat weiter den Nachweis geführt, daß nach 2. Makk 1,7 bereits 143 v. Chr. z. Zt. des Makkabäers Simon ein Brief mit einer ähnlichen Aufforderung an Alexandriner gesandt worden war. Alle diese Briefe enthalten wohl bereits eine indirekte Polemik gegen den Konkurrenztempel von Leontopolis, der von dem legitimen Hohenpriester Onias IV. mit ptolemäischer Unterstützung nach 150 n. Chr. gegründet worden war. Wer der Tempelweihe im wahren Heiligtum in Jerusalem festlich gedenkt, konnte schwerlich das der Tora widersprechende Pseudoheiligtum im ägyptischen Leontopolis verehren. Um dem neuen „Fest" eine gewisse biblische Legitimität zu geben, nannte man es zunächst σκηνοπηγία τοῦ Χασλευ μηνός, wörtlich „Laubhüttenbau des Monats Chislev" [103]. Man vermied aber bewußt den Begriff „Fest", *ḥag*, ἑορτή, der für das Laubhüttenfest, welches man ja auch einfach nur *„ḥag"* nennen konnte, ebenso wie für das Passafest und das Wochenfest, d.h. die großen Wallfahrtsfeste, bestimmend war. [104]

---

[102] 2. Makk 1,9: καὶ νῦν ἵνα ἄγητε τὰς ἡμέρας τῆς σκηνοπηγίας τοῦ Χασλευ μηνός ..., vgl. 1,18. S. dazu E. BICKERMAN, Studies in Jewish and Christian History, AGAJU 9,1980, 136–158, der die Echtheit des ersten Briefes nachweist und die verwirrende Datierung richtigstellt.

[103] I. F. SCHLEUSNER, Novus Thesaurus ... sive Lexicon in LXX ..., V, 1821,46: tabernaculi fixio.

[104] J. A. GOLDSTEIN, II Maccabees, AncB, 1983, 153; vgl. ders., I Maccabees, 1976, 272–286, zu 1. Makk 4,36–61: „The Restoration of the Temple". Noch im Siddur werden die drei Wallfahrtsfeste Passa, Wochenfest und Laubhüttenfest (*ḥag ham-mazzôt, ḥag haš-šabu'ôt* und *ḥag has-sukkôt*) genannt, dagegen ist nur von *ḥᵃnukkah* und *pûrîm* bzw. den acht *jᵉmê ḥᵃnukkah* und der Verpflichtung *la 'ᵃśôt pûrîm* die Rede, s. Sid(d)ur sefat emet, hrsg. von S. BAMBERGER, ND Basel 1987, 217.274.275f. Vgl. auch den Kommentar zur Fastenrolle, H. LICHTENSTEIN, HUCA 1931/32, 341: *l'śwt ḥnkh* bzw. *kj ḥnkt hmzbḥ 'św šb't jmjm*. Lediglich

Im Johannesevangelium wird diese Unterscheidung – soweit ich sehe – erstmals deutlich sichtbar. Johannes gebraucht das griechische Äquivalent von *ḥag* mit Abstand am häufigsten im Neuen Testament, öfter als alle anderen Autoren mit 12 von insgesamt 26 Belegen. „Das Fest" bezieht sich auf Passa[105] oder auf Sukkot[106], in einem Falle – 5,1 vor der Bethesda-Szene – ist von einem ungenannten „Fest der Juden" die Rede, mit dem wohl ebenfalls Sukkot gemeint ist (s. o. S. 308). Es ergäbe sich so eine zweijährige, an den großen Festen orientierte Wirksamkeit Jesu: Passa: c. 2 und 3, Sukkot (?): 5,1; Passa in Galiläa: 6,4, Sukkot und Ḥanukka: 7–10; Todespassa: 13,1; 18,4. Tempelkult und Festkalender haben bei Joh im Vergleich mit den Synoptikern eine hervorgehobene Bedeutung. In 10,22 verwendet der Evangelist nicht das Wort ἑορτή sondern die Redewendung: ἐγένετο τότε τὰ ἐγκαίνια ἐν τοῖς Ἱεροσολύμοις. Man könnte diesen Festplural auch mit αἱ ἡμέραι τῶν ἐγκαινίων, „Tage der (Altar)weihe", wiedergeben.[107] Johannes ist sich so nicht nur wie das 2. Makkabäerbuch des engen Zusammenhangs zwischen Sukkot und Ḥanukka bewußt, sondern auch des besonderen palästinischen Sprachgebrauches für „Fest" (*ḥag*). Das alles kann aus keiner „Quelle" zweiter Hand stammen. So rahmt Johannes mit Laubhüttenfest und Tempelweihe das dritte – für Jesu Weg entscheidende – Auftreten in Jerusalem, vor dem letzten, welches keine großen öffentlichen Auseinandersetzungen mehr bringt, sondern mit Jesu Tod am Rüsttag zum Passafest endet[108], d.h. Jesus stirbt als das wahre Passalamm (19,36).

Erst in der *Mitte von Sukkot* kommt Jesus nach Jerusalem, der Evangelist legt ihm am „letzten Tage, dem großen des Festes"[109] einen feierlichen Ruf in den Mund: „Wenn einer Durst hat, der komme zu mir, und es trinke, wer an mich glaubt. Wie die Schrift sagt: ‚Ströme lebendigen Wassers werden aus seinem Leibe fließen'" (7,37–38).

Der 8. Tag des Festes, für welchen Lev 23,36 und Nu 29,35 eine abschließende Festversammlung vorschreiben, wurde in gewisser Selbständigkeit als „letzter Feiertag des Festes" gefeiert.[110] U. a. war er mit einer besonderen Berakha verbunden, und man betete – nach späterer Überlieferung – an ihm nicht nur um Regen, sondern gedachte auch in besonderer Weise der Liebe Gottes zu Israel.

---

in 1. Kge 8,2.65 und 2.Chr. 5,3 wird das einmalige, nicht wiederholte Fest der Tempelweihe durch Salomo *ḥag* genannt. Es war freilich mit einer Wallfahrt ganz Israels nach Jerusalem verbunden.

[105] 2,23 vgl. 4,45; 6,4; 13,1 vgl. 11,56; 12,12.20; 13,29.

[106] 7,2 vgl. 7,8.10f.14.37.

[107] S. o. Anm. 88. Die Festkalenderordnung spricht gegen eine Umstellung von c. 5 nach c. 6.

[108] Dessen Bedeutung als Todestag Jesu hebt Johannes besonders hervor: 19,14 παρασκευὴ τοῦ πάσχα, vgl. 19,31.42. Die Synoptiker nennen den „Rüsttag" nur als den Vortag zum Sabbat (des Mazzotfestes), Mk 15,42 = Lk 23,54; etwas anders Mt 27,62.

[109] 7,37: ἐν δὲ τῇ ἐσχάτῃ ἡμέρᾳ τῇ μεγάλῃ τῆς ἑορτῆς.

[110] BILLERBECK 2,808ff; A. SCHLATTER, Der Evangelist Johannes, Stuttgart 1948, 199f.

Das johanneische Jesuswort könnte auf das Regengebet anspielen, oder aber auf die siebentägige Wasserspende am Altar, beides Bräuche, die erst die rabbinische Überlieferung bezeugt. Die Wasserspende wird bereits in mSukka 4,9 geschildert, die Regenbitte in den späteren Midraschim. Die Sache selbst wird aber sehr viel älter sein. Bedeutsam ist hier, daß beim rituellen Wasserschöpfen am Sabbat aus der Siloahquelle Jes 12,3 gesungen wurde: „Ihr werdet mit Freude Wasser schöpfen aus den Quellen des Heils." Dieser Psalm galt der eschatologischen Prophetie Jesajas über den Siloah.[111] Es ist wohl auch kein Zufall, daß bei Johannes der Siloahteich im Anschluß an die Streitgespräche am Laubhüttenfest in 9,7 erwähnt und etymologisch richtig mit der Wurzel *šlḥ* verbunden wird, womit der Evangelist indirekt auf Jesu Sendung hinweist (ἀπεσταλμένος).[112] Auf jeden Fall kennt Johannes nicht nur die palästinische und Jerusalemer Geographie und den jüdischen Festkalender relativ genau, sondern setzt auch bei seinen ersten heidenchristlichen Hörern und Lesern, d. h. seiner Gemeinde, eine gewisse Kenntnis derselben voraus, die er diesen zuvor vermittelt haben muß. Für eine ganze Reihe jüdischer Begriffe und Gebräuche ist er so der erste Zeuge und z. T. der einzige im griechischen Sprachgewand.

3. Personen: Die beiden Hohenpriester Hannas und Kaiaphas

Die Evangelien nennen nur wenige Gestalten der zeitgenössischen Geschichte Judäas außerhalb des Jüngerkreises Jesu. Allein Lukas, der „Historiker", macht mit dem „Synchronismus" Lk 3,1 f eine Ausnahme, indem er das Auftreten Johannes d. Täufers in das 15. Jahr des Tiberius, d. h. ca. 27/28 n. Chr. datiert und damit dessen Wirken – wie auch Jesu Geschichte – mit der Weltgeschichte verbindet.

Allen Evangelien gemeinsam ist allein die Erwähnung des Präfekten (Pontius) Pilatus.[113] Bei Markus erscheint der Hohepriester noch ohne Namen[114], erst Matthäus nennt seinen Namen historisch zutreffend Kaiaphas[115]. Lukas spricht im „Synchronismus" 3,2 auf rätselhafte Weise von zwei Hohenpriestern

---

[111] Vgl. Vit. Proph. 1,5; mSukk 5,1; bSukk 48b; S. dazu A. M. Schwemer, Studien zu den frühjüdischen Prophetenlegenden. Vitae Prophetarum I, TSAJ 49, Tübingen 1995, 145f.

[112] Joh 9,7.11, vgl. 3,17.34; 5,36.38; 6,29.57; 7,29; 8,42; 10,36. Auch der Täufer ist ἀπεσταλμένος, d. h. von Gott gesandt. S. Köhler/Baumgartner, Lexicon, 1406.

[113] Das Gentilnomen Pontius findet sich innerhalb des NTs nur in Lk 3,1; Apg 4,27 und in der bekenntnisartigen Formulierung 1. Tim 6,13, dagegen dreimal bei Ignatius: Magn. 11,1; Trall. 9,1; Smyr. 1,2; Mt 27,2 ist es erst sekundär in den Text eingedrungen.

[114] Mk 14,60−63, vgl. 14,47.53f.66.

[115] Mt 26,3.57.

ἐπὶ ἀρχιερέως ″Αννα καὶ Καϊάφα[116], in der Leidensgeschichte des Lukas bleibt das politisch-religiöse Haupt des jüdischen Ethnos dagegen wie bei Markus namenlos (Lk 22,50.54), bei der Verhandlung selbst erscheint es gar nicht (22,66−23,1). Lukas nennt hier nur kollektive Größen: den Ältestenrat des Volkes (τὸ πρεσβυτέριον τοῦ λαοῦ), die Hohepriester und Schriftgelehrten. Der Begriff τὸ συνέδριον αὐτῶν erhält dabei die Bedeutung „ihre Ratsversammlung". D. h. Lukas (und erst recht Johannes) korrigieren den ältesten Bericht des Markus. Erst Johannes bringt hier wesentliche neue Details, die auch die eigenartige Berichterstattung des Lukas verständlicher machen. Zum Ersten bestimmt er das unklare Verhältnis der beiden Hohenpriester Hannas und Kaiaphas näher. Jesus wird nach seiner Verhaftung – gegen den Bericht der Synoptiker – nicht in das Haus des amtierenden Hohenpriesters[117], den Mt mit Kaiaphas bezeichnet, sondern zuerst zu Hannas[118] geführt, der der *Schwiegervater* des offiziellen Hohenpriesters Kaiaphas war.[119] Johannes fügt die ebenfalls rätselhafte und umstrittene Bemerkung hinzu: „..., welcher der Hohepriester jenes Jahres war".[120] Schon vor Beginn der Leidensgeschichte hatte der Evangelist den amtierenden Hohenpriester mit einer ähnlichen Formel als Profeten wider Willen eingeführt: „Einer aber von ihnen (= den Hohepriestern und Pharisäern 11,47), Kaiaphas, der Hohepriester jenes Jahres, sagte ihnen: ,Ihr versteht gar nichts, auch bedenkt ihr nicht, daß es für euch besser ist, wenn ein Mensch für das Volk (ὑπὲρ τοῦ λαοῦ)[121] stirbt, als wenn das ganze Volk zugrunde geht.' Das sagte er nicht von sich aus, sondern als Hohepriester jenes Jahres weissagte er, daß Jesus für die Nation (ἔθνος) sterben solle; aber nicht nur für die Nation, sondern daß er die zerstreuten Gotteskinder zur Einheit zusammenführe" (11,49−53).

Den vollen Namen des Kaiaphas und die lange Dauer seiner Amtszeit erfahren wir von *Josephus*, dem Zeitgenossen des Johannes, der Kaiaphas zweimal erwähnt: bei seiner Einsetzung im Jahr 18 n. Chr. und bei seiner

---

[116] In Apg 4,6 nennt er neben Hannas und Kaiaphas noch einen Johannes und Alexander, s. u. S. 325.

[117] So auch noch Lk 22,54.

[118] 18,13: πρὸς ″Ανναν πρῶτον, erst 18,15 ist von der αὐλὴ τοῦ ἀρχιερέως *die Rede*.

[119] Joh 18,13a: καὶ ἤγαγον πρὸς ″Ανναν πρῶτον· ἦν γὰρ πενθερὸς τοῦ Καϊάφα.

[120] Joh 18,13b: ὃς ἦν ἀρχιερεὺς τοῦ ἐνιαυτοῦ ἐκείνου, vgl. 11,49. Zur Person des Kaiaphas und seinem möglicherweise gefundenen Grab s. jetzt die gründliche Untersuchung mit ausführlicher Literaturangabe von W. HORBURY, The ,Caiaphas' Ossuaries and Joseph Caiaphas, PEQ 126 (1994), 33−48; dort auch zu den rabbinischen Bezügen und S. 37 zur Schreibweise des Namens in der VL Καϊφᾶς 11,49 s. 𝔓[45.75vid] D it u. a. lateinische Texte. Horburys vorzügliche Darstellung der Probleme erübrigt es, im Folgenden weiter darauf einzugehen. Auffallend für einen Hohenpriester, der 18 Jahre amtierte, ist die relative Schlichtheit der Grabanlage.

[121] Λαός ist der atl. Ausdruck für das Gottesvolk Israel und erscheint bei Johannes nur im Votum des Kaiaphas.

Absetzung 36 n. Chr. Er nennt ihn Joseph Kaiaphas[122], d. h. Kaiaphas war an sich bloßer Beiname, aber anstelle des allzu geläufigen Namens Joseph zur Unterscheidung notwendig. Denn allein schon Josephus nennt 20 Träger dieses Namens, der neben „Judas" und „Shim'on" der häufigste jüdische Name seiner Zeit überhaupt war. Die nächste neutestamentliche Parallele wäre hier Joseph Barnabas in der Apg, der diesen Beinamen von den Aposteln erhielt. [123] *Daß Hannas Schwiegervater des Kaiaphas war, hören wir nur durch Johannes.* Nicht zuletzt dieser Tatbestand jedoch erklärt die einmalige hohepriesterliche Karriere des Kaiaphas und zugleich die Erwähnung des Hannas bei Lukas und Johannes sowie des letzteren Rolle im Prozeß Jesu. Hannas war nämlich das Oberhaupt des einflußreichsten und mächtigsten priesterlichen Clans in der Zeit der Präfekten bzw. Prokuratoren zwischen 6 n. Chr., der Umwandlung Judäas in eine römische Provinz, und 66 n. Chr., dem Ausbruch des jüdischen Krieges. Josephus berichtet von ihm im Zusammenhang mit der Ernennung seines Sohnes, Hannas II., zum Hohenpriester durch König Agrippa II., 62 n. Chr.: „Dieser ältere Hannas, so sagt man, sei besonders glücklich gewesen. Denn er hatte fünf Söhne, und diese alle erlangten das Hohepriesteramt vor Gott. Er selbst war der erste, der diese Ehre erhielt und sich ihrer lange Zeit erfreute. Das geschah mit keinem anderen unter unseren Hohenpriestern."[124]

Nach den Hohepriesternotizen des Josephus wurde Hannas I., Sohn des Sethi, unmittelbar nach der Umwandlung Judäas in eine römische Provinz 6 n. Chr. durch den Statthalter P. Sulpicius Quirinius zum Hohenpriester eingesetzt. Er trat an die Stelle des noch von Archelaos eingesetzten Joazar aus dem Hause Boethos, wobei die Boethusäer – aus Alexandrien stammend – die von den Herodianern begünstigte Hohepriesterfamilie waren. Joazar hatte zwar noch die Volksmenge davon abhalten können, sich dem Aufstandsbegehren eines Judas Galiläus und seines Genossen, des Pharisäers Zadok, anzuschließen, wurde dann aber von Quirinius dem Drängen des Volkes geopfert. [125]

---

[122] Ant. 18,35: Ἰώσηπος ὁ Καϊάφας; 18,95: Ἰώσηπον τὸν Καϊάφαν ἐπικαλούμενον. Die Tatsache, daß es sich bei „Kaiaphas" um einen Beinamen handelt, läßt Zweifel an der Identifikation des Namens qp' bzw. *jhwsp br qjp'* (oder *qwp'*) bzw. *qp'* in dem bekannten Ossuarienfund in Nord-Talpioth aufkommen, denn hier ist es Name und Patronym, s. W. Horbury (Anm. 119), 37–41 in seiner sorgfältigen Untersuchung. Ein weiteres Argument, das eine einfache Identifizierung erschwert, ist die unsichere Namensform: *qoph, qepha* oder *qajjapha*. Sie entspricht den Differenzen in den 3 rabbinischen Erwähnungen des Namens: mPara 3,5 (s. u. Anm. 135); tJeb 1,10 und jMaaseroth 8,7 52a.

[123] Was die Bedeutung des Beinamens anbetrifft, so muß man dem Urteil von Horbury zustimmen: „The significance of the name Caiaphas remains unclear" (Op.cit. 40). Zu den Beinamen und Joseph Barnabas s. M. Hengel/A. M. Schwemer, Paulus zwischen Damaskus und Antiochien. Die unbekannten Jahre des Apostels. WUNT 108 (1998), 321–327.

[124] Ant. 20,198: τοῦτον δέ φασι τὸν πρεσβύτατον Ἄνανον εὐτυχέστατον γενέσθαι· πέντε γὰρ ἔσχε παῖδας καὶ τούτους πάντας συνέβη ἀρχιερατεῦσαι τῷ θεῷ, αὐτὸς πρότερος τῆς τιμῆς ἐπὶ πλεῖστον ἀπολαύσας, ὅπερ οὐδενὶ συνέβη τῶν παρ' ἡμῖν ἀρχιερέων.

[125] Jos. Ant. 18,3.26, s. dazu M. Hengel, Die Zeloten, AGAJU 1, ²1976, 132ff.143f, vgl. auch 216–218. Zu den 5 Söhnen ist der Schwiegersohn Kaiaphas noch hinzuzurechnen.

Offenbar verstanden es Hannas und seine Familie besser, die schwierige Balance zwischen der Gunst der römischen Oberherren und der des Volkes zu halten. Josephus nennt dessen wohl jüngsten Sohn, Hannas II., einen energischen Parteigänger der Partei der Sadduzäer.[126] Derselbe veranlaßte dann als sadduzäischer Hohepriester, kaum im Amte, 62 n. Chr. die Steinigung des Herrnbruders Jakobus und anderer Judenchristen als Gesetzesbrecher.[127] Dagegen läßt Lukas in Apg 4,1 bald nach dem ‚Urgeschehen' die (führenden) Priester[128], den Tempelhauptmann und die Sadduzäer[129]gegen die früheste Jesusgemeinde in Jerusalem auftreten, und in Apg 5,17 sind es „der Hohepriester und sein ganzer Anhang, die die Partei der Sadduzäer bilden"[130]. Als Sprecher der von den maßgeblichen Priestern und Sadduzäern einberufenen Ratsversammlung führender Männer, der Ältesten und Schriftgelehrten, nennt Lk in Apg 4,6 vier hochpriesterliche Namen, wobei die Reihenfolge wohl auf eine Altersabstufung hindeutet: „Hannas, der Hohepriester, und Kaiaphas und Johannes und Alexander und welche sonst noch aus hochpriesterlichem Geschlecht stammten". Eigenartig ist, daß hier Hannas an erster Stelle steht und Hohepriester genannt wird, während Kaiphas erst nach ihm folgt, ähnlich wie im Synchronismus Lk 3,1 und in der von den Synoptikern abweichenden Prozeßschilderung bei Johannes. Nach einer Jerusalemer Ossuarieninschrift, in der eine „Johanna, Tochter des Johannes, Sohn des (Hohen)priesters Theophilos" erscheint, könnte es sich bei dem erwähnten Johannes um einen Enkel des Hannas handeln. Gemäß Josephus wurde nämlich Theophilos, Sohn des Hannas (I.), am Passa 37 n. Chr. als Nachfolger eines weiteren Hannassohnes, Jonathan, von Vitellius zum Hohenpriester eingesetzt.[131] Die Namen jener vier – sadduzäisch-hochpriesterlichen – Hauptakteure scheinen auf guter Überlieferung zu beruhen.

Aus all diesen Hinweisen kann man erschließen, daß der Clan des Hannas, mit ihm selbst als dem über längere Zeit aktiven Oberhaupt an der Spitze, die eigentliche Führungsgruppe der Sadduzäer darstellte, welche beginnend mit dem Prozeß Jesu ca. 30 n. Chr. bis zur Steinigung des Herrnbruder Jakobus ca. 32 Jahre später die eigentlichen Gegner der Jesusbewegung waren.[132] Der

---

[126] Ant. 20,199. Er spielt dann auch eine führende Rolle als Anführer der „nationalgesinnten", gleichwohl gemäßigten Sadduzäer innerhalb der Kriegspartei in Jerusalem (Jos. bell. 2,564.648; 4,151.325; vita 193–196.216.309) und wird von den Zeloten umgebracht.

[127] Jos. Ant. 20,200.

[128] Der Text hat nur ἱερεῖς, Cod. B und C interpretieren historisch richtig diese als ἀρχιερεῖς, vgl. 4,6.

[129] Vgl. noch Lk 20,27 = Mk 12,18; Apg 5,17; 23,6ff.

[130] ὁ ἀρχιερεὺς καὶ πάντες οἱ σὺν αὐτῷ, ἡ οὖσα αἵρεσις τῶν Σαδδουκαίων.

[131] Ant. 18,123, vgl. 19,297, s. SCHÜRER (Anm. 1) 2,230. Zu der Inschrift s. D. BARAG/D. FLUSSER, The Ossuary of Yehoḥannah, Granddaughter of the High Priest Theophilus, IEJ 36 (1986), 39–44 und L. Y. RAHMANI, A Catalogue of Jewish Ossuaries, Jerusalem 1994, 259, Nr. 871.

[132] Das betonen auch nachdrücklich D. FLUSSER, Caiaphas in the New Testament, 'Atiqot

Einfluß der Hannas-Gruppe war während der gesamten Prokuratorenzeit wesentlich größer als der des Konkurrenzclans der Boethusäer, die von den Herodianern begünstigt wurden, obwohl beide Clans je und je auch zusammenarbeiten mußten. Das gilt besonders für die spätere kritische Prokuratorenzeit seit Felix und bis zum Jüdischen Krieg.

Hannas I. amtierte nach seiner Einsetzung durch den Statthalter Syriens während der gesamten Zeit der ersten Präfekten Coponius (ca. 6–9 n. Chr), Marcus Ambibulus (ca. 9–12 n. Chr) und Ammius Rufus (ca. 12–15 n. Chr.).[133] D. h., die ersten Prokuratoren setzten die Politik des Herodes und Archelaos, welche die Hohenpriester häufig wechselten, nicht fort. Für das hohepriesterliche Amt bedeutete die direkte Herrschaft des römischen Präfekten, der seinen ständigen Sitz in Cäsarea hatte und nur zu den großen Festen in die jüdische Metropole kam, eine Ausweitung seiner Macht und seines Ansehens nicht nur in Judäa selbst, sondern auch in der Diaspora.[134] Seit der Verbannung des Archelaos war nicht mehr so sehr das herodianische Herrscherhaus, sondern der Hohepriester das Oberhaupt des jüdischen Volkes und damit auch sein politischer Vertreter nach außen. Dies gilt zumindest bis zur Ernennung des ehrgeizigen Herodesenkels Agrippa I. zum Nachfolger des Tetrarchen Philippus mit Königstitel 37 n. Chr. bzw. zum König von ganz Judäa 41 n. Chr. Nach seinem Tod Anfang 44 n. Chr., als Judäa wieder in eine Provinz zurückverwandelt wurde, setzte Kaiser Claudius zuerst dessen Bruder, Herodes von Chalkis, und dann dessen Sohn Agrippa II. als oberste Tempelaufsicht ein, was zu ständigen Spannungen zwischen den hochpriesterlichen Familien und dem Königshaus führte und das Verhältnis zur priesterlichen Aristokratie verschlechterte.

Zunächst aber hatte Hannas ca. 9 Jahre lang seine persönliche Vormachtstellung sowie die seiner Familie ausbauen können. Vermutlich erwarb er für sein Amt, jetzt unabhängig von der Konkurrenzfurcht und den Launen der herodianischen Herrscher, jene Autorität gegenüber dem Volk und den Vertretern der römischen Macht, die – wenn auch später mehr und mehr abgeschwächt – bis in die Zeit des Ausbruchs des jüdischen Krieges andauerte.[135]

Erst der 4. Präfekt Valerius Gratus (15–26 n. Chr.), der erste nach dem Tode

---

21, 63–71; vgl. auch M. GOODMAN, The Ruling Class of Judaea, 1987, 44.141–144.211; W. HORBURY (Anm. 119), 44 f. u. M. HENGEL, A. M. SCHWEMER (Anm. 123), 377–380.

[133] S. dazu SCHÜRER (Anm. 1) 1,382, vgl. Jos. bell. 2, 117 = ant. 18,29–33.

[134] Die römischen Amtsträger, die in den Gliedern des herodianischen Herrscherhauses eher Konkurrenten sahen, mußten mit der Spitze der Priesteraristokratie eng zusammenarbeiten. Diese Zusammenarbeit mit den Spitzen der kooperationswilligen Oberschicht war eine der Grundprinzipien römischer Herrschaft. Deshalb kamen die Römer in der Reichsverwaltung mit einem so geringen Beamtenapparat aus. Der Ausbruch des Jüdischen Krieges wurde u. a. durch den schrittweisen Abbau dieser Zusammenarbeit vorbereitet, darum gingen Teile der Aristokratie auf die Seite der Aufrührer über.

[135] Leider berichtet Josephus über die Zeit der ersten Präfekten zwischen 6 und 26 n. Chr. bis zur Ankunft des Pilatus keine Einzelheiten, sondern nennt nur die römischen Beamten und

des Augustus, ersetzte Hannas nach fast zehnjähriger Amtsführung durch den aus einer alten Konkurrenzfamilie stammenden Ismael, S. d. Phiabi. Dieser Wechsel scheint bald nach der Ankunft von Valerius Gratus in Judäa vorgenommen worden zu sein – vielleicht war diesem die Macht des Hannas zu groß geworden.[136] Der neue Präfekt brach zugleich radikal mit der bisherigen toleranten Politik gegenüber dem Hohenpriesteramt, denn er berief Ismael nach kurzer Zeit wieder ab und ernannte an seiner Statt Eleazar, einen Sohn des Hannas – offenbar ein erster Sieg des kurz zuvor Abgesetzten.[137] Aber auch dieser wohl älteste Sohn konnte sich nur ein Jahr seines Amtes erfreuen, dann mußte er Simon aus der Familie des Kamithos Platz machen, der freilich ebenfalls nur ein Jahr amtierte, um dann durch Joseph Kaiaphas ersetzt zu werden. Dieser schließlich hatte das hohe Amt ca. 18 Jahre inne (von ca. 18 n. Chr. bis zu seiner Absetzung durch Vitellius 36 n. Chr.) – ein weiterer radikaler Wechsel in der Besatzungspolitik und ein einzigartiger Fall in den ca. 60 Jahren römischer Verwaltung bis zum Jüdischen Krieg. In diesem Zusammenhang erhält die nur durch das 4. Evangelium überlieferte Nachricht von Joh 18,13, daß Hannas der Schwiegervater des Joseph mit Beinamen Kaiaphas war, besondere Bedeutung. Zum drittenmal hatte ein Glied aus dem Hannasclan den Vertreter einer angesehenen Priesterfamilie[138] nach kurzer Zeit aus dem Amt verdrängt, um dieses dann lange Zeit zu behalten.

Joseph Kaiaphas muß ein Genie der Balance gewesen sein, diplomatisch geschmeidig gegenüber den Präfekten und den herodianischen Fürsten, machtbewußt und doch nicht beim Volk so verhaßt, daß dieses gegen ihn nachhaltig protestierte. Vermutlich war er – wie schon sein Schwiegervater – auch ein tüchtiger Geschäftsmann, denn zur Macht des Einzelnen wie des Clans gehörte unbedingt Reichtum.[139] Auf diese Weise gelang es ihm, die Hohepriesterwürde so lange Zeit unter zwei Prokuratoren zu behalten, die beide als schwierig gelten können: Gratus, der durch den vierfachen Hohenpriesterwechsel gezeigt hatte, daß man mit ihm nicht leicht zurechtkam (ca. 18–26 n. Chr.) und Pilatus (ca. 26–36 n. Chr.), der sowohl von Josephus als auch von Philo äußerst

die Hohepriester mit den notwendigsten zeitlichen Angaben. So sind wir über diese entscheidende Zeit fast völlig ohne Nachrichten.

[136] Jos. ant. 18,33f. Die Familie Phiabi gehörte schon zur Zeit des Herodes zu den führenden Priestergeschlechtern, s. ebenda 15,322 und dazu SCHÜRER (Anm. 1) 2,229 Anm. 6. Auch frührabbinische Quellen weisen auf die Familie Phiabi hin, s. mSot 9,15; mPar 3,15, vgl. noch tMen 13,21 und Par 3,6. Später wird ein Hoherpriester gleichen Namens ant. 20,179 u. 194f genannt, der vermutlich in Kyrene beim Ausbruch des jüdischen Krieges als Geisel hingerichtet wurde (bell. 6,114). Möglicherweise war er ein Enkel des ant. 18,34 Genannten.

[137] Ant. 18,34: τοῦτον δὲ μετ' οὐ πολὺ μεταστήσας.

[138] Simon, S. d. Kamithos, wird relativ häufig in der rabbinischen Literatur erwähnt (*šm-'wn bn qmnjt*), s. SCHÜRER (Anm. 1) 2,230, Anm. 11. Nach dem Tod Agrippas I. setzt dessen Bruder Herodes von Chalkis wieder einen Hohenpriester aus dieser Familie ein, Jos. ant. 20,16.103, vgl. SCHÜRER 2,231, (Anm. 18).

[139] S. dazu J. JEREMIAS, Jerusalem zur Zeit Jesu, ³1962, 111–114;219–222.

negativ beurteilt wird und aufgrund seiner Grausamkeit den Samaritanern gegenüber abberufen wurde.[140] Diese einzigartig lange Amtszeit war wohl – bei allen persönlichen Fähigkeiten des Amtsinhabers – nur deshalb möglich, weil hinter dem Schwiegersohn als éminence grise Hannas und seine Familie standen. Darauf deutet jedenfalls die Tatsache hin, daß nach der Absetzung des Kaiaphas durch den Statthalter Syriens im Zusammenhang mit der Amtsenthebung des Pilatus im Jahr 36 n. Chr. wieder ein Sohn des Hannas I., Jonathan, die hohe Würde erhielt.[141] Dieser spielte weiterhin eine aktive politische Rolle und wurde u. a. nach Rom gesandt und später auf Betreiben des Prokurators Felix von den Sikariern ermordet[142], was ebenfalls auf die Bedeutung der Familie verweist. Obwohl Jonathan eine starke Persönlichkeit war, ersetzte ihn Vitellius, als er im Frühjahr 57 wieder nach Judäa kam, durch seinen Bruder Theophilos.[143]

Diese Herrschaft der Familie des Hannas über drei Jahrzehnte hinweg mußte in Jerusalem zu einer gewissen Kontinuität und Konsistenz in politischer und religiöser Hinsicht führen. D. h., die Verhältnisse scheinen bei weitem nicht so unruhig gewesen zu sein wie in den 20 Jahren nach dem Tode Agrippas I. 44−66 n. Chr. Dies könnte den Satz des Tacitus „sub Tiberio quies" (hist. 5,9,1) erklären.

Nachdem König Agrippa I., der Enkel des Herodes, von Caligula im Jahre 38 zum König und Nachfolger des Philippus eingesetzt worden und wohl auch Schutzherr des Tempels geworden war, machte er der über 35 Jahre hinweg fast ununterbrochen währenden Vorherrschaft der Hannas-Sippe zunächst ein Ende und ernannte Simon Kantheras aus dem Hause Boethos, den Favoriten der Herodianer, zum Hohenpriester. Aber auch der König konnte sich dem Einfluß der mächtigsten Priesterfamilie nicht entziehen: Bald nachdem er Anfang 41 von Claudius die Herrschaft über ganz Judäa erhalten hatte, trug er dem schon genannten Jonathan, S. d. Hannas, das Amt an, und nach dessen Weigerung seinem Bruder Matthias, S. d. Hannas[144], welcher es freilich wiederum nur ganz kurze Zeit innehatte.[145]

---

[140] S. die Vorgänge unter seiner Regierungszeit Jos. ant. 18,55−64, seine Absetzung 88f und das vernichtende Urteil Philos leg. ad C. 299−305. Zu seiner Grausamkeit s. auch den Vorfall Lk 13,1f.

[141] Jos. ant. 18,95.123. Jonathan lehnte unter Agrippa I. eine erneute Ernennung mit der Begründung ab, es genüge ihm, einmal das heilige (Hohepriester-)Gewand getragen zu haben (ant. 19,313f).

[142] Jos. bell. 2,240−243.256; ant. 20,163; Schürer (Anm. 1) 2,231; s. M. Hengel, Zeloten (Anm. 124), 473 Index s. v. Jonathan, S. d. Ananos.

[143] S. o. Anm. 130; Jos. ant. 18,123.

[144] Jos. ant. 19,313−316.

[145] Ant. 19,342 und 20,16: Sein Nachfolger Elionaeus, S. d. Kantheras (v. κάνθαρος, der Käfer?) könnte möglicherweise mit der Familie des Kaiaphas zusammenhängen, denn mPara 3,5 nennt einen Hohenpriester *'Elio'enai ben haq-qajjaph*, s. J. Jeremias, Jerusalem zur Zeit Jesu, ³1962, 108, Anm. 1. Die Textüberlieferung der Mischna ist hier freilich uneinheitlich.

Erst nach dem Tod Agrippas I. treten wieder andere Familien in den Vordergrund, allen voran das den Herodianern geneigte Haus des Boethos, da das Amt von nun an bis 66 n. Chr. nicht mehr durch die Prokuratoren, sondern durch herodianische Könige wie Herodes von Chalkis und Agrippa II. vergeben wurde. Allein der schon erwähnte Hannas II. 62 n. Chr. macht hier eine Ausnahme, wurde jedoch wegen des Justizmordes an Jakobus rasch abgesetzt.

Nach J. Jeremias gehörten „von den 25 illegitimen (das meint bei ihm: nicht-zadokidischen) Hohenpriestern der herodianisch-römischen Zeit", d. h. etwa zwischen 40 v. Chr. und 66 n. Chr., „nicht weniger als 22 zu ... vier Familien", und zwar zum Haus des Boethos und Hannas je 8, zu Phiabi und Kamith je 3. Die Zeit der Boethusäer fällt dabei praktisch zusammen mit den Zeiten, in denen das herodianische Königshaus die Verfügungsgewalt über den Tempel hatte, also bis 6 n. Chr. und dann wieder ab 38 n. Chr., während Hannas und sein Schwiegersohn Joseph die 32 Jahre dazwischen beherrschten, wobei sie zusammen ca. 27 Jahre selbst amtierten.

Wenn also Lk 3,1 und Apg 4,6 Hannas und Kaiaphas nebeneinander als Hohepriester aufzählen, so beruht dies nicht auf historischer Unwissenheit, sondern ist von der Sache her durchaus begründet. Dasselbe gilt von dem Prozeßbericht bei Johannes, demgemäß zunächst ein Verhör im Hause des Hannas stattfand,[146] wobei Johannes noch präziser als der Grieche Lukas betont, daß Kaiaphas der eigentliche Träger des Amtes war.[147]

Die entscheidende Beschlußfassung findet dann vor dem Hohenpriester statt; Johannes, der die älteren Passionsberichte seiner Vorgänger natürlich kennt, läßt sie bewußt weg, weil er – die Synoptiker korrigierend – aus theologischen Gründen den Schwerpunkt der Verhandlung vor die heidnische Autoritätsperson des Römers verlegen will. Ihm, dem spätesten Evangelisten, kommt es wie 1.Tim 6,13 und Ignatius darauf an, daß Jesus „sein gutes Bekenntnis vor Pontius Pilatus" bezeugt.[148] Vor seinen jüdischen Gegnern hat Jesus dieses Zeugnis schon längst öffentlich in der Synagoge und im Tempel abgelegt (Joh 18,19–21, vgl. 7,40–43; 10,24). Die Messiasfrage muß deshalb – anders als bei Markus mit seinem Messiasgeheimnis – nicht mehr im Prozeß

Teilweise hat sie auch *haqqoph*, s. W. Horbury (Anm. 119). Dies entspricht den Ossuarieninschriften vom sog. Kaiaphasgrab. Vielleicht handelt es sich dort um Glieder einer Priestersippe *qopha/haqqoph*, die dann von der Familie des Kaiaphas zu unterscheiden wäre.

[146] Joh 18,13.19–24.

[147] In 18,13 läßt er bei Hannas den Titel weg und setzt ihn betont bei Kaiaphas hinzu, vgl. 18,24. Lk 3,2 επι ἀρχιερέως Ἄννα καὶ Καϊάφα setzt voraus, daß beide den Hohepriestertitel tragen, läßt aber nicht erkennen, daß Kaiaphas allein amtierender Hohepriester war, und ist darum mißverständlich.

[148] Vgl. Joh 18,37 und M. Hengel, Reich Gottes und Weltreich im 4. Evangelium, in: Königsherrschaft Gottes und himmlischer Kult, hg. v. M. Hengel/A. M. Schwemer, WUNT 55, 1991, 163–184.

durch den Hohepriester gestellt werden. Mit ihr wurde Jesus schon beim Tempelweihfest in der Halle bedrängt, sie steht nicht mehr zur Diskussion.

Historisch betrachtet mag die Darstellung der Verhandlung gegen Jesus vor den jüdischen Autoritäten bei Johannes (und Lukas) der des Markus (und des Matthäus, der hier von Markus völlig abhängig ist) in manchen Punkten vorzuziehen sein – aus folgenden Gründen: Einmal ist die Existenz eines Synhedriums als permanente, feste, gewissermaßen „verfassungsmäßige" Körperschaft in der Zeit bis zum jüdischen Krieg umstritten. Es könnte sich auch um ein relativ offenes Ratskollegium gehandelt haben, das ganz durch den Willen der jeweils Herrschenden, d. h. zwischen 6 und 41 n. Chr. durch Hannas, Kaiaphas und ihre Sippe, geprägt war. Der Hohepriester konnte dann dieses Ratskollegium u. U. nach eigenem Gutdünken ganz oder teilweise einberufen.[149] Zum anderen hatte selbst das oberste Gericht kein Recht, eine Todesstrafe zu vollziehen. Dieses lag offenbar beim Präfekten.[150] Es war daher beim Vorgehen gegen Jesus kaum sinnvoll, einen ungewöhnlichen, überstürzten, wirklichen Kapitalprozeß zu führen, sondern es genügte ein bloßes *Verhör* und ein *Beschluß*, ihn aufgrund dieses Verhörs mit einer überzeugend wirkenden Anklage an den Präfekten auszuliefern. Vermutlich war Pilatus über den Fall schon zuvor benachrichtigt worden. Sicher wirksam war die Beschuldigung, daß Jesus messianische Ansprüche erhebe, was dann in der Anklageschrift gegenüber Pilatus so formuliert wurde: Jesus behaupte, „König der Juden" zu sein. Bei Johannes und Lukas tritt das politische Element der Anklage gegen Jesus deutlich hervor.[151] Dessen von Markus und Matthäus erwähntes Gerichtswort über den Tempel hängt mit diesem messianischen Anspruch zusammen.[152] Selbst Markus scheint eine zweistufige Verhandlung anzudeuten. Die erste findet vor „den Hohepriestern und (etwas übertreibend) dem ganzen Synhedrium" im Palast des anonymen Hohepriesters statt[153], der die entscheidende Messiasfrage stellt, und sie endet mit der Verspottung des Beschuldig-

---

[149] S. dazu jetzt (über)kritisch D. GOODBLATT, The Monarchic Principle, TSAJ 38, 1994, 77–130: The Problem of the Council before 70, zum NT 119ff. Vf übersieht, daß zur antiken Monarchie gerade auch das Ratskollegium gehörte, das eine bestimmte Konsistenz besitzen mußte, und daß die Suprematie der – komplizierten – Tora ein solches ebenso notwendig machte wie der relativ häufige Hohepriesterwechsel und die politischen Verpflichtungen, etwa die Überwachung des Steuereinzugs. Dieses ‚Synhedrium' muß nicht auf einen ganz festen Personenkreis beschränkt werden. Wahrscheinlich gehörten dazu auch pharisäische Schriftgelehrte. S. dazu F. MILLAR, Reflections on the Trial of Jesus, in: A Tribute to Geza Vermes. Essays on Jewish and Christian Literature and History, ed. P. R. DAVIES/R. T. WHITE, ISOT.Suppl. 100, 1990, 355–381 (378f); M. GOODMAN (Anm. 131), 115, beide unter Hinweis auf ant. 20,200.202. Die Traktate Sanhedrin und Makkot geben spätere „ideale, gelehrte Schulmeinungen" der Tannaitenzeit wieder und dürfen nicht zur kritischen Beurteilung der Berichte der Evangelisten herangezogen werden.

[150] Joh 18,31, vgl. SCHÜRER I (Anm. 1), 367ff.

[151] Joh 18,30–78; 19,14–16.21; Lk 23,2f.14.

[152] Mk 14,57f = Mt 26,60ff, vgl. Joh 2,19; Mk 13,1f und Apg 6,13f.

[153] Mk 14,55ff = Mt 26,59.

ten, der wegen seiner Gotteslästerung den Tod verdient hat.[154] Daran schließt
sich – unterbrochen durch die Verleugnung des Petrus – die Nachricht an, daß
„die Hohenpriester" und „das ganze Synhedrium"[155] in der Morgenfrühe einen
Beschluß ausfertigten, Jesus gefesselt abführten und Pilatus übergaben.[156]
D. h. doch, daß der *entscheidende* Beschluß, Jesus mit einer entsprechenden
Anklage an Pilatus auszuliefern, von der obersten jüdischen Behörde erst ganz
früh am Morgen gefaßt wurde. Voraus ging das bei Markus dramatisch gestaltete Verhör, das der Meinungsbildung und der Begründung der Anklage
diente. Lk 22,66−71 berichtet nur von einer Versammlung des höchsten jüdischen Gremiums am frühen Morgen, das Jesus die Messiasfrage stellt, und auf
seine bejahende Antwort hin als geständigen Angeklagten an Pilatus ausliefert.

Die eigenwillige Darstellung des Johannes mit dem nächtlichen Verhör vor
Hannas, dem ehemaligen Hohenpriester, und der anschließenden Überfüh-
rung zu Kaiaphas, dem amtierenden Hohenpriester, bei welchem wohl relativ
rasch der Auslieferungsbeschluß gefaßt wurde, so daß Jesus noch in der Frühe
dem Präfekten überstellt werden konnte[157], scheint so plausibel zu sein. Sie
vermeidet den Eindruck einer vollgültigen nächtlichen Gerichtsversammlung,
den der älteste Bericht des Markus erwecken kann. Dies gilt vor allem dann,
wenn man gegen die theologisch bedingte Chronologie des 4. Evangelisten,
wonach Jesus am Abend des Rüsttages zum Passafest stirbt, die synoptische
Chronologie vorzieht, wonach die Verhaftung und das Verhör in der Passanacht erfolgen. Eine Verhaftung in der Festnacht, da ganz Jerusalem von
weinseligem Hallelgesang widerhallte, vermied jedes Risiko. Die galiläischen
Festpilger waren zu diesem Zeitpunkt völlig ungefährlich. Bevor die Stadt
richtig erwachte, war die Verurteilung vor Pilatus schon geschehen. Am Rüsttage zum Passafest, so die johanneische Chronologie, war die Stadt sehr viel
unruhiger. Das „Volk", das „kreuzige, kreuzige" rief, bildete dann die bestellte
umfangreiche Klientel des Hannasclans: So *könnte* der Prozeß Jesu verlaufen
sein.

Daß Johannes besondere Informationen über Jerusalem besaß, läßt sich am
besten dann erklären, wenn der Autor, welcher am Ende des Buches in 21,24
mit dem Lieblingsjünger identifiziert wird, aus der Jerusalemer Priesteraristokratie stammte. In 18,15 f wird der Lieblingsjünger als ein „Bekannter des
Hohenpriesters", d. h. des Hannas, bezeichnet. Dadurch würden auch alle

---

[154] Mk 14,64 f (= Mt 26,66): κατέκριναν αὐτὸν ἔνοχον εἶναι θανάτου: Es ist hier nur von
einem Schuldspruch, nicht von einem förmlichen Todesurteil die Rede.

[155] Mk verwendet den Begriff formelhaft, vgl. 14,55. Wahrscheinlich will er die Verantwor-
tung der ganzen obersten Behörde für die Auslieferung Jesu betonen – historisch zu Unrecht,
und möglicherweise im Gegensatz zu anderen Ansichten in der Gemeinde.

[156] Mk 15,1: πρωῒ συμβούλιον ποιήσαντες, vl. ἑτοιμάσαντες. Es könnte sich hier um einen
Latinismus handeln, „consilium capere", vgl. auch Mt 27,1: συμβούλιον ἔλαβον, s. BAUER/
ALAND, Wörterbuch zum NT, 1552f.

[157] Joh 18,13.19−23.28.

anderen exakten Angaben bezüglich Jerusalemer Ortsverhältnisse, Reinheitsvorschriften und jüdischer Festbräuche verständlich.[158] Trotz dieser vereinzel-
ten berechtigten historischen Korrekturen gegenüber Markus, sollte man vom
Evangelisten keinen wirklichen „Geschichtsbericht" erwarten. Dazu hat die
christologische Interpretation das ganze Evangelium zu sehr überlagert.

Einen Punkt gilt es noch zu klären, den die Kritik gegen den 4. Evangelisten
ausspricht: Zweimal bezeichnet Johannes Kaiaphas als denjenigen, „der in
jenem Jahre Hohepriester war".[159] Kaiaphas aber war ca. 18 Jahre lang Hohepriester. Konservative Exegeten deuten die Stellen in dem Sinne, daß von
„jenem entscheidenden Jahre" die Rede ist, die kritische Exegese sieht darin
ein Zeichen für die Geschichtsferne des Evangelisten und eine Verwechslung
mit dem griechischen Brauch, Priesterämter jedes Jahr neu zu besetzen. Das
Problem läßt sich nicht völlig befriedigend lösen. Zu beobachten ist jedoch, daß
die drei Hohenpriester vor Kaiaphas etwa zwischen 15 und 18 n.Chr. wie auch
sein Nachfolger 36 n. Chr. das Amt nur jeweils ca. ein Jahr innehatten, und dies
auch bei den drei Hohenpriestern unter Agrippa (41–44 n.Chr.) sowie der
Mehrzahl der Hohenpriester zwischen 44 und 66 n. Chr. der Fall war.[160] Nach
einer rabbinischen Nachricht war die Zahl der Hohenpriester in der Zeit des 2.
Tempels deshalb so groß, weil diese ihr Amt durch Bestechung erwarben[161];
die übertriebene Zahlenangabe schwankt dabei zwischen 81 und 88 Hohenpriestern. Diese Vorgänge beziehen sich vor allem auf die letzte Zeit des 2.
Tempels unter der Herrschaft der römischen Präfekten und der darauffolgenden Oberaufsicht der herodianischen Epigonen Herodes v. Chalkis und Agrippa II. Der Hinweis auf den „Hohenpriester" jenes Jahres könnte z.B. durch
den häufigen jährlichen Wechsel in diesem Amt begründet sein. Möglicherweise war auch die Herausgabe des hochpriesterlichen Prachtgewandes, das bis 37
n.Chr. von dem römischen Kommandanten der Antonia aufbewahrt und nur
zu den großen Festen freigegeben wurde, mit jährlichen Zahlungen zum Zweck
der Bestätigung durch den Präfekten verbunden. Erst Vitellius hat bei seinem
Besuch in Jerusalem 37 n. Chr. dieses Ärgernis beseitigt und die Verfügungsgewalt über das heilige Gewand an die Priester zurückgegeben.[162]

---

[158] S. dazu HENGEL, Johanneische Frage (Anm. 7), 306–313.

[159] Joh 11,49: εἷς δέ τις ἐξ αὐτῶν Καϊάφας, ἀρχιερεὺς ὢν τοῦ ἐνιαυτοῦ ἐκείνου, vgl.
18,13: ὃς ἦν ἀρχιερεὺς τοῦ ἐνιαυτοῦ ἐκείνου.

[160] S. dazu die Hohepriesterliste bei SCHÜRER (Anm. 1) 2,230–232.

[161] jJoma 1,1 38c Z. 44ff, deutsche Übersetzung von F. AVEMARIE, Yoma. Versöhnungstag,
Üs. d. Talmud Yerushalmi II,4,1995,14 f = bJoma 9a; s. auch BILLERBECK 2,569f. Dort
weitere Belege zum Kauf des Hohepriesteramtes.

[162] Jos. ant. 18,90–95. Der erste römische Prokurator nach dem Tode Agrippas I., Cuspius
Fadus, versuchte, das Gewand wieder unter seine Obhut zu nehmen. Claudius übergab auf
Grund der Fürsprache Agrippas II. dasselbe wieder den Juden, ant. 20,7–9.10–14. Der Brief
richtet sich an Archonten, die Boule und das Volk von Jerusalem und an das ganze Ethnos der
Juden. Der Brief verwendet die Begriffe für die Organe einer Polis: Den „Archonten" mögen
die „Hohenpriester" und der „Boule" das „Synhedrium" entsprochen haben.

Bei der von Philo gegeißelten Bestechlichkeit des Pilatus[163] wird die ganz ungewöhnlich lange Amtszeit des Kaiaphas, die von 26−36 n. Chr. der des Pilatus parallel lief, im wahrsten Sinne des Wortes jährlich „teuer erkauft" gewesen sein, und dies mag auch für die Herrschaft der Hannasfamilie zwischen 6 und 41 n. Chr. generell gelten. Die rabbinischen Nachrichten über die Kaufhallen der $b^e n\hat{e}$ *ḥanan*, die vor der Eroberung Jerusalems − also ca. 67 n. Chr. − zerstört wurden, angeblich „weil sie ihre Früchte der Verzehntung entzogen"[164], weisen wohl auf eine wichtige Quelle des Reichtums der Familie des Hannas hin. Kein Wunder, daß die Spitze der Priesteraristokratie über die Störung des Geldwechsler- und Taubenhandelbetriebs durch Jesus empört war[165] und alles daran setzte, diesen „messianischen" Unruhestifter rasch und sicher zu beseitigen. Man kann darum nicht einseitig Pilatus allein für die Hinrichtung Jesu verantwortlich machen. Auch die Ankläger und Auslieferer Jesu wußten, daß ihm bei der ins Politische gewendeten Anklage der Tod am „Fluchholz"[166] gewiß war. Es ist weiter zu bedenken, daß wir von einer Strafverfolgung der Christen durch Römer in Palästina bis zur Zeit Trajans zu Beginn des 2. Jh.s nichts mehr hören, vielmehr die Verfolgung der Christen vornehmlich von der priesterlichen Aristokratie, König Agrippa I. und schließlich Hannas II. ausging (vgl. 1. Thess 2,14f). Pilatus selbst und die späteren Prokuratoren sahen in ihnen offenbar keine akute politische Gefahr mehr.

Die Nachrichten des 4. Evangliums über Hannas und Kaiaphas sind so wichtige Bausteine für das Bild der Hohepriesterherrschaft während der Zeit der Präfekten von 6−41 n. Chr. Darüberhinaus ist die Darstellung der Passion Jesu nicht nur − wenn wir von den christlichen Märtyrerberichten absehen − die ausführlichste Darstellung eines Strafprozesses gegen einen einfachen Provinzialen in der römischen Kaiserzeit, sondern auch der umfangreichste Bericht über das Vorgehen der jüdischen Führungsspitze gegen einen gefährlich erscheinenden Unruhestifter aus dem eigenen Volk. Johannes gibt seiner Passionsgeschichte eine ganz eigene Note, indem er historische Fakten und freie christologische Interpretation in großer Kühnheit miteinander verbindet.[167]

---

[163] Leg. ad C. 302: τὰς δωροδοκίας, τὰς ὕβρεις, τὰς ἁρπαγάς.

[164] SDt 14,22 §105 (FINKELSTEIN p. 165; dt. Üs. von H. BIETENHARD, Sifre Deuteronomium, JudChr 8, 1984, 305 und Anm. 66), dazu BILLERBECK 2,570f, dort weitere Belege zum finanziellen Mißbrauch des Opfertierhandels beim Tempel.

[165] Joh 2,14−17 versetzt diesen Vorgang in die erste Reise Jesu zum Passafest, die Synoptiker (Mk 11,15−17par) schließen sie unmittelbar an den Einzug Jesu in Jerusalem an und verbinden sie mit dem wenige Tage später stattfindenden Prozeß Jesu. Die Voranstellung bei Joh hat doch wohl theologische Gründe. Hier dürften die Synoptiker den historischen Zusammenhang besser bewahrt haben.

[166] Dtn 21,23; 27,26, vgl. Gal 3,13; Apg 5,30; 10,39; 13,29.

[167] Vgl. das abschließende Urteil von W. HORBURY (Anm. 119), 45 zu den Berichten der Evangelisten generell, das aber besonders für Johannes gilt: „Behind the narratives there is more Christian acquaintance with the Jewish Community than has sometimes been supposed." S. auch F. MILLAR (Anm. 148), 355 fast überpointiert: „This discussion will suggest some

Zu erwähnen wäre in diesem Zusammenhang noch das besondere Interesse des 4. Evangelisten am Kult und den Fragen der rituellen Reinheit, das stärker ist als bei den Synoptikern. Hier kann ich nur auf die gründliche Untersuchung von R. Deines zu Joh 2,6 verweisen.[168]

Zu den ungelösten, ja wohl unlösbaren Rätseln des 4. Evangeliums gehört diese in der urchristlichen Erzählliteratur wohl einzigartige Kombination von präzisem historischem Detail und schöpferischer theologischer Gestaltung des Stoffes. Vielleicht könnte man bei seinem Werk von einem mit christologischer Leidenschaft erfüllten relativ frei ausgestalteten „Jesus-Midrasch" sprechen. Man verkennt die Besonderheit dieses Werkes, wenn man das eine zugunsten des anderen vernachlässigt. Eine Entstehung durch einen anonymen Heiden-christen oder auch durch einen bekehrten „Gnostiker" ist mit Sicherheit auszu-schließen. Es ist erstaunlich, daß unter „historisch-kritischen" Vorzeichen die Herkunft des Evangeliums lange Zeit so irreführend eingeschätzt wurde. Der Autor *muß* ein aus Palästina stammender Judenchrist gewesen sein, der einst-mals wohl dem Tempel und dem Kult nahegestanden hatte und vielleicht selbst priesterlicher Abstammung war, und der dann in den letzten Jahrzehnten des 1. Jh.s in Ephesus als Lehrer und Schulhaupt einer christlichen Gemeindegrup-pe große Autorität besaß.[169] Durch seine auffallenden und z. T. sehr genauen Angaben zu Orten, Gebräuchen und Personen bereichert sein Werk auch unsere Kenntnis des palästinischen Judentums in der Zeit zwischen Herodes und der Zerstörung Jerusalems.

---

reasons why, if any one of the Gospels can bring us closer to the historical context and overall pattern of Jesus' activities than the others, it is John rather than any of the Synoptics." Das mag zumindest für Teile des historischen Rahmens und gewisse Details des 4. Evangeliums gelten. Noch weiter gehen die beiden Sätze des führenden englischen Althistorikers: „In a profound sense the world of the Gospels *is* that of Josephus" und „... the Gospels *are* biographical narratives" (357).

[168] Jüdische Steingefäße und pharisäische Frömmigkeit. Ein archäologisch-historischer Beitrag zum Verständnis von Joh 2,6 und der jüdischen Reinheitshalacha zu Zeit Jesu, WUNT II/52, 1993, 166–221. 243 ff. 247 ff; s. auch Index s. v. Priester und Tempel.

[169] M. HENGEL (Anm. 7), 275–284.306–323.

8. Die Septuaginta als von den Christen beanspruchte Schriftensammlung bei Justin und den Vätern vor Origenes*

1. Zur Übersetzungslegende im Judentum und zur Zahl der Übersetzer

Was wir heute als Septuaginta bezeichnen, ist – zumindest was Benennung, Überlieferung und Verwendung anbetrifft – zunächst einmal (unbeschadet ihres jüdischen Ursprungs) eine *christliche* Schriftensammlung. Zwar wissen wir aus der Legende des Ps-Aristeasbriefes[1] und dem von Ps-Aristeas abhängigen Josephus[2], daß das Gesetz Moses unter Ptolemaios II. Philadelphos (282–246 v. Chr.) von jüdischen 72 Ältesten, d. h. sechs aus jedem Stamme, die der Hohepriester von Jerusalem nach Alexandrien gesandt habe, aus dem Hebräischen ins Griechische übersetzt worden sein soll. Wir begegnen jedoch in den jüdisch-hellenistischen Quellen nie der bei christlichen Autoren später so häufigen, ja typisch werdenden Bezeichnung οἱ ἑβδομήκοντα für die Übersetzer selbst. Die Übersetzung des Pentateuch ins Griechische zur Zeit des 2. Ptolemäers in Alexandrien dürfte historisch sein, da ihr frühester Zeuge, der jüdische Chronograph Demetrios, noch gegen Ende des 3. Jh. v. Chr. zur Zeit Ptolemaios IV. Philopator sie in seinem exegetischen Werk verwendete. Die

---

* Ich widme diese Studie Peter Stuhlmacher zu seinem 60. Geburtstag am 18. 1. 1992.

Als ich 1964 aus der Industrie nach Tübingen kam, war er Assistent bei Prof. Käsemann. Wir habilitierten uns beide mit kurzem Abstand zu Beginn des Jahres 1967, wurden 1968 zusammen nach Erlangen und 1972 nach Tübingen berufen. Unsere nun über 25 Jahre dauernde Freundschaft und Zusammenarbeit betrachte ich als ein ganz besonderes Geschenk.

Für das Schreiben des schwierigen Manuskripts danke ich Frau Marietta Hämmerle und für die sorgfältige Durchsicht und mannigfache Anregungen Frau PD Dr. Anna Maria Schwemer, Herrn Prof. Dr. Christoph Markschies und Herrn Friedemann Steck.

[1] Ep Arist 50. 273; die Übersetzung erfolgte in 72 Tagen: 307.

[2] Ant 12,11–118.

Zahl 72 ist jedoch Legende und wohl in Analogie zu Nu 11,24ff. und 26ff. (70 + 2) gebildet.

Philo kann in seiner Erzählung von der Übersetzung auf die Zahl der Mitwirkenden ganz verzichten und sich mit dem Hinweis begnügen, daß der Hohepriester die „tüchtigsten Hebräer seiner Umgebung" ausgewählt habe, die „neben der väterlichen auch die griechische Bildung erworben hatten"[3], während Josephus in der ihm eigenen Nachlässigkeit von „den Namen der *siebzig* Ältesten" spricht, die er nicht aufzählen müsse, obwohl er wenige Zeilen zuvor erzählt hatte, daß je *sechs* der Ältesten aus einem der *zwölf* Stämme kamen, und das Werk in 72 Tagen vollendet worden sei[4].

Es mag sein, daß, wie Pelletier vermutet, diese Nachlässigkeit damit zusammenhängt, daß „die Siebzig" schon im griechischsprechenden Judentum ein fester Begriff für die im Gottesdienst gebrauchte Übersetzung des Gesetzes geworden war, einen Beleg dafür besitzen wir jedoch nicht. Auch bei den neutestamentlichen Autoren und den apostolischen Vätern suchen wir vergeblich nach einem Zeugnis für die Bezeichnung des Pentateuchs oder gar des griechischen Alten Testaments mit „die Siebzig" oder auch nur einen Hinweis auf die „siebzig Ältesten" bzw. „Übersetzer" und ihr Werk. Man sprach vielmehr wie im Judentum von „Schrift" oder „Schriften" bzw. „Gesetz und Profeten"[5] oder einfach „den Profeten", wobei der Gesamtumfang dieser Schriftensammlung(en) unklar bleibt, denn Belege für einen vorchristlichen „alexandrinischen Septuaginta*kanon*" besitzen wir nicht[6]. Bestenfalls könnte man aus der ungewöhnlichen Zahl von 72 ausgesandten Jüngern Lk 10,1 (sekundäre varia lectio: 70) schließen, daß Lukas oder seine Quelle die Zahl der Übersetzer kannte. So wie sie die Tora für die ganze Welt übersetzten, so sollen die Jünger die Botschaft vom Gottesreich verbreiten. Aber dies bleibt eine bloße Vermutung. Expressis verbis ist von den 72 (bzw. 70) in den *jüdischen* Quellen erst wieder in späteren rabbinischen Überlieferungen die Rede, die offensichtlich z.T. die christliche Fassung der Legende vorausset-

---

[3] Vit Mos 2,32, s. u. S. 73.

[4] Ant 12,57 vgl. 56.99 (12 × 6) 107 vgl. A. Pelletier, Flavius Josèphe adapteur de la Lettre d'Aristée, EeC XLV Paris 1962, 125–127.199.

[5] Zu dieser Bezeichnung s. J. Barton, ‚The Law and the Prophets'. Who are the Prophets, OTS 23 (1984) 1–18. Zur Formulierung s. schon Sirach Prol: ὁ νόμος καὶ αἱ προφητεῖαι καὶ τὰ λοιπὰ τῶν βιβλίων, dazu s. H. P. Rüger, in: J.-D. Kaestli/O. Wermelinger (Hg.), Le Canon de l'Ancien Testament, Genève 1984, 59.66–69, vgl. D. Barthélemy, in op. cit., 13.

[6] S. die grundlegende Kritik an der Hypothese eines alexandrinischen Kanons bei A. C. Sundberg, The Old Testament in the Early Church, Cambridge/London 1964; vgl. M. Harl/G. Dorival/O. Munnich, La Bible Grecque des Septante, Paris 1988, 112–119.

zen[7]. Hier konnte vereinzelt auch von den „Siebzig" gesprochen werden[8]. Daneben erschienen jedoch auch unvermittelt nur fünf Älteste[9], eine Zahl, die an die fünf Jünger Jesu in bSanh 43a erinnert, zumal mit der Zahl 5 eine schroffe Abwertung der Übersetzung verbunden war:

„Dieser Tag war für Israel so folgenschwer wie jener, an dem das Kalb angefertigt wurde. Denn die Tora konnte nicht angemessen übersetzt werden[10]."

2. Justin

Es muß auf diesem Hintergrund auffallen, daß der Begriff οἱ ἑβδομήκοντα zur Bezeichnung eines „heiligen Textes" in griechischer Sprache (bzw. in Wirklichkeit der Übersetzer dieses Textes) erst von *christlichen* Autoren in stereotyper Weise gebraucht wird, und zwar erstmalig dort, wo sich ein hinlänglich rhetorisch und philosophisch gebildeter Verfasser apologetisch mit einem jüdischen Gesprächspartner auseinandersetzt, in Justins *dialogus cum Tryphone.*

2.1. Die Legende in der Apologie

In, man darf schon sagen, auffallender Weise, spricht Justin zweimal von den „70 Ältesten bei Ptolemaios", dem König in Ägypten (bzw. der Ägypter)[11], einmal verkürzt von „euren Ältesten bei Ptolemaios, dem König der Ägypter"[12] und fünfmal einfach von „den Siebzig", wobei er formelhaft das Verb ἐξηγεῖσθαι (und dazu einmal auch ἐζήγησις) mit den 70 verbindet[13]. Justin gebraucht dabei sein Lieblingswort ἐξηγεῖσθαι unterschiedslos im Sinne von

---

[7] bMeg 9a, Bill 3,322; Sof 1,7; dazu G. Veltri, Die Tora des Königs Ptolemäus. Untersuchungen zum Übersetzungsverständnis des hellenistischen und palästinischen Judentums, Diss. phil. FU Berlin 1991, erscheint in TSAJ, vgl. auch G. Doreval, in: M. Harl, etc. (Anm. 6) 120–125 und Karlheinz Müller, Die rabbinischen Nachrichten über die Anfänge der Septuaginta, in: Wort, Lied und Götterspruch. Beiträge zur Sepuaginta. FS für Joseph Ziegler, hg. v. J. Schreiner und J. Schnackenburg, Würzburg 1972, 72–93. Zur Zahl 70 bzw. 71 und 72 im Zusammenhang mit den Ältesten von Num 11,16.24ff. s. bSanh 16b parr. bei Billerbeck II, 166: Auch Mose wählte sechs von jedem Stamme aus, beschrieb aber nur 70 Zettel mit „Älteste" und ließ zwei (Nu 11,26) leer.

[8] Sepher Tora 1,6, Al-Qirqisani, Kitab al-riyad 1,4,16; dazu Veltri, op. cit. (Anm. 7) 74ff.88ff.

[9] Sof 1,7; ARN Rez. B § 37 u.ö., s. Veltri, op. cit. (Anm. 7) 76.

[10] Sof 1,7, Veltri, op. cit. (Anm. 7) 70ff. Darauf folgt die positive Stellungnahme von bMeg 9a, Veltri, 66f. Vgl. u. Anm. 75. Vielleicht steht hinter den 5 auch der „Pentateuch".

[11] Dial 68,7; 71,1.

[12] 84,3.

[13] 120,4: οὕτως ἐξηγήσαντο οἱ ἑβδομήκοντα; 131,1: ὅτι οἱ ἑβδομήκοντα ἐξηγήσαντο; 137,3 (2×): ὡς ἐξηγήσαντο οἱ ἑβδομήκοντα; vgl. 124,3: ἐν τῇ τῶν ἑβδομήκοντα ἐξηγήσει εἴρηται.

„Auslegen" und „Übersetzen", während er das eindeutigere ἑρμηνεύειν vermeidet[14]. Darüberhinaus erwähnt er fünfmal den ägyptischen König Ptolemäus im Zusammenhang mit der denkwürdigen Übersetzung der 70 Ältesten, darunter einmal in der älteren 1. Apologie[15].

Dort geht er auch ausführlicher auf die Übersetzungslegende ein, freilich in einer höchst eigenartigen, vom Aristeasbrief (bzw. Josephus) und Philo abweichenden Form, die zeigt, daß er den Aristeasbrief selbst oder auch den Bericht Philos überhaupt nicht und die daraus hervorgegangene Legende nur relativ oberflächlich kannte[16]. Auf der anderen Seite setzt er bei den fiktiven Gesprächspartnern im dialogus wie bei seinen – doch wohl ganz überwiegend christlichen – Lesern[17] die Kenntnis der Erzählung von den 70 Ältesten und ihrem Übersetzungswerk selbstverständlich voraus und muß nicht mehr, wie für die (nicht zuletzt auch) heidnischen Leser der Apologie, darüber referieren. Sehr wahrscheinlich greift er hier – wie überhaupt öfter im Dialog – auf ältere Quellen zurück. Dabei mag es sich, wie Prigent vermutete, um sein schon Apol I 26,8 erwähntes „Syntagma gegen alle bisherigen Häresien" handeln, die Häufung der Hinweise auf die Siebzig im dialogus könnte darüberhinaus noch auf den bald nach dem Bar-Kochba-Aufstand (132–135) verfaßten Dialog zwischen dem Judenchristen Jason und dem Juden Papiscus zurückweisen, der vermutlich aus der Feder des sonst kaum bekannten Judenchristen Ariston von Pella stammt, in dem, wie im dialogus c. Tryphone, die Erfüllung der profetischen Weissagungen des Alten Testament in Jesus Christus diskutiert wurde[18]. Es scheint mir naheliegend zu sein, daß schon diese apologetische Schrift

---

[14] S. E. J. Goodspeed, Index Apologeticus . . ., 1912, 106f. ca. 45×; ἐξήγησις 15×, s. auch u. S. 53f., Anm. 58.

[15] Apol I 31,2; dial 68,7; 71,1.2; 84,3.

[16] Apol I 31,1–5. S. u. S. 45f. 72ff. 80.

[17] Zu der vermutlichen Leserschaft des dialogus s. C. H. Cosgrove, Justin Martyr and the Emerging Christian Canon, VigChr. 36 (1982) 209–232 (211ff.). Die Diskussion ging darum, ob die angesprochenen Leser Juden oder Heiden waren; doch Juden wird Justin schwerlich damit überzeugt und Heiden werden das Ganze fast unleserlich gefunden haben. Man wird eher an gebildete Christen, die in der doppelten Frontstellung zwischen Marcion, bzw. den Gnostikern, und dem nach wie vor starken „hellenistischen" Judentum standen, bzw. an gebildete (heidnische oder jüdische) Sympathisanten des neuen Glaubens zu denken haben. Als „Missionsschrift" war das schwerfällige Werk kaum geeignet!

[18] P. Prigent, Justin et l'Ancien Testament, EtB, Paris 1964; auf die Verbindung zu Ariston von Pella wies P. Nautin, in École des Hautes Études, 1967/68, 162–167, hin. Zum Problem s. jetzt die vorzügliche Arbeit von O. Skarsaune, The Proof from Prophecy. A Study in Justin Martyr's Proof-Text Tradition . . ., NT. S. 56, 1987, 3ff.22ff. Zum Syntagma Justins vgl. noch Euseb, h. e. 4,11,10, der apol I 26,8 anführt, aber 4,18,9 Irenäus zitiert, der adv haer 4,6,2 aus einem „Syntagma gegen Marcion" zitiert (vgl. apol I 58,1). Vermutlich ist es dasselbe frühere Werk. Zu Ariston von Pella s. op. cit. 234f., Anm. 13; Textfragmente b. C. Th. v. Otto, CorpApol IX, 1872 (Nachdruck 1969), 356ff. Der Dialog erscheint erstmals bei Kelsos, d. h. nicht allzu lange nach Justin, s. Origenes, c. Cels 4,52: ἐν ᾧ ἀναγέγραπται Χριστιανὸς Ἰουδαίῳ διαλεγόμενος ἀπὸ τῶν ἰουδαϊκῶν γραφῶν καὶ δεικνὺς τὰς περὶ τοῦ Χριστοῦ προφητείας ἐφαρμόζειν τῷ Ἰησοῦ. Ariston als Vf. wird erst von Johannes von Skythopolis (dazu H.

sich gegenüber dem jüdischen Gesprächspartner auf die 70 als Bundesgenossen der Christen berufen hat. Dies könnte die Selbstsicherheit Justins in diesem Punkt erklären.

In der Apologie steht Justins Referat über die Übersetzungslegende im Zusammenhang seines Beweises für die Gottessohnschaft Christi aufgrund des Zeugnisses der „Profeten Gottes" bei den Juden. Deren Weissagungen (προφητεῖαι) wurden von den Profeten selbst auf Buchrollen in der hebräischen Muttersprache niedergeschrieben und von den damaligen Königen erworben und sorgfältig aufbewahrt. Als König Ptolemaios für seine Bibliothek die Schriften aller Menschen zu sammeln suchte und von diesen Weissagungen hörte, habe er zu Herodes (!), dem damaligen König der Juden, gesandt, und um Übersendung dieser profetischen Schriften gebeten. Herodes habe dem Wunsche entsprochen. Da dieselben jedoch für die Ägypter unverständlich waren, habe Ptolemaios ihn erneut aufgefordert, ihm „Männer zu senden, die diese Bücher in die griechische Sprache übersetzen" (τοὺς μεταβαλοῦντας αὐτὰς εἰς τὴν ἑλλάδα φωνὴν ἀνθρώπους ἀποστεῖλαι). Nachdem dies geschehen war, „blieben die Schriftrollen bei den Ägyptern bis zum heutigen Tag und befinden sich überall bei allen Juden, die, wenn sie darin lesen, ihren Inhalt nicht verstehen . . ."[19].

Im Gegensatz zum *dialogus* ist in dieser einige Jahre früher verfaßten Erzählung (ca. 152–155 n. Chr.) von den *70 Ältesten* nicht die Rede, auch sonst sind die Unterschiede zur traditionellen Übersetzungslegende ganz erheblich. Die entscheidende Diskrepanz, die zeigt, daß es sich hier bereits um eine typische *christliche* Fassung handelt, liegt darin, daß Justin nicht mehr von der Übersetzung des mosaischen Gesetzes, d. h. des Pentateuchs, spricht, sondern von allen *„profetischen Schriften"*, die um ihrer Weissagungen (προφητεῖαι) willen aufbewahrt und durch die Initiative des ägyptischen Königs in die griechische Weltsprache übersetzt wurden. Das „Gesetz" bzw. der Pentateuch wird dabei unter diese „profetischen Weissagungen" subsumiert. Während im Judentum, wie auch noch selbst bei Autoren des Urchristentums (z. B. Paulus und Johannes), alle heiligen Schriften als „Tora" (bzw. νόμος) bezeichnet werden konnten, da nach jüdischer Ansicht die „Profeten" und „Schriften" im Grunde nur die Tora auslegen, sind für Justin und spätere christliche Verfasser alle Bücher der Bibel „profetische Schriften", weil ihr entscheidender Inhalt die Weissagung auf Christus und seine eschatologische Heilsgemeinde ist[20].

Urs v. Balthasar, Scholastik 15, 1940, 16–38: Hinweis von Chr. Markschies) genannt. S. weiter A. v. Harnack, Geschichte der altchristlichen Literatur, 1893, I, 1, 92ff. Neuere Literatur b. V. Zangara, in: Dictionnaire Encyclopédique du Christianisme Ancien, 1990, I, 228 (Lit.) und B. Altaner/A. Stuiber, Patrologie, [9]1978, 62; H. Schreckenberg, Die christlichen Adversus-Judaeos-Texte und ihr literarisches und historisches Umfeld, Frankfurt/Berlin 1982, 604f.

[19] Apol 31,1–5. Zum fehlenden Schriftverständnis der Juden s. u. S. 46 Anm. 28, S. 62 Anm. 88, S. 66 Anm. 107.

[20] Zur ganzen Schrift als „Tora" im Judentum und Christentum s. Billerbeck II, 542f. zu

Kurz nach der Erzählung seiner Version der Übersetzungslegende nennt
Justin Mose den *„ersten Profeten"*. Diese Bezeichnung Moses als Profeten kann
er dann in der Apologie fast stereotyp verwenden[21]. Gegenüber den heidnischen Lesern wird damit Mose, der bekannte Gesetzgeber der Juden, als Profet
auf Christus hin eingeführt. Der Profet für die Christen verdrängt den jüdischen Gesetzgeber. Eigentlicher Gesetzgeber wird jetzt Christus, der Bringer
des Neuen Gesetzes, der mit Gottes Wort und Gesetz identisch ist[22]. Im
dialogus fehlt diese Bezeichnung „Profet" für Mose dagegen völlig, vermutlich
aus Rücksicht auf die jüdischen Gesprächspartner. Im Gespräch mit diesen
genügt jetzt der bloße Name Mose (ca. 25mal).

Daß sich Justin mit seinem Bericht von der Übersetzung in der Apologie eher
an Heiden wendet, ergibt sich auch daraus, daß er von einer – im Gegensatz
zum Aristeasbrief – doppelten Initiative des – heidnischen – Königs Ptolemaios
berichtet, der zuerst die profetischen Schriften und dann erst Übersetzer erbittet[23], jedoch die 70 jüdischen Ältesten übergeht. Wesentlich ist dabei, daß die
Schriften „bis heute" in Ägypten, d. h. in der weltberühmten Bibliothek Ale-

---

Joh 10,42 (vgl. auch 12,34; 15,25) und III, 159 zu Rö 3,19 und III, 462 zu 1. Kor 14,21. Zur
frühchristlichen Deutung der Schriften als profetische Weissagungen s. schon Rö 1,2; Hebr
1,1; 1. Petr 1,10 etc. Im Judentum wie im Christentum galt dabei das pars pro toto, nur wurde
die Gewichtung umgekehrt. Im Judentum war das Gesetz bestimmend und die Profeten seine
Ausleger, im Christentum die messianische Weissagung, wobei das Ritualgesetz u. U. als
späteres Zugeständnis an die „Herzenshärtigkeit" (vgl. Mk 10,5) der Juden betrachtet wurde
(vgl. dial 18,2; 45,3; 46,7). Die Schriften wurden unter dem Gesichtswinkel der Erfüllung in
der eschatologisch bestimmten Gegenwart gelesen: 1. Kor 10,11; Rö 4,23f.; eine Hermeneutik, die wenigstens partiell ihre Vorstufe in Qumran besitzt, s. 1QpHab 2,8f.; 7,4f.; CD 6,10f.
dazu O. Betz, Offenbarung und Schriftforschung in der Qumransekte, WUNT 6, 1960,
62ff. 73ff. S. dazu o. (Kl.Schr. II), 51–61.
[21] Apol 32,1, πρῶτος τῶν προφητῶν γενόμενος, vgl. 32,2; 33,6; 44,1; 60,8 vgl. u. S. 48.
Der profetische Geist spricht durch Mose, vgl. 54,5.7; 62,2; 63,16; 44,8. Platon ist von dem
Profeten Mose abhängig. Zu Mose als Profeten s. Dtn 18,15; 34,10; Sir 46,1; weiter J.
Jeremias, ThW IV, 74 vgl. AssMos 11,16 u. A. Rosmarin, Mose im Lichte der Aggada, 1932,
19f. S. schon Dtn 18,15–20 und 4QTest 5ff. Die Bezeichnung ist im Judentum im Vergleich zu
seinen sonstigen Benennungen nicht allzu häufig, aber aufgrund von Dtn 34,10 eindeutig.
Auch dort kann er in späteren Midraschim als der Erste aller Propheten bezeichnet werden
(Rosmarin loc. cit. Anm. 28), ja „er ist der Vater der Prophetie selbst" (19f. Anm. 32). Barn
6,8 wird Mose nach „Profetenzitaten" aus den Psalmen und Jesaja als ὁ ἄλλος προφήτης
Μωϋσῆς eingeführt. Nur sein Name wird genannt. Das namenlose προφήτης zur Einführung
von Schriftzitaten (26 ×) ist sonst bei Barnabas üblich. Vgl. Apg 3,22f; 7,37 = Dtn 18,15ff.
[22] Vgl. dial 14,3; 18,3 und 12: Christus als καινὸς νομοθέτης. Mose ist dagegen nur
Gesetzgeber der Juden, dial 1,3, vgl. 112,3; 127,2. Nach 11,4 ist Christus das „Neue Gesetz
und der neue Bund", vgl. 12,1 und 122,5; weiter Melito, Passahom 45f.; Barn 2,6; Hermas sim
8,3,2 (69,2); Ker Petri 1 (NTAp[5] II, 38: Clem Alex, strom 1,29,182; 2,15,68).
[23] Apol I 31,2–4; vgl. dagegen Arist 35–51, der nur einmalige Briefwechsel zwischen
Ptolemaios und dem Hohenpriester Eleazar, der mit dem Gesetz zugleich auch die Übersetzer
erbittet. Erst in der völlig abweichenden und phantastisch ausgemalten Fassung des Epiphanius schreibt der König wieder zwei Briefe an „die Lehrer in Jerusalem". Auf den ersten hin
erhält er die Schriften, und erst nach dem zweiten kommen die Übersetzer (s. de mens et pond
10f., ed. E. Moutsoulas, Athen 1971, 153ff., und im vollständigen syrischen Text, ed. J. E.

xandriens, zu finden sind, und darüberhinaus „überall bei allen Juden". D. h. nicht nur die königliche Bibliothek, sondern auch die im Reich zerstreuten Juden haben die griechische Übersetzung der alten hebräischen Weissagungen treu bewahrt, die sich jetzt für die Christen erfüllt haben. Der Bericht Justins dient so als Einleitung zu den Schriftzitaten in der Apologie. Nach Skarsaune hat die Erwähnung der Übersetzung hier einen auf Heiden ausgerichteten missionarischen Zweck, die damit verbundenen „textkritischen" Probleme tauchen dagegen erst in der Auseinandersetzung mit Juden im dialogus auf[24].

Die anachronistische Einführung des Königs Herodes als Sender der 70 hängt damit zusammen, daß Justin keine Ahnung von der nachexilischen jüdischen Geschichte hatte und Herodes für ihn aufgrund der Evangelien (und der Apg) der Name der jüdischen Könige in hellenistisch-römischer Zeit war. Historische Bildung war nicht seine Stärke. Außerdem rückte durch die Nennung des Herodes die Übersetzung nahe an die Zeit der Erfüllung heran (Mt 2,3 ff.; Lk 1,5). Im Zusammenhang mit dem jüdischen „König Herodes" finden sich bei ihm noch weitere historische Irrtümer[25]. Offenbar besaß er weder historisches Interesse noch Kenntnisse. Keinen jüdischen Hohepriester nennt er mit Namen, der Synchronismus in dem von ihm sonst geschätzten Lukasevangelium (3,1 f.) wird nicht wirklich beachtet[26]. Bei Irenäus und Tertullian ist das dann wesentlich anders (s. u. S. 75 ff.). Diese historische Unwissenheit des

---

Dean, Epiphanius Treatise on Weights and Measures. The Syriac Version, (Orient. Institute of the Univ. of Chicago) SAOC 11, Chicago 1935, s. u. S. 74 Anm. 143.

[24] Op. cit. (Anm. 18), 45 f. Skarsaune vermutet, daß die Erzählung bereits „an introduction to the scriptural quotations in the testimony source(s)", die Justin verwendet hat, bildete. Er überschätzt jedoch die Abhängigkeit vom Aristeasbrief, den Justin sicher nicht kannte. Wenn Aristeas 9 Demetrius von Phaleron befiehlt πρὸς τὸ συναγαγεῖν ... ἅπαντα τὰ κατὰ τὴν οἰκουμένην βιβλία und es in Apol I 31,2 heißt, der König habe versucht, τὰ πάντων ἀνθρώπων συγγράμματα συνάγειν, deutet das auf keine literarische Abhängigkeit hin.

[25] Abwegig ist die Vermutung aufgrund einer mittelalterlichen samaritanischen Chronik, die von einem Befehlshaber des Ptolemaios in Palästina mit Namen Herodes spricht, hier eine samaritanische Tradition bei Justin zu vermuten, so P. R. Weis, Some Samaritanisms of Justin Martyr, JTS 45 (1944), 199–205, und W. Schmid, Ein rätselhafter Anachronismus bei Justinus, HJ 77 (1957/58), 358–61, vgl. dagegen Skarsaune (Anm. 18), 46 Anm. 62. Auf einen jüdischen „König Herodes" weist Justin gerne hin: Apol 40,6; dial 52,3; 77,4; 78,2; 102,3; 103,3.4 und betont seine Gesetzlosigkeit. Er wird deswegen in Verbindung mit Jes 8,4 als König der Assyrer bezeichnet (77,4). 103 unterscheidet er zwischen dem Herodes des Kindermords und dessen Nachfolger gleichen Namens. Der direkte Nachfolger des 1. Herodes, Archelaos (Mt 2,22), sei früh gestorben(!), und der 2. Herodes an dessen Stelle König der Juden geworden. Auf ihn bezieht sich Lk 23,7, das in Hos 10,6 vorausgesagt wurde. Vgl. etwa auch die naive Deutung der römischen Inschrift vom Vertragsgott Semo Sancus auf Simon Magus in Apol I 26,2. Dabei schrieb Justin in Rom! Josephus war ihm völlig unbekannt.

[26] Apol I 13,3 könnte darauf hinweisen. Dafür „erfindet" Justin I 35,9 „Akten des Pontius Pilatus", in denen man die Ereignisse des Prozesses Jesu nachlesen könne, vgl. 48,3. D. h. er rechnet damit, daß die amtlichen Rechenschaftsberichte des Pilatus in Rom selbstverständlich noch einsehbar sein müßten; vgl. Tert, apol 21,18.24. S. dazu auch L. Abramowski, in P. Stuhlmacher (Hg.), Das Evangelium und die Evangelien, WUNT 28, Tübingen 1983, 351 f. Anm. 37; zu Pilatusapokryphen s. jetzt W. Speyer, Neue Pilatusapokryphen, VigChr 32

ersten christlichen „Philosophen" steht in eigenartigem Gegensatz zu seinem erstaunlich reflektierten Umgang mit den „Schriften" und ihrem Text (s. u. S. 65 ff.).

2.2. Zur „alttestamentlichen Bibliothek" Justins

Die Abgrenzung jener profetischen Schriften, die König Ptolemaios übersetzen ließ, wird von Justin nicht weiter erörtert. Man darf annehmen, daß er die überwiegende Mehrzahl jener „heiligen Schriften" dazurechnete, die auch in dem sich eben ausbildenden jüdischen Kanon zu finden waren, inklusive der geschichtlichen Bücher bis Chronik und Esra, deren Verwendung freilich schon fraglich ist[27]. Aus Iob zitiert er nur zwei Stellen[28], Kohelet (Ecclesiastes), die am spätesten übersetzte Schrift der LXX, überhaupt nicht; möglicherweise findet sich eine Anspielung. Hohes Lied und Esther fehlen ganz. Diese letzten drei Schriften waren auch im Judentum während der ersten Hälfte des 2. Jh.s noch nicht unumstritten[29]. Den genauen Umfang dessen, was Justin zu diesen „profetischen Weissagungen" rechnete, und was nach ihm unter König Ptolemaios ins Griechische übersetzt wurde, können wir so nicht mehr bestimmen. Threni zitiert er z. B. nur einmal (Apol I 55,5) als Profetenwort bereits in einer christlich veränderten Form und als Beweis dafür, daß die Nase die Form des Kreuzes habe[30].

(1978), 53−59 = Frühes Christentum im antiken Strahlungsfeld, WUNT 50, Tübingen 1989, 228−234.

[27] 1. Chron 16,23−31 begegnet uns in Apol I 41,1−4 als die von Justin bevorzugte Textform einer Weissagung Davids, die weitgehend mit Ps 95 (MT 96), 1.2.4−10 identisch ist. Der christliche Zusatz am Ende zeigt, daß der Text aus einer Testimoniensammlung stammt, s. dazu O. Skarsaune (Anm. 18), 35−42: „The text in 1. Apol 41,1−4 looks like a carefully composed harmony between the two LXX texts with 1. Chron 16 as the basic text." (35) Während in 1. Chron 16 der Psalm von Asaph und seinen Verwandten gesungen wird, ist Ps 95 ein Davidpsalm, und dial 73,1 wirft Justin den Juden ausdrücklich vor, sie hätten die entscheidende Aussage ἀπὸ τοῦ ξύλου in „Davids 95. Psalm" weggelassen, s. u. S. 58 ff. Zu den beiden anderen Berührungen mit den Chronikbüchern, s. op. cit. 38, Anm. 43. Den Namen Esra erwähnt Justin zwar zweimal als den eines biblischen Profeten (72,1; 120,5), doch der von ihm zitierte Text über das Passa als Typos für Christus fehlt in den LXX-Handschriften und stammt wohl aus einer christlichen Testimoniensammlung, s. P. Prigent (Anm. 18), 174 f. und O. Skarsaune (Anm. 18), 42. S. dazu u. S. 57. Es bleibt daher völlig offen, in welcher Form er „Esra" (1. oder 2. Esra, Esra-Apokalypse), gekannt hat.

[28] 1,6 und 2,1 in dial 79,4.

[29] Vgl. noch Koh 12,7 mit dial 6,2: Dort handelt es sich jedoch um Überlegungen im Rahmen gemeinantiker bzw. stoischer (ζωτικὸν πνεῦμα) Seelenlehre. Zu Kohelet und Hoheslied und zum jüdischen Kanon s. D. Barthélemy, in: J.-D. Kaestli/O. Wermelinger (Hg.), Le Canon de l'Ancien Testament, Genève 1984, 20 f. 26−30, vgl. auch G. Dorival in: M. Harl/G. Dorival/A. Munich, La Bible Grecque des Septante, Paris 1988, 92 f.97.111.105 ff.114.

[30] Klg 4,20: πνεῦμα προσώπου ἡμῶν χριστὸς κυρίου (conj Rahlfs statt χριστὸς κύριος MSS, ihm folgt Ziegler, vgl. Ps Sal 17,32). Justin Apol I 55,5: πνεῦμα προσώπου ἡμῶν χριστὸς κύριος. Er ist der erste Zeuge für diese emendatio christiana, die sich mit Ausnahme der äthiopischen und arabischen Übersetzung völlig durchgesetzt hat, s. Ziegler z. St.; O.

Die „alttestamentliche Bibliothek", zu der Justin unmittelbaren Zugang hatte, mag so außer dem Psalter die Profetenbücher (inklusive Daniel), den Pentateuch und vielleicht noch Proverbien, Iob und die Geschichtsbücher enthalten haben, wobei im einzelnen schwierig zu entscheiden ist, ob er nicht auch Texte älteren oder eigenen Testimoniensammlungen oder aber früheren apologetischen Werken entnahm. Wo größere christliche Veränderungen in den Texten vorliegen, wird man den Rückgriff auf solche Sammlungen vermuten dürfen. Diese Änderungen wurden freilich auch in die christlichen LXX-Handschriften eingetragen. Auf jeden Fall war ein „Kanon" noch nicht so klar abgegrenzt wie der jüdische mit seinen 22 Schriften bei Josephus[31] und den 24 bei den Rabbinen seit der „Akademie von Jabne"[32]. Wahrscheinlich war derselbe im Grunde identisch mit den im römischen Gottesdienst und im Katechumenenunterricht verwendeten Schriften. Darauf weist die weitgehende Übereinstimmung zwischen den bei ihm und Clemens Romanus zitierten biblischen Büchern hin[33]. Als erster unter den uns bekannten Schriftstellern griff Melito von Sardes, etwa ein bis zwei Jahrzehnte nach Justin, das Problem der kanonischen „Schriften des Alten Bundes" auf (τὰ τῆς παλαιᾶς διαθήκης βιβλία) und brachte von einer Pilgerreise ins Heilige Land eine genaue Aufstellung dieser „Schriften des Alten Bundes" mit nach Hause. Aus diesen Schriften machte er Auszüge (ἐκλογαί) in sechs Büchern, „über den Erlöser und unseren ganzen Glauben", d.h. er verfaßte eine ausführliche eigene, sicherlich kommentierte Testimoniensammlung[34]. Das Interesse des

---

Skarsaune (Anm. 18) 162 vermutet die Herkunft aus einer Testimoniensammlung und verweist auf die Verwendung bei Irenäus und Tertullian.

[31] C. Apionem 1,37–43, s. dazu D. Barthélemy in: Kaestli/Wermelinger (Anm. 5) 29f.; R. Beckwith, The Old Testament Canon of the New Testament Church and its Background in Early Judaism, London 1985, 72ff.79f.118f.371ff.451.

[32] Zu den 22 bzw. 24 Büchern s. R. Beckwith, op. cit. 235–273 und M. Harl etc. (Anm. 6), 116f. Die 22 entsprechenden Buchstaben des hebräischen Alphabets werden dann für die Kirche maßgebend. Zum rabbinischen Kanon s. D. Barthélemy (Anm. 5), 9–46. Vgl. auch H. P. Rüger, (Anm. 5), 55–60. Auch er wurde an seinen „Rändern" im 2. Jh. n. Chr. noch diskutiert.

[33] S. die im Index von A. Jaubert, Clément de Rome. Épître aux Corinthiens, SC 167, 1971, 212ff., fettgedruckten Stellen: Pentateuch, 1. Sam, Psalmen, Prov, Job, Hab, Mal, Jes, Jer, Hes, Dan. Darüber hinaus erwähnt 1. Clem Judith und Esther (55,5f.) und hat mehrere apokryphe Zitate. Bei Justin ist die Zahl der zitierten biblischen Bücher entsprechend dem Umfang seiner Schriften noch größer. Sicher hat er auch „Apokrypha" gekannt, aber er verzichtet nahezu vollständig auf ihre Verwendung, s.u. Anm. 38 zu 1. Hen. Zum Konflikt führen aus Testimoniensammlungen stammende Zusätze, s. dazu schon G. Archambault, Justin Dialogue avec Tryphon, Paris 1909, 1,344f. Anm. unter Verweis auf 1. Clem; Barn; (Ps-) Cyprian zu dial 71,2.

[34] Euseb h. e. 4,26,12–14. Sie enthält die Bücher des hebräischen Kanons, außer Esther und Threni. Letztere wurden von ihm, wie wohl auch schon von Justin (s.o. Anm. 30), zu Jeremia gerechnet. S. dazu R. Beckwith, op. cit. (Anm. 31), 183–5. 389f. Vgl. auch die Eclogae Propheticae des Clemens Alexandrinus; zu Clemens s. auch A. Méhat, L'Hypothèse des „Testimonia" à l'épreuve des Stromates. Remarques sur les citations de l'Ancien Testa-

Adressaten Onesimus an solchen Testimonien und an der „Zahl" und „Reihenfolge der alten Bücher" zeigt, daß der „Kanon" noch nicht eindeutig festgelegt
und die Testimonienüberlieferung sehr fließend war. Freilich tat „die Tatsache,
daß der christliche wie der jüdische Kanon in seinem Umfang noch nicht völlig
feststand, . . . seiner Autorität keinen Abbruch"[35].

Dieser Formulierung von v. Campenhausen muß man allerdings korrigierend hinzufügen, daß die Christen hinter den Juden beim Prozeß der Fixierung
des Kanons während des 2. Jh.s mit erheblichem Abstand zurücklagen und, wie
das Beispiel Melitos zeigt, sich nolens volens von Fall zu Fall an dem schon
deutlicher ausgeprägten hebräischen Kanon orientierten. Diese Tendenz setzt
sich zumindest im Osten auch im 3. und 4. Jh. fort und bildet dort einen
Störfaktor bei der Formierung eines eigenen ganz klar umrissenen „Septuagin-
ta-Kanons". Ein solcher kam – im Gegensatz zur lateinischen Bibel im Westen
– nie in wirklich vollkommener Weise zustande.

Auch Justin beschränkt sich bei der Verwendung „profetischer Weissagungen" im Dialog mit Tryphon (wie schon in der Apologie) auf Schriften und
Zitate anerkannter biblischer Autoren, auch wenn er ihnen einige wenige
Texte zuschreibt, die wir in unseren LXX-Ausgaben so nicht finden. Dies mag
u. a. auf die Verwendung der schwer kontrollierbaren Testimonien zurückgehen[36]. Es handelt sich so um keine selbständigen „Apokryphen" im eigentlichen Sinne. Dementsprechend bleibt Mose „der erste Profet" (s. o. S. 44); eine
Berufung auf das Henochbuch[37] oder Erzväterschriften wird dadurch ausge-

---

ment chez Clément d'Alexandrie, in André Benoit/Pierre Prigent (Hg.), La Bible et les Pères,
Paris 1971, S. 229–242. Zu den alttestamentlichen Florilegien insgesamt s. H. Chadwick, Art.
Florilegien, RAC VII, 1146 ff., dort auch zu Justin. Diese Sammlungen waren, das liegt in der
Natur der Sache, sehr variabel und keinesfalls, wie J. Rendel Harris, Testimonies, Cambridge
[1]1916; [2]1920, vermutete, auf eine einzige paulinische Urschrift zurückzuführen, die mit der
Sammlung der Logia durch Matthäus nach Papias identisch sei: II, 58–70 vgl. II, 108: „we may
be sure that the average Christian man and woman had a slender Biblical collection, and
depended for the most part on the hand book, which was published under the name and
authority of St. Matthew." Hier wurden noch reformatorische Katechismusvorstellungen auf
die frühe Kirche übertragen. Auch Testimoniensammlungen waren in erster Linie für Gebildete interessant, und sie wurden immer wieder neu angefertigt und variiert. Ein Beispiel
findet sich in Papyrus Michigan 3718: A. Henrichs and E. M. Husselman (Hg.), „Christian
Allegorizations (Pap. Mich. Inv. 3718)", Zeitschrift für Papyrologie und Epigraphik (Bonn) 3
(1968) 175–189.

[35] H. v. Campenhausen, Die Entstehung der christlichen Bibel, BHTh 39, Tübingen 1968,
79.

[36] S. z. B. ein Text Esras s. o. Anm. 27 u. u. S. 57.

[37] Obwohl Henoch 6 mal erwähnt wird: Dial 19,3; 23,1; 43,2; 45,2. 4; 92,2. Er ist vor allem
Typos für die Christen, die wie er in geistlicher, nicht in fleischlicher Beschneidung leben. In
einem gewissen Widerspruch dazu steht, daß er in Apol I 31,7 von Weissagungen spricht, die
vor 5000, 3000, 2000, 1000 und 800 Jahren gesprochen worden seien. Doch die älteren
Weissagungen seit Adam werden nach ihm offenbar nur durch den „ersten Profeten Mose"
vermittelt. Mose wäre damit der erste „Schriftprofet". Profetische Weissagungen gab es seit
dem Sündenfall: Gen 3,14 = Dial 91,4.

schlossen, auch Hinweise auf apokryphe Apokalypsen oder Weisheitswerke fehlen. Das ist umso auffallender, als Justin – wie schon der Barnabasbrief – das Henochbuch wahrscheinlich gekannt hat[38]. Zwar erwähnt er die Legende vom Martyrium Jesajas durch Zersägen, aber diese muß nicht unbedingt aus einer schriftlichen Quelle kommen, sie könnte auch aus mündlicher Tradition oder – was noch wahrscheinlicher ist – wieder aus einer Testimoniensammlung stammen[39].

Auch die späteren Apokryphen der LXX fehlen völlig[40]. Offenbar beschränkt sich Justin in seinem dialogus auf die von seinen jüdischen Gesprächspartnern anerkannten Schriften des jüdischen Kanons. Er will, wie er gegenüber Tryphon selbst beteuert, nur „über die bei euch noch anerkannten Schriftstellen" diskutieren[41]. An anderer Stelle sagt er entsprechend, daß er seine christologische Beweisführung (τὴν ἀπόδειξιν τὴν περὶ Χριστοῦ) „nicht mit den bei euch nicht anerkannten Schriftstellen" zu führen versuchte, „sondern mit denen, die bis heute von euch anerkannt sind."[42] Dabei ist zu beachten, daß die zitierten Belege sich nicht eigentlich auf ganze Bücher der Schrift, sondern auf einzelne diskutierte Text*stellen* beziehen. Selbst hier, wo die Situation sehr viel komplizierter ist, nimmt Justin – bis auf die eine, erbittert umkämpfte Ausnahme, Jes 7,14 – auf seine Gesprächspartner Rücksicht.

Noch bildete der Septuaginta-Text – freilich beschränkt auf die von den Juden anerkannten Bücher – offenbar die beiderseitige Gesprächsgrundlage zwischen Juden und Christen. Wir haben bei Justin keinen Hinweis darauf, daß die jüdischen Diskussionsgegner sich ihm gegenüber auf eine ganz neue Rezension des griechischen Textes wie die Aquilas beriefen, die vermutlich in Palästina als griechisches „Targum" zur Übersetzung der hebräischen Schriftlesung eingeführt wurde und sich in der Diaspora erst allmählich durchsetzte[43]. Erst Irenäus berichtet von der Übersetzung Theodotions und Aquilas, Symmachus

---

[38] S. dazu R. H. Charles, The Book of Henoch or 1. Enoch, Oxford 1912, LXXXI f. und apol II 5,3 ff.; vgl. I 5,2 mit 1. Hen 7,1 ff.; 9,8 f.; 15 ff.; 19 ff. sowie apol II 7,5. S. auch u. S. 81 f. Barn 16,5 zitiert ein unbekanntes mit 1. Hen 89,56.58.66−88 verwandtes Apokryphon schon als γραφή; s. auch 4,3. Möglicherweise verwendet er ein Testimonienzeugnis, das den Henochbuch gerafft hat.

[39] Dial 120,5 vgl. Asc Jes 5 = NTApo[5] 2,553; Vit Proph 1,1; vgl. Hebr 11,37; rabbinische Belege bei Billerbeck 3,747 z.St.; Tg zu Jes 66,1; PesRab 4,3. S. u. S. 62 u. Anm. 89. Vgl. A. M. Schwemer, Studien zu den Vitae Prophetarum, TSAJ 49, 1, 102−115.

[40] Dial 136,2; 137,3 zitiert er nicht Sap 2,12, sondern Jes 3,9 f. Auch Sirach wird nicht verwendet. Von den Makkabäerbüchern hat Justin keine Ahnung, sonst hätte er Ptolemaios und Herodes nicht zusammenbringen können.

[41] Dial 71,2; ἐπὶ τὰς ἐκ τῶν ὁμολογουμένων ἔτι παρ᾽ ὑμῖν τὰς ζητήσεις ποιεῖν ἔρχομαι vgl. 73,6 Ende. S. u. S. 61.

[42] Dial 120,5; ἀπὸ τῶν ὁμολογουμένων μέχρι νῦν ὑφ᾽ ὑμῶν. Zur Sache O. Skarsaune (Anm. 18), 34: Nur bei Jes 7,14 (s. u. S. 51 f.) – „and in this case only – he refuses to argue from the text recognized by the Jews".

[43] S. dazu G. Veltri (Anm. 7) 282−289.316 ff.

wird gar erst im 3. Jahrhundert bezeugt[44]. Das Problem des LXX-Textes gerade bei Justin kompliziert sich jedoch dadurch, daß es schon vor den großen und mit dem Namen der Bearbeiter verbundenen, am hebräischen Urtext orientierten Neubearbeitungen der LXX, anonyme ältere palästinische Rezensionen gab. Justin scheint derartige rezensierte Texte vor allem bei den Zitaten aus den kleinen Profeten im dialogus verwendet zu haben, während er in der Apologie sich noch vornehmlich auf christlich bearbeitete Testimoniensammlungen auf der Basis des älteren LXX-Textes stützte[45]. Man kann daher bei ihm ein wachsendes „textkritisches" Problembewußtsein vermuten.

Neben der konsequenten christologischen Hermeneutik, die in konzentrischer Weise verschiedene alttestamentlich-frühchristliche Traditionslinien verfolgt, die auf Christus hinführen[46], ist es diese bewußte Beschränkung auf die vom jüdischen Partner anerkannten Bücher und Textformen, die für Justin einen hochreflektierten Umgang mit den „profetischen Schriften" bezeugt. Um ihm gerecht zu werden, sollte man freilich nicht zu einseitig nur nach vorjustinischen Quellen suchen, sondern bei ihm, der im dialogus bereits auf eine zwei bis drei Jahrzehnte lange Tätigkeit als christlicher Lehrer zurückblicken kann, diese lange eigene Lehrtätigkeit mitbedenken, in der er – in Ephesus wie in Rom – genug Gelegenheit hatte, auch Erfahrungen in Diskussionen mit jüdischen Lehrern zu sammeln (s. u. S. 65 ff.). Zu dieser Reflexion gehört auch die uns besonders interessierende Berufung auf die Übersetzungsgeschichte der LXX und die auffallend häufigen Hinweise auf die 70 Ältesten unter König Ptolemaios. Er ist nicht nur der erste uns bekannte Christ, der diese Legende zu apologetischen Zwecken verwendet (s. o. S. 43), sondern er tut dies zugleich in auffallend massiver Weise mit missionarisch-apologetischer Abzweckung. Mit ihm beginnt eine lange christliche Zeugenreihe, die sich weit bis in die byzantinische Zeit erstreckt[47]. Es bestätigt sich hier das Urteil v. Campenhausens:

---

[44] Adv haer 3,21,1 = Euseb h. e. 5,8,10. Beide waren nach ihm Proselyten. Theodotion aus Ephesus nennt er zuerst, dann erst Aquila, der aus dem Pontus stammen soll, s. dazu u. S. 52 f., Anm. 54 u. 75. Symmachus wird erst von Origenes verwendet, s. u. Anm. 54.

[45] S. dazu die grundlegende Studie von O. Skarsaune (Anm. 18) 17–23.424 ff. (426) aufgrund der älteren Untersuchungen von W. Bousset, H. Köster und P. Prigent (Anm. 18). Diese Abhängigkeit von rezensierten Texten wurde deutlich durch einen Vergleich zwischen Zitaten Justins aus den kleinen Profeten (besonders Mi 4,3–7) und der griechischen Zwölfprofetenrolle aus Naḥal Ḥever, die um die Zeitenwende geschrieben wurde. S. D. Barthélemy, Les devanciers d'Aquila, SVT 10, Leiden 1963, 203–212; Emmanuel Tov, The Greek Minor Prophets Scroll from Naḥal Ḥever (8ḤevXII gr), DJD VIII, Oxford 1990; s. besonders 158 zu Justins Profetentext. S. auch A. Sundberg, The Old Testament of the Early Church, HTS 20, Cambridge, Mass. 1964, 91 ff. 159; M. Harl, etc. (Anm. 6), 140 ff. 160, vgl. auch Index s. v. Justin.

[46] S. dazu O. Skarsaune (Anm. 18) passim und die Zusammenfassung 428 ff.

[47] S. die (unvollständige) Liste der Testimonien bei P. Wendland (Hg.), Aristeae ad Philocratem Epistula, Leipzig 1900, 121–166; R. Tramontano, La lettera di Aristea a Filocrate, Neapel 1931; A. Pelletier, Lettre d'Aristée à Philocrate, SC 89, Paris 1962, 78–89; G. Dorival, in M. Harl, etc. (Anm. 6) 47 ff. (Lit.).

„Justin ist der erste rechtgläubige Theologe, der so etwas wie eine ‚Lehre von der Heiligen Schrift' besitzt[48]." Der mehrfach wiederholte Hinweis auf die siebzig Übersetzer gehört in den Rahmen dieser „Lehre von der Schrift" Justins.

2.3. Der Streit um die Übersetzung von Jes 7,14

Ausgangspunkt für ihre Einführung im dialogus ist der Streit um den Wortlaut der LXX von Jes 7,14, die einzige ausgetragene Kontroverse zwischen Justin und Tryphon über eine konkrete Übersetzungsfrage. Bereits 43,5.6 hatte der Apologet den ganzen Text von Jes 7,10−17 zitiert (unter Einschluß von 8,4 mitten in 7,16)[49] und daraus das Fazit gezogen, daß von den Nachkommen Abrahams „keiner jemals aus einer Jungfrau (ἀπὸ παρθένου) geboren wurde … außer dieser unser Christus". Da jedoch die jüdischen Lehrer zu behaupten wagten, „in der Weissagung Jesajas werde nicht gesagt: Siehe eine Jungfrau wird schwanger werden" ('Ιδοὺ ἡ παρθένος ἐν γαστρὶ ἕξει), sondern eine junge Frau wird empfangen und einen Sohn gebären ('Ιδοὺ ἡ νεᾶνις ἐν γαστρὶ λήψεται …)", und darüberhinaus diese Weissagung auf ihren einstigen König Hiskia beziehen, muß Justin daran gehen, das Gegenteil zu beweisen[50]. Er läßt sich jedoch in seiner Beweisführung Zeit. Es ist Tryphon, der in seinen zahlreichen Zwischenfragen u. a. auch immer wieder die strittige Frage der Jungfrauengeburt erwähnt (50,7; 57,3; 63,1). Erst in 66,1−3 am Ende seiner komplizierten christologischen Beweisführung geht er daran, sein Vorhaben auszufüh-

---

[48] Op. cit. (Anm. 35), 106.

[49] Der Einschub wiederholt sich in 66,2.3, darüber hinaus spielt 7,16 in Verbindung mit 8,4 eine wesentliche Rolle in der Argumentation in 77,2f., bei dem Streit darüber, daß sich Jes 7,14 nicht auf Hiskia beziehen könne, vgl. 7,9. Skarsaune (Anm. 18) 32f. vgl. 201ff. vermutet daher, daß Justin eine christliche „Anti-Hiskia"-Quelle und nicht unmittelbar den LXX-Text verwendet. Diese Vermutung werde bestätigt durch Tert, adv Marc 3,12,1 und adv Jud 9,1f., wo Jes 7,14 und 8,4 ebenfalls kombiniert werden (239ff.). Die Frage ist nur, ob hier eine *durchgehende ältere schriftliche* Quelle vorliegen muß, oder ob die von Skarsaune beobachtete Anhäufung jüdischer Einwendungen nicht wenigstens zum Teil auch auf die eigene mündliche – römisch/kleinasiatische – Lehrtradition bzw. persönliche Erfahrungen Justins zurückgehen könnte. Auf der anderen Seite ist Skarsaunes Vermutung, daß hier der Dialog Aristons von Pella Pate gestanden habe, einleuchtend (242). Der Umfang der Abhängigkeit läßt sich freilich nicht mehr erschließen. Den eigenen Beitrag Justins, der ja selbst erfolgreicher Lehrer war (mart Just Rec. A und B 4,7; vgl. Rec. B 5,1), wird man nicht unterschätzen dürfen (S. u. S. 65f.). Justin könnte auch eigene Notizen verwenden. Tertullian kennt sein Werk.

[50] Jes 7,14 wird schon apol 33,1ff. nach der Erzählung von der Übersetzung zur Zeit des Königs Ptolemaios und dem Hinweis auf den ersten Profeten Mose als zweite Weissagung des ἄλλος προφήτης Jesaja (voraus geht nur noch das Zitat von Jes 11,1) eingeführt, um die Brücke zu den „Erinnerungen der Apostel" (vgl. Lk 1,31f.; Mt 1,21) zu schlagen. Die LA ἐν γαστρὶ ἕξει in dial 43,8 ist von Mt 1,23 abhängig, vgl. schon apol 33,1, und mag auf eine christliche Quelle hinweisen, s. Skarsaune (Anm. 18), 32f. 101. Auf die von ihm verworfene jüdische Deutung profetischer Texte auf König Hiskia kommt Justin immer wieder zurück: Dial 67,1; 68,7; 71,3; 77,1f. (Jes 7,14); 33,1; 83,1 (Ps 110,1); 85,1 (Ps 24,7).

ren, und wiederholt denselben (durch Jes 8,4 interpolierten) Text von Jes 7,10−14, den er schon in 43,5−6 zitiert hatte, einschließlich des darauf folgenden Bekenntnisses zur Einzigartigkeit der Jungfrauengeburt Christi (43,7 = 66,4)[51]. Wie sehr sich im dialogus die ganze Argumentation auf den *Schriftbeweis* konzentriert, ergibt sich daraus, daß Justin wohl gegen zwanzigmal die Geburt „durch die Jungfrau" erwähnt, jedoch nur zweimal im Zusammenhang mit der Jungfrauengeburt den Namen der Maria (113,4; 120,1) nennt und auf die besondere Rolle des Geistes bei der Menschwerdung praktisch nicht eingeht[52]. Das profetisch geweissagte „Daß", nicht das „Wie" ist entscheidend.

Während in 43,8 noch Justin selbst auf andere Übersetzungen der jüdischen Lehrer hingewiesen hatte, legt er im Fortgang der Diskussion deren Einwand in den Mund Tryphons: Nach der Schrift (ἡ γραφὴ οὐκ ἔχει . . . ἀλλ' . . .) sei nicht παρθένος zu lesen − außerdem gelte das Wort für Hiskia. Im übrigen erinnere die Erzählung von der Jungfrauengeburt an die heidnischen „Mythen der Griechen" und die Christen „sollten sich schämen", derartiges zu erzählen „und besser von diesem Jesus sagen, er sei als Mensch aus Menschen geboren. Ihr solltet nicht so dreist sein, Wundergeschichten zu erzählen, damit ihr nicht wie die Griechen als Toren entlarvt werdet"[53]. Schon vorher hatte Justin selbst zugegeben, daß es Judenchristen gäbe, „die bekennen, daß Jesus der Christus ist, jedoch behaupten, er sei als Mensch aus Menschen geboren" (48,4). Später hören wir von Irenäus[54], daß die judenchristlichen Ebionäer behaupten, Jesus

---

[51] Es ist hier nicht der Ort, die dogmatische Bedeutung der Jungfrauengeburt bei Justin darzustellen. Sie kann schwerlich überschätzt werden. Schon in der Apologie geht er gegen siebenmal darauf ein: I 22,5; 31,7; 32,14; 33,1.4ff. (= Jes 7,14); 46,5; 54,8; 63,16. Dabei weist er bereits den Vorwurf, es handle sich um ein Motiv heidnischer Mythologie, mit dem Argument zurück, diese Ähnlichkeit beruhe nur auf einer Nachäffung der Dämonen (vgl. 23,3; 22,5; 54,8). In der Auseinandersetzung mit Tryphon kämpft Justin erbittert gegen die Behauptung, Jesus sei ein Mensch wie andere, vielmehr ist der Gottessohn nach Gottes Willen aus der Jungfrau Maria geboren (23,3; 43,1; 63,1.3), wobei der Apologet gerne Präexistenz und Geburt aus der Jungfrau formelhaft verbindet (45,4; 48,2; 84,2; 85,2; vgl. dazu den Vorwurf Tryphons 50,1; 100,4). Sie ist notwendig, um das von der Schlange mit Hilfe der „Jungfrau" Eva erzeugte Unheil, das den Tod gebar, durch diese οἰκονομίαν τὴν διὰ τῆς παρθένου Μαρίας (120,1 vgl. 45,4) aus der Welt zu schaffen (dial 100,4f.). Dieses Wunder göttlicher οἰκονομία (das Wort findet sich gegen 10 mal bei Justin und 6 mal bei seinem Schüler Tatian) ist grundlegender Bestandteil des göttlichen Heilswerks, durch das auch „die Väter der Jungfrau", wie der Psalmist David (101,1), gerettet werden. Darum erscheint sie mehrfach in bekenntnisartigen Aufzählungen (dial 63,1; 85,2 vgl. apol I 31,7; 46,5; 61), wie sie sich später im römischen Taufsymbol wiederfindet. S. dazu F. Kattenbusch, Das Apostolische Symbol, II, Leipzig 1900 (Nachdr. Hildesheim 1962), 279ff.(286.294).620.

[52] S. F. Kattenbusch, op. cit. II, 294.

[53] 48,1f. In Apol 1,22 hatte Justin das von Tryphon verwendete Beispiel von der Geburt des Perseus aus Danaë und Zeus positiv verwendet, vgl. dagegen Aristides, apol 9,7 und Athenagoras, suppl. 21,4.

[54] Adv haer 3,21,1 = Euseb, h.e. 5,8,10. S. dazu u. S. 75.78f. Dementsprechend findet sich die Übersetzung νεᾶνις nicht nur bei den Proselyten Theodotion und Aquila (s.o. Anm. 44), sondern auch bei Symmachus, den Irenäus noch nicht erwähnt, der nach Euseb h.e. 6,17 Judenchrist gewesen sein soll; s. O. Munnich, in: M. Harl etc. (Anm.6), 148−150. Er

sei „von Josef erzeugt" und damit der Übersetzung νεᾶνις bei Theodotion und Aquila folgen. D. h. Justin kämpft an diesem Punkt nicht nur mit den jüdischen Schriftgelehrten, es geht um die Abwehr „heterodoxer" Anschauungen in der Kirche: „Ihnen (den Judenchristen) stimme ich nicht zu. Auch dürften die meisten meiner Glaubensgenossen dies nicht behaupten, denn uns wurde von Christus selbst befohlen, nicht menschlichen Meinungen zu gehorchen, sondern der Verkündigung der seligen Profeten und Christi Lehre selbst".[55] Die Menschwerdung des präexistenten Logos in Verbindung mit der Jungfrauengeburt ist ein ganz entscheidender Anstoß für den jüdischen Partner im Dialog, auf den hin sich alles zuspitzt. Tryphon, der schon bisher beharrlich darauf insistiert hat, daß der Messias ἄνθρωπος ἐξ ἀνθρώπων[56] sei, wirft Justin vor, er behaupte hier „etwas Unglaubliches, ja fast Unmögliches" (68,1), der Messias sei vielmehr nach der Nathansweissagung ein Nachkomme Davids[57]. Darauf zitiert Justin zum vierten Mal die Profetie von der Jungfrauengeburt, obwohl ihm die Einwände der Juden längst bekannt sind und Tryphon die Fehlübersetzung und Deutung bereits scharf zurückgewiesen hatte: An diesem Punkt kann der Apologet keinen Fingerbreit nachgeben. Der Text ist ein Grundpfeiler in seinem System profetisch-christologischer Schriftbeweise:

„Wenn ich nun beweisen werde, daß dieses Profetenwort Jesajas für unseren Christus und nicht, wie ihr behauptet, für Hiskia gesagt ist, sollte ich euch damit nicht so sehr verunsichern, daß ihr euren Lehrern den Gehorsam versagt, die zu behaupten wagen, *die Übersetzung eurer 70 Ältesten, die bei dem Ägypterkönig Ptolemäus waren, entspräche in manchen Punkten nicht der Wahrheit?* Denn wenn Schriftstellen ihnen offenkundig unverständiges und selbstsüchtiges Denken vorwerfen, wagen sie zu behaupten, das stehe so nicht geschrieben[58]."

---

erscheint erstmals im Zusammenhang mit Origenes' Hexapla h. e. 6,16,1. Zur ebionitischen Ablehnung der Jungfrauengeburt, s. H. J. Schoeps, Theologie und Geschichte des Judenchristentums, 1949, 73f. Trotz der gelehrten Untersuchung von A. Salvesen scheint mir die Nachricht Eusebs zuverlässig zu sein (Symmachus in the Pentateuch, JSS. MonSer, Manchester 1991). Die Ebioniten waren auf ihre Weise zugleich auch Juden, darüber hinaus bestand für eine weitere „orthodox"-jüdische Übersetzung neben Aquila und Theodotion keine Notwendigkeit mehr, während die Judenchristen eine solche brauchten.

[55] Dial 48,4. Die Ablehnung der Jungfrauengeburt begegnet uns nicht nur bei den Ebioniten, sondern auch nach Irenäus, haer 1,26,1 bei Kerinth, s. Hipp refut 7,33,1f., vgl. 10,22 τὰ δὲ ⟨περὶ τὸν⟩ Χριστὸν ὁμοίως Κερίνθῳ. Dazu Skarsaune (Anm. 18), 407–409, der in dial 118,2 einen Hinweis „to the existence of crude chiliasm of the type attributed to Cerinth" (409) vermutet. Vielleicht hat Justin in 48,4 u. a. auch mit an ihn gedacht. Zu Kerinth s. auch M. Hengel. Die johanneische Frage, WUNT 67, 1963, 26f. 114f. 176–181. Daß Kerinth Judenchrist war und einen realistischen Chiliasmus mit dem Menschen Jesus verbunden hat, ist wohl denkbar. Zur Jungfrauengeburt bei den Gnostikern s. u. Anm. 60.

[56] 49,1; 67,2 vgl. 50,1.

[57] 68,5 vgl. 2. Sam 7,12–16 und Ps 131,11.

[58] Dial 68,6–8: die entscheidende Passage lautet: οἵτινες τολμῶσι λέγειν τὴν ἐξήγησιν ἣν ἐξηγήσαντο οἱ ἑβδομήκοντα ὑμῶν πρεσβύτεροι παρὰ Πτολεμαίῳ τῷ τῶν Αἰγυπτίων βασιλεῖ γενόμενοι, μὴ εἶναι ἔν τισιν ἀληθῆ; (7). In yPea 2,6 p. 17a Z. 43ff. wird von R. Jehuda b. Pazzi (Anf. 4. Jh.) gesagt, die mündliche Lehre sei der schriftlichen Überlieferung vorzuzie-

Justin setzt hier – wie sich auch schon aus der bisherigen Diskussion ergab (s. o. S. 49) – voraus, daß die jüdischen Gesprächspartner, selbst wenn sie wie Tryphon und seine Begleiter aus Palästina stammen (1,3), den Text der LXX im großen und ganzen anerkennen und sich nicht etwa auf eine neue Übersetzung oder Rezension berufen. Dies gilt selbst noch für die vermutlich zu Beginn des 3. Jh.s entstandene pseudojustinische Cohortatio ad Graecos (s. u. S. 72, Anm. 131). In der Apologie (s. o. S. 45, Anm. 24) hatte er ja betont, daß die Übersetzung der Siebzig bei allen Juden, d. h. in den Synagogen, zu finden sei. Er weiß jedoch, daß die jüdischen Gelehrten der traditionellen griechischen Übersetzung, d. h. für ihn die der Siebzig bei König Ptolemaios, die nach christlicher Meinung nicht nur das Gesetz Moses, sondern alle inspirierten „profetischen" Schriften übersetzt haben, an manchen Punkten (ἔν τισιν) Fehler vorwerfen. Es ist eigenartig, daß trotz der erheblichen Abweichungen der LXX vom hebräischen Text – bis hin zum unterschiedlichen Umfang einzelner Schriften bei den Profeten und Hagiographen – dieses Problem bei Justin so zurückhaltend behandelt wird. Gewiß, man könnte sagen, er war noch kein „wissenschaftlicher Kopf" wie Julius Africanus, Origenes oder Hieronymus, aber er war auch nicht völlig ungebildet und kannte die strittigen Textvarianten z. T. nur zu gut. Vermutlich war die Frage noch nicht so drängend wie im 3. und 4. Jh., wo sie dann zu dem philologischen Monumentalwerk des Origenes und zu der Neubearbeitung der lateinischen Bibel durch Hieronymus führte. Zum einen bestand offenbar bis zur Mitte des 2. Jh.s immer noch ein gewisser jüdisch-christlicher Grundkonsens über die LXX als Grundlage schriftgelehrter Argumentation, und zum anderen möchte der Apologet dieses heiße Eisen nicht zu kräftig anfassen. Obwohl er über Abweichungen der am hebräischen Text verbesserten „prototheodotianischen" Rezension von der traditionellen LXX gewußt haben muß – er verwendet ja im dialogus selbst einen solchen Text –, übergeht er diesen ganzen Komplex mit Schweigen und gibt Varianten nur an wenigen Stellen zu (s. o. S. 61–64), wobei der Schwerpunkt ganz bei dem für ihn grundlegenden Text, Jes 7,14, liegt. Zugleich erhebt er generell den Vorwurf der Schriftverfälschung gegen die jüdischen Schriftgelehrten. Diese stellen sich damit in schroffen Gegensatz zu ihren berühmten siebzig Vorgängern, die bei König Ptolemaios die inspirierten Schriften der Profeten ins Griechische übertrugen. *Wie die Profeten selbst werden auch die Siebzig damit zu Zeugen für die von Justin vertretene christliche Wahrheit gegen ihre Berufsgenossen in der Gegenwart.*

Daß der Konflikt gerade bei Jes 7,14 aufbricht, ist nicht zufällig. Die Zeugung Jesu durch den Heiligen Geist und seine Geburt aus der Jungfrau Maria wird zwar in den beiden Vorgeschichten des Lukas und Matthäus berichtet,

---

hen, weil nur noch diese Israel von den Völkern unterscheidet. Denn auch sie berufen sich wie Israel auf das geschriebene Wort; s. dazu G. A. Wewers, Pea, Üs. d. Talmud Yer. I, 2, 1986, 61 Anm. 109 (par.). S. auch Billerbeck, IV, 339 ff. u. u. Anm. 118.

wobei in dem ersten Reflexionszitat des 1. Evangeliums (Mt 1,23) Jes 7,14 angeführt wird, während die sorgfältig komponierte Erzählung Lk 1,26−44 diesen Text als Grundlage voraussetzt. Sie wird jedoch sonst nirgendwo im Neuen Testament mehr erwähnt, und dies gilt auch noch für die „Apostolischen Väter" mit Ausnahme des Ignatius, der auf sie freilich besonderen Wert legt[59]. Das mag darauf hinweisen, daß die Jungfrauengeburt selbst noch gegen Ende des 1. Jh.s und in der ersten Hälfte des 2. durchaus nicht unbestritten war. Einerseits waren gewisse Kreise, wie die Paulusschule oder die johanneische Gemeinde, offenbar nicht sonderlich an ihr interessiert, so daß sie darüber schwiegen, zum anderen wurde sie nicht nur von Judenchristen, sondern auch von einzelnen Gnostikern z. T. entschieden abgelehnt[60].

Auf der anderen Seite begegnet sie uns nicht selten in der „orthodoxen" apokryphen Literatur des 2. Jh.s[61]. Justin und seine möglichen Vorgänger haben an diesem Punkt gegen mehrere Fronten zu kämpfen, gegen Juden, Judenchristen und Gnostiker. Auch einem Marcion (und z. T. auch anderen Gnostikern) konnte die Bezweiflung der Zuverlässigkeit des LXX-Textes nur recht sein, weil sie den profetischen christologischen Schriftbeweis überhaupt verwarfen. Die Apologie zeigt, daß Justin in Marcion den gefährlichsten Häretiker sah[62]. Er betont ausdrücklich, daß dieser Christus nicht als den von Profeten vorher verkündeten Sohn des Weltschöpfers anerkannte. Im dialogus nennt er unter den Häretikern, die den Schöpfer und Christus, dessen Ankunft von den Profeten geweissagt wurde, lästern, an erster Stelle die Marcioniten[63]. Skarsaune weist darauf hin, daß die Darstellung der Theophanie im Dornbusch Ex 3,2ff. in Apol 1,63 u. a. auch Argumente gegen Marcion enthält. Bei der

---

[59] Smyr 1,1; vgl. Eph 7,2; 18,2, Trall 9,1. Er verwendet auch sonst das Matthäusevangelium, s. W. D. Köhler, Die Rezeption des Matthäusevangeliums in der Zeit vor Irenäus, WUNT II/24, Tübingen 1987, 77ff., zu Smyr 1,1 = Mt 3,15. Zu Justin s. o. Anm. 50.

[60] Zu den Judenchristen s. o. Anm. 54, zu den Gnostikern s. W. Bauer, Das Leben Jesu im Zeitalter der neutestamentlichen Apokryphen, 1909 (1967), 31f.: Außer Kerinth (s. o. Anm. 55) nennt Irenäus (adv haer 1,25,1) die Karpokratianer und spricht in der Aufzählung gnostischer Meinungen zur Christologie (3,11,3) davon, daß *alii rursum Jesum quidem ex Joseph et Maria natum dicunt, et in hunc descendisse Christum qui de superioribus sit, sine carne et impassibilem existentem*, dies könnte auf Kerinth und Karpokrates hinweisen. Hippolyt refut 5,26,29 nennt der Gnostiker Baruch Jesus Sohn des Joseph der Maria, der als zwölfjähriger Hirte die Offenbarung des Eloim empfängt. Während Marcion eine Geburt Christi überhaupt leugnete und glaubte, daß Christus (s. A. v. Harnack, Marcion, TU 45, [2]1924 (1960), 124ff.183ff.; W. Bauer, op. cit. 34f.) im 15. Jahr des Tiberius mit einem Scheinleib auftrat, sprach ihm sein Schüler Apelles einen besonderen Leib zu, leugnete aber die Geburt Jesu, Hippolyt refut 7,36,3 vgl. 10,20,2; W. Bauer, op. cit. 37. Auch bei Doketen wie Satornil, Basilides und den Valentinianern bestand die Möglichkeit der Leugnung der Jungfrauengeburt. Ihre Betonung bei Ignatius hat antidoketische Bedeutung, s. o. Anm. 59 vgl. 51. S. auch o. Anm. 19 das antihäretische Syntagma Justins.

[61] S. das Protevg Jacobi; Asc Jes 11,2f.; Epist Apost 3 (14); Act Petri 8 (24) mit Zitat von Jes 7,14; Or Sib 8,456ff.; Test Jos 19,3 (christlicher Zusatz).

[62] Apol I 26,5; 58,1.

[63] Dial 35,5f. vgl. apol I 58,1.

Neubearbeitung des Materials im dialogus „he may still be writing with an eye to Marcion and his disciples"[64]. Das mag neben der Zurückweisung durch die Juden und „häretische" Judenchristen ein zusätzlicher Grund dafür sein, daß sich das Interesse an der Jungfrauengeburt und Jes 7,14 bei Justin vervielfältigt. Er zitiert den Jesajatext insgesamt neunmal und zugleich viermal die von ihm abgelehnte jüdisch-judenchristliche Version mit νεᾶνις. Die Sache selbst erwähnt er in der Apologie und im dialogus wohl gegen vierzigmal (s. o. Anm. 51). Im sehr viel umfangreicheren Werk des Irenäus notiert die Biblia Patristica für unsere Jesajastelle nur 25 Zitate und Anspielungen; darunter entfallen jedoch elf allein auf adv haer 3,21,1—6, den Abschnitt über die Übersetzung der LXX und die Immanuelweissagung, mit der wir uns noch zu beschäftigen haben (s. u. S. 75—79). Tertullian kommt auf 20 Belege, bei Clemens fehlen sie sonderbarerweise ganz, bei Origenes reduzieren sie sich auf 16. Die Vervielfältigung der Berufung auf die Immanuelweissagungen Jesajas bei Justin und das beharrliche sechsmalige Insistieren auf der Autorität der siebzig Ältesten und Übersetzer im dialogus sind aus der besonderen, neuen, mehrfachen Frontstellung des Apologeten gegen Juden, Judenchristen, Marcion und andere Gnostiker zu erklären. Dieselbe setzt sich abgeschwächt bei Irenäus fort.

2.4. Die Berufung auf die Siebzig und der Vorwurf der Schriftverfälschung

In seinem Argumentationsgang widerlegt der Apologet zunächst den Vorwurf der Nachahmung heidnischer Mythen durch die Christen. Die Dämonen, die mit Hilfe derselben die Menschen verführen, haben vielmehr die profetischen Weissagungen nachgeahmt. Auch daß „Perseus von einer Jungfrau geboren" sei, ist „eine Nachäffung durch die betrügerische Schlange" (70,4). Zugleich steigert er den Vorwurf der *Schriftverfälschung:*

„Auf keinen Fall lasse ich mich von euren Lehrern überzeugen, die nicht zugeben wollen, daß von den siebzig Ältesten bei Ptolemäus, dem König der Ägypter, gute Übersetzungsarbeit geleistet wurde, vielmehr selbst zu übersetzen versuchen[65]."

Bei dem letzten Satz könnte man sich fragen, ob Justin nicht doch schon von durchgehenden neuen Rezensionen der griechischen Bibel aus der Hand jüdischer Schriftgelehrter wußte, aber es scheint ihm auch hier wie in 69,7 um einzelne Korrekturen zu gehen. Die Verteidigung der Siebzig verwandelt sich nun in die direkte Anklage der Verfälschung der Schrift:

---

[64] Op. cit. (Anm. 16), 409—424 (Zit. 424) Schon P. Prigent (Anm. 18) hatte vermutet, daß eine der „Hauptquellen" im dialogus sein älteres Syntagma gegen Marcion sein könnte.

[65] 71,1 Ἀλλ᾽ οὐχὶ τοῖς διδασκάλοις ὑμῶν πείθομαι, μὴ συντεθειμένοις καλῶς ἐξηγεῖσθαι τὰ ὑπὸ τῶν παρὰ Πτολεμαίῳ τῷ Αἰγυπτίων γενομένῳ βασιλεῖ ἑβδομήκοντα πρεσβυτέρων, ἀλλ᾽ αὐτοὶ πειρῶνται.

„Ich will, daß ihr wissen sollt, daß sie viele Schriftstellen aus den Übersetzungen der Ältesten bei Ptolemäus völlig entfernt haben, in denen eindeutig bewiesen wird, daß der Gekreuzigte selbst verkündet worden ist als Gott und Mensch, der gekreuzigt wird und stirbt . . ."[66] (71,2).

Offenbar handelt es sich hier vor allem um *Zusätze in christlichen Testimoniensammlungen*, über die Justin nach eigener Erfahrung mit den Juden nicht verhandeln konnte, weil sie dieselben – mit Recht – ablehnten. Wie bisher möchte er daher weiterhin nur über solche Schriftstellen mit ihnen diskutieren, die auch jetzt noch bei ihnen anerkannt sind (ἐπὶ τὰς ἐκ τῶν ὁμολογουμένων ἔτι παρ' ὑμῖν τὰς ζητήσεις ποιεῖν ἔρχομαι). Darum haben sie auch die bisher mit Bedacht ausgewählten Texte anerkannt mit Ausnahme der Übersetzung von παρθένος in Jes 7,14 als dem eigentlichen Stein des Anstoßes (71,3).

Tryphon will aber nun doch Konkreteres zu dem schwerwiegenden Vorwurf der Beseitigung von Schriftstellen hören, und Justin nennt vier Beispiele, die freilich zeigen, daß seine Vorwürfe keinerlei sachlichen Rückhalt besitzen. Zunächst bringt er „Auslegungen Esras zum Passagesetz", die sich weder in den biblischen Handschriften der Esrabücher noch in den Apokryphen finden und sich auf Christus als das Passalamm (vgl. 1. Kor 5,7) beziehen. Vermutlich stammen sie aus einem verlorengegangenen christlich überarbeiteten Esra-Apokryphon, oder aber sie standen als christlicher Zusatz in einem Text von 1. oder 2. Esra im Zusammenhang mit der Passafeier[67]. Der zweite Text (72,2) ist, von einigen Abweichungen abgesehen, identisch mit der LXX von Jer 11,19 und in allen Handschriften enthalten[68]. Justin fügt freilich hinzu, daß sich dieser Abschnitt noch in einigen Handschriften aus jüdischen Synagogen finde, da man ihn aus denselben erst vor kurzer Zeit getilgt hätte[69]. Gleichwohl wird aus dieser, nach unserem Wissen auf einem Irrtum beruhenden, Information deut-

---

[66] Καὶ ὅτι πολλὰς γραφὰς τέλεον περιεῖλον ἀπὸ τῶν ἐξηγήσεων, τῶν γεγενημένων ὑπὸ τῶν παρὰ Πτολεμαίῳ γεγενημένων πρεσβυτέρων, ἐξ ὧν διαρρήδην οὗτος αὐτὸς ὁ σταυρωθεὶς ὅτι θεὸς καὶ ἄνθρωπος καὶ σταυρούμενος καὶ ἀποθνήσκων κεκηρυγμένος ἀποδείκνυται, εἰδέναι ὑμᾶς βούλομαι.

[67] 72,1 vgl. 1. Esra 1,1 ff.; 7,10 ff.; 2. Esra 6,19 ff. S. dazu O. Skarsaune (Anm. 18), 40.42. Eine lateinische Fassung zitiert Laktanz inst IV, 18, 22 (CSEL 19, p. 355 f. Brandt). Zur christlichen Herkunft s. auch C. v. Otto, Justini . . . opera, CorpAp I, 1, ³1876, 258 z. St. und A. Resch, Agrapha, TU NF 15 ff. 3/4, ²1906 (Darmstadt 1967), 304 f.

[68] S. dazu O. Skarsaune (Anm. 18), 40.42.178.301.452. Es ist auch in zahlreichen altkirchlichen Testimonienreihen belegt s. P. Prigent (Anm. 18), 173 ff.178 ff.181.190 ff. W. Lukyn Williams, Adversus Judaeos, A Bird's Eye View of Christian Apologiae until the Renaissance, Cambridge 1935, 287 Anm. 1.

[69] O. Skarsaune (Anm. 18), 42: „One can hardly escape the impression that Justin has a feeling that he is on feeble ground, when he includes Jer 11:19 in his list." Auch die Abweichungen von Aquila und Symmachus sind nicht so stark, daß sich hier ein völlig veränderter Sinn ergäbe, s. Field und Ziegler z. St. Es ist natürlich nicht auszuschließen, daß dieser Text damals in einzelnen LXX-Handschriften fehlte. Justin hatte ja kaum die Möglichkeit, zahlreiche Handschriften zu prüfen. Er arbeitete noch nicht als zielstrebiger Philologe wie Origenes.

lich, daß Justin derartige „Beweistexte" mit jüdischen Gesprächspartnern diskutiert hat und von ihnen Informationen über ihren Text erhielt, ja u. U. selbst jüdische LXX-Handschriften einsehen konnte.

Der dritte Text über eine Katabasis des Herrn und Gottes Israels zu den Toten soll wieder aus Jeremia stammen, findet sich jedoch weder in einer Profetenhandschrift noch in einem Apokryphon und ist wie der Esratext sicherlich christlichen Ursprungs, vielleicht aus einer Jeremia-Apokalypse. Das Wort wird von Irenäus in leicht veränderter Form sechsmal zitiert und dabei einmal Jesaja und zweimal Jeremia zugeschrieben[70].

Der vierte Text ist der interessanteste. Justin wirft den Juden vor, sie hätten in Ps 95,10 nach dem ὁ κύριος ἐβασίλευσεν die letzten drei Worte ἀπὸ τοῦ ξύλου weggelassen, die beweisen, daß der Herr und Weltschöpfer mit dem gekreuzigten Jesus identisch ist[71]. In Wirklichkeit handelt es sich um eine frühe christliche Ergänzung, die nur in ganz wenigen LXX-Zeugen, einer griechischen Handschrift (1093), der sahidischen, bohairischen und altlateinischen Übersetzung erscheint. Darüber hinaus wird sie von Tertullian und Pseudo-Cyprian sowie in etwas veränderter Form in Barn 8,5 erwähnt[72]. Justin hatte schon in der Apologie I 41,4 den Ps 95,1−10 (MT96) zitiert, freilich in einer etwas verkürzten, stark an den Paralleltext 1. Chron 16,23−31 angeglichenen Form, die wieder wahrscheinlich aus einer christlichen Testimoniensammlung stamm-

---

[70] Jes: adv haer 3,20,4; Jer: 4,22,1; epideixis 78; anonym: 4,33,1; alii: 4,33,12; propheta: 5,31,1. Dazu A. Resch (Anm. 67), 320 ff. Die Herausgeber A. Rousseau/L. Doutreleau, SC 210,354 im Kommentar z. St. vermuten den Fehler eines Abschreibers. Der Text berührt sich mit (Proto-)Theod. von Dan 12,1: τῶν καθευδόντων ἐν γῆς χώματι, dial 72,4: τῶν κεκοιμημένων εἰς γῆν χώματος. S. auch Chr. Wolff, Jeremia im Frühjudentum und Urchristentum, TU 118, 1976, 181 f. Schon in apol I 51,8 f. berief sich Justin auf ein apokalyptisch klingendes angebliches Jeremiazitat, das auf Dan 7,13 in Verbindung mit Mt 25,31b zurückweist und ebenfalls christlichen Ursprungs ist. Chr. Wolff (op. cit. 179) vermutet einen Gedächtnisfehler. Da auch das ausführliche Zitat von Dan 7,9−28 in dial 31,1 bei Dan 7,13 in ähnlicher Weise von LXX- und (Proto-)Theodotiontext abweicht, würde direkter christlicher Einfluß, eventuell wieder über eine Testimonienvorlage anzunehmen sein, s. Skarsaune (Anm. 18), 88 ff. Zum Motiv der Katabasis s. M. Hengel, „Setze dich zu meiner Rechten" in M. Philonenko (Hg.), Le Trône de Dieu, WUNT 69, 1993, 108−194 (109 ff).

[71] Dial 73,1 f.

[72] Zur Bezeugung s. A. Rahlfs, Psalmi cum Odis, Göttinger Septuaginta, ²1967, 31 und 247 z. St. S. schon H. B. Swete, An Introduction to the Old Testament in Greek, ²1914 (Nachdruck New York 1968), 423 f.; O. Skarsaune (Anm. 18), 35−42. Tert, adv Marc 3,19,1; adv Jud 10,11 f. vgl. 13,11; Ps-Cyprian, de mont Sina et Sion, 9 (CSEL 3,3 p. 113). Der Versuch von J. Briktine, BZ NF 10 (1966), 105−107 eine hebräische Urform מֵעֵץ zu konstruieren: „im Gegensatz (zum Götterbild) aus Holz", ist nicht überzeugend. Hinter der Erweiterung steht christliche Exegese. S. auch A. Lukyn Williams (Anm. 68), 287 Anm. 2. Die Formel erscheint noch in der 4. Strophe des bekannten Hymnus In honore sancti crucis des Venantius Fortunatus (Carm. lib. II, 6; MGH. AA 4,1 p. 34):
Inpleta sunt quae concinit
David fideli carmine
dicendo nationibus
regnavit a ligno deus.

te und den er wirkungsvoll mit dem ὁ κύριος ἐβασίλευσν ἀπὸ τοῦ ξύλου abschloß[73]. In Dial 73, im Anschluß an diesen Vorwurf der Tilgung einer Weissagung Davids auf die Kreuzigung und Erhöhung Jesu, zitiert Justin noch einmal denselben Psalm, und zwar ganz, diesmal jedoch in einer „gereinigten", dem traditionellen LXX-Text entsprechenden Fassung ohne den von den Juden abgelehnten Zusatz ἀπὸ τοῦ ξύλου. Skarsaune wird gegen die älteren Herausgeber mit seiner Beobachtung recht haben[74], daß Justin hier aus einer ihm verfügbaren LXX-Handschrift zitiert, die er, wegen des Fehlens von ἀπὸ τοῦ ξύλου, für von den jüdischen Schriftgelehrten verfälscht hält. Dennoch ist er siegessicher bereit, auch aufgrund der Basis des verkürzten „jüdischen" Textes mit seinen Gesprächspartnern zu diskutieren. Auch wenn eine derartige Verfälschung des Textes der Siebzig schlimmer ist als die Herstellung des Goldenen Kalbes[75], die Kinderopfer oder die Profetenmorde, so seien für den Beweis der zu diskutierenden Sache die bisher zitierten und in Zukunft zu zitierenden – auch von den Gegnern „anerkannten" – Septuagintatexte dennoch mehr als ausreichend[76]. D.h., abgesehen von der Differenz über den Wortlaut von Jes 7,14 kann Justin auch allein auf der Basis der von den Juden akzeptierten Texte argumentieren, zumal Tryphon beteuert, daß er den Vorwurf der Schriftfälschung durch die Führer des Volkes für unglaubhaft halte und die Sache Gott anheimstelle (73,5), und Justin die Unkenntnis seiner Gesprächspartner über die angeblich getilgten Texte als Entschuldigung aner-

---

[73] Zur Deutung der angeblich 1500 Jahre vor der Kreuzigung Christi von David gesprochenen Worte s. Apol I 42: Allein „der in unserer Zeit gekreuzigte Jesus Christus wurde gekreuzigt, starb und ist auferstanden und ist, in den Himmel gefahren, König geworden" (ἐβασίλευσεν), vgl. dial 73,2. Zum Textproblem s.o. S. 46 Anm. 27 und O. Skarsaune (Anm. 18), 35–41.

[74] S. dazu O. Skarsaune, 38 f.: Die einzige maßgebliche Justinhandschrift Cod. Paris Graec. 450 hat in 73,4 den Zusatz nicht. Ältere Ausgaben, z.B. von Otto, CorpAp II, Justini . . . opera I, 2, ³1877, 262 (vgl. 263, Anm. 10) fügen hier das ἀπὸ τοῦ ξύλου als durch ein Schreiberversehen ausgefallen ein, s. dagegen schon Goodspeed, 183, der auf die Ergänzung nur im Apparat verweist. Zum älteren Standpunkt s. A. Rahlfs, Septuagintastudien II, 1907, 205 f. (2. Aufl. 1965, 309 f.).

[75] Rabbinische Lehrer behaupteten später, der Tag, an dem die Tora ins Griechische übersetzt wurde, sei für Israel so schlimm wie der Tag, an dem das Goldene Kalb gemacht wurde (Sepher Tora 1,8 vgl. Tr. Soperim 1,7), s.o. S. 41. Für rabbinisches Denken war die Sünde des Goldenen Kalbes die schlimmste in der Geschichte Israels. Immer wieder muß sich die rabbinische Haggada dem Problem stellen, wie trotz dieser Sünde eine intakte Beziehung zwischen Gott und Israel möglich ist, und sie findet dabei immer neue Variationen: Die Erinnerung an das Goldene Kalb ist ausgelöscht (WaR 27,3, ed Margulies 625–627; PesK Shor o kesev, ed Buber 75b–76a u.ö.), – wo sie es aber nicht ist, ist gerade dies ein Zeichen dafür, daß Gott diese Sünde für nichtig erachtet (WaR 27,8 ed Margulies 640 f.; 77b). Was an das Goldene Kalb erinnern könnte, darf bei einem Sühneritus nicht verwendet werden (y Yom 7,3, 44b 47–51; yRHSh 3,2, 58d 15–22) – oder es ist gerade deshalb zur Sühnung hervorragend geeignet (SifDev 1, zu Dtn 1,1 ed Finkelstein 6; PesK Para, ed Buber 40b; MHG Devarim zu Dtn 1,1 ed Fisch 8). Hinweise von Dr. Friedrich Avemarie.

[76] Dial 73,6, μετὰ τῶν . . . παρ' ὑμῖν παραπεφυλαγμένων vgl. 71,2 τῶν ὁμολογουμένων ἔτι παρ' ὑμῖν, s.o. S. 49 und 120,5 οὐδὲ ἀπὸ τῶν μὴ ὁμολογουμένων μέχρι νῦν ὑφ' ὑμῶν.

kennt. Leider bricht seine Auslegung des „gereinigten" jüdischen Textes von Ps 95 aufgrund einer größeren Lücke im dialogus in 74,3 ab. In der Lücke endet die Diskussion des ersten Tages.

Ab dem zweiten Tag treten neue christenfeindliche jüdische Gesprächspartner hinzu[77]. Der immer noch ausstehende Beweis dafür, daß das in Jes 7,14 verheißene Kind nie und nimmer Hiskia sein könne[78], sondern vielmehr auf Christus als „den Erstgeborenen aller Geschöpfe" zu deuten sei, der durch einen jungfräulichen Mutterschoß Mensch geworden sei, kommt erst in c. 84 nach langen Umwegen zu seinem Abschluß und Höhepunkt. Bei einer natürlichen Geburt hätte Gott nicht von einem besonderen „Wunderzeichen" (σημεῖον) geredet. Dieses Wunder läßt sich nur noch mit der Erschaffung von allem, was Leben hat, durch Gottes Wort am Uranfang vergleichen (84,2).

Darauf folgt wieder in nun schon beinah stereotyp gewordener Form der Vorwurf der Schriftverfälschung im Zusammenhang mit dem Hinweis auf *die Übersetzung der Ältesten bei König Ptolemaios:* „Ihr aber wagt, auch darin die Übersetzung, die eure Ältesten bei dem Ägypterkönig Ptolemaios anfertigten, zu verfälschen, indem ihr behauptet, die Schrift laute nicht so, wie jene übersetzten, sondern: ‚... die junge Frau ... wird empfangen'[79], als ob es große Ereignisse anzeigen würde, wenn eine Frau aufgrund von Geschlechtsverkehr gebären solle, was doch alle jungen Frauen (νεάνιδες), außer den unfruchtbaren, tun." Aber auch diesen kann Gott, wenn er will, Kinder schenken, wie das Beispiel der Mutter Samuels und der Johannes des Täufers zeigen. Seine Gesprächspartner müssen anerkennen, „daß Gott alles vermag, was er will." Vor allem aber – das ist das wichtigste Argument – sollen sie nicht wagen, die Profezeiungen zu verfälschen[80] oder umzuinterpretieren[81].

---

[77] Dial 85,6; 94,4; 122,4. Der Text beginnt wieder am zweiten Tag mitten in einem Zitat von Dtn 32,16. Ursprünglich bestand der Dialog offenbar aus zwei Teilen, s. das Zitat aus den Sacra Parallela des Johannes Damascenus, ed. K. Holl, Fragmente vornicänischer Kirchenväter aus den Sacra Parallela, TU NF V, 2, Leipzig 1899, 34, zu einem Fragment aus dial 82: ἐκ τοῦ πρὸς Τρύφωνα β λόγου. Wir wissen daher nicht, wie Justin die Diskussion zu Ps 96 (LXX 95), 10 zu Ende geführt hat. S. auch O. Skarsaune (Anm. 18), 213f. mit Vorschlägen zum Inhalt der Lücke: Möglicherweise deutete Justin Ps 96,10, den er ja zuletzt ohne den christlichen Zusatz „vom Kreuze her" zitiert hatte, auf Christi Herrschaft im Tausendjährigen Reich, vgl. dial 80/81.

[78] Dial 77.78. Zum Argumentationsgang, s. O. Skarsaune (Anm. 18), 202f. Eine ganz entscheidende Rolle spielen dabei Mt 2,1–12 und der bei Justins Text in Jes 7,16 eingefügte Vers Jes 8,4 s. op. cit., 200ff. Vgl. o. S. 51 Anm. 49.

[79] Die von Mt 1,23 beeinflußte Form ἐν γαστρὶ ἕξει (so hier 84,3) und die LXX-Fassung ἐν γαστρὶ λήψεται (so 84,1) gehen eigenartig durcheinander s. 43,5 παρθένος ... λήψεται; 43,8 παρθένος ... ἕξει und νεᾶνις λήψεται; 67,1 παρθένος und νεᾶνις λήψεται ebenso 71,3; 66,2 und 68,6 παρθένος λήψεται, wobei das häufigere λήψεται dem LXX-Text entspricht. Auf solche Kleinigkeiten achtet Justin kaum. Gegen die Ausgabe von Ziegler, der ἕξει in den Text nimmt, war in der LXX mit großer Wahrscheinlichkeit λήψεται zu lesen; ἕξει ist schon bei Mt interpretatio Christiana.

[80] 82,4: μὴ παραγράφειν (vgl. 71,4; 73,5 und 84,3).

[81] μή παρεξηγεῖσθαι (vgl. 82,4: Christus lästern und die Schriften uminterpretieren). Zum

2.5. Die „großzügige" Behandlung kleinerer Varianten

Gegen Ende des Dialogs beruft sich der Apologet unter Verweis auf Textdifferenzen noch dreimal auf die Übersetzung der Siebzig, freilich kann er jetzt großzügiger sein als bei Jes 7,14, wo die Wahrheit des christlichen Glaubens auf dem Spiel stand.

In Dial 120,3 zitiert er aus dem Jakobssegen Gen 49,10: „Nicht wird fehlen ein Herrscher aus Juda . . ., bis daß (der) komme, dem es (das Königsamt) vorbehalten ist (ἕως ἂν ἔλθῃ ᾧ ἀπόκειται), und er wird die Erwartung der Völker sein." Diese Weissagung ist auf die Parusie Jesu zu beziehen, wie sie auch in Dan 7,13 verheißen ist. Dann fügt er hinzu: „Ich hätte die Möglichkeit gehabt, Männer, euch anzugreifen wegen der Lesart, die ihr vertretet: Ἕως ἂν ἔλθῃ τὰ ἀποκείμενα (bis daß komme, was für ihn bestimmt ist), da die Siebzig nicht so übersetzt haben, sondern: Ἕως ἂν ἔλθῃ ᾧ ἀπόκειται" (120,4). In Wirklichkeit handelt es sich hier um eine alte LXX-Variante, bei der beide Textformen auf eine mögliche Deutung des umstrittenen hebräischen Textes zurückgehen[82]. Freilich ist die von Justin als jüdische Variante bezeichnete Version, die angeblich nicht der Meinung der Siebzig entsprach, die wesentlich besser bezeugte; sie findet sich in allen großen Majuskeln[83], vermutlich beruht die von Justin vertretene LA auf einer sekundären palästinischen Rezension, die sich mit der messianischen Interpretation des Targum Onkelos berührt. Eigenartig ist nur, daß Justin die seiner Ansicht nach echte Übersetzung der Siebzig zwar zweimal in der Apologie anführt[84], jedoch in dial 52,2 ohne jeden weiteren Hinweis die „jüdische Version"[85]. Offenbar hat er verschiedene Textformen gekannt und auch verglichen, ohne es jedoch mit denselben immer so genau zu nehmen. So ist er jetzt im Gegensatz zu Jes 7,14 großzügig. Obwohl er die stärker messianisch klingende Version für die ursprüngliche hält, kann er darauf verzichten, über eine philologische Quisquilie (λεξείδιον) zu streiten, da der Kontext, die Heilserwartung der Heiden, die messianische Interpretation sicherstellt. Er wiederholt die alte Beteuerung, seine Lehre über Christus nur aus vom Gegner anerkannten Texten zu beweisen[86], und beruft sich dabei

---

Vorwurf der Fälschung s. auch Begriffe wie περικόπτειν 72,2.4; 73,6 cj. oder ἐκκόπτειν 72,3; ἀφανῆ ποιεῖν 120,5.

[82] S. dazu ausführlich A. Posnanski, Schiloh. Ein Beitrag zur Geschichte der Messiaslehre, 1. Teil: Die Auslegung von Gen 49,10 im Altertum . . ., Leipzig 1904, 49–51 und passim; O. Skarsaune (Anm. 18), 26f.; M. Harl in: La Bible d'Alexandrie. La Genèse, Paris 1986, 308f. zu Justin, Irenäus und der zweifachen Deutung bei Origenes.

[83] S. die Genesisausgabe der Göttinger LXX von J. W. Wevers, S. 460 z. St. und die Übersicht bei Skarsaune (Anm. 18), 26. Die Übersetzung von Aquila läßt das schwer deutbare שׁילה ganz weg.

[84] I 32,1; 54,5 vgl. 32,2: ἕως ἂν ἔλθῃ ᾧ ἀπόκειται τὸ βασίλειον.

[85] Die Pariser Handschrift und eine Abschrift hat am Rand ᾧ ἀπόκειται, zu dieser Variante s. Wevers, Genesis, loc. cit., 460.

[86] S. o. dial 71,2; 73,6, dazu S. 49, Anm. 41.

noch einmal auf die angeblich aus den Schriften entfernten messianischen Texte Jeremias, Esras und Davids, die er nur als Beispiel für die jüdische Schriftverfälschung erwähnt, aber nicht zu seiner Argumentation herangezogen hatte[87]. Daß Justin aus der auch von den Juden immer noch anerkannten, in Wirklichkeit jedoch z.T. angeblich schon verfälschten und verkürzten Septuaginta noch so viele messianische Beweistexte anführen kann, beweist für ihn, daß die jüdischen Schriftgelehrten diese Texte gar nicht verstanden haben: Denn, so folgert er mit böser Ironie, „wenn eure Lehrer dieselben verstanden hätten, *dann hätten sie gewiß dieselben beseitigt*"[88].

Als zusätzliches Beispiel für eine solche Eliminierung führt er das *Martyrium Jesajas* an, der mit einer hölzernen Säge zersägt worden sei. Da dies das einzige Mal wäre, wo Justin sich expressis verbis auf eine Legende aus einem jüdischen Apokryphon außerhalb der „kanonischen" jüdischen Texte berufen würde, erscheint es wieder wahrscheinlicher zu sein, daß er – wie bei dem apokryphen Esra- und Jeremiatext – seine Kenntnis dieser Überlieferung einer Testimoniensammlung oder einer pseudepigraphischen Schrift verdankt, die diese biographische Notiz über den gewaltsamen Tod des Propheten enthielt[89].

Selbst in diesem eigenartigen Bericht sieht Justin ein μυστήριον ... τοῦ Χριστοῦ. Das Zersägtwerden in zwei Teile deutet darauf hin, daß Christus „euer Volk in zwei Teile zertrennen werde", eine polemische Aussage, die dann noch durch Mt 8,11 ff. begründet wird.

Wenig später zitiert er in der Auseinandersetzung darüber, ob die Christen das wahre Gottesvolk Israel verkörperten, Ps 81,1–8 (MT 82) zunächst nach „*eurer Übersetzung* (ὡς μὲν ὑμεῖς ἐξηγεῖσθε)"[90]. Darauf folgt das Zitat von Ps 81 (MT 82), 6f., das fast völlig mit dem LXX-Text identisch ist[91]. Eine für

---

[87] 84,5; vgl. dial 72.73.

[88] ἀφανῆ ἐπεποιήκεισαν vgl. o. Anm. 19.

[89] Dial 120,5. Vgl. o. S. 49, Anm. 39. Die Formulierung πρίονι ξυλίνῳ entspricht AscJes 5,1: „une scie de bois" (Tisserant) bzw. „Baumsäge" (C. Detlef G. Müller, NTApo³ 2,553), so daß sich die Vermutung nahelegt, Justin könnte die AscJes gekannt und als inspirierte Schrift betrachtet haben. In VitProph. 1,1 findet sich die „hölzerne Säge" nur sekundär am Rande der weitverzweigten Überlieferung (etwa: sog. hesyianische Rez. [= PG 93,1348] und syr s. T. Schermann, Prophetarum vitae fabulosae ..., Leipzig 1907, 8.104). Auf der anderen Seite berührt sich Justins Auslegung auf die Zweiteilung des Volkes mit dem Wortlaut der Hauptüberlieferung der VitProph: πρισθεὶς εἰς δύο (Text der Rezensionen s. Schermann, op. cit., 8.41.60.68). In den LXX-Handschriften des Jesajabuches findet sich die Legende von seinem Tod nicht; nur der Marchalianus (6. Jh.) stellt die VitProph insgesamt dem Prophetencorpus voran. Erst im Targum begegnet uns wieder (in wenigen HS) Jesajas Tod eingefügt zu Jes 66,1. Zur Textform im Prophetentargum: P. Grelot, Deux tosephtas targoumiques inédites sur Isaïe LXVI, RB 79 (1972) 511–543; zur AscJes: M. Pesce, L'utilizzazione storica dell' AI, in: Ders. (Hg.), Isaia, il diletto e la chiesa. Testi e ricerche di Scienze religiose 20, 1983, 13–76 (40). Hinweise von Frau PD Dr. Anna Maria Schwemer. S. auch o. Anm. 39.

[90] Dial 124,2 vgl. 122–124. Justin schreibt den Psalm David zu, nach der LXX stammt er von Asaph.

[91] Dial 124,3f. S. dazu O. Skarsaune (Anm. 18), 34f.

Justin erwähnenswerte Abweichung erscheint nur in V. 7, wo der „jüdische"
Text ὑμεῖς δὲ ὡς ἄνθρωπος[92] ἀποθνῄσκετε haben soll, während es „*in der
Übersetzung der Siebzig*" (ἐν τῇ τῶν ἐβδομήκοντα ἐξηγήσει εἴρηται) heiße:
Ἰδοὺ δὴ ὡς ἄνθρωποι ἀποθνῄσκετε. Justin will dies auf den Fall des ersten
Menschenpaares und das daraus resultierende Schicksal aller Menschen
beziehen. Die Textüberlieferung, wie sie sich uns heute darstellt, ist eigenartig.
Im Blick auf die für Justin bedeutungslose Einleitung ὑμεῖς δέ geben die
meisten Textzeugen dem „jüdischen" Text recht, während sie in Übereinstimmung mit Justin nach Rahlfs ἄνθρωποι haben: ὑμεῖς δὲ ὡς ἄνθρωποι . . .[93].
Der Singular könnte vielleicht auf eine allzu wörtliche Übersetzung des kollektiven kᵉ'adam tᵉmûtûn[94] des MT in einer rezensierten Handschrift zurückgehen. In diesem Fall hat Justin den wirklichen LXX-Text auf seiner Seite. Da der
Apologet den fälschlicherweise David zugeschriebenen Psalm wegen seiner
eindeutigen anthropologischen Aussage und nicht wegen des von den Siebzig
abweichenden „jüdischen Textes" zitiert hat, kann er wieder großzügig sein:
„Sei auch die Übersetzung des Psalms, wie ihr wollt[95]!" D. h. er hat auf diese
Übersetzungsvariante nur hingewiesen, um seine Kenntnis der verschiedenen
Textversionen und seine überlegene Position in der Auseinandersetzung zu
demonstrieren. *Die Siebzig sind immer auf seiner Seite*, aber in der Regel
braucht er ihre Hilfe gar nicht.

Viermal zitiert Justin die Aufforderung zur Verfolgung des Gerechten aus
Jes 3,10. Zweimal, am Anfang und gegen Ende des zweitägigen Streitge-
sprächs, tut er es jeweils in einem längeren Zitat der uns überlieferten Fassung
der LXX: Δήσωμεν τὸν δίκαιον, ὅτι δύσχρηστος ἡμῖν ἐστι[96]. Doch dann, kurz
nach der zweiten Zitierung, ändert er plötzlich den Text im Anschluß an einen
Höhepunkt seiner Polemik: „Eure Bosheit steigt jedoch ins Maßlose, da ihr
sowohl den Gerechten, den ihr ermordet habt, als auch diejenigen haßt, die von
ihm empfangen haben, zu sein, was sie sind: Fromme, Gerechte und Menschen-

---

[92] So der von den Herausgebern emendierte Text, während die Pariser Handschrift in
Angleichung an die LXX den Plural hat, was den Darlegungen Justins im Text völlig widerspricht.
[93] S. A. Rahlfs, Psalmi c.Odis, 224 und ders., Septuaginta-Studien II, 1907, 205 (2. Aufl.
1965, 309). Swete z. St. verweist auf die LA ἄνθρωπος im Psalterium Veronense (R).
[94] Das Psalmentargum hat korrekt *hjk bnj nš'*. Zur Sache s. auch O. Skarsaune (Anm. 18),
34f.
[95] ἐχέτω καὶ ἡ ἑρμενεία τοῦ ψαλμοῦ ὡς βούλεσθε· (124,4). Er gebraucht hier ausnahmsweise ein Wort der bei ihm seltenen Wurzel ἑρμην–; vgl. noch 103,5, wo die Silbe –νας (vgl.
naḥaš Gen 3,1ff.) in Satanas als Übersetzung von Schlange gedeutet wird, Σαταν aber in der
Sprache der Juden und Syrer ἀποστάτης bedeute, vgl. Hi 26,13. Man fragt sich, ob Justin trotz
seiner Herkunft aus Flavia Neapolis im Gebiet von Samarien aramäische Kenntnisse besaß.
Dial 120,6 nennt er zwar die Samaritaner sein Volk, die er vor dem Magier Simon gewarnt
habe, unmittelbar darauf spricht er von „ihrem Volk". Der Name seines Vaters ist lateinisch,
der des Großvaters griechisch. Er mag Nachkomme der dort von Vespasian angesiedelten
Veteranen sein.
[96] Dial 17,2 in einem Zitat von Jes 3,9–11; 133,2 von Jes 3,9b–15.

freundliche." Darum gilt den Juden der Weheruf Jes 3,9f., „da sie sagten: Ἄρωμεν τὸν δίκαιόν, ὅτι δύσχρηστος ἡμῖν ἐστιν." Das „Laßt uns den Gerechten fesseln" wird hier durch das schärfere und zugleich an die Passion Christi erinnernde „Laßt uns den Gerechten beseitigen" ersetzt. Kurz nach dieser polemischen Klimax des Dialogs bringt er eine überraschende Begründung dieser Textänderung[97]: „Soeben zitierte ich, Freunde, die Schrift, *wie sie die Siebzig übersetzt haben.* Denn als ich sie früher so anführte, wie ihr sie besitzt[98], wollte ich bereits eure Meinung erkunden. Ich zitierte ... nämlich (oben) die Schrift, die sagt: ‚Wehe ihnen' ... und fuhr so, *wie die Siebzig übersetzten,* fort: ‚Laßt uns den Gerechten beseitigen' ... Zu Beginn der Diskussion zitierte ich, *was nach eurem Wunsch gelesen werden soll:* ‚Laßt uns den Gerechten fesseln ...' Ihr habt euch mit irgendwelchen anderen Dingen beschäftigt und scheint meinen Worten nicht aufmerksam zugehört zu haben" (137,3 und 4). Mit diesem ironischen Vorwurf, der beweisen soll, daß er seinen LXX-Text bis ins Detail hinein besser im Kopf hat als seine Kontrahenten, beschließt Justin den Höhepunkt seiner zweitägigen Diskussion mit Tryphon und dessen Freunden. Da sich „auch jetzt wieder der Tag neigt und die Sonne bereits untergeht", will er nur noch einige Schlußworte hinzufügen über Dinge, die er bereits gesagt hat (137,4 vgl. 138–141).

Auch mit diesem letzten Hinweis auf die ihm christologisch zusagende Version der Siebzig ist Justin historisch im Unrecht. Die Lesart δήσωμεν ist sicher ursprünglich. Ἄρωμεν mag als Schreibfehler[99] in eine Handschrift eingedrungen und dann in christliche Testimonien aufgenommen worden sein, zumal wir in der Leidensgeschichte die Rufe αἶρε bzw. ἆρον ἆρον[100] finden und der Tod des Gerechten damit noch präziser ausgesagt wird.

---

[97] Dial 136,2; 137,3. Zum Text s. I. Ziegler, Isaias, Göttinger Septuaginta, ²1967, 132 z. St. und Einleitung 20; R. Gryson, Esaias VL 12,2, 1987, 119f. Die LA ἄρωμεν findet sich in keiner Handschrift, sondern nur bei einigen frühen Vätern: So in einem Zitat aus Hegesipps Darstellung des Jakobusmartyriums, Euseb h. e. 2,23,15; vgl. auch Ap. Jac. 2, NHC V, 4, 61,16f., ed. C. W. Hendrick, in: D. M. Parrot (Chief Ed.), NHS XI, Leiden 1979, 142. Clem Alex, strom 5,108,2, der Platon pol 362a damit verbindet und Tert, adv Marc 3,22,5: *venite auferamus iustum, quia inutilis est nobis.* Zu den verschiedenen Texten Justins s. O. Skarsaune (Anm. 18), 30–32.

[98] Dial 17,2; 133,2 mit der LA δήσωμεν.

[99] ΔΗΣΩΜΕΝ kann bei undeutlicher Schreibweise durchaus in ΑΡΩΜΕΝ verlesen werden.

[100] Lk 23,18; Joh 19,15; vgl. aber auch Mk 15,1 (Mt 22,13; Joh 18,12): δήσαντες τὸν Ἰησοῦν. Auch ein Einfluß von Sap Sal 2,12 ἐνεδρεύσωμεν τὸν δίκαιον ..., das selbst wieder von Jes 3,10 LXX abhängig die Verfolgung des Gerechten bis zu seinem schändlichen Tode schildert, ist denkbar. Zum Einfluß aller drei Versionen auf die lateinische Väterüberlieferung s. W. Thiele, Sapientia Latina, VL 11,1, Freiburg 1980, 273f. Ambrosius hat z. B. mehrfach *tollamus.* Andererseits haben frühe Zeugen wie Barn 6,7 und Melito, Passahomilie 532f. (Perler = 516f. Hall) δήσωμεν. Zu Sap Sal 2 und Jes 53 s. o. S. 104f.

2.6. *Justins Berufung auf die Siebzig bei seiner Diskussion mit Juden in Rom*

Justin ist zumindest fest davon überzeugt, in seinem „christlichen" Text, der teilweise aus Testimoniensammlungen stammen mag, die wahre Meinung der ehrwürdigen siebzig Übersetzer bei König Ptolemaios wiederzugeben. Dieses Vertrauen hängt wohl damit zusammen, daß die in der Apologie verwendeten Texte, die er vermutlich christologisch bearbeiteten Sammlungen von Beweistexten entnahm, von den christlichen Zusätzen und Veränderungen abgesehen, wirklich in der Regel der alten unzensierten Fassung der LXX entsprechen. Er mag diese z. T. vorgefundenen Sammlungen entnommen, aber auch in fast dreißigjähriger Lehrtätigkeit solche selbst zusammengestellt haben. Wir dürfen im 1. und 2. Jh. die überragende Bedeutung der ständigen mündlichen Lehre gerade bei der Umformung von Schriftzitaten nicht unterschätzen. Neben dem Syntagma gegen die Häretiker, insbesondere gegen Marcion (s. o. S. 42 Anm. 18), könnte z. B. auch die verlorengegangene Schrift Ψάλτης, der Psalmensänger, eine Sammlung profetischer Verweistexte aus den Psalmen und aus anderer poetischer Literatur des AT (eventuell mit „Kommentar") enthalten haben[101]. Ganz sicher hatte Justin auch eine gewisse Übung in der Diskussion mit Juden, seine z. T. erstaunliche Kenntnis des Judentums ist wohl weniger literarisch als mündlich vermittelt. Eine Diskussion mit Juden lag für ihn näher als das öffentliche Streitgespräch mit dem Philosophen Crescens, von dem er selbst berichtet[102]. Daß er sich, wie der dialogus zeigt, Zugang zu jüdischen – und wie ein Vergleich mit der Kleinen Profetenrolle von Naḥal Ḥever ergibt – z. T. am Urtext revidierten Septuagintatexten verschaffte, ist ein *neuer*, fast „wissenschaftlicher" Zug in der christlichen Frühgeschichte. Er leitet damit eine neue Entwicklung ein, die in Origenes und Hieronymus ihren Höhepunkt erreicht. Dies weist, ebenso wie die Betonung, daß er seiner Argumentation nur Texte zugrundelegte, die von der anderen Seite anerkannt seien, auf seine – m. E. reiche – Erfahrung mit jüdischen (und judenchristlichen) Gesprächspartnern in Rom hin, wo sich damals eine große, mit Palästina eng verbundene jüdische Gemeinde befand. Zur Zeit Justins hat es dort sogar ein rabbinisches Lehrhaus unter Leitung des (wie Tryphon) während des Bar-Kochbaaufstandes oder kurz zuvor aus Palästina ausgewanderten Mattja b. Ḥeres gegeben[103].

---

[101] Zu Justin als Lehrer s. jetzt U. Neymeyr, Die christlichen Lehrer im zweiten Jahrhundert, VigChr Suppl. 4, 1989, 16–35. Leider tritt die Bedeutung der Schriftauslegung in der Lehre Justins in seiner Darstellung zu sehr zurück. Zu den Schriften Justins s. Euseb h. e. 4,18,4 ff.

[102] Apol II 3,1–6 vgl. Tatian or 19,1 dazu Neymeyr (Anm. 101), 25 f.

[103] S. dazu H. J. Leon, The Jews of Ancient Rome, 1960, passim u. 38.246; Billerbeck 3,24; W. Bacher, Die Aggada der Tannaiten, Straßburg ²1903, 1, 380–385. Eine andere sagenhafte Autorität jener Zeit ist Theudas, „der Mann aus Rom", Billerbeck I,23.

Nach der Zerstörung der Judenschaft in Ägypten durch den Aufstand 115−117 war die jüdische Gemeinde in Rom die wichtigste außerhalb Palästinas. Gelegenheit zur Diskussion mit Juden hat es so gerade im Rom der Antoninenzeit ausreichend gegeben, und Justin scheint sie genutzt zu haben.

Die Berufung auf die Autorität der Siebzig wie auch die Verwendung jüdischer rezensierter Texte soll zunächst einmal seine Souveränität in der Argumentation demonstrieren. Bezeichnend ist dabei, daß er sie erst in der zweiten Hälfte der sich verschärfenden Auseinandersetzung ins Feld führt, als wegen der Übersetzung von Jes 7,14 ein Punkt erreicht ist, wo Justin den „jüdischen" Text nicht mehr gelten lassen kann, und wo er (ausnahmsweise) die „Siebzig" wirklich auf seiner Seite hat. Im Gegensatz zum späteren abgeschliffenen Sprachgebrauch hat er mit οἱ ἑβδομήκοντα noch wirklich die siebzig Übersetzer als jüdische Autoritäten der Zeit kurz vor Christus im Auge und nicht einfach bloße Texte. Darum setzt er zunächst ein πρεσβύτεροι (ὑμῶν) und den Hinweis auf König Ptolemäus hinzu[104]. Erst gegen Ende, nachdem klar ist, worum es sich handelt, begnügt er sich mit der bloßen Berufung auf „die Siebzig"[105]. Diese Häufigkeit des Hinweises ist – so weit ich sehe – einzigartig in der altkirchlichen Literatur, und dahinter steht wohl ein Argument, das Justin in der Auseinandersetzung mit jüdischen (und judenchristlichen) Diskussionsgegnern – ob zu Recht oder zu Unrecht, ist eine andere Frage – immer wieder gebraucht hat: Wir haben die siebzig Ältesten, die einst bei König Ptolemäus die profetischen Schriften – d.h. die ganze inspirierte Heilige Schrift (s.o. S. 43) – übersetzt haben, auf unserer Seite. Eure Schriftgelehrten der Gegenwart, nach dem Kommen des in diesen Schriften in vielfacher Weise verheißenen Christus, sind davon abgefallen und haben die profetischen Schriften in der Übersetzung der Siebzig verfälscht und verkürzt[106], ja sie haben dieselben überhaupt nicht verstanden[107].

Der Vorwurf der Verfälschung der Schrift, der bei Justin erstmals in massiver Weise und im Zusammenhang mit der Übersetzung der Siebzig auftaucht, wird dann zum geläufigen Topos späterer Dialoge und der Adversus-Judaeos-Literatur[108].

Auf der anderen Seite deutet die Selbstbeschränkung des Justin auf die von den Gegnern anerkannten Schriften und Textformen auf eine gewisse Unsicherheit hin, die auch durch das siegessichere Auftreten des christlichen Lehrers in seiner Selbstdarstellung nicht überspielt werden kann. Die Juden hatten

---

[104] 68,7; 71,1; 84,3 (ohne 70).

[105] 120,4; 124,3; 131,1; 137,3 zweimal. S. auch o. S. 41 ff.!

[106] S.o. S. 56−60.

[107] Apol I 31,5 οἳ καὶ ἀναγιγνώσκοντες οὐ συνιᾶσι τὰ εἰρημένα ... vgl. 36; 54; dial 9,1; 12,3; 14,2; 78,10; 123 f.; 126,2; 134 f. Vgl. M. Simon, Verus Israel, Paris ²1964, 177 ff.189 ff.

[108] S. dazu H. Schreckenberg (Anm. 18), 186.197: Justin; 234: Origenes u. passim, M. Lukyn Williams, Adversus Judaeos (Anm. 68), 33 ff.205.402; M. Simon (Anm. 107), 169 ff. 177 ff.194 f. N. de Lange, Origen and the Jews, Cambridge 1976 (= rpt. 1978).

nicht nur den bereits (nahezu eindeutig) abgegrenzten „Kanon" (s. o. S. 47 f.), sie verfügten auch über den Urtext und eine anhand desselben verbesserte Übersetzung. Gerade die Vorwürfe Justins in ihrer nachprüfbaren Fehlerhaftigkeit zeigen seine im Grunde schwächere Position. Eben darum wird ihm die christlich veränderte und auf die ganze Heilige Schrift als Sammlung profetischer Weissagungen bezogene Übersetzungslegende bedeutsam. *Sie muß mithelfen, den Juden die Übersetzung der Siebzig zu entreißen und zu einer christlichen Schrift zu machen.* Noch wurde diese auch von den Juden benutzt, Aquila hatte sich bei ihnen in der Mitte des 2. Jh.s in der Diaspora noch längst nicht durchgesetzt. Er wird darum erst von Irenäus eine Generation später erwähnt. Aber die griechische Bibel hatte durch die von Palästina ausgehende, in die vorchristliche Zeit zurückreichende Rezensionstätigkeit einen uneinheitlichen Text, der auf christlicher Seite durch den Einfluß der Testimonien noch mehr durcheinander geraten war. Es wird hier – bei aller Naivität und Anmaßung des Apologeten gegenüber seinen fiktiven jüdischen Gesprächspartnern – bereits jene Verlegenheit sichtbar, die uns dann schlaglichtartig ca. zwei Generationen später im Brief des Iulius Africanus an Origenes wegen des Susannabuches[109] und dessen Antwort begegnet und die den größten Theologen und Philologen der Alten Kirche dazu veranlaßte, die monumentale Synopse der Hexapla zu erstellen, die in der Antike eine wohl einmalige Leistung darstellt[110].

Auffällig ist schließlich und endlich die schlichte Form der „Übersetzungslegende", auf die Justin Bezug nimmt. Er kennt weder den Aristeasbrief noch die philonische Fassung von der profetischen Inspiration der Übersetzer, ein Motiv, das er sehr wohl hätte gebrauchen können und das bald darauf bei Irenäus, Clemens und dann in abschließender gesteigerter Form in der pseudojustinischen Cohortatio ad Graecos auftaucht[111]. Von Philo und alexandrinischer Religionsphilosophie ist der ehemalige „Platoniker" Justin trotz mancher Anklänge relativ weit entfernt[112], für die Großkirche wurde Philo erst durch Clemens wiederentdeckt, auch betrachtet Justin die in Philos Spuren tretenden alexandrinischen Gnostiker wie Basilides und Valentin, der z. Zt. Justins in Rom an das Erbe Philos anknüpfte, eher als seine Gegner[113].

---

[109] Ed. N. de Lange, SC 302, 1983, 469–589, s. § 4 f. (517) und die Antwort § 5 ff. (524 ff.).

[110] Dazu jetzt B. Neuschäfer, Origenes als Philologe, SBA 18,1/2, Basel 1987, 86 ff. S. auch u. S. 70 f. Anm. 123.

[111] S. u. S. 72–74.

[112] Dazu P. Heinisch, Der Einfluß Philos auf die älteste christliche Exegese, ATA 1 und 2, München 1908, 36 ff.195–211.391 f.; W. A. Shotwell, The Biblical Exegesis of Justin Martyr, London 1965, 93–115; O. Skarsaune (Anm. 18), 409–424, bes. 423 f.

[113] Dial 35,6: Die Polemik gegen die Marcioniten, Basilidianer, Valentinianer und Satornil. Zu Valentin und Philo s. Chr. Markschies, Valentinus Gnosticus?, WUNT 65, Tübingen 1992, zu Basilides W. Löhr, Basilides und seine Schule, WUNT 83, 1996.

3. Die „Siebzig" in späteren Dialogen

Einzigartig ist, so weit ich sehe, die *Intensität*, mit der sich Justin auf die Siebzig
beruft, er tut dies wesentlich häufiger als dies in den späteren stärker schemati-
schen Dialogen zwischen Juden und Christen, für die der dialogus Justins zum
Vorbild wurde, geschieht. Auch in der Adversus-Judaeos-Literatur tritt dieses
Motiv wieder zurück. Dort spielen freilich auch Fragen des Textes und philologische Details kaum mehr eine Rolle. Die späteren Texte sind nur noch reine
Polemik. Justin zeigt dadurch, daß er der ursprünglichen Dialogsituation, bei
der es u. a. auch um solche Fragen gehen mußte, relativ nahe stand.

Eine gewisse Ausnahme macht der späte aus dem 5. oder 6. Jh. stammende
„Dialogus Christiani et Judaei" zwischen dem Christen Timotheus und dem
Juden – der Name ist kein Zufall – Aquila[114]. Hier beginnt der Dialog mit dem
Hinweis auf den Umfang des Kanons, über den zwischen Christen und Hebräern Übereinkunft besteht und den auch die hebräischen Übersetzer und Aquila, Symmachus und Theodotion übersetzt haben[115]. Auf den Vorwurf des
Juden, daß die Christen die Schriften verfälschen, indem sie Texte anführen,
die nicht in der hebräischen, sondern allein in der griechischen Bibel zu finden
sind, antwortet der Christ mit dem Gegenvorwurf, daß der Übersetzer Aquila,
um die Zeugnisse von Christus zu verbergen, seinerseits die Schriften verdreht
habe, damit die Christen nicht den (unverfälschten) Text der 72 Übersetzer bei
Ptolemäus empfingen. Damit leitet der Erzähler zu einem legendär ausgemalten und weitschweifigen Bericht von der Übersetzung der 72 Ältesten und der
Lebensgeschichte Aquilas über, wie wir sie ganz ähnlich auch bei Epiphanius in
De mensuris et ponderibus finden[116], wobei hier wie bei Justin Ptolemäus zwei
Briefe schreiben muß. Daß dabei Aquila zum Hauptschuldigen und eigentli-
chen Verfälscher der Schrift, d. h. des hebräischen Urtextes wie der Überset-
zung der 72, gemacht wird[117], die, selbst vom Heiligen Geist inspiriert, die
Schrift fehlerfrei übertragen hätten, zeigt, daß zu dieser späteren Zeit die
Übersetzung Aquilas in der Synagoge die LXX verdrängt hatte, während Justin
ihn noch nicht erwähnt, sondern die Schuld allgemein den jüdischen Ältesten

---

[114] Ed. F. C. Conybeare, The Dialogues of Athanasius and Zacchaeus and of Timothy and
Aquila, Anec. Ox. Class. Ser. VIII, Oxford 1898, 66–104. Der zweite ist wohl vom ersten
abhängig. Conybeare versucht in nicht überzeugender Weise eine Verbindung zwischen
diesen Dialogen und dem des Papiscus und Jason von Ariston von Pella herzustellen. S. dazu
M. Simon (Anm. 107), 185; H. Schreckenberg (Anm. 18), 391 f.
[115] Fol 77 r. u. v. (66 ed. Conybeare). Freilich wird dann Judith noch als 21. Buch vor Esther
zu den kanonischen Büchern gerechnet. Tobias, Sapientia und Sirach hätten die 72 Übersetzer
den Apokryphen zugerechnet. Es wird hier deutlich, welche Konfusion im 5. oder 6. Jh. z. T.
noch über den alttestamentlichen Kanon bestand, wobei man gerade im griechischen Osten
Wert auf die Übereinstimmung mit den „Hebräern" und ihren angeblichen Kanon von 22
Büchern legte.
[116] Fol 115–118, Conybeare 89–91 vgl. XXVI ff., und s. o. S. 44 Anm. 23 u. u. S. 74.
[117] Fol 119 (Conybeare 92 f.).

der Zeit nach Christus zuschob. Zugleich wird die christliche Weiterentwicklung der Übersetzerhypothese deutlich. Die LXX ist inzwischen schon längst zur exklusiv christlichen Schrift geworden, was sie bei Justin noch nicht war, worum er jedoch erbittert kämpfte.

Dieselbe Situation, die am Ende zur Ablehnung der griechischen Bibel durch die Juden führte, begegnet uns in der noch späteren Disputation des Bischofs Gregentius von Tafra im Jemen mit dem Juden Herban[118]. Zu Beginn der Diskussion bekennt der Jude: „Zu Unrecht haben unsere Väter die (heiligen) Bücher Israels freiwillig ins Griechische übertragen, damit ihr dieselben in Besitz nehmen und uns zum Schweigen bringen könnt[119]." Schreckenberg bemerkt dazu: „Die Septuaginta ist durch die christliche Rezeption und die Benutzung als antijüdische apologetische Waffe den Juden entfremdet . . ., das Judentum (zieht sich) . . . theologisch und religiös in seinen hebräischen Sprachraum zurück; die griechische Bibel geht – ebenso wie die griechischschreibenden jüdischen Autoren Philon und Flavius Josephus – überlieferungsgeschichtlich und geistig . . . in den Besitz des Christentums über[120]." Diese Entwicklung wurde – bereits in massiver Weise – durch Justins Berufung auf die Siebzig eingeleitet. Auch Aquila konnte sie nicht aufhalten.

4. Die Übersetzungslegende bei den frühen Vätern nach Justin

4.1. Die bleibende Aporie

Die bei Justin bezeugten Motive, nämlich die Ausdehnung des Werkes der 70 auf alle als inspiriert geltenden Schriften der hebräischen Bibel, die hervorragende fehlerfreie Qualität der Übersetzung, die dann bereits bei Irenäus nach dem Vorbild der Darstellung Philos bis zur wunderbaren Inspiration der Übersetzer gesteigert werden konnte, der – sachlich ungerechtfertigte – Vorwurf der Verfälschung des heiligen Textes durch die Juden wie auch die zeitliche Relation[121] des Übersetzungswerkes zum Kommen Christi samt seiner universalen

---

[118] MPG 86,1,622−783, s. dazu A. Labate, DECA 1, 1990, 1099. Die Disputation soll 535 stattgefunden haben. Der sagenhafte Bericht stammt aus einer Gregentius-Vita und ist wesentlich später entstanden; s. auch H. Schreckenberg (Anm. 18), 397−400.632. Dazu gibt es interessante rabbinische Parallelen: NuR 14,10 wird gesagt, daß die mündliche Tora nicht in Schriftform gegeben wurde, damit die „Ismaeliten" dieselbe nicht wie die schriftliche verfälschten und behaupten, sie seien (das wahre) Israel; ähnlich PesiqtaR 5 p.15b: Gott gab die Mischna Mose nur mündlich, weil er sah, daß die Völker die Tora später „übersetzen und griechisch lesen würden (לתרגם את התורה ולהיות קוראים בה יוונית) und sagen, daß jene (die Israeliten) nicht (das wahre Israel) seien". S. Billerbeck I, 219f. vgl. IV, 439ff. Absatz d; s. auch o. Anm. 58

[119] Op. cit. 624, s. H. Schreckenberg (Anm. 18), 399, zu den rabbinischen Texten s.o. S. 40f. und S. 59.

[120] Loc. cit.

[121] Hier konnte die Argumentation variieren. So betonten die späteren Väter auch gerne

Abzweckung wurden für das weitere Verständnis der LXX als einer von den Christen beanspruchten Schriftensammlung bestimmend.

Diese im Grunde exklusive Beanspruchung des Werkes der Siebzig für die Kirche führte dann freilich wieder zu neuen Konflikten, da man nicht davon loskam, daß die Vorlage der Übersetzung die *hebräische* Bibel gewesen war, und diese – nicht zuletzt auch mit ihrem Kanon – doch in irgendeiner Weise vorbildlich bleiben mußte.

Die Juden, denen man durch diesen – man muß schon sagen aggressiven – Anspruch die früheste Übertragung der alttestamentlichen Bücher in die griechische Sprache allmählich aus der Hand nahm, antworteten zunächst mit den schon erwähnten großen Revisionen des 2. Jh.s, die weit über die ältere Revisionstätigkeit hinausgingen, insbesondere dem Werk Aquilas, das vermutlich von Anfang an als griechisches Targum des verbindlichen hebräischen Textes konzipiert war und sich mit diesem im gottesdienstlichen Gebrauch auch in der Diasporasynagoge allmählich durchsetzte. Daß gegen Ende des 2. Jh.s der Judenchrist Symmachus eine eigene Rezension durchführte, die wie die Aquilas einer Übersetzung nahe kommt, zeigt, daß auch gesetzestreue Judenchristen – die man seit Irenäus als „Ebionäer" und als Häretiker betrachtete – die Mängel der alten LXX und der wachsenden Textverwirrung als unerträglich empfanden[122]. Nicht nur waren die Übersetzungen der einzelnen Bücher in einem Zeitraum von wenigstens 300 Jahren entstanden, es gab auch von einer ganzen Reihe von Büchern verschiedene konkurrierende Textformen, hinzu kamen seit dem 1. Jh. v. Chr. die vom hebräischen Text aus korrigierenden Überarbeitungen älterer Übersetzungen. Dabei ist zu bedenken, daß – wie jetzt aus Qumran deutlich wird – bereits die hebräischen Textvorlagen z. T. alles andere als einheitlich waren. Der masoretische „Einheitstext" ist ein Werk des nachbiblischen Judentums. Die Beschuldigung der Verfälschung der Schriften, die seit Justin gegen die Juden erhoben wurde, und die die Juden den Christen wieder zurückgaben, beruht wenigstens z. T. auch auf dieser verwilderten Textüberlieferung.

Origenes, der, um dieses Chaos zu ordnen und übersichtlich zu machen, mit einer in der Antike einzigartigen, übermenschlichen Anstrengung das Riesenwerk des Hexapla schuf und in den Psalmen sogar sechs verschiedene griechi-

---

den zeitlichen Abstand, um damit die völlige Unabhängigkeit der Siebzig vom späteren Heilsgeschehen zu unterstreichen.

[122] Iren adv haer 1,26,2; 3,11,7; 3,21,1; 4,33,4; 5,1,3. Zur Leugnung der Jungfrauengeburt s. auch o. S. 53, Anm. 55. S. dazu A. F. J. Klijn/G. Reinink. Patristic Evidence for Jewish-Christian Sects, NT.S 36, Leiden 1973, 19 ff., 104 ff. Justin hat hier noch deutlicher differenziert zwischen Judenchristen, die selbst das Gesetz halten, aber die Heidenchristen nicht dazu zwingen, und solchen, die behaupten, das Heil hänge von dem Gesetzesgehorsam ab. Mit den ersteren ist volle kirchliche Gemeinschaft möglich: dial 47,1−6. Zu Symmachus s. o. S. 52 f. Anm. 54.

sche Textformen nebeneinanderstellte[123], hielt dennoch beharrlich an der kirchlichen Bedeutung und Anerkennung der durch Gottes „Vorsehung" entstandenen LXX fest[124]. In seinem Kommentar zum Hohen Lied betont er gegenüber einer Lesart, die seiner eigenen spiritualis interpretatio widerspricht, ausdrücklich *tamen nos LXX interpretum scripta per omnium custodimus*[125]. Das hinderte ihn jedoch nicht daran, in seinen Homilien einen verbesserten Text zu benutzen, u. U. auch einmal einer Lesart, die Aquila nahekam, zu folgen, da er um die Qualität dieser Übersetzung wußte und ihm der Verfälschungsvorwurf fernlag[126]. Und obwohl ihm die Erzählung von den siebzig Übersetzern sicher nur zu gut bekannt war, berief er sich nie auf die Übersetzungs- und Inspirationslegende eines Philo und seiner christlichen Nachahmer seit Justin und Irenäus. Die „70 Übersetzer" sind für ihn eine feste, immer wieder gebrauchte Formel, aber er erzählt keine apologetischen Geschichten über sie, was nicht ausschließt, daß er ihre Lesart als die bessere, da auf die Christen bezogene, verteidigt[127]. Die Fehler und Abweichungen schreibt er dabei selten den Übersetzern, häufiger den Abschreibern zu[128].

Neben die Hilflosigkeit wegen der verderbten Texte mit ihren Varianten trat die Verunsicherung gegenüber jüdischen Diskussionspartnern, die – ganz anders als es die christlichen Dialoge mit Juden darstellen – über Ignoranz und Leichtgläubigkeit der Christen spotteten, eine Erfahrung, die – wie der Brief des Africanus an Origenes zeigt – gerade wirklich Gebildete beeindrucken konnte. Die Siebzig hatten ja schließlich den *hebräischen Urtext* übersetzt; d. h. aus der Sprache, in der die Gottesmänner des Alten Bundes ihre Offenbarungen durch Inspiration empfangen hatten[129]. Demgegenüber gab es im „Alten Testament" in griechischer Sprache weite Passagen, die keine hebräische Textgrundlage besaßen, und umgekehrt Überschüsse im hebräischen Text, dazu ganze Bücher, bei denen die Juden überhaupt die Existenz eines Urtextes

---

[123] Euseb h. e. 6,16; P. Nautin, Origène. Sa vie et son œuvre, 1977, 303–361: dans une Église qui avait canonisé une version grecque de la Bible, Origène affirmait la prévalence de l'hebreu."; G. Sgherri, Sulla valutazione origeniana dei LXX, Biblica 58 (1977), 1–28; B. Neuschäfer (Anm. 110), 1,86ff.2,370ff.; C. P. Bammel, Die Hexapla des Origenes. Die Hebraica Veritas im Streit der Meinungen, Augustinianum 28 (1988), 125–149.

[124] C. P. Bammel (Anm. 123), 126, unter Verweis auf ep ad Afric. 8, ed. N. de Lange, SC 302, 1983, 532, vgl. P. Nautin (Anm. 123), 345.

[125] Zitiert nach A. v. Harnack, Der kirchengeschichtliche Ertrag der exegetischen Arbeiten des Origenes, II. Teil, TU 42,4, Leipzig 1919. Comm. Cant I, GCS VIII, 100f., s. auch C. P. Bammel (Anm. 123), 131, Anm. 24. Vgl. ep ad Afric 9, SC 302, 534: μετὰ τοῦ ποσῶς μᾶλλον ἀσκεῖν τὴν ἑρμηνείαν τῶν ἑβδομήκοντα, ἵνα μή τι παραχαράττειν δοκοίημεν ταῖς ὑπὸ τὸν οὐρανὸν ἐκκλησίαις.

[126] P. Nautin (Anm. 123), 345f.; C. P. Bammel (Anm. 123), 130ff.

[127] S. z. B. Hom in Lev 12,5, SC 287, ed. M. Borret, II, 1981, 188, 61ff.

[128] C. P. Bammel (Anm. 123), 129ff. S. vor allem Comm in Mt XV, 14, GCS 40,387f. zur Situation der LXX-Textüberlieferung und seiner Arbeitsweise in der Hexapla.

[129] Ep Afric ad Orig § 5 SC 302, 516): Ἐξ Ἑβραίων δὲ τοῖς Ἕλλησι μετεβλήξθη πάνθ᾽ ὅσα τῆς παλαιᾶς διαθήκης φέρεται παρὰ Ἰουδαίοις.

leugneten – etwa bei der Susannaerzählung. Geistig anspruchsvolle Christen
konnten sich hier den jüdischen Argumenten nicht völlig entziehen. Der Weg
des Origenes, auf dem nach ihm – wieder in anderer und zugleich radikalerer
Weise – Hieronymus weiterschritt, blieb jedoch die Ausnahme.

4.2. Die pseudojustinische Cohortatio

Die Mehrzahl der Christen berief sich in diesen Aporien um so nachdrücklicher
auf die Übersetzungslegende, die von jetzt an in immer neuen Varianten als
Argument gegen die jüdische Verwendung der Schrift verwendet wurde.
Wendland zählt im Anhang seiner Ausgabe des Aristeasbriefes gegen 70 Zeugnisse von verschiedenen Autoren auf[130].

So wird sie in der wohl aus der zweiten Hälfte des 3. Jh.s stammenden,
fälschlicherweise Justin zugeschriebenen Cohortatio ad Graecos verwendet.
Die Bildung des unbekannten Verfassers ist sehr viel umfassender als Justins,
andererseits argumentiert er oberflächlicher[131].

Im zweiten Abschnitt seines Werkes beweist er, daß wahre Gotteserkenntnis
allein auf der Offenbarung durch Gottes Geist beruhen kann, der heilige
Männer wie ein Musikinstrument benutze, um „uns die Erkenntnis der göttlichen und himmlischen Dinge mitzuteilen"[132]. Wie bei Justin ist für ihn Mose
der erste und älteste Profet, älter als alle anderen barbarischen und griechischen Autoren – ein beliebtes Thema der jüdischen und frühchristlichen Apologetik[133]. Gegen den Einwand, das Werk „Moses und der anderen Profeten"
sei nicht in griechischer Sprache und Buchstaben[134] geschrieben, erzählt er
relativ ausführlich seine Version der Übersetzungslegende, die sich an den
Aristeasbrief bzw. Josephus und Philo anschließt. Er steigert deren Bericht
jedoch in bezeichnender Weise: Ptolemäus habe die 70 jüdischen Weisen, die
von Jerusalem gekommen waren, um „die Geschichte Moses *und der übrigen
Profeten*" ins Griechische zu übersetzen, getrennt in 70 Häuschen auf der Insel
Pharos untergebracht, damit jeder, durch Wachen von den anderen abge-
schirmt, die Übersetzung für sich ausführe und der König ihre Exaktheit durch
die Übereinstimmung der Übersetzer erkennen könne. Da ihr Werk „nicht nur

---

[130] P. Wendland (Hg.), Aristeae ad Philocratem epistula cum ceteris de origine versionis
LXX interpretum testimoniis, Leipzig 1900, 87–166.228f.

[131] Pseudo-Justinus, Cohortatio ad Graecos, ed M. Marcovich, PTS 32, 1900, 1–78; S. 4ff.
zur Datierung und Charakterisierung des unbekannten Autors. Marcovich kommt zu einem
positiveren Urteil als frühere Gelehrte.

[132] 8,2, (ed Marcovich, S. 33).

[133] P. Pilhofer, Presbyteron Kreitton, WUNT 2. R. 39, 1990, passim.

[134] Diese wurden erst von Kadmos aus Phönizien den Griechen gebracht, 12,2f. (ed
Marcovich, S. 38f.). Mose schrieb dagegen, von Gottes Geist inspiriert, in hebräischen
Buchstaben.

denselben Sinn, sondern auch denselben Wortlaut zeigte[135], und sie auch mit keinem einzigen Wort von der gegenseitigen Übereinstimmung abwichen, sie vielmehr dasselbe über denselben Text geschrieben hatten, war der König tief bewegt und überzeugt, daß sie die Übersetzung mit göttlicher Kraft[136] geschrieben hätten". Der gelehrte Autor beruft sich zum Beweis dafür, daß es sich hier nicht um Legenden (μύθος) und erfundene Geschichten (πεπλασμένας ἱστορίας) handle, darauf, die Reste der Häuschen auf der Insel Pharos selbst gesehen und von den Alexandrinern deren Lokaltradition gehört zu haben: Das Werk der Siebzig war inzwischen zur Fremdenverkehrsattraktion geworden. Als weitere Zeugen führt er die Berichte von berühmten Autoren wie Philo, Josephus[137] und vieler anderer an. Der Hinweis auf die wunderbare völlige Übereinstimmung der Übersetzung und die göttliche Kraft, die sich für den heidnischen König darin wirksam erwies, entspricht eher dem sekundären Bericht Philos als dem des Aristeasbriefes bzw. dem von diesem abhängigen des Josephus, bei denen noch kein Wunder geschieht. Nach Aristeas sind die Übersetzer in einem Haus beisammen und bringen ihre Arbeit täglich „durch Vergleich in Übereinstimmung"[138], worauf sie Demetrios niederschrieb. Bei Jos ant 12,104 heißt es nur, daß sie mit großem Eifer und Fleiß daran gingen, die Übersetzung möglichst exakt auszuführen. Eine göttliche Mitwirkung wird im Aristeasbrief nur vorsichtig bei der Tatsache angedeutet, daß diese Übersetzung genau nach 72 Tagen abgeschlossen wurde, als ob dies „nach einem gewissen Vorsatz (οἱονεὶ κατὰ πρόθεσίν τινα) geschehen wäre"[139].

Bei Philo wird dagegen der wunderhafte übernatürliche Charakter wesentlich stärker betont. Die „Angesehensten der Hebräer" (vit Mos 2,32) „schrieben auf profetische Weise und wie unter göttlicher Ergriffenheit (καθάπερ ἐνθουσιῶντες προεφήτευον) nicht jeder andere, sondern alle dieselben Bezeichnungen und Worte nieder, als ob eine Eingebung unsichtbar in jedem diktierte". Eben darum sind jene Männer „nicht Übersetzer, sondern Hierophanten und Profeten" zu nennen, welche „durch ihre sonnenklaren Gedanken mit dem allerreinsten Geist Moses' Schritt halten konnten"[140].

Der göttlichen Inspiration der Übersetzer bei Philo entspricht bei Pseudo-Justin die göttliche Wunderkraft, die in der Übersetzung wirksam war und die

---

[135] 13,3 (ed Marcovich, S. 40f.): Ἐπεὶ δὲ ἔγνω τοὺς ἑβδομήκοντα ἄνδρας μὴ μόνον τῇ αὐτῇ διανοίᾳ, ἀλλὰ καὶ ταῖς αὐταῖς λέξεσι χρησαμένους, καὶ μηδὲ ἄχρι μιᾶς λέξεως τῆς πρὸς ἀλλήλους συμφωνίας διημαρτηκότας, ...

[136] Θείᾳ δυνάμει τὴν ἑρμηνείαν γεγράφθαι.

[137] Beide jüdische Autoren erwähnt er mehrfach vgl. 9,2 (S. 34,21ff.); 10,1 (S. 6,9f.). Von Josephus kennt er u. a. den Titel der Archäologie.

[138] Ep Arist 302: Οἱ δὲ ἐπετέλουν ἕκαστα σύμφωνα ποιοῦντες πρὸς ἑαυτοὺς ταῖς ἀντιβολαῖς.

[139] Ep Arist 307. Die πρόθεσις könnte aber auch auf eine Absprache der Übersetzer hinweisen.

[140] Vit Mos 2,37.40.

der König selbst nachgeprüft hatte. Gegen den Einwand, daß diese Bücher
nicht für die Christen, sondern für die Juden bestimmt seien, betont der Autor,
daß die aus den Büchern der LXX stammende Lehre „nicht ihnen, sondern uns
gehört" – ein Anspruch, den ganz ähnlich schon Justin erhoben hatte[141]. Auch
sei die Tatsache, „daß die jetzt unserer Religion (τῇ ἡμετέρᾳ θεοσεβείᾳ)
gehörenden Bücher bei den Juden noch vorhanden sind, ein Werk der göttlichen Vorsehung (θείας προνοίας ἔργον), das um der Christen willen geschehen sei". Denn die Christen könnten den Wahrheitsbeweis für ihren Anspruch
mit den von den Juden bis in die Gegenwart erhaltenen Schriften der LXX
führen und seien dabei nicht auf ihre eigenen angewiesen – denen man den
Vorwurf machen könnte, sie seien gefälscht. Dem entspricht die Bemerkung
des Herausgebers Marcovich: „The author is careful not to quote NT, only
OT[142]."

Mit Pseudo-Justin erreichte die Übersetzungslegende in christlicher Form
ihren Höhepunkt. Nur bei Epiphanius erhält sie eine neue novellistische Gestalt mit – wie bei Justin – zwei Briefen des Königs nach Jerusalem. Statt der 70
Häuschen benötigte er nur 36, darin werden die Gelehrten jeweils zu zweit
eingesperrt[143]. Während Origenes die Legende taktvoll verschwieg, hat Hieronymus, der Freund und Zeitgenosse des Epiphanius, sie energisch als Lüge
verworfen: „Auch weiß ich nicht, welcher Autor als erster die 70 Häuschen
durch seine Lügen errichtet hat, da Aristeas der Leibwächter desselben Ptolemäus und sehr viel später Josephus nichts derartiges berichtet haben. Vielmehr
schreiben sie, die in der Halle Versammelten hätten untereinander verglichen
und nicht geweissagt. Etwas anderes ist es nämlich, Profet, etwas anderes,
Übersetzer zu sein ... *(sed in una basilica congregatos contulisse scribant, non
prophetasse. Aliud enim est vatem, aliud esse interpretem)* ... Ich verurteile die
Siebzig nicht, ich mache ihnen keinen Vorwurf, aber ich ziehe ihnen allen voll
Zuversicht die Apostel vor[144]." Doch Hieronymus blieb mit seinem Protest ein
einsamer Rufer.

---

[141] 13,5 (Marcovich 41,35): ὅτι οὐκ αὐτοῖς, ἀλλ᾽ ἡμῖν ἡ ἐκ τούτων διαφέρει διδασκαλία;
vgl. Justin dial. 29,2: μᾶλλον δὲ οὐχ ὑμετέροις ἀλλ᾽ ἡμετέροις. Vgl. Barn. 4,6ff.: Die διαθήκη
vom Sinai gehört den Christen.

[142] Op. cit. (Anm. 131), 12.

[143] De mens et pond 5.6 ed. E. Moutsoulas, Athen 1971; s. dazu den vollständigen syrischen
Text bei J. E. Dean (o. Anm. 23) § 3 fol 48 b/c/d engl. Übers. p. 18; s. auch P. Wendland
(Anm. 47), 139ff. und o. S. 68 den Dialog zwischen Timotheus und Aquila.

[144] Praef in Pent, s. Biblia Sacra iuxta Vulgatam versionem, Stuttgart ²1975, 1,3f. =
Apologia adv Rufinum 2,25 ed. P. Lardet, CCSL 79, 3,1, p. 62f.

4.3. Irenäus

Zwischen Justin und die anonyme Cohortatio ad Graecos schieben sich in der
Darstellung der Übersetzungserzählung Irenäus, und von ihm abhängig Clemens Alexandrinus und Tertullian. Man könnte sagen, daß sie die in der Kirche
weiterwirkende „Normalform" der Legende vertreten. Im Gegensatz zu der
lockeren, nicht sonderlich gut disponierten Darstellungsweise Justins schreibt
Irenäus die erste relativ wohlgeordnete biblisch-heilsgeschichtlich orientierte
„systematische Theologie" in der frühen Kirche. Alles hat hier seinen bestimmten Platz. Ausgangspunkt zur Einführung des LXX-Problems sind seine Erörterungen zur Menschwerdung und hier wieder besonders zur Jungfrauengeburt. Das in Jes 7,14 vom Profeten angekündigte „τὸ τῆς παρθένου σημεῖον"
ist Garant für die Wirklichkeit der Menschwerdung. Darum ist die Übersetz-
zung νεᾶνις = *adulescentula* des Theodotion aus Ephesus und des Aquila aus
dem Pontus abzulehnen, der sich die judenchristlichen Ebionäer angeschlossen
haben, die glauben, Jesus sei von Joseph gezeugt. Sie alle „zerstören damit
den göttlichen Heilsplan (*dispositio* = οἰκονομία)[145] und vernichten und beseitigen das Zeugnis der Profeten, das Gott selbst gewirkt hat"[146]. Irenäus verfügt
über eine gründlichere Gelehrsamkeit und größere historische Kenntnisse als
Justin. Er weiß, daß diese Profezeiung noch aus der Zeit vor dem babylonischen Exil und der Zeit der Meder und Perser stammt, auch die umstrittene
„Übersetzung ins Griechische ist lange vor der Zeit der Ankunft unseres Herrn
von den Juden selbst verfertigt worden". Damit wird jeder Verdacht ausgeschlossen, diese hätten damit den Christen einen Gefallen erweisen wollen. Im
Gegenteil, wenn sie um die zukünftige Existenz der Christen gewußt hätten
und daß diese die profetischen Schriftzeugnisse gebrauchen würden, sie hätten
diese ihre Schriften verbrannt, die allen übrigen Völkern die Teilhabe am
ewigen Leben im voraus verkündigen, während die, „die sich als Haus Jakobs
und Volk Israel rühmen, in Bezug auf die Gnade Gottes enterbt sind"[147].

Darauf folgt der historisch kundige Bericht, den ich wörtlich zitiere:

„Bevor die Römer ihre Herrschaft aufgerichtet hatten und die Makedonier noch
Asien beherrschten, teilte Ptolemäus, der Sohn des Lagus, ... im Ehrgeiz, die von
ihm errichtete Bibliothek in Alexandrien mit den bedeutenden Schriften aller
Menschen auszustatten, den Jerusalemern seinen Wunsch mit, er wolle ihre Schriften in griechischer Sprache besitzen. Diese ... schickten siebzig Älteste, die bei

---

[145] Der Begriff erscheint in dieser Bedeutung schon bei Justin gerade auch im Zusammenhang mit der Jungfrauengeburt, s. o. Anm. 51.

[146] Adv haer 3,21,1.

[147] Adv haer 3,21,1: Exheredatos ostendunt a gratia Dei, vgl. ein ähnliches, jedoch noch
abgeschwächtes Argument bei Justin, dial 120,5, s. o. S. 62. Das Verb *exheredare* erscheint nur
hier in der lateinischen Übersetzung; vgl. jedoch noch 4,8,1 gegen die „Marcioniten": *exhere-
des sunt*. Das Äquivalent könnte ἀπόκληρος oder ἀποκληρόνομος in Verbindung mit einem
Verb wie δείκνυμι sein: G. W. H. Lampe, A Greek Patristic Lexicon, 196.

ihnen in der Schriftauslegung und in beiden Sprachen besonders erfahren waren, zu
Ptolemäus, damit sie seinen Wunsch erfüllten[148]. Da Ptolemäus aber jeden einzelnen auf die Probe stellen wollte, befürchtete er doch, sie könnten aufgrund einer
Verabredung den wahren Inhalt der Schriften verschleiern, trennte er sie voneinander und befahl, sie sollten alle dasselbe Werk übersetzen, und das machte er bei
allen Büchern[149]. Als sie aber vor Ptolemäus zusammenkamen und ihre Übersetzungen gegenseitig verglichen, wurde Gott verherrlicht, die Schriften aber als
wirklich göttlich erwiesen. Denn alle hatten dieselben Texte mit denselben Worten
und denselben Bedeutungen wiedergegeben ..., so daß auch die anwesenden
Heiden erkannten, daß die Bücher durch göttliche Inspiration (κατ' ἐπιπνοίαν τοῦ
θεοῦ = *per aspirationem Dei*) übersetzt worden waren[150]."

Im Gegensatz zum Aristeasbrief, Philo und Josephus schreibt Irenäus den
Anstoß zur Übersetzung dem Begründer der Dynastie Ptolemäus I Soter (†
282) zu, was historisch unzutreffend ist, aber damit zusammenhängen könnte,
daß der im Aristeasbrief eine entscheidende Rolle spielende Demetrius von
Phaleron Berater des ersten, und nicht des zweiten Ptolemäers gewesen war[151].
Durch die strikte Trennung der Übersetzer und ihre Übereinstimmung bei der
Verlesung, *die hier erstmals begegnet* und die dann in der Cohortatio ad Graecos und bei Epiphanius noch phantastisch ausgemalt wird, erscheint die schon
bei Philo vorhandene Inspiration der Übersetzer als eindeutig erwiesen. Die
völlige Einheitlichkeit der Übertragung kann nur auf Gottes Wunder beruhen,
und die bis auf jedes Wort und jede Wendung sich erstreckende Übereinstimmung macht das gesamte Werk sakrosankt und schließt jede Kritik an seinem
ursprünglichen – noch nicht von Abschreibern verdorbenen – Text aus. Die
LXX ist damit im Grunde dem hebräischen Original überlegen, denn sie enthält die göttlich legitimierte Auslegung von im Urtext dunklen Stellen, und
selbst da, wo der Text offensichtlich vom Urtext abweicht, ist dies – aus
welchen Gründen auch immer – gottgewollt. Die verfestigte Form der Übersetzungslegende seit Irenäus konnte den christlichen Auslegern scheinbar festen
Boden unter den Füßen geben. Die Übersetzung erstreckte sich auf alle echten
heiligen Schriften, wobei es Irenäus – vermutlich aus guten Gründen – unter-

---

[148] In seinem Zitat aus Irenäus hat Euseb h. e. 5,8,12 ποιήσαντος τοῦ θεοῦ ὅπερ ἠβούλετο
statt *facturos hoc quod ipse uoluisset*. Es handelt sich um eine bezeichnende, sekundäre
theologische Interpretation. Vielleicht liegt hier ein Einfluß von Clem Alex strom 1,149,2 vor:
θεοῦ γὰρ ἦν βούλημα.

[149] Auch hier hat Euseb (5,8,13) eine interpretierende Veränderung: Statt *iussit omnes
eandem interpretari Scripturam*, liest er ἐκέλευσε τοὺς πάντας τὴν αὐτὴν ἑρμηνείαν γράφειν:
Aus der Forderung nach derselben Übersetzungsgrundlage wird die nach einer gleichlautenden Übersetzung.

[150] Adv. haer 3,21,2 = Euseb h. e. 5,8,11–14.

[151] Zu Demetrius s. KP 1, 1468f.; P. M. Frazer, Ptolemaic Alexandria, Oxford 1972, III,
28f. Index s. v. Demetrius war nie Vorsteher der Bibliothek, er hat nur den 1. Ptolemäer bei
der Gründung beraten und wurde beim Herrschaftsantritt des 2. Ptolemäers verbannt. Bereits
der Aristeasbrief berichtet hier historische Ungereimtheiten, s. op. cit. I, 689f.

läßt, nähere Angaben über den Umfang dieser Schriften zu machen. Man darf hinzufügen, daß – ähnlich wie bei Justin – apokryphe Schriften in seinem Werk keine große Rolle spielen[152].

Zusätzlich verweist er noch auf ein zweites, älteres „Inspirationswunder":

„Und es ist in keiner Weise verwunderlich, daß Gott dies bewirkt hat. Hatte er doch auch, als in der Gefangenschaft des Volkes unter Nebukadnezar die Schriften verlorengingen und die Juden nach 70 Jahren in ihr Land zurückgekehrt waren, danach zur Zeit des persischen Königs Artaxerxes den Priester Esra ... inspiriert, daß er alle Worte der früheren Profeten niederschrieb und dem Volk das Gesetz wiederherstellte, das ihm durch Mose gegeben worden war[153]."

Irenäus beruft sich hier auf die jüdische Esralegende, wie sie in ähnlicher Form am Ende des 4. Esrabuches ihren Niederschlag gefunden hat: Danach hat Esra, nachdem das Gesetz verbrannt worden war[154], von Gott inspiriert 40 Tage lang fünf Schreibern diktiert. Von den so entstandenen 94 Büchern waren die 24 des jüdischen Kanons für die Öffentlichkeit bestimmt, 70 sollte er dagegen verbergen, „um sie den Weisen seines Volkes zu übergeben"[155]. Irenäus greift damit auf eine zu seiner Zeit unter Juden und Christen verbreitete Legende zurück. Das Inspirationswunder bei den Siebzig ist in der Heilsgeschichte gar nicht so einzigartig, unter Esra, dem letzten inspirierten Profeten und ersten Schriftgelehrten, hat sich noch ein größeres Wunder ereignet.

---

[152] Irenäus verwendet die Sapientia in einer verlorengegangenen Schrift (Euseb h. e. 5,26) und zitiert am Ende von adv haer 4,38,3 Sap 6,19 ohne Zitatanführung. Selbstverständlich anerkennt Irenäus die Zusätze zu Daniel, so Susanna adv haer. 4,26,3 vgl. 3,25,6; Bel 4,5,2. Sie sind Teil seines Danielbuches. Zweimal zitiert er das Baruchbuch (adv haer 5,35,1 = Bar 4,36–5,9; epideixis 97, SC 62,166f. = Bar 3,29–4,1) als Worte des Profeten Jeremia. In seinem Profetenkodex waren Jeremia und Baruch eine Einheit, vgl. Tert, Scorp 8,5. Die Zurückhaltung gegenüber apokryphen Texten mag u. a. damit zusammenhängen, daß die Häretiker exzessiv davon Gebrauch machten: adv haer 1,20,1.

[153] 3,21,2 = Euseb h. e. 5,8,15.

[154] 4. Esra 14,21 vgl. 4,23. Die Legende könnte auf Esra 7,14 gründen.

[155] 4. Esra 14,37–46. Üs. n. J. Schreiner, JSHRZ V, 4,404f. Irenäus muß 4. Esra nicht gekannt haben, möglicherweise bezieht er sich nur auf die mündliche Legende. Sie wird von Clemens Alex., strom 1,149,3, der hier von Irenäus direkt abhängig ist, übernommen. Vgl. ebenso Tert, de cultu fem 1,3,2; Ps-Tert, adv Marcionitas 280f. Auch Origenes kennt die Tradition von Esra als dem „Wiederhersteller der heiligen Schriften aus jüdischer Überlieferung": A. v. Harnack (Anm. 125), 11f, vgl. N. de Lange, Origen and the Jews, Cambridge 1976 (= rpt. 1978), 55. S. auch E. Schürer/G. Vermes/F. Millar/M. Goodman, The History of the Jewish People in the Age of Jesus Christ, Vol. 3,1, London 1986, 301; L. Ginzberg, Legends of the Jews, Philadelphia 1928 (1959), Vol. 6, 445f., Anm. 50. Es mag mit der Abwehr dieser Legende zusammenhängen, daß im Namen des Rav Ḥanan'el (um 260) gesagt wurde, „selbst wenn jemandem die Tora so geläufig ist wie Esra, darf er sie dennoch nicht auswendig vortragen, sondern (muß sie) vorlesen, wie es bei Baruch geschrieben steht ... (Jer 36,18)": yMeg 74d, 50f., Üs. n. F. G. Hüttenmeister, Üs. d. Talmud Yerushalmi II, 10, 1987, 138, vgl. Gen R 36,8 (343). Ausführlich zu dieser Legende s. J.-D. Kaestli, Le récit de IV Esdras 14 et sa valeur pour l'histoire du Canon de l'Ancien Testament, in: J.-D. Kaestli/O. Wermelinger (Anm. 5) 71–102, dort noch weitere spätere Vätertexte.

Gott selbst bewahrte so auf wunderbare Weise die Wahrheit jener profetischen Schriften, durch die er den christlichen Glauben „vorbereitete und im
voraus formte" *(praeparavit et praeformavit)*, und zwar in Ägypten, wohin
sich einstmals die Familie Jakobs und später das Jesuskind gerettet hatten.
Während bei Justin durch die Erwähnung des Königs Herodes die Nähe zum
Kommen Christi angezeigt wird, betont Irenäus die zeitliche Distanz. „Ptolemäus, unter dem diese Schriften übersetzt wurden", war viel älter als Augustus, in dessen 41. Jahr der Herr geboren wurde. Schon daran erweist sich die
Unverschämtheit derer, „die andere Übersetzungen machen wollen, wenn sie
von uns aus den Schriften selbst überführt und zum Glauben an die Ankunft
des Sohnes Gottes gedrängt werden". Der Glaube der Christen ist „nicht
erdichtet und allein wahr", weil er seinen „offenbaren Beweis aus jenen
Schriften hat, die auf jene Weise, wie wir oben erzählten, übersetzt wurden,
auch ist die Verkündigung der Kirche frei von Verfälschung" *(sine interpola-
tione)*. Die Apostel, die älter sind als jene neuen Übersetzer Theodotion und
Aquila, sie und ihre Nachfolger „verkündigten die Worte der Profeten, so wie
sie die Übersetzung der Ältesten enthält *(quemadmodum seniorum interpretatio continet)*"[156]. Es ist so derselbe Gottesgeist, der durch die Profeten von der
Ankunft des Herrn gesprochen hat, „der durch die Ältesten jedoch richtig
übersetzt hat, was richtig geweissagt worden war *(in senioribus autem interpre-
tatus est bene quae bene prophetata fuerant)*, und der durch die Apostel die
Erfüllung der Verheißungen verkündet hat". Erst nach dieser langen „hermeneutischen Vorbereitung" kann Irenäus sein eigentliches Ziel, die Geburt
Jesu aus der Jungfrau Maria, ansteuern, zuerst mit den neutestamentlichen
Zeugnissen, Mt 1,18, Lk 1,35 und dem Erfüllungszitat Mt 1,23 aus Jes 7,14,
worauf das ausführliche Zitat aus Jes 7,10−16 folgt. Nach einer Auslegung
dieses Textes, die durch Ps 131,11 und Lk 1,27 und 41f. ergänzt wird, wendet
er sich erneut gegen die, „die das, was bei Jesaja steht, verändern: ‚siehe eine
junge Frau *(adeluscentula)* wird empfangen', und die (das Kind) einen Sohn
Josefs sein lassen wollen: Sie haben (den Text) nicht verstanden, sonst hätten
sie nicht gewagt, ihn abzuändern[157]."

Im Gegensatz zu den immer neuen Annäherungsversuchen in Justins Dialog, der das heiße Thema von Jes 7,14 eher umkreist als wirklich anpackt und
der damit einem wirklichen Streitgespräch näherkommt, geht der „systematische" Bibeltheologe Irenäus zielstrebig vor und schafft mit dem Erweis der
Inspiration der Übersetzung der Siebzig die Grundlage, von der aus es nicht
mehr schwer ist, den Wahrheitsbeweis für die Jungfrauengeburt zu führen.
Daß es ohne diese – fragwürdige – Grundlage auf philologischer Basis zwar
mühsamer, aber nicht völlig hoffnungslos ist, die Übersetzung von ʿ*almah* in

---

[156] Adv haer 3,21,3.
[157] 3,21,5 vgl. 21,9: Die Lehre der *mali doctores*.

Jes 7,14 mit παρθένος zu rechtfertigen, zeigen die gelehrten Ausführungen des Hieronymus in seinem Jesajakommentar mit nicht wenigen lexikalischen Belegen[158].

Diese redlichen philologischen Bemühungen des Hieronymus blieben die Ausnahme. Irenäus hatte mit seiner eindrücklichen, von seinem Standpunkt aus verständlichen – und doch zugleich höchst fragwürdigen – Begründung der Inspiration der LXX eine – scheinbar – feste Grundlage gegeben.

4.4. Clemens und Tertullian

Seine Ausführungen zu der Übersetzung der Siebzig klang so überzeugend, daß Clemens Alexandrinus sie in etwas veränderter Form in seine Stromateis übernahm, obwohl er die Vita Mosis von Philo mehrfach zitiert und ihm auch Josephus und die übrige jüdisch-hellenistische Literatur nicht unbekannt waren[159].

Clemens stellt den Bericht nach chronologischen Erörterungen, an deren Ende Josephus erwähnt wird, vor seine Darstellung des Lebenswerkes Moses'[160]. Noch besser historisch gebildet als Irenäus läßt er offen, ob die Übersetzung vom 1. oder 2. Ptolemäer veranstaltet wurde. Wie schon Irenäus und viele altkirchliche Autoren späterer Zeit hebt er die geistgewirkte Übereinstimmung der separat durchgeführten Übersetzungen bei ihrem Vergleich in „Sinn und Wortlaut" hervor[161] und fügt hinzu, „denn Gottes Wille war auf das Gehör der Griechen bedacht". Die Übersetzung erscheint für ihn, den ersten wirklich gelehrten, d.h. umfassend belesenen christlichen Theologen der Alten Kirche und begeisterten Griechen, gleichsam als gottgewirkte „Weissagung in griechischer Sprache" (οἱονεὶ Ἑλληνικὴν προφητείαν). Der Hinweis auf die profe-

---

[158] Comm in Es, CCSL 73 I, 2 ed. M. Adriaen, 1963, 102–105. Vgl. H. Wildberger, Jesaja, Kapitel 1–12, BKAT X, 1, Neukirchen-Vluyn 1972, 289f.: „Was heißt עלמה? Die Übersetzung des Wortes mit παρθένος, welche der Deutung auf die *Jungfrauengeburt* zugrunde liegt, ist keineswegs zum vornherein unmöglich ... Nur in Prv 30,19 wird unter dem Begriff die verheiratete Frau wenigstens mitverstanden sein." Die Deutung „Jungfrau" ist lediglich preiszugeben, weil sie „nicht zwingend ist". S. dazu auch O. Betz, Was wissen wir von Jesus, Wuppertal/Zürich 1991, 128f. Zu Jes 7,14 bei den lateinischen (und griechischen) Vätern s. R. Gryson, Esaias VL 12,2 1987, 119f. Zur späteren Übersetzung παρθένος, s. H. Gese, Natus ex Virgine, in: Vom Sinai zum Zion, München 1974, 145: „Septuaginta konnte παρθένος archaisierend wie im frühen Griechisch als ‚junges Mädchen/junge Frau' verstehen", unter Verweis auf G. Delling, ThW 5,831 vgl. auch 131f. Sicher ist, daß die Übersetzung νεᾶνις bei Aq, Th, Symm einen bewußten Protest gegen die christliche Deutung von Jes 7,14 auf die Geburt des Gottessohnes darstellt, s.o. S. 52f.

[159] Den Aristeasbrief zitiert Clemens nicht, aber er wird ihn gekannt haben, auf die Vita Mosis nimmt er wohl gegen dreißigmal Bezug, Josephus nennt er strom 1,147,24.

[160] Strom 1,148f., zu Mose s. 180–182.

[161] 149,2 συνέπνευσαν αἱ πᾶσαι ἑρμηνεῖαι συναντιβληθεῖσαι καὶ τὰς διανοίας καὶ τὰς λέξεις.

tisch-inspirierte Erneuerung der Heiligen Schrift durch Esra schließt auch seinen Bericht ab.

Tertullian, der sowohl Justin wie Irenäus gelesen hatte, beruft sich als erster christlicher Schriftsteller auf den Aristeasbrief[162]. In seinem meisterhaft disponierten Apologeticum beginnt er in c. 17 mit der *„demonstratio religionis nostrae"* (16,14). „Bei dieser Darstellung geht . . ., mit innerer Notwendigkeit, ein Gedankengang aus dem anderen hervor. Nach dem Vorbild der Philosophie wird zuerst aus der Ordnung des Kosmos, dann aus der inneren Überzeugung der Menschen das Dasein Gottes erwiesen. Der Beweis wird durch Dokumente, nämlich durch die heiligen Schriften, gestützt. Deren Autorität muß gesichert werden, weshalb zuerst die Geschichte ihrer Übersetzung ins Griechische erzählt und dann ihre Glaubwürdigkeit in zweifacher Weise gesichert wird: Einmal durch den . . . Altersbeweis, zweitens durch die Ereignisse der Gegenwart, in denen sich Prophezeiungen der Bibel bewahrheiten[163]."

Der nüchterne, rational denkende afrikanische Jurist mit ausgesprochenem Sinn für Maß und Form hielt in seinem an Heiden gerichteten Werk das Zeugnis des „Griechen" Aristeas für überzeugender als die jüdisch-christliche Legende vom Übersetzungswunder. Darum treten bei ihm die griechischen Beteiligten stärker hervor und die Juden zurück. Zunächst preist er den König Philadelphos, *Ptolemaeorum eruditissimus . . . et omnis litteraturae sagacissimus*, der mit der Gründung seiner Bibliothek einen Peisistratos übertreffen wollte. Auf Anraten des Demetrios ließ er die Bücher der Juden kommen. Diese sandten ihm gleichzeitig 72 Übersetzer. Im Gegensatz zum Aristeasbrief spricht Tertullian hier freilich nicht vom jüdischen Gesetz, sondern daß zu den Juden schon „immer die Profeten gesprochen" hätten, da sie Gottes erwähltes Volk seien. Neben diese vorsichtige „interpretatio christiana" fügt er eine zweite, die in doppelter Weise interpretiert werden kann. Er nennt als Zeugen des Geschehens den Philosophen Menedemus von Eretreia. Dieser habe die 72 Übersetzer „als ein Verteidiger der Vorsehung wegen (ihrer) gemeinsamen Gesinnung bewundert" *(quos Menedemus quoque philosophus, providentiae vindex, de sententiae communione suspexit)*. Das bezieht sich im Aristeasbrief (bzw. bei Josephus) auf die Tischgespräche beim königlichen Bankett, wo der Philosoph der Antwort eines der Ältesten auf die Frage nach der Vorsehung Gottes zustimmt und ihre religiösen Ansichten lobt[164].

---

[162] Apol 18,5−9: *affirmavit haec vobis etiam Aristaeus . . .*

[163] Carl Becker, Tertullians Apologeticum, 1954, 244.

[164] Arist 199−201. „Der Älteste beschloß seine Antwort. Dir, O König, der du die richtigen Entschlüsse faßt, wird alles von Gott auf günstige Weise vollendet. Menedemos stimmt dem Lob des Königs auf diese Antwort zu: Gewiß, König! Denn da das All durch die Vorsehung regiert wird, und sie (die jüdischen Ältesten) mit Recht annehmen, daß der Mensch ein Geschöpf Gottes ist, folgt, daß alle Macht und Schönheit von Gott seinen Ausgang nimmt." Zu dem Philosophen Menedemos s. K. v. Fritz, PW 15,1, 1931, 788ff. Er starb nach 278 v. Chr. am Hofe des Antigonos Gonatas, des Gegners des 2. Ptolemäers.

Tertullian formuliert dieses Lob ihrer „gemeinsamen Gesinnung" so, daß man das *de sententiae communione suspexit* auch als Lobpreis der übereinstimmenden Übersetzung verstehen konnte[165]. Neben dem 2. Ptolemäer und Aristeas ist Menedemos so der dritte heidnische Zeuge für dieses Werk. Hinzu kommt die Überprüfungsmöglichkeit in der Gegenwart: „noch heute sind im Serapeum die Eibliotheken des Ptolemäers mit den hebräischen Schriften" vorhanden (wobei Tertullian die Übersetzung wohl miteinbezieht). Sie werden außerdem auch in den Synagogen verlesen. „Wer auf sie hört, wird Gott finden; wer sich darüberhinaus bemüht, ihn zu erkennen, wird gezwungen zu glauben.``

Es ist eigenartig, daß der lateinische Westen gegenüber der Übersetzungslegende großzügiger sein konnte als die griechischen Väter. Weil die Auseinandersetzung mit den Juden nicht so intensiv und bedrängend war, war man auf die Hilfskonstruktion göttlicher Inspiration der Übersetzer weniger angewiesen. Auf der anderen Seite erleichtert diese größere Freiheit die Festlegung der in kirchlichem Gebrauch stehenden Schriften des Alten Testaments, inklusive derer, die über den hebräischen Kanon hinausgingen, auf dem 3. Konzil von Karthago 397 n. Chr.[166].

Auch die *Esralegende*, die Irenäus und Clemens mit der wunderbaren Übersetzung verbinden, ist Tertullian bekannt, er erwähnt sie jedoch in anderem Zusammenhang, der sein noch recht offenes „Kanonsverständnis" zeigt. Die Diskussion geht um das *1. Henochbuch*, das er wie viele seiner Zeitgenossen zu den biblischen, inspirierten Schriften rechnet[167]. In apol 22,3 erwähnt er jene *litterae sanctae*, die vom Fall der Engel, der Entstehung der Dämonen und ihrer Bestrafung durch Gott berichten. Damit ist offenbar in erster Linie das Henochbuch gemeint[168]. In de idol 15,6 spricht er davon, daß der Heilige Geist

---

[165] S. dazu C. Becker (Hg.), Tertullian Apologeticum, Lateinisch und deutsch, München ²1961, 303. Der Autor muß den Aristeasbrief bzw. dessen Wiedergabe bei Josephus, Ant 12,11−118, genau gelesen haben, wenn er gerade diesen Philosophen, der im Werk nur einmal am Rande erwähnt wird, als Verteidiger der göttlichen Providentia (Arist. 201 πρόνοιᾳ ... τῶν ὅλων διοικουμένων; vgl. Jos Ant 12,101: προνοίᾳ διοικεῖσθαι πάντα) herausgriff. Zum Motiv der göttlichen Providenz bei der Übersetzung s. o. S. 43f. 72ff. Tertullian nennt Josephus apol 19,6: *Judaeus Josephus antiquitatum Judaicarum vernaculus vindex* s. dazu R. Heinze, Tertullianus Apologeticum, BVS GW 62,10, Leipzig 1910, 379, der vermutet, daß Tertullian Josephus gekannt hat, und H. Schreckenberg, Die Flavius-Josephus-Tradition in Antike und Mittelalter, ALGHJ 5 Leiden 1972, 71.

[166] S. dazu E. Preuschen, Analecta II. Teil: Zur Kanonsgeschichte, SQS 8,2, Tübingen ²1910, 72f., und J. D. Kaestli/O. Wermelinger (Anm. 5), 86−89.170−174 und Index s. v. 391. Zu den späteren lateinischen Zeugnissen von der Übersetzung s. P. Wendland (Anm. 47), 160ff.

[167] S. dazu J. H. Waszink/J. C. M. van Winden, Tertullianus. De Idololatria. Critical Text, Translation and Commentary, VigChr Suppl. 1, 1987, 113f. und J. T. Milik, The Books of Enoch. Aramaic Fragments of Qumran Cave 4, Oxford 1976, 78−80.

[168] Vgl. 1. Henoch 6−20. Zur Bestrafung der Engel vgl. auch de cultu fem. 2,10,3 mit 1. Hen 7,1f. und de idol 9,1f. mit 1. Hen 6,1ff. Zu Justin o. S. 49 Anm. 38.

durch den „ältesten Profeten Henoch", den durch die Dämonen vermittelten
griechisch-römischen Türkult vorausgesehen habe[169]. Allgemeiner sagt er dasselbe in de idol 4,2[170]. In de cultu feminarum 1,3 verteidigt er das Werk gegen
christliche Zeitgenossen, die es ablehnen, „weil es nicht in den jüdischen
Toraschrein aufgenommen wurde"[171]. Hinzu kommt das historische Argument, daß dieses Werk die Sintflut nicht überlebt haben könne. Dem tritt
Tertullian mit dem Hinweis entgegen, daß Noah, der Urenkel des Profeten, die
Henochweissagung entweder durch mündliche Familienüberlieferung *(dome-
stica et hereditaria traditione)* über den Sohn Henochs, Methusalem, erhalten
haben könne, auch hätte er die Schrift Henochs, „wenn sie durch die Gewalt
der Sintflut zerstört worden wäre, wiederherstellen können, wie nach der
Zerstörung Jerusalems durch die Babylonier alle Werke des jüdischen Schrift-
tums durch *Esra* bekanntlich wiederhergestellt wurden"[172]. Tertullian hätte so
bei seiner Erzählung von den 72 Übersetzern das Inspirationswunder durchaus
vertreten können. Daß er es im Apologeticum nicht tat, sondern bestenfalls nur
andeutete, hängt vielleicht doch nur mit seiner Rücksicht auf die gebildeten
heidnischen Leser zusammen. Offenbar erschien ihnen gegenüber der „heidnische" und „objektive" Bericht des Aristeasbriefes mit drei nichtchristlichen
„Zeugen" wirkungsvoller zu sein als eine jüdisch-christliche Wunderlegende.

Schließlich spricht für diese Schrift ihr christologisches Zeugnis. „Henoch
hat (darin) auch vom Herrn gesprochen", d. h. auch für sie gilt das Wort 2. Tim
3,16. Dies könnte ein Hinweis dafür sein, daß die Fassung des Henochbuches,
die Tertullian vorlag, die Bilderreden enthielt[173]. Umgekehrt hatten nach ihm
die Juden eben damit einen Grund, sie zu verwerfen, „wie bei fast allem
übrigen, was von Christus handelt". Der letzte Grund ist schließlich das Zeugnis des Apostels Judas für die Schrift Henochs (Jud 14f.). Man wird kaum
daran zweifeln dürfen, daß Tertullian auch das Henochbuch zu den von den 72
übersetzten Schriften gerechnet und für „kanonisch" gehalten hat. Daß dasselbe
be trotz seiner verbreiteten Beliebtheit in kirchlichen Kreisen noch während
des 3. Jh.s dann in den kirchlichen Entscheidungen des 4. Jh.s verworfen wurde, hängt mit seiner Wertschätzung bei Häretikern wie den Manichäern und
Priscillian und seinen Anhängern zusammen, aber auch mit dem „Druck" des

---

[169] *Haec igitur ab initio praevidens spiritus sanctus etiam ostia in superstitionem ventura
pracecinit per antiquissimum propheten Enoch.* S. dazu 1. Hen 19 u. o. S. 44, Anm. 21 zu Mose
als erstem Profeten bei Justin.

[170] *Antecesserat Enoch praedicens omnia elementa, omnem mundi censum ... in idolatrian
versuros daemonas ..., ut pro deo adversus deum consecrarentur.*

[171] 1,3,1: *Scio scripturam Enoch ... non recipi a quibusdam, quia nec in armarium Iudai-
cum admittitur.* Zum Bücherschrank der christlichen und jüdischen Gemeindebibliotheken s.
M. Hengel, Die Evangelienüberschriften, SAH.PH 1984, 37 ff.

[172] 1,3,2: *Omne instrumentum Iudaicae litteraturae per Esdram constat restauratum.* S. dazu
o. S. 77, Anm. 155.

[173] De cultu fem 1,3,3: *Sed cum Enoch eadem scriptura etiam de domino praedicarit.*

jüdischen Kanons; einen älteren Schriftprofeten als Mose konnte man sich dann doch nicht leisten[174].

5. Fazit

Die christianisierte Legende von der Übersetzung der „Siebzig", die uns in einer noch wenig entwickelten Form, aber schon als wichtiges Argumentationsmittel erstmals bei Justin begegnet und die sich dann bei Irenäus, der Cohortatio ad Graecos und bei Clemens Alexandrinus in ihrer voll entwickelten Form zeigt, bildete gewissermaßen einen *hermeneutischen Prolog* für die christliche Verwendung des griechischen Alten Testaments. Damit war es möglich, die gängige Vorstellung von der profetischen Inspiration der heiligen Schrift auch auf ihre griechische Übersetzung zu übertragen und dieser gleiche, ja u. U. höhere Dignität zu verleihen als dem hebräischen Original. Die inspirierten Übersetzer und die geisterfüllten Apostel, die die LXX verwendet hatten, bestätigten sich gegenseitig. Zugleich bildeten sie die Grundlage für den Vorwurf der Schriftverfälschung gegenüber den jüdischen Gesprächspartnern. Historisch war dieser Gewaltakt verständlich, ja in gewisser Weise notwendig, denn die Alternative wäre, da die Rückkehr zum hebräischen Urtext (zumindest zunächst) unmöglich war, – wie bei Marcion und manchen Gnostikern – die völlige Verwerfung der alttestamentlichen Schriften gewesen. Für die Entdeckung der Hebraitas waren die Voraussetzungen noch nicht gegeben. Dennoch blieb die Unsicherheit über die richtige Textform und den wahren Umfang des „Kanons" der heiligen Schriften bestehen. Die theologisch-philologische Leistung eines Origenes und Hieronymus – entgegen einem verbreiteten kirchlichen Unverständnis, ja direkter Ablehnung – kann auf diesem Hintergrund als gar nicht groß genug eingeschätzt werden.

Daß die für die Christen so bedeutsame und zugleich gefährliche Legende wirklich so etwas wie einen – gewiß fragwürdigen – „hermeneutischen Prolog" für die alttestamentlichen „profetischen" Schriften darstellte, zeigt sich in ihrer erstaunlichen Wirkungsgeschichte bis zum Aufkommen der historisch-kritischen Methode im 17. Jh. und gleichzeitig auch an der einfachen Tatsache, daß praktisch alle der über 20 Handschriften des Aristeasbriefes eine Catene zum Octoteuch (Genesis – Ruth) einleiten[175].

Dieser älteste Bericht, den ein unbekannter hellenistischer Jude einen griechischen Sympathisanten schreiben ließ und den die christlichen Väter dann

---

[174] Zur Bezeugung des Henochbuches in der Alten Kirche s. R. H. Charles, The Book of Enoch, Oxford 1912, LXXXI–XCV und E. Schürer etc. (Anm. 143), III, 1,351 ff. vgl. schon Barn 4,3; 16,2; Iren., adv. haer. 4,16,2. Häufig wird darauf Bezug genommen, ohne es zu nennen. Zu Priscillian s. CSEL 18, 1889 ed. G. Schepps, p. 176 Index s. v. Enoc.

[175] P. Wendland (Anm. 47), VII f.; A. Pelletier (Anm. 4), 9 f.

noch absicherten und überboten, bildete für die Alte Kirche den objektiven Beweis dafür, daß die Übersetzung in die neue Weltsprache gottgewollt und von Anfang an allgemein anerkannt war und daß die Christen mit dem Werk der Siebzig die vom Geist Gottes inspirierten Weissagungen des Alten Bundes besaßen, die sich für sie in Jesus Christus erfüllt hatten.

Nachtrag

Eine ausführlichere Behandlung des LXX-Problems einschließlich des Kanons und der gegenüber der hebräischen Bibel zusätzlichen Schriften erschien von mir (unter Mitarbeit von Dr. Roland Deines) mit dem Titel: Die Septuaginta als ‚christliche Schriftensammlung‘, ihre Vorgeschichte und das Problem ihres Kanons, in: Die Septuaginta zwischen Judentum und Christentum, hg. von M. Hengel/A. M. Schwemer, WUNT 72, 1994, 182–284.

S. [41], Anm. 7:
Die Dissertation von G. Veltri erschien in etwas verkürzter Form unter dem Titel: Eine Tora für König Talmai, TSAJ 41, 1994.; s. auch op.cit. 362 f verschiedene Aufsätze von ihm zur LXX und dem Übersetzungsproblem.

S. [43], Anm. 19:
Die ursprüngliche Bezeichnung der alttestamentlichen Lesungen in der Kirche der byzantinischen Zeit war ἡ προφητεία. G. Zuntz, das byzantinische Septuaginta-Lektionar, CM 17, 1956, 183–198, s. auch G. W. H. Lampe, A Patristic Greek Lexicon, 1961, 1193 s.v. III A–D.

S. [65], Anm. 101:
Zur Auseinandersetzung zwischen Judentum und Christentum und zu den christlichen Vorwürfen gegen die Juden s. Judith M. Lieu, Image and Reality. The Jews in the World of the Christians in the Second Century, Edinburgh 1996; zu Justins Dialogus cum Tryphone, S. 103–153 und zum Judenbild 177 ff. S. auch J. D. G. Dunn, Two Covenants or One? The Interdependence of Jewish and Christian Identity, in: Geschichte – Tradition – Reflexion, Festschrift für Martin Hengel zum 70. Geburtstag, hg. v. H. Cancik/H. Lichtenberger/P. Schäfer, Bd. III, Frühes Christentum, Tübingen 1996, 97–122 (99 f); O. Skarsaune, Judaism and Hellenism in Justin Martyr. Elucidated from His Portrait of Socrates, op. cit. 585–611.

9. Zum „Probatischen Becken"
und zu „Betesda mit den fünf Stoën"

Max Küchler

Wer Joh 5,2 liest und wie Martin Hengel überzeugt ist, dass die präzisen Angaben dieses Verses nicht nur allegorisch, sondern auch topographisch wertvoll sind, geht, wenn er wie der Autor dieses Kurzbeitrags veranlagt ist, mit den Worten im Kopf auf die Suche nach den entsprechenden Steinen. Nach vielen Besuchen, Diskussionen mit den weissen Vätern sowohl von Sankt Anna wie von Sankt Stephanus, Einsicht in die mehrfach bearbeiteten Ausgrabungspläne und der Lektüre der antiken und modernen Literatur bin ich zu einer Gesamtsicht gelangt, die in einigen Punkten von den Ausführungen M. Hengels abweicht. Im Sinn eines wissenschaftlichen Dialoges hat mich M. Hengel gebeten, in einigen Punkten meine Position darzulegen und mit Plänen aus dem (im Jahre 2000 erscheinenden) Jerusalemband von Orte und Landschaften der Bibel (= OLB IV) zu illustrieren.

1. Die *Trennung von Schafteich und Betesda* in zwei örtlich getrennte, aber nahe beieinander liegende Gegebenheiten, nämlich eine Teichanlage und einen Gebäudekomplex mit „fünf Stoën", scheint mir vom schwierigen Text Joh 5,2, von der Erzähldramatik von Joh 5,2–9 und von der komplexen *identifizierenden* christlichen Rezeptiongeschichte, aber auch von den archäologischen Gegebenheiten her weiterhin die plausibelste Erklärung sowohl für den Text wie für die Steine (dargelegt in: NTOA 27, 1994, 127–154). Ich lese Joh 5,2 wie folgt: *Nun ist in/bei Jerusalem, beim probatischen Teich* (Dat.), *das einen hebräischen Zunamen tragende Betesda mit fünf Stoën.*

2. Das völlige *archäologische Fehlen von fünf Stoën um die beiden Becken* ist m. E. auch nicht durch noch so grosse Planierungsarbeiten des Titus zu erklären. Niemand räumt unter Beschuss eine grossartige Therme so radikal ab, dass davon aber *nicht eine* Säulenstellung übrigbleibt, und transportiert das Material 250 m weit, um einen Burggraben (bei der Antonia) aufzufüllen, und dann (eventuell) anderes Material zur Planierungs der riesigen Teiche herbeizuschleppen. Deshalb können die fünf um die beiden Becken gelegten Säulenhallen, auch wenn schon Kyrill von Jerusalem dies so rekonstruiert, nicht existiert haben. Die fünf Stoën sind am besten als eine mit etwas Zahlenallegorie

versehene Aussage über die Hallen und Gewölbe der Betesda-Anlage *östlich* der beiden Teiche zu verstehen. – Es ist allerdings bei all dem stets zu bedenken, dass der Bereich bei weitem nicht ganz ausgegraben ist und dass es – jammerschade für eine so wichtige jüdisch-römisch-christliche „heilige Stätte"! – keinen verlässlichen technischen Ausgrabungsbericht gibt.

3. Im Betesda-Eintrag von OLB IV wird auch die *Kupferrolle* nicht mehr für eine Bezeugung des Namens *bet-'eschdatajin*, „Bereich des (doppelten) Herausströmens" (3Q15, xi,12) benutzt, weil die neue Analyse durch Noël Lacoudre (Electricité de France – Valectra) und die erneute Untersuchung von Emile Puech mit Einwilligung von Tadeusz Milik zur „sicheren Lesung" *bet ha-'aschuchin*, „Bereich der (beiden) Becken" geführt hat (RQ 18, 1997, 179; die technische Dokumentation erscheint in NTOA.SA 1/II, 2000). Damit sind die beiden Becken des Schafteiches bezeichnet, und gerade *nicht* Betesda im hier verstandenen Sinn. Deshalb ist es richtig, dass die Stoën in der Kupferrolle fehlen.

4. Ich schlage folgende Rekonstruktion der Geschichte der beiden Wasseranlagen, d. h. des westlichen, doppelten Wasserspeichers mit Namen προβατικὴ κολυμβήθρα und der östlichen Badeanlage mit Namen „Betesda" vor:

Der israelitische Speichersee (Abb. 1, I)

Die archäologische Untersuchung des nördlichen Beckens hat nach Jourdain-Marie Rousée und Marie-Joseph Pierre gezeigt, dass „keines der Bauelemente einer Datierung des Dammes, des Beckens und des Kanals in die judäische Königszeit im Wege steht: Die Art der Steinlagen hat Parallelen in jener Zeit, das Aushauen von Kanälen aus dem Felsen ist schon an verschiedenen, sogar älteren Arbeiten verwirklicht, die Herstellung eines wasserdichten Putzes geht in die frühe Bronzezeit zurück und die Deckplatten des Kanals gehören dem Typ dieser Zeit zu" (POC 31, 1981, 3; übers. M. K.). Als dem besten Kenner dieser Stätte folge ich J.-M. Rousée hier mit dieser Datierung, obwohl er keine eigentliche archäologische Dokumentation dazu vorgelegt hat und im Chaos des Museums der Weissen Väter nicht klar zu kommen ist.

In vorexilischer Zeit wurde demnach eine natürliche, ca. 4,5 m hohe Felsstufe zum Fundament eines das ganze Tal sperrenden, ca. 40 m langen Dammes behauen (Abb. 1,1) und mit 20 Steinlagen à 50 cm zu einer sich gegen oben verjüngenden Sperre aufgemauert. Die Dimensionen des Speichersees lassen sich nicht genau ermitteln, weil nur die südöstliche Ecke wirklich aufgewiesen ist (trotz gegenteiliger Angaben in der Literatur) und der Verlauf des Talgrundes nicht sicher bestimmt werden kann. Ein wie üblich rechteckiges Becken ist hier weder erwiesen noch zu erwarten. In der Mitte des Dammes war ein vertikaler Schacht angebracht, über welchen man den Abfluss des Wassers

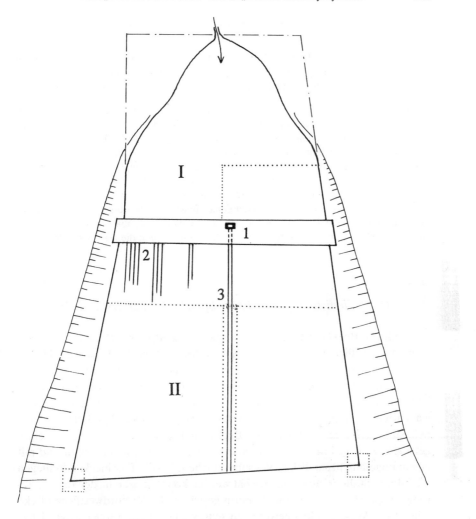

Abb. 1:   Die israelitischen und hellenistisch-frühjüdischen Wasserspeicher
(= „der Schafteich")

I = israelit. Speichersee *(berechah)*; II = hellen.-frühjüd. Speicherbecken *('aschjach)*; 1 =
Damm mit Regulierschacht ; 2 = Klärbecken; 3 = Kanal (offen/bedeckt). – Innerhalb der
Punktelinien = archäol. erforschte Bereiche.

anhand von Durchlässen an der Nordseite (alle 2 m) regeln konnte. Auf dem Grund des vertikalen Schachtes führte ein 2 m hoher, horizontaler Schacht das Wasser auf die Süd-Seite des Dammes, wo es sich in einen unbedeckten Kanal (3) ergoss. Diese ca. 1 m tiefe Wasserleitung, die gerade nach Süden führt, ist fast 50 m lang archäologisch gesichert.

Sucht man in der Geschichte Israels nach Hinweisen zu einem Wasserspeicher oberhalb der Stadt, so bietet sich das im AT bei zwei ganz ähnlichen Szenen erwähnte „obere Becken" *(bᵉrechah ha-ʿelionah)* an: In Jes 7,3 wird Jesaja von JHWH aufgefordert „(aus der Stadt) hinauszugehen zum Ende des Kanals *(taʿalah)* des oberen Beckens bei der aufgeschütteten Strasse *(mesillah)* des ‚Walkergebiets' *(sedeh kobes)*" und dort dem König Ahaz (reg. 736–721 v. Chr.) entgegenzutreten (zu dieser Zeit war der Hiskija-Tunnel noch nicht gebaut). In 36,2 wird parallel zu 2Kön 18,17 erzählt, dass sich der Feldherr Sanheribs um 700 v. Chr. an der genau gleichen Stelle aufgestellt habe und auf judäisch, also für alle Jerusalemer auf der Stadtmauer verstehbar, den König Hiskija (reg. 721–693 v. Chr.) zur Aufgabe des Widerstandes gegen die assyrische Herrschaft aufgefordert habe.

Das hellenistisch-frühjüdische Speicherbecken (Abb. 1, II)

Das südliche Becken wurde zu einem späteren Zeitpunkt erbaut und zwar als eine vom nördlichen Becken unabhängige Installation. Dies zeigt die Umgestaltung des Regulierschachtes und des Kanals. Der Grund des Schachtes wurde um 2 m vertieft, während gleichzeitig über dem nun mit Steinplatten bedeckten Kanal (3) des israelitischen Teichs etwa 2 m Schutt aufgetragen und wasserdicht verputzt wurde. So floss das Wasser des nördlichen Beckens *unter* dem südlichen Becken durch. Das Becken selbst ist zum Teil aus dem Felsen gehauen, zum Teil mit ca. 50 cm hohen, guten Steinlagen aufgebaut und mit einem ungefähr 10 cm dicken Verputz versehen. Da die Bassinecken freiliegen oder durch Stollengrabungen erreicht werden konnten, ist eine der Talerweiterung entsprechende trapezoidale Form gesichert. In der nordwestlichen Ecke scheint der Wasserzufluss gewesen zu sein, weil dort ein treppenartiges Klärbecken (2) die andrängenden Wassermassen auffing. Der Ausfluss, der bis jetzt nicht festgestellt werden konnte, ging sicher auch Richtung Tempel. Was in frühjüdischer Zeit „Schafteich" genannt wurde, war somit eine durch den Damm getrennte Doppelanlage von Speichersee und – becken, deren Wasser unabhängig voneinander dem Tempel zugeleitet werden konnten.

Sucht man für das südliche Becken, das mit feinerem Mauerwerk als die Damm-Mauer gebaut ist, nach einem historischen Ansatzpunkt, ist man auf die Zeit des Hohepriesters Simon II. (um 200 v. Chr.) verwiesen, zu dessen Lebenszeit „ein Wasserbecken *(miqweh)*, ein künstliches Bassin *('aschjach)*, wie das Meer in seiner Fülle ausgehauen wurde" (hebr Sir 50,3). Der seltene Ausdruck *'schjch (= griech. λάκκος)*, den auch die Kupferrolle 3Q 15 hier gebraucht, bezeichnet „grosse rechteckige Becken, die aus behauenen Steinen gebaut und manchmal bedeckt sind" (DJD III 244; Milik), was zum südlichen Becken passt (im Unterschied zur nördlichen *berechah*).

Die hellenistisch-frühjüdische Badeanlage „Betesda" (Abb. 2)

Zur gleichen Zeit sind direkt östlich des Doppelspeichers die ersten Badeanlagen entstanden, die durch Keramik und Münzen (beides leider nicht publiziert) von der Mitte des 2. Jh.v. Chr. bis 68 n. Chr. gesichert sind: Kleine verputzte Grotten ($G^{1-3.5-6}$) mit Treppen und Wasserbecken, eine weitere Grotte (G^4) ohne Becken mit einen roten Farbanstrich und eine grosse Höhle als Zisterne (Z^1). Die stets vom Eingang aus unsichtbaren, also den Blicken entzogenen Becken und die Bemalung in G^4 schliessen einen „industriellen" Gebrauch (wie Walken, Färben) aus. Das Wasser musste aus der Zisterne Z^1 oder aus den westlichen Speicherbecken herbeigetragen werden, da es keine Wasserleitung zwischen den Speicherbecken und diesen Grottenbädern gibt. Es handelt sich hier um Wasserinstallationen, die zum Eintauchen eines Körperteils, zu partiellen Waschungen oder Besprengungen gedient haben. Ein religiöser Charakter dieser Bäder ist für diese Zeit archäologisch nicht belegt und den Erfordernissen von Miqwaot entsprechen diese Anlagen nicht. Dass sich aber bei dieser Fülle wohltuender Wasseranlagen (Speichersee, Speicherbecken, Kanäle, Zisternen, Grottenbäder) legendarische Traditionen von wunderbaren Heilungen gebildet haben, belegt später die Wundergeschichte Joh 5,2−9 von einem die Wasser der Speicherbecken in Bewegung bringenden Gottesboten.

Ich neige dazu, das Aufwallen des Wassers mit der Regulierung des Wasserabflusses im Innern des Dammes in Verbindung zu bringen, und schliesse eine liturgische Inszenierung (in der Art des christlichen „Osterfeuers") durch die Verwalter der Wasseranlagen nicht aus.

Die spätrömischen Heilbäder des Serapis-Asklepios (Abb. 3)

Die Keramik- und Münzfunde dokumentieren deutlich einen völligen Abbruch der Benutzung der östlichen Badeanlagen nach der ersten Zerstörung Jerusalems. Erst wieder „in der Zeit von Aelia Capitolina (3.−4. Jh. [sic] n. Chr.) hat man auf den Ruinen der vorausgehenden Anlage eine Gruppe von Gebäuden errichtet, die gepflegter waren als die [hellen.-röm.] Vorgängerbauten. Die Fundamente gehen manchmal tief in die aufgegebenen Grotten [Abb. 2, $G^{1-3.5-6}$] hinab, manchmal schloss aber auch nur eine Einebnung das vorausgehende Niveau ab, wodurch ohne jeden Irrtum zwei Wohnschichten (*vor* der byz. Basilika) unterschieden werden können. Auch dieses Mal kennen wir nur einen Teil der Bauten, die ja von den Byzantinern beim Bau ihrer Kirche

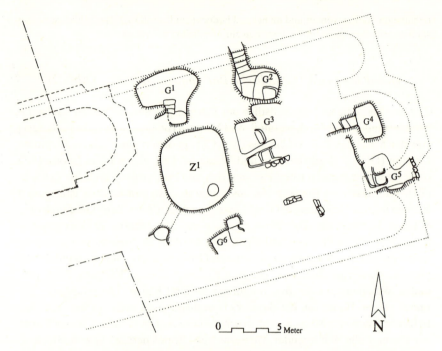

Abb. 2:   Hellenistisch-frühjüdische Grottenbäder (= „Betesda")

Z^1 = grosse Zisterne; $G^{1-3.5-6}$ = Grotten mit Becken; G^4 = bemalte Grotte. – *Zur Orientierung beigefügt:* gestrichpunktet = israelit. und hellen.-frühjüd. Wasserspeicher; gepunktet = byz. Basilika; gestrichelt = „Moustier" der Kreuzfahrer.

Quelle: Duprez, Jésus, Pl. II

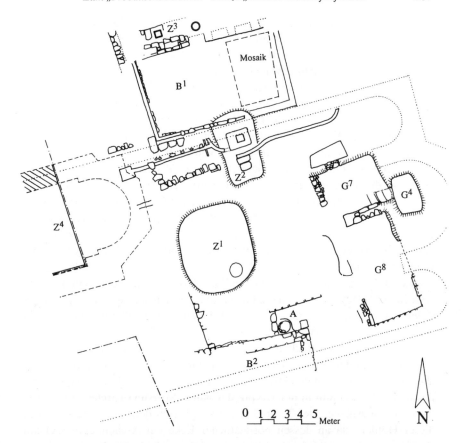

Abb. 3: Spätrömische Badeanlage (= Serapis/Asklepios-Heiligtum)

Z^{1-4} = Zisternen; Z^4 = gewölbte Zisterne im israelit. Wasserspeicher; $G^{7.8}$ = unterirdische Räume; B^1 = oberirdische Gebäude mit Mosaikraum; B^2 = grosses Gebäude (Tempel?) mit A = Aschendepot. – *Zur Orientierung beigefügt:* gestrichpunktet = israelit. und hellen.-frühjüd. Wasserspeicher; gepunktet = byz. Basilika; gestrichelt = „Moustier" der Kreuzfahrer.

Quelle: Duprez, Jésus, Pl. III

entfernt wurden. Die Architektur ist weiter entwickelt, die Steinbearbeitung ist genauer. Auf den Mauern, die im Innern mit einem weissen Verputz versehen waren, hat man Spuren von vielen, sehr beschädigten Malereien gefunden. Bewahrt worden sind sehr schöne Mosaiken. Im Norden, ist ein geschlossener Raum mit einem Mosaik mit Kreuzen [Abb. 3, B[1]] belegt. Dieses Mosaik haben die Ausgräber zuerst in die Zeit der christl. Kirche datiert, doch ist es ohne jeden Zweifel heidnisch. Die Kreuze sind rein ornamental und haben keinen religiösen Wert. Zudem wurde dieses Mosaik beschädigt und durch ein anderes zugedeckt, als die Kirche gebaut wurde. In diese Zeit muss man auch ein ganzes Netz von Kanälen im Bereich der alten Zisterne [Z[1]] datieren, deren Wölbung durch Steinbögen (mit noch sichtbaren Ansätzen) ersetzt wurde. Diese waren mit Steinplatten bedeckt wie in vielen Gebäuden Palästinas dieser Zeit" (POC 31, 1981, 5; Rousée/Pierre; Übers. und [...]-Erg. M. K.). Weitere Zisternen (Z^{2-3}), unterirdische Räume ($G^{7.8}$) und ein weiteres grösseres Gebäude (B^2) weisen auf eine komplexe ober- und unterirdische Anlage mit Badebetrieb hin.

Dass diese (zweite) Anlage ein *heiliger* Ort war, an dem man Heilung erhoffte und erfuhr, beweisen die im Schutt gefundenen Fragmente von Votivstelen und ex voto's, die hier nicht beschrieben werden können. Dazu passen die archäologischen Sachverhalte: Die aus dem Felsen gehauenen grossen Räume $G^{7.8}$ mit ihren Becken lassen sich gut mit den Ablutions- und Inkubationsräumen in den grossen Heilorten Epidaurus, Kos und Pergamon vergleichen. Der Raum B[1] mit den Mosaiken könnte eine obere Galerie gewesen sein. Auch ein Mosaikraum in der Krypta der nahen St. Anna-Kirche passt gut in diese grosse Anlage. Der Tempel selbst stand nach den Ausgräbern südlich dieser Höhlen, da an dessen nordöstlicher Ecke ein Aschendepot (A) mit Resten von Schweinekiefern auf Opfer für chthonische Gottheiten hinweist.

Sowohl Serapis- wie Asklepioskulte sind für den syrisch-phönizischen Raum der spätrömischen Zeit durch Monumente, Inschriften und Darstellungen vielfach bezeugt (vgl. Duprez, Jésus 57–94; EPRO 25.32.36, 1972f). In Jerusalem hatte die III. Cyrenäische Legion dem Zeus Sarapis einen Altar, Denkstein oder ein Heiligtum errichtet, wie eine ans Zionstor verschleppte Inschrift aus der Zeit Trajans (116 n. Chr.) bezeugt (Thomsen, Inschriften, Nr. 1). Stammt diese Inschrift vielleicht aus Betesda? Auf zahlreichen Jerusalem-Münzen der Kaiserzeit ist zudem der zeusähnliche Serapis mit dem Modius auf dem Kopf abgebildet. Bedenkt man, dass Jerusalem während zwei Jh. eine römische Stadt war, ist ein solches Heiligtum religionsgeschichtlich eigentlich selbstverständlich.

Byzantiner und Kreuzfahrer

Über diese antiken Anlagen legte sich das byzantinische Heiligtum, die Basilika zu Ehren des Gelähmten oder der heiligen Maria, wobei das östliche Betesda/Serapis-Heiligtum zugeschüttet wurde. Der Verlust des ursprünglichen Ortes Betesda von Joh 5,2 wegen der ersten christlichen Kirche löste dann den Prozess der Identifizierung von Betseda mit den „Zwillingsteichen" aus, die noch lange als solche erkennbar blieben.

Diese byzantinische Basilika ist archäologisch klar erwiesen: Die Christen haben alle römischen Vorgängerbauten eingeebnet und über einem Teil des Mitteldamms und den östlichen „heidnischen" Badeanlagen eine ca. 18 x 45 m grosse Basilika errichtet. Dazu haben sie den Mitteldamm auf beiden Seiten erweitert: Auf der nördlichen Seite benutzten sie schon bestehende Zisternenmauern aus römischer Zeit, die zu einer Krypta mit fünf (!) Bögen umgestaltet wurde, zu denen man im Gedenken an die fünf Stoën hinunterstieg. Auf der südlichen Seite wurden ca. 14 m hohe Stützpfeiler ins Bassin eingelassen. So ergab sich über den Becken eine genügend breite Plattform für die drei Schiffe der Kirche. Für den östlichen Teil der Kirche wurden die Fundamentmauern weit in die alten Grotten, Bäder und Zisternen hineingetrieben. Drei Apsiden bildeten den Ostabschluss des Baus. Im Norden, an der Stelle des alten Mosaikraumes wurde ein Martyrium mit einem neuen einfachen floralen Mosaik (ohne Kreuze) angelegt.

Die byzantinische Kirche zerfiel in persischer und früharabischer Zeit. Die Kreuzfahrer haben aber die Traditionen noch angetroffen, ein „Moustier" über der byzantinischen Ruine und dann weiter südlich, über einer weiteren Gruppe von z. T. ausgeschmückten Gotten aus römischer Zeit, die wunderschöne Sankt Anna Kirche errichtet, die bis heute steht. Abb. 4 zeigt den Gesamtbefund im Überblick, wie er heute bei einem Besuch angetroffen werden kann und wie er in OLB IV mit den Stationen I–XI im Detail beschrieben ist.

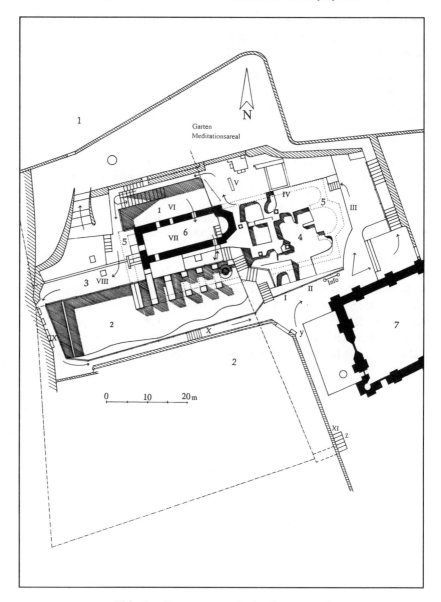

Abb. 4:   Das gesamte Ausgrabungsareal

1 u. 2 (gestrichpunktet) = israelit. und hellen.-frühjüd. Wasserspeicher; 3 = Mitteldamm; 4 =
unterirdischer Teil der Badeanlagen aus hellen.-frühjüd. und spätröm. Zeit; 5 (gepunktet) =
byz. „Kirche des Schafteichs" oder „der heiligen Maria"; 6 (schwarz) = „Le Moustier" der
Kreuzfahrer (über der spätröm. Zisterne); 7 (schwarz) = St. Anna-Kirche der Kreuzfahrer. –
I−XI = Stationen der Besichtigung in OLB IV.

Quelle: Prospekt der Weissen Väter von St. Anna

Schriftenverzeichnis Martin Hengel 1996–1998

bearbeitet von
Jörg Frey

Die vorliegende Liste führt das ,Schriftenverzeichnis Martin Hengel 1959–1995' aus dem 3. Band der Festschrift für Martin Hengel zum 70. Geburtstag für die Jahre 1996–1998 weiter[1]. Vorangestellt sind Addenda aus den Jahren bis 1995. Bücher und selbständige Schriften sind durch ein nachgestelltes (S) gekennzeichnet. Im Petitdruck beigefügt sind Hinweise zu Übersetzungen, Wiederabdrucken und Überarbeitungen.

1. Addenda zum Schriftenverzeichnis 1959–1995

246a L'„ellenizzazione" della Giudea nel I secolo d. C., Studi biblici 104, Brescia (Paideia Editrice) 1993, 155 S. (S)

Italienische Übersetzung von G. Firpo von ,The Hellenization of Judaea in the First Century after Christ' (Nr. 206).

251a The Scriptures and their Interpretation in Second Temple Judaism, in: D. R. G. Beattie/M. McNamara (eds.), The Aramaic Bible. Targums in their Historical Context, JSOT.S 166, Sheffield (JSOT Press) 1994, 158–175.

Englische Kurzfassung des Aufsatzes „Schriftauslegung" und „Schriftwerdung" in der Zeit des Zweiten Tempels (s. Nr. 251 und 303).

265a Jesus, the Messiah of Israel. The Debate about the „Messianic Mission" of Jesus, in: W. R. Farmer (ed.), Crisis in Christology: Essays in Quest of Resolution, Livonia, Michigan 1995, 217–240.

Ergänzte englische Übersetzung der Kurzfassung des Manuskripts „Jesus, der Messias Israels", übersetzt von Paul A. Cathey. S. die deutsche Fassung Nr. 234 und die ausführliche englische Fassung Nr. 265.

---

[1] Schriftenverzeichnis Martin Hengel 1959–1995, bearbeitet von Jörg Frey, in: Geschichte – Tradition – Reflexion. Festschrift für Martin Hengel zum 70. Geburtstag, hrsg. v. H. Cancik, H. Lichtenberger u. P. Schäfer, Tübingen 1996: Bd. 3. Frühes Christentum, hrsg. v. H. Lichtenberger, S. 695–722.

2. Veröffentlichungen der Jahre 1996–1998

1996

268   Ein protestantischer Rebell. Ernst Käsemann zum 90. Geburtstag. Frankfurter Allgemeine Zeitung, Ausgabe vom 12. 7. 1996.

269   Die Throngemeinschaft des Lammes mit Gott in der Johannesapokalypse, ThBeitr 27 (1996), 159–175.

270   The Charismatic Leader and His Followers, transl. C. G. Greig, [with a new Preface] ed J. Riches, Edinburgh (T & T Clark) 1996. (S)

Neudruck der englischen Übersetzung (Nr. 126) von ,Nachfolge und Charisma' (Nr. 13) mit einem neuen Vorwort (s. Nr. 271).

271   Preface (1996), in: The Charismatic Leader and His Followers, transl. C. G. Greig, [with a new Preface] ed J. Riches, Edinburgh (T & T Clark) 1996, vii–xiv.

S. bei Nr. 270.

272   Die Stellung des Apostels Paulus zum Gesetz in den unbekannten Jahren zwischen Damaskus und Antiochien, in: J. D. G. Dunn (ed.), Paul and the Mosaic Law, WUNT 89, Tübingen 1996, 25–52.

Kurze Vortragsfassung, basierend auf einem umfangreichen Manuskript, das in Buchform zunächst in englischer Sprache unter dem Titel „Paul Between Damascus and Antioch" erschienen ist (s. u. Nr. 286 sowie die erweiterte deutsche Fassung Nr. 301).

273   Zur Wirkungsgeschichte von Jes 53 in vorchristlicher Zeit, in: B. Janowski und P. Stuhlmacher (Hrsg.), Der leidende Gottesknecht, FAT 14, Tübingen 1996, 49–92.

S. auch Nr. 303.

274   Judaica et Hellenistica. Kleine Schriften I, unter Mitarbeit von R. Deines, J. Frey, Ch. Markschies, A. M. Schwemer, mit einem Anhang von H. Bloedhorn, WUNT 90, Tübingen 1996. (S)

Enthält die erweiterte deutsche Fassung der zunächst in Englisch erschienenen Arbeiten ,The Hellenization of Judaea in the First Century after Christ' (Nr. 206; s. Nr. 276) und ,E. P. Sanders' ,Common Judaism', Jesus, and the Pharisees' (Nr. 259; s. Nr. 277), die deutsche Fassung des Vorworts zur englischen Übersetzung von ,Die Zeloten' (Nr. 201) unter dem neuen Titel ,Zeloten und Sikarier' (s. Nr. 278); den um einen Anhang von H. Bloedhorn ergänzten Aufsatz ,Die Synagogeninschrift von Stobi' (Nr. 6; s. Nr. 279), den um einen kurzen Nachtrag ergänzten Rezensionsartikel ,Ben Sira und der Hellenismus' (Nr. 65; s. Nr. 280; den um Literaturnachträge von J. Frey ergänzten Aufsatz ,Anonymität, Pseudepigraphie und ,literarische Fälschung' in der jüdisch-hellenistischen Literatur' (Nr. 43; s. Nr. 281), sowie die sämtlich durchgesehenen und z. T. ergänzten Arbeiten: ,Zum Thema ,Die Religionsgeschichte und das

Urchristentum' (Rez. Leipoldt/Grundmann)' (s. Nr. 12 und Nr. 24); ‚Die Begegnung von Judentum und Hellenismus im Palästina der vorchristlichen Zeit' (Nr. 30), ‚Proseuche und Synagoge' (s. Nr. 33); ‚Qumran und der Hellenismus' (Nr. 95); ‚Die Hellenisierung des antiken Judentums als Praeparatio Evangelica' (Nr. 121), ‚Messianische Hoffnung und politischer ‚Radikalismus' in der jüdisch-hellenistischen Diaspora' (Nr. 139); ‚Rez. L. Mildenberg, The Coinage of the Bar Kokhba War' (Nr. 173) unter dem neuen Titel ‚Die Bar-Kokhbamünzen als politisch-religiöse Zeugnisse'; ‚Hadrians Politik gegenüber Juden und Christen' (Nr. 179), sowie ein kurzes Vorwort (s. Nr. 275).

275 Vorwort, in: Judaica et Hellenistica. Kleine Schriften I, VII–IX.

276 Das Problem der ‚Hellenisiserung' Judäas im 1. Jahrhundert nach Christus (unter Mitarbeit von Christoph Markschies), in: Judaica et Hellenistica. Kleine Schriften I, 1–90.

Deutsche Fassung der zuerst in Englisch publizierten Studie ‚The Hellenization of Judaea in the First Century after Christ' (s. Nr. 206).

277 E. P. Sanders' Common Judaism, Jesus und die Pharisäer (Mitautor: Roland Deines), in: Judaica et Hellenistica. Kleine Schriften I, 392–479.

Erweiterte deutsche Fassung der zuerst in Englisch publizierten Rezension ‚E. P. Sanders' ‚Common Judaism', Jesus, and the Pharisees' (s. Nr. 259).

278 Zeloten und Sikarier, in: Judaica et Hellenistica. Kleine Schriften I, 351–357.

Deutsche Fassung des Vorworts zur englischen Übersetzung von ‚Die Zeloten' (Nr. 201), nicht zu verwechseln mit dem unter Nr. 68 und 80 unter dem gleichen Titel veröffentlichten Aufsatz.

279 Die Synagogeninschrift von Stobi, mit einem Anhang von H. Bloedhorn: Zur neueren Ausgrabung der Synagoge in Stobi, in: Judaica et Hellenistica. Kleine Schriften I, 91–130.

Wiederabdruck des unter Nr. 6 (vgl. Nr. 78) verzeichneten Aufsatzes mit einem archäologischen und bibliographischen Anhang von Hanswulf Bloedhorn: „Zur neueren Ausgrabung der Synagoge in Stobi" (S. 125–130).

280 Ben Sira und der Hellenismus. Rez. Th. Middendorp, Die Stellung Jesu Ben Siras zwischen Judentum und Hellenismus, Leiden 1973, mit einem Nachtrag, in: Judaica et Hellenistica. Kleine Schriften I, 252–257.

Wiederabdruck der unter Nr. 65 verzeichneten Rezension mit einem kurzen Nachtrag (1996).

281 Anonymität, Pseudepigraphie und ‚literarische Fälschung' in der jüdisch-hellenistischen Literatur (mit Literaturnachträgen von J. Frey), in: Judaica et Hellenistica. Kleine Schriften I, 196–251.

Korrigierter und von Jörg Frey in den Fußnoten mit neueren Literaturhinweisen ergänzter Wiederabdruck des unter Nr. 43 verzeichneten Artikels.

282 Tasks of New Testament Scholarship, Bulletin for Biblical Research 6 (1996), 1–20.

Englische Kurzfassung von „Aufgaben der neutestamentlichen Wissenschaft" (Nr. 254), s. auch die deutsche (Nr. 255) und die schwedische Version (Nr. 256).

283 Gli Zeloti. Ricerche sul movimento di liberazione giudaico dai tempi di Erode I al 70 d. C. Edizione italiana a cura di Giulio Firpo, Biblioteca di storia e storiografia dei tempi biblici 11, Brescia (Paideia Editrice) 1996, 537 S. (S)

Italienische Übersetzung von ‚Die Zeloten' (2. Aufl.), s. Nr. 80 (vgl. Nr. 4).

284 Premessa all'edizione italiana, in: Gli Zeloti, Brescia 1996, 9–17.

285 Judaism and Hellenism. Studies in their Encounter in Palästine in the Early Hellenistic Period, London (XPRESS Reprints) 1996. (S)

Nachdruck von ‚Judaism and Hellenism' (s. Nr. 71 und 130) in einem Band.

1997

286 Die Ursprünge der Gnosis und das Urchristentum, in: Evangelium Schriftauslegung Kirche, Festschrift für Peter Stuhlmacher zum 65. Geburtstag, hrsg. v. J. Ådna, S. J. Hafeman u. O. Hofius in Zusammenarbeit mit G. Feine, Göttingen 1997, 190–223.

287 Paul Between Damascus and Antioch. The Unknown Years, London (SCM Press) – Philadelphia (Westminster John Knox Press) 1997 (zusammen mit Anna Maria Schwemer), 530 S. (S)

Englische Übersetzung von J. Bowden. Vgl. die erweiterte deutsche Fassung (Nr. 302).

288 Jerusalem als jüdische *und* hellenistische Stadt, in: B. Funck (Hrsg.), Hellenismus. Beiträge zur Erforschung von Akkulturation und politischer Ordnung in den Staaten des hellenistischen Zeitalters, Akten des Internationalen Hellenismus-Kolloquiums 9.–14. März 1994 in Berlin, Tübingen 1997, 269–306.

Erweiterte Fassung in 303 (306).

289 Schritte zur Selbsthilfe. Stiftungen von Universitätslehrern für ihr eigenes Fach und ihre Fakultät, Forschung und Lehre, Heft 4/1997, 195–197.

290 Small is beautiful. Auch kleine Stiftungen können helfen, in: attempto! Forum der Universität Tübingen Heft 2, April 1997, S. 38.

Kurzfassung von ‚Schritte zur Selbsthilfe' (s. Nr. 289).

291 Problems of a History of Earliest Christianity, Biblica 78 (1997), 131–144.

292 Der Finger und die Herrschaft Gottes in Lk 11,20, in: R. Kieffer/J. Bergman (ed.), La Main de Dieu. Die Hand Gottes, WUNT 94, Tübingen 1997, 87–106.

293
„Старец" Иоанн и его труд, in: А. К. Габрулоб / В. В. Зельченко, Дребний мир и мы: Кпассическое наспедие в Европе и России (А. Gavrilow / V. Zelchenko (ed.), Antiquitas perennis. Studia classica et postclassica), Петербург (St. Petersburg [Bibliotheca Classica Petropolitana]) 1997, 26-41.

Russische Übersetzung von "Der Alte Johannes und sein Werk", Die johanneische Frage, S. 264-274), leicht überarbeitete und ergänzte Fassung, übersetzt von Viktor Rebrik.

294 Präexistenz bei Paulus? in: Chr. Landmesser/H.-J. Eckstein/H. Lichtenberger (Hrsg.), Jesus Christus als die Mitte der Schrift. Studien zur Hermeneutik des Evangeliums, BZNW 84, Berlin – New York 1997, 479–518.

295 „Apostolische" Ehen und Familien, in: INTAMS review. Review of the International Academy for Marital Spirituality, 3 (1997), 62–75.

296 Das früheste Christentum als eine jüdische messianische und universalistische Bewegung, ThBeitr 28 (1997), 197–210.

Erweiterte Fassung in 303 (305).

297 Between Jesus and Paul. Studies in the Earliest History of Christianity, London (XPRESS Reprints) 1997, XX, 220 S. (S)

Unveränderter Wiederabdruck der Ausgabe von 1983 (Nr. 146).

298 Studies in the Gospel of Mark, London (XPRESS Reprints) 1997, XIV, 205 S. (S)

Unveränderter Wiederabdruck der Ausgabe von 1985 (Nr. 159).

299 The Cross of the Son of God. Containing The Son of God. Crucifixion. The Atonement, London (XPRESS Reprints) 1997, XIII, 304 S. (S)

Unveränderter Wiederabdruck der Ausgabe von 1986 (Nr. 168).

300 Earliest Christianity. Containing Acts and the History of Earliest Christianity and Property and Riches in the Early Church, London (XPRESS Reprints) 1997, 244 S. (S)

Unveränderter Wiederabdruck der Ausgabe von 1986 (Nr. 169).

301   The Pre-Christian Paul, London (XPRESS Reprints) 1997, XIV, 162 S. (in collaboration with Roland Deines). (S)
Unveränderter Wiederabdruck der Ausgabe von 1991 (Nr. 221).

1998

302   Paulus zwischen Damaskus und Antiochien. Die unbekannten Jahre des Apostels (zusammen mit Anna Maria Schwemer und mit einem Beitrag von E. A. Knauf), WUNT 108, Tübingen 1998, XXII, 543 S. (S)
Wesentlich erweiterte deutsche Fassung von Paul Between Damascus and Antioch. (s. Nr. 287).

303   Yohan munseo tamgu, übers. v. Kyungyun Chun u. Soonam Kim, Seoul (Christian Literature Society), 1998), 414 S. (S)
Koreanische Übersetzung von ‚The Johannine Question‘ (Nr. 199).

304   La questione giovannea, trad. di Giuliana Iacopino, Studi biblici 120, Brescia (Paideia Editrice) 1998, 339 S. (S)
Italienische Übersetzung von ‚The Johannine Question‘ (Nr. 199).

305   Judaica, Hellenistica et Christiana. Kleine Schriften II (unter Mitarbeit von J. Frey und D. Betz und Beiträgen von H. Bloedhorn und M. Küchler), WUNT 109, Tübingen 1998, X, 466 S. (S).
Enthält ein Vorwort, eine Einleitung (s. Nr. 306) und die z. T. ergänzte Fassung der folgenden Beiträge: 1. „Schriftauslegung" und „Schriftwerdung" in der Zeit des Zweiten Tempels (Nr. 251), 2. Zur Wirkungsgeschichte von Jesaja 53 in vorchristlicher Zeit (Nr. 273), 3. Jerusalem als jüdische *und* hellenistische Stadt (Nr. 288), 4. Der alte und der neue Schürer (mit einem Beitrag von H. Bloedhorn; s. Nr. 208), 5. Das früheste Christentum als eine jüdische messianische und universalistische Bewegung (s. Nr. 305; sowie die Kurzfassung Nr. 295), 6. Zur matthäischen Bergpredigt und ihrem jüdischen Hintergrund (Nr. 184), 7. Das Johannesevangelium als Quelle für die Geschichte des antiken Judentums (s. Nr. 308), 8. Die Septuaginta als von den Christen beanspruchte Schriftensammlung bei Justin und den Vätern vor Origenes (s. Nr. 243), 9. Schriftenverzeichnis Martin Hengel für 1996–1998 (von J. Frey), 10. Zum „probatischen Becken" und zu „Bethesda mit den fünf Stoën" (von M. Küchler), 11. Corrigenda zu Kleine Schriften I, 12. Register zu den Bänden Kleine Schriften I und II (von D. Betz).

306   Einleitung, in: Judaica, Hellenistica et Christiana, Kleine Schriften II.

307   Das früheste Christentum als eine jüdische messianische und universalistische Bewegung, in: Judaica, Hellenistica et Christiana, Kleine Schriften II, 200–218.
Wesentlich erweiterte Fassung von Nr. 296.

308 Das Johannesevangelium als Quelle für die Geschichte des antiken Judentums, in: Judaica, Hellenistica et Christiana, Kleine Schriften II, 293—334.

309 Sir Henry Chadwick als Patristiker und anglikanischer Theologe, in: Ehrenpromotion Sir Henry Chadwick. Reden und Ansprachen beim Festakt am 11. November 1997, hrsg. im Auftrag der Theologischen Fakultät der Friedrich-Schiller-Universität von Christoph Markschies, Sonderschriften der Akademie gemeinnütziger Wissenschaften zu Erfurt, Erfurt 1998, S. 6—35.

Corrigenda

zu Judaica et Hellenistica, Kleine Schriften Bd. I

Aufsatz „Hellenisierung"

S. 13 Anm. 23 Z. 9:	lies: SEG 7,1934 statt: SEG 7,1937
S. 23 Z. 14:	lies: Partherkönige statt: Parherkönige
S. 33 Z. 4:	lies: Herodes Antipas statt: Herodes, Antipas
S. 48 Anm. 150 Z. 8:	lies: 4QpsJer statt: 10QpsJer
S. 51 Z. 5 Ende:	lies: Jerusalem statt: Jerusaelem
S. 53 Anm. 170:	lies: 1. Makk 2,46; 13,43−47 statt: 1. Makk 2,46.13,13−48
S. 90 Anm. 292 Z. 12:	lies: Philosophie statt: Philosphie

Aufsatz „Stobi"

S. 93 Anm. 7, Z. 6:	lies: ZNW 32 statt: ZNW 77
S. 99 Anm. 26:	lies: De princ. 4,1,3 statt: De princ. 4,3
S. 101 Anm. 32 zweitletzte Zeile:	lies: Qidd. 32b statt: Quidd. 32b
S. 118 Anm. 98 zweitletzte Zeile:	lies: בית עם statt: בית עמ
S. 119 Überschrift e):	lies: Judentum statt: Judnetum
S. 119 Anm. 101 Z. 2:	lies: Act 1,13f; 9,37.39 statt: Act 1,13f. 9.37.39
S. 120 Anm. 104 Z. 2:	lies: Tell el Yehudieh statt: Tell el Yeduhieh
S. 121 Anm. 107 Z. 1:	lies: 8,1: statt: 8,1; lies: 14,38: statt: 14,88;

Aufsatz „Religionsgeschichte"

S. 133 Anm. 6:	lies: M. P. Nilsson statt: M. O. Nilsson

Aufsatz „Begegnung"

S. 155 Z. 14/15:	lies: Beth-Schean statt: Beth-Schan
S. 165 Anm. 41:	lies: 11QPsa 154 und 11QPsa Zion statt: II Q....
S. 167 Z. 6 von unten:	lies: Poseidonios statt: Posidonios

Aufsatz „Proseuche"

S. 187 Z. 7:	lies: Gewohnheit statt: Gewohnehit

Aufsatz „Anonymität"

S. 198 Anm. 5, Z. 3 von unten:	lies: D. G. MEADE statt: D. W. MEADE
S. 201 Anm. 22:	lies: FGrH 723 u. 724 statt: FGrH
S. 206 Anm. 40 Z. 2:	lies: Ex 1,15ff. statt: Ex 1 15ff
S. 211 Z. 11:	lies: Ptolemaios II. Philadelphos statt: Ptolemaios III. Philaldelphos
S. 243 Anm. 160:	lies: L. H. FELDMAN statt: F. H. FELDMAN
S. 244 Anm. 161:	lies: K. THRAEDE statt: K. THRADE

Aufsatz „Qumran und der Hellenismus"

S. 259 Z. 10:	lies: 11,24 statt: II,24
S. 279 Anm. 78:	lies: J. v. ARNIM statt: J. v. ARMIN

Aufsatz „Hellenisierung als Praeparatio"

S. 301 Z. 18:	lies: In 1. Mose 1,2 statt: Im 1. Mose 1,2
S. 312 zweitletzte Zeile:	lies: Lev. 19,18 statt: Lev. 19,8

Aufsatz „Hadrian"

S. 364 Anm. 29:	lies: KOFFMAHN statt: KOFFMAN
S. 366 Anm. 35:	lies: R. Jehuda bar Ilai statt: R. Jehuda bat Ilai
S. 366 Anm. 37 Z. 5:	lies: Epispasmos statt: Epipasmos
S. 382 Anm. 100 Z. 7:	lies: yTaan 4,8 statt: yTan 4,8

Aufsatz „Sanders"

S. 401 Anm. 18 Z. 1:	lies: Apg 9,1 ff.23−25 statt: 9,1 f0. 23−25
S. 420 Anm. 73 Z. 6:	lies: LICHTENSTEIN statt: LIECHTENSTEIN
S. 423 Anm. 81 Z. 1:	lies: tSota 14,9 statt: tSota 14b

Stellenregister

Die *kursiv* gedruckten Seitenzahlen beziehen sich auf die Anmerkungen.

I. Altes Testament

Genesis

1	II 18
1–2	I 251, 311
1–10	I 227, 302
1,2	I 301
1,3	I *36*
1,26f.	II 212
1,27	I 234
2,1f.	II 319
3,16–19	II 281
3,19	II 49
5,22	I 39
5,24	I 228
6,1ff.	I 284f.
6,18; 7,7; 8,16; 10,7	I *239*
12,3	II 214
14,18	II 185
18,1–33	II 212
18,2	II *192*
22	I 81
22,17 LXX	II *102*
25,1–6	I 204
32	II 71
33,18	II 185
33,19	II *300*
34	I 205; II 299
35,4	II 304
36,33	I 220
39–47	I 217
41,45 LXX	I 217
48,22	II *300*
49	I 219
49,10	II 357
49,11	II 235

Exodus

3,2ff.	II 351
3,14	I 301
9,18	II *83*
15,18	II 277
15,22–27	II *315*
19,3; 24,15	II 239
19,6	I 273, *448*
19,10.15	I *433, 447*
19,11	II 212
20,4	I 144
20,14	II 12
23,20	II 181
23,20–23; 24,9–11	II 212
24,12	I *416*
28,36	II *318*
30,31f.	II 91
33,8	II *19*

Leviticus

	I 253; II 17
7,17.19; 19,6	I 419
7,18; 19,7f.	I 419
11,44(f.)	I *447f.*
16	II 18
16,32	II 92
19,2	I *424*
19,18	I 312, 405; II 213, 282–286
21,10	II 91
23,36	II 321
23,39–43	II *23*
25	I 287

Numeri

6,22–27	I 189; II 301
6,23	I *428*
7,10f.	II 318
11,16	II *337*
11,24ff.26ff.	II 336, *337*
11,26–29	I 227
21,12	II 316
21,18	II 54
24	I 460
24,7(ff.)	I 334, 338; II 77
24,17(ff.)	I 334, 338, *348*; II 54, 77, *78*, 237

24,24	I *328*
24,27	II 67
25	I 355
25,2	I *178*
29,35	II 321
Deuteronomium	II 15
2,14	II 315
4,26	I 186
4,32 ff.	II *83*
5,18	II 12
6,4	II 213
6,5	I 405
6,7; 11,19	II 50
11,29.30	II *304*
13,2 ff.; 18,9 ff.	II 28
17,8–13	I 421
18	II 306
18,15.18	II 18, 28
21,23; 27,26	II 212, *333*
22,7	I 244
23,18	I *178*
27,12	II *304*
28,61; 29,20; 30,10	II *19*
30,19	I 186
31,9–13	II *23*, 24
32,17 LXX	I 77
33	I 219
33,1	II *19*
33,4	II *36*
33,5	I *272*
33,8–11	II *25*
33,16 f.	II 73
34,10	II 18 f., *25*, 28
Josua	II 12, 18
1	II *15*, 18–20
1,1 f. 7.13	II *19*
1,8	II 19, 42, 52
8,31(.34)	II *19*, 32
8,34 f.	II *23*
24	II *15*
24,1 LXX	II 13
24,25–27	II 18
24,32	II *300*
Richter	
5,18	I *81*
9,17	I *81*
12,3	I *81*

1. Samuel	
19,5	I *81*
30,24 f.	I *433*
1. Könige	
2,3; 14,6	II 32
5,11 ff. LXX	I 232
5,15–23	I 202
8,32 LXX	II 103
2. Könige	
13,25; 26 f.	II *15*
20,1–11	II *315*
25,22–30	II *15, 26*
Jesaja	II 10
1,1	II 77
2,3	I 421; II 148
3,9 f.	II 360
3,10 LXX	II 104, 359, *360*
4,2 LXX	II 100
6,1	II 86
6,3	II *181*, 277
6,5	II *242*, 277
7,9b	II 77
7,10–17	II 347
7,14 (LXX)	II 345, 347–356, 371, 374 f.
8,4	II 347 f.
11	I 338, 460
11,1 f. LXX	II 107
11,4	II 88
12,3	II 322
14,4–21	I 329
14,9 ff.	II 86
18,7; 26,21	I *116*
19,16–26 LXX	II 98
19,18 Symmachus	I *183*
19,18–20	I *404*
19,18–22 LXX	I *175*
19,19	I *174*
23,10 LXX	II 98
24–27	II *27, 34*
25,1–12	II *27*
26,16	II 81
26,19 LXX	II 49, 83, 99
33,10 f. LXX	II 100
33,18	II *4*
36–39	II 77
40,1	I 256; II 78
40,3	II 54
41,8	II 78
42,1–3	II 88, 96

45,6(f.)	I 281; II 96
49,1−7	II 88
49,6	II 78; II 96
50,4	II *98*
50,8	II 113
50,10	II 90
51,(4.)5	II 90, 96
51,10	II 96
52,5 LXX	II 100
52,13 (LXX)	II 49, 86, 88, 99
52,13−15 LXX	II 99f.
52,14f. (LXX)	II 91, 100
52,15 (LXX)	II 86, 88, *93*
53	I 81; II 49, 72−114, 212
53,1 LXX	II *76*, 104
53,2	II 106f.
53,1−12 LXX	II 102, 104f.
53,4.7 LXX	II 101
53,8f. LXX	II 100f., 106
53,9f. (LXX)	II 49, 101
53,10	II 96, 103
53,11	II 49, 83f., 88, 90, 96, 103
53,12 (LXX/Theodotion)	II 91, 101
54,16	II 54
55,1	I 255
56,7	I 178, 188, 429
60,1 LXX	II 107
60,7 LXX	I 178
60,13 LXX	I *116*
61	I 287
61,1.2 LXX	II 243
61,1(ff.)	I 397; II 92, 243−247, 307
61,3 (LXX)	II *244*
62,10	II 237
63,19 (64,1)	II 212
65f.	II 34
66	II *27f.*
66,19	II *169*
66,22−24	I *444*
66,24	II 49, 83
Jeremia	II 15
11,19 LXX	II 353
18,11; 25,5; 26,3	I 270
22,10	II *81*
25,11f.; 29,10	I 350; II 48, 78
30,7	II 47
31,31−34	II 213
43,9	I 216
44,1	I *174*

Klagelieder	I 44
4,20	II *342*
Ezechiel	
1	II 181
3,12; 43,7	I *116*
5,5	I 21
11,16	I *117*
22,24	II *304*
27,13.19	II *169*
34,24; 37,25; 45,7.9.16f.	I *99*
38,12	I 21
38,14ff.	II 48
40ff.	I 349f.
Hosea	
12,14	II 19
Joel	
2,2	II 38, *83*
4,4ff.	I 154
4,6	II *169*
Amos	
5,26	II 54
8,1ff.	II 68
Obadja	
20	II 169
Micha	
1,3	I *116*
4,3−7	II *346*
6,8	I 85
Nahum	
3,6f.11	I *404*
3,8−10	I *404*
Habakuk	
1,5	II 55
2,2f.	II 55
2,9	I *116*
3,1	I *174*
Haggai	
1,13	II 25
2,11ff.	II 25
Sacharja	
1,12	I 350; II *48, 78*
3,8; 6,12	II 107
7,1−14	II 25

9.1–8.13f.	II 27
9,9	I 403; II 234f., 237, 246
9,13	I 156; II 169
12,8	II 82
12,9–13,1	II 79–82
12,10	II 82, 92
12,10–14	II 73
13,2–6	II 28
13,3	II 92
13,7	II 73, 79–82
13,8f.; 14,1f.	II 48
14	II 34
14,1f.	II 27
14,21	I 255, 403
Maleachi	II 25
1,1	II 25
1,6; 2,1.7	II 28
2,6f.	II 25
3,22(-24)	II 18 f., 268
3,23(f.)	I 254; II 18, 26, 28, 78
Psalmen	I 44; II 10
1	II 20, 42
1,1	II 225
1,2	II 19, 50, 53
8	I 279
8,5f.	II 212
17 (16),1	I 174
18,10	II 212
24; 48; 92f.	II 277
30 (29),1	II 318
34,19	II 245
44 (43),23	I 81
45,7	II 212
45,8	II 91
55,18	I 177
69 (68),8	I 81
72 (71),20	I 174
76,3	II 186
81 (82),6f. LXX	II 358f.
82,1	I 242
84,5	II 226
84,13	II 227
90 (89),1	I 174; II 19
92,13ff.	I 350
95 (96),10 LXX	II 354
102 (101),1	I 174
104	II 280
105,28 LXX	I 178
110	II 212
Proverbien	I 214, 234
1–10	I 5
1,1; 10,1	I 232
10,2 (LXX)	II 252
3,11 LXX	I 90
6,6–8	II 280
8,22–31	II 35
21,21	II 252
22,17; 24,23	I 232
30,1ff.; 31,1ff.	I 232
Hiob	I 214
28	I 5
Canticum	I 44, 232; II 66
1,2	I 421
4,12–5,1; 5,12f.; 6,2	I 262
5,2	II 66
7,10	I 421
Kohelet	I 5, 39, 44, 158, 214, 232
2,4ff.	I 262
3,14	I 159
5,1	II 277
5,5	II 25
5,7f.	I 159
5,9	I 269
8,1	II 56
8,10 (LXX)	I 116
10,8	I 422
10,19	I 54, 159, 269
12,9	I 433
12,9–11	I 160
Esther	I 5, 43, 203, 214, 217f.; II 10, 170, 178
E 10–14 = 8,12k-p	I 43, 214
B 1–7; E 1–23	I 44
1,1	II 170
3,8	II 170
8,12p	I 122
9,24	I 214
10,11	I 300
10,31 (LXX)	I 43
Zusätze zu Esther	I 47
Daniel	I 5, 39, 203, 214, 223f., 460f.; II 10, 46–49, 83
1–6	I 218
1,4; 1,7 LXX	II 4

2	I 165, 349	7,12.21	II 22
2,1–49	I 73	7,14	II 21f., 373
2,20ff.	I 167	7,25	II 17, 24, 66
2,45.34	I 76		
3,1ff.	I 136	Nehemia	I 44, 203
3,2 Theodotion	II 317	3,1.32; 12,39	II 308
3,5	I 13	6,7	II 28
3,28	I 81; II 85, 96	6,10–14	II 28, 31f.
3,40	II 49, 85	7,39	I 468
4,21 Theodotion	I 359	7,72–9,37	I 177
6,8ff.	I 136	8(–10)	II 24
6,11(f.)	I 119, 177	8,1–8 (LXX: 2.Esra	I 177
6,14	I 177	18,1–8)	
7	I 80; II 87	8,1.3.8.18	II 19
7,7	I 156	8,7f. (LXX: 2.Esra 18,8)	II 23
7,9–15	II 86, 89, 113, 212	8,17	II 23
7,13	I 76, 334; II 87, 89, 354, 357	9,5–37	I 177
		10,9; 12,5.18	I 137
7,25; 8,14; 9,27	II 49	12,27	II 317
8–9	I 73		
8–12	II 46	1. Chronik	I 44
8,13	I 146	5,29ff.	II 25
8,25	II 86	16,23–31	II 354
9,2	I 350; II 48	17	II 32
9,4–19	II 46	22,7–10	II 32
9,26	II 48, 108	24,14	I 137
9,27; 11,31; 12,11	I 9, 146; II 48	24,31; 27,22	I 99
10–12	I 8; II 46	25,1.5	II 31
11	I 166; II 87		
11,22	II 108	2. Chronik	I 44
11,32	I 453	2,2–15	I 202
11,33(f.)	II 46, 84	12,18	I 272
11,35	I 81; II 46, 84	13,22 (LXX)	II 30
12	I 80, 166; II 87	15,2–7	II 30
12,1	I 76; II 47, 83, 354	17,19	II 19
12,1ff.	I 73f., 335, 444	19,8; 23,20; 26,12	I 99
12,1–4	I 81	20,7.20	II 77
12,2(f.)	I 74, 288f., 460; II 49, 83, 87	24,17–22	II 85
		24,27 (LXX)	II 30
12,3	I 133, 166; II 46, 49, 87	25,4; 35,12	II 19
		26,9	I 266
12,10	II 46f.	26,10	II 29
Zusätze zu Daniel	I 47	26,15	I 266; II 29
		29,30; 35,15	II 31
Esra	I 44, 203	32,32	II 30; 77
2,36	I 468	34,13	II 31
4,12	II 21	35,24f.	II 81
6,16	II 317	36,12–22	II 30
7,1f.	II 21	36,21f.	II 26, 32
7,6	II 22		

II. Apokryphen und Pseudepigraphen zum Alten Testament

Apokalypse Abrahams	I 48, 224, 316; II 33	*syr. Baruchapokalypse*	I 224, 460; II 67
23	I *225*	30,1−5; 49,1−52,7	I *74*
31,6−10	I *334*	40,1 ff.	I 349
		70,2−10	I *328*
Apokalypse Elias	I 47, *48, 227, 335*	72,2−6	I *334*
		84,3.8 f.	II *67*
Apokalypse Mosis	I 48, 227		
5	I *189*	*3. (1.LXX) Esra*	I 215
37	I 231	3−5,3	I 215
		6,22	II 168
Apokalypse Sedrachs	I 225	9,39.49	II *23, 25*
7	I *225*		
		4. Esra	I 224 f., *340,* 460;
Apokalypse Zephanias	I 47, 225		II 67, 373
		1;2	I *225*
Aristeasbrief	I 47, *118,* 218, 236,	7,15	I *225*
	245 f., 324; II 143,	7,29	II 73
	379	12,42	II 21
9	II *341*	13,4−11	I *335*
12−14.23	I 297	14,18 ff.	I 199
16	I *211*	14,19	II 22
31	I *122, 248*	14,21; 37−46	II *373*
32	II *119*	14,44−47	II 21
35 (ff.)	I *300;* II *119*	14,45	II 9
35−51	II *340*		
40	I 246	*Fragmente*	
48.121	I *37*	Eldad und Modad	I *47,* 226
50	II *335*	Gebet Josephs	I 226; II 190, 212
52	II *119*	Poen. Ian.	I 48, 226
158 f.	I 452	et Mamb.	
139	II 214		
199−201	II *376*	*äth. (1.) Henoch*	I *39,* 224, 226,
201	II *377*		228 f.;
273	II *335*		II 344 f., *377* f., *379*
302	I 246; II *369*	1,9	I 229
305 f.	I 452	6−11	I 76
307	I 246; II *335, 369*	6−20	II *377*
308 ff.; 311	I 246	8,3	I 292
312−315	I *246*	12,4 ff.	I 229
316	I 206	15,8 ff.; 16,1	I 285
		22	I *166*
Ascensio Jesaiae	I 224; II *105,* 181	22,1−14	I *75*
5	II *106;* II *345, 359*	26,1	I *21*
		30−32	I 75
Assumptio Mosis	I 224; II 33	37−71	I *229;* II 87−89
10,9	II 87	47,1.4	II 89
		56,5−7	II 180
Baruch	II *373*	60,8	I 229
		60,12 ff.; 75; 80	I 284
griech. Baruchapokalypse I 225, 315, 340		61,1	I 229
		62 f.	II 101
		62,5	II 88

71	I 229	35,11–24	II 38
72–82	I 229, 283, 291; II 59f.	35,13	II 43
		35,18.22f.	I 254
83–90	I 238	36	II 38, 78
89,56.66f.	I 229	36,1–17	I 160
90,8	II 108	36,1–22	I 254, 256
90,14ff.	I 335	36,12	II 78
91,1ff.	I 219	36,20f.	II 47
100,6	I 219	36,21	II 78
103,2ff.	I 166	36,22	I 254; II 78
104	I 166	37,16–23	II 140
		37,19–26	II 39
slav. (2.) Henoch	I 226, 229–231	38,14	II 56
8	I 231	38,24–39,12	II 38
25	I 230	38,34; 39,1	I 160, 255; II 38
33,7	I 230	39,4	I 218
33,8f.	I 230	39,6.8	II 38
33,10ff.	I 231	39,9–11	II 42
43ff.	I 219	39,30.33f.	I 162
58ff.	I 219	41,8f.	I 162, 253; II 43
		43,27	I 162
hebr. (3.) Henoch	I 229; II 180f.	44–50	II 39
12,5; 48C,7; 48D	I 229	44,1.10	I 255
		44,3–5	II 40
Jesus Sirach	I 5, 39, 160–163, 214, 252–257; II 35–44	44,16	I 167, 228, 254
		45,1	II 19
		45,3	I 255
Prolog (V. 1)	II 336	45,5	II 41
Prolog V. 1; 8–10; 24f.	II 10	45,6	II 41
Prolog V. 29	I 44	45,17	II 41
1,9f.	I 162	45,18	I 255f.
1,26	II 39	45,23; 50,24b	I 253
2,12	I 78; II 43	45,25	I 254; II 39, 41
3,24	I 161	46,1	II 1, 18, 40
6,35	II 38	46,6.18; 47,4	I 256
10,13	I 254	46,12	II 26
15,11f.	I 161	46,13.20	II 40
15,11–17	II 43	47,1	II 40
16,6.10	I 256	47,7	I 256
16,1–23	I 256	47,8–11	II 42
16,17ff.	I 161	47,17	I 253
19,20	II 39	47,21	I 256
24,1–29	II 36	47,22	II 42
24,8f.10f.23	I 253	47,24f.	I 256
24,32f.	I 160, 255	48,1(f.)	I 254; II 40
24,33	II 38	48,8	II 1, 40
26,29–27,3	I 255	48,10(f.)	I 254, 256; II 19, 78
31,25–31	II 140	48,15f.	I 256
32,13	I 161	48,18ff.	I 255
33,16ff.	II 42	48,20–25	II 78
34,1–8	II 47	48,22(ff.)	I 256; II 40, 42
34,21–24	II 47	48,24	I 256; II 40, 78
34,21–31	I 255	49,4(ff.)	I 256; II 40, 42

49,10	I 256; II 26, 41	2,27	II 44
49,12	II 40	2,42	I 165, 451; II 45
49,14	I 254	2,50	I 81
50,1−21	I 53; II 41	3,46	I 177
50,3	II 310	3,48	II 45
50,25 f.	I 254, 256	4,36−59	II 317
50,27−29	II 42	6,44	I 81
51,23.29	I 160, 234; II 43	7,12 ff	II 45
51,24 f.	I 255	7,13	I 451; II 46
		7,16	I 451; II 45
Joseph und Aseneth	I 216, 316; II 33	7,37	I 178
		8,17	I 202; II 133, 136
Jubiläen	I 76, 206, 281; II 33, 58 f., 182	9,27	II 47
		11,20	II 29
		11,34	I 248
2,2	I 284	12,6 ff.	I 39
3,28	I 263	12,16	II 136
4,17 f.	I 415	12,7−9	I 205
7,14 ff.	I 239	13,25−30	I 52; II 139
7,36−39	I 415	13,28 ff.	I 260
8,3 f.	I 292	13,31−52	II 132
8,11	I 21	13,51	I 350
10,1 ff.	I 285	14,4−14	I 53
10,13 ff.	I 219	14,47; 15,1 ff.	I 97
11,23	I 262	15,23	II 172
12,25 ff.	I 263, 415; II 3		
20−23,31	I 219	*2. Makkabäer*	I 5, 8, 41, 207; II 134
23,19 f.	I 137		
23,30 f.	I 288	1,1−10	I 207
30,1	II 185	1,7	II 320ö
34,18 f.	II 110	1,9	II 320
35; 36	I 219	1,10−2,18	I 207, 214; II 320
		1,18	II 320
Judith	I 44, 214, 217; II 134	2,4−8	I 349
		2,13 ff	I 214, 264; II 6
3,8	I 136	2,14 f.	I 40, 43
8,6	I 451	2,19−32	II 134
11,13	I 451	2,21	I 41, 121, 259
11,14	I 451	2,22	II 118
12,6−8; 13,10	I 177	2,23	I 207
		3	I 218
Liber Antiquitatum	I 207; II 33	3,4	I 137
		3,33; 4,2	II 107
1. Makkabäer	I 5, 8, 44, 53, 215, 463; II 85 f.	4,7 ff.32 ff.	II 107
		4,9−14	I 40
1,1−10	II 27	4,10	II 130
1,11	I 164; II 45, 130	4,11	I 121, 202; II 133
1,13	II 131	4,13	I 2, 40, 63, 259
1,14 f.	I 40	4,14 f.	II 131
1,15	I 366; II 131	4,18 ff.22	II 131
1,41 ff.	I 53	4,25	I 41, 122
1,56 f.	II 44	5	I 39
2,1.28	I 469	5,9	II 132

5,22	I *41, 122*	*Psalmen Salomos*	I *8*, 54, 232, *289*,
6−7	I 81		456, 463; II 64,
6,1	I *122*; II 134, *174*		177, 190
6,2	I 146	3,8; 10,5	II *64*
6,9	I *259*	11	II *190*
6,18−31	I 208	17,30 f.	II *124*
7	I 208		
7,18.22 f.38	I 81	*Sapientia Salomonis*	I *5*, 233−235, 289;
7,37 f.	II 49, 86		II 105
8,1	I *121*, 259	1,4 ff.; 6,12 ff.; 7,7	I 233
8,17	I *122*	2,12	II *360*
9,15	II 134	2,12−20	II 104
10,4	I *41, 122*	3,10	I *250*
10,8	II 317	5	II 101
11,24	I *259*	5,1−6	II 105
11,25	I *122*; II *174*	7,1; 9,7 f.	I 233
12,19.24	I 155; II *132, 136*	7,17−22a	I 233
13,9	I *41, 122*	7,22b−8,1	I 233
13,14	I 122	7,27	I 233
14,4	I 350	8,20; 15,8	I 234
14,6	I *451*	12,5	I *234*
14,38	I *121*, 259	12,23 ff.; 15,14 ff.	I 234
15,2	I *41, 122*	13,6 ff.	I 234
15,12.16	II 108	14,12−15	I *377*
15,37−39	II 134	19,22	I 235
15,38 f.	I 207		
		syr. Schatzhöhle	I 227
3. Makkabäer	I 8, *173*, 218, 324;		
	II 186 f.	*Sibyllinen*	I 237−241, 315
1,3	I *308*; II *186*	1	I 238
1,4,6 ff.	II *187*	1,277; 287 ff.	I 239
2,27−30	I *308*	2,63−92	I 72
2,28	II 187	3	I *72*, 315, 324, 338,
2,29 f.	I *219*		340
2,30 f.; 7,10 ff.	I *250*	3,97 ff.	I 238, *306*
2,30 ff.	I 308	3,97−104	I *210*
3,3	II *174*	3,108 ff.	I *241*
3,4	I *122*	3,110 ff.	I 240; II *2*
6,6 f.	II *186*	3,141	I *211*
6,32.35	I *176*	3,154	I 240
7,13.16	I *176*	3,174 ff.	I 238
7,19 f.	I *111*	3,367−380	I *306*
		3,419 ff.	I 240
4. Makkabäer	I 8, 122, 208, 235	3,652 ff.; 741 ff.; 767 ff.	I 238
1,1	I 208	3, 686; 710 f.; 756 ff.	I 240
3,20	I *122*	3,705 ff.	I *315*
4,26	I *122*	3,741−808	I *306*
5,13	I *101*	3,755; 780	I 240
7,19; 16,25	I *99*	3,809 ff.	I *239*
		3,818	I 238
Paralipomena Jeremiae	I 48, 316; II 33	3,823 ff.	I *239*
		3,827	I *239*
		4	I *72*, 240, 315

4,115.126	I *39*; II *121*	Testament Hiobs	I 220, 316; II 33
4,119ff.; 138ff.	I 240	41,6	I 220
4,161ff.	I 240	51,2−4	I 220
4,178−190	I *315*		
5	I 240, 315, 324, 326−337, 359, 366	Testament Isaaks	I 222, 340
5,36.440.46−50	I *359*	Testament Jakobs	I *223*, 340
5,44f.	I 359	Testament Moses	I 456
5,52ff.143ff.218ff.361ff.	I *327*		
5,53	I *330*	Testament Salomos	I 232
5,67−73.88ff.	I *330*		
5,68	I *333*	Testamente der	I 48f., 221, 245,
5,75−86.279f.484−491	I *330*	12 Patriarchen	316, 338;
5,106−110	I *333*		II 109
5,108ff.365	I *334*		
5,150f.226	I *331*	T. Ruben	I 222
5,155−160	I *333*	T. Simeon	I 222
5,159ff.	I 240	6,3f.	I *335*
5,168−178	I 329	T. Levi	I *48, 221f.*
5,175	I *330*	2,7−10; 3,1−10	I 75
5,220	I 327	4	II 97
5,225−227	I 327	18	II 95, 97
5,249	I *331*	T. Juda	I 48, 222
5,250(f.)	I *21, 332*	3−7	II *302*
5,255	I *331*	T. Dan 5,3	I 222
5,256f.	I *333*	T. Naftali	I 221
5,362.452	I *327*	T. Asser 1,3.5	I *78*, 283
5,395−401	I *331*	T. Issaschar 5,2	I 222
5,408	I *331*	T. Joseph	I 48, 222
5,414−421	I *333*	19,8	I *335*
5,416	I *334*	T. Benjamin 3,8	II 108, 110
5,420	I *332*		
8	I 359, 367	Tobit	I 44, 214, 217f.; II 33, 168
8,52f.56−59	I *360*		
8,57f.	I *377*	4,17	II 140
8,217−243	I 241		
11	I 240, 315	Vita Adae et Evae	I 48, *227*; II 33
11,163ff.	I 240	30	I *189*
12,163−75	I *360*	51b	I *189*
14	I *322*		
14,326−28	I 321	Vitae Prophetarum	I 48, 216; II 33
		Jesaja-Vita	II *105*
Susanna	I 215, 217; II 178, 368, *373*	1,1	II 345, 358
		1,5	II 322
		Jeremia-Vita	I 48, 216
Testament Abrahams	I 47, *48, 222, 223,* 315, 340	2,1	I 216
		Ezechiel-Vita	I 48
c.12f.	I 226	Daniel-Vita	I 48
		Jona-Vita	I *26*
Testament Adams	I 227		

III. Qumranisches Schrifttum

1QJesA	II 89−92	1QM *(Kriegsrolle)*	I 156, 265; II 59
50,10	II 90	1,9f.13	I *263*
51,5	II 90	3,3; 4,5.27; 9,27	I *271*
52,14	II 91	11,6−8	II *54f.*
53,5.10	II 92	17,7(f.)	I *271, 335*
1QJesB	II 90	1QpHab	
53,8	II 101	2,1−10	II *55*
53,11	II 90	2,8f.	II *340*
		7,1−8	II *55*
CD *(Damaskusschrift)*	I 49, 440; II 59	7,11; 8,1	II *52*
3,20	I *269*	8,10f.	I *269*
4,15ff.	I *269*	9,4f.	I *270*
4,19; 8,12.18	I *422*	9,5	I *268*
5,2ff.	II *52*		
6,7f.	II *54*	1QapGen ar (1Q20)	I *207*; II 33
6,10f.	II *340*	22,13	II 186
7,14−18	II *52*	1Q27	
7,18f.	II *54*	1,5−7	I *278*
8,11; 19,14	I *258*	1,8−12	I *279*
9,1	I *274*		
10,(4-)6	II 53	1QS *(Sektenregel)*	II 59
11,21f.	II *24*	1,1−3	II *52*
11,22	I *274*	1,11ff.	I *268f.*
13,2	I *428*	1,18ff.	I *274*
13,2−7	II *54*	2,3; 4,2	I *271*
14,8ff.	I *264*	3,13ff.	I 149, 283
16,3f.	I 148; II *59*	3,13−4,26	I 289
20,1.14	II *55*	3,15	I *277*
20,10.13	I *181*; II *52*	3,16	I *278*
		3,18−22	I *78*
1QH *(Hodajot)*		4,11ff.	I 289
1,7f.	I *278*	4,15f.	I *293*
1,22; 3,21; 11,12	I *288*	4,16f.25	I *278*
3,19ff.	I *269*	4,23	I *269, 293*
3,20−22	I *288*	5,9f.21	II *53*
4,6.23	I *271*	5,16f.	I *268*
4,16	I *264*	5,20ff.	I *274*
6,12ff.	I *269*	5,23f.	I *275*
6,29f.34	I *288*	5,25f.; 6,10ff.25ff.	I *275*
7,10	II *98*	6,3ff.	I *428*
8,4ff.	I *261*	6,6	II 52
8,35f.	II *98*	6,12.20	I *273*
10,3ff.	I *279*	6,14	I *273*
10,22f.	I *269*	6,15	I *271*
10,29f.	I *268, 269*	6,17ff.	I *268*
11,10ff.	I *269*	7,1ff.8ff.	I *275*
12,24−26	I *288*	8,11ff.	II *54*
13,14ff.	I *288*	8,15(ff.)	II *52, 54*
17,15	I *269*	9,8	I *268*
23,13−16	II *183*	9,21−23	I 265

9,24	I 278
10,3−8	I 286
10,12; 11,3	I 280
11,3f.; 11,5f.	I 277
11,7ff.	I 269
11,11.18	I 278
11,20−22	I 287
1QSb *(Benediktionen)*	
4,24ff.	I 269
4,27	I 271
1Q30 1,4	II 20
3Q15 *(Kupferrolle)*	
I, 4.12	I 16, 264
I, 7.9	I 16
II, 2.4.9	I 16, 264
III, 7	I 16, 264
IV, 2	I 16, 264
V, 1−11	I 260
V, 5ff.	I 262
V, 13	I 16
XI, 11ff.	II 309
Texte aus Höhle 4	
4QLXXLev	I 264
4QLXXNum	I 264
4QTgLev	II 69
4QpJes^a−d	II 79
4QpJes^d 1,5	I 271
4QpNah fr. 3−4	
I,2f.	I 258; II 61
II,2.4	II 61
III,3.6f.	II 61
III,9-IV,6	I 404
4QpsPs37	
II,2	II 52
II,17f.	I 404
IV,8f.	II 52
4QFlor (= 4QMidrEschat)	
fr. 1−3 II,3 [DJD V]	II 10
(= IV,3f.)	
I,11 [Lohse] (III,11)	II 54, 269
I,14 [Lohse] (III,14)	II 57
4QCatena A [DJD V]	
fr. 1−4, Z.14	II 54
fr. 9, Z.4	II 61
fr. 10−11, Z.5	II 54
4Q180/181 (AgesCreat)	I 284
4Q186 (Horoscope)	I 169, 264, 290
4Q196−199 (Tobit ar)	II 70, 283
4Q201−210 (Hen.texte)	II 10
4Q242 (prNab)	II 178

4Q243−45 (psDan^a-c ar)	I 48; II 178
4Q243,1−5	I 263
4Q245 (psDan^c)	I 288
4Q270 (D^e) ii 14	I 397
4Q374/5 (Mose	I 48
Apokryphon)	
4Q383/4 (psJer)	I 48
4Q385 (psEz)	I 48, 74
4QMMT	I 356, 400, 440,
	446, 450, 462;
	II 13, 269
C7	I 443; II 62
C10(f.)	II 10, 52
C 18	II 52
4QShirShabb	I 461; II 59, 180,
	276, 278
4Q403 fr. 1, I,38	II 244
4Q404 fr. 4, Z.7	II 244
4Q491 (M^a)	
fr. 11, Z. 11−35	II 111−113
4Q521	I 397
4QBeat	II 183
4QGiants	II 10
4QTLevi ar	II 92−98
fr. 5	II 96
fr.6	II 94, 96
fr. 9	II 93, 96
fr. 10	II 96
fr. 24	II 94, 97
4QTestament of Kahath	II 178
4QAmram^(b)	I 223; II 178
1,10−12	I 278
7QLXXEx 1,1−2	I 37, 264
7QEpJer 2.1	I 37, 264
11QPs^a	
145,1	I 174
154	I 138, 165
3f.	I 272
Plea 19,7	II 64
Zion	I 138, 165
22,3.6	II 64
22,8f.	II 246
22,10.13	II 248
11QPsAp^a	
1,2.3f.7	I 285
3,2.5	I 285
11QTgHiob	II 69
11QMelch	I 284, 287, 335; II
	97, 212
ii 18	I 397

11QTemp *(Tempelrolle)*	I 77, 276, 281, 440, 450; II 52, 57−59, 178, 269	*Babatha-Archiv*	
		Nr. 11;12;14; 16; 37	I 38
56−58	II 52		

IV. Jüdisch-hellenistische Literatur

Josephus Flavius		12,226f.; 13,167f.	I 39, 205; II 132
Antiquitates Judaicae	I 42, 312	12,236	II 132
1,4,16f.	I 209	12,251	I 40
1,10−12	I 209	12,319−324	II 317
1,69ff.	I 293	12,387f.; 13,62−73	I 298; II 133
1,118	I 210	12,415.419	II 133
1,154−168	I 46	13,66	I 172, 175
1,158f.	I 243	13,214	I 98
1,158.167f.	I 134	13,215−217	II 132
1,159f.	I 61	13,219	II 137
1,180	II 186	13,255f.	II 299
1,238−241	I 204	13,257.318f.397	I 53
2,41−59	I 209	13,260	I 211
2,205f.	I 206	13,273	II 135
3,38; 4,302ff.; 5,61	II 7	13,288	I 431
4,112−125	I 338	13,288−298	I 450, 463
4,197ff.208f.214	I 435	13,292	I 446
4,212(f.)	I 177, 435	13,294	I 436
4,271−274	I 422	13,297f.	I 426, 427, 467
8,44f.	I 232	13,301	II 137
8,50−56	I 202	13,318	I 52, 270; II 137
8,56	I 209	13,374	I 52; II 137
8,100	II 319	13,378	II 137f.
8,186	I 262	13,383	II 137, 168
9,183	I 356	13,408f.	I 465f.
9,288	II 307	13,410	II 138
10,264	II 168	14,9	I 63; II 141
11,31−68	I 215	14,19ff.	I 464
11,120−158	II 21	14,41	I 475; II 174
11,313−347	I 210	14,41−45	I 458
11,317−345	I 45	14,43	I 54
12,5f(f.)	I 155; II 117	14,64−74	I 465
12,11ff.	I 300	14,115	I 182
12,11−118	I 209; II 335, 377	14,117	I 98
12,22	I 211	14,148.151.191.317	I 98
12,57	II 336	14,153	I 55
12,104	II 369	14,159	I 356
12,101	II 377	14,171−176	I 465f.
12,108	I 182	14,214.216	I 111
12,131ff.	I 156	14,215	I 49
12,136	I 23; II 117	14,255	I 39, 205; II 120
12,142	II 31	14,257	I 182
12,154−224.228−238	I 46, 158; II 129	14,258	I 187
12,160−236	I 210	14,260	I 187
12,186	II 120	15,1−6	I 465f.

15,22.34.39ff.(51)	I 25, *467*
15,267−279	I *57*
15,294	I *28*
15,316	II *142*
15,320ff.	I *25, 467*
15,322	II *327*
15,370f.	I 466
15,371	I 270
15,373	II 141
15,381−384	II *143*
15,382−387	II 150
15,383	I *59*
15,387	II *59, 143*
16,12−15.55f.	II *122*
16,27−65	I *63*
16,43−46	I 429
16,136−141	I *57*
16,149	I *57*
16,164	I *188*
16,169	I *193*
16,187	I *209*
16,242f.	I 61
16,299.333	I *63*
1,23−31	II 168
17,41	I 431f.
17,41−49	I *467*
17,42	I 466
17,78	I *25*
17,149−167	I *475*
17,194	I *57*
17,246	II *142*
17,255	I *57*, 61
17,303−314	II 174
17,345ff.	I *294*
18,3	II *324*
18,4	I *432*; II *69*
18,4−10.23	I *437*
18,11	I *467*
18,12−14	I *428*
18,13	II 254
18,15f.	I *430,* 431
18,16	II 267
18,23f.	II *276*
18,26	I *467, 471*; II *324*
18,27	I 65
18,28	I *30*
18,29−33	II *326*
18,33f.	II *327*
18,35	II *324*
18,36−38	I *65*
18,55ff.	II *313, 328*
18,81−84	I *49*
18,85−88	II 268, 306
18,88f.	II *328*
18,90−95	II *332*
18,95.123f.	I *17*; II *328*
18,121f.	II *313*
18,123	II *325, 328*
18,149	I *66f.*
18,289−301	I *212*
18,297	I *425*
18,312	II *135*
19,276	I 308
19,283	I *98*; II 174
19,297	I *468*; II *325*
19,299−311	I *181*
19,300−303	I *136*
19,300.305	I *188*
19,313f(f).	II *328, 328*
19,332−334	I *446, 476*
19,329	I 55
19,342	II *328*
19,343−352	I *67*
20	I *43*
20,7−9.10-14	II *332*
20,16(.103)	II *327f.*
20,34−53.101	II *150*
20,42−48	I *476*
20,71.75	I *23*
20,95	I *23*
20,157	I *209*
20,163	II *328*
20,173−178.182-184	I *68*
20,179	II *327*
20,181	I *452*
20,185	II *318*
20,195	I *304*; II *125*
20,198	II *324*
20,199(f.)	I *436, 474*; II *325*
20,200(ff.)	I 71, *401, 471*; II *63,* 213, *325,* 330
20,205.213	I *45*
20,219−22	I *69*
20,236	I *298*; II *133*
20,252f.	I *68*
20,262−264	I *42*
20,263−65	I *41*
20,264f.	II *63*
Contra Apionem	I 41f., *43*, 312, 476
1,12	I *240*
1,37ff.	I *231*; II 9
1,38−41	I *435*
1,40f.	II *21*
1,41	I 199
1,78.225.237	II *4*

1,90	II *118*
1,111	I 202
1,172–174	II *119*
1,176ff.	II 169
1,179	II *118*
1,183–205	I *46*, 247
1,186–189	II *31*
1,187f.	I 248
1,188	I 468
1,189	I *182*
1,192ff.	I *45*, 248
1,194	I 248
1,196–199	II *116*
1,201–204	I 248
1,205ff.	I 155; II *117*
1,209	I *35*
1,213(f.)	I *46*; II *117*
1,218	I 200, *202, 205*; II *133*
1,238	I *183*
1,241	II *119*
1,248(f.)	II *119, 121*
1,289	I *331*
1,311	II *121*
2	II 50
2,10	I *183*
2,14.155.256	I *240*
2,43	I *46*, 248
2,45–47	I *209*
2,53–56	I 219
2,80.90–102	I *383*
2,83f.	I *383*; II *118*
2,91–97	I *234*
2,102–109	II *116*
2,108	I 468
2,130	I *39*
2,148	II *117, 127*
2,165	I *348*, 354, *410*; II *116*
2,175	I *175*
2,175–178	II *50*
2,193	II 17, *116, 150*
2,225(ff.)	I *39*; II *132*
2,259ff.273	I *39*
2,291	II *117*
De Bello Judaico	
1,3–6	I 23
1,16	I *209*
1,63	II *299*
1,67	I *450, 463*
1,88	I 52
1,93–95	II *138*

1,110	II *63*
1,113	I *465*
1,156.166	I *26*
1,181	I *60*
1,204	I 356
1,308	I *56*
1,358	I *466*
1,414	I 136
1,415	I *57*
1,418–421	I *56*
1,426f.	I *57*
1,571	I *467*
1,648–650	I *63, 475*
1,657f.	I *56*
1,667	I *57*
1,670–673	I *56*
2,21	I *61*
2,44	I *57*
2,56	I *437*
2,117	II *326*
2,119–161	I *427*
2,120.130.132f.135	I *275*
2,123	I *261*
2,136	I 285, 294, *427*; II *51*
2,141f.159	I *427*
2,142	I 294
2,143	I 274
2,154(ff.)	I *74*, 288
2,162(0.164f.)	I *78*, 431; II *63*
2,162–166	II *14*
2,163	II 254
2,169ff.	II *313*
2,184ff.	I *310*
2,240–243.256	II *328*
2,266–70.284	I *68*
2,268–646	I *312*
2,277–79	I *68*
2,285ff.	I *181, 188*
2,305.316	II *309*
2,309	I *68*
2,310–314.405	II *125*
2,328	II *309*
2,360.390	I *330*
2,388	II *150*
2,411	I *459*
2,421.556	I *30*
2,442–448	II *110*
2,444	I 355
2,451	I *459, 475*
2,457	I *26*
2,459; 3,36	I *28*
2,494f.	I 309

2,520	I 23; II *150*	*Vita*	I 41, *43*
2,530	II *309, 312*	1 ff.	I *312*
2,599	I 66	2	I *41, 468*
2,615	I *66*	8−12	I *43*
2,619 f.	I 66	11 f.	II *64*
2,628	I *431,* 475	12	I 435
2,641	I *66*	13	I *66*
3,52	I *21*	13−16	II *147*
3,307−315	II *300*	16	I *41*; II *125*
3,340−391	I *312*	17−23	I *459*
3,452	I *66*	28−335.368-412	I *312*
3,538 f.	I 66	40	I 42
4,130	I *26*	46−61	I *30*
4,159	I *431*	54 ff.	II 164
4,155 ff.	I 469	58	I *66*
4,158−161	I *459*	65−67	I *65*
4,160 f.	I 356	92	I 66
4,319−322	I *401*	115−118	I *28*
5,45	I *309*	132 f.	I 66
5,106 ff.	II *312*	191	II *63*
5,137	II *309*	197	I 431 f., 475
5,145	I *262*	258.262	I *435*
5,147	II *150*	277.280	I *118, 188*
5,148	II *312*	283 ff.293.302 f.	I *118*
5,149.151.246	II *309*	290−303	I *188*
5,176−182	I *22*; II *145*	390	I 66
5,177	I *114*	422	I 469
5,185	II *318*	425 f.	I 325
5,248−250	I *429*		
5,331 ff.	II *312*	Philo von Alexandrien	
5,367	I *330*	*De Agricultura* 79 ff.	I *176*
5,459; 6,98	I *337*	*De Aeternitate Mundi* 52	II 2
5,466.504 ff.523 ff.	II *312*	*De Confusione Lingua-*	I *140, 250*
6,5 ff.93	II *312*	*rum* 2 f.	
6,79 f.	I *461*	*De Decalogo* 98.100	I *175*
6,114	II *327*	*De Deo*	II *192*
6,123.260	I *23*	*In Flaccum*	I 212
6,125	I *60*	43	I *298*
6,237−243	II *122*	46	I 23, *178*; II *124*
6,285 f.	I *337, 461*	48	I *118*
6,300−309	I 407	48 f.	I *173, 180*
6,312 f.	I *326, 348*	74	I *98*; II 174
6,356	I 23	97	I *173*
6,422−425	II 174	121 f.	I *176*
6,438	II 186	*De Gigantibus* 6 ff.	I *285*
7,3	II *300*	*Hypothetica* 7,13	I *428*
7,43−46	I *180*	*De Josepho* 254	I *250*
7,44	I *188*	*Legatio ad Gaium*	I 212, *310*
7,150	II 7	23	I *465*
7,269 ff.	I 356	99	I 237
7,408 ff.	I *325*	109	I 237
7,413−416	I *339*	133	I *118, 173*
7,437 ff.	I *193, 325*	134	I *180*
7,455	I *209*	147	I 40

154.158	I *49*	*De Somniis* 2,127	I *175, 181*
155(f.)	I *124, 184*; II 173	*De Specialibus Legibus*	
156.312	I *175*	1,12	II 175
191	I *178*	1,54; 319 ff.	I *250*
200	I *26*	1,192 ff.	I *112*
203.281	I 23	2,61 f.	I *175*
225.281	I 39; II *124*	3,53	II *124*
276−329	I *212*	4,61	I *212*
295	II *116; 123*	36	I *313*
299−305	II *328*	*De Virtutibus* 77	I *313*
302	II *333*	*De Vita contemplativa*	I *300*
311	I *181*	13	I 289
312	I *182*	26 ff.	I *175*
346	II 123	66.80.83 ff.	I *176*
353	II 123, *126*	*De Vita Mosis*	I 212
De Migratione Abrahami I *140*		1,31; 2,30 f.	I *250*
89 ff.		1,180; 2,256 f.	I *176*
De Mutatione Nominum I *301*		2,25−40	I *37*
11 ff.		2,25−44	I *246*
De Praemiis et Poenis	I 212; II 151	2,31 ff.	I *300*
53	II *4*	2,32	II *336*, 369
66	I *175*	2,37.40	II *369*
95	I *338*	2,72	II *124*
De Providentia	I *308*	2,115	II *4*
2,91	I *211*	2,209 ff.	I *175*
Quaestiones in Genesim	I *212*	2,211.215 f.	I *175, 192*
4,152			
Quaestiones in Exodum	I *282, 293*	Pseudo-Philo	
1,23		*De Jona*	II 184, 189
Quod omnis		*De Sampsone*	II 184, 189
2	I 273		
13	II *2*	Pseudo-Phokylides	I 244 f.
76.78	I 264	10 ff.	I 244
80−82	II *51*	54	I 245
81	I *180 f., 274 f.*	84 f.	I 244
82	I *175*	102−104.115	I *75*, 236
84 ff.	I 267	149	I 245
84.88	I *275*	175 ff.	I 245
85 f.	I 273		

V. Neues Testament

Matthäus		3,10	II 291
1,1−14	II 29	3,15; 5,17 f.	II 253
1,18	II 374	5,1 f.; 8,1	II 239
1,21	II 247, 253	5,3−9(10)	II 243−246, 253
1,23	II 253, 351, *356*,	5,4	II 243
	374	5,5−8	II 242
2	I 291	5,6	II 252
2,1−12	II *356*	5,11 f.	II 267
2,3 ff	II 341	5,13	II 263 f.
3,7 f.	II 289		

5,16	II 265	18,20	II *238*, 253
5,17−19	II *4*	19,9	I *406*
5,18	II 235, 265	20,1−16	II *251*
5,20	II *222*, 249, 266, 274	20,23	II 232
		21,5	II 234, *236*, 249
5,21 f.	II 270	21,23; 45(f.)	I *396*
5,21−48	I 403; II 267 ff.	21,43	II *253*
5,21−26; 38−42	II 270	22,30	II *242*
5,44	II 273	22,36	II *287*
5,48	II *250*, 253	22,40	I *405*; II 254, 286
5,23(f.)	I 404, *405*	23	II 267
5,28	II 242	23,2	I *429*
5,43 ff.	I *312*, 405	23,3	I 417
5,45.48	II 242	23,6(f.)	I *52*, 429
6,1−18	II 273 ff.	23,8 f.	II 261
6,5	II 275	23,15	I 79
6,9	II 275	23,16−29	I *428*
6,10	II 278 f.	23,24	II *238*
6,13	II 279 f.	23,26	II 242
6,5−13	II 274	23,29	I *434*
6,16 ff.	II 249	24,15	I *116*; II 10
6,21	II 242	25,31(f.)	II *88*, 113, 291
6,28.32 f.	II 281	26,3.57	II *322*
6,33	II 251	26,26 ff.; 27,46 f.	II 291
7,6	II 261	26,28	II 275
7,12	II 254, 282 ff.	27,1	II *331*
7,13−27	II 286	27,2	II *322*
7,19	II 291	27,62	I *396*; II *321*
7,19−27	II 292	28,19(f.)	II 206, *238*, 247
7,28	II 290, 292		
8,11 ff.	II 358	*Markus*	
8,18−22	I 72	1,4	II 291
8,21 f.	I *406*	1,40−44	I 404
9.15	II 249	2,16	I *397*; II 267
10,5 f.	I *399*; II 206, 305	2,19	II 249
10,13	II 242	3,6	I 396
11	II 291	3,21	II 209
11,2−6	II 268	6,2 f.	I *407*
11,5	II 243	6,3	I 32
11,7 f.	I 69	6,7 parr	I *407*
11,19	I 70	7,1 ff.	I *408*
11,25	II *278*	7,1−4	I 399
11,27	II 295	7,3	I *435, 452*
11,29	II 246	7,3.5.19	I 397
12,5 f.11 f.	II *235*	7,3 f.11 f.	I *428*
12,38−42	II 268	7,5	I *432*
13,52	II 4, *238*, 241	7,5−13	I 405
15,2 f.11	I 397	7,15	I 399, 405
15,24	I 206	7,24 f.	II 206
15,31	II 275	7,26	I 31
17,24−27	I 399	10,5 f.	I *415*
17,25 f.	II 260	10,28	I 80
18,19 f.	II 274 f.	10,45	I *405*

11,2.7	II *237*	13,33	I 70
11,15−17	I 402, 405; II *333*	14,1	I *112*
11,17 parr	I *178*	14,3	I *397*
12,13	I 396	15,7	I 80
13,1 f.(14)	I 405; II *330*	16,16	I *5*; II *10*
13,18	II *83*	16,17	II *4*
13,19	II *47*	17,11(-19)	II *297*
14,25	I *405*	20,27	II *325*
14,55(ff.)	II *330 f.*	22,50.54	II 323
14,58	I 402, 405	22,66−71	II 331
14,60−63	II *322*	22,66−23,1	II 323
14,63 f. par	I *402*	22,71	I *402*
14,64 f.	II *331*	23,2	I *402*
15,1	II *331, 360*	23,18	II *360*
15,13 f.	I *374*	23,34	II 273
15,21	I *19, 33*	24,19−21	II 206
15,34	II 69	24,44	II 10
15,42	II *321*	24,53	I *178*
Lukas		*Johannes*	
1,1	II *173*	1,14	II 294
1,5	II 341	1,14−17	II 319
1,26−44	II 351	1,17	II 36
1,27.35.41 f.	II 374	1,41	II 206, 209, *306*
1,32 f.;2,11.34	II 206	1,44	II 309
2,25	II *247*	1,49	II 206, 209, *307*
2,36 f0.46−49	I *118*	2,1−11	I 28
3,1(f.)	I *17*; II 322, 325, 329, 341	2,6	II 315
		2,14−17	II *333*
3,23−38	II 29	2,19−22	I *402*
4,16 ff.	I *192*	2,21	II *318*
5,17.21	I *397*	2,23	II *321*
6,20(ff.)	II 245	3,1	I *475*
6,21	II 243	3,22	II *297*
6,23	II *227*	4,3 f.	II *297*
6,24−26	II *243*	4,5	II 300 f.
6,36	II *250*	4,7	II *304*
7,5	I *108*	4,11	II 302
7,25 f.	I 69	4,18	II 315
7,30	I *397*	4,19	II 307
8,3	I 33, 70	4,20−24	II *304*
9,51−56	II *297, 304*	4,21−24	II 318
9,57−62	I *72*	4,22	II 209
9,59 f.	I *406*	4,25	II 306
10,8	I 399	4,35−38	II 305
10,22	II 295	4,38	I 34
11,37−44	I *428*	4,39−42	II 305
11,43	I 429	4,42	II 307
11,45.53	I *397*	4,46	II *302*
11,51	I *105*	5,1	II 308, 321
12,49	II 273	5,1−9	II 316
13,1 f.	II *328*	5,2	II 310
13,32	I 70	5,5	II 315

5,7	II *309,* 314	2,46	I 71, *106, 118, 178*
5,37	II *242*	3,1 ff.	I *178*
5,39.46 f.	II 315	4,1	I *474;* II 325
6,1.23	I *32, 70*	4,6	I *17, 474;* II 325,
6,69	II *318,* 319		329
7,2	II *321*	4,13	I *407*
7,4	II *319*	4,27	II *322*
7,5	II 209	4,36 f.	I *469*
7,10.14	II 320	5,12	II *318*
7,37 f.	II 321	5,17	II 325
7,40−43	II 329	5,30	II 212
7,49	I 445	5,36 f.	II *110*
8,44	II 209, *302*	5,42	I *106*
8,48	II 209, 305	6 f.	I *401*
9,7.11	II *322*	6−8,3	I *141*
9.22; 12,42; 16,2	II 209	6,1	I 13
10,22	II 316, 321	6,1−5	II *147*
10,23 f.30	II 318	6,2	II 173
10,24	II 329	6,5	I 33, 454
10,40 f.	II 319	6,8 f.	II 146
11,47.49−53	II 323	6,9	I 20, 24 f.
11,49	II *323, 332*	6,11	I *402*
12,13	I 350	6,13 (f.)	I *116;* II 213, *330*
12,20 f.	I 34	7,8 f.	I *99*
12,21	II 309	7,15 f.	II 301
12,23; 13,1; 17,1	II 319	7,41.48	I *178*
13−17	I *219*	7,46	I *105*
14,6	II 319	7,60	II 273
16,10	II 103	8,4 ff.	I 34
18,3	I *396 f.*	8,5 (−25)	II 305
18,13	II *323,* 327, *329*	8,10	I *101*
18,13−24	I *17*	8,27	I 25
18,15 (f.)	II *323,* 331	8,40	I *26*
18,19−21	II 329	9,1 ff0.23−25	I *401*
18,36	II 214	9,29	I 13
18,37	II *329*	9,31; 15,3	II *305*
19,15	II *360*	9,36−39	I 71
19,24	II *237*	10,1−11,24	II 206
19,30	II 319	10,5	I *30*
19,36	II 321	10,9	I *119*
20,21	II 209	10,10−16.28	I *399*
21,1	I *32, 70*	10,39	II 212
21,11	II 315	11,20	I *13*
21,22 f.	II 211	11,26	II 207
21,24	II 331	12,1 ff.	I 402
		12,21−23	I *67*
Apostelgeschichte		13,1	I *33*
1,6	II 206	13,12	II *173*
1,13 f.;9,37.39	I *119*	13,14 ff.	I *192*
1,14	I *185*	13,16−48	II 206
2,9−11	I 25	13,29	II 212
2,24	I *185*	14,14 f.	I 71
2,29	I *99*	14,17	II 127

15,14	I *30*	12,8	I *183*
15,20f.	I *399*	15,4	II 50, 205
15,21	I *192*	15,7–12	II 215
16,13.16	I 187	15,19	I 24
17,6	I *374*	16,13	I *33*
17,17–34	I *90*	16,5	I *106*
17,23.28	II 127		
18,2–4	I *115*	*1. Korinther*	
18,4.7	I *194*	1,23	II 210
19,31	II *173*	2,9	I 227
20,8	I *119*	2,10	II 212
20,20	I *106*	2,13	II *56*
21,16	I 33	3,15	II 291
21,20	I *408*	5,7	II 353
21,21	II 215	9,10	II 205
21,27	I 25	10,11	II 49, 205, *340*
21,28	I *116, 374*; II 215	10,20	I 77
21,37.40	I 31	10,25	I 399
22,2	I 31	11,20ff.	I 113
22,4	I 24	11,23ff.	I *405*
23,2–4	I *474*	15,1–11	II 210
24,1	II 147	15,3f.	II 114, 210
24,1.2–8	I 45	15,8–12	II *206*
24,5	II 208, 213	15,24	I *101*
24,5–14; 28,22	II *125*	15,47	I *334*
24,14	II 213	15,50ff.	I 74
24,28	II 208	16,19	I *106*
25,15	I 376		
26,4	I 24	*2. Korinther*	
26,5	II *63*, 208	3	II 71
		5,21	II 292
Römer		6,14–16	I 258
1,2	II *340*	11,26	I *401*
1,16; 2,9f.	II *205*	12,1ff.	I 231; II 181
2,14ff.	II 213		
3,1f.	II *205*, 214	*Galater*	
3,2	II *206*	1,13f.	I 121
3,19f.	II 213, 254	1,14	I *308*
4,23f.	II 205, *340*	1,17	I 88
4,25	II 103	2,5.14	I *420*
5,20; 7,7–25	II 254	2,7	I *32*
8,12–17	II 289	3,13	II 212
8,23	II 249	3,19	II 213
8,38	I *101*	3,23f.	II 206, 214
9–11	II 206, 215	3,26.28	II 214
9,1–5	I *108*	4,9	II 172
10,2	II 164	4,26	II *128*, 314
10,4	II 213, 254	5,11	II 210
10,15f.	II 76	5,18–23	II 289
11,6	II 254	5,22	II 254
11,25f.	I 444		
11,26.32	II 215	*Epheser*	II 203
11,33–36	II 292	1,21	I *101*

2,12	I *122*	1,10–12	II 205
5,18	I *113*	1,19	II 292
6,4	I *90*	2,24	II 212
		3,22	I *101*
Philipper			
2,12(f.)	II 254, 289	*2. Petrus*	II 203
3,6	I *408*	1,1	I *30*
3,17	II 210		
3,20	II *128*, 214	*2. Johannes*	
		1,13	II *66*
Kolosser			
2,8.18	II 172	*Hebräer*	II 181
2,9	II 36	1,1	II *340*
4,15	I *106*	1,14	I 242
		7,4	I *99*
1. Thessalonicher		8,6; 9,12	II 213
2,14f.	I 402	10,29	II 292
2,14–16	II 208	11,37	II *106*
2,16	II *273*	11,39f.	II 205
5,12	I *183*	12,5–11	I *90*
		12,23	II 213
1. Timotheus		13,14	II *128*
2,5	II 213		
3,3.8	I *113*	*Jakobus*	I 70; II 203
3,16	II 103	1,1	I *29*
6,13	II *322*, 329	2,19	I 242
2. Timotheus		*Judas*	I 228; II 203
1,5; 3,14f.	I *121*	6	I 229
3,8	I 226	14f.	I 229; II 378
3,16	I *90*; II 378		
		Apokalypse	I *176*, 224
Titus		1,3	II *61*
1,7; 2,3	I *113*	4f.	II 181
1,12	I 237	4,5	I *76*
3,4	I 313	7,9	I 350
		17f.	I *329*
Philemon		19,11ff.	I *335*
2	I *106*	20	I 316
		20–22	I 335
1. Petrus	II 203	21f.	II *128;* 214
1,10	II *340*	21,1ff.	I *76*
		22,7.10; 28f.	II *61*

VI. Neutestamentliche Apokryphen

Acta des Philippus		3,47,1–4	I 425
6(1).8(3)	I *90*	9,4f.	I 283
Pseudo-Clementinen			
Homiliae			
2,38,1	I 425		

VII. Apostolische Väter

Barnabasbrief	I 229	Ignatius	
4,3; 16,2	II *379*	*Eph.*	
4,6ff.	II *370*	7,2	II *351*
8,5	II 354	11,1; 14,2	II *234*
16,1−5	I *346*	*Mag.*	
16,4	I *366*	8,1; 10,3	I *123*
16,5(f.)	I 229; II *345*	11,1	II *322*
		Rom.	
1. Clemensbrief	I *176*; II *173, 189*	Einleitung	I *124*
24,5	II 280	4	II *173*
34,8	I 227	*Philad.* 6,1	I *123*
54,5	I 123	*Smyr.*	
55,5f.	II *342*	1,1	II *234, 351*
59−61	II *191*	1,2	II *322*
		6,1	II *234*
Didache		*Trall.* 9,1	II *322, 351*
8,3	II 274		
9f.	II *191*	Papias (ed. Kürzinger)	
		fr. 16, p. 116 (nach Phil.	I *33*
Hermas (Hirt des)	I 224, 368	Sidetes)	
3,4 (= vis I, 3,4)	II 280		
7,4 (= vis II, 3)	I 226	Polykarp	
8,1 (= vis II, 4)	I *241*	5,2	I *123*
Similitudines 5,6	I *123*		

VIII. Kirchenväter, christliche Schriftsteller

Apostolische Constitutionen		Clemens Alexandrinus	
7. Buch	I *176*; II *177, 190*	*Exc. ex Theodoto* 78	I *279*
8. Buch	II 177	*Protrept.* 4,49,1−3	I *378*
		Strom.	
Athenagoras		1,15,69 (Demokrit)	I *218*
30,1	I *241*	1,15,70,1	I *239, 283*
30,2	I *378*	1,23,155,2−7; 156,2	I *205*
		1,59; 69	I *237*
Augustin		1,72,5 (Megasthenes)	II *126*
De civitate dei		1,121,1−2	II *118*
2,3	I *375*	1,141,1−2	I *46*
4,31 (Varro)	II *126*	1,147,24	II *375*
6,11 (Seneca)	II *127*	1,148f.	II *375*
De cons. ev. 1,22f.2730f.	II *126*	1,149,2	II *372, 375*
42		1,149,3	II *373*
De serm. Domini in	II *256*	1,150,4	II *4*
monte 1,1		4,42; 66	I *237*
In Ev. Joh 3,19	I *112*	5,14,107,4	I *211*
		5,108,2	I *237*; II *360*
Chronik Michaels des Syrers		5,113,1−2	I *46, 243*
(Übersetzung v. Chabot	I *323*	5,123,2	I *134*
I, 172)		5,125,1 (Orpheus-	I *242*
		Hymnus)	

6,5,41	II *274*
6,41,2f.	II *172*

Cyrill
MPG 33, 1133 — II *310, 314*

Ps.Cyprian
De mont. Sina et Sion 9 — II *354*

Dialog zwischen Timotheus und Aquila
(ed. Conybeare)
Fol 77.115−119 — II *364*

Disputation des Bischofs Gregentius v. Tafra mit dem Juden Herban
MPG 86,1,622−783 — II 365

Epiphanius v. Salamis
De mens. et pond.
5.6	II *370*
10f.	II *340*
13−16	I *361*
14	I *366*
Panarion	
18,1.3−5	I *425*
30,11	I *100*
33,4,1	II *20*
64,29,6	I *206*
80,1,2−4; 2,1f.	I *190*
80,1,5f.	I *189*

Eucherius
Ep. ad Faustum — II *310*
(CCL 175) 238

Eusebius v. Cäsarea
Chronica, s. Hieronymus
Historia ecclesiastica
1,7,11−13 (Jul. Africanus)	II *141*
2,171ff.	I 310
2,23,15 (Hegesipp)	II *360*
2,32,4−6 (Hegesipp)	I *367*
3,18,4	II *174*
3,20	I *71*
3,22,1	I *374*
3,32,1−6	I *71*
4,2,2	I *326*
4,2,4	I *318, 321*
4,3,3	I *368*
4,5,3	I *30*
4,6,1−3	I *385*
4,6,2	I *348*
4,6,3	I *348, 387*
4,6,4	I *346, 380, 387*

4,8,2 (Hegesipp)	I *378*
4,9,1−3	I *372*
4,11,10	II *338*
4,13,1−8	I *371, 375*
4,15,6f.; 26f.	I *374*
4,18,4ff.	II *361*
4,26,10	I *371*
4,26,12−14	II *342*
4,27,1	I *13*
5,1,7−10	I *374*
5,8,12f.	II *372*
5,18,5	I *376*
6,13,7	I *200, 305*
6,16,1	II *349, 367*
6,17	II *74, 348*
6,41,19	I *376*
7,32,2−4	II *181*
7,32,32; 10,4,14	I *189*
8,1.6	II *181*
In Jes. 3,3.4	I *99*

Onomastikon (ed. Klostermann)
58,21	II *309*
58,22f.	II *314*
58,26	II *308*
(S.)150,1f.	II *299*
(S.)164,1.11f.	II *299*

Praeparatio Evangelica	II 184
5,21,6 (Oinomaos v. Gadara)	I *36*
5,36,5 (Oinomaos v. Gadara)	I *36*
8,7,12f. (Philo, Hypothetika)	I *175*
8,9,38−10,17 (Aristobul)	I 211
8,11	I 267
8,11,5	I 273
9,5,7	II *118*
9,8,2 (Numenios)	I *204*
9,9 (Numenios)	I *251*
9,14,4; 21,1−10;	
9,29,1−3; 16.16c (Demetrios)	I *46*
9,16	I *61*
9,17; 9,18,2 (samarit. Anonymus)	I *39, 134, 167*
9,17,2−9	II 185
9,18,1 (Artapan)	I *134*
9,20,1; 24,1; 37,1−3 (älterer Philo)	I *46*
9,22 (Theodotos)	I *46*; II 186
9,27,3−6 (Artapan)	I *305*
9,27,4 (Artapan)	I *135*

9,28 f. (Tragiker Ezechiel) I *46, 205*
9,34,13 (Eupolemos) II *119*
13,12,1 (ff.) I *295*
13,12,4 (Aristobul zu I *241*
  Orpheus)
13,12,4 ff. (Aristobul) I *134f.*
13,12,6−8 (Aristobul) I *211*
13,12,10 f. I *232*

Hieronymus
Chronica (ed. Helm, GCS 47)
S. 197 f. (Hadrian I) I *320, 363*
S. 198 (Hadrian V) I *318*
S. 199 I *368, 372*
S. 201 I *380, 385*
De viris illustribus 19 I *367*
Epistulae 70 I *367*
Hebr. quaest. in Gen. II *299*
  48,22
In Is. (CCSL 73 I), II *375*
  S. 102−105
In Hier. 6,18,6 I *387*
In Zach. 3,11,5 I *387*
Praefatio in Pent. 1,3 f. II *370*

Hippolyt
Ref. omn. haer. (Philosophumena)
4,6.16 I *292*
5,6,3−5,11 I *10*
5,26,29 II *351*
7,33,1 f.; 10,22 II *349*
7,36,3 II *351*
9,8 f. I *10*
9,16,4 I *350, 366*
9,27 I *288*

Irenäus
Adv. haereses
1,20,1 II *373*
1,23,5 II *306*
1,25,1 II *351*
1,26,1 II *349*
1,26,2 II *366*
3,11,3 II *351*
3,11,7 II *366*
3,21,1 II *74, 346, 366, 371*
3,21,2 II *372f.*
3,21,3.5 II *374*
4,6,2 II *338*
4,16,2 II *379*
4,26,3 II *373*
4,33,3 I *237*
4,33,4 II *366*

4,38,3 II *373*
5,1,3 II *366*
5,35,1 II *373*

Itinerarium Burdigalense (CCL 175)
S. 13 II *299f.*
S. 15 II *310, 314*
S. 15 f. I *380*

Johannes Chrysostomus
Contra Iudaeos 16 I *100*
Adversus Iudaeos
I,2,4.8 I *112*
6,5 I *100*

Julius Africanus
Ep. ad Aristid.
5 I *88*
83 II *116*
96−98 II *123*
Ep. ad Orig. (SC 302) II *178, 363*
(s. a. Origenes)
§4 f. II *363*

Justin
1. Apologie
13,3 II *341*
20,1; 44,12 I *241*
26,2 II *341*
26,3 (f.) II *306*
26,5; 58,1 II *351*
26,8 II *338*
29,4 I *378*
31,1 II *338*
31,1−5 II *6, 339*
31,2 II *341*
31,2−4 II *340*
31,5 II *362*
31,6 I *382*
31,7 II *344*
32,1 II *340, 357*
32,2 II *357*
33,1 ff. II *347*
35,9 II *341*
40,6 II *341*
41,1−4 II *342*
41,4 II *354*
51,8 f. II *354*
53 II *306*
54,5 II *357*
55,5 II *342*
63 II *351*
68 (Reskript Hadrians) I *370, 372*

2. Apologie	I *371*	120,5	II *106, 342, 345,*
3,1−6	II *361*		*355, 358, 371*
Dialog mit Tryphon	II 14, 337−360	120,6	II *306, 359*
1,3	II *340, 350*	124,2−4	II *358*
3,1−8,2	II *3*	124,3	II *337, 362*
6,2	II *342*	124,4	II *359*
9,3	I *348*	131,1	II *337, 362*
10,2	II 292	133,2	II *359f.*
11,4	II *340*	136,2	II *345, 360*
14,3; 18,3.12	II *340*	137,3(f.)	II *337, 345, 360,*
17,2	II *359f.*		*362*
29,2	II *370*		
31,1	II *354*	Laktanz	
35,5f.	II *351*	*Divinae Institutiones*	
35,6	II *363*	1,6,8 (= Varro)	I *238*
42	II *355*	4,15,29	I *239*
43,5f.	II 347f.	4,18,22	II *353*
43,7	II 348	5,11,19	I *371*
43,8	II *347,* 348	7,15,19 (= Hystaspes-	I *330*
45,3; 47,4	I *123*	Orakel)	
47,1−6	II *366*	7,17,10f.	I *335*
48,1f.	II *348*	7,19,5f.	I *335*
48,4	II 348, *349*	7,19,9	I *340*
49,1; 67,2	II *349*		
50,7; 57,3; 63,1	II 347	Minucius Felix	
52,2	II 357	*Octavius* 9,6; 31,2	I *370*
66,1−3	II 347		
66,4	II 348	Origenes	
68,1	II 349	*Comm. ad Matth.*	
68,5.6−8	II *349*	15,14	II *367*
68,7	II *337f., 362*	24,9	I *375*
69,7; 70,4	II 352	*Comm. Cant.* I	II *367*
71,1	II *337f., 352, 362*	(GCS VIII, 100f.)	
71,2	II *345, 338,* 353	*Contra Celsum*	
71,3	II 353	1,15	I 248
72,1	II *342, 353*	1,26	I *101*
72,2	II 353	1,55	II 77
72,4	II *354*	2,14 (Phlegon v. Tralles)	I *369*
73,1(f.)	II *342, 354*	3,36	I *378*
73,1ff.	II *355*	4,52	I *368;* II *338*
74,3	II 356	5,42	I *186*
77.78	II *356*	38	I *377*
77,4; 103,3f.	II *341*	*De princ.* 4,1,3	I *99*
79,4	II *342*	*Ep. ad Afric.*	
82,4	II *356*	§5; 8f.	II *367*
84,(1.)3	II *356, 362*	14	I *98*
84,2	II 356	*Hom. in Lev.* 12,5	II *367*
84,5	II *358*	(SC 287)	
91,4	II *344*	*Sel. in Ps* ad Ps 89,1	I *99*
113,4; 120,1	II 348		
118,2	II *349*	Orosius	
120,3	II 357	*Historia adv. paganos*	
120,4	II *337, 357, 362*	7,12,6	I *318, 326*
		71,13,2	I *372*

Ps.Justin
Cohort. ad Graec. II 184, 350,
              368–370
8,2; 12,2f.   II *368*
9,2; 10,1   II *369*
13,3   II *369*
13,5   II *370*

Severus v. Minorca
Ep. de Iud. (PL 20) 741   I *120*
  u. 733

Stephan v. Byzanz
Ethnica (ed. Meinecke)
125   I *28*
132   I *36*
203   I *36*

Theodor v. Mopsuestia
Johanneskommentar (= Studi et Testi 141)
324,8   II *310*

Tatian
Oratio (ad Gr.)   I *13*
10,1   I *378*
19,1   II *361*
29,2   II *3*
40,1   I *244*

Tertullian
Ad nationes
1,8,9f.   II *274*
2,10,11   I *378*
Ad Scap. 4f.   I *376*
Adv. Iudaeos 10.11f.   II *354*
Adv. Marcionem
1,18,4   I *378*

3,19,1   II *354*
3,22,5   II *360*
Adv. Valent. 5,1   I *361, 370*
Apologeticum
2,6ff.; 5,6ff.   I *370*
2,7–9   I *373*
4,4   I *369*
5,7; 18,5; 25,12   I *361*
8   I *120*
13,9   I *378*
16,4   II 376
18,5–9   II *376*
19,6   II *377*
21,18.24   II *341*
22,3   II *377*
35,8; 39,2; 49,4   I *374*
40,2   I *375*
Cor.
13,6   I *378*
De cultu feminarum
1,3,1–3   I *230*; II *88, 378*
De idolatria
4,2   II 378
15,6   II *377*
De praescriptione hareticorum
7,5   I *279*
7,9(f.)   I *258*; II 115
43,1   I *361*

Theodoret
Dial. eranist. 1 (PG 83,61)I *99*

Theophilus
Ad Autolycum   II 261
1,14   II *3*
3,8   I *378*

IX. Rabbinische Literatur

Fastenrolle   I *420, 433, 436*; II
                318
12   I *364*
13   I *246*
Scholion zur Fastenrolle   I *323*

Mischna
mAv 1,1(ff.)   I *199, 411, 417,*
              422, 423, 425, 433;
              II 214
mAv 1,3   II 262
mAv 1,12   I *84, 443*; II 285

mAv 1,13; 2,5   I *51, 281*
mAv 1,15   I *443*
mAv 2,4f.   I *443*
mAv 2,8b   II 225
mAv 2,10   II 285
mAv 3,11; 4,8; 5,7f.   I *413*
mAv 3,13   I *422*
mAv 3,14   II *37*
mAv 3,15   I *421*; II *254*
mAv 4,1   II 225
mAv 4,2   II 262
mAv 4,9   II 265

mAv 5,17	I *423*	mYad 4,2f.	I *434*
mAZ 2,5	I *422*	mYad 4,6	I *83, 116*
mBer 1,1	I *422*	mYad 4,7	I *414*
mBer 1,5	II *65*	mYom 1,6	I *444*
mBer 2,2b.5	II *277*	mYom 4,1c;6,2c	II *276*
mBer 5,3.9	I *118*	mYom 6,4.8	II *261*
mBik 1,5	I *83*	mYom 8,9	II 225
mChag 1,8	I *423*f.	mZav 1,5	I *59*; II *313*
mChal 4,11	I 20, 454; II 147		
mDem 2,3	I *435*	*Tosefta*	
mDem 6,3f.	I *469*	tAZ 5,6	I *381*
mEd 1,4−6	I *449*	tBer 2,1	II *277*
mEd 1,12	I *440*f.	tBer 3,7	II 278
mEd 8,7	I *414*	tBer 7,18	I *443*
mEr 8,7	I *434*	tChag 1,9	I 424
mGit 9,8	I *26*	tChag 2,1	II 225
mKel 30,4	II 225	tChag 2,9	I *423*; II *14*
mKer 3,9	I *417*	tChull 2,18	I *101*
mMeg 3,1	I *116, 118*	tChull 2,23	II 225, 265
mMeg 3,2	I *117*	tEd 1,1	I 419; II *14, 68, 69*
mMeg 3,3	I *114, 116*	tErub 11,22	I *434*
mMeg 3,6	II *318*	tEr 11,24	I *423*f.
mMeg 4,8	I *421, 428*	tMeg 3,6	I *117*
mNed 5,2	I *103*	tMeg 3,7	I *116*
mNed 9,2	I *106*	tMeg 3,18	II 79
mPara 3,5	II *324, 328*	tMen 13,21	I *471*; II *327*
mPara 3,15	II *327*	tMiqw 4,2	I *261*
mPara 11,4−6	I *418*	tMiqw 5,4	I *419*
mPea 2,6	I *414*	tNidda 9,14	I *418*
mQid 1,10	I *443*	tOhal 4,2	I *110*
mQid 4,14	II *280*	tPea 3,2	I *417*
mSan 1,1−4	II 270	tPes 4,2	II *67*
mSan 9,6	I *401*	tPes 4,3	II 175
mSan 10,1	I *54*, 444; II 262	tQid 1,13	II 229
mSan 11,2f.	I 407, 420−422	tQid 5,17	I *134*
mSan 11,3	I *432*	tSan 4,7	II *21*
mSheq 2,3; 8,6f.	I *449*	tShab 15(16),9	I *366*
mShev 9,3	I *84*	tSot 8,3	II *261*
mShev 10,3f.	I *424*	tSot 14,9	I *423*; II *14*
mSota 5,2	II *23*	tSot 15,10	I *381*
mSota 9,14	I *323, 364*	tSuk 3,1	I *417*
mSota 9,15	II *65, 67, 327*	tSuk 4,2	II 225, 229
mSuk 2,7	I *418*	tSuk 4,6	I *65, 111, 115, 180, 320*
mSuk 4,5−7	I *417*		
mSuk 4,9	II 322	tSuk 4,28	I 137
mSuk 5,1	II *322*	tTaan 1,13	II *276*
mTaan 2,1	I *118*	tTaan 2,6	I *420*
mTaan 2,8	I *420*	tTaan 4,2	I *433*
mTam 5,1	II 225	tTaan 4,5	I *434*
mTam 7,4	II *277*	tYad 2,12	I *116, 118*
mYeb 8,3	I *417*	tYev 1,10	II *324*
mYeb 15,1f.	I *440*f.	tYev 2,4	I *420*
mYad 3,5	II *9, 66*	tYom Tob 2,15	I *124*

tZav 1,10	II *313*	bBer 28b	II *14*
tZeb 2,17	II 225	bBer 29a	II 278
		bBer 34b	I 349
Palästinischer Talmud		bBer 61b	II 230
yBer 3b	I *432*	bBQ 82b	I *54*
yBer 13a	I *101*	bBQ 81b-82a	I *433 f.*
yBM 2,5 8c	II 265	bBQ 82b/83a	I 258
yChag 76d	I *422*	bChag 5b	I *54*
yChag 77b	I *474*	bChag 14a	II *20*
yEr 5,1 22b	I 66	bChag 14b	II 225
yMaas 8,7	II *324*	bEruv 21b	I *420, 433*
yMeg 1,11	I *421*	bGit 36b	I *84*; II *272*
yMeg 1,21b	II *21*	bGit 56a	II *125*
yMeg 3,1 73d	I *106, 114*	bHor 10b	II 231
yMeg 3,4 74a	I *116*	bMakk 11a	I *421*
yMeg 74d	II *373*	bMeg 3a	I *246*
yMeg 75a (4,1)	I *434*	bMeg 9a	I *37, 246*; II *337*
yMeg 4,8	I *421*	bMeg 26a	I *115*
yNed 9,3 41c	II *286*	bMeg 26b	I *106, 108*
yPea 2,6	II *349*	bMeg 28a/b	I *116*
yPea 7,1	I *391*	bMeg 29a	I *117, 179*
yPea 17a	I 416, *422*	bMen 10,2	II 302
yPes 6,1 33a	II *67*	bMen 35a−b	I *421*
yPes 7,34a	I *124*	bMen 89a	I *415*
yQid 66c/d	II 229 f.	bMen 104a	I *366*
yRHSh 3,2 58d	II *355*	bNed 38a	I *425*
ySot 7,21b	I *100*	bNidda 45a	I *433*
ySan 9,27d	I *54*	bPes 64b	II *175*
ySan 10,2	II *106*	bPes 65a	II 229
yShab 3a	I 416	bPes 110b/101a	I *112*
ySuk 5,1	I *65, 320, 324*	bQid 32b	I *432*
ySuk 5,55a/b	I *115*	bQid 66a	I *450*
yTaan 4,7	I *338*	bQid 66b	I *54*
yTaan 4,8	I *348, 382*; II *68, 236*	bQid 82b	II 230
		bRHSh 17a	I *54*
yYom 1,1 38c	II *332*	bSan 7a	II 232
yYom 7,3 44b	II *355*	bSan 20a	I *366*
		bSan 21b	II *21*
Babylonischer Talmud		bSan 37a	I *21*; II 273
bAZ 2b	I *365*	bSan 43a	II 337
bAZ 16b/17a	II *236*	bSan 61b; 62a/b	I *117*
bAZ 18b/19a	II *223*	bSan 63b	I *59*
bAZ 35a	I *422*	bSan 76b	II *286*
bAZ 42b	I *101*	bSan 90b	II 13
bBB 12a/b	II *68*	bSan 93b	I *348*
bBB 14b−15a	I *434*	bSan 99b	I *54*; II 232
bBB 15b	I 237	bSan 103b	II *106*
bBB 16b	I *134*; II 230	bShab 11a/b	II 264
bBekh 8b	II *116*, 264	bShab 15a	I *434*
bBer 4b	I *420, 422*	bShab 23a	I *432*
bBer 5a	I 416	bShab 32a	I *118*
bBer 8a	I *118*	bShab 31a	I *423*; II 284 f.
bBer 10a	II 273	bShab 33b; 34a	I *365*

bShab 62b-63a	I *35*	15,2	II *279*
bShab 88b	II 272	15,8	II *278*
bSot 15a	I *463*	16	II *282*
bSot 16a	I *424*	20,2	II *276*
bSot 21a	I *51*		
bSot 22b	I *402*	*Sifra*	
bSot 36b	II *20*	zu Lev 7,12 (Zaw 11,4−6) I *415*	
bSuk 20a	II 21	zu Lev 19,18 (Qedoschim	II *286*
bSuk 43b	I *417*	4,3)	
bSuk 48b	II *322*	zu Lev 19,32 (Qedoschim	I *432*
bSuk 51b	I *65, 115, 320*	3,7)	
bSuk 52a	II 73	zu Lev 22,32 (Emor 9,5)	I *323*
bSuk 56b	II 230	zu Lev 25,1 (Behar 1,1)	I *433*
bTaan 6b	II 232	zu Lev 26,46 (Bechuqqo-	I *433*
bTem 15b−16a	I *434*	tai 8,12)	
bYev 49b	II *106*		
bYom 9a	II *332*	*Sifre Numeri*	
bYom 35b	I *51*	zu Num 18,20 § 119	I *51*
bYom 86a	II 229		
		Sifre Zuta (ed. Epstein)	
Avot de Rabbi Natan		Blatt 4 recto Z.17	I *472*
(ed. Schechter)	II 177		
A c. 2	I *433*	*Sifre Deuteronomium*	I *381*
A c. 4 p. 23	I *189*	§1 zu Dtn 1,1	II *355*
A c. 15 f.	II 285	§105 zu Dtn 14,22	II *333*
B c. 26; 29	II 285	§113 zu Dtn 15,3	I *424*
B c. 37	II *337*	§343 zu Dtn 33,2	I *45*; II 232
		§351 zu Dtn 33,10	I *423*
Soferim		§356 zu Dtn 33,29	II 232
1,7	II *337, 355*		
1,8	I *37*	*Midrasch Tannaim*	
6,4	II *7*	zu Dtn 33,10	I *423*
18,2	II *318*		
		Genesis Rabba	
Derech Eretz Rabba	II *247f.*	1,8	II *304*
2,13f0.19−24	II 248	10,3	I *360*
2,20	II 247	20,9	II *281*
		24,7	II *286*
Derech Eretz Zuta		32,10	II *304*
8,9	I *452*	42,4	I *328*
8,10	I *418, 420*	64,10	I *366*
8,14a	I *418*	65,22	I *451*
		81	II *304*
Päräq haššalom	II 177, *242*	98,7	II *236*
		98,11	II *235*
Sefer Tora			
1,6	II *337*	*Exodus Rabba*	
1,8	I *246*; II *355*	6,1	II 265
		22,10	II *124*
Kuthim	II *304*	30,12	I *361*
MekhiltaExodus	I *381*	*Leviticus Rabba*	
14,13	I *324*	27,3.8	II *355*

Numeri Rabba	
14,10	II 365
19,24	II 316
20,7.13	I 237
Deuteronomium Rabba	
3,6	II 304
Canticum Rabba	
1,1 §1	I 361
1,5	II 124
4,45	II 304
8,9	I 328
Ecclesiastes Rabba	
3,17	I 364
Lamentationes Rabba	
1,1	II 175
1,1 § 4−13	II 116
1,13 §41	I 328
1,16 §45	I 324
Esther Rabba	
7,11	I 121
Midrasch Tehillim	
1,17	I 258
2,5; 80,6	II 236
93,8	I 111, 188
Midrasch Mischle	
9,20 zu 9,2	II 230

Pesiqta deRab Kahana (ed. Mandelbaum)	
p. 2,468,17ff	II 247
Pesiqta Rabbati	
4,3	II 345
5	II 365
34	II 246
37	II 228
45	II 223, 231
Tanḥuma B	
Bereshit §21	II 230
Wajjera §29	II 231
Mišpaṭim §3	I 361
Pirqe deRabbi Eliʿezer	
31	II 237
SederOlamRabba	
21	I 237
30	I 323
Yalqut Shimʿoni	
§ 135.138	II 302 f.
§ 394	II 247
§ 475 zu Sach 9,9	II 237
Chronik Jerachmeels	I 189
36,8f.	II 302
Sepher haRazim	II 182

X. Targumim

Onkelos	
Gen 3,5; 6,2	II 244
Gen 3,16	II 281
Gen 14,18	II 186
Ex 15,18	II 277
Dtn 33,21	II 252
Jeruschalmi I	
Gen 3,16	II 381
Gen 6,2	II 244
Ex 1,15ff.	I 206
Ex 15,18	II 277
Ex 16,27	II 282
Ex 18,20b	I 192
Lev 11,32	II 282
Lev 19,18	II 285

Jeruschalmi II	
Gen 3,17	II 281
Ex 15,18	II 277
Neofiti	
Gen 3,16f.	II 281
Ex 15,18	II 277
Prophetentargum	
Ri 5,9	I 192
Jes 53,5	II 96
Jes 53,8f.	II 101
Jes 53,11f.	II 96
Jes 61,3	II 244
Jes 66,1	II 345, 358

Hes 11,16   I *192* | *Samaritanischer Targum*
Am 6,3   I *192* | Gen 3,16f.   II 281

XI. Pagane antike Literatur

Acta Alexandrinorum   40,17,1   I *362*
Acta Hermaisci VIII,   I *301, 321*   49,81a   I *363*
  43.49   52,36,1ff.   II *173*
Acta Pauli et Antonini   I *301, 318*   62,18,4   I *241*
  VI,14   63,1−5   I *328*
                                                 66,5.4; (6,2)   I *23, 337, 385*
Ammianus Marcellinus   67,14,2   II 173
25,4,17   I *361*   68,29,4−31,4   I *323*
                                                 68,31   I *362*
Anthologia Graeca   I 253   68,32,1−3   I *317, 318, 320*
5,160   I *35*   69,3−7   I *388*
7,417,1f.   I *36*   69,3,2; 11,3; 22,1   I *361*
                                                 69,3,3−4,5   I *389*
Appian   69,4,6   I *367*
Bella civilia   69,6,1; 16,3   I *374*
2,90   I *318, 320*   69,6,3   I *361*
Syriaca   69,9,3f.   I *386*
45f.   I *390*   69,11,2   I *378*
                                                 69,12,1f.   I 346, 379
Aristophanes   69,12,1−14,3; 15,1   I *385*
Ekklesiazusae   69,12,2   I *365*
590ff.670f.673ff.   I *267*   69,12,3   I *386*
                                                 69,13,1   I *385*
Aristoteles   69,13,3   I *387*
Methaphysik   69,14,1   I *387*
B4 1000b5 (Empedokles) II *56*   69,14,2   II *119*
Nikomachische Ethik   69,14,3   I *386*
1159b; 1168b   I *267*   69,22,2   I *368*
Fragment 64   I *271*   70,1   I *359*
                                                 71,4   I *317*
Arrian   72   I *391*
Dissertationes (s. Epiktet)
Parthica   Cicero
F 29   I *391*   *De divinatione*
                                                 1,47,63−65   I *219*
Artemidor (Traumdeuter)   1,74.98   I *362*
Oneirocriticon   I *184*   *De natura deorum*
4,24   I *322*   2,56.140.153   I *285*
                                                 De re publica 3,33 I *163*
Artemidor (Geograph)   *Pro Flacco*
3,53   II *172*   28   I *184*; II *135*
                                                 66f.   I *124*
Aurelius Victor   67   I *22*
Caesares 14,8   I *378*
                                                 Codex Theodosianus
Cassius Dio   16,8,2.13   I *98*
37,17,2   II *126*   16,8,3f.   I *120*
                                                 16,8,8.22.29   I *100*

Corpus Hermeticum (CH)
1,155   II *56*
11,20   II 56

Corpus iuris civilis
Digesten
48,4,11   I *381*
48,8,11   I 347
50,15,8,8   I *91*
Codex Justinianus
9,47,12   I *374*

Damascius
Vita Isidori (ed. Zinthen) II *301*
   §141

Demokrit
Fr. B.34   I *292*

Diodorus Siculus
1,13ff.   II *2*
1,94,1f.   II *189*
1,94,2   II *126*
2,55−60   I *267*
5,45,3−5   I *267*
17,10,4   I *362*
30,18; 31,16f.   I *390*
34−35,1,1−5   II *121*
40,2   I *54, 458, 463*
40,3   I *123,* 248, *469;*
                         II *116, 118, 126*
40,4,6   *I 337*

Diogenes Laertius
5,20   I *218*
10,13   II *1*

Epiktet
Dissertationes
3,22,45−49   I *72*
4,7,6   I *369*

Eratosthenes
*Catasterismorum reliquiae*I 292

Firmicus Maternus
Matheseos libri
4,17,2.5; 18,1   I *293*

Fronto
Ad M. Caes. 2,1   I *388*
De bello parthico 2   I *386*

Herakleides Ponticus (ed. Wehrli)
Fr. 130 u. 131a   I *238*

Herodot
4,46   I *28*

Hesiod
Erga
1,109−201.156−173   I *73*
121ff.   I *284*
216f.288f.   I *78*
Theogonie
726ff.   I *284*

Historia Augusta
Alex. Severus 43(6f.) I *369, 373*
Avid. Cass. 7   I *317*
Marcus
2,6   II *188*
21,2   I *317*
Quadr. Tyr.
7,4−8,10   I *369*
8   I *318*
Vita Hadriani
1,5   I *358*
5,2(.8)   I *320, 323*
11,4; 16,7   I *361*
12,1   I *363*
14,2   I *346, 381*
14,6   I *378*
15,1−9.12   I *389*
16,6   I *367*
16,10   I *369*
17,1−3; 23,2   I *389*
17,5−8   I *390*
17,8; 20,1   I *361*
20,4   I *390*
20,10   I *383*
21,1   I *387*
22,14; 25,1−4   I *368*
27,2   I *359*

Homer   I *83*
Ilias
6,184(.204)   I 39; II *119*
22,355ff.   I *219*
Odyssee
5,283   I 39; II *119*

Horaz
16. Epode   *I 330*

Jamblich
Vit. Pyth. 82   I *279*

Julian Apostata
Caes. 10,8 (311c/d)   I *361, 378*
Ep. 25   I *99*

Justin
Epitome des Pompeius Trogus
36, 2,1   I *61*
43,3,2   I *331*

Juvenal
Saturae
3,62   I *9*
3,296   I *184*
6,544   II *121*
14,99   I *381*

Kleomedes
Theoria cyclica 2,1   I *183*

Libanius
Epistulae   I *55*

Livius
Ab urbe condita
22,36,7; 28,11,4   I *362*
Periochae
102   II *117, 122*

Lukan
Pharsalia
2,590−594   I *23*; II *126*

Lukian v. Samosata
De morte peregrini
13   I *377*
14   I *376*
Philopseudes 34−36   I *361*

Lydus
De mensibus 4,53   I *135*; II *126*

Lykophron
Alexandra   I *225, 238*

Macrobius
Saturnalia 2,4,11   I *63*

M. Manilius
Astronomicon
2,115   II *56*
4,14   I *292*

Mark Aurel
1,6   II *188*

Martial
11,94,5   II *121*

Menandri Sententiae   I *236*

Musonius
Frg. 17   I *313*

Ovid
Fasti 4,97   II *120*

Pausanias
Descriptio
1,5,5   I *379*
8,2,5   I *378*
8,16,4f.   I *23*; II *150*
8,16,5   I *39*; II *121*
10,12,9   I *239*

Persius
Saturae
3,56f.   I *78*
5,179f.   II *141*
5,180(−184)   I *63, 112*

Petronius
Cena Trimalchionis   I *89*

Philostrat
Vita Apollonii
5,27   I *39*; II *121*
6,29.34   I *39*

Pindar
P. 4,74f.; 6,3f.   I *21*

Platon
Gorgias 469c   II *272*
Phaidros 249a   I *166*
Politeia
3,398a   I *240*
7,518c/d   I *270*
10,614bff.   I *226*
Symposion 172c/173a   I *271*

Plinius d. Ä.
Naturalis historia
4,8   II *116*
4,10   I *91*
5,15,73   I *270*
5,18,74   I *28*

5,69	II *300*	Silius Italicus	
5,70	I 59; II *123*	*Punica* 9,72ff.113	II *120*
5,72	I *56*		
5,127	II *119*	Statius	
30,4	II *6*	*Silvae* 5,2,138	II *121*
Plinius d.J.		*Stoicorum veterum fragmenta*	
Epistulae		I fr. 499 (Kleanthes)	I *286*
10	I 369	I fr. 527 (Kleanthes)	I *278*
10,96,8	I *375*	I fr. 537 (Kleanthes)	I *79*
10,96,9	II *173*	II fr. 127 (Chrysipp)	I *280*
10,97	I *373*	III fr. 12.16 (Chrysipp)	I *280*
Plutarch		Strabo	
Antonius 60,2	I *362*	*Geograph.*	
Lucullus 2	I *325*	9,3,6	II *116*
De Iside et Osiride		16,2,28	I *26, 54*
31 (363 C/D)	II *121*	16,2,29	I *36*
47 (369F−370C)	I *283*	16,2,35	II *126*
Quaest. conv.		16,2,35−37	II *189*
4,6 (671C−672B)	I *112, 135*	16,2,36	I *123*
		16,2,40	I *56*; II *137*
Polybius		16,2,46	II *141*
5,70,3f.	I 28		
5,71,1f.	II *117*	Sueton	
16,39,1,4	I *23*; II *117*	*Augustus*	
26,1,10−12; 28,18	I *390*	32,1	I *184*
29,23,3; 31,11−15	II *118*	93	I *23*; II *122*
		Caesar 42,3	I *184*
Porphyrios		*Claudius* 25,3	I 369
De abstinentia		*Domitian*	
1,27	I *279*	12,2	I *454*
2,26 (Theophrast)	II *126*	*Nero*	
		13,40,2	I *328*
Prokop		16,2	I 369
De aedificiis 6,2,22	I *180*	39	I *241*
		40,2	I *23*; II *124f.*
Ps.Kallisthenes		*Tiberius*	
Alexanderroman	I *203, 210*	36	I *49*
		57	I *36*
Ps.Longinus		69	I *291*
De sublimitate		*Titus* 7,1,4	II *125*
8,4; 13,2; 16,2	I *231*	*Vespasian* 4,5	I *326, 348*; II *125*
9,9	I *251*		
		Sulpicius Severus	
Seneca		*Chron.*	
Epistulae 108,22f.	II *188*	2,30,6f.	II *122*
		2,31,32	I *367*
Sextus Empiricus			
Adv. math.		Tacitus	
1,22; 7,201	II *1*	*Annales*	
2,93	II *5*	2,85	I *124*
5,95ff.	I *292*	15,44	I 312, 369
7,116	II *56*	15,44,4	I *375*

16,5	II *125*	Valerius Maximus	
Historiae		*Epitoma*	
2,4,3	II *127*	1,3,2	I *124*
4,54,2f.	I *330*	1,3,3	I *184*; II *126*
5,1−13	I *383*		
5,2,1	II 123	Vergil	
5,2,2	II *121*	*Aeneis*	
5,2,3	I *39*	1,277f.	I *330*
5,3f.	I 301	1,289−291	I *330*
5,5	I *135*, 312	6,851−853	I *336*
5,5,1−3; 13,3	I 355	6,782	I *331*
5,5,3	I *321*	12,839	I *331*
5,8,1	II 123	*4. Ekloge*	I 134, 316; II *124*
5,8,2	I *383*; II *121, 127*		
5,9	I *310*	Vettius Valens	
5,9,1	II 328	*Anthologiae*	
5,13	I *326, 348*	2,28f.	I *293*
5,13,1	II *127*	5,9	I *278*
5,13,2	II *125*		
5,13,3	I *387*	Vitruv	
		6,7,1−3	I *109*
		6,7,3f.	I *111*
Valerius Flaccus		Xenophon	
Argonautica 1,13	II *121*	*Memorabilia* 2,1,21−34	I 78

XII. Inschriften und Papyri

CIG		589.611−613	I *120*
3, 5361f.	I *182, 193*	640	I *102*
		645f.	I *120*
CIJ		650	I *101f.*
88.93−166.319.508	I *119*	662f.	I *184*
108	I *97*	677.972	I *173*
113.203.321	I *108*	675−678.680f.	I *91*
291.317	I *194*	682	I *185*; II *172*
304.316.384.	I *115*	683f.	I *117, 185*
319	I 120	690	I *186*
337.494	I *120*	694	I *91*
362	I *97*	701	II *187*
433.504	I *115*	709	I *297*
476	I *108*; II *187*	718	I *194*
508	I *181*	719	I *101*
509	I *108, 119*, 121	720	I *110, 119f.*
510.535	I *119, 194*	722	I *103, 107*
523	I 121	725	I *101, 105*; II *171*
527	II *187*	726.727−730	I *105*
531	I *184*	727	I *104*
533	I *120*	735f.	I *96*
537	I *115, 119*, 120f.	738	I *104, 107*
548	I *107*	739	I *103f., 110, 119, 124*
556.561	I *97*		
569−619	I *125*	741	I *102*

742	I 384	1123–1126	I 186
744	I 107	1260	I 185 f.
752(.757)	I 102, 188	1261.1277–1280	I 185 f.
754	I 194	1281–1289	I 185 f.
766	I 104, 107		
770.773	I 102	**CPJ**	
775	I 182	Nr. 1–6	II 129
776	I 97, 102	2a/b	II 118
777	I 115	127	II 186
778f.786.788.791	I 102	129	I 117, 172
787.790.792f.	I 115	134	I 117, 171
804.805	I 110	138	I 117, 172, 179, 182
806–812	I 104	139	I 112
855.971.982f.	I 96	153	I 193
861	I 108	157	I 321, 324, 362 f.
931	I 115	158	I 318–322, 363
964.980	I 116	229	I 319
979	I 114	374	I 103
1210–1414	I 17	432	I 117, 172, 182
1385 mit 1230	I 20	435(f.)	I 319, 363
1400	I 17, 60	436–450	I 362
1404 (Theodotos-Inschrift)	I (20), 24, 104, 108, 114, 120, 179, 191, 428, 430; II 146	438; 450	I 319
		443; 437	I 320
		460	I 318
1432	I 107, 117, 172 f.	473	I 119, 182
1433	I 105, 109, 117, 172, 179 f.	520	I 134, 331
		Bd. 3, S. 161 ff., 1530 A-D	I 120, 179
1436.1532	I 104	Bd. 3, S. 164, 1532A	I 171, 182, 302
1437	I 117, 179		
1440–1444	I 117, 173	**Dittenberger, Sylloge³**	
1440	I 171, 182	801	I 96
1441	I 110, 120, 172, 183	898	I 96, 111
1442	I 109, 172	**IG**	
1443	I 105, 120, 172, 179, 182	IV,1,106,1,27	II 172
		XI,4,1299	I 106
1447	I 182		
1449	I 117, 172	**IGRR**	
1450	I 107	I, 873	I 185
1451–1530	I 120, 179; II 187	IV, 1431	
1531	I 120, 183		
1532	I 105, 107, 179	**ILS**	
		4393	I 323
CIL			
8, 8499	I 119	**IosPE I²**	
8, 12457a	I 107, 116	43.79	I 185
8, 12457b	I 110		
		OGIS (Dittenberger)	
CIRB		52.65.92	I 109
64	I 185	64f.91f.	I 117
70–73	I 185	573	I 96, 102, 107, 112, 188
74	I 186		

598	I *60*
608	I *189*
737	I *174, 182*
Pap.Bodmer 29 (Visio Dorothei)	II 181
Pap.Edmondstone, Z. 7	I *186*
Pap.Gurob	I *177*
Pap.Ox.	
XI,1380	I *162*
XXII,2332	I *134*
Pap.Yadin 18	I *38*
Schwabe/Lifshitz, Beth She arim II	
Nr. 127	II *188*
SEG	
SEG 7 (1934)	
326	I *13*
SEG 8 (1937)	
93	I *14*
109	I *60*
SEG 12 (1955)	
498 f.501	I *102*

SEG 14 (1957)	
823	I *107*
SEG 16 (1959)	
931	I *121, 182*
SEG 17 (1960)	
584	I *318*
778	I *97*
809	I *318*
823	I *96, 108, 121,* 139, *193*
SEG 18 (1962)	
738	I *173*
SEG 19 (1963)	
852	I *107*
SEG 20 (1964)	
453	I *96, 101, 104*
457	I *107*
462	I *96, 112*
499	I 182
SEG 31 (1981)	
1455	I *14*
SEG 36 (1986)	
970	II 170
SGU(Ä) (Preisigke)	
12	I *188*
4981; 8031; 8267	I *182*
9843.44	I *29*

Autorenregister

Die *kursiv* gedruckten Seitenzahlen beziehen sich auf die Anmerkungen.

Abel, F.-M. I *137*
Abramowski, L. I *8, 10*; II *190, 341*
Ackroyd, P. R. II *29*
Adam, A. II *51*
Ådna, J. I *403*; II *73, 110*
Aharoni, Y. I *178*
Albani, M. II *59*
Alexander, P. S. II *115*, 167, 180, 182
Alföldy, G. II *124*
Allegro, J. I *135, 290*; II *227*
Alon, G. I *362, 364, 366*, 438
Alt, A. I *32, 70, 108*
Alt, F. II 289
Amoussine, J. I *404*
Anderson, F. I. I *230*; II *227*
Andresen, C. I *6*
Applebaum, S. S. I *17, 26f., 45, 52, 193, 197, 317f., 319, 320, 322, 323, 325f., 362f.*; II *130*
Arnim, J. v. I *279*
Arnold, C. II *312*
Attridge, H. W. I *44, 202f., 209, 237*
Aune, D. E. II *126*
Aus, R. D. I *444*
Avemarie, F. I *52, 424*
Avi-Yonah, M. I *27f., 65, 99f., 103, 112, 135*
Avigad, N. I *19, 21f., 59, 104, 138*; II *139, 145*

Bacher, W. I *413, 417f., 423f., 463*; II *361*
Baeck, L. I *64, 73*; II *274*
Bagnall, R. S. II *129*
Baillet, M. I *137, 138, 265*; II *111 f., 297, 303*
Balz, H. R. I *198, 228*
Bamberger, B. J. II *176*
Bammel, C. P. II *367*
Bammel, E. I *25, 471*; II *158f., 161, 163*
Bar-Adon, P. I *263*
Bar-Kochva, B. II *132, 138*

Barag, D. I *474*; II *325*
Bardtke, H. I *260, 262f., 268*, 274; II *170*
Barnard, L. W. I *194*
Barns, J. W. B. I *217, 222*
Baron, S. I *92f.*
Barrett, C. K. II *308f.*
Barthélemy, D. II *9, 74, 76, 91, 336, 342f., 346*
Barton, J. II *336*
Barzanò, A. I *42*
Bastomsky, S. J. II *125*
Batey, R. A. I *32*
Batifol, P. I *216*
Bauer, W. I *7, 175, 177, 181, 267*; II *264, 351*
Baumgarten, A. I. I *435*; II *63*
Baumgarten, J. M. I *261, 400, 436, 446*
Baumgartner, W. I *215*
Baumstark, A. I *8*
Baur, F. C. I *2*, 151
Bayer, E. I *245*
Becker, J. I *221*; II 109
Beckwith, R. II *7, 343*
Bell, H. J. I *380*
Bellen, H. I *185*
Ben-David, A. I *261*
Ben-Dov, M. I *23, 58*
Ben-Shalom, I. I *466, 472*
Bengtson, H. I *132*
Benko, S. I *370*
Benoit, P. I *138*; II *139*
Berger, K. I *50, 224, 228*; II *110, 295*
Bergmeier, R. I *280*
Bernays, J. I *237*
Berner, U. II *256*
Bertrand, D. A. I *227*
Betz, H.-D. I *84, 231*; II *220, 221*
Betz, O. I *277, 280, 401*; II *51, 53, 67, 304, 340, 375*
Beyer, K. I *16, 364*; II *92−94, 318*
Beyschlag, K. II *256*

Bianchi, U. I 227
Bichler, R. I 12
Bickerman, E. I 39, 43, 46, 47, 52, 54, 60, 73,
	122f., 135, 137, 139, 161, 163, 200, 207f.,
	214, 219, 235, 245, 307, 371, 372, 373, 374,
	376, 390, 427; II 44, 117, 126, 129, 131,
	139, 169f., 179, 186, 320
Bidez, J. I 134, 140, 237; II 2, 6
Bieberstein, K. I 21; II 308, 310
Bietenhard, H. I 27, 317
Bilde, P. I 41
Billerbeck, P. I 478; II 74, 233, 264f., 270,
	282, 285
Bischoff, B. II 184
Bishop, J. I 241
Black, M. II 87f., 89, 166
Blass, F. I 239
Blau, L. II 182
Bloedhorn, H. I 21f.; II 167, 170, 308, 310
Blum, E. II 15, 18, 22
Bockmuehl, M. N. A. II 55
Boer, W. den I 367, 388
Böhlig, A. I 228
Böhm, M. II 297, 299
Bolgiani, F. I 8
Bömer, F. I 185f.
Bonner, C. I 219
Botermann, H. I 187
Bousset, W. I 3, 15, 16, 75, 142, 152, 176,
	235, 239, 302, 446, 478; II 166, 177, 346
Bowersock, G. W. I 365, 380, 385; II 165
Box, H. II 174
Boyce, M. II 2, 6
Brandenburger, E. I 152, 287
Braun, M. I 49, 209
Braun, R. I 232, 252; II 129
Braunert, H. I 380
Breitenstein, U. I 208
Brewer, D. I. II 5, 7, 63, 64f., 68
Brière-Narbonne, J. J. II 73
Bringmann, K. I 40, 376; II 130
Brockington, L. H. II 100
Broek, R. van den I 30
Broer, I. II 219–224, 233f., 240–252
Brooke, G. S. II 51
Broshi, M. I 18
Brown, R. E. II 299
Brownlee, W. H. I 287
Brox, N. I 81, 198; II 274
Brunner-Traut, E. II 283
Büchler, A. I 439
Büchli, J. II 128
Büchsel, F. I 85

Bühner, J.-A. I 333
Buitkamp, J. I 166, 288
Bullard, R. A. I 239
Bultmann, R. I 3, 6f., 10, 86f., 148, 152,
	439; II 293, 300
Bunge, J. G. I 207, 211, 214
Burchard, Chr. I 216f., 221f.
Burckhardt, J. I 348, 355
Burger, Ch. II 234
Burkert, W. I 75, 133, 140, 241, 251
Burkhardt, H. I 78, 231
Burr, V. T. I 213
Burrows, M. II 89
Businck, Th. A. II 139, 145

Campenhausen, H. v. I 370; II 344, 346
Camponovo, O. II 276f.
Capelle, D. B. I 370
Caputo, G. I 193
Cardauns, B. I 205
Carmignac, J. I 135, 150; II 98, 279
Cathcart, K. J. II 82
Cavallin, H. C. C. I 74, 315; II 89
Chadwick, H. I 89f.; II 344
Charles, R. H. II 83, 345, 379
Charlesworth, J. H. I 77, 197; II 13, 53, 79
Chaumont, M.-L. I 328
Chesnutt, R. D. I 216
Cohen, G. M. I 52
Cohen, I. M. II 303
Cohen, N. G. I 209
Cohen, S. J. D. I 45, 65
Collins, J. J. I 228, 237, 289, 305, 315, 326f.,
	329, 333, 336, 359f.; II 111, 115
Colpe, C. I 6, 86f., 135, 152, 178, 237; II
	124, 260
Conybeare, F. C. I 203; II 283, 364
Conzelmann, H. I 25, 67
Cook, A. B. I 190
Cook, M. J. I 457, 460, 476
Cotton, H. E. I 38
Cowley, A. I 218
Cross, F. M. I 262; II 7
Crown, A. D. II 300, 306
Crüsemann, f. II 16
Cullmann, O. I 177
Cumont, F. I 133f., 141, 146, 237; II 2, 6

Dahl, N. A. II 269
Dalmais, I. H. I 177
Dalman, G. II 73, 74, 252, 275, 278, 279,
	297, 302, 303
Damati, I. A. II 301

Daube, D. I 83
Davies, W. D. II *297, 299, 312*
Deichgräber, R. I *177*
Deines, R. I *25, 408, 428, 430, 436, 445, 447, 453, 470, 472, 479*; II *74, 146, 314*
Deissmann, A. I *108*
Delcor, M. I *220, 222 f., 272,* 292
Delitzsch, F. II 279
Delling, G. I *22, 37, 176 f., 210, 216*; II *26, 375*
Denis, A.-M. I *196 f., 201 – 207, 211, 216, 220 – 227, 229, 237, 239 f., 242 – 245, 247, 249, 304 – 307*
Dexinger, F. II *306*
Dibelius, M. I *83, 368*
Diehl, E. I *206*
Diels, H. I 201
Dietrich, A. I *226*
Dihle, A. II *282,* 283 f.
Dimant, D. I *48*
Dinkler, E. I *32, 104*
Dobschütz, D. v. I *430*
Dodd, C. H. I *251*
Dodds, E. R. I *133, 203*
Dombrowski, B. W. I 272
Donelson, L. R. I *198*
Donner, H. I *381*; II *20, 299,* 305, *309 f.*
Doran, R. I *200 – 204, 207*; II *133*
Dörrie, H. I *292*; II *191*
Downey, G. I *7*; II *124, 168*
Downing, F. G. I *72*
Drijvers, H. J. W. I *8 f.*
Droysen, J. G. I *2,* 12, 151
Duhaime, J. I *77*
Duling, D. C. I *233*
Dunn, J. D. G. II *380*
Dupont, J. I *375*; II 223 f., *225*
Dupont-Sommer, A. I *135, 177, 241, 294*; II 98
Duprez, A. II 312

Ebeling, G. II 70
Eissfeldt, O. I *199, 207 f., 214 f., 218*
Elbogen, I. I *175 – 177*; II *225, 276*
Elliger, K. II *80,* 81
Epstein, J. N. I 440
Erbse, H. I *237, 242*
Erichsen, W. I *274*
Ericksen, R. P. I *479*
Euler, K. F. II 99, *102, 105 – 107*

Fabry, H.-F. I *271*
Fascher, E. I *302*

Fauth, W. I *7, 21, 387*; II *116, 120*
Feldman, L. H. I *41, 55, 142, 209 f., 243, 259, 468*; II *117, 176*
Feldmeier, S. R. II *14*
Festugiére, A. J. I 134, 140, *246, 302*; II *2*
Fiensy, D. A. II 190
Finkelstein, L. I 138
Fischel, H. A. I *82*
Fischer, J. II *106*
Fischer, K. M. I *6*
Fischer, Th. II *130, 136, 176*
Fischer, U. I *47, 48,* 316, *317,* 326, 340
Fishbane, M. II *33, 51, 54 f., 58, 83*
Fitzmyer, J. A. I *13, 17, 29, 41, 197, 258, 263,* 290
Flusser, D. I *73, 404, 474*; II *248, 325*
Foerster, G. I *65*; II *139*
Fohrer, G. I *5*
Follet, S. I *379*
Forbes, R. J. I *261*
Fossum, J. II 181
Frankemölle, H. II *226*
Frankfort, H. II *75*
Frankfurter, D. I *48*
Franxman, Th. W. I *209*
Fraser, P. M. I *7, 183, 318, 363*; II *3, 7, 186, 372*
Freudenberger, R. I *370 f.*
Freudenthal, J. I *200,* 201, 203
Frey, J. II 61, *295*
Frey, J. B. I *91 – 94,* 95, 101, *105 – 107, 120*; II *172*
Freyne, S. I *27, 65, 70*
Frickel, J. I *10*
Friedrich, G. I *4*
Früchtel, U. I *311*
Fuchs, H. I 133, *241, 329, 360*
Führer, F. I *220*
Fuks, A. I *28,* 138, *213,* 317, *319 – 321 f., 363*; II *186*

Gagé, J. II *125*
Gager, J. G. I *247, 248*; II *11*
Galling, K. I *109 f., 159, 177, 194*; II *22*
Ganschinietz, R. I *204*
Gaster, M. II *12*
Gatz, B. I *267*
Gauger, J.-D. II *126, 136, 189*
Geffcken, J. I *239,* 305, *326 f., 333, 359*
Geiger, J. I *35*
Georgi, D. I *5, 175 f., 184*
Gerleman, G. I *234*

Gese, H. I 5, 10, 397, 423; II 8, 18, 34, 36f., 46, 81f., 93, 375
Gilat, Y. D. I 421
Gilbert, M. I 377
Gilliam, J. F. I 322
Ginsberg, H. L. II 84
Ginzberg, L. I 25, 226; II 3, 21, 373
Giversen, S. I 232
Glasson, T. F. I 226
Glatzer, N. N. I 64, 84
Gnilka, J. I 258 II 220, 239
Goldberg, A. M. I 179; II 224, 232
Goldenberg, D. I 436
Goldstein, J. A. I 207, 210, 269; II 44f., 320
Goodblatt, D. I 465; II 330
Goodenough, E. R. I 93, 101, 105f., 109, 117, 134, 144f., 185f.
Goodman, M. I 69, 457, 465, 467, 469, 476f.; II 127, 149, 166, 167, 326, 330
Goppelt, L. I 3, 6
Gordon, R. P. II 82
Gottschalk, H. B. II 142
Grabbe, L. L. I 56, 457, 465, 476
Graetz, H. I 98f., 206, 474; II 175
Grant, R. M. I 368
Grässer, E. I 143
Greenfield, J. C. I 218
Greenhut, Z. I 474
Grelot, P. I 228; II 92, 101–103, 358
Grenet, F. II 2, 6
Gressmann, H. I 50, 134, 139, 142, 146, 446; II 78, 166, 201
Griffith, G. T. I 132
Groag, E. I 322, 370, 372
Grözinger, K. E. II 191
Gruenwald, I. I 197, 223; II 179, 227
Grundmann, W. I 131, 135, 136, 142f., 148, 396
Gryson, R. II 375
Guardicci, M. I 390
Guelich, R. A. II 219, 255
Gundel, W. und H. G. I 77, 285, 291, 293
Gundry, R. H. II 234
Gunkel, H. I 4, 143; II 200
Gutman, Y. I 205
Guyot, P. I 378

Haacker, K. I 402
Haag, H. II 72, 78, 83, 85, 106
Haase, W. I 292
Hachlili, R. I 19; II 172
Hadas, M. I 73, 132, 218
Hadas-Lebel, M. II 136, 141

Hadot, P. I 246; II 260
Haenchen, E. I 42
Hahn, F. I 6, 177; II 107, 307
Halperin, D. J. II 181
Halsberghe, G. H. I 10
Hanhart, R. I 215, 300
Hansen, G. I 136, 140, 148f.
Hanson, P. D. I 76; II 34
Harder, R. I 251
Harmatta, J. I 139
Harnack, A. v. I 30, 79, 80, 90, 152, 242, 368, 377; II 158f., 161, 274, 305, 339, 367, 373
Harnisch, W. I 225
Harris, J. R. I 203; II 283, 344
Hata, G. II 176
Hauck, A. I 99
Hauck, F. II 246
Haufe, G. I 133, 148f.
Heckel, U. I 425; II 144
Hegermann, H. I 132, 138f., 147, 149; II 74, 101f.
Heichelheim, F. M. I 137
Heinemann, I. I 140, 204, 208f., 213, 234, 310; II 189, 225, 275f., 279
Heiniger, B. I 208
Heinisch, P. II 363
Heitmüller, W. I 6
Helck, W. I 201
Heller, B. I 209
Hempel, J. I 280
Henderson, B. W. I 388
Henrichs, A. I 317, 320
Henten, J. W. van II 72, 84, 86
Hermann, A. I 378
Herr, M. I 360
Herrenbrück, F. II 125
Heubner, H. I 383, 387; II 120
Hilgert, E. I 212
Hill, G. F. II 312
Hiltbrunner, O. I 245
Hirsch, E. II 293
Hoehner, H. W. I 27
Hoenig, S. B. I 191
Hoesen, H. B. van I 133, 292
Höffken, P. II 22
Hoffmann, C. I 2; II 164
Hoffmann, D. I 441
Hofius, O. II 37
Holl, K. I 2, 4
Holladay, C. R. I 200; II 118
Hollander, H. W. I 49, 221
Hölscher, G. I 55, 379
Holtzmann, O. I 396

Hopfer, Th. I290
Horbury, W. II323f., 326, 329
Horgan, M.P. II51, 57
Hörig, M. I7, 9
Horovitz, S. I98
Horst, F. II80f.
Horst, P.W. van der I18, 29, 206, 244; II 126, 140, 181
Houghton, H.P. I227
Hruby, K. I175
Hübner, H. I461
Hultgård, A. I340; II108
Humbach, H. I282
Hurtado, W. II182
Huß, W. II185
Hüttenmeister, F. I20, 303

Ilan, T. I454; II147
Isaac, B. I2, 17, 380f., 364–367, 385f.; II 172
Isser, S.I. II303

Jackson, H.M. I233
Jacobs, I. I220
Jacobs, M. I98–100, 192
Jacobsen, D.M. II141
Jacobson, H. I205f.
Jacoby, F. I204, 248, 369; II189
Jaeger, W. I83, 89f.
James, M.R. I226–228, 239, 249
Janowski, B. II36
Jansen, H.L. I228
Janssen, E. I48
Jellicoe, S. I44, 172, 244, 302
Jeremias, G. I138, 446; II55, 98
Jeremias, J. I20–23, 25, 39, 51f., 57, 63, 81, 84, 99, 135, 204, 216, 467–469, 477; II 74–76, 89, 120, 175, 264, 266, 300, 301, 308–310, 313, 327f.
Jervell, J. I221, 227
Jonas, H. I87, 225
Jonge, M. de I49, 221; II73, 109
Juster, J. I96, 98, 99f., 104, 120; II167

Kadman, L. I145, 380; II312
Kaestli, J.-D. II8f., 373, 377
Kahle, P. II74
Kaiser, O. I44
Kamlah, E. I277, 282f.
Kampen, J. II46
Kannicht, R. I46; II189
Käsemann, E. I4, 168; II268

Kasher, A. I26, 28, 66, 197, 218, 317, 322, 324, 326, 337, 362, 455; II174
Kattenbusch, F. II158, 348
Katz, P. I211, 231
Kearns, R. I74
Kee, H.C. I216
Keel, O. I56f., 221
Keller, R. I211
Kellermann, U. II21, 83f., 87
Kenels, A.H.M. II181
Keppie, L.J.F. I380
Keresztes, P I370, 373; II173
Kilpatrick, G.D. II241, 266f.
Kippenberg, H.G. I201, 205; II12, 297
Kittel, G. I2f., 7, 31, 83, 124, 478f.; II264, 271f.
Kitzinger, E. I91–93, 94f., 105
Klauck, H.-J. I208
Klein, G. I5, 32, 244
Klein, R. I391
Klein, S. I91, 105, 114
Kleinknecht, K.Th. I4; II104
Klinzing, G. II62
Kobelski, P.J. II57
Koch, D.A. I38; II76
Koch, K. I215; II25, 85, 224
Koenen, L. I225
Koffmahn, E. I272, 364
Köhler, W.-D. II240, 264, 351
Kooij, A. van der II78, 90, 99, 108
Kopp, C. II297, 302
Kornemann, E. I133
Kornfeld, W. II169
Körtner, U.H.J. I33
Kraabel, A.T. I187; II176
Kraeling, C.H. I7, 106, 110, 428
Kraeling, E.G. I174
Kraft, H. I224
Kranz, W. I270
Krauss, S. I15, 45, 54, 82, 83, 96, 106, 108, 110–112, 114–118, 120, 173–175, 182, 188f., 191f., 323, 421, 432; II24, 116, 174, 261
Kreissig, H. I269
Kreitzer, L. II125
Kretschmar, G. I303
Kroll, W. I152, 244
Küchler, M. I56f., 78, 237, 257, 304; II35, 308f., 312
Kuhn, H.W. I279, 288
Kuhn, K.G. I121, 149, 269; II176, 264
Kuhn, K.H. I223
Kuhnen, H.-P. I27; II139, 145

Kurfess, A. I *237−241, 305f., 360*
Kutscher, E. Y. II *90*
Kvanvig, H. S. I *228*

Labib, P. I *228*
Lacocque, A. II 84, *108*
Lamarche, P. II *80*
Lambert, R. I *378*
Lämmer, M. I *57, 66*
Land, J. P. N. II *283*
Lang, F. G. I *27*
Lange, N. R. M. de I *298*; II *362, 373*
Langerbeck, H. I *152*
Lapide, P. II 219, *224*
Laqueur, R. I *60, 201, 210*; II *140, 142*
Larcher, P. C. I *234*
Lassus, J. I *7*
Latte, K. I *190*
Laum, S. B. I *103*
Launey, M. I *139*
Lauterbach, J. Z. I *417*
Lebram, J. H. C. I *208*; II *21*
Leeuw, G. v. de II *99*
Leipoldt, J. I *131*, 143
Leisegang, H. I *244, 309, 311*
Lentzen-Deis, F. I *206*
Leon, H. J. I *97, 124, 135*, 138, *174, 184, 194*;
　II *175, 361*
Lepper, F. A. I *328*
Levine, L. I. I *26, 444*
Levinson, J. R. I *227*
Levy, J. II *251*
Lewis, A. S. I *203*; II *283*
Lewy, H. I *247*
Licht, J. I *277, 290*
Lichtenberger, H. I *72, 74, 282, 287−290*; II
　227
Lichtenstein, H. I *364, 420*; II *320*
Lichtheim, M. II *264, 283*
Lieberman, S. I *54*, 82, 84, *100, 135, 143,*
　458, 472; II 175
Liebeschütz, J. H. W. G. I *7*
Liebreich, L. J. I *177*
Lietzmann, H. I *6, 91*, 93, *94, 96f., 104*, 106,
　113, 121; II *206*
Lieu, J. M. II *380*
Lifshitz, B. I *13, 27, 29, 100*, 101, *125, 138,*
　149, *185f., 190, 380*; II *172, 185, 187, 301*
Lightfoot, J. B. I *367*
Limbeck, M. I *284−286*
Lindenberger, I. M. I *203*; II *283*
Lindner, H. I *330*
Lipinski, E. II *224*

Lohmeyer, E. II *257*
Löhr, W. I *90, 368, 425*
Lohse, E. I *81, 112, 232, 297*; II *267*
Loopik, M. van I *418, 452*
Luck, G. I *167*
Luck, U. I *313*; II *260*
Lüderitz, G. I *317*; II *61*
Lührmann, D. I *19*
Lurie, B. Z. I *175*
Luttikhuizen, G. P. I *366*
Luz, U. II 219f., *234f., 238f., 241*, 249, *250,*
　253, *256*, 257

Macdonald, J. I *142*
Mach, M. II 182
Mach, R. I 138
Mack, B. L. I *311*
Macuch, R. I 141
Macurdy, G. H. I *226, 340*
Magie, D. I 133, *373, 383*
Maier, G. I *78, 278*; II *43*, 254
Maier, J. I *76*; II 180, *264*
Malitz, J. II *126*, 189
Mann, J. II 79
Mantel, H. I *92f., 99*, 436
Manteuffel, G. I *331*
Marböck, J. I *78*; II *35*
Markschies, Chr. I *1, 90, 368*; II *8, 70, 363*
Marmorstein, A. I *91−94, 103, 105, 121*
Marrou, H.-I. I *34, 275*
Martinez, F. García I *219*
Mason, S. I *426, 435*
Mathys, H.-P. II *283*
Matthiae, K. I 142
Mattingly, H. I *363, 454*; II *124f.*
Mayer, G. I *83, 169, 197, 311*
Mazar, B. I *21, 29*
Mazur, B. D. I *105*
McCown, C. C. I *134*
McLaren, J. S. I *465*
Meade, D. G. I *198*; II *179*
Mealand, D. L. I *267f.*
Meeks, W. A. I *8*; II *307*
Meier, J. P. II *234*
Meijering, E. P. I *90*
Mendels, D. I *41, 46, 73, 77, 202*; II *109, 186*
Merk, O. I *5*
Merkel, H. I *24, 55*; II *141*
Merklein, H. I *4, 71*
Merrill, E. H. I *278*
Meshorer, Y. I *15, 52, 58, 65, 380, 448*; II
　129, 137, 145, 177
Mette, H. J. I *36*

Metzger, B. M. I *198*; II *308f*.
Meyer, B. F. I *477*
Meyer, E. I *218*
Meyer, R. I *22, 82, 83, 143, 191, 308*; II *266*
Meyers, E. M. I *27*
Michel, O. II *237*
Middendorp, Th. I *252*−*257*
Mildenberg, L. I *344*−*350, 354, 364f., 380, 382, 384, 385, 386f., 450*; II *129, 176*
Milgrom, J. I *439*
Milik, J. T. I *138, 174, 219, 223, 229f., 262, 274, 278, 283, 284, 287f., 290, 349*; II *10, 95*, 178, 183, *309, 313*
Millar, F. I *2, 7*−*9, 13f.*, 34, *60, 65*; II *127, 166*, 167, 186, *330, 333*
Mitsos, M. I *297*
Mitteis, L. I *375*
Mitten, D. G. I *96, 110, 112*, 139
Momigliano, A. D. I *210*
Mommsen, Th. I *354*, 373
Montgomery, J. A. I *167*; II 84, *108*
Moore, G. F. I 142, *175, 444*; II 164, 166, *252, 262*
Mor, M. I *385*; II *12, 301*
Moraux, P. II *142*
Morenz, S. I *226, 340*
Mørkholm, O. I *390*; II *44*
Morris, J. II 167, 191
Moyne, J. le II *13, 267*
Muffs, Y. I *174*
Mulder, M. J. II *8*
Müller, K. I *411, 414f., 422*
Murphy-O'Connor, J. I *277*
Murray, O. I *246*

Nagel, P. I *223*
Nautin, P. II *338, 367*
Naveh, J. I *466*
Negev, A. I *385*
Nesselhauf, H. I *370*
Netzer, E. I *56*
Neuer, W. I *478*
Neugebauer, O. I *133, 292*
Neuhaus, G. O. I *53*
Neusner, J. I *27, 64, 84, 179, 197, 332*, 407, 412, *414, 416*, 426, *436*, 438−440, 442f., *444*, 449, *450, 455, 459, 474*; II *63*, 164, *285*
Newman, C. C. II *100*
Neymeyr, U. II *361*
Nickelsburg, G. W. E. I 76, *205f., 215, 222, 229, 279*, 288, *289*; II 76, 88, *89*
Nicolò. M. San I *183*
Niditch, S. I *203*

Niehoff, M. II *109*
Nikiprowetzky, V. I *237, 239, 305, 329, 334*
Nilsson, M. P. I 75, *112*, 133, *135, 140, 152*, 177, 226, *270*; II *2*
Nissen, A. I *405*
Nock, A. D. I *79, 86, 152, 177, 180, 226, 271*, 302, *390*; II *126*
Norden, E. I *4, 83, 89, 152*; II *189*
Nordheim, E. v. I *220*−*223*

O'Hagan, A. I *208*
Odeberg, H. I *228*
Oppenheimer, A. I *364*−*367, 381, 385f.*, 439, *444*
Orlinsky, H. M. I *220*
Orrieux, C. I *53*; II *127, 129f*.
Osswald, E. I *225*
Osten-Sacken, P. von der I *78, 156, 266, 277*

Pákozdy, L. M. I *261*
Pannenberg, W. I *90*
Papst, H. I *280*
Parente, F. I *218*
Parthe, F. I *210*
Pascher, J. I *178*
Patrich, J. I *386*
Paul, A. I *218*; II *187*
Pautrel, R. I *78*
Pearson, B. A. II *128*
Pease, A. S. I *219*
Pelletier, A. I 139, *209, 245f.*; II *336, 346*
Peretti, A. I *237, 239*
Perler, O. I *208*
Perles, F. I *15, 16*
Pervo, R. I. I *216*
Peters, J.P I *164*
Petersen, W. L. I 8
Peterson, E. I *93*, 119, *228f., 242*
Petrovi, J. I *91, 92, 93*, 94
Petuchowski, M. I *441*; II *279*
Pfeiffer, R. H. I *207, 214f.*; II *3*
Pfister, F. I *216*
Philonenko, M. I *73, 77, 177, 216, 241, 341*
Pierre, M.-J. II *308, 312*
Pietersma, A. I *48, 226*
Pilhofer, P. II *3, 368*
Pinkerfeld, J. I *93, 111*
Pixner, B. I *30*
Plassart, A. I *105*
Plöger, O. I *165, 215*; II *28, 84*
Plümacher, E. I *71*
Pohlenz, M. I *79, 140, 275, 278, 280, 285*
Pohlmann, K. F. I *215*

Pöhlmann, R. von I 267
Polotsky, H.J. I 186
Posnanski, A. II 357
Preisendanz, K. I 232
Preuschen, E. II 377
Priessnig, A. I 212
Prigent, P. II 338, 342, 346, 352 f.
Pucci, M. I 362 f.
Puech, E. I 74; II 92−97, 139, 140

Qimron, E. I 356, 400
Quinn, E.C. I 227

Rabello, A.M. I 436
Radice, R. I 212
Rahlfs, A. II 354 f., 359
Rahmani, L.Y. I 17, 18, 20, 33, 54, 138, 260, 430; II 139, 146, 325
Rahnen, D. I 220
Rainer, P. I 134
Rajak, T. I 39, 41 f., 186, 209, 436; II 135, 166
Ramsay, W.M. II 171
Rappaport, S. I 209
Rauh, H.D. II 125
Reeg, G. I 20; II 110, 227, 303
Reese, J.M. I 234
Rehm, M.D. I 461
Reich, R. I 474
Reiser, M. I 444
Reitzenstein, R. I 4, 10, 52
Renehan, R. I 208
Rengstorf, K.H. I 441; II 315
Reynolds, J.M. I 317; II 170
Ricci, S. de I 182
Rickenbacher, O. I 78
Riedel, W. II 66
Riedweg, C. I 242, 244
Riesner, R. I 401, 427, 474; II 50
R. Kasher II 63
Ringgren, H. I 223
Ristow, H. I 132, 147
Robert, L. I 93, 101−103, 105, 107 f., 110 f., 120, 124, 139, 185, 190, 284; II 170
Roberts, C. I 180, 186, 188
Robinson, E. I 228
Robinson, J.A.T. II 295
Robinson, Th.H. II 80 f.
Rokeah, D. I 323
Roll, I. I 365, 380
Romanelli, P. I 325
Rosenstiehl, J.M. I 227
Rosenthal, E.S. I 345, 466

Rosmarin, A. II 340
Rost, L. I 207 f., 214 f., 218
Rostovtzeff, S.M. I 261; II 135
Roth-Gerson, L. I 20
Rothfuchs, W. II 234
Roussée, J.-M. II 308, 312
Roux, J. und G. I 193, 325
Rowley, H.H. II 166
Rubin, R. I 386
Rubinstein, A. I 230
Rubinstein, R.L. II 208
Rudolph, K. I 141
Rudolph, W. I 215; II 30 f., 80, 82, 169
Rüger, H.P. I 14, 30; II 10, 66, 284, 336, 343
Rühl, F. I 207
Runia, D.T. I 212
Ruppert, L. II 72, 104, 106
Ruprecht, E. II 73, 78, 99, 102
Rutgers, L.V. I 49
Rzach, A. I 237−240, 322, 326 f., 359 f.

Sæbø, M. II 29
Safrai, S. I 197, 416, 422, 424; II 175
Saldarini, A.J. I 443
Salzmann, E. I 388
Salzmann, J.C. II 128
Sanders, E.P. I 392−479; II 135, 145, 263
Sanders, J.A. I 137
Sanders, J.T. I 78
Sandmel, S. I 304
Sänger, D. I 216
Schaeder, H.H. I 10
Schäfer, P. I 65, 298, 344, 346, 348, 360, 354, 364, 366, 381 f., 384 f., 387, 411, 414, 417, 419, 423, 425; II 14, 67 f., 180, 182, 227, 266, 269
Schäfke, W. I 374 f.; II 117
Schalit, A. I 24, 55, 57, 59, 170, 208, 260; II 122, 135, 141, 143
Schaller, B. I 220, 247 f., 310, 312
Schaper, J. I 44; II 134
Schechter, S. I 189
Schenke, H.M. I 138, 140, 150, 227 II 297, 299 f.
Schermann, E.Th. I 216
Schestrow, L. II 115
Schiby, J. II 185, 301
Schiffman, L.H. I 400, 423, 427, 436, 453; II 150
Schimanowski, G. II 36 f.
Schlatter, A. I 1, 16 f., 97, 157, 158, 323, 478; II 246, 264, 294, 300, 308, 321
Schlesinger, S. I 441

Schlier, H. I *4, 122*
Schmid, W. I *318, 369, 371*
Schmidt, F. I *48, 198*
Schmidt, H. I *290*
Schmithals, W. I *5, 152*; II *295*
Schmitt, G. I *67*
Schnabel, E. J. II *35*
Schnackenburg, R. II 219
Schneemelcher, W. I *6*
Schneider, A. II *56*
Schneider, C. I *274*
Schnelle, U. II *295*
Schoeps, H. J. II *349*
Scholem, G. I *230* II 180
Schrage, W. I *93, 96, 105f., 109, 114, 116f., 119*, 139, *173, 177, 179, 181, 183, 187−192, 194, 302, 304*; II *56*
Schreckenberg, H. II *339, 362, 364,* 365
Schröder, B. I *122*
Schuller, E. II *111*
Schulz, S. I *260, 262* II *224, 246*
Schüpphaus, J. I *457f.*
Schur, N. II *301*
Schürer, E. I *15, 24, 26f., 41f., 44, 46, 48, 52, 55, 58, 60, 64−66, 68, 107, 120, 132, 172, 182,* 183, *185, 188, 196f., 200, 202−208, 210, 212, 216, 220−222, 224f., 230, 237, 245, 247f., 270, 308, 317, 323, 364, 379, 381, 385, 387, 457, 464, 466f., 473*; II *14, 44, 109, 122, 157−193, 266, 293f., 325−328, 332, 373, 379*
Schwabe, M. I *100*
Schwank, B. I *32* II *297, 299*
Schwartz, D. R. I *67, 447, 450, 464, 468*
Schwartz, E. I *90* II 296
Schweizer, E. I *4, 244* II 219, *224*
Schwemer, A. M. I *9, 48, 216, 461*; II *85, 106, 110, 322, 324*
Seager, A. R. I *187*
Seeligmann, I. L. II *76,* 98, *108*
Segal, A. F. I *56*; II *209*
Segert, S. I *263*
Seidl, E. I *274*
Sevenster, J. N. I 16, *17, 32, 164, 170, 186, 191, 197, 263, 297f., 321f.*
Shatzman, I. I *52, 266*; II *137*
Shimhoff, S. R. I *83*
Shotwell, W. A. II *363*
Siegele-Wenschkewitz, L. I *479*
Siegert, F. I *297, 299, 304*; II *6, 128, 176, 192, 217*
Simon, M. I *99,* 138, *326*; II *140, 172, 362, 364*

Sint, J. A. I *198, 232*
Sjöberg, E. II 89, *262*
Skarsaune, O. II *73, 76, 338, 341−343, 345−347, 349, 353−360, 363, 380*
Skeat, T. C. I *180*
Skehan, P. W. I *264*
Skutris, J. I *247*
Slingerland, D. I *221*
Smallwood, M. I *184, 212, 310, 317−320, 322−324, 339, 362, 364, 379, 381, 384, 386f.*
Smith, E. W. I *216*
Smith, J. Z. I *226*
Smith, Morton I *77, 281, 316,* 397f., *426*; II *30*, 111−113, *129*
Smitten, W. Th. in der I *215*
Snell, B. II 189
Sokoleff, M. I *466*
Speigl, J. I *368, 370*
Sperber, A. II *82*
Sperber, D. I *15, 82, 418, 420, 439*
Speyer, W. I *198,* 199, *200f., 210f., 215, 218, 230f., 234, 237, 247f.*; II *3, 179, 341*
Spickermann, A. I *27*
Spicq, C. II *260f., 274*
Spiegel, D. I *360*
Spiegelberg, W. I *134*
Spittler, R. P. I *220*
Sprödowsky, H. I *209*
Stadelmann, H. I *257*; II *35*
Staerk, W. II *226, 242, 277*
Starcky, J. I *290*; II 92f., 95
Stauffer, E. I *219, 302, 430*
Steck, O. H. II *9, 16,* 19, *20, 27, 46, 85*
Stegemann, H. II *51,* 57; II *176*
Stein, E. I *212*
Stein, O. I *372*
Steindorff, G. I *47, 225*
Steiner, K. I 148
Stemberger, G. I *198f., 288f., 323, 360, 411, 416, 454*; II *5, 63, 233, 248*
Stendahl, K. II *237*
Stern, H. I *177, 241*
Stern, M. I *197, 251, 317f., 321f., 326, 337, 369, 379, 381, 385f., 454, 458*; II *123, 126f., 173,* 189
Stern, S. I *413, 418*
Stichel, R. II *45*
Stier, H. E. I 133
Stinespring, W. I *379*
Stoebe, H. J. I *261*
Stone, M. E. I *223, 225,* 227
Strack, H. I *455,* 478; II *5, 63, 233, 248*

Strack, P. L. I *363*
Strathmann, H. I *122f.*
Strecker, G. II *50,* 219f., 223f., *233,* 234, *235, 237, 239, 254,* 255−288
Strobel, A. I *58, 260f.*
Strohm, H. I 150
Strugnell, J. I *200, 206, 227, 237, 290, 356, 400;* II *227*
Sukenik, E. L. I *91,* 93, *94f., 105f., 108f.,* 145; II *89*
Sullivan, R. D. I 9
Sundberg, A. C. II *336, 346*
Sundermann, W. I *229*
Sussmann, Y. I *401*
Swete, H. B. II *98, 354*
Swiderek, A. I 318
Syme, R. I *369, 383, 388*
Sysling, H. II *8*

Tabor, J. S. D. I 75
Tannenbaum, R. II 170
Tarn, W. W. I *132, 246*
Taylor, Ch. I 424
Tcherikover, V. A. I 98, *123,* 136, *137,* 138, *156,* 172, *173, 197, 213, 218, 239, 245, 247, 250f., 317f., 322, 324, 337, 390;* II *186, 189*
Teixidor, J. I *10*
Temporini, H. I *320, 328*
Testuz, M. I 148
Tetzner, L. I *428*
Thackeray, H. J. I *234*
Thee, F. C. R. I *88*
Theiler, W. II *189*
Theisohn, J. II *88,* 89
Theissen G. I 69, *70*
Theobald, M. I *5*
Thesleff, H. I *212*
Thiersch, H. I *164*
Thoma, C. I *298*
Thomas, J. I *221*
Thornton, M. K. I *358*
Thraede, K. I 76, *204, 212, 244, 262*
Tigchelaar, E. J. C. I *219*
Tilborg, S. v. II *266*
Tisserant, E. I *224*
Titius, A. II *158,* 160, *162, 165*
Tomson, P. J. I *414, 436, 437, 439,* 453
Tov, E. II *7, 11f.,* 185, *346*
Trachtenberg, J. II 182
Treitel, L. I *212*
Trencsényi-Waldapfel, I. I 206
Treu, U. I *241*
Tschiedel, H. J. I *209*

Tubach, J. I *229*
Tümpel, K. I *8*
Turner, E. G. I *213*
Twelftree, G. H. I *397*
Tyloch, W. I *273*

Uhlig, S. I *219*
Ulrich, E. II *7, 11*
Unnik, W. C. v. II *265*
Urbach, E. E. I *64, 78, 84, 272, 274;* II *110, 266, 285*

Vaillant, A. I *229*
Vale, R. I *27*
Vaux, R. de I *260f.*
Veltri, G. I *37, 246, 444;* II *337, 345, 380*
Vermes, G. I *338;* II 157, *166,* 167, 183
Versnel, H. S. I 81; II *84*
Vidal-Naquet, P. I *53*
Villalba i Varneda, P. I *209*
Vincent, A. I *174*
Viviano, B. Th. I *423, 427*
Vogt, E. I *46*
Vogt, J. I 133
Volkmann, H. II *187*
Volz, P. II 84
Vulic, N. I *91f.,* 94

Wacholder, B. Z. I *41,* 42, 45, *55,* 62, *64,* 140, 200−203, 205; II *8, 118f., 133, 140, 142−144,* 149
Wallis Budge, E. A. I *227*
Walter, N. I *46,* 74, *197, 201, 205f.,* 210, 211, *242−245, 295, 305, 307*
Walzer, R. I *251*
Waszink, J. H. I *204*
Watzinger, C. I *59,* 260
Weber, W. I *363, 373, 379f., 389*
Wechssler, E. I 72
Weder, H. II 219f., *223, 245, 248, 250, 254,* 270, *272, 287,* 289−292
Wehrli, F. I *238;* II *169, 189*
Weinberg, S. I *28*
Weinfeld, S. M. I *66,* 77
Weinreich, O. I *204*
Weippert, H. I *16;* II *15, 29, 169*
Weiss, H.-F. I *143, 298, 308;* II *266*
Wellhausen, J. I *398, 409;* II 16, 22, *27,* 162f.
Wellmann, M. I *134*
Wells, L. S. A. I *227*
Welten, P. II *29*
Wendland, P. I *3,* 247
Wengst, K. I *4*

Wermelinger, O. II *8, 377*
Wernberg-Møller, P. I *277, 287*
Westermann, W. L. I *185*
Wevers, J. W. II *357*
Whybray, R. N. II *16*
Widengren, G. I *134*
Wiefel, W. I *177*
Wilcken, U. I *321*
Wilckens, U. I *6, 178*
Wildberger, H. II *375*
Wilken, R. L. I *8*
Wilkinson, J. I *18*
Will, E. I *53*; II *127, 129 f.*
Willet, T. W. I *225*
Willi, Th. II *29 f.*
Willrich, H. I *208*
Wilson, T. S. I *244*
Windisch, H. I *134, 237*
Winston, D. I *263, 282 f., 289*
Winter, B. W. I *45*
Wintermute, O. S. I *47, 227*
Wischmeyer, W. I *257*
Wischnitzer, R. I *93*
Wlosok, A. I *135,* 140, *224, 271, 282, 370*
Wolff, Chr. II *354*

Wolff, H. W. II *246*
Wolfson, H. A. I *178, 212*
Wolters, A. II *309*
Woude, A. S. van der I *219, 287, 447, 452*
Wrede, W. II *269*
Wright, D. P. I *445, 461*
Wright, E. G. II *300*
Würthwein, E. I *270, 302*
Wuthnow, H. I *97*

Yadin, Y. I *38, 56, 263, 266*
Yevin, Z. II *301*

Zahn, Th. I *31, 359, 368*
Zeitlin, S. I *136, 191*
Zeller, E. I *2, 78*
Zervos, G. T. I *224*
Ziebarth, E. I *273*
Ziegler, J. II *98,* 99, *106, 360*
Ziegler, K.-H. I *328*
Zimmerli, W. II *106*
Zimmermann, F. I *215*
Zimmermann, J. I *397*; II *307*
Zucker, H. I *99*
Zuntz, G. I *15, 82, 245, 341*; II *128, 187, 380*

Geographisches Register

Die *kursiv* gedruckten Seitenzahlen beziehen sich auf die Anmerkungen.

Abila I 67
Acmonia I 107
Adiabene I 322
Aelia Capitolina I 339, 346, 379 f., 382, 384, 387, 391; II 304, 312
Ägina I 106, 109
Ägypten, s. Sachreg.
'Ain al-Ġuwēr I 263
Alexandrien, s. Sachreg.
Amastris I 190
Antinoopolis I 378, 380
Antiochien I 6 f., 73, 86, 180, 188, 208, ; II 168, 207, *234, 261, 293*
Antipatris I 57
Apamea I 454
Aphrodisias II 170, 174, 176
Arabia, Provinz I 383, *385*
Arabien I 2, 11, *31,* 88
Araq el-Emir ('Iraq al-Amîr) I *178,* 260
Argos I 100, 123
Armenien I 62, 328
Arsinoë-Krokodilopolis I 171, *188*
Asdod I 26
Asia, Provinz I 375
Askalon I 36; II 138, 140
Athen I 373, 389, 391; II 127, 134, 151

Batanäa I 52, 58; II 144
Berenike (Cyrenaika) I *96,* 108, *120,* 182, *189,* 193, 306
Bet 'Anat I 158, 263
Bet Guvrin/Eleutheropolis I 347
Beth Alpha I 93, 95, 109
Beth Shearim I *18,* 29, *97, 100,* 105, 145, *179;* II 188, *233*
Beth(th)er I *366,* 385, 387
Beth-Saida I 30
Bethel I 19
Bethesda-Teich I *59;* II 308—315
Buqē'a I 262

Carpocetna I *365*
Cäsarea (maritima) I 26 f., *67,* 68, *100,* 112, 136, 180, 188, 192, 379; II 77, 144 f., 149
Cäsarea Philippi/Panias I 27, 70
Catania I 101
Chalkis I *19,* 67
Chōra I 318 f.
Cyrenaika I 155, 319, 325, 337, 362

Damaskus I 6 f., 15, *31,* 60, 135, 146; II 140, 145
Daphne (bei Antiochien) II 107, 124
Dekapolis I *27,* 28, *31,* 88
Deliler I *194*
Delos I 105, *106,* 109, *117* f., 179, 187, 303; II 171 f., 186
Delphi I 297; II 116
Dora I 180, 188, 192
Dura Europos I 104 f., 110, *229, 428*

Ebal II 300
Edessa I 8
Edfu I *319*
Ekbatana II 168
el-Ḥammeh (bei Gadara) I 109
Elche (Spanien) I 184
Elephantine II 17
Emesa I 8, *9*
Emmaus/Nikopolis I 347
'En Fešha I 261 f.
Engeddi I 263
'En Tannūr I 261
Ephesus I 73; II 334
Eumeneia (Phrygien) I *101*

Fajjûm I 172, 261
Flavia Neapolis/Nablus II 300 f., 306, *359*

Gadara I 27, 35, 155; II 140
Galatien II 171

Galiläa I 9, 11, 14, 27, 29, 52, 71, 86, 98, 108, *109,* 113, 124, 192, 347, 472
Garizim I *178,* 379; II 12, 186,297−300, *301*
Gaulanitis I 52, 58, 347
Gaza I *15,* 154 f., 347; II 140
Gerasa I 36, 155; II 140
Gittha II 306
Gorgippia I 186
Griechenland I 6, 102, *124, 132,* 186,339

Halikarnass I 187
Hammam Lif I 106, 109 f.
Hatra I 361
Hebron I 57, 347
Hermoupolis I *319,* 320
Herodeion I 347
Hierapolis (Phrygien) I *97, 115,* 157; II 295
Hierapolis-Bambyke I 7, 157; II 119
Hippos I 27, 155; II 140

Idumäa I 52, 472

Jamnia/Jabne I 26, 189, 431, 437
Jehud, persische Satrapie I 154; II 137
Jericho I *19,* 56, 158, 260, 263; II 129, 139, 172
Jerusalem, s. Sachreg.
Joppe/Jaffa I *13,* 53, 136; II 139
Judäa I 9, 14, 86, 154, 265, 353, 355, 364 f., 379, 384, 386 f., *391,* 454, 471−473; II 149, 169, 313, 326

Kana I 28; II 315
Kapernaum (Tell Chum) I 105, 108, 110, 145
Kapparetia II 306
Kleinarmenien I 67
Kleinasien I 6, 86, 102, *124,* 143, 146, 154, 186, 190, 339, II *119,* 169−172, 295, 315
Köln I *120*
Kommagene I 2, 62, *132*
Korinth I 73, 113, 194, 380
Küstenebene, paläst. I 11, 26 f., 52, 88, 146
Kyrene I 19, 182, 320

Lachisch I *178*
Larissa I *18*
Leontopolis (Tell el-Yehudieh) I *18,* 43, *120,* 139, 175, *179,* 203, 248, 298, 325, 454, 462; II 98, 108, 133, 187, 320
Lykaonien II 171

Macedonia, Provinz I 91
Magdala (Tarichaea) I 28, 66

Magona (Ibiza) I *120*
Mamre I 57
Marisa I *13,* 136, 146, 156, 164,253; II 138
Masada I 56
Memphis I *182,* 320
Mesopotamien/Babylonien I 154, 197, 291, 322, *323,* 328, 361; II 168
Milet I 109 f.
Monteverde (Trans Tiberis) I *194*

Nahal Hever I 37, 385; II *346,* 361
Na'aran I 109
Nazareth I 28, 31, *70*; II 207
Nehardea I *179*
Ninive II 168
Nysa (Karien) I 107, *117, 182*

Olbia I 184
Oropos I 297; II 170
Ostia I 104, 109 f., 114, *120,*173
Ostjordanland I 11, 52, 67, 146
Oxyrhynchos I 318

Palästina, s. Sachreg.
Palmyra I 7, *9, 31,* 113, 146; II 140, 145
Pantikapaion I *117,* 184−186
Pella I 27, 155; II 140
Pelusium I 319, 324
Petra I 146
Pharos I 246; II 368
Phasaelis I 57
Philadelphia/Rabbath-Ammon I 155; II 140
Philippi I 27, 91, 188
Philoteria (Bet-Jerach) I 28, 155
Phokäa (bei Smyrna) I 107, 110
Phönizien I 2, 11, 146
Phrygien II 171
Pisidien II 171
Pompeji I *111,* 113
Pontus I 367
Priene I 104, 106, 109
Ptolemais/Akko I *19,* 29, 135, 155, 162
Puteoli I 97

Qumran (Chirbet) I 37, 58, 260, 262, 347
Rheneia, Grabinsel von Delos I *101, 105,* 149
Rhodos I 17; II 172
Rom, s. Sachreg.

Salamis I 319
Salbit I 189
Samaria/Sebaste I 27, *67,* 154 f.; II 117, 145, 302, 305

Samarien I 14, 52, 72; II 297, 306
Sardes I *96,* 104 f., 110, 112, 114, *115,* 187, *428*; II 169, 174
Schedia (bei Alexandrien) I 171
Sebaste/Stratonsturm I 57; II 129
Sepphoris I *15,* 27 f., 32, 64−66, 70, 379
Sichem I 9, *14,* 46, 155, 164, 205, 253; II 13, 185 f., *299, 300,* 305
Sidon I 27, 36, 154; II 140
Silo II 13
Siloah I *59*; II 322
Skythopolis/Beth Shean I 19, 28, 109, 135, 155; II 140, 302
Smyrna I 384
Stobi I 91, 96, 104, 111, *189*; II 174
Sychar II 297−307
Syrien, s. Sachreg.

Tanais I 186
Taphnai I 216

Tell Anafa I 28
Tell Balaṭa II 297, 300, 302
Tell el Yehudieh, s. Leontopolis
Teos I 107
Teucheira (Cyrenaika) I 140
Thessalonich I 190
Tiberias I *15,* 27, 42, 65 f., 70, 111, *118,* 188, *191,* 192, 379
Trachonitis I 52, 58; II 144, 168
Tyrus I 27, 29, 36, 154; II 131, 140

Venosa I *120, 125*

Wadi ed-Daliyeh I 347
Wadi Murabba'at I 37, 385, 387

Zypern I 96, 318 f., 337, 362

Sachregister

Die *kursiv* gedruckten Seitenzahlen beziehen sich auf die Anmerkungen.

Aaron II 41

Abraham I 61, 134, 164, 204 f., 242, 243, 250 f.; II 11 f.
- als Kulturbringer I 39, 201, 203, 262, 292

Achikarroman I 203, 217 f.

Adamsspekulation I 141, 227

Adiabene, Königshaus I 23; II 150, 168

Adonis I 143, 146

Agrippa I. I 58, 61, 67, 467; II 143, 148, 150, 313, 326, *327*, 328, 332 f.

Agrippa II. I 62, 68, *174*, 401; II 139, 142 f., 150 f., *175*, 208, 324, 326, 328, 332

Agrippina, Kaiserin I 19; II 172

Ägypten I 11, 30, *117*, 134 f., 143, 153–155, 170, 171–183, 221, *229*, 265, 274, 315, 319, 362, 455; II 98, 187, 374
- Judentum I 138 f., 182, 196 f., 204, 238, 248, 250, 296–299, 318–326, 337, 454, *455*
- Synagogen I 171–183

Akademie, platonische I 167, 276

Alexander d. Große I *45*, 154 f., 210, 216, 248, 296; II 27

Alexander Jannai I 14, *26*, 28, 52, 54 f., 169, 450, 463 f.; II 63, 136 f.

Alexander Polyhistor I 199–206; II *128*, 133, 185, 187

Alexander v. Abonuteichos II *315*

Alexander, Bruder Philos I 68, 308

Alexander, Tiberius Julius (Neffe Philos) I *193*, 213, 308 f.

Alexanderlegende/-roman I 45, *203*, 210, 216

Alexandrien I 8 f., 37, 45, 163, 169, 180, 200, 214, 218 f., 230, 234, 238, 245 f., 291, 319; II 3, 133, 174, 190, 335
- Juden/jüd. Gemeinde I 40, *49*, *124*, *173*, 182 f., 247, 298, 310, 318, 320, 362 f.; II 148, 320
- Museion II 3, 6 f.

- Synagoge(n) I 105 f., 109, 111, 114, *115*, 173, *176*, 179 f.

Alkimos, Hoherpriester II 45, 320

Allegorese I 211 f., 311; II 66, 68

Altersbeweis I 202, 206, 210, 212 f., 305, 414; II 3

AmhaArez I *413*, 443, *444*, 445, *459*

Amoräer I *418*, 421, 423; II 67

Anthropologie I 78, 161, 169

Antichrist I 327 f., 333–335; II 73, 125

Antigonos, Hoherpriester (40–37) I 15, 328, 466

Antijudaismus I 9, *112*, 184, 213, 298, 301, 312, 320; II 117, 127, 189, 204, 210 f.

Antinoos I 377 f., 391

Antiochos III. I 28, 122, 155–157; II 31, 117, 171, 186, 299

Antiochos IV. Epiphanes I 9, 53, 67, 122, 137, 163 f., 180, 265, 307, *366*, 383, 389–391, 446; II 44, 83, 85 f., 98, 107, 117 f., 121, 130, 134, 317

Antiochos V. Eupator I 122

Antiochos VII. Sidetes II 121

Antiochos v. Askalon, Philosoph I 167; II 1 f.

Antipater I 60, 464; II 138, 141

Antoninus Pius I 98, 347, 368 f., 371, 381, 387

Apokalypsen, Schriften/lit. Gattung I 212, 219, 222–232, 236, 314–316, 340

Apokalyptik I 4, *5*, 72, 76, 134, 137, 148 f., 165–170, 241, 266, 281, 314, 334, 336, 340, 461; II 34, 47 f., 64, *97*, 205
- christliche I 224, 241

Apollon I 237

Apollonios Molon I *200*; II *117*

Apollonios von Tyana I *228*

Apologeten/Apologetik
- christlich I 89, 368, 370
- jüdisch II 184, 189 f.

Apostasie/Apostaten I 162, 164, 213, 250, 308, 356, *366*; II 45, 132, 150
Aposteldekret I 399
Apostelkonzil I 32, 409
Araber, s. Nabatäer
Archelaos, S. d. Herodes I 64, *98*; II 149, 324, 326
Aretas II. II 137
Aretas III. I 15, 464
Aristeasbrief (s. a. Stellenreg.) I 245−247
Aristobul I. I 52, *270*; II 136 f.
Aristobul II. I 458, 464 f.; II 136, 138
Aristobul, jüd. Philosoph I 163, 210 f., 241, 244, *249*, 253
− Quellen I 211, 245
Ariston v. Pella I *348, 368, 382*; II *347*
Aristoteles/Aristotelismus I 133; II 1 f., *142*, 169
Artapan I 140, 203 f., 241, *249*, 261, 305
Artaxerxes I. I 199, 214
Artaxerxes II. Mnemon II 22
Artaxerxes III. Ochos I 154
Askese I 84, *113, 261*
Asklepios (kult) I *59*; II 312, 315
Äsop I 233
Assimilation I 164, 250, 255, 269, 307, 366; II 150, 170, 212
Astralreligion I 133, 146, 166
Astrologie I 77, 133 f., 167 f., 170, 201, 203, 291−293; II 59
Asylie I *117*, 173
Atargatis-Hadad, syr. Götterpaar I 135
Atlas, Bruder des Prometheus I 167, 202, *239*
Attis, Mysteriengott I *10*, 143, 146
Auferstehung (sglaube) I 74, 166, 220, 234, 244, 288 f., *315*, 430; II *41*, 49, 81, 86, 99, 102 f., 148
Aufklärung, griech. I 158 f., 161, 168, 223
Aufstände, jüd. I 354−356, 382; II 67, 185
− Bar-Kochba-Aufstand I 344−350, 354, 359, 382, 437; II 77, 151
− Cyrenaika/Ägypten 115−117 I 193, 197, 317−326, 346, 362, *365*; II 77, 190
Augustus I 58, 60, 324 f., 337; II 122 f., *141*, 145, 174

Baal Schamem I 9, 146, 164; II 131
Babatha, Archiv I 11, *37 f.*, *346*
Bar Kochba/Kosiba, s. a. Aufstände I 29, 321 f., 338, 348 f., 364, 382, 385; II 68
Basilides, Gnostiker I 89, 311, 368; II *351*, 363

Bel-Kronos I 133, 202
Beliar I 72, 278
Ben Sira I 160−163, 199, 252−257, *463*; II 35−44, 47, 179
Berenike, Tochter Agrippas I. I 67 f.; II 125
Bergpredigt II 219−292
− Antithesen II 267−273
− Makarismen II 224−232, 241−254
− Urform II 221 f.
Berossos I 133, 201, 239, 243
Beschneidung I 382 f.; II 131
− verbot I 339, 346 f., *366*, 381−384, 387, 391
Bet Din I 420 f.
Bilderverbot I 144 f., 346, 450; II 129, 313
Bildung, griechische I 31, 34, 40, 55, 72, 89, *90*, 306, 316, 332; II 129, 140, 144, 294
Bileam I 237
Boethos v. Sidon, Stoiker I 140
Boethusianer/Boethos, Familie des I 25, 69, 417, 467, 470 f.; II 148 f., 202, 324, 326, 329
Bolos von Mendes I 134
Bundesnomismus (Sanders) I 393 f., *419*
Bürgerrecht, griech. Poleis I 139

Caligula I 136, 147 f., 193, 218, 310; II 123, 126, *169*, 328
Cäsar I 111, 183
Chanukka (Tempelweihfest) II 316−322
Chasidim/Chasidäer I 137, 165 ff., 254, 259, 269 f., 446, 451, 462 f.; II 45 f., 64
Chiliasmus I 316
Christentum
− Christenname II 207
− Entstehung/Anfänge I 6 f., 71, 151, 393; II 201, 207−209
− Mission I 72, 88, 304, 454; II 206, 214
− palästinisch bzw. hellenistisch I 6, 11 f.
− Schriftauslegung/AT/Kanon II 10 f., 14, 336, 339, *340*, 343, 346
− Theologie I 75, 88; II 212−214, 240
− Trennung von der Synagoge II 207−209
Christenverfolgung/-prozesse I 71, 312, 367−369, 372−377, 388; II *173*, 210, 266 f., 333
Christologie I 284, 311; II 37, 77, 87, 190, 209 f., 275, 295, *351*
− Entstehung/Ausformung I 34, 88, 409; II 105, 114, 205, *269*
Chronistisches Geschichtswerk II 22 f., 29−32
− Quellen *30*
− Titel *30*

Chronographie I 200 f.
Chrysipp, Stoiker I 140, 291
Claudius, Kaiser I 68, 97, 218, 308, 325, 471; II 326, 328
– Edikt I 193, 324; II 174
Clemens Alexandrinus I 90, 242–244; II 375 f.
Clemens Romanus I 89, 194; II 343

Dämonen/Dämonologie I 76, 152, 284 f.
Danielbuch (s. a. Stellenreg.) II 46–50
– Zusätze I 214 f.
David I 241, 256; II 32, 42
Dea Syria I 7, 143
Demetrios II. I 248
Demetrios III. Eukairos I 450, 463; II 137
Demetrios v. Phaleron I 200, 211, 245 f.; II 372
Demetrios, jüd. Chronograph I 46, 200 f., 305; II 70
Demokrit I 152, 233, 292
Deuteronomium/dtn. Geschichtswerk II 15, 17
Diaspora/Diasporajudentum I 3, 6, 19, 24, 49, 62, 67, 98, 100, 102, 113, 124, 144, 170, 181, 190–192, 194, 196 f., 207, 214, 224, 232, 237, 245, 249, 304, 428 f., 453, 472, 477; II 11, 114, 134, 144, 146, 167–176, 202, 205
Diogenes v. Babylon, Stoiker I 140
Diokletian I 103, 184
Dionysos(kult/mysterien) I 28, 135, 143, 148, 178, 308; II 187
Domitian I 367, 381; II 266
Domitilla II 125, 173 f.
Dositheos, Samaritaner I 141; II 268, 303, 306 f.
Drei-Pagen-Novelle (1. Esra) I 215
Dualismus I 149, 152, 230, 278 f., 331; II 58 f.
– zoroastrisch-iranisch I 282 f.
– Zwei-Geister-Lehre I 77 f., 169, 275, 278, 281–283, 290
– Zwei-Wege-Lehre I 78, 282 f.
Dusares, nabatäischer Gott I 135

Eifer (religiöser) I 164, 253, 308, 355, 408, 473; II 129
Eleazar, Hoherpriester I 246
Eleusis/eleusinische Mysterien I 143; II 116
Elia I 236, 253; II 18 f., 26, 28, 269
– redivivus II 78, 268
Elkesaiten I 186, 366

End(zeit)kampf/messian. Krieg I 284, 327, 331–336, 350
Endzeit I 226, 327, 330 f., 461; II 34, 47–50, 60, 62, 78 f., 83, 87, 98 f., 114
Engel I 5, 101. 167, 221, 226, 229, 230, 242, 244, 263, 266, 284, 292; II 171 f., 244
– Engelfall I 284
– Engellehre I 76, 165, 285; II 181 f.
Enthusiasmus, Begriff I 4, 5
Epikur/Epikuräer I 54, 183, 271, 276; II 2, 188, 191
Epimenides I 237
Eratosthenes II 3
Erwählung (Israels) I 393, 394; II 206, 215
Erziehung/Erziehungsideal I 34 f., 235, 275, 308, 427, 431; II 47, 50
Eschatologie I 5, 74, 166, 168, 212, 256, 279, 315 f., 322, 329, 332–337, 354, 444 f., 454, 460 f.; II 26, 28, 32, 40, 42, 64, 65, 69, 77–79, 82 f., 110, 210, 212, 214, 277 f., 306
Esra I 199, 224, 433 f., 463; II 9, 20–25, 41, 342, 353, 373, 377
– 1. Esrabuch (LXX) I 215
Essener I 5, 25, 43, 50, 58, 77 f., 135, 168 f., 181, 191, 258–260, 273, 292–294, 308, 335, 404, 428, 443, 446 f., 453, 460, 466; II 3, 13 f.; II 51–62, 68, 113, 133, 205, 210, 276, 306
– Anthropologie I 287
– Engellehre I 282 f.
– Eschatologie I 288 f.; II 11, 54–58
– Gütergemeinschaft I 266–269
– Kalender I 286; II 58–60, 67
– Schriftauslegung I 281; II 10 f., 51–61, 64, 237
– Theologie I 77–79, 169, 275–294
– Weisheit-/Erkenntnisstreben I 280 f.
Essenerberichte, antike I 264, 267, 270, 275, 294; II 51
Estherbuch (s. a. Stellenreg.) I 214
Ethik I 251; II 188 f., 191, 249, 250, 253, 265, 271 f., 289 f.
Euhemerismus/Euhemeros I 75, 141, 240, 267, 305; II 2
Eupolemos, jüd. Historiker I 40 f., 43 f., 138, 202 f., 249; II 11, 119, 133, 179
Euripides I 205, 306
Eusebius I 200, 295
Evangelien I 7, 192, 222, 399
– Passionsberichte I 396; II 105, 330 f.
Ezechiel, Prophet I 239
Ezechiel, Tragiker I 46, 205 f., 306

Fasten I 167, 420; II 249
Freiheitsbewegung, jüd. I 351–357
Fremdenfeindschaft I 164; II 116, 142

Gabriel, Engel II 48
Gam(a)liel I. I *397, 459, 473*; II 6
Gam(a)liel II., Patriarch I *64*, 98, 437, *463*; II 13
Gam(a)liel VI., Patriarch I 100
Gebet(e) I 117, 167, 177, 229, 302 f.; II 177, 190, *191, 226*, 273–280
– Achtzehngebet I 148; II 177, 208, 242, 274, 279
– Qaddisch II 275
– Shema I *100*; II 50, 177, 274, 276, *277*
– Vaterunser II 243, 249, 253, 274, 279 f.
Gebote(e)
– Erstes Gebot I 87, 354, 405; II 213
– Liebesgebot I 222, 405; II 213, 254, 282–287
Geist Gottes I 233; II 37, 42, 60, 67, 81
Geistbegabung/-besitz I 224, 237; II 11 f., 43, 55 f., 213
Geld, Geldentwertung I 103
Geographie, „mythologische" I 75
Gericht (End-) I 166 f., 222, 225 f., 255, 289, *315*, 330 f., 444; II 18 f., 44, 80 f., 100 f., 113 f., 262, 270, 291 f.
Gerusie, s. a. Synhedrium I 157; II 31
Gesetz/Tora I 122, 162, 175, 199, 237, 249, 253, 275, 281, 304, *393*, 394; II 23, 32, 35–39, 52, 58, 66, 202, 211–213, 254, 263, 269
– mündlich I 411–434; II 13 f., 57, *267*
– schriftlich I 411–434
Gessius Florus, Prokurator I 68, 339
Gestirnlehre/-verehrung I 234, 244, 285 f., 292; II 184
Glossolalie I 221
Gnade (Gottes) II 253 f., 290–292
Gnosis I 4, 76, *77, 86 f.*, 134, 140 f., 149 f., 152, 168, 227, 229, 278–281, 314, 340 f., 425; II 296, 351 f.
Gog/Magog I 333, 349; II 73
Gottesdienst 53, 276 f.
– christlicher I 171, 175, 304, 461; II 204, 243
– jüdischer I 171, 175, 251, 299 f., 428–430; II 50, 188, 366
Gottesfürchtige I 185 f.; II 170 f., 175 f., 201, 206, 214

Gottesknecht II 49, 73, 77, 89, 100–106, 114, 212
Grab
– Kult/-verehrung I 135
– Schutz des Grabes I 101
Grammatikunterricht (Elementarunterricht) I 37, 67
Griechen I 154, 202, 237 f., 243, 250

Hadad-Rimmon II 81
Hadrian I 8, 65, 89, 240, 317, 320, 322, 327, 339, 346 f., 349, 358–391; II 122, *301*
– Charakter I 359, 388 f.
– Christen I 367, 388
– Reskript an M. Fundanus I 370–377
– Friedenspolitik I 358, 363, 389
– Juden I 360–366, 391
Haggada I 424; II 33
Halakha I 400, 412–425, 433, 470
Hannas I. I 473, 323–331
Hannas II. I 71, 401, 432; II 149, 213, 324 f., 333
Hannas-Clan, Familie des H. I 25, 69, 467, 471; II 149, 325–328, 331, 333
Hasmonäer I 28, 40, 43, 52 f., 170, 192, 266, 270, 458, 462–464; II 50, 62 f., 132 f., 135 f.
Hebräer (Apg 6) I 13
Hebräerbrief, Autor I 89; II 203
Heiden(tum)/Völker I 13, 84, 87, 235, 237, 327; II 206, 214 f.
Heidenchristen I 399, 409; II 203 f., 208, *221*
Heiligkeit/Heiligung (des Lebens) I 442, 446, 448, 453; II 62
Heiligtum/Heiligtümer, heidn. I 117
Heilsgegenwart/-präsenz I 5
Hekataios v. Abdera I 236, 243, 247 f.; II 116
Hekhalotspekulation I 228; II 180 f.
Helena von Adiabene I 23; II 150
Heliodor(legende) I 218
Helios, Gott I 146, 190
Hellenismus, Begriff I 2, *3, 5*, 11 f., 85 f., *90*, 132, 151, 169, 258 f., *462*; II 202
Hellenisten (Apg 6; griech. sprechende Juden) I 13, 33, 71, 87, *178*; II 147, 213
Henoch I 75, 134, *142*, 166 f., 201 f., 228–233, 236, *239*, 254, 292, *414*; II 2, 88, *344*, 378
– tradition/-literatur I 228–232, *415*
Herakles I 204
Hermeneutik, s. a. Schriftauslegung
– alexandrinische I 212; II 5 f.
– Regeln II 5 f.

Hermes Trismegistos I 291; II 2, 179
Hermes(-Thot) I *59, 141 f.*, 167, 203, 232, 237, 305
Hermetik/Hermetica I 134, 141, *152,* 167, 231, 251, 340; II *128*
Herodes Antipas I 27, 61, 64 f., 69 f., 188
Herodes d. Große I 15, *17,* 22, 24, *26,* 40, 52, 55−63, 136, 170, 192, 210, 356, 465−468, 470; II 7, 122, 135, 140−145, 168, 172, 174, 310, 341
− Bautätigkeit I 56 f.; II 145, 313, 315
− Bildung/Philosophie I 60 f.; II 141, 143
− Jerusalem I 55 f.; II 140−146
− jüd. Identität I 63; II 141, 150
− Kulturpolitik I 62
− Münzen I 58, *450*; II 145
− Paläste I 56, 145
− Städtegründungen I 57 f.
− Tempelbau I 59, 69; II 144 f., 150
Herodes v. Chalkis II 143, 326, *327,* 329, 332
Herodessöhne/Herodianer I 64, 67, 69; II 142, 148 f., 202, 324, 326, 329
Heroen- und Totenkult I 81, 135
Herrenmahl I 113
Herrscherkult I 136, 146, 148, 173, 379
− Kaiserkult I 180
Hesiod I 72, 76, *238*; II 3
Hillel I 51, 62, 64, 84, 405, *424,* 468; II 67, 148 f., 284−286
− Familie/Dynastie (Bet Hillel) I 55, 64, 100, 332, 348, 437
Hillel/Schammai (Schulen) I 401, 406 f., 417, 419, 423, 437, 440 f., *442, 449, 465,* 468, 472; II 14, 64, 149
Himmel(svorstellungen) I 75, 230
Himmelsgott I 10, 164
Himmelsreise (Höllenreise) I 75, *142,* 167, 222, 225 f.; 230, 315
Himmlische Tafeln I 167
Hiob I 220, 237
Hipparch von Nikaia, Astronom I 291
Hippolyt I *90,* 292
Hiram von Tyrus I 202
Hofgeschichte (lit. Gattung) I 217 f.
Hohepriestertum/-amt I 157; II 326
Homer I 72, 83, 166, *238,* 240, 306, 327; II 3
Horoskop(e) I 77, 135, 264, 275, 283, 290 f.
Hypostasen, gnostische I 141
Hypsistarier I 139, *186,* 190; II 171
Hypsistos, Gottesbezeichnung I 10, *107,* 109, 112, *113,* 139, 164, *186*; II 171
Hyrkan I. I 53, *98,* 169 f., 204, *400,* 425, 431, *446,* 450, 462 f.; II 12, 63, *135,* 136, 138, 299, 320

Hyrkan II. I 60, *98,* 458, 464−466; II 136, 138
Hystaspes (Orakel) I 134, 237, *241*

Iao (Sabaoth) I 164, *186,* 204; II 126
Idumäer I 157, 347; II 138
Ignatius II 207, 216
Individualität (rel.)/Individualisierung I 79 f., 159, 168, 270, 308
Inkarnation II 37
Inschriften, s. a. Synagogeninschriften I 170
− Griechenland II 197−199
− Kleinasien II 170, 195 f.
− Krim II 196 f.
− Palästina I 16 f., 27, 136; II 146, 176, 188
− Syrien II 193 f.
Inspiration/Offenbarung I 78, 160, 167, 199, 223, 230, 246, *271,* 315, 434; II 9, 11, 20, 30 f., 37, 43, 48, 55, 60, 67 f., 363, 365, 367 f., 372−374, 377, 379
Interpretatio graeca I 9, 77, 146, *174, 239,* 294; II 119 f.
Irenäus II 371−375
Isis(kult) I 84, *120,* 144, 330 f.; II 216
− Aretalogie(n) I 162, 234; II 35
Israel als erwähltes Volk, s. Erwählung
Izates von Adiabene I 23, 79, *476*

Jahwist/Elohist II 15, 17
Jakob (AT) I 221, 226, 236; II 190
Jakobus, Herrenbruder I 31 f., 71, 86, 88, 401, *409*; II 213, 325, 329
Jason von Kyrene I 40 f., 44, 121, *122, 249*; II 134
Jason, Hoherpriester I 40, *366,* 274, 462; II 130 f.
Jehuda han-Nasi I 29, 51, 98, *99,* 332, *366, 381,* 382, 408, 437; II 65, 68
Jehuda II., Patriarch I 99
Jeremia I 216, 236; II 40, 108, 354
Jerusalem I 9, 13, 17−24, 39 f., 42, 46, 50, 59, 68, 70 f., 86, 88, 155, 157, 163−165, 180, 205, 214, 274, 354, 366, 389, 472; II 35, 81, 115−152, 186, 203
− Architektur/Bauten I 21; II 139, 145, 313 f.
− Aristokratie/Führungsschicht(en) I 68 f.; II 130 f., 144
− Bedeutung/Anziehungskraft I 23−25, 39, 50, 139; II 148, 150 f.
− bei antik-paganen Schriftstellern II 116−118, 121−127
− Einwohnerzahl I *18*; II 147

– hellenist. Kultur I 19, 21, 39 f., 57, 59; II 128–151, 202
– himmlisches I 266; II 128, 214
– Inschriften I 17 f.; II 146
– Name I 39; II 118–121
– Pilger I 19, 23, 472; II 135, 144, 174 f.
– politischer Status I 139
– Rom (Verhältnis) II 136
– Synagogen I 24; II 148
– Tempel, s. Tempel
– (Tempel)Bibliothek I 62, 264; II 6 f., 143
Jesaja, Martyrium II 105 f., 345, 358
Jesus I 393, 455; II 71, 105, 114, 205 f., 287 f., 291, 297, 305, 318 f., 321
– Beruf I 58
– Brüder I 88
– Exorzismen I 398
– Luxus-Kritik I 69 f.
– messian. Anspruch/Messianität I 397, 403 f., 408; II 268 f., 307, 330
– Pharisäer I 396 f., 404, 412, 445
– Prozess/Hinrichtung I 71, 393, 402 f., 472; II 329–331, 333
– Sprache(n) I 31, 72
– Stellung zum Gesetz/Ritualgesetz I 396, 398–400, 403–408, 420; II 239
– Tempel(kult) I 397, 402–405
Jesus b. Ananias I 407
Jesus b. Gamala I 432, 474
Jesustradition I 34, 410
Joazar, Hoherpriester II 324
Johannes der Täufer I 70, 79, 469; II 268, 288, 291, 319
Johannes Hyrkan, s. Hyrkan I.
Johannes Markus, s. Markus
Johannes, Evangelist I 86, 89; II 203, 293–296, 305, 308, 316, 321, 331 f., 334
Johannesevangelium II 295 f., 315 f., 334
– Passionsbericht II 329–331
– Prolog I 5
– Semeia-Quelle II 316
Jonathan, Makkabäer I 138, 169, 254, 269, 437, 446, 462; II 133, 320
Jonathan, S. d. Hannas II 328
Joseph (AT) I 203, 205, 261, 305; II 110
Joseph und Aseneth I 216 f.
Joseph v. Arimathia I 33
Joseph, S. d. Tobias, Steuerpächter I 157, 159, 307; II 129
Josephus Flavius I 8, 61, 124, 142, 148, 175, 188, 202, 208–210, 215, 325, 330, 353, 411, 425–432, 435, 458; II 11, 21, 50, 64, 66 f., 116, 120, 151, 191, 341

– Bedeutung I 312
– Pharisäerbild I 425–432, 435, 439, 473, 475 f.
– polit. Terminologie I 122
– Quellen I 55, 209 f., 464
– Sadduzäer I 474
– Sprachen/Bildung I 41 f.; II 147
– Tendenz I 208, 210, 471, 476; II 26
Josia II 81
Josua I 255; II 18, 20, 23
Judas Galiläus I 136, 354–356, 365, 437, 473; II 69, 276
Judas Makkabäus I 40, 202, 207, 265; II 6, 108, 132, 317, 320
Judenchristentum/Judenchristen I 88, 366, 420 425; II 203 f., 221, 238, 250, 348, 349, 351 f., 366, 371
Judentum I 9, 142
– als „Ethnos" (Rechtsstatus) I 122 f., 139, 157; II 214
– als Philosophie I 235; II 143, 188
– „hellenistisch" (vgl. Diaspora) I 6, 11 f., 49, 85, 143, 153; II 294
– palästinisch I 4, 8, 11 f., 49, 85, 136 f., 143, 153, 192, 223, 332, 350, 364, 366, 382, 409, 460, 476; II 114, 174, 234; II 294, 316, 334
– Volksglauben I 135
Jüdischer Krieg (66–73/74), s. a. Aufstände I 66, 68, 181, 353, 365, 336 f., 344, 346, 348, 437, 458 f., 472; II 123, 125, 151, 326
Julia Domna, Kaiserin I 9
Julius Severus, röm General I 384, 386 f.
Jungfrauengeburt II 347–352, 371, 374
Jupiter Capitolinus I 454
Justin Martyr I 89 f.; II 2, 305 f., 337–365
Justus von Tiberias I 42, 67, 207

Kai(a)phas, Joseph I 473, 474; II 149, 322–324, 327–333
Kanaanäische Religion I 234
Kannibalismus (Vorwurf) I 234, 375
Kanon I 5, 198 f., 415, 460; II 8–11, 22, 34, 60 f., 98, 190, 204 f., 342–344, 363 f., 373, 377, 379
– Dreiteilung II 9–11, 40
Karäer I 420
Karneades, Skeptiker I 279
Karpokrates, Gnostiker I 311; II 351
Kastration I 381
Kerinth, Gnostiker II 349, 351
Klearch von Soli I 85; II 142, 169
Kleodemos Malchos I 204
Kleomedes, Astrologe I 183

Knecht Gottes, s. Gottesknecht
Königtum Gottes II 276 f.
Kosmopolitismus I 168, 255 f.
Kreuzigung II *94 f., 97*
Krieg, heiliger I 156
Kriegstechnik, hellenist. I 154, 156, 265 f.
Kult, s. Tempelkult
Kulturbringer- (und Erfinder-)motiv I
    201–203, 206, 262, 305
Kultzentralisation I 178, 300, 429; II 12
Kyrios, Titel I 10, 88

Lehrer der Gerechtigkeit I 138, 160, 273,
    276, 462; II 54–57, 60, 95, 98, 113
Leiden, stellvertretendes/sühnendes II 73,
    80, 82, 84 f., 89, 96 f., 102, 104–106
Leviten II 31, 41
Libanios, Rhetor aus Antiochien I 7, 100
Literatur/Schrifttum, jüd.(-hellenist.) I
    45–50, 196, 198, 213, 250, 304; II 33, 70,
    133, 176–192
– Novelle (lit. Gattung) I 214; II 33
Liturgie I 175–177, 303; II *181*
Livia, Gattin des Augustus I 30, 65
Logos(lehre/-spekulation) I 5, 88, 162 f.,
    233, 280, 292, 311; II 37, 212
Lohngedanke II 262 f.
Lukas, Evangelist I 7, 45, 89, 187, 399, *474*;
    II 151, 203, 206, 305
Lusius Quietus, Statthalter I 322 f., 346, 364,
    391

Magie (und Mantik) I 77, 133 f., 146, 245,
    251, *455*; II 47, 182
Makkabäer(aufstand/-krieg) I 137, 165, 170,
    203, 207, 214, 238, 248 f., 254, 259, 269,
    307, 382, 449; II 44 f., 50, 85, 98, 132 f.
Makkabäerbuch III. (s. a. Stellenreg.) I 218;
    II 186 f.
Malalas, Ioannes II 168
Mandäer I 141, *225*
Manetho I 201, 305; II 119, *121*
Mani/Manichäismus I 141, *229*; II 201
Marcion I 89, 141, 368; II 201, *206*, 351 f.,
    379
Mark Aurel I *359*, 360, 370 f., *391*; II *173*
Markus Agrippa II 116, 122, 141
Markus, Evangelist I 33, 89, 399 f., *408*; II
    203
Markusevangelium I *33*
– Passionsbericht II 330
Marna(s), Stadtgott I *15*
Märtyrer/Martyrologie I 74, 81; II 84 f., 110

Märtyrerlegende (lit. Gattung) I 207
Martyrien
– christlich I 367, 376
– rabbinisch I 382
Masoreten/Masoretischer Text I 37; II 7,
    366
Matthäus, Evangelist I 89; II 4, 203, 233 f.,
    238–241, 288
– Schriftauslegung II 238
– Theologie II 239, 241, 249–254, 273, 275
Matthäusevangelium II 206, *241, 261*
Melchisedek II 97, 120, 185 f.
Meleager v. Gadara I 35 f., 253
Melito v. Sardes II 205, 343
Melkart-Herakles II 131
Menahem, Zelot I 355; II *110*
Menander, Komödiendichter I 141, 233, 243
Menander, samarit. Gnostiker II 306
Menelaos, Hoherpriester I 137, 462; II 44,
    107, 131 f.
Menipp v. Gadara I 35
Menschensohn I 74, *229*, 334; II 88 f., 114,
    180, 212
Messias I 74, 290, 306, 322, *328*, 333–339,
    349; II 55, *65*, 72–77, 79 f., 82, 89, 91, 97,
    107, 114, 148, 212 f., 237, 269, *276*, 307,
    349
– ben Joseph II 73, 82, 109 f.
– leidender II 72, 82, 89, 108, 110
– priesterlicher II 91, 95–97, 113 f., *269*
Messianisch-polit. Hoffnung I 325–327,
    331–340; II 77
Messianisches Reich II 73, 124
Metatron I 228, *229*
Michael, Engel I 278, 284, 335; II 111, 113
Militärsiedler/-siedlungen
– jüdisch I 52, 337, 339, 463; II 108, 144
– makedonisch.-griech. I 155
Miqwe/Miqwaot I 430, *447*, 470; II 314
Mission I 79
– Heidenmission I *399*, 409; II 70, 206
– Propaganda, jüdische I 9, 84, 217, 251,
    304; II 127, 171, 206
Mithras(kult) I 10, *120*, 135, 143 f., 190
Mnaseas v. Patara I *301*
Monotheismus I 9, 63, 140, 150, 243; II 45,
    128, 212
Montanisten I *99*, 224, *376*
Mose I 135, 183, 198 f., 202–204, 209, 212,
    238, 242, 250, 295, 306, 337, 413–417,
    419, 433 f.; II 2, 4, 11, 18 f., 70, 239, 315
– als Erfinder I 203, 261, 305
– als Magier I 204; II 37

– als Prophet II 340, *344, 368,* 379
– redivivus I 236; II 18, 306
Münzen I 14 f., 146, 154, *268, 450*; II 124 f.,
    129, 176, 313
– jüdische I 14 f., *16,* 52, 67, 145, 344–347,
    385, *450, 464*; II 137
Musaios, Lehrer des Orpheus I 204, *239,*
    241 f., 305
Mysterienkult(e)/-religionen I *10, 120,* 133,
    135, 143 f., 148, 178, 224, 234
– Sprache/Terminologie I 178, *245*
– Weihe I 79
Mystik I 4, 88, 152, 178, 280; II 212
Mythologie, griech. I 84, 207, 306, 327

Nabatäer(reich) I 62, *132,* 155, 383, *385*; II
    140, *313*
Nächstenliebe I 221; II 271
Nag Hammadi, Texte I *86,* 138, 150, 227
Naherwartung I 76, 166, 168, 316, 350, 408,
    437, 460; II 67, 105, 209, 211, 214
Name Gottes II 275–277
Namensgebung (Judentum) I 30; II 136, 147
Nechepso-Petosiris I 170, 291; II 179
Nehemia I 214; II 23, 35
Nero I 58, 65, 68, 329, *367,* 369, 373; II 125
– redivivus/Nerosage I 240, 327 f., 330,
    332; II 125
Nerva I *454*
Neuplatonismus I 140, 167, 280; II 1
Neupythagoreismus I *152, 212,* 281
Nikodemus I 33, *475*
Nikolaos von Damaskus I 8, 55, 60–63, 84,
    140, 210, 243, 356, 429 f., 454, 464; II 7,
    120, 138, 140–143, 149
Noah I 202, 239, 290, *414 f.*; II 378
Numenios, Neupythagoräer I *23,* 204, 251

Oinomaos, Kyniker I 36
Oniaden I 25, 462; II 129
Onias II. I 157, 307; II 129
Onias III. I 157, 462; II 107 f., 114, 130
Onias IV. I 25, 172, 175, 248, 265, 298, 462;
    II 98, 108, 132, 320
Opferkult I 178, 300; II 85
Origenes I 99; II 366 f., 379
– Hexapla II 363, 366 f.
Orpheus/Orphik I 135, 143, *152,* 166, 177 f.,
    211, 224, 230, 241 f., 295
Osiris I 83, 144
Ossuar(ien) I 430, 470

Palästina I 2, 9, 45–47, 87–89, 96, 113, *132,*
    143 f., 153–155, 163, 169 f., 194, 197, 214,
    232, 247, 249, 332, 391, 428 f., 459; II *98,*
    203, 294
– Hellenisierungsgrad/griech. Bildung I
    11, 26–29, 31, 34–40, 62–72, 89; II 140,
    144, 202
– Sprachensituation I 13–34, 170, 197
– Synagogen I 108, 145, 188 f., 191 f., 428
– Wirtschaft I 157 f.
Papias von Hierapolis I *33, 90*; II 295
Paradies I 75, 231
Parther(reich) I 62, 328, 361 f., 466; II 168
Partherkrieg I 324, 326, 328, *346,* 361, 364,
    365 f.
Passa I 83, 215; II 321
Patriarch/Patriarchat, jüd. I 64, 98–101, 192
– Stellung/Rechte I 99 f.
Paulus I 7, 24, 31, 33, 86, 88, 393, 399, 444; II
    147 f., 203, 208, 213, 289 f.
– Bildung I 89; II 6
– Mission I 73; II 206
– Sprache(n) I 31, *32*
– Theologie II 215 f., 254
Pax Romana, s. Röm. Reich
Pentateuch I 198, 211 f., 230, 247, 310; II 3,
    11, 17, 20, 32, 36, 52, 70, 205, 315, 339
– samaritanischer I 190; II 12, 185
Perser(reich) I 154; II 169
Pescharim II 5, 56 f.
Peschitto II 74
Petrus I 86; II 151
– Sprache(n) I 31
Pharisäer/Pharisäismus I *3,* 24, 50 f., 54, 69,
    78, 79, 82, 87, *117,* 118, 138, 168 f., 191,
    280, 308, 339, 356, *394,* 395, *397,* 401,
    403–476; II 13 f., 57 f., 61–69, 137 f., 146,
    188, 208, 210, 218, 266 f., *276*
– Eschatologie I 289, 427, 444; II 58
– Exegese/Schriftauslegung II 63–69
– Frühzeit I 450 f.; II 63
– Mitgliederzahl I *429,* 468
– mündliche Tora I 411–425
– Name/Bezeichnung I 435, 463; 62 f., *238,*
    266
– Popularität/Einfluß I 430 f., 443, *453,* 468
Phiabi, Priesterfamilie II *327*
Philippus (Apg) I 26
Philippus, S. d. Herodes I 30, 58, 64; II 326
Philodemos v. Gadara I 35, 234
Philon von Alexandrien I 42, *90, 101, 124,*
    139, 175 f., 181, 212, 281; II 5, 11, 60, 64,

70, 116, 124, 148, 151, 175, 191 f., 202, 205, 294, 363
- Quellen I 212
- Theologie I 212, 310 f.
- Werk u. Wirkung I 309−311; II 191 f.
Philon, älterer (Lehrgedicht) I 46, *202*, 205
Philosophie (griech.) I 72, 133, 140, 213, 311; II 2, 188
Phönizier I 154, 164, 202, 253; II *185*
Physiognomik I 290, 292 f.
Pilatus I 71; II 306, 322, 327 f., 333
Pinchas I 236, 253, 355; II 26
Platon I 84 f., 133, *152*, 211, 270, 295; II 1 f.
Platonismus I 140, 281, 311; II 1, 191
Plinius d. Ä. II 123
Plotin I 149
Pollion, Pharisäer I *465*, 466
Polytheismus I 87, 242; II 45, 212
Pompeius I *26*, 28, 60, 184, *320*, 457, 465; II 122, *141*, 146, 173, 300
Poppäa, Kaiserin I 41, *107*, 304; II 125
Poseidonios, Stoiker I 140, 167, *234*, 284, 291; II *5, 121*
Prädestination/Determinimus I 278, 283, 290, 292; II 58 f.
Predigt (synagogale) I 89, 302; II *27*, 185, 189, 214, 216 f.
Priester(tum) I 395, 428 f., *433*, 442, *445*, 446−448, 452 f., *459*, 468 f., 476; II 25, 31, 41, 53, 64
- Aristokratie I 41, 428, 436, *452 f.*, 459, 462, 467, 470−472; II 41, 43, 326, 331, 333
Prometheus(mythos) I 76
Propheten I 81, 160, 256, 434; II 30−32, 41, 85, 207, 306 f., 339
- heidnische I 237
- Schriftcorpus/Prophetenkanon I 199, 275, 281; II 3, 11, 15, 18−20, 25−28, 34, 38, 42, 52
Prophetie I 232, 255; II 26−28, 31, 34, 40, 66 f., *68*, 69
Proselyten/Proselytismus I *101*, 121, 388; II 171, 175
Pseudepigraphie I 167, 198 f., 225, 231; II 3, 27, 34, 42, 179
Pseudo-Hekataios I 46
Pseudo-Heraklit I 237
Pseudo-Phokylides I 236, 244; II 190
Ptolemäer I 9, 28 f., 154−158, 265, 296, 307
Ptolemaios I. Soter I 155, 248, 296; II 79, 122, 372, 375
Ptolemaios II. Philadelphos I 156, 211, 245, 261, 297; II 17, 335, 375−377

Ptolemaios III. Euergetes I 171, 173, 302, 308
Ptolemaios IV. Philopator I *13, 46*, 200; II 186, 335
Ptolemaios VI. Philometor I 136, 211, 218, 298, 337
Ptolemaios VIII. Physkon I 219
Pythagoras I *152*, 211, 243, 295; II 2
Pythagoreismus I 78, 140, 273

Qohelet I 158−160
Qos, idumäischer Gott I *174*
Quirinius, P. Sulpicius, Statthalter II 324
Qumran, s. a. Essener
- Bibelhandschriften II 10 f.
- Gemeindeorganisation I 271−275
- Wasserversorgung I 260−262
- Wirtschaft I 262 f.
Qumranschriften I 49 f., 148; II 7, 51, 176, 183 f.

R. Aqiba I 348, 382, 405, *417, 422*, 437, *449*; II 66, 68, 285 f.
R. Eliezer b. Hyrkanos I *421, 449*; II 285
R. Jehoshua b. Chananja I *361*
R. Jehuda b. Ilai I 365 f.
R. Jishmael b. Jose II 304
R. Jochanan (Haggadist) I 421; II *68*, 124
R. Jochanan b. Zakkai I 189, 437, *459*, 473; II 68
R. Meir II 125
R. Shimeon b. Jochai I 323, *328*
Rabbinen/Rabbinat I 50, 87, *124*, 145, 199, 365, 411, 420, 431; II 71, 175, 185, 210, *234*, 263−265, 290
- Haltung gegenüber Rom I 366
Rabbinica/Rabbinische Literatur I 82, 84, 148, 161; II 177, 233
Rechabiten I 272
Rechtfertigung II 103, 105, 288, 292
Reform(versuch), hellenist. in Jerusalem I 157, 163−165, 307, 462; II 43, 130−132, 211 f.
Reinheit (rituelle) I 181, 263, 395, 418 f., 430, 438−455, 470; II 58
- des Landes I 53
Reisen I 75, *152*; II 175
- utopischer Reiseroman I 75
Religionsgeschichtliche Schule I *5, 86*, 144, ; II 159, *160 f.*, 200
Rhetorik I 45, *90*
Ritualgesetz I 164; II 62, 239, *340*
Ritualmordlegende I *234*, 375; II 117

Rom, Stadt I 58, 73, 86, 97, *120,* 149, *179,*
  319; II 124, 151
- Christen, christl. Gemeinde I 146; II *173*
- Inschriften II *187*
- Juden/jüd. Gemeinde I 49, 123, *124, 173,*
  184
- Synagogen I *49,* 184, 188, *194*
Römisches Reich I 2, 9, 62, 67, 132f., 147,
  238, 240, 265, 324; II 141
- Aufstandsbewegungen I 354
- 194; II 173, 175, 361f.
- Pax Romana I 22, 354; II 140f., 144
- Reichsideologie I 329, *330,* 332
- Senat I 359
- Verwaltung in Palästina I 9, 67, 71, 353,
  471; II 142, *326,* 333
Roma, Göttin I 58

Sabazios, Gott I 135, 143; II *126*
Sabbat(feier/heiligung) I 111, 297, 395; II 58
Sabbatistes, Gott I 112, 139
Sabbat I 112, 381
Sadduzäer I 25, 37, 53f., 69, 71, *78, 116,* 138,
  308, 339, 356, 403, 411, *420,* 426f., 431,
  436f., 443, *459,* 462, 464, 466f., *473f.*; II
  13f., 57, 62, 133, 138f., 149, 210, 267, 325
Salome Alexandra I *400,* 430, 457, 464f.,
  470; II 63, 138
Salomo I 202f., 232f., 262, *417*; II 42, 133
- als Magier I 232
Samaritaner I 142, 155, 189, *420*; II 12, *29,*
  185, 297, 300−307, 328
Samaritanischer Anonymus I 39, 138, 201f.,
  254; II 186
Sambethe, Göttin I *113,* 239
Sameas, Pharisäer I 465f.
Sapientia Salomonis (s. a. Stellenreg.) I
  233−235
Sarapis(kult) I *59, 106,* 144, 190, 321, 323,
  330, *362*; II 312
Satan I 220
Schammai, s. Hillel
Schicksalsglaube I 159
Schöpfung II 5
Schrift, Heilige
- Auslegung, s. a. Hermeneutik II 2, 4,
  12−14, 29−35, 37, 39, 50, 64, 70f., 78f.,
  205, 269, 339f.
- pharisäisch-rabbinische I 83, 169, 415f.,
  427, 443, 449; II 5, 63−69, 235−237
- Heiligkeit I 116
- Redaktionsprozess/Endredaktion II
  15−20

- Schriftgelehrte/Schriftgelehrsamkeit I
  397, 418f., 429f., 432; II 3f., 16, 20−28,
  35−43, 45f., 63f., 66, 266f.
- Überlieferung II 7, 366
- Verfälschung, Vorwurf II 352−360, 362,
  379
Seele/Seelenlehre I 83f., 234; II *342*
- Weltseele I 162, 233, 253
Seeräuberei I 53
Seleukiden(reich) I 9, 133, 136, 155, 180,
  248, 265f.
Septimius Severus, Kaiser I 9
Septuaginta I 24, 37f., 85, 89, 149, 183, 192,
  200, 251, 299−302, 304; II 3f., 69f.; II
  76f., 99, 128, 147, 217, *234,* 335−380
- Name II 336
- Legende I 37, 211, 245f., 300; II
  335−341, 346, 363, 367−380
- Rezension(en), palästinisch I 38, 247; II
  76, 346, 361, 363
- Aquila I 37f., 247; II 74, 77, 108, 345,
  346, 349, *353, 357,* 363−367, 371
- Symmachus I 38; II 74, 345f., *348, 353,*
  366
- Theodotion I 38, 247; II 74, 77, 108, 345,
  346, 349, 371
Serapis, Gott I *14*
Seth I 293
Shechina I 179; II 36
Shimon b. Schetach I 450, 464
Sibylle(n) I 72, 210, 237−241, 305f., 315,
  359ff.
- 5. Sibylle I 326−337, 339, 359, 361, 366
- 8. Sibylle I 359f., 367, 377f.
- 12. Sibylle I 360
Sikarier I 325, 339, 355f., 472; II *276*
Simon b. Gam(a)liel I. I *431,* 432, 437, 473,
  474
Simon II., Hoherpriester I 255; II 130
Simon Kantheras II 328)
Simon Magus I 141; II 306f.
Simon v. Kyrene I 19
Simon, Makkabäer I 52, *98,* 169, 254, 437; II
  133, 320
Simon, S. d. Boethos I 25, 467; II 148
Simon, S. d. Kamithos II 327
Simon, S. d. Klopas I 367
Skepsis, hellenist. I 158f., 167; II 191
Sklaven I *115, 117,* 155, 157, 219, 296f., 307;
  II 172
- Freilassung (sakral) I 185f.
Sokrates I 85, 270; II 2
Sol invictus I 8, 286f.

Söldner
- griechisch I 154; II 137 f.
- jüdisch, s.a. Militärsiedler I 139, 155, 296, 298
Soteriologie I 412, *419*
Sozialkritik I 159, 161, 255
Spartanerlegende (Verwandschaft mit Juden) I 39 f., 204 f.; II 120, 131
Speisegesetze I *399*
Sprachen
- Aramäisch I 13 f., 18, *31*, 33, 50, 86, 170, 172, 196 f., 300; II 190, 202, 280, *359*
- Demotisch I 172, 299
- Griechisch I 2, 13 f., 16–18, 20, 26 f., 29, 31, 33, 42, 47, 50, 62, 67, 86, 89, 91, *100*, 172, 196–198, 214, *222*, 234, 251, 263 f., 299, 314 f.; II 3, 9, 129, 133, 144, 147, 190, 202, *233*, 375
- Hebräisch I 14, 29, *31*, 50, 170, 196 f., 263; II 3, 234, 280
- Koptisch I 2, *222*
- Lateinisch I 67, *91*; II *4*
- Nabatäisch I 15
- Phönizisch-Kanaanäisch I *31*
- Syrisch I 2; II 190
- Zwei-/Mehrsprachigkeit I 14, 16, 18 f., 33, 170, 197; II 147, *234*
Stephanus I 402; II 213
Stoa/Stoiker I 82, 133, 140, 149, *152*, 162 f., 253, 275 f., 278, 280, 284, 292; II 59, 188, 191, 260
Sühne II 17 f., 96
- stellvertretende, s.a. Leiden I 81; II 85–87, 96 f., 101 f., 114, 212
Sühnetheologie I 81
Sukkot (Laubhüttenfest) II 319 f.
Sympathisanten I 213
Synagoge(n)(institut) I 24, 89, 114 f., 139, 171, 299 f., 302–304, 428 f., *447*, 470; II 24, 146, 185, 188, 201, 218
- Bautypen I 104–106, 111
- Einrichtungsgegenstände I 118, 179
- Gebäude/Räumlichkeiten I 109–111, 179
- Heiligkeit/Sakralität I 116–119, 179 f., 191, 303
- Name/Bezeichnung I 116 f., 174 f., 181–183, 190–193, 302–304
Synagogengemeinde
- Ämter I 98, 120, 179, 186, 304
- Organisation/Verfassung I 114 f., 179, 274, 303 f.
Synagogeninschriften, s.a. Inschriften I 20, 117, 149, 171–173, *428*

Synhedrium I 98, *397*, 401, 465 f.; II 267, 270, 330
Synkretismus I 2, *3*, 4, 11, 139, *143*, 152, 163; II 60, 201, 296, 301
Syrien I 2, 7–9, 60, *132*, 143, 146, 154; II 148, 213 f., *233*
- als Teil von Eretz Israel I 9, 454 f.
- Christentum I 7, 10 f.; II 203
- Heidentum I 9
- Judentum I 339; II 203, 266
- Kulte I 7, 9 f., 135
- Schrifttum/Literatur I 8; II 190

Tacitus I 213, 312, 375, *383*; II 123
Tannaiten I 422; II 208
Targumim II 69
Tat-Folge-Zusammenhang II 44, 85, 262
Tefillin I *418*, 421, 452
Tempel (in Jerusalem) I 31, 87, 117, 177, 179 f., 189, 191, 218, 300, 303, 349, 366, 380, 389, 402 f., 442, *445*, 446–450, 453, 472; II 58, 62, 139, 202, 211 f.
- Zerstörung I 116, 179, 191, 240, 331, 333; II 40, *68*, 125
- Kritik I 87, 165, 397, 402 f.
- Kult I 88, 395, 403, 405, 429, *430*, 446, 461; II 17 f., 31, 41, 44, 58, 277 f., 334
- Sänger II 31
- Steuer (Didrachmensteuer) I 22, 399, 454; II 134 f.
Tertullian I *90*; II 376–378
Tertullus, Rhetor (Apg 24) I 45; II 147, 213
Testamente (lit. Gattung) I 219–222, 236
Theodektes, Tragiker I 206
Theodizee I 161, 222–225, 253, 280, *340*
Theodoros, Rhetor I 35
Theodotos, Samaritaner (Lehrgedicht) I 46, 205; II 186
Theognis I 233, 244
Theokratie I 348 f., 354 f., 410; II 32, 133
Theophilos, Hoherpriester I *17*; II 325, 328
Theophrast I 85; II 142, *169*
Therapeuten I *175*, 176, 217; II 11
Theudas I *124*, 325; II 268, *361*
Thot, Schreibergott, s.a. Hermes I *142*
Thron Gottes I 230; II 113
Thronwagenspekulation, s. Hekhalot
Tiberius, Kaiser I 36
Tierkult I 234
Tischgemeinschaft I 399
Titus Flavius Clemens, Neffe Domitians II 125, 173
Titus, Kaiser I 219, 309; II 121, 123–125, 151, *308*, 310

Tobiaden I 137, 155, 255, 269, 307, 462; II 130
- Tobiadenroman I 45–47, 158, 210
Tobias, jüd. Feudalherr I 155–157, 307; II 129
Tora, s. Gesetz
- Studium I *51 f.*, 84, 118, 332; II 38, 50, 52 f.; II 63, 148, *254*
- Gehorsam/Observanz I 87 f., 165, 384, 408; II 63
- Ontologie I 163
Toten(gedächtnis)mahl I 113
Totengericht I 226, 241, *340*
Trajan I 15, 71, 318–324, 327, 358 f., 361 f., 364, 367 f., 372–374, 383, 388, *391*
Tyche, Göttin I *59*, 168; II 313

Übersetzung I 49, *246*; II *3 f.*
- AT ins Griech., s. a. Septuaginta I 43 f., 300 f.; II 76, 147, 185
Umkehr/Bekehrung (als individuelles rel. Erleben) I 79, 266, 270 f., 308
Unsterblichkeit
- der Seele I 74, 166, 234, 288 f.
- astrale I 73, *133*, 289
Unterwelt(svorstellung)/Totenreich I 74 f., 166 f.
Urchristentum, s. a. Christentum I 6, 86, 142, 144, 273, 339, 409; II 71, 203, 217
Urgemeinde (in Jerusalem) I *4 f.*, 33 f., 69, 71, 409; II 114, 147
- Stellung zum Gesetz I 409
Urmensch(lehre/mythos) I 83, 141, 227
Urzeit II 34

Valentinus, Gnostiker I 89, 141, 311, 368; II 363

Valerius Gratus, Präfekt II 326 f.
Verein(e)/Vereinswesen/Collegia I 77, 111, *113, 120,* 169, 182 f., 186, 266, 272–275, 303
Vergeltung, göttliche I 159, 161, 241, *470*
Vespasian I 189, 309, 325, 359, 454; II 122, 125
Vision I 225, 230
Vitae Prophetarum (s. a. Stellenreg.) I 216

Wein I *112 f.*, 158
- Opferwein I 399
Weisheit I 84, 149, 159, 162 f., 168, 232 f., 235, 253–256, 276; II 34–36, 38, 42, *97*, 188, 283
Weisheitsliteratur I 252
Weltreichlehre/Weltzeitalter I 73, 165, 240
Wille, freier/Willensfreiheit I 78, 283; II *43*, 254

Zadduq, Pharisäer und Zelot I 437, 473; II 69
Zadoqiden I 462
Zaubertexte I 204; II 37, 181
Zeloten I 138, 355, *401*, 437; II 69, 149, 210, 215, *325*
Zenon, Stoiker I 140; II 1 f.
Zenonpapyri I *13, 47*, 155–157, 307
Zervanismus I 282
Zeus, s. a. Jupiter I 190, 242, 390; II 131
- Hypsistos I *180, 188*, 379
- Olypmpios I 146, 164, 389
Zorn Gottes I 327, 330; II 316
Zoroaster (Zarathustra) I 169, *239*, 282; II *2*, 6

Griechische Begriffe und Wendungen

Die *kursiv* gedruckten Seitenzahlen beziehen sich auf die Anmerkungen.

ἅγιος τόπος   I *116*, 179, 194
ἀθεότης   I 375
αἵρεσις τῶν Ναζωραίων   II 213
ἀκρίβεια   I 427, 443; II 63, 66
ἀνόσιοι Ἰουδαῖοι   I 332, *362*; II 121
ἀποθνήσκειν ὑπέρ   I 81
ἀρχισυνάγωγος   I 120, *179*
ἀσέβεια   II 116
βῆμα   I 180
γερουσία   II 31, 174
γραμματεύς/γραμματεῖς   II 4, 31, *238*, 266 f.
δαίμονες   I 285
διαδοχή   I *427*
διαθῆκαι   I 242
διδασκαλεῖα   I 175
δικαιοσύνη (θεοῦ)   II 251 f.
δραχμῶν   I 154
δύναμις/δυνάμεις   I 101, 285
Ἑβραῖοι   I 13
ἔθη καὶ νόμος   I 429
ἐθνάρχης   I 98
ἐκκλησία   I 304
ἑλληνίζειν   I 12, 259
Ἑλληνισμός   I 12, 259
Ἕλλην   I 13
Ἑλληνισταί   I 13
ἐξηγεῖσθαι   II 337
ἑρμηνεύειν   II 338
εὐαγγέλιον   II 152
θεοκρατία   I 354
θεολόγος   II 4
θεός/θεοί   I 244, 301
θεὸς ὕψιστος   I 179, *186*, 303; II 131
ἱερόν   I 174
ἱερὸς λόγος   I 242
Ἰερουσαλήμ/Ἰεροσόλυμα   I 39; II 119
ἱεροψάλται   II 31
Ἰουδαϊσμός   I 122 f.; II 207
ἰσοπολιτεία   I 68
ἱερὸς περίβολος   I 180

ζηλωταί   I 355
ζητεῖν/(ἐκ)ζητεῖν   II *45*
καλὰ ἔργα   II 265
τὸ κοινόν   I 272
κοινὸς νόμος   I 163
κοινωνία   I 267
κύριος   I 301
μαντεῖαι   II 47
μισανθρωπία   II 116
μητρόπολις   II 124
μοναρχία   I 354
νεᾶνις   II 348 f.
νόμιμα   I 427 f.
νόμος   II *39*
(οἱ) ὅσιοι   I 463; II 64
ὀλιγόπιστος/οι   II 281, *282*
ὄμφαλος   I *21*
παιδεία   I 34, *90*
παῖς (θεοῦ)   II 73, 75, 77, 104
παντοκράτωρ   I 186
(τὰ) παραγγέλματα   I 429
παράδοσις   I 432
παρθένος   II 348, 353, 375
πατέρες   I 432
πατριάρχης   I 99
πεντάτευχος   II 20
πίστις   I 311
πολιτεία   I 121 f.; II 174
πολιτεύμα(τα)   I 182, 193, *272*, 303
πολιτεύεσθαι   I 121 f.; II 174
πρεσβύτεροι   I 120, *179*
πρόνοια   II 280
προσευχή   I *117*, 171 f., *174* f., 179, 181–190, 302 f., 429
προσεύχεσθαι   I 174
προσήλυτος   I 174
προστάτης   I 120, *183*
προφητεία   II *40*
ῥήτωρ   I 45
συναγωγή   I 181–184, 187 f., 190, 192–194, 303 f., 429

συναγωὴ ᾽Ασιδαίων   I 165; II 45
συναγωγὴ τῶν ᾽Ιουδαίων   I 185
σύνοδος   I 182, 192
σοφιστής   I 45
τελῶναι   I 157
τρίτον γένος   II 274
Φαρισαῖοι   II 266
φιλανθρωπία   I 313; II 260
φιλόλογος   II 3 f.
Χριστιανισμός   II 207
Χριστιανοί   II 207
Χριστὸς ᾽Ιησοῦς   II 213
ὁ ὤν   I 301

Hebräische und aramäische Begriffe

’äbjônîm   I 260
’elîm   I 244
’ämûnā   I 161
’ašrê   II 225
bêt (hak)kneset   I 182, 188, 190, 429
bêt hammidraš   I 160, 234
bêt tᵉfillāh   I 178, 188f., 429
darkhᵉmonîm   I 154; II 30
dāraš   II 45, 53
dāt   I 426
dera’ôn   II 49
dibrê zᵉqanîm   I 432
dibrê sôfᵉrîm   I 418
dôrᵉšê (ha)halaqôt   II 61
dôreš hat-torāh   II 54
hakkol   I 162

zāqen   I 432
zᵉkût   II 249, 251 f.
hazzan   I 179
håkhmā   I 162
hakām/hᵃkamîm   I 160, 463; II 35, 42, 238, 266
hôq/huqqôt   I 285, 426
jahad   I 266, 271 f.
jeṣær raʿ   I 161
jᵉsîbā   I 160, 234
kittijjîm/kittî’îm   I 258
malkût   II 276, 277 f.
maśkîlîm   II 46 f., 49
midraš   II 30, 54, 57
mînîm/mînût   II 61, 65
miqrā’   II 23
mûsar   I 34
naśi’   I 98, 99; II 276
noṣrim/naṣrâjjâ/Nazoraioi   II 207 f.
sôfer (sôfᵉrîm)   II 4, 22, 35, 38, 42, 238, 267
ʿalmah   II 374
prš   II 63
pᵉrušîm   II 62, 266
pᵉšar/pešær   II 57
pᵉsaṭ/dᵉraš   II 65
ṣᵉbā’ôt   I 186
šaddaj   I 186
tᵉfillāh   I 174, 189
tikkûn   I 285
tôrāh   I 426

Wissenschaftliche Untersuchungen zum Neuen Testament

Alphabetische Übersicht der ersten und zweiten Reihe

Appold, Mark L.: The Oneness Motif in the Fourth Gospel. 1976. *Band II/1.*

Arnold, Clinton E.: The Colossian Syncretism. 1995. *Band II/77.*

Avemarie, Friedrich und *Hermann Lichtenberger* (Hrsg.): Bund und Tora. 1996. *Band 92.*

Bachmann, Michael: Sünder oder Übertreter. 1992. *Band 59.*

Baker, William R.: Personal Speech-Ethics in the Epistle of James. 1995. *Band II/68.*

Balla, Peter: Challenges to New Testament Theology. 1997. *Band II/95.*

Bammel, Ernst: Judaica. Band I 1986. *Band 37 –* Band II 1997. *Band 91.*

Bash, Anthony: Ambassadors for Christ. 1997. *Band II/92.*

Bauernfeind, Otto: Kommentar und Studien zur Apostelgeschichte. 1980. *Band 22.*

Bayer, Hans Friedrich: Jesus' Predictions of Vindication and Resurrection. 1986. *Band II/20.*

Bell, Richard H.: Provoked to Jealousy. 1994. *Band II/63.*

– No One Seeks for God. 1998. *Band 106.*

Bergman, Jan: siehe *Kieffer, René*

Betz, Otto: Jesus, der Messias Israels. 1987. *Band 42.*

– Jesus, der Herr der Kirche. 1990. *Band 52.*

Beyschlag, Karlmann: Simon Magus und die christliche Gnosis. 1974. *Band 16.*

Bittner, Wolfgang J.: Jesu Zeichen im Johannesevangelium. 1987. *Band II/26.*

Bjerkelund, Carl J.: Tauta Egeneto. 1987. *Band 40.*

Blackburn, Barry Lee: Theios Anēr and the Markan Miracle Traditions. 1991. *Band II/40.*

Bock, Darrell L.: Blasphemy and Exaltation in Judaism and the Final Examination of Jesus. 1998. *Band II/106.*

Bockmuehl, Markus N.A.: Revelation and Mystery in Ancient Judaism and Pauline Christianity. 1990. *Band II/36.*

Böhlig, Alexander: Gnosis und Synkretismus. Teil 1 1989. *Band 47* – Teil 2 1989. *Band 48.*

Böttrich, Christfried: Weltweisheit – Menschheitsethik – Urkult. 1992. *Band II/50.*

Bolyki, János: Jesu Tischgemeinschaften. 1997. *Band II/96.*

Büchli, Jörg: Der Poimandres – ein paganisiertes Evangelium. 1987. *Band II/27.*

Bühner, Jan A.: Der Gesandte und sein Weg im 4. Evangelium. 1977. *Band II/2.*

Burchard, Christoph: Untersuchungen zu Joseph und Aseneth. 1965. *Band 8.*

– Studien zur Theologie, Sprache und Umwelt des Neuen Testaments. Hrsg. von D. Sänger. 1998. *Band 107.*

Cancik, Hubert (Hrsg.): Markus-Philologie. 1984. *Band 33.*

Capes, David B.: Old Testament Yaweh Texts in Paul's Christology. 1992. *Band II/47.*

Caragounis, Chrys C.: The Son of Man. 1986. *Band 38.*

– siehe *Fridrichsen, Anton.*

Carleton Paget, James: The Epistle of Barnabas. 1994. *Band II/64.*

Ciampa, Roy E.: The Presence and Function of Scripture in Galatians 1 and 2. 1998. *Band II/102.*

Crump, David: Jesus the Intercessor. 1992. *Band II/49.*

Deines, Roland: Jüdische Steingefäße und pharisäische Frömmigkeit. 1993. *Band II/52.*

– Die Pharisäer. 1997. *Band 101.*

Dietzfelbinger, Christian: Der Abschied des Kommenden. 1997. *Band 95.*

Dobbeler, Axel von: Glaube als Teilhabe. 1987. *Band II/22.*

Du Toit, David S.: Theios Anthropos. 1997. *Band II/91*

Dunn, James D.G. (Hrsg.): Jews and Christians. 1992. *Band 66.*

– Paul and the Mosaic Law. 1996. *Band 89.*

Ebertz, Michael N.: Das Charisma des Gekreuzigten. 1987. *Band 45.*

Eckstein, Hans-Joachim: Der Begriff Syneidesis bei Paulus. 1983. *Band II/10.*

– Verheißung und Gesetz. 1996. *Band 86.*

Ego, Beate: Im Himmel wie auf Erden. 1989. *Band II/34.*

Eisen, Ute E.: siehe *Paulsen, Henning.*

Ellis, E. Earle: Prophecy and Hermeneutic in Early Christianity. 1978. *Band 18.*

– The Old Testament in Early Christianity. 1991. *Band 54.*

Ennulat, Andreas: Die ›Minor Agreements‹. 1994. *Band II/62.*

Ensor, Peter W.: Jesus and His ›Works‹. 1996. *Band II/85.*

Eskola, Timo: Theodicy and Predestination in Pauline Soteriology. 1998. *Band II/100.*

Feldmeier, Reinhard: Die Krisis des Gottessohnes. 1987. *Band II/21.*

– Die Christen als Fremde. 1992. *Band 64.*

Feldmeier, Reinhard und *Ulrich Heckel* (Hrsg.): Die Heiden. 1994. *Band 70.*

Fletcher-Louis, Crispin H. T.: Luke-Acts: Angels, Christology and Soteriology. 1997. *Band II/94.*

Forbes, Christopher Brian: Prophecy and Inspired Speech in Early Christianity and its Hellenistic Environment. 1995. *Band II/75.*

Fornberg, Tord: siehe *Fridrichsen, Anton.*

Fossum, Jarl E.: The Name of God and the Angel of the Lord. 1985. *Band 36.*

Frenschkowski, Marco: Offenbarung und Epiphanie. Band 1 1995. *Band II/79* – Band 2 1997. *Band II/80.*

Frey, Jörg: Eugen Drewermann und die biblische Exegese. 1995. *Band II/71.*

– Die johanneische Eschatologie. Band I. 1997. *Band 96.* – Band II. 1998. *Band 110.*

Fridrichsen, Anton: Exegetical Writings. Hrsg. von C.C. Caragounis und T. Fornberg. 1994. *Band 76.*

Garlington, Don B.: ›The Obedience of Faith‹. 1991. *Band II/38.*

– Faith, Obedience, and Perseverance. 1994. *Band 79.*

Garnet, Paul: Salvation and Atonement in the Qumran Scrolls. 1977. *Band II/3.*

Gese, Michael: Das Vermächtnis des Apostels. 1997. *Band II/99.*

Gräßer, Erich: Der Alte Bund im Neuen. 1985. *Band 35.*

Green, Joel B.: The Death of Jesus. 1988. *Band II/33.*

Gundry Volf, Judith M.: Paul and Perseverance. 1990. *Band II/37.*

Hafemann, Scott J.: Suffering and the Spirit. 1986. *Band II/19.*

– Paul, Moses, and the History of Israel. 1995. *Band 81.*

Hartman, Lars: Text-Centered New Testament Studies. Hrsg. von D. Hellholm. 1997. *Band 102.*

Heckel, Theo K.: Der Innere Mensch. 1993. *Band II/53.*

Heckel, Ulrich: Kraft in Schwachheit. 1993. *Band II/56.*

– siehe *Feldmeier, Reinhard.*

– siehe *Hengel, Martin.*

Heiligenthal, Roman: Werke als Zeichen. 1983. *Band II/9.*

Hellholm, D.: siehe *Hartman, Lars.*

Hemer, Colin J.: The Book of Acts in the Setting of Hellenistic History. 1989. *Band 49.*

Hengel, Martin: Judentum und Hellenismus. 1969, [3]1988. *Band 10.*

– Die johanneische Frage. 1993. *Band 67.*

– Judaica et Hellenistica. Band 1. 1996. *Band 90.* – Band 2. 1999. *Band 109.*

Hengel, Martin und *Ulrich Heckel* (Hrsg.): Paulus und das antike Judentum. 1991. *Band 58.*

Hengel, Martin und *Hermut Löhr* (Hrsg.): Schriftauslegung im antiken Judentum und im Urchristentum. 1994. *Band 73.*

Hengel, Martin und *Anna Maria Schwemer:* Paulus zwischen Damaskus und Antiochien. 1998. *Band 108.*

Hengel, Martin und *Anna Maria Schwemer* (Hrsg.): Königsherrschaft Gottes und himmlischer Kult. 1991. *Band 55.*

– Die Septuaginta. 1994. *Band 72.*

Herrenbrück, Fritz: Jesus und die Zöllner. 1990. *Band II/41.*

Herzer, Jens: Paulus oder Petrus? 1998. *Band 103.*

Hoegen-Rohls, Christina: Der nachösterliche Johannes. 1996. *Band II/84.*

Hofius, Otfried: Katapausis. 1970. *Band 11.*

– Der Vorhang vor dem Thron Gottes. 1972. *Band 14.*

– Der Christushymnus Philipper 2,6–11. 1976, [2]1991. *Band 17.*

– Paulusstudien. 1989, [2]1994. *Band 51.*

Hofius, Otfried und *Hans-Christian Kammler:* Johannesstudien. 1996. *Band 88.*

Holtz, Traugott: Geschichte und Theologie des Urchristentums. 1991. *Band 57.*

Hommel, Hildebrecht: Sebasmata. Band 1 1983. *Band 31* – Band 2 1984. *Band 32.*

Hvalvik, Reidar: The Struggle for Scripture and Covenant. 1996. *Band II/82.*

Kähler, Christoph: Jesu Gleichnisse als Poesie und Therapie. 1995. *Band 78.*

Kammler, Hans-Christian: siehe *Hofius, Otfried.*

Kamlah, Ehrhard: Die Form der katalogischen Paränese im Neuen Testament. 1964. *Band 7.*

Kieffer, René und *Jan Bergman (Hrsg.):* La Main de Dieu / Die Hand Gottes. 1997. *Band 94.*

Kim, Seyoon: The Origin of Paul's Gospel. 1981, [2]1984. *Band II/4.*

– »The ›Son of Man‹« as the Son of God. 1983. *Band 30.*

Kleinknecht, Karl Th.: Der leidende Gerechtfertigte. 1984, [2]1988. *Band II/13.*

Klinghardt, Matthias: Gesetz und Volk Gottes. 1988. *Band II/32.*

Köhler, Wolf-Dietrich: Rezeption des Matthäusevangeliums in der Zeit vor Irenäus. 1987. *Band II/24.*

Korn, Manfred: Die Geschichte Jesu in veränderter Zeit. 1993. *Band II/51.*

Koskenniemi, Erkki: Apollonios von Tyana in der neutestamentlichen Exegese. 1994. *Band II/61.*

Kraus, Wolfgang: Das Volk Gottes. 1996. *Band 85.*

– siehe *Walter, Nikolaus.*

Kuhn, Karl G.: Achtzehngebet und Vaterunser und der Reim. 1950. *Band 1.*

Laansma, Jon: I Will Give You Rest. 1997. *Band II/98.*

Lampe, Peter: Die stadtrömischen Christen in den ersten beiden Jahrhunderten. 1987, [2]1989. *Band II/18.*

Lau, Andrew: Manifest in Flesh. 1996. *Band II/86.*

Lichtenberger, Hermann: siehe *Avemarie, Friedrich.*

Lieu, Samuel N.C.: Manichaeism in the Later
  Roman Empire and Medieval China. [2]1992.
  Band 63.
Loader, William R.G.: Jesus' Attitude Towards
  the Law. 1997. *Band II/97.*
Löhr, Gebhard: Verherrlichung Gottes
  durch Philosophie. 1997. *Band 97.*
Löhr, Hermut: siehe *Hengel, Martin.*
Löhr, Winrich Alfried: Basilides und seine Schule.
  1995. *Band 83.*
Luomanen, Petri: Entering the Kingdom
  of Heaven. 1998. *Band II/101.*
Maier, Gerhard: Mensch und freier Wille. 1971.
  Band 12.
– Die Johannesoffenbarung und die Kirche.
  1981. *Band 25.*
Markschies, Christoph: Valentinus Gnosticus?
  1992. *Band 65.*
Marshall, Peter: Enmity in Corinth: Social
  Conventions in Paul's Relations
  with the Corinthians. 1987. *Band II/23.*
McDonough, Sean M.: YHWH at Patmos: Rev. 1:4
  in its Hellenistic and Early Jewish Setting. 1999.
  Band II/107.
Meade, David G.: Pseudonymity and Canon. 1986.
  Band 39.
Meadors, Edward P.: Jesus the Messianic Herald
  of Salvation. 1995. *Band II/72.*
Meißner, Stefan: Die Heimholung des Ketzers.
  1996. *Band II/87.*
Mell, Ulrich: Die »anderen«Winzer. 1994. *Band 77.*
Mengel, Berthold: Studien zum Philipperbrief.
  1982. *Band II/8.*
Merkel, Helmut: Die Widersprüche zwischen
  den Evangelien. 1971. *Band 13.*
Merklein, Helmut: Studien zu Jesus und Paulus.
  Band 1 1987. *Band 43.* – Band 2 1998.
  Band 105.
Metzler, Karin: Der griechische Begriff
  des Verzeihens. 1991. *Band II/44.*
Metzner, Rainer: Die Rezeption des Matthäus-
  evangeliums im 1. Petrusbrief. 1995.
  Band II/74.
Mittmann-Richert, Ulrike: Magnifikat
  und Benediktus. *1996. Band II/90.*
Mußner, Franz: Jesus von Nazareth im Umfeld
  Israels und der Urkirche. Hrsg. von
  M. Theobald. 1998. *Band 111.*
Niebuhr, Karl-Wilhelm: Gesetz und Paränese.
  1987. *Band II/28.*
– Heidenapostel aus Israel. 1992. *Band 62.*
Nissen, Andreas: Gott und der Nächste
  im antiken Judentum. 1974. *Band 15.*
Noormann, Rolf: Irenäus als Paulusinterpret. 1994.
  Band II/66.
Obermann, Andreas: Die christologische Erfüllung
  der Schrift im Johannesevangelium. 1996.
  Band II/83.
Okure, Teresa: The Johannine Approach
  to Mission. 1988. *Band II/31.*

Paulsen, Henning: Studien zur Literatur
  und Geschichte des frühen Christentums.
  Hrsg. von Ute E. Eisen. 1997. *Band 99.*
Park, Eung Chun: The Mission Discourse
  in Matthew's Interpretation. 1995. *Band II/81.*
Philonenko, Marc (Hrsg.): Le Trône de Dieu. 1993.
  Band 69.
Pilhofer, Peter: Presbyteron Kreitton. 1990.
  Band II/39.
– Philippi. Band 1 1995. *Band 87.*
Pöhlmann, Wolfgang: Der Verlorene Sohn
  und das Haus. 1993. *Band 68.*
Pokorný, Petr und *Josef B. Souček:* Bibelauslegung
  als Theologie. 1997. *Band 100.*
Prieur, Alexander: Die Verkündigung
  der Gottesherrschaft. 1996. *Band II/89.*
Probst, Hermann: Paulus und der Brief. 1991.
  Band II/45.
Räisänen, Heikki: Paul and the Law. 1983, [2]1987.
  Band 29.
Rehkopf, Friedrich: Die lukanische Sonderquelle.
  1959. *Band 5.*
Rein, Matthias: Die Heilung des Blindgeborenen
  (Joh 9). 1995. *Band II/73.*
Reinmuth, Eckart: Pseudo-Philo und Lukas. 1994.
  Band 74.
Reiser, Marius: Syntax und Stil des Markus-
  evangeliums. 1984. *Band II/11.*
Richards, E. Randolph: The Secretary in the Letters
  of Paul. 1991. *Band II/42.*
Riesner, Rainer: Jesus als Lehrer. 1981, [3]1988.
  Band II/7.
– Die Frühzeit des Apostels Paulus. 1994.
  Band 71.
Rissi, Mathias: Die Theologie des Hebräerbriefs.
  1987. *Band 41.*
Röhser, Günter: Metaphorik und Personifikation
  der Sünde. 1987. *Band II/25.*
Rose, Christian: Die Wolke der Zeugen. 1994.
  Band II/60.
Rüger, Hans Peter: Die Weisheitsschrift
  aus der Kairoer Geniza. 1991. *Band 53.*
Sänger, Dieter: Antikes Judentum
  und die Mysterien. 1980. *Band II/5.*
– Die Verkündigung des Gekreuzigten
  und Israel. 1994. *Band 75.*
– siehe *Burchard, Chr.*
Salzmann, Jorg Christian: Lehren und Ermahnen.
  1994. *Band II/59.*
Sandnes, Karl Olav: Paul – One of the Prophets?
  1991. *Band II/43.*
Sato, Migaku: Q und Prophetie. 1988. *Band II/29.*
Schaper, Joachim: Eschatology in the Greek Psalter.
  1995. *Band II/76.*
Schimanowski, Gottfried: Weisheit und Messias.
  1985. *Band II/17.*
Schlichting, Günter: Ein jüdisches Leben Jesu.
  1982. *Band 24.*
Schnabel, Eckhard J.: Law and Wisdom from Ben
  Sira to Paul. 1985. *Band II/16.*

Schutter, William L.: Hermeneutic and Composition in I Peter. 1989. *Band II/30.*

Schwartz, Daniel R.: Studies in the Jewish Background of Christianity. 1992. *Band 60.*

Schwemer, Anna Maria: siehe *Hengel, Martin*

Scott, James M.: Adoption as Sons of God. 1992. *Band II/48.*

– Paul and the Nations. 1995. *Band 84.*

Siegert, Folker: Drei hellenistisch-jüdische Predigten. Teil I 1980. *Band 20* – Teil II 1992. *Band 61.*

– Nag-Hammadi-Register. 1982. *Band 26.*

– Argumentation bei Paulus. 1985. *Band 34.*

– Philon von Alexandrien. 1988. *Band 46.*

Simon, Marcel: Le christianisme antique et son contexte religieux I/II. 1981. *Band 23.*

Snodgrass, Klyne: The Parable of the Wicked Tenants. 1983. *Band 27.*

Söding, Thomas: Das Wort vom Kreuz. 1997. *Band 93.*

– siehe *Thüsing, Wilhelm.*

Sommer, Urs: Die Passionsgeschichte des Markusevangeliums. 1993. *Band II/58.*

Souček, Josef B.: siehe *Pokorný, Petr.*

Spangenberg, Volker: Herrlichkeit des Neuen Bundes. 1993. *Band II/55.*

Speyer, Wolfgang: Frühes Christentum im antiken Strahlungsfeld. 1989. *Band 50.*

Stadelmann, Helge: Ben Sira als Schriftgelehrter. 1980. *Band II/6.*

Stettler, Hanna: Die Christologie der Pastoralbriefe. 1998. *Band II/105.*

Strobel, August: Die Stunde der Wahrheit. 1980. *Band 21.*

Stroumsa, Guy G.: Barbarian Philosophy. 1999. *Band 112.*

Stuckenbruck, Loren T.: Angel Veneration and Christology. 1995. *Band II/70.*

Stuhlmacher, Peter (Hrsg.): Das Evangelium und die Evangelien. 1983. *Band 28.*

Sung, Chong-Hyon: Vergebung der Sünden. 1993. *Band II/57.*

Tajra, Harry W.: The Trial of St. Paul. 1989. *Band II/35.*

– The Martyrdom of St.Paul. 1994. *Band II/67.*

Theißen, Gerd: Studien zur Soziologie des Urchristentums. 1979, ³1989. *Band 19.*

Theobald, Michael: siehe *Mußner, Franz.*

Thornton, Claus-Jürgen: Der Zeuge des Zeugen. 1991. *Band 56.*

Thüsing, Wilhelm: Studien zur neutestamentlichen Theologie. Hrsg. von Thomas Söding. 1995. *Band 82.*

Treloar, Geoffrey R.: Lightfoot the Historian. 1998. *Band II/103.*

Tsuji, Manabu: Glaube zwischen Vollkommenheit und Verweltlichung. 1997. *Band II/93*

Twelftree, Graham H.: Jesus the Exorcist. 1993. *Band II/54.*

Visotzky, Burton L.: Fathers of the World. 1995. *Band 80.*

Wagener, Ulrike: Die Ordnung des »Hauses Gottes«. 1994. *Band II/65.*

Walter, Nikolaus: Praeparatio Evangelica. Hrsg. von Wolfgang Kraus und Florian Wilk. 1997. *Band 98.*

Wander, Bernd: Gottesfürchtige und Sympathisanten. 1998. *Band 104.*

Watts, Rikki: Isaiah's New Exodus and Mark. 1997. *Band II/88.*

Wedderburn, A.J.M.: Baptism and Resurrection. 1987. *Band 44.*

Wegner, Uwe: Der Hauptmann von Kafarnaum. 1985. *Band II/14.*

Welck, Christian: Erzählte ›Zeichen‹. 1994. *Band II/69.*

Wilk, Florian: siehe *Walter, Nikolaus.*

Wilson, Walter T.: Love without Pretense. 1991. *Band II/46.*

Zimmermann, Alfred E.: Die urchristlichen Lehrer. 1984, ²1988. *Band II/12.*

Zimmermann, Johannes: Messianische Texte aus Qumran. 1998. *Band II/104.*

Einen Gesamtkatalog erhalten Sie gerne vom Verlag
Mohr Siebeck · Postfach 2040 · D–72010 Tübingen.
Neueste Informationen im Internet unter http://www.mohr.de

DATE DUE

			Printed in USA

HIGHSMITH #45230